Baedeker
Allianz Reiseführer

Ungarn

betti_na@gmx.de
Bettina Hauser

VERLAG KARL BAEDEKER

Die wichtigsten Reiseziele

** Top-Reiseziele – auf keinen Fall versäumen!

Aggtelek-Nationalpark . . . 84
Badacsony 97
Balaton 88
Budapest 106
Bükk-Gebirge 154
Donauknie 162
Eger 172
Esztergom 182
Fertőd
Schloss Eszterházy 288
Győr 194
Hollókő 209
Hortobágy-Nationalpark 212
Kecskemét 222
Pannonhalma 201
Pécs 260
Sopron 279
Szeged 295
Székesfehérvár 305
Szentendre 316
Tihany 93
Veszprém 342
Visegrád 167

Städtebauliches Schmuckstück: das Burgviertel in Budapest ► S. 122

* Herausragende Reiseziele – möglichst besuchen!

Balatonfüred 92
Bugac-Puszta....... 228
Debrecen 157
Gödöllő............ 189
Gyula 204
Hévíz 208
Ják 329
Kalocsa........... 218
Keszthely 230
Kőszeg 237
Lébénymiklós...... 200
Mátra-Gebirge....... 192
Martonvásár 152
Miskolc.......... 242
Mohács.......... 248
Nagyvázsony....... 346
Neusiedler See 291
Nyírbátor 255
Ópusztaszer 257
Pápa 258
Pilis-Gebirge 188
Sárospatak 271
Sárvár........... 328
Siklós 276
Sümeg 291
Szatmár 256
Tác-Gorsium-Herculia 311
Tata............. 331
Tokaj............ 335
Vác 163

Weinkellerhäuschen in Villánykövesd ▶ S. 278

Ungarns Ferienregion Nummer eins: der Balaton ▶ S. 91

Inhalt

Natur, Kultur, Geschichte

Seite 10 – 73

Fresken in Sümeg ▶ S. 293

Zahlen und Fakten 12
Allgemeines 12
Naturraum 12
Baedeker SPECIAL Ödes Land 20
Klima 18
Pflanzen und Tiere 22
Bevölkerung 24
Staat und Gesellschaft 28
Wirtschaft 29

Geschichte 33

Berühmte Persönlichkeiten 46

Kunst und Kultur 52
Kunstgeschichte
Baedeker SPECIAL Form folgt Natur 62
Musik 64
Sprache und Literatur 67
Baedeker SPECIAL Der Wiederentdeckte 69
Volkskunst 73

Reiseziele von A bis Z

Seite 74 – 353

Töpferkunst von der Halbinsel Tihany ▶ S. 95

Routenvorschläge 76
Aggtelek-Nationalpark 84
Baja 86
Balaton 88
Budapest 106
Baedeker SPECIAL Stressfreie Zonen 142
Bükk-Gebirge 154
Debrecen 157
Donauknie 162
Eger 172
Esztergom 182
Gödöllő 189
Gyöngyös 192

Győr 194
Gyula 204
Hévíz 208
Hollókő 209
Hortobágy-Nationalpark 212
Jászberény 217
Kalocsa 218
Baedeker SPECIAL Das rote Gold 220
Kaposvár 221
Kecskemét 222
Keszthely 230
Kiskunfélegyháza 234
Kőszeg 237
Miskolc 242
Mohács 248
Nagykanisza 250
Nyíregyháza 251
Ópusztaszer 257
Pápa 258
Pécs 260
Sárospatak 271
Siklós 276
Sopron 279
Sümeg 291
Szarvas 294
Szeged 295
Baedeker SPECIAL Die Wurst aus dem Turm 303
Székesfehérvár 305
Szekszárd 313
Szentendre 316
Szolnok 322
Szombathely 324
Tata 331
Tokaj 335
Baedeker SPECIAL König der Weine 336
Velencer See 340
Veszprém 342
Zalaegerszeg 349

Im Bükk-Gebirge ▶ S. 155

Ungarns Versailles: Schloss Esterházy ▶ S. 289

Praktische Informationen von A bis Z

Seite 354 – 400

Unterkünfte für jeden Geschmack ▶ S. 375

Paprikapulver als Souvenir ▶ S. 220

Anreise	356
Ärztliche Hilfe	358
Auskunft	358
Autohilfe	359
Baden	360
Bahn	360
Behindertenhilfe	361
Camping und Caravaning	361
Diplomatische und konsularische Vertretungen	362
Einkaufen und Souvenirs	363
Elektrizität	364
Essen und Trinken	364
Feiertage	366
Ferienwohnungen, Pensionen, Privatzimmer	366
Flugverkehr	367
Geld	367
Heilbäder	368
Hotels und Pensionen	369
Jugendunterkünfte	377
Literaturempfehlungen	378
Mietwagen	379
Notrufe	379
Öffnungszeiten	380
Parken	380
Post	380
Reisedokumente	380
Reisezeit	381
Restaurants und Cafés	381
Sport	388
Sprache	390
Straßenverkehr	392
Telefon	393
Trinkgeld	394
Ungarnkarte	394
Veranstaltungen	394

Verkehrsmittel 398
Zeit 399
Zeitungen, Zeitschriften 399
Zollbestimmungen 400

Freilichtmuseum in Zalaegerszeg ▶ S. 351

Register 401
Verzeichnis der Karten und grafischen Darstellungen 407
Bildnachweis 408
Impressum 409

Erde und Himmel

Paprika –

das rote Gold der Tiefebene

Wäre die Verständlichkeit der Sprache ein Kriterium für die Beliebtheit eines Reiselandes – Ungarn würde wohl nicht viele Touristen willkommen heißen. Denn das Ungarische gehört zu den finno-ugrischen Sprachen, die ansonsten in Europa nur in Finnland und Estland gesprochen werden. Für die meisten Besucher klingt das Ungarische fremd, aber irgendwie freundlich mit all den vielen ö und ü und den scheinbar unaussprechlichen Ortsnamen wie Székesfehérvár, Hódmezővásárhely oder Balatonakarattya. Doch zum Glück ist dies ja nicht das Kriterium. Aber was ist es dann? Das ungarische Klima vielleicht, das man wegen seiner vielen Sonnenstunden als zuverlässig und durchaus auch als freundlich bezeichnen kann. Insbesondere am Balaton, Ungarns Sommerurlaubsziel Nummer eins, ist das stabile Wetter ein Plus, das Urlauber zu schätzen wissen. Ganz zu schweigen von den vielen Badeorten und Strandbädern rings um den See und dem nicht weniger einladenden Balatonhinterland mit Weinbergen, hübsch renovierten Kleinstädten und viel besuchten Kurorten wie

Freilichtmuseen

wie das in Szentendre sind die Attraktionen in der Provinz

Balaton

Das ungarische Meer verspricht Erholung

ganz nah

Hévíz oder Bükfürdő. Die Thermalquellen, die hier und in vielen anderen Orten des Landes sprudeln, haben aus Ungarn eine Kur- und Wellnessdestination mit großem Entwicklungspotenzial gemacht, und durch die steigende Zahl der Golfplätze und Reiterhöfe gewinnt es auch für Sporturlauber zunehmend an Attraktivität. Obwohl seine Landschaft selten das Attribut spektakulär beanspruchen kann, ist sie doch ein weiteres wichtiges Argument für Ungarn als Urlaubsland. Vor allem im Osten gibt es noch viele ausgesprochen ländliche Regionen, in denen ausgedehnte Mais- oder Paprikafelder, Flussauen oder waldbedeckte Hügel das Bild bestimmen. Wer glaubt, um das Gefühl von Zeitlosigkeit und Weite zu spüren, müsse man in die weite Welt hinaus, der irrt: Schon Sandor Petőfi wusste dies, als er über den flachen Horizont seiner Heimatlandschaft sinnierte und zu dem Schluss kam, dass sich hier "Erd und Himmel berühren".

Badelust

im Thermalsee von Hévíz

Budapest

– hier das Parlament – verzaubert bei Tag und bei Nacht

Natur, Kultur, Geschichte

Zahlen und Fakten

Allgemeines

Lage

Die Republik Ungarn (ungarisch Magyar Köztársaság) liegt im östlichen Teil Mitteleuropas. Mit einer Fläche von rund 93 000 km^2 gehört sie zu den kleineren Staaten Europas. Die Nord-Süd-Ausdehnung des Landes beträgt rund 320 km, die West-Ost-Ausdehnung etwa 520 km. Im Norden grenzt Ungarn an die Slowakei, im Nordosten an die Ukraine, im Osten an Rumänien, im Süden an Serbien, Kroatien und Slowenien und im Westen an Österreich. Die Hauptstadt von Ungarn ist Budapest, das 1873 durch den Zusammenschluss der drei historischen Städte Buda, Óbuda und Pest entstand. Die Metropole an der Donau ist nicht nur die größte Stadt des Landes, sondern auch in kultureller, politischer und wirtschaftlicher Hinsicht von überragender Bedeutung.

Naturraum

Flaches Land

Die Landschaft in Ungarn ist überwiegend flach. Mehr als 80% des Landes liegen unter 200 m und nur 2% über 400 m über dem Meeresspiegel. Der Grund für die geringen Höhenunterschiede: Der größte Teil Ungarns liegt im Pannonischen Becken, das im Westen durch die Ostalpen und deren Ausläufer, nördlich und östlich durch den Karpatenbogen eingefasst wird. Im Südosten bildet das Siebenbürger Hochland die Grenze und im Südwesten das Dinarische Gebirge. Die höchsten Erhebungen gibt es im Nordosten, im Bükk- und v. a. im Mátra-Gebirge, wo der Kékes stolze 1014 m aufragt. Verglichen mit anderen Gebirgsregionen Europas verdienen eigentlich nur diese Höhenzüge die Bezeichnung "Gebirge".

Ungarns Westen

Landschaftsbild

Blickt man auf die Landkarte, dann sieht man sofort, dass die Donau das Land in zwei (ungleich große) Hälften spaltet. Der Westen Ungarns wird als Transdanubien bezeichnet, auf Ungarisch Dunántúl, was so viel wie "jenseits der Donau" bedeutet. Der Westen ist abwechslungsreich und von unterschiedlichen Landschaften geprägt – der Kleinen Tiefebene um Győr im äußersten Nordwesten, den bewaldeten Alpenausläufern im Südwesten, den Höhenzügen nördlich des Balaton (Transdanubisches Mittelgebirge) und dem weinreichen Hügelland im Süden.

◂ Bei nächtlicher Beleuchtung fast noch eindrucksvoller als bei Tag: die Kettenbrücke, eines der Wahrzeichen der ungarischen Hauptstadt

Kleine Tiefebene und Alpenvorland

Die Landschaft im äußersten Nordwesten Ungarns heißt Kleine Tiefebene (Kisalföld) – in Abgrenzung zur Großen Tiefebene. Der Mittelpunkt dieser von der Donau und ihren Nebenflüssen – Rába (Raab), Rábca (Rabnitz) und Marcal – durchzogenen Landschaft ist das Becken von Győr. Landschaftlich besonders anziehend sind vor allem die von Auwäldern bedeckte und von Donauarmen umflossene Insel Kleine Schütt (Szigetköz) bei Mosonmagyaróvár, das südliche Ufer des Neusiedler Sees (Fertő-tó) sowie einige inselartige Basaltkuppen wie z. B. der Somló bei Devecser.
Südlich der Kleinen Tiefebene bildet das Westungarische Alpenvorland (Alpokalja) die natürliche Westgrenze des Landes. Die maximal 1000 m hohen bewaldeten Mittelgebirge, das Günser Bergland (Kőszegi-hegység) und das Ödenburger Gebirge (Soproni-hegység), weisen zwar geologische Ähnlichkeiten mit den Alpen auf, werden jedoch nicht zu diesen gezählt. Der höchste Punkt des Günser Berglandes, der 883 m hohe Irottkő (Geschriebenstein), ist zugleich der höchste Gipfel Transdanubiens.

Republik Ungarn	**Fläche:** 93 000 km²
	Bevölkerung: 10,15 Mio.
Hauptstadt : Budapest	**Sprache:** Ungarisch

Transdanubisches Mittelgebirge

Vom Plattensee (Balaton) bis zum Donauknie zieht sich ein Höhenzug, der als Transdanubisches Mittelgebirge (Dunántúli középhegység) bezeichnet wird. Das westlichste Glied ist der bis zu 700 m hohe Bakony, der früher wegen seiner Buchen- und Eichenwälder auch Bakonywald genannt wurde. Er besteht aus mehreren parallelen Höhenzügen, die bis an das Nordufer des Plattensees heranreichen. Nach Osten folgen das niedrige Kalk- und Dolomitgebirge Vértes (482 m) und das nur 351 m hohe Velencer Gebirge, an dessen Südrand sich der Velencer See erstreckt. Die nordöstlichsten Glieder dieser Gebirgskette – Pilis, Gerecse und Ofener Bergland – wer-

Transdanubisches Mittelgebirge (Fts.)

den unter dem Namen Donauwinkelgebirge (Dunazug-hegység) zusammengefasst. Der mit 757 m höchste Gipfel des gesamten Transdanubischen Mittelgebirges erhebt sich im Pilis. Das Bindeglied zum Nordungarischen Mittelgebirge ist das Visegráder Gebirge, durch das sich die Donau ihren Weg gebahnt hat. Da der Strom hinter Esztergom nach einigen Windungen nahezu rechtwinklig nach Süden abknickt, erhielt das enge Durchbruchstal den Namen Donauknie (Dunakanyar). Mit seinen bewaldeten Hängen und alten, bedeutenden Städten ist es sowohl geografisch als auch kulturhistorisch eine der interessantesten Landschaften Ungarns.

Transdanubisches Hügelland

Die teils hügelige, teils flache Landschaft südlich des Balaton zwischen Donau und Drau (Dráva) wird Transdanubisches Hügelland (Dunántúli-dombság) genannt. Im Süden dieses Gebietes, bei Pécs, ragen das waldreiche Mecsek-Gebirge und das Gebirge von Villány aus der hügeligen Umgebung auf. Das größere und bis zu 682 m hohe Mecsek-Gebirge besteht vor allem aus Kalkstein und weist auch Karstgebilde wie die Tropfsteinhöhle von Abaliget auf. Das ebenfalls aus Kalk aufgebaute Villányer Gebirge ist überwiegend waldlos; die kahlen Abhänge sind mit den Narben von Steinbrüchen übersät. Die Südhänge beider Gebirge sind hervorragende Weinlagen.

Weites Land: die Große Tiefebene

Obstplantagen und Pusztalandschaft

Die Große Tiefebene (Alföld) östlich der Donau gilt als die typisch ungarische Landschaft schlechthin. Tatsächlich nimmt sie etwa die Hälfte der gesamten Fläche Ungarns ein. Ihrer Entstehung nach ist das Alföld eine Aufschüttungsebene und geologisch eine der jüngsten Landschaftsformen in Ungarn. Die Theiß (Tisza), der zweite große Strom des Landes, teilt die Große Tiefebene in zwei Regionen: das zwischen ihr und der Donau gelegene Donau-Theiß-Zwischenstromland (Duna-Tisza köze) und das sich östlich davon ausbreitende Tiszántúl (wörtlich: jenseits der Theiß). Die fruchtbaren Schwarzerdeböden, die sich durch regelmäßige Überflutungen zwischen den beiden Flüssen angesammelt haben, und das sonnige Klima bieten die besten Voraussetzungen für den Anbau von Obst und Gemüse, so dass hier große Obstbauplantagen, Weingärten und Felder das Bild bestimmen. Was man aber vor allem mit der großen Tiefebene verbindet, ist die flache, bisweilen öde anmutende Steppenlandschaft, die als Puszta bezeichnet wird (s. Baedeker Special S. 20). In den beiden Nationalparks Hortobágy und Kiskunság sind Teile dieser einzigartigen Landschaft unter Schutz gestellt.

Wälder und Karsthöhlen: Nordungarn

Nordungarisches Mittelgebirge

Dicht bewaldete Bergrücken, tief eingeschnittene Täler, Karsthöhlen und eine einzigartige Pflanzenwelt machen das Nordungarische Mittelgebirge zu einer der abwechslungsreichsten und schönsten Landschaften. Der Gebirgszug bildet die Fortsetzung des Transdanubischen Mittelgebirges, ist aber höher als dieses.
Im Westen hebt er an mit dem Börzsöny (300 – 400 m) und dem Cserhát-Gebirge. Aus dem vergleichsweise niedrigen Cserhát ragen

steile Basaltkuppen auf, die vor 1 bis 2 Mio. Jahren entstanden sind. Im Norden des Gebirges, bei dem Dorf Ipolytarnóc, befindet sich eine paläontologische Fundstätte, die oft etwas übertrieben als "ungarisches Pompeji" bezeichnet wird. Unter der Aschendecke eines gut 20 Mio. Jahre zurückliegenden Vulkanausbruchs blieben Spuren der damaligen Tier- und Pflanzenwelt konserviert.

Vom Cserhát-Gebirge durch das Tal des Flusses Zagyva getrennt, folgt weiter nach Osten die Mátra. Der mit dichten Laubwäldern bedeckte Gebirgszug – ebenfalls ein Relikt vulkanischer Tätigkeit – ist als Wandergebiet sehr beliebt und eine der wenigen Wintersportregionen des Landes. Schnee liegt hier vor allem auf dem 964 m hohen Galya und dem 1014 m hohen Kékes, den beiden höchsten Gipfeln in Ungarn. Milder zeigt sich das Klima an den nach Süden blickenden Ausläufern des Mátra-Gebirges, wo seit Jahrhunderten Weingärten die Hänge bedecken.

Auch das an die Mátra anschließende Bükk-Gebirge erreicht mit dem Istállós-kő (959 m) und Bálvány (956 m) passable Höhen. Das Erscheinungsbild dieses Hochplateaus aus Kalkstein ist rauer als das der Mátra.

Den Abschluss des Nordungarischen Mittelgebirges bildet im Nordosten das Zempliner Gebirge, das bis zu 899 m ansteigt. Charakteristisch sind hier die Vulkankuppen, von denen einige mit romantischen Burgruinen bekrönt sind. Der Hegyalja (= Bergfuß) genannte Südostabhang des Gebirges ist wohl das berühmteste ungarische Weinanbaugebiet.

Abendstimmung in der Hortobágy-Puszta: Wie Monumente ragen die Ziehbrunnen aus der flachen Landschaft.

Flüsse und Seen

Donau

Donau und Theiß sind die beiden wichtigsten Flüsse Ungarns. Die Donau (Duna) fließt rund 417 km auf ungarischem Gebiet, 140 km des Stroms bilden die Grenze zur Slowakei. Landschaftlich, aber auch kulturell besonders attraktiv ist der Flussabschnitt nördlich von Budapest, wo sich der Strom seinen Weg durch das Visegráder Gebirge bahnt – das Donauknie. Einige der meistbesuchten Städte Ungarns wie Esztergom, Visegrád oder Szentendre säumen hier den Fluss. Südlich von Budapest begleiten Industriestandorte den Flusslauf bis kurz vor Szekszárd, wo im Gemencer Wald die ursprüngliche Uferlandschaft der Donau bewahrt wurde.

Die Donau – hier bei Paks – ist Ungarns größter Fluss. Auf mehr als 400 km durchquert der Strom das Land.

Theiß

Rund 600 km schlängelt sich die Theiß (Tisza) durch Ungarn – das sind etwa zwei Drittel ihrer ursprünglichen Länge vor der Regulierung des Stroms im 19. Jahrhundert. Die Theiß wird im Unterschied zur “blauen Donau” häufig als “blond” bezeichnet, da sie gewaltige Mengen an gelblich schimmerndem Schwemmmaterial mit sich führt. Ein großes Problem sind die extremen Schwankungen in der Wasserführung, durch die es regelmäßig zu Überschwemmungen kommt, zuletzt im Frühjahr 2001 im Grenzgebiet zur Ukraine. Bereits einige Monate davor hatte die Theißregion eine Umweltkatastrophe erlebt, als in der rumänischen Goldmine Baia Mare Cyanidlauge ausströmte und den Fluss vergiftete.

Balaton und Kis-Balaton

Das größte stehende Gewässer Ungarns ist der knapp 600 km^2 große Plattensee. Der 78 km lange und maximal 15 km breite See ist im Durchschnitt nur 3 bis 4 m tief und wird hauptsächlich von dem Flüsschen Zala und einigen kleineren Bächen gespeist. Am flachen Südufer reiht sich Strandbad an Strandbad und Feriensiedlung an Feriensiedlung, am Nordufer bestimmen die sanften Hügel des Bakony die Silhouette. In der Nähe der Zala-Einmündung, am südwestlichen Ende des Sees, erstreckt sich das Sumpfgebiet des Kis-Balaton (Kleiner Plattensee), das heute wegen seiner Bedeutung als Rastplatz von Zugvögeln unter strengem Naturschutz steht. Vor einigen Jahrzehnten wurde dieses Gebiet trockengelegt – eine Maßnahme, die sich als falsch erwies. Als das ursprüngliche Sumpfgebiet wiederhergestellt war, begann sich auch die Wasserqualität des Balaton zu verbessern, da die Schwemm- und Schwebstoffe der Zala wieder im Becken des Kleinen Plattensees aufgefangen wurden.

Velencer See

Zwischen Balaton und Budapest liegt der 10 km lange und 2 bis 3,5 km breite Velencer See (Velencei-tó). Den im Durchschnitt nur 1 m tiefen See säumt an vielen Stellen ein breiter Schilfgürtel, in dem zahlreiche Vögel nisten. Gleichwohl wird die touristische Infrastruktur ständig ausgebaut, denn wegen seiner Nähe zur ungarischen Hauptstadt ist der See ein beliebter Badeplatz.

Neusiedler See

Der Neusiedler See (Fertő-tó), seit 2001 Weltnaturerbe der UNESCO, liegt zum größten Teil im Nachbarstaat Österreich. Nur etwa ein Viertel, genau gesagt 82 km^2 des Sees gehören zum Staatsgebiet von Ungarn. Auch dieses Gewässer, im Durchschnitt weniger als 1 m tief, ist an vielen Stellen von einem Schilfgürtel gesäumt. Infolge temporärer Wasserspiegelabsenkungen fallen hin und wieder große Gebiete trocken. Bis zur Öffnung des Landes nach Westeuropa lag der ungarische Teil des Neusiedler Sees im unzugänglichen Grenzgebiet, doch dann wurde auch dieses Gebiet nach und nach für den Tourismus erschlossen.

Nationalparks

Natur unter Schutz

In Ungarn gibt es zehn Nationalparks, von denen fünf allein in den 1990er-Jahren eingerichtet wurden. Der jüngste Nationalpark wurde 2002 ins Leben gerufen: das Naturschutzgebiet Őrség im äußersten Westen des Landes. Im Őrség herrscht ein subalpines Klima mit einer jährlichen Niederschlagsmenge von 700 – 950 mm. Charakteristisch für die Region sind Föhren- und Buchenwälder, Wacholder, Bärlappgewächse, Heidelbeeren und alle in Ungarn beheimateten Arten der Wintergrüngewächse. Auch die Fauna des Őrség ist äußerst mannigfaltig – u. a. sind hier Stein- und Baummarder, Hermeline und Fischotter beheimatet. Der Őrség ist zwar der jüngste, aber keinesfalls der einzige Nationalpark in Transdanubien. Ganz im Nordwesten liegt der Nationalpark Neusiedler See, der fünf Jahre nach dem Fall des Eisernen Vorhangs als ungarisch-österreichisches Gemeinschaftsprojekt gegründet wurde. Auch das Nordwestufer des Plattensees vom Kis-Balaton bis zur vulkanisch geprägten Halbinsel Tihany bildet heute einen Nationalpark, das Balaton-Oberland. Im Kis-Balaton, einem 40 km^2 großen Feuchtbiotop mit

Nationalparks (Fortsetzung)

vielen seltenen Pflanzen und Tieren, leben einige Vogelarten, die in anderen Teilen Europas bereits ausgestorben sind, darunter auch Seidenreiher. Ganz im Süden von Transdanubien wurde 1996 der Nationalpark Duna-Dráva ausgerufen. Der größte Teil dieser Region ist eine Hügellandschaft, aus der die Mecsek- bzw. Villányer-Gebirge inselartig herausragen. Eine Sonderstellung nimmt die Hortobágy-Puszta ein. Der mittlerweile 81000 ha umfassende Nationalpark bei Debrecen ist der größte Ungarns. Einem ähnlichen Landschaftsbild begegnet der Besucher im Nationalpark Kiskunság, einer 76 000 ha großen Puszta-Region bei Kecskemét, die 1979 von der UNESCO als Biosphären-Reservat ausgewiesen wurde. Der 1997 gegründete, rund 51000 ha große Nationalpark Körös-Maros besteht aus zwei Regionen der südostungarischen Tiefebene: dem Gebiet der beiden Körös-Flüsse und der Békés-Csanáder Lössgegend. Im Norden des Landes liegen die Nationalparks Duna-Ipoly, Bükk und Aggtelek. Der Nationalpark Duna-Ipoly umfasst außer dem Börzsöny-Gebirge auch die Gebirgslandschaft des Donauknies und das nördlich von ihr gelegene Eipel-Tal.

Klima

Viel Sonne, wenig Regen

Atlantische, kontinentale, aber auch mediterrane Einflüsse prägen das Klima Ungarns, das insgesamt als gemäßigt kontinental gilt. Dies zeigt sich einerseits in deutlichen, nach Osten hin zunehmenden Temperaturgegensätzen, andererseits in den geringen Niederschlägen, die in den trockensten Teilen des Alfölds schon den Übergang zum russischen Steppenklima signalisieren.
Typisch sind trockenwarme Sommer und mäßig kalte Winter mit einer raschen Erwärmung im Frühjahr und einer ebenso schnellen Abkühlung im Herbst. Nur kurzzeitig wird dieser Trend von Kälterückfällen wie den Eisheiligen (Mitte Mai) oder warmen Witterungsabschnitten wie dem Altweibersommer (Monatswende Sep-

Viel Sonne, wenig Regen (Fts.)

tember/Oktober) unterbrochen. Die dominierenden Westwinde sorgen ganzjährig für Niederschläge. Ein dicker Pluspunkt für das ungarische Klima ist die hohe Zahl von Sonnenstunden. Verantwortlich dafür ist vor allem die Lage des Landes im Pannonischen Becken, das von Gebirgen fast gänzlich umschlossen ist. An ihren Höhen regnen sich die herangeführten feuchten Luftmassen oft schon vor den Landesgrenzen ab. Zwischen Donau und Theiß scheint die Sonne mit jährlich 2100 Stunden am häufigsten (zum Vergleich: Kassel 1600 Std.). Sonne und Wärme sind wichtige Voraussetzungen für Ungarns Landwirtschaft, die u. a. auf den Anbau so anspruchsvoller Kulturpflanzen wie Paprika, Pfirsiche, Aprikosen oder auch Tabak setzt.

Temperaturen

Januar ist der kälteste, Juli der wärmste Monat. Im Sommer werden zwischen Juni und August im Bergland durchschnittlich 22 bis 24 °C, in den Niederungen 25 bis 28 °C gemessen (Kassel: 21 bis 23°C). Im südöstlichen Alföld, der heißesten Region des Landes, kann das Thermometer auch auf 40 °C klettern. Bis zum frühen Morgen kühlt es gewöhnlich auf 13 bis 15 °C ab, sodass sich die lauen Sommerabende bis weit nach Mitternacht genießen lassen. Der Winter ist im Flachland nicht allzu kalt. Selbst im Januar liegen die mittleren Tagestemperaturen noch knapp über dem Gefrierpunkt, während es in den Nächten meist leichten bis mäßigen Frost gibt. Arktische Kaltlufteinbrüche aus Nordosten können die Temperaturen im Januar und Februar allerdings massiv abrutschen lassen, im Extremfall bis zu −30 °C. In den Bergen packt der Winter deutlich fester zu als in den Niederungen. Leichter bis mäßiger Dauerfrost, unterbrochen von kurzen Tauwetterphasen, ist hier von Anfang Dezember bis Mitte März an der Tagesordnung.

Niederschläge

Die Niederschläge erreichen landesweit einen Jahresdurchschnitt von 600 mm. Trockenste Region Ungarns ist das zentrale Alföld mit weniger als 500 mm. Von hier aus steigen die Mengen gegen die nördlichen Mittelgebirge und den Alpensaum im Westen auf bis zu 1000 mm an. Der meiste Regen fällt im Sommer, überwiegend in Form kräftiger Gewittergüsse. Aber allzu häufig passiert das nicht, wie die mittlere Zahl der Regentage von Budapest zeigt (Juni–August: je sechs bis acht Tage). Überdurchschnittlich nass ist der Herbst im Südwesten Ungarns und am Balaton, wo Adriatiefs auf ihrem Weg nach Nordosten ergiebigen Regen bringen können. Die Winterniederschläge fallen im Tiefland überwiegend als Regen.

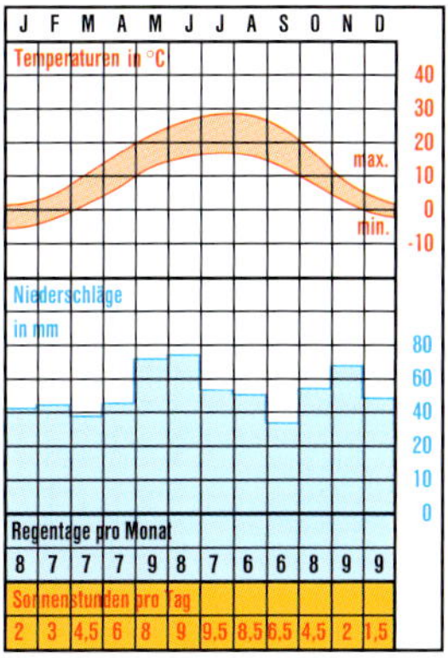

Budapest

Schnee

15 bis 25 Schneefalltage pro Jahr bringen dem Alföld zumeist nur eine dünne Schneedecke von wenigen Zentimetern. Anders in den Bergen: Hier ist die weiße Pracht normalerweise keine Mangelware. Auf dem 1014 m hohen Kékes, dem höchsten Berg des Landes, liegt im Mittel an rund 110 Tagen eine geschlossene Schneedecke. In den sehr milden Wintern der vergangenen Jahre waren die Wintersportverhältnisse selbst in den Hochlagen oft unbefriedigend.

Ödes Land

Eine baumlose Ebene mit fahlgrüner Grasdecke, staubige Landstraßen, strohgedeckte Hütten und Ziehbrunnen, die in der Abendsonne wie Mahnmale wirken vor dem weiten Horizont – diese und ähnliche Assoziationen verbinden sich mit der Puszta, die vielen als Inbegriff der ungarischen Natur- und Kulturlandschaft gilt.

Puszta im eigentlichen Sinne bezeichnet die Grassteppe, die sich im einstigen Überschwemmungsgebiet der Theiß ausbreitet. Weideland wechselt hier mit Eichen-, Eschen und Ulmenwäldern, mit Fluss-Altarmen, Feuchtgebieten, Treibsandflächen und vereinzelt auch Sanddünen. Ungarns Vorzeige-Puszta ist die Hortobágy. Ihr 115 km² großes Kerngebiet wurde 1973 als erster Nationalpark Ungarns ausgewiesen und 1999 in die Welterbeliste der UNESCO aufgenommen. Das Ödland ist Rückzugsraum einer vielfältigen Flora und Fauna. Diese Landschaft wurde bis zur Theiß-Regulierung im 19. Jh. mit schöner Regelmäßigkeit von der Theiß überschwemmt. Die salzhaltigen Flussablagerungen gen verwitterten zu humusreichen alkalischen Böden, auf deren Kurzgras-Vegetation bestes Weideland entstehen konnte.

Die Ziehbrunnen sind ein charakteristisches Element der Puszta-Landschaft.

Csikós und Gulyás

Die Hortobágy ist uraltes Siedlungsgebiet. Gegen Ende des 1. Jh.s ließen sich Reitervölker aus Mittelasien im Land an der Theiß nieder und betrieben Landwirtschaft und Viehzucht. Vom 10. Jh. bis zum 13. Jh. taten es ihnen die Ungarn gleich. Im Laufe des Mittelalters entwickelte sich in der Hortobágy eine hierarchische und wohl organisierte Hirtenkultur. Der einfache Kuhhirt hieß Gulyás, ihm übergeordnet war der Pferdehirt, der Csikós. Gezüchtet wurden Langhorn-Graurinder, Zakkel- bzw. Racka-Schafe mit ihren spiralig gewundenen Hörnern, Nonius-Pferde und Mangalica-Wollschweine. Im 15. Jh. tauchte erstmals der Begriff "Puszta" für die Region auf. Puszta bezeichnet unbesiedeltes, aber bewirtschaftetes Land. Wie war es dazu gekommen? Durch die Tartaren- und Türkeneinfälle, die im 14. Jh. begannen und bis ins 18. Jh. anhielten, kamen viele Bewohner ums Leben oder sie wanderten ab. Auch nach dem Ende der Türkenüberfälle konnten sie sich nicht zur Rückkehr in ihre alte Heimat entschließen, nutzten sie jedoch als Weideland.

Ab 1846 wandelte sich das Bild der Pusztalandschaft grundlegend. Damals begann man, den Flusslauf der Theiß zu regulieren, Kanäle anzulegen und Flutwehre zu bauen. Die Eindämmung der Theiß bewirkte jedoch das allmähliche Verschwinden der ursprünglichen Galeriewälder und Feuchtgebiete. Aus Weideland wurde Ackerland, auf dem man Getreide anbaute und Fischteiche anlegte. Doch die Folgen blieben nicht aus: Dadurch, dass die Theiß nicht mehr über die Ufer trat, fehlten den Böden wertvolle Nährstoffe, die sie durch das Hochwasser erhalten hatten. Sie laugten mehr und mehr aus und die Erträge schrumpften.

Die aus Holz geschnitze Flöte gehört zur traditionellen Ausstattung des Hirten.

Die Hortobágy wird Nationalpark

Viele Jahrzehnte schaute man dem Rückgang der Pusztalandschaft tatenlos zu. Erst in den 1970er-Jahren setzte ein Umdenken ein: 1973 wurde die Puszta von Hortobágy zum ersten Nationalpark Ungarns erhoben. Unter Schutz gestellt wurden nicht nur die Galeriewälder an der Theiß und die Wasserlöcher im einstigen Überschwemmungsgebiet, sondern vor allem auch die alten Eichenwälder von Ohat und Újszentmargita, die baumlosen Kurzgrasebenen und die kargen Salzwiesen. Der Hortobágy-Nationalpark ist inzwischen zu einem der artenreichsten Vogelschutzgebiete Europas geworden, in dem über 330 verschiedene Spezies beobachtet werden können, darunter viele Zugvögel wie Kraniche, Störche und Wildgänse. Schafe, Rinder und Pferde werden heute wieder in der Puzsta gezüchtet. Vor allem für die Touristen wird das Erbe der Hirtenkultur mit nachgestellten Landhochzeiten, Zigeunerkapellen und Csárdás-Tanzvorführungen sowie waghalsigen Reiterkunststücken gepflegt. Noch ganz jung ist der nachhaltig-ökologische Anbau von Getreide, Hirse, Sonnenblumen und Wein in der Puszta. Die Bioprodukte werden vor allem im Ausland abgesetzt, in Ungarn selbst ist dieser Markt erst im Aufbau.

Klima (Fts.), Nebel

Im Spätherbst und Winter ist oft Nebel angesagt. Feuchte Luft und schwacher Wind sind die idealen Voraussetzungen für die Bildung von Boden- und Hochnebel. In den Niederungen ist dies im Dezember, dem nebelreichsten Monat, an durchschnittlich sieben bis elf Tagen der Fall. Als Nebellöcher gelten die Flussniederungen von Donau und Theiß sowie der Großraum Budapest (43 Tage/Jahr), wo Abgase aus Industrie und Verkehr zusätzlich für dicke Luft sorgen.

Reisezeit

▶ Praktische Informationen von A bis Z

Ausblick

Sommerliche Hitzewellen, schwere Unwetter mit heftigen Gewittern, Hagel, sintflutartigen Regenfällen und Überschwemmungen wie im August 2002 haben in den letzten Jahren auch in Ungarn merklich zugenommen. Und auch die kalte Jahreszeit ist nicht mehr das, was sie einmal war. Strenge Winter mit anhaltenden Frostperioden und Schnee sind seit Ende der 1980er-Jahre wie überall in Mittel- und Osteuropa selten geworden. Stattdessen dominiert mildes Westwindwetter, das nur noch von kurzen winterlichen Episoden unterbrochen wird. Nach Ansicht führender Klimawissenschaftler wird sich der Trend zu Extremwetterlagen infolge der globalen Erwärmung weiter verschärfen.

Pflanzen und Tiere

Pflanzen

Vegetation in den Mittelgebirgen

Im Verhältnis zur (kleinen) Fläche ist die Pflanzenwelt des Landes mit mehr als 2000 Arten sehr vielfältig. Der Grund hierfür liegt v. a. in den verschiedenen klimatischen Einflüssen, die auf das Gebiet einwirken. Im Transdanubischen und Nordungarischen Mittelgebirge findet man Laubwälder. Auch die höchsten Gebirgsteile bleiben noch unter der Nadelwaldgrenze, Kiefern und Eiben sind nur fleckenweise einheimisch. In höheren Lagen und an Nordabhängen sind Buchenwälder, in niedrigeren Bereichen und auf Südhängen Eichen und Eschen vorherrschend. In den Hügelländern Transdanubiens, im Mecsek und im Gebirge von Villány, kommen auch Baumarten des Mittelmeergebietes vor wie z. B. die Edelkastanie. In den niederschlagsreichen Gebieten Westungarns sind in niedrigeren Lagen Buchen zu finden. Die Grünerlen und die Farnarten des Günser Berglandes und des Ödenburger Gebirges weisen schon auf den atlantischen Einfluss hin. In den verkarsteten Kalk- und Dolomitgebieten sind Hainbuchen, Eschen sowie Hagebuttensträucher, Weißdorn und Schlehen heimisch.

Vegetation in den Tiefebenen

Die ursprüngliche Vegetation der Tiefebenen war zur Zeit der ungarischen Landnahme, d. h. um 900, eine Steppe mit lichten Laubwäldern, Mooren, Steppenwiesen und Auwäldern entlang der Flüsse. Die baumlose Pusztalandschaft mit der fahlgrünen, niedrigen Grasdecke und mit den Luftspiegelungen über den überhitzten weiten Flächen ist größtenteils eine von Menschenhand geschaffene Kultursteppe (▶ Baedeker Special S. 20). Die letzte klimatisch bedingte Steppenperiode gab es im Karpatenbecken etwa 9000 – 7500 vor unserer Zeit. Eine eigenartige Vegetation haben die Gebiete mit

Die ungarischen Graurinder mit ihren langen Hörnern werden auch heute noch in der Bugac- und in der Hortobágy-Puszta gezüchtet.

Vegetation in den Tiefebenen (Fts.)

Sand- bzw. Salzböden. Auf Sandböden stehen einige Pappelarten, Eichen, Eschen und Ulmen. Mancherorts – wie bei Bugac im Kiskunság-Nationalpark – trifft man noch auf Wacholder. Weit verbreitet ist die im 17. Jh. aus Amerika eingeführte Akazie (Robinie). Die natürliche Pflanzenwelt der Tiefebenen ist noch am bestem auf den Sodaböden erhalten. Rispen-Süßgräser, Kamille und Wermutkraut zeigen solche Böden an. Auf den landwirtschaftlich intensiv genutzten Lössböden findet man nur noch einzelne Rudimente der natürlichen Vegetation.

Tiere

Wildtiere

Von den rund 32 000 Tierarten, die in Ungarn gezählt wurden, entfallen nur etwa 85 auf die Säugetiere. Vor allem Großwild ist in den letzten Jahrhunderten mehr und mehr aus dem Land verschwunden. Bereits im 13. Jh. sind die Auerochsen ausgestorben. Im 18. Jh. sah man die letzten Elche und Wisente. Wölfe, Bären und Luchse haben sich in die Wälder der Karpaten zurückgezogen. Diese Tiere erscheinen nur noch in besonders harten Wintern in den östlichen Grenzregionen. Relativ häufig, vor allem im Nordungarischen Mittelgebirge, sieht man noch Füchse und Marder, die inzwischen sogar in dichter besiedelte Gebiete vordringen. In den ungarischen Wäldern leben zahlreiche Rehe, Wildschweine und Hirsche, im Mátra- und Bükk-Gebirge gibt es auch Mufflons. Da unberührte Flussauen immer mehr aus dem Landschaftsbild verschwinden, ist das Aussterben der Otter in Ungarn bereits absehbar.

Tiere (Fts.), **Vögel**

Der Lebensraum der Vögel wurde durch Flussregulierung und Trockenlegung weiter Flächen stark eingeengt. Die letzten Silberreiher nisten in den Schilfdickichten des Kleinen Plattensees und des Neusiedler Sees. Kormorane, Stelzenläufer und Säbelschnäbler kann man häufiger in den Tiefebenen beobachten. In größeren Populationen treten Wildenten, Gänse, Kraniche, Rohrdommeln, Fasane und Türkentauben auf. In den Frühlings- und Herbstmonaten sind viele Zugvögel (z. B. Blessgänse) im Bereich der Hortobágy und am Fehér-tó bei Szeged zu Gast. Im ganzen Land haben Störche ihre weithin sichtbaren Nester. Die früher sehr zahlreichen Trappen haben sich in die Theiß-Auen zurückgezogen. Vom Aussterben bedroht sind Falken, Eulen und Adler.

Fische

Die Flüsse und Seen Ungarns sind besonders reich an Karpfen, Hechten, Schleien, Aalen, Hechtbarschen und Weißfischen, aber auch der Stör und die Barbe, das Knorpelmaul und der Döbel sind in den Gewässern Ungarns heimisch.

Das zottelige Fell ist sein Markenzeichen: der ungarische Hirtenhund

Nutztiere und Haustiere

Die Tierhaltung spielt in Ungarn seit eh und je eine große Rolle. Typisch für die ungarische Weidewirtschaft war in der Vergangenheit das Ungarische Graurind, das inzwischen durch Neuzüchtungen ersetzt wurde. Ähnliches tut sich in der Schweinezucht: Das altbekannte Ungarische Fett- oder Wollschwein wird zunehmend durch westeuropäische Schweinerassen verdrängt. Auf den kargen Weideflächen im Nordosten sowie zwischen Donau und Theiß sieht man besonders viele Schafe, darunter das Zackelschaf, das kleinwüchsige Ungarische Merinoschaf und das bräunlich bis rötliche Ratzka-Schaf. Nicht zu vergessen die Geflügelzucht: Hühner, Gänse, Truthähne und Enten sind aus der ungarischen Kulturlandschaft nicht wegzudenken. Traditionell bedeutsam ist die ungarische Pferdezucht, die sich vor allem Vollblutrassen wie z. B. den Lipizzanern widmet. Landestypische Hunderassen sind der Puli und der Ungarische Hirtenhund.

Bevölkerung

Einwohnerzahl, Bevölkerungsdichte

In Ungarn leben zurzeit rund 10,15 Mio. Menschen. Das entspricht einer durchschnittlichen Bevölkerungsdichte von 109 Einw./km^2. Im Süden und Osten Ungarns, vor allem in der Großen Tiefebene, wird dieser Mittelwert deutlich unterschritten. Die regionale Bevölkerungsverteilung ist das Ergebnis einer großen Binnenwanderung nach dem Zweiten Weltkrieg und der Industrialisierung des Landes in den 1950er- und 1960er-Jahren. Zigtausende verließen die überwiegend landwirtschaftlich genutzten Gebiete Südtransdanubiens und der Großen Tiefebene und wanderten ab in die industriellen Ballungszentren, insbesondere in die Hauptstadt Budapest, wo heute fast 20 % der Gesamtbevölkerung leben. Das Gefälle zwischen den Industriestandorten und den industriell wenig entwickelten Regionen ist ein bislang ungelöstes Problem in Ungarn – geändert hat sich allein die Form der Abwanderung: Rund 15 % der Arbeitnehmer pendeln zwischen Arbeitsplatz und Wohnort.

Bevölkerungsdichte (Fts.)

Zuverlässige Aussagen über Bevölkerungsentwicklung in Ungarn sind schwierig, da sich das Staatsgebiet dieses Landes in den vergangenen Jahrhunderten mehrfach veränderte bzw. verkleinerte und die älteren Erhebungen sich meistens auf das Gebiet des gesamten Karpatenbeckens beziehen. Die Zahl der um 900 ins Karpatenbecken eingewanderten Magyaren wird auf 250 000 geschätzt. Die hohe Bevölkerungszahl von 5 Mio. im 15. Jh. sank durch die Türkenkriege um das Jahr 1700 auf ca. 2,5 Mio., doch 1787 wurden bereits wieder 8 Mio. gezählt (auf das heutige Staatsgebiet bezogen 2,7 Mio.). Vor dem Friedensschluss zu Trianon 1920 hatte Ungarn rund 20 Mio. Bewohner. Nach dem Zweiten Weltkrieg war die Bevölkerungszahl durch Kriegsverluste und Deportationen, aber auch durch die Umsiedlungen und die Vertreibung der Ungarndeutschen Ende der 1940er-Jahre erneut gesunken. In den 1960er- und 1970er-Jahren stieg die Einwohnerzahl, u. a. durch das rigorose Abtreibungsverbot der frühen 1950er-Jahre, wieder stark an und erreichte 1980 mit 10,7 Mio. ihren vorläufigen Höchststand.

Bevölkerungsentwicklung

Kirche und Staat sind in Ungarn nach der Verfassung von 1949 getrennt. Der letzten Volkszählung im Jahr 2001 zufolge ist die katholische Kirche mit rund 6 Mio. Mitgliedern die größte Konfessionsgemeinschaft. Es gibt in Ungarn vier Erzbistümer (Eger, Esztergom-Budapest, Veszprém und Kalocsa-Kecskemét) und neun Bistümer. Etwa 19 % der Bevölkerung gehören der kalvinistischen und je 5 % der evangelischen bzw. der griechisch-katholischen Kirche an. Rund 2 % der ungarischen Bürger bekennen sich zur griechisch-orthodoxen Kirche. Die jüdische Gemeinde in Ungarn ist trotz der Vernichtung und Vertreibung Hunderttausender während des Zweiten Weltkriegs mit 100 000 Mitgliedern (etwa 1 % der Bevölkerung) die größte Mitteleuropas. In Budapest, wo die meisten Juden leben, wurde das Rabbiner-Institut, die einzige jüdische Hochschule Osteuropas, eingerichtet.

Kirche und Religion

Nach der Kirchenverfolgung in den 1950er- und den frühen 1960er-Jahren, die mit dem Verbot von beinahe allen Orden, der Schließung von kirchlichen Schulen und der Verhaftung von Priestern einherging, ließen seit den 1970er-Jahren die Repressionen nach. Seit dem Systemwechsel 1989 erstarkte die Position der Kirchen wieder. An den meisten Schulen gibt es einen fakultativen Religionsunterricht; Ordensgemeinschaften sind wieder zugelassen und enteigneter Kirchenbesitz wurde zum Teil zurückerstattet.

Volksgruppen und Minderheiten

Seit dem Zweiten Weltkrieg gibt es in Ungarn keine große nichtungarische Nationalität mehr. Rund 90 % der Bevölkerung bezeichnen sich als Ungarn. Dennoch ist der ehemalige Vielvölkerstaat ein

Staat mit vielen Minderheiten

Minderheiten (Fortsetzung)

Land mit vielen Minderheiten: Deutsche, Rumänen, Slowaken, Serben, Kroaten und Griechen sowie die Sinti und Roma leben hier. Auch die Ungarn sind seit dem Ersten Weltkrieg in einigen Nachbarstaaten eine Minderheit: 570 000 Ungarn leben in der Slowakei, 150 000 in der Ukraine, 2 Mio. in Rumänien, 500 000 in Serbien, Kroatien und Slowenien sowie 10 000 in Österreich.

Sinti und Roma sind in Ungarn eine große, aber nur ungern geduldete Minderheit. Oft verdienen sie ihr Geld als fliegende Händler wie hier am Brückenmarkt in Hortobágy.

Ungarndeutsche

Die zahlenmäßig größte Gruppe nach den Sinti und Roma sind die Deutschen, überwiegend Nachkommen der ehemaligen Ostsiedler, die im 18. Jh. ins Land geholt und im Großraum Budapest (traditionell deutsche Siedlungen sind z. B. die Vorstädte Budaörs und Budakeszi), in der Nähe der Westgrenze und in der Region zwischen Pécs und Baja, der sog. Schwäbischen Türkei, ansässig wurden. Vor dem Ersten Weltkrieg gab es in Ungarn noch etwa 500 000 Deutschstämmige. Ihre Zahl schrumpfte insbesondere durch die Zwangsaussiedlung nach dem Zweiten Weltkrieg, im Zuge derer 170 000 bis 190 000 Menschen das Land verließen. Seit den 1970er-Jahren ließ der Druck auf die Ungarndeutschen deutlich nach. Sichtbare Zeichen der entspannteren Situation sind die zahlreichen Einrichtungen zur Pflege des nationalen Kulturgutes, wie z. B. Nationalitätenverbände, deutschsprachige Schulen, Kulturvereine, eigene Bibliotheken und Heimatmuseen. Auch die zweisprachigen Ortsschilder, wie beispielsweise bei Villány gesehen, sind Ausdruck eines neuen Selbstbewusstseins.

Eine weitere große Minderheitengruppe ist die der Slowaken, die außer an der Nordgrenze Ungarns vor allem im Südosten des Tiszántúl wohnen. Der slowakische Bevölkerungsanteil reduzierte sich erheblich durch den Bevölkerungsaustausch in den Jahren 1945 bis 1948 zwischen Ungarn und der damaligen Tschechoslowakei. Die etwa 10 000 Südslawen (Kroaten, Serben, Slowenen) leben vor allem entlang der Drau in Südtransdanubien und im südlichen Teil des Donau-Theiß-Zwischenstromlandes. In dem ehemaligen Serbenstädtchen Szentendre nördlich von Budapest ging die Zahl der serbischen Familien stark zurück. Das Siedlungsgebiet der etwa 11 000 Rumänen in Ungarn befindet sich entlang der rumänisch-ungarischen Grenze im äußersten Südosten des Landes.

Slowaken, Südslawen, Rumänen

Etwa 400 000 Sinti und Roma leben in Ungarn. Ihre Integration wirft große soziale und politische Probleme auf. Mit Ausnahme einiger reicher Musiker- und Kaufmannsfamilien nehmen die Sinti und Roma die unterste Stufe der gesellschaftlichen Hierarchie ein. Durch die mangelnde Schulbildung sind sie besonders von Arbeitslosigkeit und Armut betroffen – die Arbeitslosenrate liegt bei 60 bis 70 %. Die sozialen Spannungen führen zu einer gesteigerten Kriminalität und diese wiederum zur Bekräftigung der ohnehin schon vorhandenen Vorurteile.

Sinti und Roma

Städte und Dörfer

Mitte der 1990er-Jahre lebten 61 % der ungarischen Bevölkerung in den 166 Städten des Landes, mehr als 25 % im Ballungsgebiet von Budapest. Die herausragende Stellung der Zweimillionen-Metropole innerhalb der Siedlungsstruktur Ungarns ist historisch bedingt: Die einstigen urbanen Gegenpole aus den Zeiten der Donaumonarchie wie Preßburg (Bratislava, Pozsony), Kaschau (Košice, Kassa), Klausenburg (Cluj, Kolozsvár), Agram (Zagreb, Zágráb) oder Temeschwar (Timișoara, Temesvár) liegen seit dem Ersten Weltkrieg nicht mehr auf ungarischem Staatsgebiet, und die heutigen großen Provinzstädte Debrecen, Miskolc, Szeged, Pécs, Győr, Nyíregyháza, Székesfehérvár und Kecskemét konnten diese Rolle nur zum Teil übernehmen.

Allgemeines

Der Entstehung nach sind verschiedene Stadttypen zu unterscheiden. Häufig ist eine Burg Ausgangspunkt der Siedlung, wobei diese durch ihre Höhenlage (so in Esztergom, Buda oder Veszprém) oder durch sumpfiges Gelände (Csongrád, Gyula, Komárom, Szigetvár u. a.) der Siedlung Schutz bot. Baja, Mohács, Győr und Pest liegen an Furten, Eger, Gyöngyös, Hatvan oder Miskolc am Übergang von der Ebene zum Bergland. Eine typisch ungarische Siedlungsform haben die Agrarstädte der Großen Tiefebene. Sie entstanden in den unruhigen Zeiten der Türkenherrschaft, als in der Tiefebene weite Landstriche verwüstet wurden und die Bevölkerung in die größeren Ortschaften floh, die oft den Schutz des Sultans genossen (sog. Khas-Städte). Während im 19. Jh. noch mindestens 50% der Erwerbstätigen in diesen Städten in der Landwirtschaft beschäftigt waren, sind es heute gerade noch 20%. Die von fruchtbarem Ackerland umgebenen Siedlungen sind bis heute nur im Zentrum städtisch und von einem breiten Gürtel ländlicher Vororte umgeben.

Städte

Bevölkerung (Fortsetzung), Dörfer

Die Geografie des Landes hat verschiedene Formen von Dörfern hervorgebracht. Die kleineren Dörfer in den hügeligen bzw. bergigen Regionen liegen als Straßendörfer in Tälern oder schmiegen sich als Haufendörfer an windgeschützte Hänge. In den flachen Regionen sind die Dörfer größer und weiter gestreut. Das traditionelle ungarische Bauernhaus ist ein lang gestrecktes, eingeschossiges Gebäude mit dem charakteristischen, oft weinrebenbewachsenen Laubengang an der Längsseite. Auf die Zeiten der Türkenherrschaft geht das Einzelgehöft der Großen Tiefebene, die "Tanya" zurück. Nach dem Abzug der Türken zogen Bauern aus dem Schutz der Städte wieder auf die Felder und errichteten dort einzeln stehende, provisorische Wirtschaftsgebäude, die dann später zu ständigen Wohnstätten wurden. Mit ähnlichen Einzelgehöften wurden die durch die Flussregulierung trockengelegten Gebiete an der Theiß oder an der Donau in der zweiten Hälfte des 19. Jh.s besiedelt. Heute wohnen nur noch etwa 3–4 % der Bevölkerung Ungarns auf diesen Einzelgehöften. Die meisten anderen sind in die Industriestädte des Landes abgewandert, weil ihnen das Leben in einer Tanya zu beschwerlich wurde. Neuerdings geht der Trend wieder dahin, die ländliche Infrastruktur zu verbessern und die Einzelgehöfte als Zweitwohnungen zu nutzen.

Typisches Winzerhaus in Villány mit Laubengang und Strohdach

Staat und Gesellschaft

Vom Königreich zur Republik

Das Königreich Ungarn existierte vom Jahr 1000 bis zum Februar 1946. Danach, während der kommunistischen Ära, nannte sich das Land Volksrepublik, und seit dem 23. Oktober 1989 heißt es offiziell Republik Ungarn. Verwaltungsmäßig ist Ungarn in 19 Bezirke, so genannte Komitate, und den Hauptstadtbezirk Budapest unterteilt. Die Großstädte Miskolc, Debrecen, Pécs, Győr, Szeged und Nagykanizsa sind den Komitaten gleichgestellt.

Verfassung

Durch die letzte Verfassungsänderung im Jahr 1989 wurde Ungarn von der sozialistischen Volksrepublik zu einer Republik auf der Grundlage der parlamentarischen Demokratie. Die oberste Staatsgewalt liegt bei der Nationalversammlung, ein Einkammerparlament mit 386 Abgeordneten, das auf vier Jahre gewählt wird. Im März/April des Jahres 1990 fanden die ersten freien Parlamentswahlen statt. Der Wahlmodus ist eine Mischung aus Persönlichkeits- (Direktmandate) und Listenwahl (Mandate über Komitatslisten). Das auf sechs Jahre vom Parlament gewählte Staatsoberhaupt, der Staatspräsident, hat Befugnisse, die denen des Bundespräsidenten in Deutschland nahe kommen. Erster Staatspräsident des nichtkommunistischen Ungarn wurde im Mai 1990 Árpád Göncz, Präsident des Schriftstellerverbandes und Gründungsmitglied des "Bundes Freier Demokraten". Der jetzige Staatspräsident, Ferenc Mádl, ist seit 2001 im Amt.

Verfassung (Fortsetzung)

Der Ministerpräsident wird dem Parlamentszyklus entsprechend für vier Jahre vom Parlament – auf den Vorschlag des Staatspräsidenten hin – gewählt; er ernennt die Regierungsmitglieder. Mit der Verfassungsänderung ebenfalls neu eingeführt wurden der Rechnungshof und der Verfassungsgerichtshof, dessen 15 Verfassungsrichter für neun Jahre vom Parlament gewählt werden.

Parteien

Der politische Umschwung in Ungarn bedeutete das Ende des Einparteiensystems. Von den (überwiegend) neu gegründeten Parteien schafften bei der Wahl 1990 sechs den Einzug in die Nationalversammlung. Zwischen 1990 und 2002 waren zweimal die konservativen Parteien und einmal das linksliberale Lager an der Regierung. Die letzten Parlamentswahlen im April 2002 verloren die bürgerlichen Kräfte knapp. Die Bauernpartei und die nationalradikale Partei erreichten nicht einmal 5 % der Stimmen und sind deshalb in der laufenden Legislaturperiode nicht im Parlament vertreten. Die neue Regierungskoalition besteht aus der Sozialistischen Partei – der Nachfolgepartei der Kommunisten – und dem Liberalen Bund der freien Demokraten. Ministerpräsident ist Péter Medgyessy. FIDESZ, die konservative Partei des vorherigen Ministerpräsidenten Viktor Orbán, und MDF bilden die Opposition.

Außenpolitik

Der Fall des Eisernen Vorhangs bedeutete auch das Ende des Ostblocks. Ungarn hatte bereits unter Kádár die Öffnung nach Westen vergleichsweise weit vorangetrieben und suchte nun den wirtschaftlichen und politischen Anschluss an Westeuropa. So wurde Ungarns Beitritt zur Nato 1999 von der Mehrheit der Bevölkerung begrüßt, und auch die Aufnahme in die Europäische Union hat das Land konsequent angesteuert. Im Rahmen einer Volksbefragung am 12. April 2003 haben rund 83 % der Bevölkerung den EU-Beitritt befürwortet.

Wirtschaft

Vom Gulasch-Kommunismus zur Marktwirtschaft

Bereits in den Zeiten vor dem Systemwechsel 1989/1990 unterschied sich die ungarische Wirtschaft von der anderer sozialistischer Staaten, denn die ideologischen Fesseln der Planwirtschaft wurden in Ungarn seit 1968 gelockert. Durch die hohe Staatsverschuldung hatten die Ungarn im Zeitalter des "Gulasch-Kommunismus" so manches, wovon ihre sozialistischen Nachbarn nur träumen konnten. Doch der bescheidene Wohlstand erwies sich als trügerisch und die Schuldenlast ist ein Erbe, an dem das Land bis heute schwer zu tragen hat.

Nach dem Übergang zur Marktwirtschaft flossen die meisten ausländischen Investitionen, die v. a. aus den deutschsprachigen Ländern kamen, in den Maschinen- und Kraftfahrzeugbau und in die Nahrungsmittelindustrie. Als Folge der Privatisierungs- und Investitionsprogramme rückte Ungarn unter den Kandidaten zur Osterweiterung der EU neben Slowenien auf den Spitzenplatz (Beitritt Mai 2004). Seit Jahren erreicht die ungarische Wirtschaft ein

Wirtschaft, Allgemeines (Fortsetzung)

Wachstum von 3,5 % – 5,5 %. Mitte 2003 lag die Inflationsrate unter 6 % und die Arbeitslosenquote unter 5,5 %. Doch die wirtschaftliche Lage ist deshalb keineswegs rosig – zumindest nicht für alle Gesellschaftsschichten. Die Umwälzungen haben u. a. auch dazu geführt, dass sich die Einkommensschere mehr und mehr öffnet. Während Führungskräfte in Banken und in der Industrie schon beinahe Gehälter wie in westeuropäischen Staaten beziehen, liegt das durchschnittliche Nettomonatseinkommen im Land immer noch bei 350 Euro. Die gestiegenen Lebenshaltungskosten bedeuten vor allem für ungelernte Arbeitskräfte und Rentner eine schwere Belastung.

Land- und Forstwirtschaft, Fischerei

Agrarland mit Tradition

Mehr als zwei Drittel der wirtschaftlich nutzbaren Gebiete des Landes werden von der Land- und Forstwirtschaft beansprucht. Bis 1945 teilten sich die Großgrundbesitzer das Land. Später, unter den Kommunisten, lag die Landwirtschaft in den Händen der LPGs. Die Rückgabe der verstaatlichten Güter an die Bauern nach 1990 manövrierte diesen Wirtschaftszweig in eine bis heute anhaltende Krise.

Anbauprodukte

Mehr als die Hälfte aller Ackerflächen in Ungarn beansprucht das Getreide. Setzt man die Anbaufläche für Weizen und Mais ins Verhältnis zur Einwohnerzahl, dann wird Ungarn in Europa nur noch von Dänemark übertroffen. Während Weizen, Mais, Gerste und Sonnenblumen im ganzen Land angebaut werden, sind es im Nordosten vor allem Roggen und Kartoffeln. Der Gewürzpaprika stammt aus dem Raum Kalocsa, das Gebiet um Szeged ist berühmt für seinen süßen Paprika. Aus dem Südosten des Landes kommen die meisten Zwiebeln und Knoblauch. Im Nordosten sowie zwischen Donau und Theiß liegen große Obstplantagen, in denen Äpfel, Birnen, Pflaumen, Aprikosen, Kirschen und Pfirsiche gezogen werden. Am Plattensee werden sogar Mandeln und Feigen angebaut. Die hohe Sonnenscheindauer ermöglicht auch den Weinbau im großen Stil. Die bekanntesten Weinbaugebiete liegen in der Umgebung von Tokaj, Eger, Pécs, Sopron und am Plattensee. In Ungarn werden jährlich 3 – 4 Mio. hl Wein gekeltert.

Viehzucht

Rinderzucht, Schweinemast und Schafhaltung haben eine lange Tradition in Ungarn. Große Bedeutung kommt der Geflügelzucht zu, die beinahe genauso viel Ertrag abwirft wie die Großviehzucht. Ob die Züchtung von Rassepferden, wie sie u. a. in Mezőhegyes, Bábolna und Szilvásvárad betrieben wird, auch unter marktwirtschaftlichen Voraussetzungen Erträge abwirft, wird die Zukunft zeigen. Das ehemalige Staatsgut Bábolna arbeitet seit ein paar Jahren unter privatwirtschaftlicher Leitung. Nicht zu unterschätzen sind die Fischerei und Teichwirtschaft des Landes, u. a. die Forellenzucht.

Industrie

Rohstoffarmes Land

Ungarn ist relativ arm an Bodenschätzen, das Land ist auf die Einfuhr von Energieträgern angewiesen. Größere Steinkohlevorkommen sind im Mecsek-Gebirge aufgeschlossen. Erdöl quillt an einigen Stellen im Süden der Großen Tiefebene aus dem Boden. Nennenswerte Erdgasfelder gibt es nur jenseits der Theiß. Entlang der Mittelgebirgsachse sind Braunkohle- und Lignitlagerstätten zu finden, die jedoch nicht besonders rentabel sind. Das wichtigste Bergbauprodukt ist Bauxit, das in größeren Mengen im Bakony bzw. im Raum Vértes abgebaut wird. Immer größere Bedeutung erlangen die vergleichsweise reichen Manganerzlagerstätten im Bakony. Das einzige Atomkraftwerk befindet sich in Paks an der Donau, 100 km südlich von Budapest.

Industrie (Fortsetzung)

Immer noch viel Handarbeit: Frauen bei der Paprikaernte

Industriezweige

Das an Eisenerzen reiche Bükk-Gebirge ist die Keimzelle der heutigen Eisen- und Stahlindustrie. Sie wurde nach dem Zweiten Weltkrieg aus ideologischen Gründen gefördert, hat aber heutzutage erhebliche Schwierigkeiten, sich auf dem internationalen Markt zu behaupten. Die Aluminiumherstellung kam Mitte der 1930er-Jahre in Gang. Eine lange Tradition hat der ungarische Maschinenbau, der sich zunächst mit der Ausrüstung von Großmühlen und dem Eisenbahn- bzw. Waggonbau befasste. Betriebe der chemischen Industrie in den Großräumen Budapest und Debrecen gehören weltweit mit zu den bedeutendsten Anbietern bestimmter Pharmaprodukte. In vielen Orten werden Baustoffe, Glas, Porzellan und Keramik produziert. Stark ist die ungarische Textilindustrie, die sich vor allem auf die reiche Rohstoffbasis der ungarischen Landwirtschaft stützt. Auch Rinder- und Schweineleder werden landesweit in zahlreichen Produktionsstätten verarbeitet. Bereits im 19. Jh. hatte die ungarische Mühlenindustrie größte Bedeutung. Budapest ist heute noch einer der größten Mühlenstandorte der Welt. An mehreren Stellen im Land werden heimische Zuckerrüben verarbei-

Wirtschaft, Industrie (Fts.)

tet. Die Obst- und Gemüsekonservenindustrie verarbeitet die zahlreichen landwirtschaftliche Produkte. Weltruhm hat die ungarische Fleisch- und Wurstwarenindustrie. Neben Nahrungsmitteln werden in vermehrtem Umfang auch Genussmittel (u. a. Wein, Bier, Spirituosen, Tabakwaren) für den Export produziert.

Industrie im Wandel

Auf dem Ostblockmarkt waren jahrzehntelang Industrieprodukte ohne technologische Erneuerungen absetzbar. So blieb die Qualität vieler ungarischer Erzeugnisse deutlich hinter dem Weltniveau zurück. Heute sind jene Industrieregionen Ungarns am stärksten von Krisen und Arbeitslosigkeit betroffen, die sich in der Vergangenheit wenig um den technologischen Fortschritt gekümmert haben. Dank dem gut ausgebildeten Facharbeiter-Potenzial im Bereich Maschinen- und Fahrzeugbau etablierte sich in Ungarn in den 1990er-Jahren die Automobilindustrie. In Szentgotthárd, an der österreichischen Grenze, werden seit Jahren Fahrzeuge der Marke Opel produziert, die japanische Firma Suzuki hat in Esztergom ein Montagewerk errichtet, während Audi in Győr eine Niederlassung betreibt.

Dienstleistungssektor

Nach den Jahrzehnten des "realen Sozialismus" bestand im Dienstleistungssektor ein erheblicher Nachholbedarf, insbesondere hinsichtlich der Infrastruktur. Investiert wurde deshalb in den vergangenen Jahren vor allem in die Telekommunikation sowie in den Ausbau und die Modernisierung der Verkehrssysteme. Mehr als 60% der knapp 4,7 Mio. Erwerbstätigen sind heute im tertiären Sektor beschäftigt: im Handel, bei Verkehrsbetrieben und Speditionen, im Post- und Telekommunikationswesen, bei Banken und Versicherungen sowie in diversen Beratungsberufen. Besonders dynamisch verläuft die Entwicklung in den Bereichen Handel und Finanzwesen. Nach wie vor ein bedeutender Wirtschaftsfaktor ist der Tourismus. Im Jahr 2001 reisten 30 Mio. Ausländer nach Ungarn ein, 15,3 Mio. blieben länger als einen Tag im Land. Die meisten Hotels sind inzwischen in Privatbesitz. Die Einnahmen aus der Touristikbranche machen zur Zeit etwa 10 % des ungarischen Bruttosozialprodukts aus.

Geschichte

Von der Frühzeit bis zur Landnahme der Magyaren

Vor- und Frühgeschichte

Eines der ältesten menschlichen Gebeine Europas wurde in Ungarn entdeckt. Demnach war das Vértes-Gebirge schon vor 500 000 Jahren von Jägern bewohnt. Auch die steinzeitlichen Funde im Bükk- und Mecsek-Gebirge lassen auf die Anwesenheit von Jägern und Sammlern schließen, die hauptsächlich von der Rentierjagd lebten.

Die Jahrtausende vor den Römern

Die im 5. Jahrtausend v. Chr. vom Balkan ins Karpatenbecken eingewanderten Völker verbreiteten Ackerbau und Viehzucht. Die zugewanderten Stämme siedelten vor allem im Südosten der Großen Tiefebene. 2000 Jahre später, während des Kupfer- und des frühen Bronzezeitalters, eroberten indoeuropäische Volksstämme die Umgebung des heutigen Budapest. Die Stammesanführer wohnten mit ihren Familien in Erdburgen, an deren Stelle in späterer Zeit meist Steinburgen entstanden. Kennzeichnend für diese Kultur war der weitere Ausbau der Landwirtschaft und die Verarbeitung von Bronze zu Werkzeugen, Waffen und Schmuck. Um 1000 v. Chr. lebten Vertreter der so genannten Urnenfeldkultur im heutigen Westungarn. Ihren Namen erhielten sie nach ihrem Totenkult: Sie verbrannten ihre Toten und setzten die Asche bei. Sie wurden von den Skythen, die einige Wissenschaftler als die Vorfahren der Ur-Ungarn ansehen, und den Kelten abgelöst.

Römische Provinz

Um 10 v. Chr. unterwarfen die Römer Transdanubien und gliederten es dem Römischen Reich an. Die Hauptstadt dieser Provinz war zunächst Savaria (Szombathely). Nach der Teilung der Provinz in Ober- und Niederpannonien wurde Carnuntum (Deutsch-Altenburg im heutigen Niederösterreich) Hauptstadt von Oberpannonien, Aquincum (Óbuda) Verwaltungszentrum von Niederpannonien. Auch die Große Tiefebene jenseits der Theiß war ab 105 n. Chr. römische Provinz (Dacia). Als im Zuge der Völkerwanderung Vandalen, Gepiden und Westgoten ins Karpatenbecken vordrangen, zogen sich die Römer aus dieser Region zurück.

Hunnen, Awaren und Slawen

Die aus Asien vorstoßenden Hunnen vereinigten als Erste die drei großen ungarischen Landschaften Transdanubien, die Große Tiefebene und Siebenbürgen unter ihrer Herrschaft. Ihr Reich bestand ab 454 mehr als ein Jahrhundert lang. 568 brachen die turkstämmigen Awaren ein und beherrschten bis zum frühen 9. Jh. das Karpatenbecken. 803 wurde das Awarenland von Karl dem Großen zerschlagen. Ab dieser Periode war Transdanubien eine Grenzprovinz des Fränkischen Reiches. Einige Jahrzehnte später gehörte die Kleine Tiefebene zum Großmährischen Reich und die Große Tiefebene bzw. Siebenbürgen standen unter bulgarischer Tributpflicht.

Geschichte im Überblick

10 v. Chr.	Transdanubien wird von den Römern unterworfen und römische Provinz (Pannonia).
5./6. Jh.	Die Hunnen vereinigen als Erste die drei großen Landschaften Transdanubien, Große Tiefebene und Siebenbürgen unter ihrer Herrschaft.
894–900	Landnahme durch die Magyaren unter Fürst Árpád.
10. Jh.	Niederlage auf dem Lechfeld (955) und Christianisierung.
1000	Stephan I. wird zum ersten König des ungarischen Reiches gekrönt.
1241	Mongoleneinfall
1458–1490	König Matthias I.: Zentralisation der königlichen Gewalt und erneute Expansionen.
1526	Katastrophale Niederlage gegen die Türken in der Schlacht bei Mohács. Bis 1699 bleibt Ungarn unter türkischer Herrschaft.
16. Jh.	Ungarn wird in drei Teile aufgeteilt. Der Calvinismus verbreitet sich.
17. Jh.	Aufstände gegen die Habsburger: Unabhängigkeitskampf in Siebenbürgen und Wesselényi-Aufstand.
1686	Befreiung Budas von der Türkenherrschaft.
1703–1711	Unabhängigkeitskampf unter Fürst Ferenc Rákóczi II. gegen die Habsburger scheitert.
1825–1848	Bau der ersten Eisenbahnlinie Budapest–Vác und der ersten festen Brücke zwischen Buda und Pest (Kettenbrücke). Ungarisch wird 1844 Amtssprache. Führende Politiker fordern wirtschaftliche und soziale Reformen, u. a. Abschaffung der Steuerfreiheit des Adels.
1848/1849	Bürgerliche Revolution wird von Habsburg niedergeschlagen.
1867	Österreichisch-ungarischer Ausgleich.
1873	Buda und Pest werden zu Budapest vereinigt.
1896	Millennium: Ungarn feiert den 1000. Jahrestag der Landnahme.
1918	Ungarn wird ein selbstständiger Staat.

Räterepublik und Gegenrevolution. Ungarn soll wieder Königreich werden, Miklós Horthy wird Reichsverweser. Durch den Vertrag von Trianon Verlust von 2/3 des Staatsgebiets.	1919/1920
Regierung István Bethlen.	1921 – 1931
Weltwirtschaftskrise bringt Bethlen zu Fall. Unter Gyula Gömbös Annäherung an das faschistische Deutschland. 1940 Beitritt zum Dreimächtepakt.	1931 – 1940
Ungarn bekommt die Südslowakei und Nordsiebenbürgen zurück.	1938/1940
Beteiligung Ungarns am Zweiten Weltkrieg auf der Seite Deutschlands. 1943 Waffenstillstandsgesuch an die Alliierten und Einmarsch der Deutschen 1944. Vom 12. April 1945 an ist das ganze Land unter sowjetischer Kontrolle.	1941 – 1945
Ausrufung der Republik Ungarn.	1946
Machtübernahme durch die Kommunisten. Pariser Friedensvertrag stellt Ungarns Grenzen von 1920 wieder her. Ausrufung der Volksrepublik Ungarn 1949.	1947 – 1949
Ungarischer Volksaufstand wird von sowjetischen Truppen niedergeschlagen.	1956
Vorsichtige Reformen und Liberalisierungsansätze unter Kádár. 1988 Gründung von Oppositionsparteien und unabhängigen Gewerkschaften.	1956 – 1988
Sieg der Reformkräfte: Abbau des Eisernen Vorhangs an der Westgrenze und Ausrufung der (dritten) Republik Ungarn. Christlich-konservative Parteien gewinnen die ersten freien Wahlen im März und April 1990.	1989 /1990
Sozialistische Partei Ungarns gewinnt Parlamentswahlen.	1994
Bürgerpartei (FIDESZ-MPP) unter Viktor Orbán stärkste Partei bei den Parlamentswahlen.	1998
Aufnahme Ungarns in die Nato.	1999
Umweltkatastrophe: Theiß und Donau werden durch Gifte aus einer rumänischen Goldmine verseucht.	2000
Ungarn wird Mitglied der EU.	2004

Die Magyaren im Karpatenbecken

Landnahme

Das Jahr 894 bedeutete einen Wendepunkt in der Geschichte der Region. Zu dieser Zeit erschienen die ersten Ungarn im Pannonischen Becken. Fürst Árpád, der Namensgeber der künftigen Königsdynastie, wurde von der nationalen Überlieferung zum alleinigen Anführer der Landnahme gemacht, bekleidete aber wohl neben zwei weiteren Würdenträgern (Kende und Harka) das Amt des Gyula, des obersten Heerführers. Die von ihren Nachbarvölkern als "Ungarn" Bezeichneten, abgeleitet von On ogur (= 10 Pfeile), nannten sich selbst Magyaren, was so viel heißt wie "die Redenden" (im Gegensatz zu den "Stummen", sprich unverständlichen Angehörigen anderer Volksgruppen). In zahlreichen Raubzügen stießen die wegen ihrer schnellen Reiterei und ihrer überlegenen Kriegstaktik gefürchteten Ungarn nach Westen und Süden vor. Erst die vernichtende Niederlage auf dem Lechfeld bei Augsburg (955) durch das Heer von Otto I. hielt sie vor weiteren Beutezügen zurück.

Staatsgründung

Die Hinwendung zum Christentum und die unter Großfürst Géza vollzogene politische Entmachtung der Stammesfürsten ebneten den Weg für eine christliche Monarchie nach dem Vorbild westeuropäischer Staaten. Stephan I. (der Heilige), Sohn von Géza, wurde im Jahre 1000 zum ersten ungarischen König gekrönt.

Das Königreich bis zur Niederlage bei Mohács

Die Árpáden-Dynastie

Die Hauptresidenz von Stephan I. war Székesfehérvár. Die straffe Verwaltung des Reiches wurde durch die Einrichtung von 40 Komitaten (Bezirken) gewährleistet. Mit der Gründung neuer Bistümer und Klöster wurde die Christianisierung der Bevölkerung vorangetrieben. Nach Stephans Tod 1038 (sein einziger Sohn und designierter Nachfolger Prinz Imre war bereits 1031 verstorben) gefährdeten beinahe 40 Jahre lang die Thronfolgekämpfe den jungen Staat. Im späten 11. Jh. wurden Dalmatien und Kroatien mit der strategisch wichtigen Küstenlandschaft annektiert. Die Goldene Bulle von König Andreas II. im Jahre 1222 sicherte den Feudalherren ihre Privilegien, u. a. das Recht zum bewaffneten Widerstand gegen den König. 1241 verwüsteten die einfallenden Mongolen das Land. 1301 starb das ungarische Königshaus aus und in den darauffolgenden anderthalb Jahrhunderten versuchten verschiedene Dynastien aus benachbarten Staaten, das Land zu beherrschen.

Die Anjous und Sigismund von Luxemburg

Die fremden Könige hatten einen schweren Stand gegenüber dem erstarkten Adel. Um seine Macht zu festigen, verlegte König Karl I. Robert von Anjou seine Residenz nach Visegrád, erschloss sich neue Einnahmequellen und führte 1325 die Prägung von ungarischen Goldmünzen ein (Forint). Zur Ankurbelung der Wirtschaft schloss er 1335 mit den Königen von Böhmen und Polen ein Handelsabkommen. Karls Sohn, Ludwig I., herrschte 1342–1382. Er gründete 1367 in Pécs die erste Universität Ungarns. Sein Nachfolger im Amt wurde Sigmund aus dem Hause Luxemburg, für den Ungarn keine zentrale Aufgabe darstellte – er war seit 1419 auch böhmischer König und seit 1433 Kaiser des Heiligen Römischen Reiches Deutscher Nation.

Die Hunyadis und die Macht der Stände

Seit dem späten 14. Jh. bedrängte die Expansionslust der Osmanen auch die Ungarn. János Hunyadi besiegte 1456 das türkische Heer bei Belgrad und stoppte dadurch das Vordringen der Türken für einige Jahrzehnte. Nach seinem Ableben wurde sein jüngerer Sohn Matthias 1458 vom Komitatsadel und den Baronen zum König gewählt. Matthias glänzte durch außenpolitische Erfolge – wie z. B. die Einnahme Wiens 1485 – und bescherte dem Land eine kulturelle Blütezeit.

Die Stephanskrone

Durch den Aufbau eines königlichen Verwaltungsapparates und einer dem König unterstellten Söldnerarmee gelang es ihm, zumindest für einige Zeit die staatliche Gewalt zu zentralisieren. Doch der Erfolg war nicht von Dauer. Matthias Corvinus starb ohne einen Thronerben und die schwache Regentschaft der Böhmenkönige Wladislaw und Ludwig aus dem Geschlecht der Jagiellonen bot dem ungarischen Adel erneut die Gelegenheit zum Ausbau ihres Einflusses. So bewirkten sie u. a., dass ab 1507 der König durch einen so genannten Kronrat kontrolliert wurde.

Bauernkrieg

Die Franziskaner riefen 1514 zu einem Kreuzzug gegen die Osmanen auf. Sie bewaffneten die Bauern, doch diese nutzten die Chance, sich gegen die verhassten Großgrundbesitzer aufzulehnen. Der Bauernaufstand wurde blutig niedergeschlagen, die Abhängigkeit der Bauern in der "ewigen Schollengebundenheit" für lange Zeit festgeschrieben.

Schlacht bei Mohács

Die ungarische Armee mit König Ludwig II. an der Spitze erlitt am 29. August 1526 bei Mohács, etwa 40 km südöstlich von Pécs, eine vernichtende Niederlage gegen das übermächtige türkische Heer. Dies bedeutete den Beginn der türkischen Besetzung und die Aufteilung Ungarns, das für die nächsten vier Jahrhunderte als selbstständige Macht von der politischen Landkarte verschwand.

Von der Türkenherrschaft bis zur Wiedervereinigung Ungarns im Habsburger Reich

Eroberung von Buda

Im Streit um die Thronfolge des gefallenen Königs Ludwig II. standen sich der österreichische Erzherzog Ferdinand, Bruder Kaiser Karls V. und König von Böhmen, und der vom ungarischen Adel protegierte Johann Szapolyai gegenüber. Nach dem Tode Szapolyais 1540 griff der zu Hilfe gerufene Sultan in die Streitigkeiten ein und nahm 1541 Buda ein.

Ungarns Spaltung in drei Teile

Das Land wurde in drei Teile zerrissen. Das Kernstück des ehemaligen ungarischen Königreichs zwischen Pécs bzw. Szeged im Süden und Esztergom im Norden war von den Osmanen besetzt. Die Gebiete östlich der Theiß wurden zum selbstständigen, aber der Oberhoheit des Sultans unterstellten Fürstentum Siebenbürgen. Das Königreich Ungarn unter habsburgischer Regentschaft war mit Pressburg (heute Bratislava) als Hauptstadt nur noch ein schmaler Streifen im Norden und Westen des Landes einschließlich Kroatiens.

Reformation und Blüte von Siebenbürgen

Zu dieser Zeit verbreitete sich der Protestantismus, insbesondere der Calvinismus, in Ungarn. Vor allem in den östlichen Gebieten traten viele zu dem neuen Glauben über – Debrecen beispielsweise war eine kalvinistische Hochburg. Die Auseinandersetzungen zwischen Habsburg und Siebenbürgen, das zu einem Zentrum des Protestantismus und Nationalismus wurde, mündeten in den antihabsburgischen Aufstand des Siebenbürgischen Magnaten István Bocskai. Mit Hilfe der Haiducken brachte er das habsburgische Oberungarn unter seine Kontrolle und erzwang 1606 das Zugeständnis der bereits 1568 deklarierten Religionsfreiheit sowie die Selbstverwaltung der Komitate. Unter Gábor Bethlen, dem Fürsten von Siebenbürgen, wurde der Unabhängigkeitskampf fortgesetzt. Siebenbürgen, bis 1660 ein souveräner Staat, erlebte in dieser Zeit einen einzigartigen kulturellen und wirtschaftlichen Aufschwung.

Als die Türkengefahr gebannt war, entwickelte sich die Türkenschlacht zu einem beliebten Motiv in der Malerei des 17. und 18. Jahrhunderts.

Wesselényi-Verschwörung und Kuruzzen-Aufstand

Ungarn blieb den ständigen Angriffen der Türken ausgesetzt und die Habsburger benutzten es als Puffer für ihre Grenzen. Als sich nach dem Frieden von Vasvár 1664 herauskristallisierte, dass trotz militärischer Erfolge gegen die Türken die Habsburger ihre repressive Politik in Ungarn fortsetzten, verbündete sich der Hochadel von Transdanubien und Oberungarn unter Ferenc Graf Wesselényi gegen Wien. Doch der Aufstand wurde blutig niedergeschlagen, und es folgte die brutale Unterdrückung und Rekatholisierung durch die Habsburger. Die geflüchteten Ungarn, Kuruzzen genannt, erhoben sich 1678 – 1685 erneut gegen die Kaiserlichen unter der Führung von Imre Graf Thököly, der vergeblich auf die Unterstützung der Osmanen setzte.

Die Habsburger holten unterdessen zum letzten und entscheidenden Schlag gegen die Türken aus. Unterstützt von den Heeren Polens und Venedigs, mit denen sie sich zur Heiligen Liga gegen die Türken verbanden, gelang ihnen 1686 die Rückeroberung Budas und 1688 die Einnahme Belgrads. Siebenbürgen anerkannte die habsburgische Herrschaft, den Landtag von Pressburg und das Erbrecht der männlichen Linie des Habsburg-Hauses. Im Jahre 1699 war die 150-jährige Türkenherrschaft in Ungarn beendet.

Ende der Türkenherrschaft

Ungarn unter den Habsburgern

Als Bauernrevolte, die sich bald zu einem nationalen Unabhängigkeitskampf ausweitete, begann 1703 der letzte Aufstand gegen die Herrschaft des Wiener Hofs, den der katholisch erzogene Nachkomme des Fürsten von Siebenbürgen, Ferenc Rákóczi II., anführte. Die mangelnde Unterstützung europäischer Großmächte, die wirtschaftlichen Schwächen des von Kriegen ausgebluteten Landes und die Überlegenheit der kaiserlichen Truppen führten zum Scheitern des Freiheitskampfes. Im Frieden von Szatmár (1711) wurde den Ungarn Religionsfreiheit und die Achtung der Ständeverfassung zugebilligt.

Rákóczi-Aufstand

Die entvölkerten Gebiete Ungarns im Süden wurden von Serben und Kroaten, im Osten von Rumänen, im Norden von Slowaken und in Transdanubien von katholischen Deutschen besiedelt. Sie verwandelten die Puszta in ein fruchtbares Ackerland und machten Ungarn zur "Kornkammer" des Habsburgischen Reiches. Die Bevölkerung, während des 17. Jh.s auf 3,5 Mio. geschrumpft, stieg im frühen 18. Jh. auf mehr als 9 Mio., wobei die Ungarn eine Minderheit von nur 40 % bildeten.

Ansiedlungspolitik

Maria-Theresia (1740 – 1780) trieb die Integration Ungarns in die habsburgische Monarchie weiter voran. Ihr Sohn und Nachfolger, der im Geist des aufgeklärten Absolutismus erzogene Joseph II., schaffte die Leibeigenschaft der Bauern ab und beschränkte die Macht des Klerus und des Adels. Im Toleranzedikt von 1781 stellte er die Glaubensfreiheit für Protestanten und Griechisch-Orthodoxe wieder her. Die Einführung des Deutschen als Amtssprache machte ihn bei den Ungarn allerdings unbeliebt und förderte patriotische Ansätze.

Maria-Theresia und Joseph II.

Josephs Bruder und Nachfolger, König Leopold II., gelang es, den ungarischen Adel zu beschwichtigen, indem er Ungarn als souveränes Königreich anerkannte und die Ständevertretung als politisches Gremium wieder einführte. Unter dem konservativen König Franz II. (1792 – 1835), ab 1804 Kaiser von Österreich, wurden jedoch alle fortschrittlichen Ansätze rückgängig gemacht und Ungarn mit absolutistischer Macht beherrscht. Der jakobinische Aufstand endete 1795 mit der Hinrichtung der Anführer auf der Budaer Blutwiese. Doch obwohl der Widerstand auf breiter Front gebrochen war, mussten die Habsburger einsehen, dass Ungarn nicht ohne die Mitwirkung der Komitate regiert werden konnte. Zum ersten Mal seit 13 Jahren wurde deshalb 1825 in Pressburg wieder ein Landtag einberufen.

Absolutistische Rückschläge

Reformzeitalter

Der Pressburger Landtag von 1825 markierte den Beginn des Reformzeitalters in Ungarn. Zukunftsweisend waren vor allem der Beschluss zur Beschneidung der adeligen Steuerfreiheit und eine Verordnung, die die Rolle der ungarischen Sprache zugunsten des Deutschen und des Lateinischen stärkte. Letzteres mündete 1844 in die Erhebung des Ungarischen zur Amtssprache. Als politische Vordenker profilierten sich der Großgrundbesitzer István Graf Széchenyi (▶ Berühmte Persönlichkeiten), der vor allem auf wirtschaftliche Reformen setzte, und der Jurist und Landtagsabgeordnete Lajos Kossuth (▶ Berühmte Persönlichkeiten), der sich für umfassende soziale Änderungen einsetzte. Er kämpfte u. a. für Mitbestimmungsrechte von Bürgern und Bauern, für bürgerliche Freiheiten, für das Wahlrecht für Nicht-Adelige und für die völlige Abschaffung der adeligen Steuerprivilegien. 1847 schloss sich die liberale Opposition unter Führung von Kossuth, Ferenc Deák und Lajos Graf Batthyány zu einer Partei zusammen.

Revolution

Im März 1848 brach die bürgerliche Revolution aus. Die vom Dichter Sándor Petőfi geführte Märzjugend stellte in 12 Punkten ihre Forderungen auf. Wien akzeptierte Lajos Batthyány als ersten Ministerpräsidenten Ungarns. Gesetzesvorlagen zur bürgerlich-demokratischen Umgestaltung des Landes wurden verabschiedet. Im Herbst 1848 begannen die Habsburger die Errungenschaften rückgängig zu machen. Der Landtag floh nach Debrecen, und Lajos Kossuth verkündete dort am 14. April 1849 die Absetzung der Habsburger. Er selbst wurde zum Reichsverweser bestimmt. Mit russischer Hilfe gelang Österreich allerdings bereits im Herbst der endgültige Sieg über die revolutionären Truppen. Blutiger Terror folgte auf die Niederschlagung der Revolution: 13 ungarische Generale wurden in Arad (heute in Rumänien), Lajos Graf Batthyány in Pest hingerichtet. Lajos Kossuth floh ins Ausland.

Der Ausgleich von 1867 …

Nach der verlorenen Revolution sank Ungarn auf den Status einer österreichischen Provinz herab. Ihre antiösterreichische Haltung brachten die Ungarn mit passivem Widerstand zum Ausdruck. Die Lage änderte sich, als Österreich im Krieg gegen Preußen bei Königgrätz eine schwere Niederlage erlitt und Habsburg im europäischen Mächtespiel an Gewicht verlor. Kaiser Franz Joseph war deshalb gezwungen, mit Ungarn zu einer für beide Seiten befriedigenden Lösung zu kommen. Die Verhandlungen mündeten in den Ausgleich von 1867, durch den Ungarn als gleichberechtigter Partner akzeptiert wurde. Der österreichische Kaiser war zugleich auch der ungarische König. Graf Gyula Andrássy wurde zum Ministerpräsidenten ernannt. Ungarn erhielt ein eigenes Parlament, eine eigene Regierung und Territorialstreitkräfte.

… und seine Folgen

Die Magyarisierungspolitik führte zwar zu einem starken Anstieg des magyarischen Bevölkerungsanteils, doch sie vernachlässigte sträflich die vielen nationalen Minderheiten des Landes und ihre Forderung nach Autonomie – ein politischer Fehler, der einige Jahrzehnte später wesentlich zum Zusammenbruch der Donaumonarchie beitragen sollte. Doch vorerst prägte ein wirtschaftlicher Aufschwung die letzten Jahrzehnte des 19. Jahrhunderts. Buda (Ofen), Pest und Óbuda (Altofen) wurden 1873 zur neuen Hauptstadt unter dem Namen Budapest vereinigt. Der ungarische Nationalismus und die Identitätssuche der Magyaren kamen vor allem 1896 in den zahlreichen Feierlichkeiten zum 1000. Jahrestag der Landnahme zum Ausdruck.

Der Ausgleich von 1867 (Fts.)

Erster Weltkrieg

Die Ermordung des österreichischen Thronfolgers Franz Ferdinand und seiner Frau am 28. Juni 1914 in Sarajevo löste den Ersten Weltkrieg aus. Österreich-Ungarn führte einen Zweifrontenkrieg gegen Russland und Serbien sowie Italien. Durch den Waffenstillstand von Padua (Okt./Nov. 1918) wurde Ungarn ein selbstständiger Staat.

Der Friedensvertrag von Trianon

Durch den Friedensvertrag von Versailles-Trianon (4. Juni 1920) verlor Ungarn mehr als zwei Drittel seines bisherigen Territoriums und mehr als 60 % seiner Bewohner. Burgenland ging an Österreich, Oberungarn und das Karpatengebiet Nordostungarns an die damalige Tschechoslowakei, Siebenbürgen an Rumänien, Woiwodina an Serbien. Die Nationalitätenfrage war damit keineswegs gelöst, ganz im Gegenteil: Nun lebte rund ein Drittel der magyarischen Bevölkerung jenseits der ungarischen Staatsgrenzen. Dass die Forderung nach einer Revision der Grenzen zu einem Kernpunkt der ungarischen Politik der kommenden beiden Jahrzehnte werden sollte, war mit dem Vertrag von Trianon vorprogrammiert. Dazu kam, dass Ungarn auch wirtschaftlich am Beginn der 1920er-Jahre vor großen Problemen stand: Durch den Rückgang der Industrieproduktion waren etwa zwei Drittel der Arbeiter ohne Beschäftigung, und auf dem Land lebte etwa ein Drittel der Bevölkerung am Rande des Existenzminimums, da die Agrarwirtschaft völlig am Boden lag.

Die Ära Horthy

Republik, Räterepublik, Königreich

Nach dem Rücktritt Karls I. von Österreich als ungarischer König wurde unter der konservativen Regierung Mihály Graf Károlyis am 16. November 1918 die Republik Ungarn ausgerufen. Doch trotz ih-

Die Ära Horthy (Fts.)

rer Reformansätze konnte die Regierung dem Druck der revolutionären Stimmung nicht standhalten. Einen Tag nach dem Rücktritt von Károlyis Regierung (20. März) deklarierte die Sozialistische Partei Ungarns die Räterepublik. Diese Republik wurde am 1. August 1919 von der "weißen" Gegenrevolution zum Scheitern gebracht. Die konservativen Kräfte kamen überein, Ungarn wieder als Königreich zu definieren ("Königtum ohne König") und bestellten am 1. März 1920 für die Dauer der Thronvakanz den Flottenoberbefehlshaber Miklós Horthy zum Reichsverweser. König Karl I. unternahm 1921 zwei Versuche, die habsburgische Herrschaft wieder herzustellen – vergeblich.

Konsolidierung, Weltwirtschaftskrise

István Bethlen, 1921 – 1931 Regierungschef, schuf sich eine breite Regierungsbasis durch die neu gegründete Einheitspartei und lavierte geschickt zwischen der radikalen Rechten und den Sozialdemokraten. Die Aufnahme in den Völkerbund und die damit verbundenen Auslandskredite ermöglichten einen zeitweisen Wirtschaftsaufschwung. Die Weltwirtschaftkrise brachte Bethlen und seine Regierung jedoch 1931 zu Fall.

Geschichte

Rechtsradikalisierung

Bethlens Nachfolger wurde der damalige Verteidigungsminister Gyula Gömbös, der die Annäherung an das nationalsozialistische Deutschland weiter vorantrieb. Der Grund hierfür war vor allem die Hoffnung auf Gebietsrevisionen. Zumindest teilweise schien diese Politik aufzugehen, denn durch den ersten und zweiten Wiener Schiedsspruch (1938 bzw. 1940) erhielt Ungarn die Südslowakei bzw. Nordsiebenbürgen zurück. Auch dadurch, dass Deutschland der wichtigste Exportpartner für Agrarprodukte und verschiedene Rohstoffe wurde, rutschte Ungarn in ein Abhängigkeitsverhältnis zu Deutschland. Mit dem Unterzeichnen des Antikominternpaktes 1939 und dem Beitritt zum Dreimächtepakt 1940 gab Ungarn seine Neutralität endgültig auf.

Zweiter Weltkrieg

In den Jahren 1940/1941 beteiligte sich Ungarn am Überfall auf Jugoslawien und trat an der Seite Deutschlands in den Krieg gegen die Sowjetunion ein. Nach der Vernichtung der Zweiten Ungarischen Armee 1943 suchte Horthy den Waffenstillstand mit den Alliierten. Daraufhin besetzten am 19. März 1944 deutsche Truppen Ungarn. Die deutschfeindliche Opposition wurde verhaftet, die ungarischen Juden in die Vernichtungslager deportiert. Im Oktober 1944 misslang der zweite Versuch, sich von Deutschland loszusagen. Die faschistische Pfeilkreuzler-Partei kam an die Regierung. Gleichzeitig marschierte bereits die Rote Armee in Ungarn ein.

Ungarn nach 1945

Neue Regierung, neue Währung

In Debrecen, das bereits Ende 1944 befreit war, wurde am 22. Dezember ein provisorisches Parlament gewählt und eine provisorische Nationalregierung gebildet, die sich aus Vertretern verschiedener Parteien zusammensetzte. Wichtige Positionen der Übergangsregierung besetzten die Kommunisten. Eine der ersten Maßnahmen der provisorischen Nationalregierung war die Bodenreform im Frühjahr 1945, bei der das ungarische Land unter rund 640 000 Bauernfamilien aufgeteilt wurde. Die ersten demokratischen Wahlen nach dem Krieg (November 1945) verliefen enttäuschend für die Kommunisten: 57 % der Stimmen bekam die Unabhängige Partei der Kleinen Landwirte, jeweils 17 % die Sozialdemokraten und die Kommunistische Partei, 7 % die Nationale Bauernpartei. Am 1. Februar 1946 wurde die Republik ausgerufen, am 1. August 1946 die neue Währung herausgebracht, der Forint.

Ungarn nach 1945 (Fts.)

Der Pariser Friedensvertrag vom 10. Februar 1947 stellte die Grenzen von Trianon wieder her und verpflichtete das Land zu Reparationszahlungen an die Sowjetunion in Höhe von 300 Mio. Dollar. Bereits im Januar 1946 hatte die Aussiedlung von rund 400 000 in Ungarn lebenden Deutschen begonnen.

Gebietsverlust, Aussiedlung

Bei Neuwahlen im August 1947 gelang es dem Links-Block aus Kommunisten, Sozialdemokraten, Gewerkschaftern und Mitgliedern der Nationalen Bauernpartei, die Regierung der Kleinen Landwirte abzulösen. Gestützt durch die Sowjetunion, deren Truppen im Land blieben, konnte die Kommunistische Partei ihre Gewaltherrschaft ausbauen. Die demokratischen Kräfte wurden durch Verhaftungen, Schauprozesse und Emigration dezimiert und eingeschüchtert.

Kommunistischer Terror

Im Juni 1948 schafften die Kommunisten unter Mátyás Rákosi die Machtübernahme. Die Grundlage für die Umgestaltung Ungarns in einen Staat mit Einparteiensystem stalinistischer Prägung bildete die Verfassung, die sich die im August 1949 ausgerufene Volksrepublik gegeben hatte. Das Prinzip der Gewaltenteilung wurde aufgehoben, Banken und Industrie verstaatlicht und eine Planwirtschaft aufgebaut. Die außenpolitische Einbindung in den Ostblock wurde durch den 1955 abgeschlossenen "Vertrag über Freundschaft, Zusammenarbeit und gegenseitigen Beistand", den Warschauer Pakt, festgeschrieben, den die Volksrepubliken Ungarn, Albanien, Bulgarien, Polen, Rumänien, die Tschechoslowakei und die DDR mit der UdSSR abschlossen.

Inspiriert und ermutigt von den Unruhen und politischen Veränderungen in Polen gingen die Studenten in Ungarn am 23. Oktober 1956 mit demokratischen Forderungen auf die Straße. Als die Sicherheitskräfte eine Großdemonstration auflösen wollten, wurde daraus ein Volksaufstand. Nur dem Nationalkommunisten Imre Nagy (▶ Berühmte Persönlichkeiten) wurde zugetraut, dass er Generalstreik und Chaos verhindern konnte. Seine Regierung führte das Mehrparteiensystem ein, versprach freie Wahlen und verkündete den sowjetischen Drohungen zum Trotz den Austritt Ungarns aus dem Warschauer Pakt. Der ungarische Freiheitskampf wurde am 4. November blutig niedergeschlagen, die Anführer des Aufstands, darunter Imre Nagy, zwei Jahre später hingerichtet. Um János Kádár, ehemals Mitglied der Nagy-Regierung, bildete sich die neue, von der Sowjetunion gebilligte Regierung. Mehr als 200 000 Menschen flüchteten in den Westen, Tausende wurden verhaftet und Hunderte hingerichtet.

Ungarischer Volksaufstand 1956

János Kádár bestimmte für beinahe drei Jahrzehnte Ungarns Politik. Ab den späten 1960er-Jahren ließ er vorsichtige Reformen zu. Die allmähliche Durchsetzung der Planwirtschaft mit marktwirtschaftlichen Prinzipien und die ausländischen Kredite verhalfen

Die Ära Kádár

Der Versuch der Modernisierung des Sozialismus in Ungarn endete 1956 mit der blutigen Intervention sowjetischer Truppen.

Die Ära Kádár (Fts.)

Ungarn zum höchsten Lebensstandard in den Staaten des Ostblocks. Doch Kádárs Name stand nicht nur für den "Gulaschkommunismus", sondern auch für eine zunehmende Liberalisierung innerhalb des sozialistischen Regimes. Kádár knüpfte Beziehungen zu westlichen Regierungen und hob das internationale Ansehen Ungarns. Der alternde Mann war jedoch den aufsteigenden Reformkräften innerhalb der Sozialistischen Arbeiterpartei im Wege und musste 1988 auf sein Amt als Generalsekretär verzichten. Die Regierungsgeschäfte gingen zunächst an den gemäßigten Technokraten Károly Grosz, dann an den reformorientierten Miklós Németh. Der Demokratisierungsprozess kam in der Gründung von Oppositionsparteien, unabhängigen Gewerkschaften und Interessenverbänden zum Ausdruck.

Oktober 1989: politische Umwälzung

Die sowjetische Führung unter Gorbatschow wurde in ihren Reformbemühungen von den ungarischen Entwicklungen überholt. Der Reformer Imre Pozsgay löste 1989 eine politische Lawine aus, als er die Ereignisse von 1956 nicht mehr als Konterrevolution, sondern als Volksaufstand bezeichnete. Die Rehabilitierung Imre Nagys und seine feierliche Beisetzung am 16. Juni wurden zur Absage an das alte System.

Außenpolitisch äußerte sich dies in der Öffnung nach Westen: Der Eiserne Vorhang wurde abgebaut, die deutschen Flüchtlinge aus der damaligen DDR konnten in die Bundesrepublik Deutschland fahren. Die innenpolitischen Konsequenzen waren nicht weniger drastisch. Die Ungarische Sozialistische Arbeiterpartei (MSZMP) löste sich auf und das Parlament verabschiedete am 23. Oktober 1989 eine neue, dem Prinzip der Gewaltenteilung verpflichtete Verfassung. Zum dritten Mal in der Geschichte des Landes wurde die Republik Ungarn ausgerufen. Oktober 1989 (Fts.)

Bei den ersten freien Wahlen schafften sechs Parteien den Einzug in das Parlament. Das Ungarische Demokratische Forum bildete zusammen mit der Partei der Kleinen Landwirte und der Christlich-Demokratischen Volkspartei ein christlich-konservatives Regierungsbündnis. In Anbetracht der hohen Erwartungen der Bevölkerung und der gewaltigen Probleme bei der Umgestaltung des Landes übernahm die Regierung eine schwierige Aufgabe. Die Enttäuschung der Bevölkerung über den schleppenden wirtschaftlichen Aufschwung, der Unmut über die steigende Arbeitslosigkeit und die hohe Inflation spiegeln sich in den Parlamentswahlen von 1994 und 1998. 1994 wurde der Sozialistischen Partei Ungarns (MSZP) die Regierung übertragen, vier Jahre später mussten die Sozialisten wieder in die Opposition und die Bürgerpartei (FIDESZ-MPP) unter Viktor Orbán stellte die neue Regierung. den außenpolitischen Zielen herrschte dagegen mehr Einigkeit. 1994 stellte Ungarn den Antrag zur Aufnahme in die Europäische Union und im März 1999 wurde das ehemalige Ostblockland Mitglied der Nato. 1990er-Jahre

Im Herbst 2000 gelangte Cyanidlauge aus der rumänischen Goldmine Baia Mare in die Theiß. Für Monate war die Theiß ein toter Fluss. Katastrophale Auswirkungen hatte auch das schwere Hochwasser, das im Frühjahr 2001 die nördliche Theiß-Region heimsuchte. 2000/2001

Mit dem so genannten Statusgesetz versuchte Ungarn, die Situation der in den benachbarten Ländern lebenden Ungarn zu verbessern. Durch dieses Gesetz sind sie berechtigt, einen ungarischen Pass zu erhalten und Begünstigungen unterschiedlichster Art in Anspruch zu nehmen. Vor allem in der Slowakei, wo rund 550 000 Ungarn leben, rief es allerdings erheblichen Unmut hervor. Bei den Parlamentswahlen 2002 entschied sich die ungarische Bevölkerung erneut für einen Kurswechsel: Die bürgerlichen Kräfte verloren knapp zugunsten der Sozialistischen Partei, die mit dem Bund der Freien Demokraten (SZDSZ) eine Regierungskoalition bildete. Belastet wurde die neue Regierung im Sommer 2002 durch Enthüllungen über Ministerpräsident Péter Medgyessys undurchsichtige Rolle im einstigen kommunistischen Abwehrdienst. Viele forderten Neuwahlen. 2002/2003

Als außenpolitischen Erfolg wertete die Regierung dagegen den Abschluss der Verhandlungen über Ungarns EU-Beitritt im Dezember 2002 auf dem Gipfel in Kopenhagen. Im April 2003 stimmte die ungarische Bevölkerung mit großer Mehrheit dem Beitritt zu, ab 1. Mai 2004 ist Ungarn Mitglied der Europäischen Union.

Berühmte Persönlichkeiten

Béla Bartók (1881 – 1945)

Béla Bartók, der aus Nagyszentmiklós (heute Rumänien) stammt, ist ebenso wie sein Freund und Kollege Zoltán Kodály (s. S. 47) weit über die Grenzen Ungarns hinaus als bedeutender Komponist bekannt. Durch Zoltán Kodály erwachte sein Interesse für die ungarische Volksmusik, die er von 1905 an in Ungarn selbst und in ehemals ungarischen Gebieten erforschte. In den 1920er-Jahren unternahm er zahlreiche Konzertreisen ins Ausland, die ihn als Komponist und als Pianist berühmt werden ließen. Als Antwort auf rechtsextreme Angriffe schrieb er zu Beginn der 1930er-Jahre die "Cantata Profana", ein oratorisches Werk mit dem Gedanken der völkerverbindenden Verbrüderung. Nach Hitlers Machtergreifung trat er nicht mehr in Deutschland auf und protestierte gegen eine Aufführung seiner Stücke in Deutschland und Italien. Die Entwicklung in Ungarn veranlasste ihn 1940 zur Emigration in die USA, wo er 1945 in ärmlichen Verhältnissen starb.

Ferenc Deák (1803 – 1876)

Der gelernte Rechtsanwalt begann seine politische Karriere als liberaler Landtagsabgeordneter seines Heimatkomitats Zala. Im Frühjahr 1848 wurde er Justizminister der ungarischen Regierung, doch trat er wenig später von diesem Amt zurück, als es im Zuge der 1848er-Revolution zum Bruch mit Wien kam. Als Führer der liberalen Adelsopposition wurde er zu einer Symbolfigur des passiven Widerstands gegen die österreichische Politik. In seinem berühmten "Osterartikel" von 1865 erörterte er die Bedingungen für erneute Verhandlungen mit Wien und leitete damit die Annäherung zwischen den beiden Nationen ein. Seite an Seite mit Gyula Graf Andrássy engagierte er sich für den Ausgleich mit Österreich, der 1867 durch seine glänzende Diplomatie zustande kam.

Dénes (Dennis) Gábor (1900 – 1979)

Gábor, ein gebürtiger Budapester, ging als Erfinder der sog. Holografie in die Wissenschaftsgeschichte ein. Nach seinem Studium in Budapest und Berlin siedelte der Physiker 1934 nach England über, wo er u. a. am Londoner Imperial College of Science and Technology lehrte. Das Verfahren zur Erzeugung dreidimensionaler Bilder (Holografie) entwickelte Gábor 1947. Nach der Erfindung des Laser-Lichts (1960) gewann diese Technik große praktische Bedeutung. Auch die flache Bildröhre für Farbfernseher wurde aufgrund seiner Forschungen möglich. 1971 wurde Gábor mit dem Nobelpreis für Physik ausgezeichnet.

Zsa Zsa Gabor (geb. 6. 2. 1919)

Was wäre die Yellowpress ohne diese Frau? Seit Jahrzehnten versorgt Zsa Zsa Gabor, die als Tochter eines Gardeoffiziers und einer Schauspielerin in Budapest das Licht der Welt erblickte, die Boulevardblätter mit schlagzeilenträchtigen Neuigkeiten. Selten ging es dabei um ihre Bühnenkarriere, die sie 1934 mit der Operette "Der singende Traum" begann, sondern meistens um ihr bewegtes Privatleben, das vor allem durch ihre zahllosen Eheschließungen das öffentliche Interesse weckte. Insgesamt acht Mal trat Zsa Zsa Gabor vor den Traualtar, und meist waren die Auserwählten keine Armen, ganz im Gegenteil: Ehemann Nummer fünf war beispielsweise der millionenschwere Hotelbesitzer Conrad Hilton, und sein Nachfolger, John W. Ryan, brachte als Erfinder der Barbie-Puppen ebenfalls ein stattliches Vermögen mit in die Ehe.

Gabor (Fts.)

János Kádár (1912 – 1989)
Über 30 Jahre bestimmte János Kádár an der Spitze der Kommunistischen Partei die ungarische Politik. Wegen dem verhältnismäßig hohen Lebensstandard und den kleinen politischen Freiheiten, die Kádár durch seine vorsichtigen Reformen ermöglichte, wurde Ungarn auch "die fröhlichste Baracke im Lager" genannt. Kádár stammte aus Rijeka, das bis 1920 zu Ungarn gehörte. Von 1948 bis 1950 war er ungarischer Innenminister und Mitglied der Revolutionsregierung von Imre Nagy (1956). Nach der Niederschlagung des Volksaufstands kam Kádár an die Macht. Entgegen seines Versprechens ließ er Imre Nagy und einige andere verhaften und zwei Jahre später hinrichten. Am Herrschaftsanspruch der Partei hat Kádár bis zuletzt festgehalten, und so musste er, noch vor dem Ende des alten Systems, den Reformkräften den Platz freimachen.

Zoltán Kodály (1882 – 1967)

In der Jugendstilstadt Kecskemét wurde der Komponist und Musiker geboren, der vor allem durch seine systematische Erforschung der ungarischen Volksmusik bekannt wurde. Kodály lehrte an der Budapester Musikhochschule Musiktheorie und Kompositionslehre, später auch Volksmusik. Bereits in den 1920er-Jahren, verstärkt aber nach dem Zweiten Weltkrieg, galt seine Aufmerksamkeit der Reform des Gesangs- und Musikunterrichts in der Schule. Seine Lehrmethode ist bis heute weltweit verbreitet. Seine kompositorischen Werke wurden vor allem durch Dirigenten wie Toscanini und Furtwängler auch im Ausland bekannt.

György Konrád (geb. 2. 4. 1933)

Konrád zählt zu den führenden Vertretern der intellektuellen Opposition in Ungarn, die seit den 1970er-Jahren für den Demokratisierungsprozess ihres Heimatlandes kämpfte. Wie viele seiner Kollegen konnte der in Debrecen geborene Schriftsteller bis zur politischen Wende seine Werke nur im Ausland bzw. im Untergrund veröffentlichen. Sein erster Roman "Látogató" ("Der Besucher", 1969) entstand aus den Erfahrungen, die der ehemalige Philosophiestudent als Jugendschutzbeauftragter einer Budapester Behörde sammelte. In diesem und auch in seinen späteren Romanen (u. a. "Der Stadtgründer", 1975; "Der Komplize", 1980; "Geisterfest", 1986) reflektiert er die sozialen und politischen Probleme in einer sozialistischen Gesellschaft.

Lajos Kossuth (1802 – 1894)

Kossuth gilt als eine der Leitfiguren im Kampf um die Unabhängigkeit Ungarns. Sowohl als Chefredakteur der liberalen Pester Zeitung "Pesti Hírlap" wie auch als Anführer der liberalen Opposition im Landtag setzte er sich für die Loslösung von Österreich, für soziale Reformen, für die Abschaffung der feudalen Privilegien, eine allgemeine Steuerpflicht und für die Einrichtung einer Volksvertretung ein. Im April 1849 beschloss das nach Debrecen geflohene Parlament die Unabhängigkeit des Landes und wählte ihn zum Reichsverweser. Nach der Niederschlagung der Revolution floh Kossuth ins europäische Ausland, von wo aus er seinen Kampf um die Unabhängigkeit Ungarns fortsetzte. Obgleich 1867 amnestiert, kehrte er nicht nach Ungarn zurück, da er dem österreichisch-ungarischen Ausgleich ablehnend gegenüberstand. Der in Ungarn schon zu Lebzeiten als Nationalheld verehrte Revolutionär starb 1894 in seiner Wahlheimat Turin.

Ferenc (Franz) Liszt (1811 – 1886)

Franz Liszt, geboren in Raiding im heutigen Burgenland, wird von den Ungarn als überragender Sohn des Landes verehrt. Bereits im Alter von neun Jahren trat er als Konzertpianist auf. Der in Wien ausgebildete Virtuose lebte von 1823 bis 1835 in Paris, wo er von Berlioz, Paganini und Chopin beeinflusst wurde. Konzertreisen führten ihn in fast alle Länder Europas und machten ihn mit den herausragenden Musikern seiner Zeit bekannt, u. a. auch mit Richard Wagner, mit dem ihn eine lebenslange Freundschaft verband. Während seiner Verpflichtung als Kapellmeister am Großherzoglichen Hof in Weimar 1844 – 1861 versammelte er einen großen Schülerkreis um sich. Von 1861 bis 1869 lebte er abwechselnd in Rom, Budapest und Weimar. 1875 wurde er der erste Präsident der neu gegründeten ungarischen Musikakademie.

Béla Lugosi (1882 – 1956)

Wenn es so etwas wie *den* Dracula-Darsteller gibt, dann ist das wohl Béla Lugosi. Die Rolle des gruseligen Grafen schien ihm in einem Maße auf den Leib geschneidert, dass er Zeit seines Lebens auf das Horrorgenre festgelegt blieb. Lugosi wurde in der Kleinstadt Lugos in Siebenbürgen (heute Rumänien) geboren, der legendären Heimat des Grafen Dracula. Er begann seine Karriere als Schauspieler am Nationaltheater in Budapest, musste aber nach dem Scheitern der Revolution 1919 das Land verlassen und fand in Amerika eine neue Heimat. Auf der Theaterbühne, in einer Broadway-Produktion, spielte er insgesamt 500 Mal die Rolle des Dracula, bis Hollywood auf ihn aufmerksam wurde und die Verfilmung des Stücks anging. 1931 drehten es die Universal Studios tatsächlich mit Lugosi in der Hauptrolle, der damit zum gefragten Horrordarsteller aufstieg. 1948 schlüpfte er für die Klamotte "Abbott und Costello treffen Frankenstein" im Alter von 66 Jahren zum zweiten und letzten Mal in einem Film in seine Paraderolle. Diese war offenbar so sehr zu seinem Alter Ego geworden, dass er sich sogar im Dracula-Kostüm beisetzen ließ.

György Lukács (1885 – 1971)

Der in Budapest geborene Literaturhistoriker und Philosoph, seit 1918 Mitglied der Kommunistischen Partei, emigrierte nach dem Zusammenbruch der Räterepublik über Wien nach Moskau. Die dort entstandenen Schriften, in denen er die Kernthesen der marxistischen Ästhetik und Kunstphilosophie formulierte, beeinflussten die linksorientierten europäischen Intellektuellen nachhaltig. In den 1930er-Jahren beschäftigte sich Lukács mit der europäischen Literatur des 19. Jh.s, insbesondere dem realistischen Roman, und gelangte zu einer neuen, marxistischen Interpretation dieser Literaturgattung. Nach Kriegsende kehrte er nach Ungarn zurück und lehrte 1945 – 1956 in Budapest Ästhetik und Kulturphilosophie. Als einer der Führer des ungarischen Volksaufstands 1956 verlor er nach dessen Niederschlagung sein Lehramt und zog sich einige Jahre aus dem öffentlichen Leben zurück. Mitte der 1960er-Jahre plante er ein zusammenfassendes Ethikwerk, das er jedoch nicht mehr verwirklichen konnte.

József Kardinal Mindszenty (1892 – 1975)

József Mindszenty, der als József Pehm in Csehimindszent bei Szombathely geboren wurde, ging als Symbolfigur des kirchlichen Widerstands gegen die kommunistische Herrschaft in Ungarn in die Geschichte ein. Der Bischof von Veszprém und Primas von Ungarn war ein erklärter Regimegegner. 1948 wurde er festgenommen und in einem Schauprozess zu lebenslanger Haft verurteilt. 1956 gelang Mindszenty die Flucht in die amerikanische Botschaft in Budapest, in der er bis 1971 verblieb. Bis zu seinem Tod 1975 lebte er in Wien. 1991 wurde sein Leichnam vom österreichischen Mariazell in die Kathedrale von Esztergom überführt.

László Moholy-Nagy (1895 – 1946)

Über die Malerei kam er zur Kunst, doch das Arbeiten mit Farbe und Leinwand genügte ihm schon bald nicht mehr. Der in Bácsborsod in Nordostungarn geborene Künstler László Moholy-Nagy betätigte sich auch als Bildhauer, Grafiker, Bühnenbildner, Typograf und Designer. Er experimentierte mit neuen Materialien und Techniken, vor allem mit den beiden jüngsten Medien, Fotografie und Film, und kam dadurch mit verschiedenen zeitgenössischen Strömungen, von Dadaismus über Konstruktivismus bis zu de Stijl, in Berührung. Als Lehrer am Bauhaus, wo er – zunächst in Weimar und dann in Dessau – von 1923 bis 1928 unterrichtete, übte er einen nachhaltigen Einfluss auf die junge Künstlergeneration aus. Nach Hitlers Machtergreifung emigrierte er zunächst nach England, 1937 dann in die USA. In Chicago gründete er das "New Bauhaus". Er starb 1946 in seiner Wahlheimat Chicago.

Mihály Munkácsy (1844 – 1900)

Mihály Munkácsy gilt als bedeutender Vertreter der ungarischen Malerei des 19. Jh.s. Nach Studium und Aufenthalten in Wien, München und Düsseldorf ließ er sich 1872 in Paris nieder, wo er bis zu seinem Tode lebte. Den internationalen Durchbruch schaffte er 1870 mit dem Bild "Letzter Tag eines Verurteilten" (Budapest, Ungarische Nationalgalerie), das seinen Ruf als virtuoser Maler großformatiger, realistischer Genregemälde in der Tradition Courbets begründete. Mehr noch als diese Bilder schätzten seine Zeitgenossen seine Historiengemälde, so z. B. das im Budapester Parlament hängende "Árpáds Landnahme" von 1896 und seine religiösen Werke. Seine in den 1880er-Jahren entstandenen Landschaftsbilder lassen den Einfluss der Schule von Barbizon erkennen.

Imre Nagy (1896 – 1958)

Der gelernte Schlosser aus Kaposvár schloss sich gegen Ende des Ersten Weltkrieges den russischen Bolschewiki an. In den 1920er-Jahren wurde er Mitglied der neu gegründeten Sozialistischen Arbeiterpartei Ungarns. Nach seiner Ausbildung zum Agrarfachmann in Moskau kehrte er 1944 mit den sowjetischen Truppen nach Ungarn zurück und führte als Landwirtschaftsminister die entschädigungslose Enteignung der Großgrundbesitzer durch. Als Vertreter eines "neuen Kurses" wurde er 1953 ungarischer Ministerpräsident, musste aber unter dem Druck der Stalinisten bereits zwei Jahre später wieder zurücktreten. 1956 stellte er sich an die Spitze des Ungarischen Volksaufstandes und proklamierte die Neutralität Ungarns im Kalten Krieg. Nach der Niederschlagung des Aufstandes wurde Nagy ins kommunistische Nachbarland Rumänien verschleppt, 1958 nach Ungarn zurückgebracht und zusammen mit einigen Mitstreitern zum Tode verurteilt. 40 Jahre musste er auf seine Rehabilitation warten: Am 16. Juni 1989 wurde er im Rahmen eines feierlichen Staatsaktes auf dem Neuen Stadtfriedhof beigesetzt.

Sándor Petőfi (1823 – 1849)

Sándor Petőfi wird als der größte nationale Dichter Ungarns verehrt. Geboren wurde er in Kiskőrös, einem Ort in der Großen Tiefebene. Er diente zeitweise als Soldat und zog mit einer Theatertruppe als Schauspieler durch die Lande, bis er 1844 in Pest eine Anstellung als Hilfsredakteur erhielt. Zwei Jahre davor, 1842, hatte er seinen ersten Gedichtband veröffentlicht, der ihm bald zu großer Popularität verhalf. Charakteristisch für seine Dichtung ist die volksnahe Sprache und das Bekenntnis zu seiner Heimat und zu persönlichen Gefühlen. In seinen Gedichten, Helden- und Märchenepen und Liedern – bekannt wurde vor allem "Held János" (1845) – entwarf er Sitten- und Landschaftsbilder der Großen Tiefebene, die den Alltag der Bauern und Viehhirten schildern. Seine revolutionäre Gesinnung ließ ihn zu einer Leitfigur des Freiheitskampfes werden. Am 15. März 1848 stellte sich Petőfi an die Spitze der Pester Jugend und trug auf der Freitreppe des Nationalmuseums sein revolutionäres "Nationallied" vor. Von der Notwendigkeit des bewaffneten Kampfes überzeugt, nahm er 1849 am ungarischen Freiheitskrieg teil und fiel vermutlich in der Schlacht von Segesvár.

Ferenc Puskás (geb. 1927)

Die Karriere des großen ungarischen Fußballspielers Ferenc Puskás begann 1943 in seinem Geburtsort Kispest, einem Vorort Budapests.

Mit 18 Jahren gab der kleine, stämmige Puskás sein Debüt in der ungarischen Nationalelf gegen Österreich. Nach vier gewonnenen ungarischen Meistertiteln mit Kispest Honvéd wechselte Puskás – als Reaktion auf die Ereignisse 1956 – ins Ausland. 1958 unterschrieb er bei Real Madrid, wo er mit Alfredo di Stefano das gefürchtetste internationale Angriffsduo seiner Zeit bildete. Als Kapitän der ungarischen Nationalmannschaft musste er zwischen 1950 und 1956 nur eine Niederlage hinnehmen – ausgerechnet beim WM-Finale in Bern gegen Deutschland. In 84 Spielen für die ungarische Elf schoss Puskás 83 Tore, und es wären noch mehr geworden, hätte er nicht die spanische Staatsbürgerschaft angenommen, um in der dortigen Nationalmannschaft spielen zu können. 1998 wurde Ferenc Puskás zu Ungarns Fußballer des Jahrhunderts gewählt.

Als "Retter der Mütter" ging Ignác Semmelweis in die Medizingeschichte ein. Bei seiner Arbeit als Geburtshelfer in einer Wiener Klinik erkannte er die durch Verschmutzung von Händen, Instrumenten und Verbandszeug ausgelöste Infektion als Ursache des Kindbettfiebers, das zu den häufigsten und meist tödlich verlaufenden Geburtskomplikationen zählte. Er empfahl deshalb den Ärzten, Hände und Geräte- mit Chlorwasser zu desinfizieren. 1850 kehrte er in seine Geburtsstadt Budapest zurück und lehrte dort ab 1855 an der Medizinischen Universität, die heute seinen Namen trägt.

Ignác Semmelweis (1818 – 1865)

Obwohl selbst Großgrundbesitzer und Spross einer reichen Magnatenfamilie, war Széchenyi einer der ersten Politiker der Revolutionszeit, der die Privilegien des Adels abschaffen wollte. Ganz im Gegensatz zu vielen seiner Standesgenossen sah er vor allem in der Steuerfreiheit des Adels und im veralteten System der Leibeigenschaft die Ursachen dafür, dass es in Ungarn keinen wirtschaftlichen und sozialen Fortschritt gab. Viele zukunftsweisende Projekte zur Modernisierung des Landes gehen auf seine Initiative zurück: Er eröffnete die Dampfschifffahrt auf Donau und Balaton, rief die Handelsbank ins Leben, forcierte die Regulierung der Theiß und des Unterlaufs der Donau und initiierte den Bau der Kettenbrücke. In seinem politischen Engagement und auch als Mitglied der Revolutionsregierung unter Minsterpräsident Batthyány vertrat Széchenyi eine gemäßigte Linie, d. h. er wollte Reformen, aber keinen radikalen Umsturz des politischen Systems. Doch mit dem Scheitern der Revolutionsregierung, die im Herbst 1849 zurücktrat, endete auch Széchenyis politische Karriere. Gesundheitlich angeschlagen zog er sich zurück und begab sich in die Nervenheilanstalt Döbling bei Wien, wo er 1860 seinem Leben ein Ende setzte.

István Graf Széchenyi (1791 – 1860)

Skulptur von Vasarely in Pécs

Victor Vasarely (1906 – 1997)

Der berühmte Vertreter der Op-Art wurde am 9. April 1906 in der südungarischen Stadt Pécs als Győző Vásárhelyi geboren, lebte aber ab 1930 in seiner Wahlheimat Paris. In seinen Anfängen wurde Vasarely stark beeinflusst von seinem Landsmann László Moholy-Nagy (s. o.) und der niederländischen De-Stijl-Bewegung. Vasarely entschied sich für eine dem Konstruktivismus nahestehende geometrisierende Abstraktion. In den 1950er-Jahren gelangte er durch systematische Versuche und Beobachtungen über optische Täuschungen zu der Überzeugung, dass die Betrachtung eines Kunstwerks sowie die Wahrnehmung von Form, Farbe und Raum im Kunstwerk in engem Zusammenhang stehe mit der Eigenbewegung und dem (veränderbaren) Standort des Betrachters. Er führte für diese Beobachtungen den Begriff Kinetismus ein. In den 1960er-Jahren, auf dem Höhepunkt seiner Karriere, wurde Vasarely in vielen Ausstellungen, u.a. im Musée des Arts Décoratifs in Paris, gefeiert.

Kunst und Kultur

Kunstgeschichte

Anfänge

Die größten noch vorhandenen Reste römischer Bauten findet man in Budapest (Aquincum), in Sopron oder südlich von Székesfehérvár, wo in der Nähe des Dorfs Tác das Römerlager Gorsium-Herculia freigelegt wurde. Die eindrucksvollen Wandmalereien in den unterirdischen Grabkammern in Pécs sind die bedeutendsten Zeugnisse der frühchristlichen Kunst auf ungarischem Gebiet. Nach dem Niedergang des Römischen Reiches siedelten während der Völkerwanderung für kurze Zeit Goten, Langobarden, Hunnen und Awaren auf dem heutigen ungarischen Staatsgebiet. Ausgrabungsfunde belegen diese Periode. Die Magyaren nahmen das Land im späten 9. Jh. in ihren Besitz. Vom hohen Stand der Goldschmiedekunst zu dieser Zeit zeugen silberne Ranzenplatten und Goldfunde, zu besichtigen im Kunsthistorischen Museum in Wien und im Nationalmuseum in Budapest.

Romanik

11. Jahrhundert

Ein wesentlicher Einschnitt in die ungarische Geschichte war die Gründung der ungarischen Monarchie durch Stephan I. um das Jahr 1000. Stephan bekannte sich zum römisch-katholischen Glauben und ließ sich mit einer Krone, die Papst Sylvester II. ihm überbringen ließ, zum König krönen. Die Orientierung Ungarns an Westrom und an den christlichen Monarchien Westeuropas beeinflusste in den folgenden Jahrhunderten auch die Kunst der Magyaren. Überall entstanden Klöster und Kirchen. König Stephan selbst gründete mehrere Benediktinerklöster und zehn Bischofskirchen. Leider sind aus dem 11. Jh. nur wenige Baudenkmäler erhalten (Krypta der ehemaligen Benediktinerabtei Tihany und Fragmente der Burgkirche in Pécsvárad), da vieles während des Mongoleneinfalls 1241/1242 vernichtet wurde. Das größte Bauprojekt des frühen 11. Jh.s dürfte der (im 19. Jh. vollständig neu aufgebaute) Dom des 1009 gegründeten Bistums Pécs gewesen sein, der für eine Reihe von Kirchen im Land Vorbild war. Ein Teil seiner originalen Bauplastik kann man heute im Dommuseum in Pécs besichtigen.

12./13. Jahrhundert

Die königlichen Bauprojekte des 12. und 13. Jh.s sind nur in einigen wenigen Fragmenten präsent – erwähnt seien hier die vorbildlich restaurierte Burgkapelle im Palast in Esztergom, die den Einfluss der französischen Gotik erkennen lässt, und die vermutlich von einem italienischen Künstler geschaffenen Fresken der Gisela-Kapelle in Veszprém aus der Mitte des 13. Jh.s. Das am Ende des 12. Jh.s im Zuge der Umbaumaßnahmen am Dom in Esztergom ent-

Romanik in der Provinz: Innenraum der reformierten Kirche in dem ostungarischen Dorf Tákos.

12./13. Jh. (Fortsetzung)

standene und heute nur noch in Bruchstücken erhaltene Prunkportal, bekannt als "Porta speciosa", wurde an zahlreichen Kirchen Ungarns, u. a. in Pannonhalma und Ócsa, nachgeahmt.

Geschlechterkirchen

Ein vor allem in Westungarn häufig anzutreffender Kirchentypus der Spätromanik bzw. der Frühgotik ist die Geschlechter- oder Sippenkirche. Ihre Entstehung hängt eng mit der Herausbildung einer Land besitzenden Adelsschicht im 11. und 12. Jh. zusammen. Der Adel verlieh mit diesen oft im Zentrum seiner Ländereien gelegenen Eigenkirchen seiner gesellschaftlichen Bedeutung und seinem Reichtum Ausdruck. Große Geschlechterkirchen haben sich in Ják, Zsámbék und Lébény erhalten, die alle als dreischiffige Basilika mit drei Apsiden auf der Ostseite und zwei Türmen auf der Westseite angelegt sind. Charakteristisches Merkmal der Geschlechterkirchen ist des Weiteren die zwischen den Westtürmen angeordnete Herrschaftsempore für den Gutsherrn. Die Portale der Kirchen in Ják, Karcsa (Nordungarn) und Csempeszkopács (bei Szombathely) sind Zeugnisse einer gediegenen Steinmetzkunst. Kunsthistorisch interessant sind auch die Geschlechterkirchen der kleinen Gutsherren, die oft in sehr abgeschiedenen Dörfern liegen, wie z. B. Karcsa oder Csaroda, und deren romanische Bausubstanz meist gut erhalten ist. In manchen Kirchen, so in Feldebrő, Szalonna oder Pécsvárad, konnten Wandmalereien aus der Erbauungszeit gerettet werden. Die Herkunft der Geschlechterkirche als herrschaftliche Eigenkirche wird dort besonders evident, wo der Zentralbautypus der karolingischen Palastkapelle in Aachen aufgegriffen wird, wie in Szalonna oder Karcsa.

Gotik

Architektur Anfänge

Im 13. und 14. Jh. setzte sich auf breiter Basis der gotische Stil durch, der in einzelnen herausragenden Bauwerken bereits im ausgehenden 12. Jh. angeklungen war (Esztergom, Burgkapelle). Seine Entstehung steht zum einen im Zusammenhang mit der Herrschaft Karls I. (1308 – 1342) aus der neapolitanischen Dynastie der Anjou und zum anderen mit dem Wirken der aus Frankreich stammenden Reformorden der Prämonstratenser und Zisterzienser. Bedeutende Beispiele für die einsetzende Gotik sind die Kirchen in Zsámbék und Bélapátfalva. Letztere ist die einzige erhaltene Zisterzienserkirche in Ungarn.

Die Renaissanceburg Sümeg

Hoch- und Spätgotik

Nach dem Mongoleneinfall in der Mitte des 13. Jh.s wurden zahlreiche Städte ausgebaut bzw. befestigt (Győr, Esztergom, Pécs, Sopron) und Burgen zum Schutz der Landesgrenzen errichtet (so auch in Buda und Visegrád). Die Baukunst des späten 14. und beginnenden 15. Jh.s weist teilweise Einflüsse der Dombauhütte von St. Stephan in Wien und der süddeutschen Künstlerfamilie Parler auf, die zu dieser Zeit in Prag tätig war. Der in Deutschland im Spätmittelalter vorherrschende Bautypus der Hallenkirche verbreitete sich auch in Ungarn; Beispiele dafür findet man in Kőszeg, Sárospatak und Miskolc. Das Netzgewölbe der gotischen Kirche in Nyírbátor belegt das hohe Niveau der damaligen Wölbetechnik. Der bekannteste spätgotische Sakralbau, die Matthiaskirche in Budapest, erhielt seine heutige Form erst durch den Umbau im Stil der Neugotik Ende des 19. Jahrhunderts.

Malerei

Im 15. Jh. trat die Bedeutung der Wandmalerei hinter der des Tafelbildes zurück. Der gemalte und geschnitzte Flügelaltar wurde zum Hauptträger kirchlicher Kunst. Es existierten verschiedene regionale Schulen, die alle ein hohes künstlerisches Niveau erreichten. Da viele Gemälde in den Türkenkriegen zerstört oder verschleppt wurden, sind v. a. Werke aus dem Norden und Osten Ungarns erhalten, die man heute vor allem in den Museen in Budapest und in Esztergom bestaunen kann. Die herausragende Künstlerpersönlichkeit am Übergang zur Neuzeit war der Monogrammist M S, der um 1500 in Ungarn eine Reihe kostbarer Altartafeln schuf.

Renaissance

Anfänge

Unter der Herrschaft von König Matthias I. (Regierungszeit 1458 – 1490) und seiner Frau Beatrix von Aragonien aus Neapel setzte sich die italienisch beeinflusste Frührenaissance in Ungarn durch. Die königlichen Residenzen in Buda und Visegrád, aber auch der Königinnensitz in Diósgyőr bei Miskolc wurden Zentren der florentinischen Renaissancekunst. Architektur (Visegrád, Palast), Plastik (Visegrád, Herkulesbrunnen) und Buchkunst (Bibliotheca Corviniana) erlebten im 15. Jh. eine Blütezeit. Nicht nur am Königshof, auch an den Bischofssitzen in Pécs und Esztergom waren italienische oder an italienischen Vorbildern geschulte Künstler tätig. Herausragende Beispiele der ungarischen Renaissance sind neben dem Palast in Visegrád die rotmarmorne Bakócz-Kapelle im Dom in Esztergom (heute links des Eingangs), der mit einem humanistischen Bildprogramm ausgemalte János-Vitéz-Saal im dortigen Bischofspalast und das Burgschloss in Sárospatak.

Anfänge der Renaissance (Fortsetzung)

Mit der Niederlage gegen die Türken in der Schlacht bei Mohács (1526) fand diese Blütezeit ein abruptes Ende. 1541 wurde Buda erobert, und ein Großteil Ungarns blieb bis 1686 von den Türken besetzt. In den türkisch besetzten Gebieten entfaltete sich die osmanische Kunst und Kultur. Leider fielen viele ihrer Baudenkmäler nach der Rückeroberung durch die Habsburger der Zerstörung zum Opfer oder wurden umgestaltet. Erhalten blieben nur einige wenige Zeugnisse, so die beiden Moscheen in Pécs und das Minarett in Eger. Im habsburgischen Teil des Landes wurden viele der vorhandenen Burgen nach dem Vorbild italienischer Festungsbauten mit Basteien befestigt, um das weitere Vordringen der Türken zu verhindern (Kőszeg, Sárvár, Mosonmagyaróvár, Siklós).
In Siebenbürgen, dem als Fürstentum selbstständig gebliebenen östlichsten Teil Ungarns, konnte die Kunst im 16. und 17. Jh. in allen Bereichen beachtenswerte Werke hervorbringen.

Osmanische Kunst

Barock und Rokoko

Die Kunst des Barock und Rokoko in Ungarn ist ganz wesentlich von der Zugehörigkeit zum Habsburgerreich beeinflusst. Zahlreiche österreichische Architekten und Freskanten arbeiteten im 18. Jh. in Ungarn. Da im 17. Jh. große Teile des Landes noch in den Händen der Türken waren und nach dem Abzug der Osmanen die antihabsburgischen Freiheitskämpfe Ungarn in Atem hielten, kam der neue Stil erst im 18. Jh. zur vollen Entfaltung, als in anderen europäischen Ländern bereits der Übergang zum Rokoko vollzogen wurde.

Unter dem Einfluss Habsburgs

Zu den wenigen früh- und hochbarocken Kunstdenkmälern in Ungarn gehören der Festsaal in der Burg in Sárvár, die Jesuitenkirche in Győr und das Schloss Savoyen in Ráckeve, das der namhafte Wiener Baumeister Lukas von Hildebrandt für den "Türkenbezwinger" Prinz Eugen von Savoyen entwarf. Sein Schüler Andreas Mayerhoffer entwickelte um 1750 mit den beiden Schlossbauten in Gödöllő und Hatvan einen Typus der adeligen Sommerresidenz, den der ungarische Landadel in seinen Wohnsitzen nachahmte. Kennzeichnend für diesen Bautyp ist der u-förmige Grundriss und der überkuppelte Mittelteil.

Architektur

Der bedeutendste Profanbau des ungarischen Barock aber ist das Schloss Eszterháza in Fertőd, das sich der habsburgtreue Miklós Eszterházy um 1760 nach dem Vorbild des Schlosses in Versailles

Schloss Eszterháza

Barock, Architektur (Fts.)

erbauen ließ. Ursprünglich war die Sommerresidenz von einem riesigen, im französisch-geometrischen Stil angelegten Park umgeben, in dem sich ein eigenes Theater, ein chinesisches Tanzhaus und viele kleine Pavillons befanden.

Kirchen

Nach dem Sieg der Gegenreformation und der gewaltsamen Rekatholisierung weiter Landesteile durch die Habsburger wurde der Kirchenbau zur vordringlichsten Bauaufgabe. Insbesondere in den Bischofsstädten Eger, Székesfehérvár, Győr und Veszprém entfaltete sich eine rege Bautätigkeit. Hier ließen nicht nur die Bischöfe ihre Residenzen im Stil des Spätbarock errichten, auch Bürgerhäuser und öffentliche Gebäude, Ordenshäuser und Kirchen erhielten ein barockes Gepräge. Am Um- bzw. Neubau des Königspalasts auf dem Burgberg in Buda waren die italienischen Baumeister Fortunato Prati und Anton Martinelli beteiligt. Der viel beschäftigte Wiener Baumeister Franz Anton Pilgram schuf um 1740 mit der Kirchenfassade in Szentgotthárd einen neuen Kirchentypus, der an zahlreichen spätbarocken Dorfkirchen Nachahmung fand (u. a. auch bei der serbisch-orthodoxen Bischofskirche in Szentendre). Er ersetzte die bisher übliche Zweiturmfassade durch eine Schauseite mit nur einem Turm in der Fassadenmitte.

Malerei

Da im Barock, dem Zeitalter der Illusionskunst, die Malerei wesentlich zur Gesamtwirkung eines Raumes beitrug, bestand im 18. Jh. in Ungarn eine große Nachfrage nach Malern, die die Kirchen und Schlösser mit Fresken und Gemälden ausstatteten. Sie kamen, ebenso wie die Architekten und Stuckateure, überwiegend aus Österreich und Italien oder hatten dort gelernt. Berühmtester Vertreter ist Franz Anton Maulbertsch (1724 – 1796), der virtuose, aus Langenargen am Bodensee gebürtige Freskant. Zeugnisse seiner brillianten Freskotechnik finden sich u. a. in Sümeg, Győr, Vác und Székesfehérvár. Der Maler Johann Lukas Kracker (1717 – 1779) wirkte ebenfalls an verschiedenen Orten in Ungarn. Mit seinem Deckenbild im Bibliothekssaal im Lyzeum zu Eger hinterließ er ein beeindruckendes Werk der barocken Illusionskunst.

Zopfstil

In der zweiten Hälfte des 18. Jh.s bildete sich am Übergang zum Klassizismus der sog. Zopfstil heraus. Ihren Hauptvertreter hatte diese Stilrichtung in dem Architekten Jakob Fellner, der vor allem für die Esterházy-Familie tätig war und für diese u. a. das Schloss in Tata baute. Charakteristisch für den Zopfstil ist die Verbindung von spätbarocken Architekturformen mit den antikisierenden Bauornamenten des Klassizismus, so vor allem die geflochtenen Girlanden, die dem Stil auch den Namen gaben.

19. Jahrhundert

Klassizismus

Der spätbarocke Zopfstil hatte mit seiner Bauornamentik den Klassizismus vorbereitet, der ab etwa 1790 bis zur Mitte des 19. Jh.s die Architektur in Ungarn bestimmte. Ein früher Vorstoß in den neuen Stil gelang dem Wiener Architekten Isidore Canevale mit dem Domneubau in Vác (1760/1770). 1791 folgte Menyhért Hefele mit der Bi-

Die Matthiaskirche in Budapest, eines der bedeutendsten neogotischen Denkmäler der Hauptstadt ▶

Klassizismus (Fortsetzung)

schofskirche in Szombathely seinem Beispiel, und in der ersten Hälfte des 19. Jh.s entstanden die großen klassizistischen Dome in Eger und Esztergom nach Plänen des Architekten József Hild (1789 – 1867). Die am stärksten vom Klassizismus geprägte Stadt ist Debrecen, damals eine Hochburg des Calvinismus und der antihabsburgischen Gesinnung. Gerade die kalvinistischen Kreise bevorzugten den schlichten klassizistischen Stil gegenüber dem verspielten Rokoko, das mit dem Katholizismus und dem Haus Habsburg in Verbindung gebracht wurde. Der Klassizismus galt in Ungarn als eine Art erster ungarischer Nationalstil und erfreute sich deshalb gerade im ungarischen Reformzeitalter großer Beliebtheit.
Das klassizistische Gegenstück zum Schloss Eszterháza in Fertőd ist das unweit gelegene Schloss Nagycenk, der Stammsitz der alten ungarischen Familie Széchenyi. Am Umbau des Schlosses im Stil des Klassizismus wirkte auch Mihály Pollack (1753 – 1835) mit, damals einer der gefragtesten Architekten Ungarns. In Budapest wurden nach seinen Plänen mehrere Stadtpaläste, die evangelische Kirche am Deák-Platz und – sein Hauptwerk – das Ungarische Nationalmuseum (1837 – 1846) erbaut.

Michály Muncácsy: "Der Dorfheld"

Historismus, Architektur

Das 19. Jh. ist in Ungarn ein Jahrhundert des Nationalismus und der politischen Reformen. Die Einführung der ungarisch-österreichischen Doppelmonarchie 1867 garantierte den Ungarn eine größere Selbstständigkeit als bisher und ein eigenes Parlament in Budapest, mit dessen Bau Imre Steindl (1839 – 1902) beauftragt wurde. Nach seinen Plänen entstand am Pester Donauufer nach dem Vorbild des englischen Parlaments ein neogotischer monumentaler Gebäudekomplex, der einen markanten Gegenpart bildet zum Königspalast auf dem Burgberg. Auch das neue Rathaus in Pest wurde von Steindl entworfen. Nach dem Ausgleich mit Österreich (1867) wetteiferte Budapest an Prachtentfaltung mit Wien. Der Architekt Miklós Ybl (1814 – 1891) war in der zweiten Hälfte des 19. Jh.s einer der meistbeschäftigten Baumeister. Nach seinen Entwürfen entstanden zahlreiche repräsentative Bauten, ja ganze Straßenzüge in den Stilformen der Neorenaissance oder des Neobarock. Auch namhafte Bildhauer waren am Ausbau Budapests zur Metropole beteiligt. Von Alajos Stróbl (1856 – 1926), dem bedeutendsten Vertreter dieser Zeit, stammen mehrere Brunnen und Plastiken, u. a. auch der Matthiasbrunnen auf dem Burgberg. Ein geschlossenes Stadtbild aus der Gründerzeit bietet die Stadt Szeged, die 1879 durch ein Hochwasser völlig zerstört und in den letzten Jahrzehnten des 19. Jh.s neu aufgebaut wurde.

Historismus (Fortsetzung)

Malerei

Auch die ungarische Malerei des 19. Jh.s, insbesondere der zweiten Hälfte, hat einige interessante Künstler aufzuweisen, die in Westeuropa kaum bekannt sind. Mihály Munkácsy (▶ Berühmte Persönlichkeiten) gehört zu den wenigen international bekannten Malern der Zeit. Seine Genre- und Historienbilder sind u. a. im Déri-Museum in Debrecen und in der Ungarischen Nationalgalerie in Budapest zu bewundern. Das Parlamentsgebäude in der Hauptstadt des Landes stattete er mit Fresken aus. Von der französischen Pleinair-Malerei der Schule von Barbizon beeinflusst waren László Paál (1846 – 1879) und Pál Szinyei-Merse (1845 – 1920), die dem Impressionismus in Ungarn den Weg bereiteten. Gegen Ende des Jh.s entwickelte sich unter Führung des Impressionisten Simon Hollósy (1857 – 1918) in Nagybánya (heute Baia Mare/Rumänien) eine Künstlerkolonie. Zu den Vertretern dieser Künstlergemeinschaft zählten auch Károly Ferenczy und József Rippl-Rónai, deren Bilder in der Ungarischen Nationalgalerie in Budapest zu sehen sind.

Jugendstil

Die ungarische Variante des Jugendstils

Die Kunst der Jahrhundertwende, die man gemeinhin unter dem Begriff Jugendstil subsummiert, hat in einzelnen europäischen Ländern unterschiedliche Ausprägungen erfahren, wie bereits die nationalen Bezeichnungen Art Nouveau (Frankreich und Belgien), Modern Style (England) und Secessionsstil (Österreich) andeuten. Der ungarische Jugendstil entstand in den beiden letzten Dekaden des 19. Jh.s, in einer Zeit, als der Nationalismus und die Magyarisierungspolitik sich ihrem Höhepunkt näherten und Ungarn unter großem Aufwand die Eintausendjahrfeier 1896 vorbereitete. In der Herausbildung eines nationalen Baustils (der ungarische Jugendstil wird auch als Nationalstil bezeichnet) kam der Wunsch zum Ausdruck, sich von der österreichisch-habsburgischen Vormachtstellung zu lösen. Farbenfreude und Vorliebe für Prunk und üppige Ornamente wurden als besonders ungarische Eigenschaften betrachtet und als vermeintlich typisch östliches Erbe geschätzt.

Architektur

Die Besinnung auf folkloristische Motive ist kennzeichnend für die Architektur des ungarischen Jugendstils, der nur wenig gemeinsam hat mit den geometrischen Formen des Wiener Secessionsstils oder den floralen Motiven des französisch-belgischen Art Nouveau,

Jugendstil, Architektur (Fts.)

wenngleich hin und wieder auch Einflüsse dieser beiden Stilrichtungen zu beobachten sind. Als typisch ungarische Variante des Jugendstils gelten die mit farbenfrohen Majolika-Fliesen geschmückten Hausfassaden, deren Blumenmotive aus der Volkskunst entlehnt sind.

Wohl die meisten Jugendstilbauten findet man in Budapest selbst, aber auch in Kecskemét (Rathaus, Cifra-palota), Szeged (Palais Reök) und anderen Städten gibt es Beispiele der Architektur um 1900. Erholung und Kunstgenuss gleichzeitig bietet das öffentlich zugängliche Jugendstilbad des Hotels Gellért in Budapest. In Pécs (Hotel Palatinus) und in Szombathely (Hotel Savaria) kann man in stilgetreu wiederaufgebauten Hotels der Jahrhundertwende übernachten.

Geschlossenes Jugendstilensemble: Die Musikakademie in Budapest

Ödön Lechner

Hauptvertreter und Vater des ungarischen Jugendstils ist Ödön Lechner (1845 – 1914), der zur Generation des Wiener Architekten Otto Wagner gehörte. Lechner schöpfte gerne aus der persisch-indischen Motivwelt, um das östliche Erbe seiner Baukunst zu betonen. Seine wichtigsten Bauten in chronologischer Reihenfolge sind das Rathaus in Kecskemét (1890), das Kunstgewerbemuseum in Budapest (1896), das Geologische Institut (1899) und die Postsparkasse (1901), beide ebenfalls in Budapest. Typisch für Lechners spätere Bauten sind die bunten Fassadendekorationen mit Majolikaplatten, die in Pécs bei Zsolnay hergestellt wurden. Die wetterfesten und polierfähigen Pyrogranit-Platten wurden eigens für diese Fassadenkonstruktionen von Zsolnay entwickelt. Die Produkte der Keramikfirma Zsolnay, die mit ihren Art-Nouveau-Vasen Weltruhm erreichte, sind heute im Zsolnay-Museum in Pécs zu sehen. Auf dem Höhepunkt ihrer Erfolge wurde von ihr ein Drittel der österreichisch-ungarischen Keramikproduktion hergestellt. Auch Lechners Nachfolger benutzten ornamentale Keramikverzierungen für ihre Bauten. Die Kunstgalerie von Kecskemét (Cifra-palota), 1902 von Géza Márkus errichtet, ist ein besonders dekoratives Beispiel dafür.

Ödön Lechner (Fortsetzung)

Béla Lajta

Lechners wichtigster Schüler war Béla Lajta (1875 – 1920), der sich in Berlin und bei Norman Shaw in London weiterbildete. Zusammen mit Lechner entwarf er 1903 das orientalisch anmutende Mausoleum der Familie Schmidl (1903) auf dem jüdischen Friedhof an der Kozma utca in Budapest. Seine späteren Häuser sind weniger bunt und strenger in der Formensprache als diejenigen von Lechner. Lajta verwendete Fassadenverkleidungen mit Rohziegeln und Flachornamente. Von ihm stammen mehrere Bauten in Budapest, darunter die Handelshauptschule in der Vas-Straße (1913). Sein Spätwerk ist finnisch beeinflusst wie auch die Bauten von Károly Kós (1883 – 1977), der Lechners ornamentalen Stil ablehnte. Kós entwarf die Kirche in Zebegény (1909), die vom Gründer der Künstlerkolonie Gödöllő – Aladár Körösfői-Kriesch – ausgestattet wurde.

Künstlerkolonie Gödöllő

Diese mit der deutschen Künstlerkolonie in Worpswede vergleichbare Künstlergemeinschaft spielte in der Malerei und in den dekorativen Künsten des ungarischen Jugendstils eine zentrale Rolle. Sie entstand 1902, als der Maler Körösfői-Kriesch mit seiner Familie aufs Land, in den kleinen Ort Gödöllő nordöstlich von Budapest zog. Nach dem Vorbild der englischen Arts-and-Crafts-Künstler entstand eine Künstlergemeinschaft, die sich auf ein naturnahes, bäuerliches Leben besann und in der Volkskunst eine wichtige Quelle für die neue Kunst sah. Ein Ziel dieser Gemeinschaft war auch, einen modernen ungarischen Nationalstil zu schaffen. Nach und nach folgten weitere Künstler, die heute unter dem Sammelbegriff "Schule von Gödöllő" bekannt sind. Neben Körösfői-Kriesch wurde Sándor Nagy (1868 – 1950) zum wichtigsten Vertreter der Gödöllő-Schule. Für ihn und seine Frau entwarf István Medgyaszay ein Haus aus rotem Backstein inmitten eines englischen Landschaftsgartens. Es wurde zur typischen Künstlervilla des Jugendstils, ähnlich wie sein englisches Vorbild, das "Rote Haus" des Engländers William Morris. Stilistisch stehen die Maler von Gödöllő den englischen Präraffaeliten nahe. Inhaltlich behandelten die Gödöllő-Künstler häufig Themen aus der ungarischen Mythologie – ein weiteres Indiz für die nationale Orientierung der Künstlergruppe, die glaubte, dass die Grundlagen für einen typisch ungarischen Stil in der mündlichen Überlieferung der Volkssagen zu suchen seien.

20. Jahrhundert

Die Avantgarde der 1920er- und 1930er-Jahre

László Moholy-Nagy (1895 – 1946), der überwiegend im Ausland tätig war und den Unterricht am Dessauer Bauhaus mitgestaltete, gehört zu den bekanntesten ungarischen Künstlern der ersten Jahrhunderthälfte. Nach der Auflösung des Bauhauses 1933 ging er zunächst nach London und später in die USA ins Exil. In Chicago war er von 1937 bis 1946 Leiter des Neuen Bauhauses, des heutigen Institute of Design. Der Ungar wurde vor allem mit seinen Experimenten im Bereich der Fotografie und Textgestaltung bekannt. Sein Landsmann Farkas Molnár, der ebenfalls am Bauhaus arbeitete, be-

Form folgt Natur

Schon lange bevor die kommunistische Ära in Ungarn endete und der Eiserne Vorhang fiel, gab es in der "fröhlichsten Baracke des Ostblocks" eine Handvoll Architekten, die andere Wege beschritten als den staatlich verordneten Plattenbau. Ihr Ziel war es, der Architektur wieder ein menschliches Gesicht zu verleihen und mit ihren Gebäuden Brücken zu schlagen zwischen Tradition und Moderne, zwischen Mensch und Natur.

So mancher Tourist ist bei einer Fahrt durch Balatonszentgyörgy, einem kleinen Ort bei Keszthely am Plattensee, unversehens auf die Bremse getreten, als er bei einem Blick aus dem Fenster den Komplex direkt an der Straße entdeckte. Hinter einem grünen Erdwall liegt eine Zeltlandschaft aus roten Dachziegeln, überragt von einem minarettartigen Turm in der Mitte. Dreieckige Öffnungen, in die massive Außenhaut geschnitten, bilden die Fenster, Rampen aus Holz führen in bzw. auf das Dach. Dass es sich hier um ein Restaurant mit Café für Touristen handelt – wer könnte das erahnen? Nicht weit von Balatonszentgyörgy entfernt, in Bak, gibt es ebenfalls einen Grund zum Staunen. Wie eine Haube legt sich das weit herabgezogene Dach aus langen Holzschindeln über das lang gestreckte Gebäude des Dorfzentrums. Die Ähnlichkeit mit dem Federkleid eines Vogels ist keine zufällige, denn auch der Grundriss des Dorfhauses ahmt die Form eines Adlers nach.

Bauen als Revolution

Organische Architektur nennt sich das, was in Balatonszentgyörgy oder Bak, in Nagykálló oder auch in Paks eine willkommene Abwechslung darstellt zum sonst oft eher tristen Architekturbild. Um zu verstehen, woraus diese Reformbewegung entstand, muss man mehr als 40 Jahre zurück in der ungarischen Geschichte. Der Volksaufstand von 1956 war gescheitert, und mit ihm war die Hoffnung auf eine Änderung des politischen Systems erst einmal wieder begraben. Kádár verhalf den Ungarn zwar zu kleinen Freiheiten, doch die politische Gesamtlinie bestimmte der Große Bruder – auch in der Architektur. Das baukünstlerische Erbe wurde zurückgedrängt zugunsten einer Formensprache, die jede nationale Identität verleugnete und die Vorstädte und Dörfer nur noch als gesichtslose Plattenbausiedlungen zu gestalten vermochte. Dörfer mit eigenständigen Bautraditionen und einer funktionierenden Infrastruktur verwandelten sich innerhalb weniger Jahrzehnte in reine Schlafstätten, in denen Gaststätten und Gemeinschaftseinrichtungen abgeschafft und die Pflege von Traditionen systematisch unterbunden wurde. Anstelle einer Vielzahl verschiedener gesellschaftlicher und sozialer Treffpunkte gab es nur noch die so genannten Kulturhäuser, die von den Bewohnern mehr hin- als angenommen wurden.

Makovecz

Die erste Generation der erneuerungswilligen Architekten studierte damals noch – so wie Imre Makovecz, der heute als der bekannteste Vertreter der Organischen Architektur weltweit Anerkennung genießt. Als eines seiner frühesten Projekte konnte

Makovecz 1966 das Restaurant Sió Csárda bei Szekszard realisieren. Mit seinem schilfgedeckten Dach sieht es aus wie ein traditionelles ungarisches Bauern- oder Fischerhaus. Makovecz hatte seine ersten handwerklichen Erfahrungen beim Wiederaufbau im Krieg zerstörter Bauernhäuser gesammelt und die Vorzüge dieser Architektur schätzen gelernt. Die Sió Csárda bescherte ihm in Ungarn zunächst das Image eines Erneuerers der volkstümlichen Architektur. Doch darum ging es Makovecz nicht. Das volkskünstlerische Erbe, insbesondere die jahrhundertealten Ornamentmotive, sind für ihn nicht nur identitätsstiftende Dekorationselemente, sondern abstrahierte Formen aus der Natur, die wiederum das Geistige, Metaphysische, ja sogar eine göttliche Ordnung symbolisieren. Geprägt haben Makoveczs Architekturauffassung ganz wesentlich die Philosophie Rudolph Steiners, aber auch das Werk des amerikanischen Architekten Frank Lloyd Wright, der seine Gebäude so nahtlos in die umgebende Landschaft einfügte, dass sie zu einem Teil von ihr wurden.

Architektur als Metapher

Bei Makovecz und seinen Kollegen werden die Elemente der Architektur auf ihre archaische Funktion und ihre ursprüngliche Bedeutung zurückgeführt: Das Haus ist eine Hülle, die vor dem Draußen schützt, der Raum eine Höhle, in der man sich geborgen fühlt, die Stützen erinnern an das Astwerk eines Baumes, die Fenster haben die Qualität von Augen oder Sehschlitzen, die nur spärliches Licht in den Innenraum lassen. Obwohl die Organische Architektur auch in vielen Städten – wie z. B. in Makó oder Pécs – Einzug gehalten hat, ist sie immer noch am eindrucksvollsten im ländlichen Raum, wo sie vielleicht nicht die meisten Anhänger, aber mit Sicherheit ihre Wurzeln hat.

Wie das Gefieder eines Riesenvogels präsentiert sich das markante Dach des Dorfhauses in Bak

20. Jahrhundert, Avantgarde (Fts.)

tätigte sich in erster Linie als Architekt. In den frühen 1930er-Jahren baute Molnár einige Wohngebäude in Budapest im Bauhausstil. Sie gehören zu den wenigen Aufträgen für Künstler dieser Richtung in Ungarn.

Malerei und Kunsthandwerk

Als Begründer der Op-Art gilt Victor Vasarely (▶ Berühmte Persönlichkeiten), dessen Werke heute u. a. in seiner Geburtsstadt Pécs zu sehen sind. Wie sein Landsmann Moholy-Nagy wurde er erst im Ausland berühmt – Vasarely lebte die meiste Zeit in Frankreich, wo er 1997 verstarb. Die abstrakte Kunstrichtung der Op-Art entstand in den 1950er-Jahren unter seiner Führung. Vasarely setzte sich v. a. mit der physischen und psychischen Wahrnehmungsweise des Betrachters bzw. der Wirkungsweise der Kunst auf ihn auseinander. Die Wiederbelebung und Reformierung eines alten Kunsthandwerks, der Keramikkunst, war das Verdienst von Margit Kovács (1902 – 1977), die u. a. in Wien, München und Paris studierte und vor allem in Budapest arbeitete. Heute kann man ihrem Werk vor allem in Győr und in Szentendre begegnen, wo es Museen mit ihren Skulpturen gibt.

Skulptur von Margit Kovács

Zeitgenössische Architektur

In der Architektur wurde Imre Makovecz, der u. a. den ungarischen Pavillon der EXPO 1992 in Sevilla entwarf, zum Begründer einer neuen Schule (▶ Baedeker Special S. 62). Organische Formen vermischt mit Elementen der traditionellen ungarischen Bauweise charakterisieren seine Architektur, in der der Wille zur nationalen Identität und zur Loslösung vom sozialistischen Einheitsmuster zum Ausdruck kommt. Beeindruckende Beispiele für den neuen Stil findet man u. a. in Sárospatak, Nagykálló, Siófok, Paks und Piliscsaba.

Musik

Volksmusik

Bei dem Stichwort "ungarische Volksmusik" denkt man in der Regel zunächst an Zigeunermusik – ein Trugschluss, dem bereits die romantischen Komponisten des 19. Jh.s aufsaßen, als sie die vermeintliche Volksmusik in ihren Formenkanon aufnahmen – man denke etwa nur an die "Ungarischen Tänze" von Brahms. Natürlich gehört die Zigeunermusik zu Ungarn wie der Paprika und die Puszta, aber sie ist nicht gleichzusetzen mit der ursprünglichen ungarischen Volksmusik, die erst durch die bahnbrechenden Forschungen von Zoltán Kodály und Béla Bartók wieder ans Tageslicht kam. Es handelt sich dabei um Lieder und Tänze, die von Dudelsackpfeifen oder Blockflöten begleitet wurden. Als die Bauernorchester im 19. Jh. die Zigeunerkapellen nachzuahmen begannen, übernahmen sie auch Zimbal (Hackbrett) und Geige.

Zigeunermusik

So wenig die Zigeuner in Ungarn als Minderheit respektiert werden, so beliebt ist – zumal bei den ausländischen Gästen – ihr Beitrag zur ungarischen Gemütlichkeit. Ab dem 18. Jh. sorgten die Zigeunerkapellen auf dem Lande bei Dorffesten und Hochzeiten, bei Beerdigungen, Jahrmärkten und anderen Ereignissen für musikalische Einlagen. Im 19. Jh. bildeten sich die städtischen Zigeunerorchester mit Klarinetten, Kontrabass und Zimbal. Aus der Vermischung mit ungarischer Volksmusik entstand die typische Zigeunermusik, die für ihren melancholischen, aber auch temperamentvollen Charakter bekannt ist. Während die Zigeunermusiker früher das Talent sozusagen im Blut hatten, wird der musikalische Nachwuchs heute in Budapest auf der Rajkóschule, einem musikorientierten Gymnasium, gezielt auf die Laufbahn als Berufsmusiker vorbereitet.

Zigeunermusik (Fortsetzung)

Kuruzzenlied und Verbunkos

Eine Besonderheit der ungarischen Musikgeschichte sind die um 1700 im Zuge der ungarischen Freiheitskämpfe entstandenen Kuruzzenlieder, eine Mischung aus Volkslied und Historiengesang, deren Melodien im 18. und 19. Jh. in die volkstümliche Musik Eingang fanden. Zur Anwerbung von Soldaten wurde ab der Mitte des 18. Jh.s – hauptsächlich von Zigeunerkapellen – der so genannte Verbunkos gespielt. Es handelte sich ursprünglich um eine lebhafte, oft aus der Improvisation geborene Instrumental- und Tanzmusik. Der daraus entstandene Verbunkos-Stil galt im 19. Jh. bereits als typisch ungarische Tanzmusik und wurde von zahlreichen Komponisten in ihren Werken aufgenommen.

19. Jahrhundert: Romantik und Nationalstil

Die wichtigsten Vertreter der ungarischen Romantik sind Franz Liszt (▶ Berühmte Persönlichkeiten) und Ferenc Erkel. Unter dem Eindruck der Zigeunerweisen komponierte Liszt in den 1840er- und 1850er-Jahren seine "Ungarischen Rhapsodien", und in seiner "Hungaria", 1856 in Pest uraufgeführt, wurden volkstümliche Elemente in ein symphonisches Werk transformiert. Ferenc Erkel schrieb insgesamt acht Opern, u. a. "Hunyadi László" und "Bánk Bán", durch die er als Schöpfer der ungarischen Nationaloper in die Musikgeschichte einging. Auch dem heute wenig bekannten Mihály Mosonyi, der sowohl im Opernfach als auch in anderen Musikgattungen Bahnbrechendes leistete, verdankt der ungarische Nationalstil wesentliche Beiträge. Auf Liszts Betreiben hin wurde in der 1875 neu eröffneten Musikakademie in Budapest eine Klasse zum Studium des ungarischen Volksliedes eingerichtet.

Kodály und Bartók

Zwei herausragende Künstlerpersönlichkeiten prägten die ungarische Musik in der ersten Hälfte des 20. Jh.s: Béla Bartók und Zoltán Kodály (▶ Berühmte Persönlichkeiten). Kodálys erste Reise zur Erforschung des ungarischen Volksliedgutes 1905 markierte den Beginn einer neuen, die Romantik überwindenden Musikentwicklung. Zusammen mit Béla Bartók, der sich auf Kodálys Anregung hin ebenfalls dem Sammeln der Volksmusik zuwandte, entdeckte er auf seinen Reisen ein schier unerschöpfliches Repertoire von bislang unbekannten, seit Generationen unverfälscht überlieferten Volksliedern. Durch den Ersten Weltkrieg verzögert, erschien 1924 Bartóks 320 Melodien umfassende Volksliedsammlung und 1937 Kodálys Werk "Die ungarische Volksmusik", das den ersten Versuch darstellt, das Volksliedgut zu sammeln, zu sichten und stilkritisch zu analysieren. Die Beschäftigung mit dem ungarischen Liedgut wurde nicht nur zum Lebenswerk der beiden herausragenden Musiker, sondern beeinflusste auch ganz wesentlich ihr kompositori-

Kodály und Bartók (Fts.)

sches Schaffen. Bartóks Werk lebt von der Synthese der modernen Musiksprache mit den besonderen Merkmalen der ungarischen Volksmusik. Kodály, der den Musiktraditionen seines Heimatlandes enger verpflichtet blieb, wirkte vor allem durch seine Lehrtätigkeit an der Musikakademie in Budapest (Komposition). Er prägte dadurch Generationen von ungarischen Musikern, die selbst wiederum an ihren jeweiligen Wirkungsstätten, viele von ihnen in alle Welt verstreut, das Erbe Kodálys weiterentwickelte (so z. B. Antal Doráti, Tibor Serly, Sándor Veress u. a.).

Nach dem Zweiten Weltkrieg

Von der Komponistengeneration nach dem Zweiten Weltkrieg erlangten u. a. György Kurtág (geb. 1926), György Láng (Geb. 1933) und der im europäischen Ausland lebende György Ligeti (geb. 1923) internationale Bedeutung. Dasselbe gilt auch für eine Reihe ungarischer Dirigenten und Solisten, wie Sir Georg Solti, Ferenc Fricsay oder György Széll, die den Weg in die großen Konzerthäuser der Welt fanden.

Die Musikkultur hat in Ungarn eine lange Tradition. Dass dabei nicht nur in Konzerthallen und Opernhäusern, sondern auch auf Straßen und Plätzen musiziert wird, kann man besonders in Budapest beobachten.

Operette

Die Operette tauchte in der zweiten Hälfte des 19. Jh.s durch das Wirken von Johann Strauß (Vater) und anderer in Ungarn auf und erfreute sich bald großer Beliebtheit. An der Wende vom 19. zum 20. Jh. erlebte diese Musikform eine Renaissance, die eng mit dem Namen Ferenc (Franz) Lehár verbunden ist. Fortgesetzt wurde die Operettentradition in Ungarn durch das Werk von Imre Kálmán, dem Schöpfer der “Csárdásfürstin”, der als Komponist der typisch ungarischen Operette berühmt wurde.

Sprache und Literatur

Landessprache

Die offizielle Landessprache ist das Ungarische, das von 96 % der Bevölkerung als Muttersprache gesprochen wird. Im mitteleuropäischen Raum hat das Ungarische eine einzigartige Stellung, denn es gehört zur finnisch-ugrischen Sprachfamilie und ist mit dem Finnischen und dem Estnischen verwandt. Von allen finno-ugrischen Sprachen besitzt das Ungarische das älteste Sprachdenkmal: Der lateinische Text der Stiftungsurkunde des Benediktinerklosters von Tihany aus dem Jahr 1055 enthält 58 ungarische Wörter, z. T. mit den typischen Endungen. Zahlreiche Wörter des Ungarischen sind aber auch aus dem Lateinischen, Slawischen, Deutschen und Türkischen entlehnt.

Baedeker TIPP Aus erster Hand

Kunst und Architektur, Sprache und Religionen, Politik und Gesellschaft des Karpatenbeckens sind das Thema eines deutschsprachigen Halbtageskurses im Budapester Vorort Csömör. In familiärer Atmosphäre und mit landestypischer Verpflegung wird der Besucher auf Ungarn und seine Kultur eingestimmt. Anmeldung und Information: ☎/FAX (28) 44 56 02, E-Mail: alexmatyas@vnet.hu

Von den Anfängen bis zur Reformation

Seit dem 9. Jh. kämpften die Ungarn um einen Platz in Europa. Diese historische Gegebenheit prägte die ungarische Literatur entscheidend in ihrem Willen nach Selbstbehauptung und bestimmte die Rolle, die der Literatur in Ungarn zukam. Mehr als andere Künste diente sie dazu, sich der eigenständigen kulturellen Identität zu versichern. Dies galt ganz besonders in den Zeiten der Unterdrückung durch andere Mächte.
Die ersten volkssprachlichen Zeugnisse tauchten in Ungarn später als in anderen europäischen Ländern auf. Als früheste Sprachdenkmäler sind eine altungarische Marienklage und eine Leichenrede aus dem 13. Jh. erhalten. Im 14. Jh. erzählten die ersten Chroniken aus Ungarns Vor- und Frühgeschichte, Hofhistoriker beschrieben das legendäre Leben der königlichen Dynastie. Während der Zeit des Humanismus setzte sich die volkssprachliche ungarische Literatur allmählich gegen das Kirchenlatein durch. Janus Pannonius (1434 – 1472) dichtete noch in lateinischer Sprache, setzte aber bereits dem Kirchenlatein eine bewusst weltliche Lyrik entgegen. Im Zeichen der Reformation wurde im Jahr 1541 das Neue Testament von János Sylvester ins Ungarische übersetzt, gegen Ende des Jahrhunderts lag die erste vollständige Bibelübersetzung vor. Noch waren die Inhalte der meisten Werke von religiösen Themen bestimmt, aber ähnlich wie in Deutschland waren diese Texte konstitutiv für die Herausbildung der ungarischen Literatursprache. Albert Szenci-Molnár (1574 – 1634) übersetzte nicht nur die Psalter ins Ungarische, er verfasste auch das erste lateinisch-ungarische Wörterbuch und eine ungarische Grammatik. Als erster ungarischer Dichter von Rang gilt Bálint Balassi (1554 – 1594), der sich nicht nur religiösen Themen verpflichtet fühlte, sondern auch das ritterliche Leben und die Liebeskunst in klangvolle Verse setzte.

Zeitalter des Barock

Die weltliche Dichtung nahm langsam Gestalt an, wenn auch das Lesepublikum sich auf einen kleinen Kreis adliger Lesekundiger beschränkte. In dem Barockepos "Die Belagerung von Sziget" erzählt

Barock (Fortsetzung)

Miklós Zrínyi (1620 – 1664) von der alten Ritterherrlichkeit im Kampf gegen die Türken – ein großes Schlachtenpanorama, in dem das persönliche Erlebnis im Vordergrund steht. Die europäische Aufklärung fand auch in Ungarn ihren Niederschlag. Gegen die österreichische Vorherrschaft, die die deutsche Sprache zur Amtssprache erhob, versuchten die Ungarn, ihr nationales Bewusstsein durch eine eigene Literatur zu festigen.
Einer der bedeutendsten Vertreter der so entstandenen volkstümlichen Literatur war der Lyriker Mihály Csokonai Vitéz (1773 – 1805), der ganz bewusst an die westeuropäische Barock- und Rokokotradition anknüpfte und sich gleichzeitig als volkstümlicher Neuerer einer Lyrik verstand, die bereits auf die kommende Romantik verweist.

19. Jahrhundert: Von der Romantik zum Realismus

Charakteristisch für das 19. Jh. ist, dass die Lyrik das Feld beherrschte. Mit der Romantik erreichte die ungarische Literatur ihren ersten großen Höhepunkt, während es eine eigentliche Klassik, vergleichbar der deutschen oder französischen, nicht gegeben hat. Vollender der Romantik war der Lyriker und Epiker Mihály Vörösmarty (1800 – 1855), die herausragende Figur der vorrevolutionären Freiheitsbewegung "Junges Ungarn" der Lyriker Sándor Petőfi (▶ Berühmte Persönlichkeiten). Petőfi gilt noch heute als der Nationaldichter der Ungarn. Was politisch unerfüllt blieb durch die gescheiterte Revolution von 1848 hat Petőfi in seiner volksnahen Freiheitslyrik als Versprechen vorweggenommen. Bindeglied zwischen der Feudalzeit und der Ära des bürgerlich-demokratischen Freiheitskampfes ist János Arany (1817 – 1882). In seinen Balladen und Gedichten verbindet sich die alte mit der neuen Zeit.
In der zweiten Hälfte des 19. Jh.s entstanden die ersten großen epischen Werke. Mit unglaublicher Produktivität verfasste Mór Jókai (1825 – 1904) exotisch verbrämte Unterhaltungsromane. Weit über die Landesgrenzen hinaus gelten Jókais Idealgestalten als Prototypen des echten ungarischen, ein wenig sentimentalen Lebens. Der nüchterne Realismus, wie er die gesamte europäische Literatur dieser Jahrzehnte prägte, setzte sich erst im Werk von Kálmán Mikszáth (1847 – 1910) durch. Seine treffenden Milieuschilderungen sind satirische Sittenbilder einer bedrohten Gesellschaft.

20. Jahrhundert

In der ersten Hälfte des 20. Jh.s fand die ungarische Literatur Anschluss an die europäische Klassische Moderne und entwickelte dabei einen solchen Reichtum, dass sie sich heute wie kaum eine andere "kleine" Literatur im europäischen literarischen Leben behaupten kann. Zu Beginn des 20. Jh.s wurde die Gründung der Zeitschrift "Nyugat" (Westen, 1908) zum Kristallisationspunkt einer an Westeuropa orientierten Avantgardeliteratur. Im Mittelpunkt stand der Symbolist Endre Ady (1877 – 1919), der mit seiner neuen lyrischen Sprache die jungen, weltoffenen Literaten um sich scharte. Nach seinem Tod übernahm der Lyriker Mihály Babits (1883 – 1941) die Zeitschrift. Er war Verfechter einer "reinen Poesie" und vereinigte in seiner Person die in der Literatur auseinander strebenden Tendenzen von Ungarn- und Europäertum. Einige Schriftsteller sind zu Leitfiguren eines humanen Engagements geworden, das sich nie auf eine doktrinäre Parteilinie verpflichten ließ: Attila József (1905 – 1937), Tibor Déry (1894 – 1977), Gyula Illyés (1902 – 1983) und László Németh (1901 – 1975). Im Stil eines jeweils sehr persönli-

Der Wiederentdeckte

Anlässlich der Frankfurter Buchmesse 1999 mit dem Schwerpunkt Ungarn setzte ein aufmerksamer Lektor des Piper Verlags das bereits 1942 von Sándor Márai geschriebene und neu übersetzte Werk "Die Glut" auf das Programm und entfachte damit eine Art Epidemie. Das Márai-Fieber brach aus.

Dabei entführte dieser ungarische Roman in entlegene, vergangene Welten, genauer gesagt: in ein Jagdschloss am Fuße der Karpaten im Jahre 1940. Ein ehemaliger General erwartet dort einen Jugendfreund, den er seit 41 Jahren nicht gesehen hat. Hatte dieser ein Verhältnis zu Krisztina, seiner verstorbenen Frau? Ein einzigartiger Monolog hebt an, in dem der vereinsamte alte Mann sein Leben Revue passieren lässt. In diesen Erinnerungsstrom hat Márai alle großen Themen der Menschheit wie Liebe und Einsamkeit, Freundschaft und Verrat, Sinn und Vergeblichkeit des Daseins einfließen lassen – leidenschaftlich und sprachlich brillant. Das Thema Rückschau auf ein Leben mit einer unerwiderten Liebe und einer großen Enttäuschung variiert Márai auch in "Das Vermächtnis der Eszter", eines von insgesamt inzwischen zehn Büchern, die seit der Márai-Renaissance veröffentlicht wurden. Auf seine Art hat Márai den Untergang des K. u. K.-Reiches beschrieben, Größe und Verfall des Bürgertums analysiert und sein eigenes Land und dessen Menschen in meisterlichen Stimmungsbildern vergegenwärtigt. Schon frühzeitig sah er die Schatten des totalitären Regimes aufziehen und blieb Zeit seines Lebens ein unerbittlicher Gegner der Versklavung des menschlichen Geistes.

40 Jahre Exil

Den späten Ruhm hat Sándor Márai nicht mehr erlebt. Denn 1989 beging der im Exil lebende Schriftsteller Selbstmord. Geboren wurde er als Mitglied einer großbürgerlichen Familie im Jahr 1900 in Kassa, heute Kosice, in der Slowakei. Nach dem Ersten Weltkrieg ging er auf Wanderschaft in die Zentren Europas, flanierte durch die Salons, schrieb Lyrik und verdiente sich sein Geld mit journalistischen Arbeiten, u. a. für die angesehene "Frankfurter Zeitung". 1932 kehrte er nach Ungarn zurück, wo er bei der Budapester Zeitung als Journalist arbeitete. Bis 1942 publizierte Márai eine Fülle von Romanen, Erzählungen und Essays, die ihn zu einem der bekanntesten Autoren Ungarns machten. Nach der kommunistischen Machtübernahme ging er 1948 ins Exil und geriet in Vergessenheit. 40 Jahre lebte er zuerst in der Schweiz, dann 15 Jahre in New York, bevor er nach Italien zog. Die letzten Jahre seines Lebens verbrachte er im kalifornischen San Diego. Zu schreiben hat Sándor Márai nie aufgehört, in seiner Heimat wurde er all die Jahre totgeschwiegen. Halbherzige Bemühungen in Ungarn, dem scharfsichtigen Schriftsteller in den späten 1980er-Jahren wieder die Hand zu reichen, schlug er aus. Und dennoch: "Wohin es mich verschlägt, dort werde ich ein ungarischer Schriftsteller sein", notierte Márai in seinen letzten Tagebüchern aus den Jahren 1984 – 1989. Dem Ungarischen, der "wundervollen, einsamen Sprache", hielt er über 40 Jahre die Treue.

20. Jahrhundert (Fortsetzung)

chen, illusionslosen Realismus verliehen sie ihrer Überzeugung Ausdruck. Eine grundverschiedene Weltanschauung verkörperte Sándor Márai (1900 – 1989), der in seinen Werken eine konsequent bürgerliche Denkweise vertrat. Das deutsche Lesepublikum entdeckte ihn erst 1999 durch den Roman "Die Glut" (▶ Baedeker Special S. 69). Herausragend in der Unbestechlichkeit und Autonomie einer neuen lyrischen Sprache sind die Poeten Miklós Radnóti (1909 – 1944) und Sándor Weöres (1913 – 1989).

Populisten und Urbanisten

Noch auf die Zwischenkriegszeit zurückgehend haben sich zwei Richtungen in der ungarischen Literatur erhalten, die bis in die unmittelbare Gegenwart wirken: Auf der einen Seite stehen die so genannten Populisten, die das dörfliche Leben und das Ungarntum zum Gegenstand ihrer Literatur erhoben haben, auf der anderen Seite die Urbanisten, die sich bewusst als weltoffene Europäer fühlen und vom städtischen Leben geprägt sind. In dieser Tradition steht auch die 1946 gegründete Zeitschrift "Újhold" (Neumond), die jedoch 1948 verboten wurde. Während die "populistischen" Schriftsteller mehr oder weniger geduldet waren, hatte die Mehrzahl der "urbanen" Dichter mit Zensur, Veröffentlichungsverbot und Gefängnis zu rechnen. Ungeachtet dieser Behinderungen und Einschüchterungen, die verglichen mit anderen osteuropäischen Ländern in der Kádár-Zeit zurückhaltender verliefen, entwickelte sich in der ungarischen Nachkriegsliteratur, vor allem nach 1956, eine erstaunliche Vielfalt und Intensität des literarischen Lebens.

Ältere Generation

Iván Mándys (1918 – 1995) umfangreiches Werk von Romanen und Erzählungen ist erfüllt von Szenen der Großstadt und ihren Menschen. Endgültig vollzogen wurde der Aufbruch in die Moderne von dem 1921 geborenen Miklós Mészöly. Die traditionelle Erzählweise ist bei ihm aufgegeben zugunsten einer neuen Wahrnehmung der Sprache und der Wirklichkeit, vergleichbar dem französischen roman nouveau.

Der herausragende Schriftsteller der mittleren Generation ist György Konrád (geb. 1933), mit internationalen Preisen bedacht und von 1990 bis 1993 Präsident des Internationalen P.E.N. In seinen Romanen, die alle im städtischen Milieu spielen, thematisiert er die Zerstörung und Verführbarkeit des Individuums angesichts einer übermächtigen Staatsgewalt. Das Schicksal der Intellektuellen Osteuropas als Prototypen zwischen Anpassung und Widerstand ist von keinem anderen Schriftsteller so realistisch und beklemmend in Worte gefasst worden. Die Mehrzahl seiner Romane und Essays durften vor 1989 nicht in Ungarn erscheinen, sie konnten dort nur über Samisdat-Veröffentlichungen gelesen werden. István Csurka, geb. 1934, der sich bereits früher mit gesellschaftlichen Problemen auseinandersetzte, übte 1986 aus nicht-liberalem Blickwinkel mit seinem Essayband "Unannehmbare Realität" scharfe Kritik am politischen System.

Lange Jahre zählte er zum Kreis der Favoriten, aber erst 2002 war es so weit: Der 1929 geborene Schriftsteller Imre Kertész erhielt den Nobelpreis für Literatur. Kertész war im eigenen Land lange Zeit ein umstrittener Autor. Sein "Roman eines Schicksallosen", 1973 fertig gestellt, aber über zwei Jahre von der Zensur zurückgehalten, verschwand nach Erscheinen 1975 rasch wieder aus den Buchhandlungen. Mehr als zehn Jahre hat Kertész an diesem Werk geschrieben und darin seine eigene Deportation nach Auschwitz und die Internierung im Konzentrationslager Buchenwald verarbeitet. Konsequent aus der Ich-Perspektive und in der Sprache eines 15-jährigen Jungen erzählt, liegt die Wirkung des Romans in der Diskrepanz zwischen Erzählton und Erzähltem. Das Ungeheuerliche und Unfassbare der nationalsozialistischen Vernichtungslager wird von Kertész in einer ganz eigenen Sprache, in einer eigenen Logik erfasst. Dass der Junge nach der Befreiung auf Unverständnis stößt und sich deshalb nach der Lagerwelt zurücksehnt, weil es selbst dort Augenblicke kindlichen Glücks gegeben zu haben scheint, stieß bei Erscheinen des Romans auf Ablehnung und wurde von vielen Ungarn als Kritik an den eigenen Landsleuten verstanden. In dem 1988 erschienenen Roman "Fiasko", einem anspruchsvollen Buch, das in seiner komplexen Struktur an Kafka erinnert, hat Kertész die schwierige Zeit verarbeitet, in der er für seinen "Roman eines Schicksallosen" einen Verleger suchte.

Ältere Generation (Fortsetzung)

Die Kaffeehäuser in Budapest – hier das Café Lukács – haben auch heute noch eine inspirierende Atmosphäre für Literaten und solche, die es werden wollen.

Jüngere Generation

Im Mittelpunkt der jüngeren Generation stehen zwei Schriftsteller, Péter Nádas (geb. 1942) und Péter Esterházy (geb. 1950). Jeder von ihnen beschreibt auf sehr charakteristische Weise den Zustand der ungarischen Gesellschaft am Ende der Kádár-Ära. Nádas ist ein Meister im Verweben der kleinen Familiengeschichte mit der großen politischen Geschichte. Ausgehend von persönlichen Lebenswelten zeichnet er das Panorama einer ganzen Epoche, wie vorher noch kein ungarischer Schriftsteller die Brüche und Umbrüche dieses Jahrhunderts verarbeitet hat.

Jüngere Generation (Fts.)

Esterházy besticht durch seine ironisch-absurde Kunstprosa. Programmatisch versucht er, die Autonomie des Künstlers nicht politisch, sondern durch die Freiheit der Sprache zu verteidigen. Wie kein anderer ungarischer Schriftsteller steht Esterházy in der Tradition der satirisch-komischen Literatur des K. u. K.-Reiches. Esterházys Opus magnum ist der 2000 erschienene Roman "Harmonia Caelestis", ein mehr als 900 Seiten umfassender Band. In ihm schreibt der Autor über die Geschichte seiner eigenen Verwandtschaft, der berühmten Aristokratenfamilie Esterházy, die bis ins 16. Jh. zurückreicht. Er tut dies aber nicht in der Form des bürgerlichen Familienromans. Buch I heißt "Numerierte Sätze aus dem Leben der Familie Esterházy" und bietet vielmehr ein barockes Füllhorn an Legenden, Chroniken, Registern, Mythen und Episoden, das dem Leser einiges abverlangt. Im Buch II "Die Bekenntnisse der Familie Esterházy" wird von dem Leben der Familie im Ungarn des 20. Jh.s unter den Bedingungen der Diktatur erzählt. Eine Geschichte von Enteignung, Aussiedlung und Verarmung. In Ungarn wurde das Werk schon unmittelbar nach Erscheinen zu einem Bestseller.

Zwei weitere wichtige Zeitromane sind charakteristisch für die Literaturszene des letzten Jahrzehnts: "Die Beschneidung" (1990) von György Dalos (geb. 1943), in dem der Autor ironisch verfremdet die Verwirrtheiten und Bedrängnisse einer jüdischen Kindheit in den fünfziger Jahren beschreibt; und "Satanstango" (1985) von László Krasznahorkai (geb. 1954), der in melancholischen Metaphern den Untergang einer verfaulenden, vermodernden Gesellschaft, die keine Kraft mehr zum Widerstand besitzt, in düster ironische Bilder fasst.

Volkstanzgruppe in Debrecen

Einen besonderen Blick auf das Ungarn der 1950er- und 1960er-Jahre wirft die als Tochter ungarischer Emigranten im Jahr 1968 geborene Zsuzsa Bánk. Der Debütroman der in Frankfurt lebenden und auf Deutsch schreibenden Autorin "Der Schwimmer" wurde 2002 begeistert aufgenommen. Es ist die Geschichte einer Entwurzelung. Ungarn 1956: Die Kinder Kati und Isti leben nach der Flucht der Mutter in den Westen weiterhin bei ihrem Vater in Ungarn. Der Vater wird mit dem Verlust der Mutter nicht fertig und zieht ruhelos mit den Kindern über Land. Während sich das Mädchen ins Erzählen rettet, bleiben dem kleinen Isti nur wenige Momente des Glücks. Nur wenn er ins Wasser taucht, kann er seinen Ballast abwerfen. Im Hintergrund dieses melancholischen Familienromans schimmert die Geschichte des ungarischen Volkes durch.

Sprache und Literatur (Fts.), Junge Autoren

Volkskunst

Ungarns volkskünstlerisches Erbe wird vor allem in den zahlreichen kleinen Heimat- oder Volkskundemuseen in der Provinz bewahrt und in den folkloristischen Veranstaltungen gepflegt.
Ein durchgängiges Motiv der ungarischen Volkskunst sind die stilisierten Blumenmuster, die sich in verschiedensten Ausprägungen auffinden lassen: als Stickerei oder Applikationen auf Mänteln, Jacken, Blusen und Schürzen, als Farbdruck auf Bett- und Tischwäsche, als Bemalung von Möbeln und Wänden und – zur Zeit des Jugendstils – als Häuserdekoration in Form von Majolika. Kräftige Farben wie Rot, Blau, Gelb, Grün beherrschen die Palette, aber auch schwarze oder rote Muster auf weißem oder rote auf schwarzem Grund haben eine lange Tradition. Zentren textiler Volkskunst sind u. a. Mezőkövesd in der ehemaligen Matyó-Region (bei Eger), Buzsák (südlich des Balaton), Kalocsa und Hollókő im einstigen Siedlungsgebiet der Palozen, die überdies auch für ihre Holzschnitz- und Webkunst bekannt waren. Den bestickten Blusen und Schürzen der Frauentrachten entsprechen bei der traditionellen Männerkleidung die prächtigen, mit Stickereien und Applikationen verzierten Ledermäntel. Die Tracht der Csikós, der Pferdehirten, kann man entweder im Museum oder bei den Reitervorführungen in der Bugac- oder Hortobágy-Puszta bewundern. Sie besteht aus blauen Leinenhosen, einem weiten Hemd, einer schwarzen Weste und darüber einem langen Ledermantel oder einem wetterfesten Schaffellumhang. Ebenfalls zur Tracht gehörte der schwarze, breitkrempige Filzhut, der mit einem Lederriemen unter dem Kinn festgehalten wurde. Neben den textilen Erzeugnissen, zu denen auch die berühmte Spitze aus Kiskunhalas zählt, hat in Ungarn, vor allem in der Großen Tiefebene, auch die Töpferkunst eine lange Tradition.

Baedeker TIPP Ab ins Táncház!

Der Volkstanz hat im Magyarenreich eine lange Tradition, und diese zu bewahren ist das Ziel der Tanzhausbewegung. Die ersten Tanzgruppen bildeten sich in den 1970er-Jahren als Reaktion auf die Politik der Kommunisten, die am liebsten jegliches kulturelle Erbe und jeden nationalen Brauch abgeschafft hätten. Auch heute noch haben die Tanzhäuser regen Zulauf. Wer es nicht glaubt, kann selbst mal bei einem Tanzabend vorbeischauen – nach vorheriger Anfrage (www. tanchaz.hu, oder beim Tanzhausverein Budapest ☎ 1 / 214 35 21).

Reiseziele von A bis Z

Routenvorschläge

Hinweis

Orte und Landschaften, die im Abschnitt "Reiseziele von A bis Z" unter einem Hauptstichwort beschrieben sind, erscheinen in den Routenbeschreibungen in **halbfetter** Schrift. Die in den Routenüberschriften genannten Entfernungen sind gerundet und beziehen sich auf den direkten Streckenverlauf.

1. Der Westen: Barockstädte und Balaton (ca. 620 km)

Der Westen Ungarns hat vieles zu bieten, vor allem einige sehenswerte Städte wie z. B. Győr, Sopron oder das winzige Kőszeg, eine abwechslungsreiche Landschaft und – last, but not least – den Balaton mit seinem herrlichen hügeligen Hinterland.

Über Zsámbék nach Tata

Zwischen **Budapest** und *Tata**, etwa 20 km hinter der Hauptstadt, liegt 7 km nördlich der Autobahn (Abfahrt Herceghalom) das kleine Dorf Zsámbék mit der imposanten Ruine einer großen romanischen *Kirche aus dem 13. Jahrhundert. Nach 42 km auf der Autobahn Richtung Győr und 5 km Landstraße erreicht man *Tata**. Der Große See von Tata verleiht der Stadt einen besonderen Reiz. An den Sommerwochenenden ist Tata deshalb ein beliebtes Ausflugsziel, vor allem für Wassersportler.

Győr

Die Stadt ****Győr** ist berühmt für ihr einzigartiges historisches Stadtbild aus Renaissance und Barock. Von Győr lohnt ein Abstecher zu der aussichtsreich gelegenen Benediktinerabtei *Pannonhalma, dem Mutterkloster des Ordens in Ungarn (16 km südlich von Győr; Straße 82 bis Écs, von dort 3 km auf der Landstraße).

Fertőd, Sopron

Rund 60 km westlich von Győr erreicht man das Dorf Fertőd mit dem größten und berühmtesten **Barockschloss Ungarns, ehemals die Residenz der Familie Esterházy. Für die Weiterfahrt nach **Sopron** empfehlen wir nicht die Straße 85, sondern die Strecke über Hegykő und Balf, die am Rand des Nationalparks *Neusiedlersee entlang führt. ****Sopron** ist ebenso wie Győr ein städtebauliches Juwel mit vielen mittelalterlichen und barocken Gebäuden.

Kőszeg

Von Sopron geht es weiter in südliche Richtung zunächst auf der Straße 84, ab Lövő auf kleinen Landstraßen nach ***Kőszeg**, dessen hübsche, von einer Burg überragte Altstadt wie die Miniaturausgabe von Győr anmutet.

◂ Türkisblaues, badewannenwarmes Wasser lockt das ganze Jahr über Badegäste in den Thermalsee von Hévíz.

Route 1 (Fortsetzung) Sopron

Nächste Station ist das 25 km südlich gelegene **Szombathely** mit einem sehenswerten Freilichtmuseum am Stadtrand. ***Sárvár**, 26 km östlich von Szombathely gelegen, wird vor allem wegen dem Burgschloss und wegen seinem Thermalbad besucht. Die direkte Verbindung von Sárvár zum Balaton (etwa 67 km) ist die Straße 84. Auf der Strecke, nach etwa 40 km, sollte man unbedingt der Pfarrkirche Christi Himmelfahrt in der Kleinstadt ***Sümeg** einen Besuch abstatten, wo Franz Anton Maulbertsch sein prächtigstes Freskenwerk hinterlassen hat.

Tapolca

15 km südlich von Sümeg und nur wenige Kilometer östlich der Hauptstraße liegt in der Vulkanlandschaft des Balatoner Hinterlandes das Städtchen Tapolca mit einer sehenswerten *Wasserhöhle.

Routenvorschläge

Am Balatonnordufer entlang

Nach weiteren 10 km erreicht man das Nordufer des ****Balaton**, das vor allem als Badeurlaubsziel eine lange Tradition hat. Auf der Uferstraße geht es zunächst rechter Hand nach ***Keszthely**, dem belebten Ferienort an der Südwestspitze des Plattensees. Auf Wasserratten wartet ein großes Strandbad, Kunstfreunde werden hier das Schloss der Familie Festetics besichtigen.
Nur etwa 6 km nordwestlich von Keszthely liegt der Kurort ***Hévíz**, der dank seines einzigartigen Thermalsees weit über Ungarns Grenzen hinaus bekannt ist. Von Keszthely folgt die Straße 71 dem Nordufer und streift alle dortigen Badeorte. Hauptattraktionen sind die landschaftlich außerordentlich reizvolle Halbinsel **Tihany mit der berühmten Abtei sowie der Kur- und Badeort *Balatonfüred. Von Tihany empfiehlt sich ein Ausflug nach Nagyvázsony, das knapp 20 km nordwestlich liegt und von einer Burg überragt wird.

Veszprém

Hinter Balatonfüred verlässt man das Balatonufer und biegt in die Straße 73 nach ****Veszprém** ein, das bereits nach 16 km erreicht

Route 1 (Fts.), Veszprém

ist. Auf dem Felssporn, der die Stadt überragt, erhebt sich das weitgehend geschlossene Bauensemble der ehemaligen Königs- und Bischofsresidenz.

Székesfehérvár, Tác-Gorsium-Herculia

Von Veszprém erreicht man auf der Schnellstraße 8 nach 44 km die alte Königsstadt ****Székesfehérvár**, die sich ebenfalls einiger herausragender Sehenswürdigkeiten rühmen kann. Unter anderem stehen hier die Grundmauern der ältesten Königskirche Ungarns. Nur etwa 10 km südlich von Székesfehérvár, bei dem kleinen Ort Tác, wurde eine der größten Römerstädte – *Gorsium-Herculia – auf ungarischem Boden freigelegt (Autobahn M 7 Richtung Balaton, Ausfahrt Szabadbattyán/Tác).

Der Balaton gehört zu den meistbesuchten Reisezielen Ungarns. Besonders schön ist es hier im Frühjahr, wenn auf der Halbinsel Tihany der Lavendel blüht.

Velencer See

Als Alternative zur Autobahn bietet sich für die Rückfahrt nach **Budapest** die Landstraße 70 an, die am Südufer des **Velencer Sees** vorbeiführt. Das Nordufer des 10 km langen Gewässers ist mit seinem Schilfgürtel ein Paradies für Vögel, auf der Südseite kommen dagegen Wasserratten und Sonnenanbeter auf ihre Kosten.

Martonvásár

14 km hinter Velencefürdő, dem letzten Ort am Velencer See, fordert das neogotische *Schloss in Martonvásár, in dem einst Ludwig van Beethoven zu Gast war, zu einem Halt auf. Von Martonvásár führt der schnellste Weg in die Landeshauptstadt über die M 7 (Auffahrt Martonvásár/Gyúró).

2. Von Budapest zum Donauknie (130 km)

Sozusagen vor der Haustür der ungarischen Metropole liegt eine der reizvollsten und kulturhistorisch interessantesten Gegenden des Landes, das Donauknie. Die meisten Reiseveranstalter bieten organisierte Eintagesausflüge dorthin an. Wer den Ausflug individuell unternimmt, sollte mindestens zwei bis drei Tage dafür einplanen.

Szentendre

Man verlässt Budapest in nördliche Richtung auf der Fernstraße 11 und erreicht nach einem langen Gürtel von Vororten ****Szentendre** am Donauufer. Nach einem Spaziergang durch das Künstlerstädtchen mit seinen vielen Galerien und einigen sehenswerten Kirchen ist ein Abstecher ins Pilis-Gebirge zum größten **Freilichtmuseum Ungarns unbedingt zu empfehlen. Das Museum liegt ca. 3 km nordwestlich von Szentendre an der Straße nach Visegrád.

Vác

Wenige Kilometer nördlich von **Szentendre**, bei Tahitótfalu, spannt sich eine Brücke über den westlichen Donauarm zur Szentendre-Insel, von wo eine Fähre nach ***Vác** übersetzt. Vom Ufer bietet sich dem Ankommenden ein wunderbarer Blick auf das barocke Städtchen, das sich als Ausgangspunkt für Ausflüge ins Börzsöny-Gebirge oder ins Cserhát-Bergland eignet.

Visegrád, Esztergom

Von Vác aus fährt man am besten bis Nagymaros (Straße 12), wo man mit der Fähre nach ****Visegrád** übersetzen kann. Schon von weitem sichtbar ist die Ruine der Zitadelle, zu deren Füßen der weitläufige Renaissance-Palast von König Matthias I. ausgegraben wurde. Weiter geht es in Richtung Esztergom. Der Donauabschnitt zwischen Visegrád und Esztergom gilt als besonders schön wegen der bewaldeten Abhänge der beiden Gebirgszüge, die den Fluss rahmen. ****Esztergom** ist eine der bedeutendsten Bischofs- und Königsstädte Ungarns mit einem imposanten Dom und dem ehemaligen Königs- bzw. Bischofspalast.

Rückfahrt durch das Pilisgebirge

Wer für die Rückfahrt nach Budapest etwas Zeit mitbringt, sollte die Route durch das Pilisgebirge wählen (Esztergom – Pomáz – Budapest).

3. Gebirge und Tiefland: Der Norden und Osten (ca. 880 km)

Vor allem landschaftliche Highlights erwarten den Besucher bei dieser Tour, die zunächst in den gebirgigen Nordosten von Ungarn bis zum Höhlenlabyrinth im Aggtelek-Nationalpark an der ungarisch-slowakischen Grenze führt. Der Rückweg berührt sowohl den abgelegenen Osten des Landes wie auch die Hortobágy-Puszta und den Theißsee, der sich in den letzten Jahren auch zu einem Wassersportzentrum entwickelt hat.

Gödöllő

Man verlässt die Hauptstadt in östliche Richtung auf der E 71, der großen Verkehrsachse nach Nord- und Ostungarn, die am Übergang zwischen den südlichen Ausläufern der Nordungarischen Mittelgebirge und der Tiefebene verläuft. Die erste Station hinter Budapest ist ***Gödöllő**. Das dortige *Schloss, der Lieblingssommersitz der österreichischen Kaiserin Elisabeth "Sissy", kann heute besichtigt werden.

Im ländlichen Osten Ungarns kein seltenes Bild: Dörfer mit eingeschossigen Laubenhäusern

Route 3 (Fortsetzung), Hollókő

Rund 30 km hinter Gödöllő berührt die E 71 die Kleinstadt Hatvan. Von hier aus empfiehlt sich ein Abstecher ins Cserhát-Gebirge, wo in ****Hollókő** ein altes, wunderschönes Palozendorf unter Denkmalschutz gestellt und als Museumsdorf zugänglich gemacht wurde (bis kurz vor Pásztó auf der Straße 21, dann auf die Landstraße nach Szécsény einbiegen).

Mátra-Gebirge, Eger

Gyöngyös, 25 km östlich von Hatvan, ist das Tor zum *Mátra-Gebirge, einem beliebten Erholungsgebiet. Die Straße 24 schlängelt sich durch das bis zu 1015 m hohe Mittelgebirge und durch die touristischen Hauptorte Mátraháza und Parádfürdő. Man kann auf dieser Straße weiterfahren bis nach ****Eger** (eine schnelle, aber weniger interessante Alternative ist die E 71). In der schönen Barockstadt mit dem gewaltigen klassizistischen Dom lohnt der Aufstieg zur Burg, die in den Türkenkriegen zu den wichtigsten Grenzfestungen des Landes gehörte.

Miskolc, Bükk-Gebirge

Auch zwischen **Eger** und ***Miskolc** kann man wählen zwischen der Schnellverbindung (E 71) und einer Fahrt durch die Wälder des herrlichen ****Bükk-Gebirges**.

Aggtelek-Nationalpark

Von **Miskolc** erreicht man entweder über die Fernstraße 26 (ab Putnok Landstraße) oder über die Straße 27 durch das Bódva-Tal den ****Aggtelek-Nationalpark**. Die einzigartige Karstlandschaft eignet sich hervorragend für Wanderungen. Besucherattraktion Nummer eins ist die riesige Tropfsteinhöhle Baradla, die man im Rahmen von Führungen besichtigen kann.

Von **Miskolc** aus geht die Fahrt weiter in den Osten des Landes auf der Straße 37 nach ***Sárospatak**, einem kleinen ruhigen Städtchen an der Bodrog mit einem sehenswerten Renaissanceschloss (Museum). Um nach ***Tokaj** zu kommen, muss man die Straße 37 wieder ca. 25 km zurück. Das Weinstädtchen am Zusammenfluss von Bodrog und Theiß liegt im Zentrum des Weinanbaugebiets Tokajhegyalja.

Route 3 (Fts.)
Tokaj

Von Tokaj folgt man der Straße 38 in südliche Richtung und erreicht nach ca. 30 km **Nyíregyháza**. Die Stadt selbst ist touristisch wenig anziehend, wogegen die Theißlandschaft nördlich und östlich von Nyíregyháza noch so manche Entdeckung bereithält. Als Ausgangspunkte für kleinere Ausflüge empfehlen sich Kisvárda (ca. 45 km nordöstlich von Nyíregyháza an der E 77) oder Vásárosnamény (rund 50 km nordöstlich an der Fernstraße 41). In *Nyírbátor, rund 35 km östlich von Nyíregyháza, erwarten den Kunstfreund zwei herrliche Kirchen.

Nyíregyháza

Routenvorschläge

Knapp 50 km südlich von Nyíregyháza liegt die ehemals kalvinistische Hochburg ***Debrecen**, die auch im urbanen Zentrum ihren Kleinstadtcharakter nicht ganz verleugnen kann. Die ehemalige Heiducken-Siedlung *Hajdúszoboszló, 22 km südwestlich von Debrecen, ist heute einer der bekanntesten ungarischen Thermalbadeorte.

Debrecen

Westlich von Debrecen erstreckt sich die ****Hortobágy** (Puszta), deren Besuch wohl in keinem Ungarn-Programm fehlen darf. Die Fernstraße 33 führt durch den Nationalpark Hortobágy hindurch und bei Tiszafüred über die Theiß. Hier entstand in den vergangenen Jahren das Erholungsgebiet um den *Theißsee mit naturgeschützten Zonen und Bereichen, in denen man baden und Wassersport treiben kann. 37 km hinter Tiszafüred mündet die Fernstraße 33 in die E 71, die Hauptverkehrsverbindung von Budapest nach Miskolc.

Hortobágy, Theißsee

4. Puszta und Paprika (630 km)

Der Süden des Landes wird auch der "Obstgarten Ungarns" genannt, denn hier gedeihen dank der fruchtbaren Erde und dem warmen Klima nicht nur der berühmte Paprika, sondern auch Aprikosen, Sonnenblumen, Tomaten, Weintrauben und verschiedene Getreidesorten. Dort, wo das Land nicht kultiviert ist, wie zum Beispiel in den naturgeschützten Gebieten des Kiskunság-Nationalparks, kann man noch die ursprüngliche Puszta-Landschaft kennen lernen.

Über die E 5 erreicht man das erste Etappenziel ****Kecskemét** (rund 90 km von Budapest), die charmante Kulturstadt im Zentrum des fruchtbaren Donau-Theiß-Zwischenstromlands. Sehenswert ist hier u. a. das Jugendstilrathaus von Ödön Lechner. 27 km südlich von Kecskemét liegt **Kiskunfélegyháza** mit einem ungewöhnlichen Rathaus. Von **Kiskunfélegyháza** sind es nur etwa 15 km bis nach Bugac. Hinter dem kleinen Ort beginnt die *Bugac-Puszta, der größte Teil des Nationalparks Kiskunság. Hier gibt es u. a. Reitervorführungen, Kutschfahrten und organisierte Ausflüge.

Kecskemét

Route 4 (Fts.), Ópusztaszer

Von Kiskunfélegyháza nach **Szeged** sollte man die Nebenstrecke über Csongrád (36 km östlich; Straße 451) und ***Ópusztaszer** (ca. 27 km südlich von Csongrád) wählen. Die Baustile des ausgehenden 19. und beginnenden 20. Jh.s prägen das Erscheinungsbild der lebendigen Universitätsstadt ****Szeged**, wo auf den schönen Plätzen und in den Fußgängerzonen der Innenstadt in den Sommermonaten das Leben pulsiert.

Mohács

In westlicher Richtung durchquert von **Szeged** die Fernstraße 55 das flache, dünn besiedelte Gebiet zwischen Donau und Theiß. In **Baja** überquert man die Donau und biegt bei Bátaszék in südlicher Richtung nach ***Mohács** ab, das durch die verlorene Schlacht gegen die Türken 1526 in die Geschichte einging. Der Gedenkpark liegt ca. 5 km südlich der Stadt bei der Ortschaft Sátorhely.

Nicht Pferde, sondern Ochsen ziehen die Kutschen, mit denen Besucher durch die Bugac-Puszta fahren können.

Villány-Siklós

Von **Mohács** sollte man nicht direkt nach **Pécs** fahren, sondern bei Szajk, 9 km westlich hinter Mohács, nach Süden in Richtung ***Siklós** abbiegen und sich Zeit nehmen für eine Fahrt durch das sanfthügelige Weingebiet *Villány-Siklós, wo man in den zahlreichen gemütlichen Winzerkellern den hiesigen Wein kosten und kaufen kann. Das bekannteste Weindorf der Region ist *Villánykövesd, 3 km nordwestlich von Villány. ***Siklós** selbst ist wegen der bestens erhaltenen *Grenzfestung einen Besuch wert.

Ormánság

Über den Kurort Harkány, 6 km westlich von Siklós, bietet sich ein Abstecher in die Region Ormánság an, wo sich eine interessante Volksbaukunst erhalten hat.

Das von mediterraner Wärme verwöhnte ****Pécs** bietet mit seinen vielen Baudenkmälern ein Besichtigungsprogramm für mehrere Tage. Außerdem kann man in Pécs' Altstadtgassen schön einkaufen, und nach Cafés und Restaurants muss man ebenfalls nicht lange suchen in der südlichen Metropole.

Route 4 (Fortsetzung), Pécs

Auf der Rückfahrt nach Budapest über die E 6 kommt man durch die Dörfer Pécsvárad und Mecseknádasd, wo heute noch die Nachfahren der im 18. Jh. hier angesiedelten Deutschen leben. In **Szekszárd** lohnt sich ein Abstecher in den *Gemencer Wald, ein naturgeschütztes Gebiet, das einen Eindruck von den ursprünglichen Flussauen der Donau vermittelt.

Szekszárd

Hinter **Szekszárd** kann man wählen zwischen der direkten Route über die Fernstraße 6 und der Straße 63, die noch eine Besichtigung der eindrucksvollen Römerstadt *Tác-Gorsium-Herculia (etwa 10 km südlich von Székesfehérvár) und der Königsstadt ****Székesfehérvár** miteinschließt.

Tác-Gorsium-Herculia

Reiseziele von A bis Z

Aggteleк-Nationalpark (Aggteleki Nemzeti Park) A/B 27 – 29

Komitat: Borsod-Abaúj-Zemplén
Höhe: 300 – 600 m ü. d. M.

ⓘ Nationalparkverwaltung, 3758 Jósvafő, Tengerszem oldal 1, ☎/FAX (48) 35 00 06, info.anp@mail.matav.hu

Riesiges Höhlensystem und Naturschutzgebiet

Für eines der landschaftlichen Highlights Ungarns muss man weit in den Nordosten fahren, an die ungarisch-slowakische Grenze, rund 70 km nördlich von ▶ Miskolc. Hier erstreckt sich der Nationalpark Aggtelek, ein Karstgebiet mit mehreren Hundert Grotten und Höhlengängen und einer besonderen Flora und Fauna. Der unterirdische Teil des Nationalparks, das heißt die 700 Einzelhöhlen, wurde von der UNESCO 1995 ins Weltnaturerbe aufgenommen. Hauptattraktion des Nationalparks ist die Baradla-Höhle (Baradlabarlang), die mit einer Länge von 25 km, davon 7 km auf slowakischem Staatsgebiet (hier heißt sie Domica-Höhle), zu den größten und eindrucksvollsten Tropfsteinhöhlen Europas gehört.

Besichtigungsmöglichkeiten, Auskunft

Zugänge zur Baradla-Höhle gibt es bei Jósvafő, am Vörös-tó (Roter See) und beim Ort Aggtelek, wo der Haupteingang mit einem kleinen Naturkundemuseum liegt. Zwischen Jósvafő und Aggtelek pendeln Busse. Von Aggtelek starten die ein- oder zweistündigen Führungen in ungarischer Sprache (ausländische Besucher bekommen eine deutschsprachige Streckenbeschreibung), für die sich gutes Schuhwerk und ein warmer Pullover empfehlen – in den Höhlengängen liegt die Temperatur bei etwa 10 °C. Auch mehrstündige Touren sind nach vorheriger Anmeldung bei Tourinform Aggtelek, ☎ (48) 50 30 00, möglich.

****Baradla-Höhle**

Die Baradla-Höhle besitzt einen 7 km langen Hauptgang mit mehreren Seitenarmen, die im Durchschnitt 10 m breit und 7 – 8 m hoch sind. Sie entstanden in einem Prozess von Tausenden von Jahren, bei dem Regen- und Schmelzwasser durch die Haarspalten des Kalksteins eindringt, sich zu unterirdischen Bächen sammelt und lange Gänge oder riesige Grotten ausspült. Die Kalkausscheidungen des Wassers formen bizarre Gebilde, eiszapfenförmig von der Decke hängende Stalaktiten und sich vom Boden türmende Stalagmiten. Letztere wachsen innerhalb von 15 bis 20 Jahren um einen Millimeter. So dauerte es etwa 250 000 Jahre, bis der 13 m hohe Riesentropfstein in der Friedenshöhle (s. u.) seine heutige Form bekam. Wegen der phantastischen Akustik finden von Ostern bis Weihnachten im so genannten Konzertsaal Opernaufführungen und klassische Konzerte statt.

Friedenshöhle

Immer häufiger wird neben Aggtelek auch die erst 1952 entdeckte, 5 km lange Béke barlang besichtigt, die im Tal von Aggtelek beginnt, sich bis zur Komlós-Quelle von Jósvafő erstreckt und noch reicher an Tropfsteingebilden ist als die Baradla-Höhle. Die relative Luftfeuchtigkeit von 100 % sowie Schimmel- und Bodenpilze in dieser Höhle entfalten eine heilende Wirkung bei Asthmakranken, die sich hier einer Kur unterziehen können.

Licht im Dunkel: Durch die raffinierte Illumination werden die Höhlen von Aggtelek zu mysteriösen Orten.

Sehenswertes auf der Fahrt zum Nationalpark

Edelény

Den im äußersten Nordosten Ungarns gelegenen Nationalpark kann man auf verschiedenen Strecken erreichen. Wer viel Zeit mitbringt und das ▶ Bükk-Gebirge kennen lernen will, sollte den Weg über Eger – Szilvásvárad – Putnok – Kelemér nehmen. Landschaftlich reizvoll ist die Strecke von Miskolc an der Straße 27 nordwärts durch das hübsche Bódva-Tal.
Nach etwa 30 km Fahrt auf dieser Straße kommt man nach Edelény. Am Ende einer Allee, umgeben von einem Park, steht das 1727 – 1730 von Giovanni Battista Carlone für den kaiserlichen General L'Huillier erbaute Barockschloss, eines der größten in Ungarn. Die beeindruckend monumentale Anlage ist zugänglich, wird aber seit den späten 1980er-Jahren ununterbrochen renoviert.

Szendrő

14 km hinter Edelény liegt Szendrő, das von einer Burg überragt wird. Die ehemalige Grenzburg wurde 1590 von Baumeister Cristoforo della Stella errichtet und mit fünf Basteien befestigt.

Aggtelek, Umgebung (Fts.), Szalonna, *Dorfkirche

Das idyllische, etwas verschlafene Dorf etwa 6 km hinter Szendrő kann mit einem kunsthistorischen Juwel aufwarten, dem man unbedingt einen kurzen Besuch abstatten sollte. Direkt an der Hauptstraße, von einer Bruchsteinmauer umgeben, steht die kleine Reformierte Kirche mit einem frei stehenden Glockenturm. Sie wurde im 11. Jh. von der Familie Örs gestiftet. Ähnlich wie bei der Kirche von Karcsa (▶ Sárospatak, Umgebung) handelte es sich zunächst um eine Rundkirche, die zu Beginn des 13. Jh.s um ein Langhaus erweitert und zum Chor umgestaltet wurde. 1598 übernahm die Reformierte Gemeinde das Gotteshaus und errichtete den hölzernen Glockenturm. Das Innere schmücken schöne Fresken aus dem 13. Jh., in denen das Martyrium der Kirchenpatronin, der hl. Margarete von Antiochien, in vier Szenen geschildert wird: Der heidnische Statthalter will Margarete ehelichen; er lässt sie in Fesseln vorführen; sie wird ausgepeitscht und hingerichtet. Aus dem 15. Jh. stammt die Bemalung des Längsschiffs und des Triumphbogens.

Etwa 8 km hinter Szalonna biegt linker Hand die Straße nach Aggtelek ab. Von der Abzweigung sind es noch ca. 18 km bis dorthin.

Baja

P 18

Komitat: Bács-Kiskun
Höhe: 99 m ü. d. M.
Einwohnerzahl: 38 000

ⓘ siehe Mohács

S. 370 S. 380

Donaustädtchen

Das beschauliche Baja, 160 km südlich von Budapest und 20 km von der Grenze zur serbischen Wojwodina entfernt gelegen, ist von Wasser umgeben: von der Donau, der Kamarás-Donau (die von der hier ansässigen kroatischen Volksgruppe der Bunjewazen Sugovica genannt wird) und einem weiteren kleinen Donauarm. Baja ist mit seinen Donaubrücken für den Bahn- und Straßenverkehr ein Verkehrsknotenpunkt und daher auch eine blühende Handelsstadt. Die Kroaten und Serben, die nach der Vertreibung der Türken hier angesiedelt wurden, haben das Stadtbild geprägt. Neben den Bunjewazen wohnt eine beachtliche Zahl von "Donauschwaben" in der Stadt.

Baedeker TIPP Frisch aus dem Kessel

Fischsuppe ist eine Spezialität in Baja, was angesichts der Lage der Stadt an drei Flussarmen der Donau nicht verwundert. Am besten besucht man Baja um den zweiten Samstag im Juli, wenn die Stadt auf dem Szentháromság tér und in den umliegenden Straßen ein Volksfest zu Ehren ihrer Spezialität feiert und man in 2000 (!) Kesseln die köstliche Mahlzeit zubereitet.

Sehenswertes in Baja

Szentháromság tér, Rathaus

Das Zentrum Bajas ist der großzügige Szentháromság tér, der an drei Seiten von Bürgerhäusern umstanden ist. Auf der Flussseite wurde er nicht bebaut, so dass man über die Sugovica und zur Petőfi-Insel hinüberblicken kann. Ein besonders auffälliges Gebäude ist das einstige Barockpalais der Familie Grassalkovich aus dem 18. Jh., das 1896 im Stil der Neorenaissance umgebaut wurde und heute als Rathaus genutzt wird.

Szentháromság tér (Fts.)

Museen

Das István-Türr-Museum am Roosevelt tér ist dem Leben an der Donau gewidmet. Benannt wurde es nach dem berühmtesten Sohn der Stadt, dem 1825 geborenen István Türr, der als General Garibaldis für die Einheit Italiens kämpfte und sich später als Wasserbauingenieur u. a. durch die Mitarbeit am Panamakanal einen Namen machte. Vor dem Eingang des klassizistischen Museumsgebäudes steht sein Standbild. Die Gemäldegalerie István Nagy (Nagy István Képtár) in der Arany János utca 1, untergebracht in einem klassizistischen Herrenhaus, zeigt ungarische Kunst des 20. Jhs. Hauptsächlich vertreten ist István Nagy (1873 – 1937), ein konstruktivistischer Realist, der lange in Baja tätig war und seine Bilder der Galerie vermachte (geöffnet 15. März – 15. Dezember, Mi. – Sa. 10^{00} bis 16^{00} Uhr). In der ehemaligen Jókai utca 19 befindet sich das Wohnhaus der Künstlerfamilie Éber (Éber Emlékház), das heute als Gemäldegalerie eingerichtet ist. Die traditionelle Lebensweise der Bunjewazen wird im Heimatmuseum in Bajaszentiván, einem Vorort von Baja, anschaulich vermittelt.

Sehenswerte Kirchen

Sowohl der Komplex der Franziskanerkirche St. Anton und des Konvents an der Ecke Bartók Béla utca 1 als auch die 1790 von Spendengeldern für die serbische Gemeinde erbaute griechisch-orthodoxe Kirche in der Táncsics utca (Nr. 21) sind Barockbauten aus dem 18. Jahrhundert. Die Heiligenbilder an der Ikonostase der serbischen Kirche malte der serbische Künstler Arsenije Teodorowitsch (1768 bis 1826).

Baja

Ehemalige Synagoge

Die stattliche Synagoge in der Munkácsy utca 7 baute man 1845, also noch vor der Emanzipation der ungarischen Juden 1867, in klassizistischem Stil. Im Zweiten Weltkrieg wurde fast die gesamte jüdische Gemeinde von Baja umgebracht. Seit 1985 hat die Stadtbibliothek in der ehemaligen Synagoge ihren Sitz. Die ursprüngliche Innenaufteilung ist gut restauriert erhalten.

Sieht gewöhnungsbedürftig aus, schmeckt aber lecker: Fischsuppe

Petőfi-Insel

Die Petőfi-Insel (Petőfi-sziget) ist das touristische Zentrum der Stadt mit Schwimmbad, Hotel und Campingplatz. Angler, Segler und Ruderer kommen hier auf ihre Kosten. Ein weiter Blick über das flache Land bietet sich vom Aussichtsturm István Türr am Zusammenfluss von Donau und Sugovica.

Balaton (Plattensee) K–M 8–14

Fläche: 598 km²

ⓘ Petőfi u. 68, 8230 Balatonfüred
☎ (87) 58 04 80, FAX (87) 58 04 81, balatonfüred@tourinform.hu
Siófok, Víztorony, 8600 Siófok, ☎/FAX (84) 31 53 55, siofok@tourinform.hu

S. 370 S. 382

**Beliebteste Ferienregion Ungarns

Der Balaton ist der größte Binnensee Mitteleuropas und mit seinem Umland die beliebteste Ferienregion Ungarns. Er liegt zwischen dem Transdanubischen Hügelland und dem Bakonywald etwa 95 bis 190 km südwestlich von Budapest. Das 77 km lange und bis zu 14 km breite Gewässer wird hauptsächlich von der Zala und den Karstquellen im Raum Tatpolca gespeist. Mit seinen zahlreichen Bade- und Freizeitmöglichkeiten, Naturschönheiten und Sehenswürdigkeiten im Hinterland zieht das "Ungarische Meer" jährlich viele Urlauber an.

Eine flachhügelige Weinlandschaft rahmt das Nordufer des Balaton. An vielen Stellen umgibt ein Schilfgürtel das Ufer.

Von Budapest kommend, erreicht man über die Autobahn M 7 nach 90 km die Abfahrt zum Seeufer. Hier beginnt die Hauptverkehrsstraße 71, die die Orte des Nordufers von Balatonakarattya bis Keszthely verbindet. Die Ausläufer des Bakony-Gebirges reichen bis dicht an das Nordufer heran und verleihen diesem ein abwechslungsreiches Landschaftsbild. Beliebte Ausflugsziele von hier sind die südlichen Ausläufer des Bakonywaldes, das als Nationalpark unter Schutz gestellte Balatoner Oberland und die erloschenen Vulkane des Tapolcaer Beckens.

Allgemeines (Fortsetzung)

Klima und Wassertemperaturen

Mit einer durchschnittlichen Tiefe von 3–4 m ist der See extrem flach. Selbst an der tiefsten Stelle bei der Halbinsel Tihany, im so genannten Tihanyer Brunnen, werden nur 12,4 m gemessen. Dadurch wärmt sich das Wasser schnell auf, so dass es bereits im Mai eine Temperatur von 15 °C erreicht und erst im Spätherbst unter diesen Wert absinkt. In den Sommermonaten steigt die Temperatur auf 24 bis 27 °C. Das Klima am See ist angenehm. Die mittlere Tagestemperatur liegt von Anfang Juni bis Ende August bei mehr als 20 °C. Pro Jahr rechnet man mit rund 830 Sonnenstunden, die fast gleichmäßig auf die drei Sommermonate verteilt sind. Dann klettert die Quecksilbersäule an 70 Tagen durchschnittlich auf 25 °C, und die Nächte bringen mit Temperaturen knapp unter 20 °C angenehme Abkühlung.

Zwischen Balatonakarattya und Balatonfüred

Balatonakarattya

Balatonakarattya ist der erste Ort nach der Autobahnabfahrt zum Nordufer (3 km nördlich der Autobahn). Hinter dem 25 km langen Uferschutz befindet sich ein großes Strandbad. Um die Reste einer mächtigen, 400 Jahre alten Ulme, die etwa 800 m vom Bahnhof entfernt steht, rankt sich eine Legende aus der Zeit der Unabhängigkeitskämpfe. Es wird erzählt, dass Fürst Ferenc II. Rákóczi (1676 bis 1735), der berühmte Führer des Freiheitskampfes, an dieser Ulme sein Pferd anband, als er die Abspaltung Ungarns von den Habsburgern verkündete.

Balatonkenese

Balatonkenese schließt sich nahtlos an Balatonakarattya an. Die 3600 Einwohner zählende Gemeinde ist ein beliebter Ferienort mit einem Jachthafen für 270 Boote, Strandbädern und Naturstränden – insgesamt der größte Erholungskomplex am Nordufer des Balaton. Der Spaziergang in den kleinen alten Ortskern lohnt sich. Sehenswert sind die Reformierte Kirche von 1658/1660, die nach der Türkenzeit im barocken Stil umgebaut wurde, sowie einige hübsche, denkmalgeschützte Wohnhäuser. Die gemütliche Zsindelyes csárda in der Táncsics utca wird nicht nur wegen der guten Küche gern besucht, sondern auch wegen dem historischen Ambiente: Bei dem Gebäude handelt es sich um ein typisches Arkadenhaus im Stil des ländlichen Barock des 18. Jh.s. Wegen der guten Aussicht auf die Halbinsel Tihany sollte man zum 180 m hohen Partfő hinaufspazieren. Die ehemaligen Wohnhöhlen in der Wand von Partfő nennt man Tataren- oder Türkenlöcher (Tatár-, Töröklikak), da die Dorfbewohner sich zur Zeit der Mongoleneinfälle (1241/1242) und während der Türkenzeit hier versteckt haben.

Balatonalmádi

Balatonalmádi (8500 Einw.) ist nach Balatonfüred und Keszthely der drittgrößte Erholungsort am Nordufer und im Sommer entsprechend gut besucht. Auch als Ausgangspunkt für Touren ins Hinterland, z. B. in das nur 10 km entfernte ▶ Veszprém, oder ans Südufer des Balaton ist Balatonalmádi sehr günstig gelegen. Die Gemeinde war bis zur Mitte des 19. Jh.s ein vom Weinbau geprägtes

Balatonalmádi (Fortsetzung)

20-Seelen-Dorf. Mit dem Badetourismus endete das ruhige Leben in Balatonalmádi, das sich seit 1877 Badeort nennen darf. Die Bahnstation und ihre nähere Umgebung bilden den Mittelpunkt von Balatonalmádi. Von hier aus zieht sich in nördliche Richtung an den Hängen des Öreg-Berges (Öreg-hegy) das Villenviertel hinauf, wo der rote Sandstein aus der Region als Baumaterial für die Wohnhäuser dominiert. Südlich des Bahnhofs erstreckt sich eines der größten und schönsten Strandbäder des Plattensee-Nordufers. Direkt hinter dem Strand, nahe am Hafen, liegt der Alte Park mit Standbildern von Sándor Petőfi, Lajos Kossuth und Ferenc II. Rákóczi.

Baedeker TIPP — Mit dem Schiff

Sie wollen von Balatonalmádi auf die Halbinsel Tihany, nach Balatonfüred oder nach Siófok und haben keine Lust auf Verkehrsstaus und lange Parkplatzsuche? Dann nehmen Sie das Schiff! Zwischen Juni und September gibt es dazu Gelegenheit. Die Fahrt nach Tihany dauert knappe zwei Stunden, Abfahrt 9^{30}, Rückfahrt 16^{00} Uhr.

Vörösberény

Auf einem Hügel oberhalb der Hauptstraße von Vörösberény, einem Ortsteil von Balatonalmádi, erhebt sich die Reformierte Kirche, eine ehemalige Wehrkirche mit Schießscharten, gedrungenem Kirchturm und Ringmauer. Das 1290 im Übergangsstil von der Romanik zur Gotik erbaute Gotteshaus ging Ende des 17. Jh.s an die Kalvinisten und erhielt bei einem Umbau am Ausgang des 18. Jh.s ein dreiteiliges Kappengewölbe. Wegen ihrer Fresken ist die ehemalige Jesuitenkirche, heute katholische Pfarrkirche St. Ignatius, eine Besichtigung wert (Templom tér). Die um 1780 datierte, farbenprächtige Ausmalung wird dem Schaffhausener Barockmaler Franz Xaver Bucher zugeschrieben. Das Jesuitenkloster neben der Kirche ist ein Barockbau mit meisterhaften Steinmetzarbeiten am Eingang. Zum Kloster gehört auch die 60 m lange Kornkammer, die wie das Ordenshaus in den 70er-Jahren des 18. Jh.s gebaut wurde.

Káptalanfürdő

Im Ortsteil Káptalanfürdő, in westlicher Richtung an der Hauptstraße 71, steht die ehemalige Csárda Torgyöpi, heute ein privates Wohnhaus. Die Komitatsgrenze zwischen Veszprém und Zala verlief genau an der Stelle des Hauptbalkens dieses Gebäudes. Zu beiden Seiten des darunter befindlichen Tisches tranken die Räuber des Bakonywaldes friedlich Wein mit den Gendarmen aus dem jeweils anderen Komitat, die die Diebe hier nicht gefangen nehmen durften.

Aussichtspunkte

Vom Bahnhof in Balatonalmádi führt über die Batthyány utca ein blau markierter Weg zum Wesselényi-Aussichtsturm auf dem 132 m hohen Öreg-hegy (Gehzeit etwa eine halbe Stunde), der einen weiten Blick über die Osthälfte des Balaton erlaubt.
Ein noch schöneres Panorama bis zu den Hügeln des Bakonywaldes bietet sich vom 283 m hohen Szabadság-Aussichtsturm, den man vom Zentrum aus in etwa einer Stunde erreicht (ebenfalls blau markierter Weg).

Alsóörs

Alsóörs liegt 9,5 km von Balatonalmádi entfernt auf einer Uferterrasse am Fuße des von Weingärten und Wald bedeckten Somló-hegy. Der Badeort besitzt eine Schiffsanlegestelle und ein Strandbad. Die Reformierte Kirche mit Westturm stammt aus dem 13. Jh., wurde aber durch einen Umbau im 18. Jh. grundlegend verändert. Auf den Somló-hegy führt die Petőfi köz (Petőfigasse), in der auch das so genannte Türkenhaus (Török ház) steht. Der um 1600 erbaute, spätgotische Herrenhof wird heute als Heimatmuseum genutzt. Die orientalisch anmutende, an einen Turban erinnernde Form des Schornsteins verhalf dem wunderbar erhaltenen Gebäude zu seinem Namen.

Alsóörs (Fortsetzung) *Türkenhaus

Knapp 4 trennen Alsóörs vom Felsőörs, einem kleinen Dorf im Hinterland, das man auch auf Wanderwegen durch die Weinberge bequem erreicht. Die in rotem Sandstein erbaute Probsteikirche St. Maria Magdalena ist ein hübscher romanischer Kirchenbau, der später barockisiert wurde. Aus der ersten Bauphase Ende des 12. Jh.s stammen der Westturm und das reich verzierte, säulengeschmückte Stufenportal. Langhaus und Westwerk wurden im 13. Jh. fertig gestellt. Die Inneneinrichtung mit Hauptaltar, Empore und schön geschnitzter Kanzel im Stil des Bauernbarock erhielt die Kirche um die Mitte des 18. Jahrhunderts.

Felsőörs

Ungarns größtes Gewässer ist zugleich auch die Ferienregion Nummer eins. Vor allem am Südufer – hier Balatonföldvár – gibt es zahlreiche Strände und Jachthäfen.

Zwischen Alsóörs und Balatonfüred, umgeben von Weingärten, liegt am Hang oberhalb der Straße 71 das alte Winzerdorf Csopak. Ursprünglich lebten die Bewohner hier vor allem vom Weinanbau, doch mittlerweile hat sich auch Csopak zu einem Badeort mit Schiffsanlegestelle entwickelt. Das große Strandbad ist wegen seiner Riesenrutsche bei kleinen Besuchern sehr beliebt. Am Eingang des Strandbades befindet sich auch die Csopaker Heilquelle.

***Csopak**

*Balatonfüred

Badeort mit Tradition

Balatonfüred (13 000 Einw.) ist der traditionsreichste Badeort am See und ein bedeutendes Kurbad für Herz- und Kreislauferkrankungen. Die heilende Wirkung des kohlensäurehaltigen Wassers war schon im 18. Jh. bekannt. 1743 erwarb das Kloster in Tihany den Ort und ließ bei den Quellen ein Badehaus errichten, 1772 wurde Balatonfüred zum Kurort erklärt. Zwischen 1825 und 1848 trafen sich hier die ungarischen Intellektuellen des Reformzeitalters, die der Gemeinde 1831 auch das erste ständige Theater bescherten, an dem in ungarischer Sprache gespielt wurde. Aus dem Hafen von Balatonfüred lief 1846 das erste Dampfschiff auf dem Plattensee aus.

Ortsbild

Heute präsentiert sich Balatonfüred als *der* Badeort am Nordufer mit Hotels aller Kategorien, mehreren Stränden (östlich und westlich der Hafenmole), Einkaufsmöglichkeiten vom Supermarkt bis zu den Ständen der Händler an der Uferpromenade und einem beinahe ländlichen alten Zentrum im oberen Teil der weitläufigen Gemeinde. Am Ufer westlich der Hafenmole reihen sich Hotels, ehemalige Erholungsheime, Häuser von Segelklubs und der größte Campingplatz am Balaton – selbstverständlich alle mit eigenem Strand – aneinander.

***Uferpromenade**

Die Uferpromenade mit ihren Pappeln und Platanen ist der Mittelpunkt von Balatonfüred. Sie trägt den Namen des indischen Dichters Rabindranath Tagore, der in Balatonfüred sein Herzleiden ku-

Die ersten Besucher von Balatonfüred, dem ältesten Badeort am Balaton, waren Kurgäste. Für sie baute man 1802 die klassizistische Trinkhalle um die später nach Lajos Kossuth benannte Quelle.

rierte und zum Dank für seine Heilung 1926 hier eine Linde setzte. Seither ist es Brauch, dass namhafte Besucher oder Patienten ebenfalls eine Linde in dem Park pflanzen, der sich hinter der Promenade bis zum Gyógy tér hinaufzieht.

Uferpromenade (Fortsetzung)

An Balatonfüreds glanzvolle Vergangenheit als mondäner Kurort erinnert der von Parkanlagen und historischen Gebäuden gefasste Gyógy tér (Kurplatz) mit dem hübschen klassizistischen Trinkhaus, das im 19. Jh. über der Lajos-Kossuth-Quelle gebaut wurde. Das stattlichste Gebäude am Gyógy tér ist das um 1790 erbaute Horváth-Haus (heute Teil des Sanatoriums), dessen Hauptfassade ein Erker mit Säulen und schmiedeeisernem Geländer ziert. Im "Pantheon von Balatonfüred", einem mit Gedenktafeln geschmückten Arkadengang hinter dem Trinkhaus, wird an berühmte Kurgäste und Besucher erinnert. Im Saal des ehemaligen Gasthofs Horváth, einem späten Zopfstilgebäude (1798) an der Westseite des Platzes, findet seit 1825 alljährlich am letzten Julisonntag der weit über den Ort hinaus bekannte "Annenball" statt.

Gyógy tér

An der Westseite des Gyógy-Platzes zweigt die Blaha Lujza utca ab, der ehemalige Corso von Balatonfüred. Wer etwas auf sich hielt, hatte hier sein Sommerhaus, so auch Mór Jokai (seine Villa ist heute ein Museum) oder die ungarische Sängerin Blaha Lujza, der die Straße ihren Namen verdankt. Ihre klassizistische Villa mit Tempelfront (Nr. 4) wird heute als Hotel geführt (▶ Praktische Informationen, Hotels und Pensionen). Leider sind längst nicht alle Gebäude in der Blaha Lujza utca in so gutem Zustand wie das Sommerhaus der Sängerin. Nach dem Vorbild der St.-Annenkirche in Esztergom entstand 1841/1846 die klassizistische Rundkirche am westlichen Ende der Blaha Lujza utca. Blickfang an der Hauptfassade ist eine Vorhalle mit Dreiecksgiebel und vier ionischen Säulen.

Blaha Lujza utca

Im höher gelegenen Teil von Balatonfüred stehen noch einige traditionelle Wohnhäuser. Ein besonders schönes Beispiel für ein Anwesen im Stil des ländlichen Barock ist das Herrenhaus der Familie Gombás in der Arácsi utca 94. Einen Besuch lohnen auch die Keller des Staatsgutes von Badacsony, in dem 12 000 hl Wein reifen können. Aus den guten Trauben der Weingärten von Balatonfüred wird ein vorzüglicher Riesling gekeltert.

Gombás-Haus, Weinkeller

**Tihany

Die Halbinsel Tihany gehört zu den Topreisezielen am Plattensee. Ursprünglich eine Insel, ragt sie heute als 12 km lange und 5 km breite Landzunge in den See hinein. Vom gegenüberliegenden Südufer trennen sie gerade mal 1,5 km. An dieser schmalsten Stelle des Sees verkehrt zwischen Tihany und Szántód (Südufer) die einzige Autofähre über den Balaton. Vulkanismus prägte das Landschaftsbild der Halbinsel vor vielen Tausend Jahren. Etwa 100 °C heiße Quellen, Geysire, durchbrachen den harten Basalttuff und bildeten so genannte Geysirkuppen. Im weiteren Verlauf sank der Mittelteil der Halbinsel ein und bildete zwei Mulden, aus denen die beiden Seen, Külső-tó und Belső-tó entstanden. Der Belső-tó oder Innere See, wie er genannt wird, liegt 26 m über dem Niveau des Balaton

Bezaubernde Halbinsel

Tihany (Fortsetzung)

und ist heute ein beliebtes Anglerparadies. Am verschilften Külső-tó, dem Äußeren See, nisten zahlreiche Wasservögel. Besonders reizvoll ist die Landschaft im Frühjahr, wenn die Mandelbäume blühen, und im Sommer, wenn die tiefblauen Lavendelfelder farbliche Akzente setzen. Der südwestliche Inselteil wurde für den Autoverkehr gesperrt und lässt sich nur zu Fuß erkunden. Touristisches Zentrum der Insel ist der 2000 Einwohner zählende Ort Tihany um die berühmte Benediktinerabtei. Zwischen Mai und September herrscht hier Hochbetrieb, der gesamte Ort ist im Grunde ein einziger großer Souvenirladen. Die Auswahl an Kunsthandwerk, vor allem Töpferwaren, ist hier extrem hoch, die Preise liegen allerdings auch über dem sonstigen Niveau – das beginnt bereits bei den Parkgebühren auf den Parkplätzen unterhalb der Abtei. Baden kann man auf Tihany an mehreren Stellen, sowohl "wild" als auch in Strandbädern. An der Ostseite von Tihany, unterhalb der Straße, die zur gleichnamigen Ortschaft führt, liegt unter hohen alten Bäumen ein besonders gepflegtes Strandbad.

Baedeker TIPP **Naturidyll**

Wem der Trubel in Tihany zu viel wird, der sollte zu einem Spaziergang zum Inneren See aufbrechen, in dessen Schilfsaum viele Wasservögel nisten (erst gelb, dann rot markierter Wanderweg). Ein ähnliches Naturidyll ist der benachbarte Äußere See. Zwischen Innerem und Äußerem See liegt der einstige Weinkeller der Abtei auf dem Weg, den man besichtigen kann.

Geschichte

Tihany war bereits in vorgeschichtlicher Zeit bewohnt, wie die gewaltige Erdburg (Óvár) aus der Bronzezeit im nordöstlichen Teil der Halbinsel eindrucksvoll belegt. Auch von Kelten, Römern und Awaren fand man archäologische Spuren. König Andreas I. gründete 1055 auf Tihany eine Benediktinerabtei. Die lateinische Stiftungsurkunde enthält 58 ungarische Wörter und Suffixe und ist somit das älteste Schriftstück in ungarischer Sprache. Sie wird heute im Mutterkloster in Pannonhalma aufbewahrt, eine Kopie befindet sich in Tihany. Im 11. Jh. ließen sich russische Einsiedlermönche auf der Halbinsel nieder und schlugen bei der Cyprian-Quelle unterhalb des bronzezeitlichen Erdwalls Wohnzellen in die Felsen, die heute noch zu erkennen sind. Das Kloster wurde beim Heranrücken der osmanischen Heere zu einer Festung ausgebaut und die Mönche umgesiedelt. Nach dem Abzug der Türken ließen die Habsburger die Burg 1702 schleifen. Um das 1740 – 1754 erbaute Kloster entstand eine kleine Fischersiedlung.

***Abtei**

Das Wahrzeichen von Tihany sind die beiden Fassadentürme der barocken Abteikirche, die Abt Ágoston Lécs 1740 – 1754 über den Grundmauern der ersten Kirche errichten ließ. Von außen eher schlicht, überrascht die Kirche mit einer prächtigen Innenausstattung im Stil des Spätbarock. Besondere Aufmerksamkeit verdient die Kanzel mit den Personifikationen der göttlichen Tugenden Glaube, Hoffnung und Liebe zwischen den sitzenden Figuren der vier Kirchenväter. Den Hochaltar schmücken geschnitzte Statuen des hl. Benedikt und der hl. Scholastika sowie der heiligen Könige Stephan und Ladislaus. Ebenso wie die Kanzel und die Seitenaltäre sind sie das Werk des Kunsttischlers und Laienbruders Sebastian Stuhlhoff. Seine herausragende Stellung und Wertschätzung zeigt sich darin, dass er neben den Äbten in der Krypta beigesetzt wurde.

Die unter dem Chor liegende Krypta stammt noch von der romanischen Vorgängerkirche. Zum Jubel-Barock der Oberkirche bildet dieser düstere, ernste Raum mit den schweren Rundpfeilern einen denkbar starken Kontrast. Im mittleren Schiff ist unter einer Marmorplatte mit einem Abtskreuz der Stifter des Klosters, König Andreas I., bestattet. Der ungarische Staat konfiszierte 1950 das Ordenshaus und richtete ein Museum mit Exponaten zur Geschichte der Halbinsel Tihany ein. Im Jahre 1994 wurden die Klostergebäude wieder an den Benediktinerorden zurückgegeben.

Tihany, Abtei (Fortsetzung)

Museum

Auf dem Plateau hinter der Abtei beginnt die zum Echo-Hügel führende Pisky-Promenade (Pisky sétány), die den schönsten Blick auf den Plattensee freigibt. Hier liegt der historische Ortskern des ehemaligen Fischerdorfs, das in ein Freilichtmuseum umgewandelt wurde. Besonders gut erhaltene Gebäude finden sich in der Csokonai, in der Batthyány und in der Kossuth utca. Charakteristisch für die Bauweise auf Tihany sind die unverputzten Basalttuffsteinmauern aus dem hier gebrochenen Gestein und die schilfgedeckten Dächer. Im so genannten Töpferhaus (Fazekasház) in der Batthyány utca werden Exemplare der traditionellen Keramikkunst gezeigt. Sehenswert sind auch die einstigen Zunfthäuser der Fischer und das Puppenmuseum (Babamúzeum) in der Visszhang utca 4. Die ältesten der insgesamt 250 in Trachten gekleideten Puppen stammen aus dem 19. Jahrhundert.

*Dorf, Freilichtmuseum

Vom Dorf Tihany führen zwei Serpentinen hinunter zum “Inneren Hafen”, dem belebten Geschäftszentrum mit der Anlegestelle für

“Innerer Hafen”

Tihany ist ein Paradies für Souvenirsuchende. Besonders schön und originell sind die Töpferwaren von der Halbinsel.

Tihany, Innerer Hafen (Fts.)

die Personenschifffahrt und einer Uferpromenade, Gaststätten und einem benachbarten Strandbad. Der 1926 erbaute frühere Sommersitz des Großherzogs von Habsburg, heute um einen modernen Flügel erweitert, wurde in ein Hotel umgewandelt. Im Park des Anwesens wachsen seltene Pflanzen und schöne Nadelbäume.

Fährhafen

Zwischen dem Südzipfel der Halbinsel und dem Hafen von Szántód am Südufer des Balaton verkehrt schon seit jeher eine Fähre. In der schönen Umgebung entstanden in den letzten Jahrzehnten Hotels, ein Ferienclub (Club Tihany), eine Marina, Restaurants, ein Strandbad, ein Minigolfplatz und weitere Freizeiteinrichtungen.

Zwischen Tihany und Badacsony

Örvényes, Balatonudvari

Auch das Ufer zwischen der Tihany-Halbinsel und den beiden nächsten Ortschaften – Örvényes und Balatonudvari – steht unter Naturschutz. Schilfbestandene Abschnitte wechseln mit kleinen Stränden. Hinter der Bahnlinie liegen die alten Ortszentren mit ein paar hübschen traditionellen Wohnhäusern. Das Unterkunfts- und

Schon mal herzförmige Grabsteine gesehen? Auf dem Friedhof von Balatonudvari gibt es sie.

Freizeitangebot ist noch begrenzt und entsprechend ruhig die Atmosphäre. In Örvényes steht noch eine romantische alte Wassermühle, in der ein kleines Museum eingerichtet wurde. Seit dem 18. Jh. überspannt eine steinerne Bogenbrücke den nahen Bach.
In Balatonudvari befand sich schon in römischer Zeit eine Siedlung. Die Dorfstraße des Ferienorts schmücken hübsche Bauern-

häuser mit Giebelfronten und teils recht individuellen Gartenzäunen. Unter Denkmalschutz steht der Friedhof von Balatonudvari wegen seiner herzförmigen Grabsteine (am östlichen Ortsausgang an der Straße 71). Den ersten meißelte ein Steinmetz für seine Verlobte, die im Plattensee ertrunken war.

Balatonudvari (Fortsetzung)

Balatonakali und Balatonszepezd sind alte Weindörfer, die erst in den vergangenen Jahren zu Ferienorten ausgebaut wurden. Die Urlaubsgäste logieren hier auf einem der drei Campingplätze oder in einem der vielen Privatquartiere, Hotels gibt es noch keine. In Balatonakali wird ein berühmter Muskateller produziert, den man in der Csárda an der Hauptstraße 71 kosten kann. In der Kossuth Lajos utca blieben noch ein paar schöne alte Gehöfte erhalten, so z. B. das Haus Nr. 23 aus dem Jahr 1770. Das alte Balatonszepezd mit seinen traditionellen Hofhäusern zwischen bunten Bauerngärten entwickelte sich um die katholische Kirche auf einem kleinen Hügel.

Balatonakali, *Balatonszepezd

Nur etwas mehr als 300 Einwohner, aber drei Kirchen und drei mittelalterliche Kirchenruinen besitzt die winzige Gemeinde 4 km landeinwärts. Es liegt auf drei Hügeln und besteht aus – wie könnte es anders sein – drei Dörfern: Alódörgicse, Kisdörgicse und Felsődörgicse.

Dörgicse

Zwischen Zánka und Monoszló ragt der Hegyestű 337 m aus dem Káler Becken. Von dem ehemaligen Basaltvulkan blieb eine etwa 50 m hohe, sehr eindrucksvolle Steinwand erhalten. Die im Krater erstarrte Lava bildete bleistiftartige Säulen, die senkrecht aufragen.

***Hegyestű**

Bei Révfülöp schiebt sich das Ufer in zwei kleinen Halbinseln in den See hinein und bildet einen günstigen Hafenstandort (Linienverkehr nach Boglárlelle). Unweit des Hafens wurden die Grundmauern einer romanischen Kirche aus rotem Sandstein aus dem 13. Jh. freigelegt. In den Weinbergen entstanden in den letzten Jahren viele Villen und am Uferstreifen eine Feriensiedlung. An der Straße 71 in Richtung Balatonrendes befinden sich ebenfalls Überreste eines romanischen Gotteshauses, der sog. Kirche von Ecser.

Révfülöp

Naturbegeisterte sollten von Révfülöp einen Ausflug ins Káli-Becken einplanen, das ca. 3 km nördlich beginnt und Teil des Nationalparks Balaton Oberland ist. Die von vulkanischen Hügeln gerahmte Ebene mit einer einzigartigen Flora und Fauna lädt zu Wanderungen oder Radtouren ein. In den kleinen Dörfern gibt es auch Übernachtungsmöglichkeiten und Gasthöfe. Eines der hübschesten Dörfer auf der Hochebene ist Kővágóörs, das in den 1980er-Jahren noch völlig zu entvölkern drohte.

Ausflug ins *Káli-Becken

Die beiden ehemals selbstständigen, heute miteinander verschmolzenen Ortschaften sind ruhige Feriendörfer inmitten eines reichen Weingebiets. Besonderer Beliebtheit erfreuen sich die Weine von Ábrahámhegy, das in einem Tal zu beiden Seiten eines gewundenen Baches (Burnót) liegt.

Balatonrendes, Ábrahámhegy

Schon von weitem sieht man den 438 m hohen Badacsony, einen Zeugenberg vulkanischer Tätigkeit mit steilen Basaltorgeln und der charakteristischen flachen Bergkuppe. Von seinem Gipfel bietet

****Badacsony**

Badacsony (Fortsetzung)

sich ein herrliches Panorama über die anmutige, von Weingärten und Wäldern geprägte Landschaft, den westlichen Balaton und das Tapolca-Becken. An den sanft ansteigenden Südhängen des Badacsony gedeihen berühmte Weißweine, so der Badacsonyer Riesling, der Blaustengler, der Furmint, der Ofner Grün und der Graue Mönch (Szürkebarát), die man in den Kellern der Weindörfer kosten und direkt beim Erzeuger kaufen kann. Der Badacsony und seine fruchtbare, an mediterrane Regionen erinnernde Umgebung gehört zu den schönsten Landstrichen am Balatonufer und zieht in den Sommer- und Herbstmonaten zahlreiche Ausflügler und Urlauber an.

Zu Füßen des Berges, auf der Landzunge zwischen den Ortschaften Badacsonytomaj und Badacsonytördemic, befindet sich eine Feriensiedlung mit Gaststätten, einer Basarzeile, Imbissbuden und einer Schiffsanlegestelle. In der Nähe des Bahnhofübergangs (Egry sétány 12) steht die museal zugängliche Atelierwohnung des Malers József Egry (1883–1951), der in seinen Gemälden die landschaftliche Schönheit des Plattensees eingefangen hat.

*Aufstieg zum Badacsony

Am Bahnhof der Feriensiedlung Badacsony beginnt der (gelb ausgeschilderte) Aufstieg zum Vulkanberg. Diejenigen, die den ersten Teil der Strecke nicht zu Fuß zurücklegen wollen, bringt während der Reisesaison ein Sammeltaxi vom Bahnhof zum Parkplatz am Kisfaludy-Haus. Der mit Basaltsteinen angelegte Weg mit dem Namen Római út, so benannt, weil ihn einer Überlieferung zufolge die Römer angelegt haben sollen, führt durch Weingärten mit verstreuten kleinen Kelterhäuschen. Mandel-, Feigenbäume und Pappeln verleihen der Weinlandschaft ein südländisches Flair. Auf halber Höhe des Berges erreicht man ein spätbarockes, 1790 erbautes Winzerhaus. Das schilfgedeckte Gebäude mit einem Laubengang im Obergeschoss gehörte dem ungarischen Dichter Sándor Kisfaludy (1772–1844) und seiner Lebensgefährtin Róza Szegedy, für die hier eine kleine Gedenkstätte eingerichtet wurde. Von der Terrasse der nahen Gaststätte Kisfaludy-Haus genießt man einen schönen Ausblick auf den See. Wer noch weiter in die Ferne blicken möchte, sollte hochsteigen zum Kisfaludy-Aussichtsturm oder zur Páholy-Aussichtswarte.

Baedeker TIPP Von Reben umgeben

... und mit einem herrlichen Blick auf den Balaton sitzt man auf der Laubenterrasse des gepflegten Weinhauses Szent Orbán am Badacsony. Die angenehme Gaststätte liegt etwa auf halber Strecke zum Kisfaludy-Haus mitten in den Weinbergen. Sie ist täglich geöffnet von 12⁰⁰ bis 22⁰⁰ Uhr.

*Szigliget

Die 4 km hinter Badacsonytördemic gelegene Halbinsel Szigliget war ebenso wie Tihany ursprünglich ganz vom Wasser des Balaton umspült. Weingärten und Felder prägen das Bild der Halbinsel, die eine vergleichsweise beschauliche Atmosphäre verströmt. Das Dorf Szigliget besitzt einen malerischen Ortskern mit denkmalgeschützten, schilfgedeckten Bauernhäusern. Das prächtigste Gebäude am

Weinberge und Wasser: Blick von der Szigliget-Halbinsel auf den Vulkanberg Badacsony

Szigliget (Fortsetzung)

Fő tér ist das einstige Esterházy-Palais, ein klassizistischer, von ausgedehnten Parkanlagen umgebener Bau aus dem frühen 19. Jahrhundert. Von der Allerheiligen-Kirche (Avasi templom) aus dem 13. Jh. an der einstigen Fährenanlegestelle im Ostteil der Halbinsel steht noch der romanische Basaltturm, der von einem quadratischen Grundriss in eine Achteckform übergeht. Der Aufstieg auf den 280 m hohen, den Ort überragenden Burgberg ist allein schon wegen der herrlichen Aussicht zu empfehlen. Auf dem Gipfel stehen noch die Reste einer Burg aus dem 13. Jh., die im 18. Jh. von habsburgischen Truppen geschleift wurde.

Abstecher nach Tapolca

12 km nördlich von Szigliget, zwischen dem Bakonywald und dem Keszthelyer Gebirge im Tapolcaer Becken, liegt die Industriestadt Tapolca (17 000 Einw.), in deren Umgebung Basalt und Bauxit abgebaut wurde. Die aus einer mittelalterlichen Siedlung entstandene Stadt entwickelte sich dennoch zu einem beliebten Ausflugsziel für Balaton-Urlauber.

*Tavasbarlang

Hauptattraktion des Orts ist die Höhle namens “Tavasbarlang”, die Teil eines ausgedehnten Karsthöhlensystems ist. Die Höhle kann von Mai bis Oktober täglich besichtigt werden; der Eingang zur Höhle liegt in der Kisfaludy utca (Nr. 2). Sehenswert ist auch die katholische Pfarrkirche auf dem Kirchhügel, die Stilmerkmale von der Romanik bis zum Barock aufweist. An den Außenmauern des gotischen Chores sind Fragmente von Fresken aus dem 15. Jh. erhalten. Rund um die Kirche liegt ein “Ruinengarten” mit Überresten eines römischen Gutshofs. Auf seinen Fundamenten entstand später ein Herrenhof, den Karthäusermönche in der zweiten Hälfte des 15. Jh.s zu einem Schloss ausbauten und mit Mauern sowie Ver-

Tapolca ist ein beschauliches Städtchen im Hinterland des Plattensees mit einer bekannten Höhle.

Tapolca (Fortsetzung)

teidigungsanlagen umgaben. Von diesem Schloss sind noch Mauerreste zu sehen. Auch die Schule am Fuße des Kirchhügels sowie das sog. Kantorhaus daneben, in dem heute das Stadtmuseum untergebracht ist, sind im Kern mittelalterliche Gebäude. Neben dem idyllischen Mühlenteich (Malom tó) dreht sich das Rad einer 200-jährigen Wassermühle.

Balatongyörök

Rund 15 km hinter der Abzweigung zur Szigliget-Halbinsel erreicht man den kleinen Badeort, der sich durch viel Grün und eine gepflegte und wohltuende Atmosphäre auszeichnet. In der Hauptstraße des Ortes, der Kossuth Lajos utca, entdeckt man noch einige sehr schöne alte Bauernhäuser. Ein Radweg am Ufer verbindet Balatongyörök mit dem 7 km entfernten ▶ Keszthely.

Am Balaton-Südufer

Strände und Badevergnügen

Das flache Südufer des Balaton ist landschaftlich weniger reizvoll und nicht so abwechslungsreich wie die Nordseite, bietet dafür aber mit seinen breiten Stränden – die meisten mit Rasen und betoniertem Ufer –, dem etwas wärmeren, nur sehr langsam tiefer werdenden Wasser und den zahlreichen Wassersportanlagen und einigen Jachthäfen gute Voraussetzungen für einen Badeurlaub. Bootsbesitzer, Sonnenanbeter, Wasserratten und Familien mit Kleinkindern kommen hier auf ihre Kosten. Auf einer Länge von beinahe 70 km sind die Gemeinden der Südseite fast nahtlos zu einem Feriengebiet zusammengewachsen.

Die Stadt an der Mündung des Flüsschens Sió ist mit 22 000 Einwohnern der größte Badeort am Südufer des Balaton. Kaum ein Ort am Balaton wurde in sozialistischer Zeit so konsequent zum Massenurlaubsziel ausgebaut wie Siófok, was der Stadt so manche Bausünde beschert hat. Schon die Römer versuchten, die Mündung des Sió-Flüsschens in den Balaton zu regulieren und legten einen Kanal an. Den 1055 im Stiftungsbrief von Tihany erwähnten Ort Fok beherrschten ab 1541 die Türken, zusammen mit dem gesamten südlichen Balatongebiet. 1863 wurde der Sió-Kanal gebaut, durch den die Balatonflotte in die Donau geleitet werden konnte. Seinen Aufstieg zum Fremdenverkehrsort verdankt Siófok dem Bau der Bahnlinie Budapest – Fiume 1861. Fünf Jahre später gab es hier das erste Badehaus.

*Siófok

Sehenswertes

Das Zentrum von Siófok liegt südlich der Bahnlinie zwischen der Kálmán Imre sétány und der Tanácsház utca um den weitläufigen Fő tér. Den Platz beherrscht das 1976 eröffnete Kulturzentrum am Wasserturm, dem Wahrzeichen von Siófok. Im Geburtshaus von Emmerich Kálmán in der Kálmán Imre sétány (Nr. 5) sind persönliche Gegenstände des großen Operettenkomponisten zu einer kleinen Gedenkausstellung arrangiert. Aus dem Stadtbild fällt die evangelische Kirche von Imre Makovecz in der Fő utca (stadtauswärts kurz vor der Einmündung der Dózsa György utca), die eher an ein Fabelwesen als an ein Gotteshaus erinnert (siehe Baedeker Special S. 62). Östlich des Hafens verläuft als Uferpromenade die Petőfi sétány, an der sich die großen Hotels mit ihren Strandbädern, Sportplätzen und Freizeiteinrichtungen aneinanderreihen. Im Anschluss daran folgt die Strandsiedlung Aranypart (Gold-

In Balatonvilágos, einem kleinen Ferienort am Südufer des Plattensees, stehen einige Hotels und Pensionen direkt am Ufer.

Siófok (Fortsetzung)

strand). Der Strand westlich des Hafens wird Ezüstpart (Silberufer) genannt. An beiden Stränden gibt es sowohl öffentlich zugängliche als auch hoteleigene Bademöglichkeiten.

Zamárdi

Vor Zamárdi endet die Autobahn M 7. Von hier aus führt die Fernverkehrsstraße 7 am Südufer entlang. Nördlich der Bahngleise reihen sich auf einer Länge von rund 10 km zahlreiche Ferienhäuser aneinander, auf der anderen Seite der Gleise liegt der alte Dorfkern. Sehenswert ist das Heimatmuseum in der Fő utca 83, ein typisches Arkadenhaus mit Laubengang, Strohdach und Scheune. Ein Zimmer und die Küche sind mit Bauernmöbeln und Gebrauchsgegenständen aus früheren Zeiten eingerichtet. Vom Aussichtsturm im alten Ort bietet sich ein phantastisches Seepanorama!

Pferd und Betreuer haben sich eine Pause verdient: Im Freilichtmuseum Szántódpuszta, einem ehemaligen Gutshof, sind Kutschfahrten und Dressurvorführungen täglich auf dem Programm.

****Szántódpuszta**

Hinter Zamárdi führt eine Abfahrt von der Fernstraße 7 zu einem ehemaligen Gutshof aus dem 18./19. Jh., der zum Besitz des Klosters Tihany gehörte und heute als Freilichtmuseum mit Volkskunst- und Reitvorführungen eine der Hauptattraktionen am Balaton-Südufer ist. Die ältesten Gebäude sind der herrschaftliche Landsitz aus dem Jahre 1741 mit der Wohnung des Gutsverwalters und der anschließende Weinkeller, in dem 5000 hl Wein gelagert werden. Die Besucher können den guten Tropfen probieren. Des Weiteren gibt es ein Meierhaus, Stallungen, in denen typisch ungarische Tierrassen wie beispielsweise Zackelschafe gehalten werden, Gesindehäuser und die 1735 erbaute Christopheruskapelle auf dem Hügel (geöffnet Mai – Aug. 9^{00} – 19^{00}, Sept./Okt. bis 17^{30} Uhr). Die alte Kirmes-Tradition wurde vor einigen Jahren wieder belebt. Sie findet jeweils in der letzten Juliwoche statt – mit einem Kunsthandwerkermarkt, Volkstanzvorführungen und anderen regionalen Besonderheiten. Übernachtungsmöglichkeiten gibt es in einem Gasthof.

Szántód-puszta (Fortsetzung)

Szántód-Fähre

An der schmalsten Stelle des Balaton (1,5 km) befindet sich die Anlegestelle der Fähre nach Tihany, der einzigen Autofähre über den Balaton. Die Überfahrt zum Nordufer dauert nur etwa zehn Minuten. Neben der Anlegestelle steht seit 1839 das gemütliche Wirtshaus Rév-csárda (Fährencsárda).

***Balatonföldvár**

Balatonföldvár kann auf eine lange Tradition als Badeort zurückblicken. Das schön angelegte, von Parkanlagen durchzogene Erholungszentrum besitzt ein großes Strandbad und den größten Segelhafen am Plattensee. Von der eisenzeitlichen Erdburg (Földvár), die dem Ort den Namen gab, sind noch Reste des Grabens zu sehen. Neben dem Bahnhof sprudelt aus einem Brunnen kohlensäurehaltiges Wasser. In der Hafenbucht, zwischen den Wellenbrechern der 246 m langen Mole, liegt die kleine Insel Galambsziget (Taubeninsel), ein Paradies für Sonnenanbeter. Wie vornehm Balatonföldvár einmal war, lassen die schönen alten Villen in der Petőfi utca noch erahnen. Abends trifft man sich zum Bummel über die stimmungsvolle, platanengesäumte Uferpromenade, die nach dem 1919 verstorbenen ungarischen Wasserwirtschaftsingenieur Jenő Kvassay benannt ist.

Abstecher nach Kőröshegy und Zala

Eine sehenswerte spätgotische Kirche, 1460 von Franziskanermönchen erbaut, gibt es in Kőröshegy, 3 km südlich von Balatonföldvár, zu besichtigen. Ihr trutziges Äußeres erinnert an gotische Wehrkirchen. In den Kelterhäuschen von Kőröshegy können die heimischen Weine probiert werden. Rund 20 km landeinwärts hinter Kőröshegy steht in Zala das Geburtshaus von Mihály Zichy (1827 bis 1906), dem Hofmaler der russischen Zarenfamilie.

Balatonszárszó

In dem ruhigen Erholungsort Balatonszárszó starb im Herbst 1937 der große ungarische Lyriker Attila József einen tragischen Freitod. In der Pension, in der er zuletzt wohnte, ist ein Gedenkmuseum eingerichtet (József Attila utca 7).

Balatonszemes

Etwa an der Mitte des Südufers hat sich Balatonszemes zu einem ansehnlichen Badeort entwickelt. Der alte Dorfkern liegt auf dem Hügel, das Villenviertel am Hang oberhalb der Eisenbahnlinie und die moderne Urlaubersiedlung mit Hafen und Badeanlagen am Ufer des Plattensees. Am oberen Dorfende befindet sich in der Bajcsy Zsilinszky út 38 das Postmuseum, das in der ehemaligen Poststation an der Strecke Székesfehérvár – Nagykanizsa eingerichtet wurde. Die Eulenburg (Bagolyvár) neben der Bahnstation entstand zu Beginn unseres Jahrhunderts als extravaganter Wohnsitz. Während der Türkenzeit stand hier tatsächlich eine Burg, die unter dem Namen Narrenburg (Bolondvár) bekannt war (Reste der Befestigung noch sichtbar).

Balatonboglár, Balatonlelle

Die beiden Ortschaften Balatonboglár und Balatonlelle waren eine Zeit lang zur Gemeinde Boglárlelle vereint, der Zusammenschluss wurde jedoch Anfang der 1990er-Jahre durch einen Bürgerent-

Balatonlelle (Fortsetzung)

scheid wieder aufgehoben. Das Kulturhaus in Balatonlelle (Művelődési ház), an der Kossuth Lajos utca 2, 1820 in klassizistischen Formen als Gutshaus entstanden, ist bekannt für seine jeden Sommer stattfindenden Volkskunstausstellungen. Einen schönen Ausblick auf den See hat man vom 162 m hohen Burgberg mit dem naturgeschützten Parkwald.

Abstecher nach *Buzsák

Rund 20 km südwestlich (Anfahrt über Lengyeltóti, dort rechts abbiegen) hat sich Buzsák als Hort der Volkskunst im Komitat Somogy einen Namen gemacht. Noch heute besticken die Frauen des Ortes Decken, Kissen und Trachten mit bunten, folkloristischen Mustern oder verzieren sie mit blumen- und blätterförmigen Applikationen aus rotem Stoff. Im Volkskunstmuseum kann man das Ergebnis ihrer Mühen bestaunen und natürlich auch das eine oder andere Stück erwerben. Beim Dorfumzug anlässlich der traditionellen Kirmes am zweiten oder dritten Augustsonntag werden noch die alten Trachten getragen.

Somogyvár, *Ausgrabungsstätte

Von Buzsák aus lohnt ein weiterer Abstecher nach Somogyvár, das 11 km südlich von Lengyeltóti an der Straße nach Kaposvár liegt. An der Stelle einer bronzezeitlichen Wallburg entstand 1091/1095 die 60 m lange Basilika mit dem dazugehörigen Benediktinerkloster, eine Stiftung des ungarischen Königs Ladislaus. Die eindrucksvolle Ruinenstätte (Bencés apátság romijai) ist auch ein schöner Aussichtsplatz.

Fonyód

Der zweitgrößte Ferienort am Südufer des Plattensees erstreckt sich zu Füßen des ehemaligen Vulkanbergs Fonyód, der höchsten Erhebung an der Südseite mit den zwei Gipfeln Sipos-hegy (207 m) und Vár-hegy (233 m). Im 19. Jh., mit dem Bau der Eisenbahnlinie entlang des Südufers, nahm Fonyód seinen Aufschwung zum viel besuchten Badeort. Vier Erholungsorte liegen am 10 km langen Uferstreifen von Fonyód: Sándortelep, Bélatelep, Fonyódliget und Alsó-Bélatelep.

Balatonfenyves

Das Gemeindegebiet des noch jungen Badeorts wurde in den 1950er-Jahren dem Sumpfland von Nagyberek abgerungen, als man landwirtschaftliche Nutzfläche brauchte. Die Badesiedlung entstand nördlich der Bahnstrecke. Im waldigen Gelände sind größere und kleinere Ferienhäuser und Villen verstreut. Eine Kleinbahn führt in das benachbarte Csiszta-puszta, dessen 42 °C warme Quelle ein kleines Thermalbad speist.

Balatonmáriafürdő

Über eine Länge von 10 km zieht sich die Ortschaft Balatonmáriafürdő am Ufer entlang. Auch in Balatonmáriafürdő bilden der Bahnhof und der benachbarte öffentliche Strand das Ortszentrum. Wer sich in Ruhe erholen möchte, ist hier gut aufgehoben.

Balatonberény

Der letzte Badeort vor der Zala-Mündung und dem Naturschutzgebiet Kis-Balaton war um die Jahrhundertwende ein beliebtes Ferienziel. Das alte Dorf am Fuße des Bokros-hegy schmücken noch einige schöne, regionaltypische Bauernhäuser (insbesondere das Gebäude Csillagvár utca 68) und eine gotische, Mitte des 18. Jh.s barock umgestaltete Kirche (Kossuth Lajos utca 58). Auch vom Bokroshegy hat man einen schönen Ausblick auf den Plattensee.

Wo kann man schon Büffel nicht nur aus der Nähe beobachten, sondern sogar anfassen? Im Büffelreservat am Kis-Balaton

Balatonszentgyörgy

In Balatonszentgyörgy, 3 km südwestlich von Balatonberény, erwartet den Besucher eine eigenwillige Burg, nach ihrem sternförmigen Grundriss Csillagvár (Sternburg) benannt. Sie stammt nicht, wie man vielleicht zunächst vermuten möchte, aus dem Mittelalter, sondern wurde im Auftrag von László Graf Festetics zu Beginn des 19. Jh.s errichtet.

Kis-Balaton

Naturschutzgebiet

Kleiner Balaton (Kis-Balaton) heißt das Gewässer südwestlich vom Plattensee, das mit seinen Sumpfwiesen und Schilfflächen vielen selten gewordenen Vogelarten Lebensraum bietet. Nur ein kleiner Teil des Naturschutzgebietes, das zum Nationalpark Balatoner Oberland gehört, ist zugänglich, so die Insel Kányavár, wo sich zwei Aussichtstürme befinden. Informationen und die Möglichkeit, eine Führung zu buchen, gibt es im Besucherzentrum zwischen Balatonszentgyörgy und Sármellék.

* Büffelreservat

Vor allem kleine Besucher dürfte das Büffelreservat (Bivalyrezervátum) in Kápolnapuszta (5 km südöstlich von Balatonmagyaród) begeistern, wo man die ungarischen Wasserbüffel ganz aus der Nähe beobachten und sogar anfassen kann.

Békéscsaba

▶ Gyula, Umgebung

Komitatfreie Hauptstadt
Höhe: 97–529 m ü. d. M.
Einwohnerzahl: 1,8 Mio.

ⓘ Vörösmarty tér (24 Stunden), ☎ (1) 235 45 45,
VI. Westbahnhof, ☎ (1) 302 85 80

🛏 S. 371 ✕ S. 382

**Donaumetropole mit Flair

Budapest ist die Hauptstadt von Ungarn, die größte Stadt des Landes und die bedeutendste Kultur- und Wirtschaftsmetropole in Ostmitteleuropa. Die “Geburtsstunde” von Budapest fällt in das Jahr 1873, als man die bis dahin selbstständige Siedlung Alt-Ofen (Óbuda), die strategisch günstig auf einem Bergsporn angelegte Königsstadt Ofen (Buda) und die auf der anderen Donauseite gelegene, schnell wachsende Siedlung Pest vereinigte. Innerhalb weniger Jahre entwickelte sich Budapest zum Mittelpunkt Ungarns – und ist es bis heute geblieben. Die Landeshauptstadt ist nicht nur Sitz der Nationalversammlung und aller wichtigen Regierungsstellen, sondern auch zahlreicher Universitäten und Fachhochschulen, Bibliotheken, der Ungarischen Akademie der Wissenschaften, großer Museen und anderer hochrangiger Institutionen. Die Gründe dafür, warum die ungarische Metropole vielen ausländischen Touristen eine Reise wert ist, liegen auf der Hand. Unvergesslich ist allein schon das einzigartige, von der Donau geprägte Stadtbild, das durch seine Kontraste besticht: auf der einen Seite des Flusses das hoch gelegene, mittelalterliche Burgviertel mit romantischen Gassen, Fischerbastei, Matthiaskirche und Burgpalast, und auf der anderen, bereits an der Uferbebauung erkennbar, das im Wesentlichen im 19. und 20. Jh. entstandene, großstädtische Budapest mit breiten Ringstraßen und großzügigen Plätzen. Dazu kommt ein vielseitiges Kulturangebot, das Oper, Theater und Ballett ebenso umfasst wie Ausstellungen moderner Kunst oder Konzerte mit zeitgenössischer Musik.

Stadtbezirke

Das Stadtgebiet von Budapest hat eine Fläche von 525 km². Davon entfallen rund 173 km² auf die Stadtbezirke rechts der Donau und ca. 352 km² auf die linksseitigen Stadtteile. Das Stadtgebiet ist in 23 Bezirke gegliedert. Das zentrale Geschäftsviertel, der V. Bezirk, erstreckt sich am Pester Donauufer. Auf etwas mehr als 2,5 km² konzentrieren sich hier nicht nur zahllose Kaufhäuser, Geschäfte, Boutiquen und Hotels der oberen Kategorie, sondern auch Regierungsstellen, Behörden, Finanz- und Handelseinrichtungen sowie kulturelle und wissenschaftliche Institutionen. In den V. Bezirk pendeln täglich weit mehr als 100 000 Beschäftgte. Wohnblöcke in Plattenbauweise prägen immer noch überwiegend das Bild der Siedlungen am Stadtrand. Anders in den Vierteln westlich der Donau – so z. B. im Stadtteil Rózsadomb –, wo es überwiegend Einfamilienhäuser mit gepflegten Gärten gibt.

Wirtschaft

In Budapest lebt etwa ein Fünftel der Gesamtbevölkerung Ungarns. Die Stadt ist das Handels-, Industrie- und Verkehrszentrum des Landes. Seit 1989 gibt es eine Börse und zahllose Niederlassungen von

Das Pester Ufer bei Nacht: Blick von der Fischerbastei über die Wasserstadt hinüber zum Parlament

Wirtschaft (Fortsetzung)

Banken und Versicherungen. In Budapest befindet sich auch ein beträchtlicher Teil der ungarischen Industriebetriebe. Der Hafen Csepel mit seinem Freihafengelände ist momentan der bedeutendste Donauhafen. Der Budapester Flughafen Ferihegy hat sich binnen weniger Jahre zum wichtigsten Luftverkehrsknoten in Osteuropa außerhalb Russlands entwickelt.

Tourismus

Eine wichtige Rolle im Wirtschaftsleben der Stadt spielt der Tourismus. Die ungarische Metropole steht sowohl als Messeplatz wie auch als Kurzreiseziel hoch im Kurs. Neben ihren zahlreichen kulturellen Einrichtungen verfügt sie auch über eine Vielzahl von Erholungs- und Freizeitmöglichkeiten – allen voran die vielen Thermalbäder im Stadtgebiet von Budapest –, die von Geschäftsreisenden und Urlaubern gleichermaßen geschätzt werden (▶ Baedeker Special S. 142/143).

Stadtgeschichte

Von der Frühzeit bis zur Landnahme

Die ältesten Siedlungsspuren reichen bis in die Altsteinzeit zurück. Entscheidend für die Entwicklung des Siedlungsplatzes an der Donau war vermutlich die Etablierung einer römischen Befestigung im heutigen Stadtteil Óbuda. Die in eine Bürger- und eine Militärstadt gegliederte römische Niederlassung Aquincum war Hauptort der Provinz Pannonia und erlebte im 2. Jh. n. Chr. eine Blüte. Vom 6. bis zum 9. Jh. besiedelten Awaren das Gebiet der heutigen Hauptstadt. Ihnen folgten kurz vor 900 die Magyaren.

Buda und Pest

Kurz nach der Staatsgründung um das Jahr 1000 ließen sich Kaufleute aus Mittel- und Westeuropa auch in Buda und Pest nieder. 1241/1242 fielen die Mongolen in den beiden Siedlungen ein. Um sie künftig besser schützen zu können, ließ König Béla IV. wenige Jahre später auf dem Bergsporn von Buda eine Burg errichten. Auf dem Plateau des Burgberges entstand parallel dazu eine Königsstadt – Buda. Das benachbarte Pest wurde zu einem Handelsstützpunkt. In der zweiten Hälfte des 15. Jh.s baute Matthias Corvinus den Königspalast auf dem Burgberg aus und machte Buda zu einem Zentrum der Renaissancekultur.

Von der Türkenherrschaft bis zur Revolution

Nach ihrem Sieg bei Mohács nahmen die Türken auch Buda und Pest (1541) ein. Unter Sultan Süleyman I. wurden viele Kirchen in Moscheen umgewandelt, prachtvolle Badehäuser errichtet und Befestigungen modernisiert. Buda war Sitz eines Großwesirs. Erst 1686 gelang es Karl von Lothringen, Óbuda, Buda und Pest für das Haus Habsburg zurückzuerobern. Während der Herrschaft von Kaiserin Maria Theresia kam es erneut zu einer wirtschaftlichen Blüte in Buda und Pest, die u. a. auf die Aktivitäten zahlreicher Neusiedler aus dem deutschsprachigen Raum zurückzuführen ist. Die linksseitige Donausiedlung wurde alsbald zum geistigen und politischen Mittelpunkt des Landes. 1848/1849 kam es zur bürgerlichen Revolution. Getragen wurde sie vor allem von liberalen Adeligen, die gegen die österreichische Vorherrschaft in Ungarn kämpften.

1873: Vereinigung zur Großstadt

1873 vereinigte man Óbuda, Buda und Pest zu einer Großstadt, die damals schon mehr als 150 000 Einwohner hatte. 1896 wurde die erste U-Bahn Kontinentaleuropas in Betrieb genommen.

Weltkriege, Aufstand 1956

Der Erste Weltkrieg brachte einen wirtschaftlichen Rückschlag, der auch in der Zwischenkriegszeit nicht aufgeholt werden konnte. Gegen Ende des Zweiten Weltkrieges (Herbst 1944) wurde Budapest Frontstadt und erlitt schwerste Verwüstungen. Alle Donaubrücken wurden gesprengt. Am 13. Februar 1945 endeten die Kämpfe, ein Jahr später, am 1. Februar 1946, wurde in Budapest die Ungarische Republik ausgerufen. Durch Eingemeindungen wurde das Stadtgebiet von Budapest 1950 beträchtlich erweitert. Im selben Jahr wurde der neue Flughafen Ferihegy eröffnet. Der Wiederaufbau der zerstörten Stadtteile und der Donaubrücken machte Fortschritte. Die Kommunistische Partei versuchte währenddessen, Machtanteile zu gewinnen und die bürgerlich-demokratische Ordnung zu unterlaufen. Modernisierungsbestrebungen wurden unterdrückt, die Unzufriedenheit der Bevölkerung nahm zu. Aus einer Studentendemonstration in Budapest entwickelte sich Ende Oktober 1956 der Volksaufstand, der im November durch sowjetische Truppen niedergeschlagen wurde. Das Stadtzentrum von Budapest war verwüstet.

Baedeker TIPP Geschichte und Geschichten

Stadtrundgänge in Kleingruppen mit vielen Hintergrundinformationen zu Architektur, Geschichte und Gesellschaft organisiert Paul Street Tours. Die Routen werden auch individuell nach Kundenwünschen zusammengestellt. Anekdoten und Geschichten aus dem Budapester Alltag verleihen den informativen Führungen eine heitere und unterhaltsame Note (www.firsteuropeanshipping.com/streettour.html).

Eine Stadtbesichtigung mit dem Fiaker – im Burgviertel von Budapest eine bequeme Alternative zum Spaziergang

"Die fröhlichste Baracke im Lager"

In den sechziger und siebziger Jahren verwirklichte man in Budapest städtebauliche Vorhaben: Inbetriebnahme der Elisabethbrücke, Ausbau des U-Bahn-Netzes, Sanierung des Burgviertels und Anlage luxuriöser Großhotels. Der sprichwörtliche ungarische "Gulasch-Kommunismus" ebnete dem Tourismus den Weg, von dem zunächst vor allem die Hauptstadt profitierte.

Budapest seit 1989

Im Jahre 1989 erfolgte eine Neubewertung der Ereignisse von 1956. Hunderttausende nahmen im Juni nochmals Abschied von dem seinerzeit in Ungnade gefallenen Ministerpräsidenten Imre Nagy (▶ Berühmte Persönlichkeiten). Die politische Neuorientierung in Budapest hatte den Fall des Eisernen Vorhangs an der ungarisch-österreichischen Grenze zur Folge. Tausende DDR-Bürger nutzten die Situation und reisten in die Bundesrepublik Deutschland und in andere westeuropäische Länder ein. Bereits in den späten 1990er-Jahren traf die Stadt Vorbereitungen für die Feierlichkeiten zum 1000-jährigen Jubiläum der Staatsgründung. Zu diesem Anlass wurde am 15. März 2002 das neue Nationaltheater in der Franzstadt eingeweiht.

Einkaufen und Ausgehen

Einkaufsstraßen und Shoppingcenter

Die wichtigsten Geschäftsstraßen befinden sich in der Innenstadt von Pest – Váci utca, Petőfi Sándor utca, Páriszi utca und Kígyó utca. Tolle Geschäfte gibt es auch in der Kossuth Lajos utca, in der Rákóczi út, am Múzeum körút, Károly körút und Erzsébet körút.

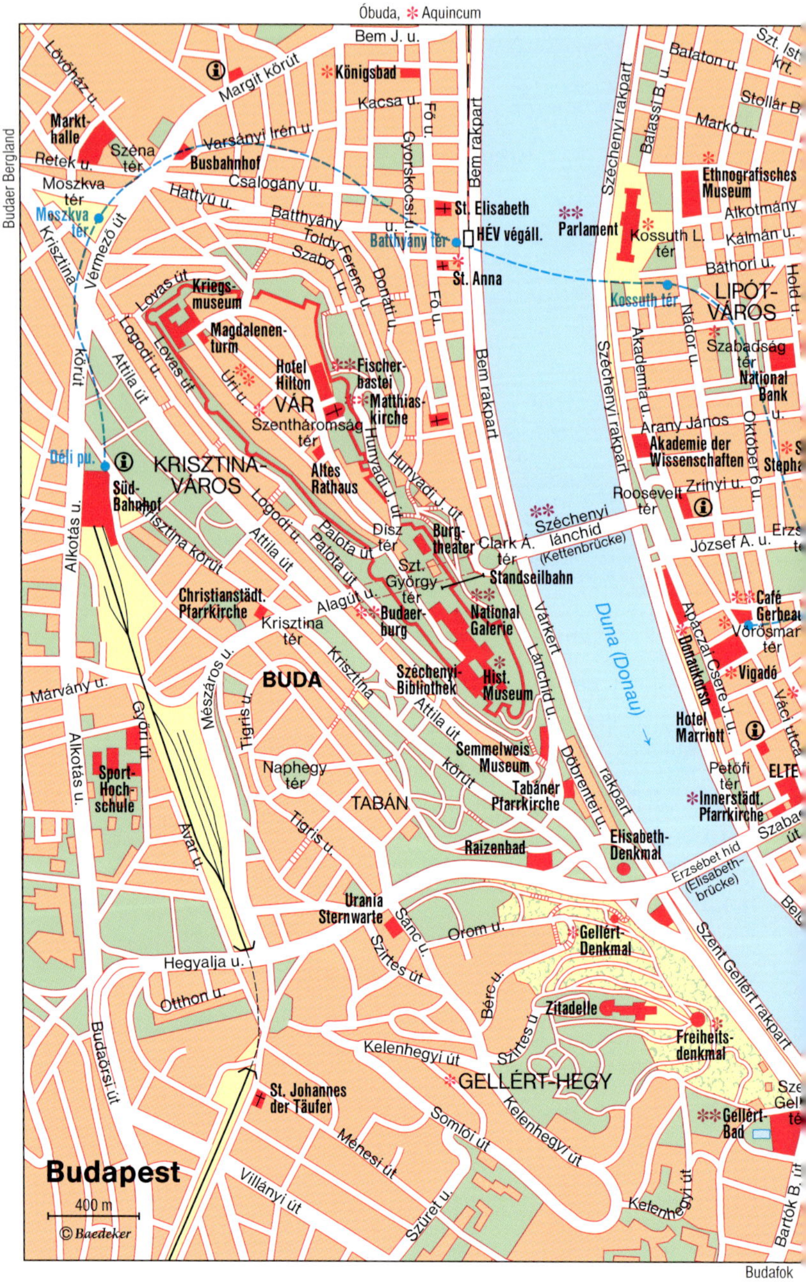
Óbuda, Aquincum
Budaer Bergland
Budafok
Budapest
400 m
© Baedeker
Bem J. u.
Margit körút
Königsbad
Kacsa u.
Fő u.
Bem rakpart
Gyorskocsi u.
Lövőház u.
Markthalle
Széna tér
Retek u.
Varsányi Irén u.
Busbahnhof
Moszkva tér
Csalogány u.
Hattyú u.
Vérmező út
Krisztina körút
Batthyány
Toldy Ferenc u.
Szabó I. u.
Batthyány tér
St. Elisabeth
HÉV végáll.
St. Anna
Donáti u.
Parlament
Kossuth L. tér
Kossuth tér
Széchenyi rakpart
Balaton u.
Szt. István krt.
Balassi B. u.
Stollár B.
Markó u.
Ethnografisches Museum
Alkotmány
Kálmán u.
Báthori u.
Hold u.
LIPÓTVÁROS
Nádor u.
Akadémia u.
Szabadság tér
National Bank
Arany János u.
Akademie der Wissenschaften
Október 6. u.
Stephan
Roosevelt tér
Zrínyi u.
József A. u.
Erzs
Lovas út
Kriegsmuseum
Magdalenenturm
Logodi u.
Attila út
Úri u.
Hotel Hilton
Fischerbastei
Matthiaskirche
VÁR
Szentháromság tér
Déli pu.
KRISZTINAVÁROS
Süd-Bahnhof
Altes Rathaus
Hunyadi J. út
Dísz tér
Burgtheater
Clark Á. tér
Széchenyi lánchíd (Kettenbrücke)
Szt. György tér
Standseilbahn
Palota út
Alkotás u.
Christianstädt. Pfarrkirche
Alagút u.
Budaerburg
National Galerie
Krisztina tér
Duna (Donau)
Café Gerbeaud
Vörösmarty tér
Apáczai Csere J. u.
Donaukorso
Vigadó
Váci utca
Márvány u.
Mészáros u.
BUDA
Széchenyi-Bibliothek
Hist. Museum
Lánchíd u.
Várkert
Hotel Marriott
Győri út
Tigris u.
Attila út
Semmelweis Museum
Döbrentei u.
Petőfi tér
ELTE
Sport-Hochschule
Naphegy tér
TABÁN
Tabáner Pfarrkirche
Innerstädt. Pfarrkirche
Szabad. út
Avar u.
Raizenbad
Elisabeth-Denkmal
Erzsébet híd (Elisabethbrücke)
Urania Sternwarte
Sánc u.
Orom u.
Gellért-Denkmal
Szent Gellért rakpart
Belg
Hegyalja u.
Szirtes út
Otthon u.
Bérc u.
Zitadelle
Freiheitsdenkmal
Budaörsi út
Kelenhegyi út
GELLÉRT-HEGY
Szent Gellért tér
St. Johannes der Täufer
Gellért-Bad
Somlói út
Ménesi út
Villányi út
Szüret u.
Bartók B. út

**Museum der Bildenden Künste,
**Heldenplatz, *Stadtwäldchen

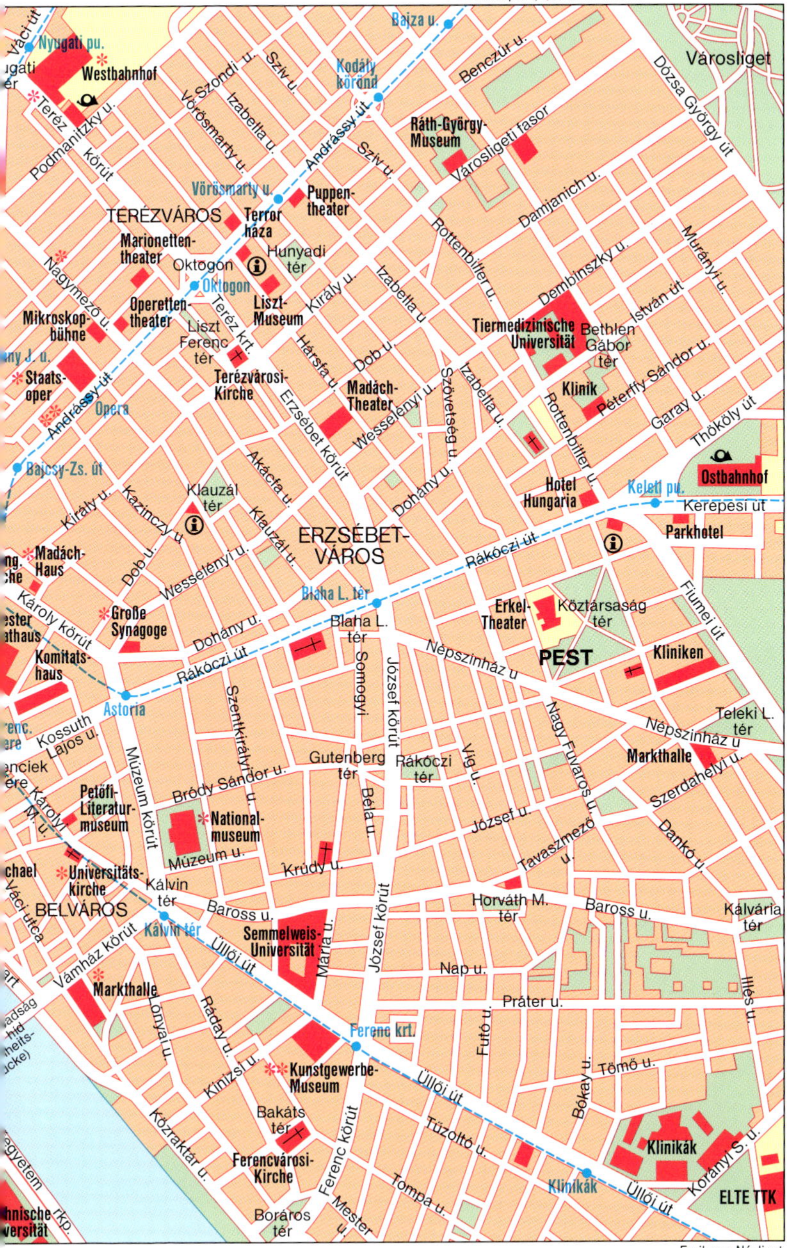

Ferihegy, Népliget

Einkaufen und Ausgehen (Fortsetzung)

Schöne, aber überwiegend sehr teure Geschäfte, v. a. viele Antiquitätenläden und Kunstgalerien, findet man im Burgviertel. Wer sich lange Wege sparen will, dem sei das Westend City Center in der Váci út empfohlen. Im größten Einkaufs-, Büro- und Freizeitzentrum Mitteleuropas – das auch architektonisch nicht uninteressant ist – präsentieren über 400 Geschäfte auf 90 000 m² ihre Waren.

Märkte und Flohmärkte

In Budapest gibt es in fast allen Stadtteilen Märkte und Markthallen. In den großen Markthallen der Innenstadtbezirke gibt es neben Obst und Gemüse, Fleisch und Backwaren meist auch ungarische Spezialitäten und Folklore-Artikel. Eine familiäre Stimmung herrscht unter der imposanten Stahlkonstruktion der Markthalle in der Hold utca 13, gegenüber der Postsparkasse. Die größte, schönste und bekannteste ist jedoch die Zentrale Markthalle an der Kleinen Ringstraße, nahe dem Pester Brückenkopf der Freiheitsbrücke (9. Bezirk, Fővám körút 1 – 3). In einem denkmalgeschützten Gebäude erwartet den Besucher auf einer Fläche von 10 000 Quadratmetern ein atemberaubendes Angebot.

Natürlich hat eine Weltstadt wie Budapest auch einen ständigen Flohmarkt, den Ecseri-Flohmarkt. Er wird täglich in der Nagykőrösi út 156, ziemlich außerhalb, im 19. Stadtbezirk, abgehalten. Wesentlich kleiner ist der Flohmarkt im Stadtwäldchen, auf dem Gelände um die Petőfi-Halle, der Sa. und So. vormittags stattfindet.

CDs, Bücher

Liebhaber der klassischen Musik finden CDs und Kassetten von Liszt, Goldmark, Bartók und Kodály vor allem in den Fachgeschäften in der Deák Ferenc utca 19 oder bei Rózsavölgyi am Szervita tér.

Auf der Terrasse des Traditionscafés Gerbeau treffen sich Einheimische und Touristen aus aller Welt.

In den Buchhandlungen der Innenstadt, insbesondere im Buchladen "Studium" in der Váci utca, sind hervorragende Übersetzungen der ungarischen Literatur zu bekommen. Eine Fundgrube für wertvolle alte Druckgrafiken, seltene Bücher und andere Raritäten sind die zahlreichen Antiquariate, von denen zwei sich in der Nähe der Metrohaltestelle Astoria befinden (Múzeum krt. 13 – 15 bzw. 35).

Einkaufen, CDs, Bücher (Fortsetzung)

Die für Ungarn so charakteristischen Spitzen, Keramik, Kristall und handbemaltes Porzellan sind in der Fußgängerzone, Kígyó und Kossuth Lajos utca, genauso zu erhalten wie Mode-, Schmuck- und Lederwaren. Die Porzellanmanufaktur Herend unterhält u. a. in der Kígyó utca 5 und in der Szentháromság utca 5 Filialen, Zsolnay hat am Kristóf tér 1 und in der Kígyó utca 4 Geschäfte. In den "Folkart"-Geschäften in der Váci utca 58 und in der Régiposta utca 12 gibt es die größte Auswahl an Kunsthandwerk- und Folkloreartikeln. Überall in der Stadt verkaufen fliegende Händlerinnen, teilweise in schönen siebenbürgischen Trachten, ihre handgefertigten Web- und Stickwaren. Anhängern alter Kunsterzeugnisse ist ein Spaziergang in der Falk Miksa utca (eine parallel zur Donau verlaufende Straße zwischen dem Kossuth tér und der Großen Ringstraße), die mehrere Antiquitätengeschäfte beheimatet, unbedingt zu empfehlen. Eine ebenso bekannte wie teure Adresse für Antiquitätengeschäfte ist außerdem das Burgviertel.

Kunsthandwerk, Folklore, Antiquitäten

Budapest

Budapests Kaffeehäuser sind Institutionen im gastronomischen und kulturellen Leben der Stadt, obwohl ihre Zahl seit dem 19. Jh. beträchtlich geschrumpft ist. Wegen seiner zentralen Lage am Vörösmarty tér gehört das seit 1858 bestehende Café Gerbeaud zu den bekanntesten und meistbesuchten. Wer sich daran stört, dass der Service bisweilen unter dem großen Touristenansturm leidet und Einheimische hier eher in der Minderheit sind, sollte in ein weniger berühmtes oder weniger zentral gelegenes ausweichen, zum Beispiel ins Café im Hotel Astoria (Kossuth Lajos utca 19), wo sich vor allem die ältere Generation gerne auf eine Tasse Kaffee trifft, ins wunderbar nostalgische Lukács in der Andrássy utca Nr. 70 oder in das Centrál in der Károlyi Mihály utca 9, das erst im Jahr 2000 als Kaffeehaus wieder eröffnet und mit Begeisterung angenommen wurde. Eine Klasse für sich ist das ehemals legendäre Literatencafé New York am Erzsébet körút (Nr. 9 – 11), das nach grundlegenden Renovierungsarbeiten nun seine Gäste wieder empfängt.

Kaffeehäuser

Baedeker TIPP Und am Abend?

Für die einen sind es die vielen kleinen Kulturveranstaltungen, z. B. im Sommer Freilichtkino auf der Straße, für die anderen die große Auswahl an unterschiedlichen Kneipen und Restaurants, die die Ráday utca beim Kálvin tér zu einem Szenetreff machen.

Tipps für die Stadtbesichtigung

Wer nur ein, zwei Tage in Budapest bleibt, muss sich zwangsläufig beschränken. Ohne einen Spaziergang durch das Burgviertel und durch den Kern der Pester Innenstadt sollte er allerdings nicht abreisen. Bei etwas mehr Zeit lässt sich der Stadtrundgang z. B. um die Parlamentsbesichtigung, einen Spaziergang auf der Andrássy

Besichtigungen

Besichtigungstipps (Fts.)

út bis zum Heldenplatz oder um den Aufstieg auf den Gellértberg erweitern. Wie in vielen anderen Städten des Landes sind die meisten Museen in der ungarischen Hauptstadt Di. – So. 10^{00} – 18^{00} Uhr geöffnet.

Verkehr

Es empfiehlt sich, in Budapest das Auto stehen zu lassen und auf öffentliche Verkehrsmittel umzusteigen. Vor allem im Zentrum ist das Netz sehr gut ausgebaut und außerdem preiswert. Drei Metro-Linien verkehren täglich zwischen 4^{30} und 23^{00} Uhr. Die gelbe M 1 fährt ab Vörösmarty tér unter der Andrássy út Richtung Heldenplatz, die rote M 2 fährt vom Südbahnhof auf der Budaer Seite hinüber auf die Pester Seite, und die blaue M 3 verkehrt in Nord-Süd-Richtung auf der Pester Seite. Straßenbahnen, Trolley- (Oberleitungsbusse) und herkömmliche Busse ergänzen das Verkehrsnetz. In die Vororte und nach Szentendre kommt man mit der Vorortbahn HÉV. Fahrscheine erhält man nicht in den Verkehrsmitteln selbst, sondern nur an den Verkaufsstellen in den Metrostationen, an den Straßenbahnendhaltestellen sowie an vielen Zeitungskiosken. Mit Ausnahme der Metro werden die Fahrscheine im Verkehrsmittel selbst entwertet. Mit Einzelfahrscheinen darf man weder die Fahrt unterbrechen noch umsteigen. Inhaber einer Budapest-Karte haben freie Fahrt im Nahverkehr.

Baedeker TIPP Budapest preiswert

Das Budapester Tourismusamt gibt eine "Budapest Kártya" (Budapest-Karte) heraus, die jeweils für einen Erwachsenen und ein Kind bis 14 Jahre gilt und in Touristen- und Reisebüros, an Hotelrezeptionen, in größeren Metrostationen und an vielen anderen Stellen erworben werden kann. Es gibt sie in zwei Versionen, die zwei oder drei Tage Gültigkeit haben. Inhaber einer Budapest-Karte haben freie Fahrt im öffentlichen Nahverkehr und freien Zutritt zu rund 60 Museen und sonstigen Sehenswürdigkeiten.

Sehenswertes im Zentrum von Pest

****Váci utca**

Die Váci utca (Waitzener Gasse) ist Budapests Einkaufsstraße Nummer Eins. Die breite Fußgängerzone führt vom Fővám tér zum Vörösmarty tér. Prächtige Geschäftshäuser aus Historismus und Jugendstil sowie moderne Gebäude wie zum Beispiel das Hotel Taverna wechseln sich ab. Besonders belebt ist der nördliche Abschnitt zwischen Szabadsajtó út und Vörösmarty tér. Hier reihen sich elegante Boutiquen, Schuh- und Lederwarengeschäfte, Schmuck- und Kunstgewerbeläden, Buch- und Souvenirläden sowie Restaurants und Cafés aneinander – György Dalos' Beschreibung als eine "Mischung aus Flohmarkt und seriöser Einkaufsstraße" trifft den Charakter der Váci utca ziemlich genau. Zu den neueren Errungenschaften der Einkaufsmeile gehört das so genannte Terra Center an der Ecke Váci/Párizsi utca, eine unterirdische, in ausgebauten Kellergewölben eingerichtete Ladenpassage. Im südlichen Teil der Straße, in der Nr. 9, im ehemaligen Hotel "Zu den Sieben Kurfürsten", hat heute das Pester Theater (Pesti Színház) seinen Sitz. Der elfjährige Franz Liszt gab hier im Jahre 1823 ein Konzert.

***Vörösmarty tér**

Der nach dem romantischen Dichter Mihály Vörösmarty (1800 bis 1855) benannte, stets belebte Platz gehört ebenso wie die Váci utca ausschließlich den Fußgängern. Bis spät in den Herbst kann man hier in den Cafés draußen sitzen, den Platz auf sich wirken lassen oder den Porträtkünstlern bei ihrer Arbeit zuschauen. Um den Platz gruppieren sich einige schön renovierte, ehemalige Handels-, heute Geschäftshäuser. Unübersehbar erhebt sich in der Mitte das marmorne Denkmal für Vörösmarty, das den Dichter in einem Sessel sitzend darstellt. Die Figuren zu seinen Füßen symbolisieren das ungarische Volk.

Vörösmarty tér (Fortsetzung)

An der Nordseite des Vörösmarty tér lädt das berühmte, 1858 eröffnete Konditorei-Café Gerbeaud zu einem Besuch ein. Dieses Kaffeehaus war schon zu Beginn des 20. Jahrhunderts ein beliebter gesellschaftlicher Treffpunkt.

*Konditorei Gerbeaud

An die Westseite des Vörösmarty tér stößt die Rückseite der "Vigadó" genannten Pester Redoute. Dieser Kulturbau, 1859 – 1864 nach Entwürfen von Frigyes Feszl errichtet, gehört zu den bemerkenswertesten Schöpfungen der ungarischen Romantik. Das für festliche Anlässe und musikalische Darbietungen erstellte Bauwerk – hier traten u. a. Liszt, Brahms und Bartók auf – wurde im Zweiten Weltkrieg stark beschädigt, konnte aber 1980 nach langwierigen Restaurierungsarbeiten wieder eröffnet werden. In der Vigadó-Galerie werden Wechselausstellungen gezeigt.

*Vigadó

Das Pester Donauufer zwischen Elisabethbrücke und Kettenbrücke heißt im Volksmund "Donaukorso" (Dunakorzó). Von der Stelle, wo die in Bronze gegossene "Kleine Prinzessin" des Bildhauers László Marton sitzt, hat man – besonders bei abendlicher Illumination – einen traumhaften Blick auf die Fischerbastei, die Matthiaskirche und den Burgpalast sowie auf das Gellértdenkmal, die Zitadelle und das Freiheitsdenkmal auf dem Gellértberg. Am Donaukorso stehen u. a. die Luxushotels Intercontinental und Hyatt Regency.

*Donaukorso

Baedeker TIPP Die kleine Prinzessin

Am Donaukorso auf der Höhe des Konzert- und Ballhauses Vigadó sitzt seit 1990 – bei regem Treiben leicht zu übersehen – die bronzene Prinzessin des Künstlers László Marton mit dem Rücken zur Donau und beobachtet die auf der Promenade Flanierenden. Tun Sie es ihr gleich: Beobachten Sie das Leben auf der berühmtesten Promenade Budapests!

Der große Platz am Pester Kopf der Kettenbrücke ist benannt nach dem früheren US-Präsidenten Franklin D. Roosevelt, der sich um die Befreiung Ungarns verdient gemacht hatte. Noch im 19. Jh. wurden hier Märkte abgehalten und Donauschiffe entladen. Zwei herausragende Staatsmänner des 19. Jhs. sind auf dem Platz mit Denkmälern aus den 1880er-Jahren präsent: im nördlichen Teil István Graf Széchenyi, "der größte Ungar", wie ihn sein politischer Rivale Lajos Kossuth bezeichnete, und im südlichen Teil Ferenc Deák, genannt "der Weise der Nation", da er den Ausgleich mit dem Wiener Hof 1867 befürwortet hatte.

Roosevelt tér

*Palais Gresham

Nach Osten begrenzt das mächtige Palais Gresham (Gresham palota) den Platz. 1907 als Sitz einer Versicherungsgesellschaft gebaut, verkörpert es mit seinen Jugendstilelementen beispielhaft die Architektur um die Jahrhundertwende in Pest. Das Café Gresham war einst ein bekannter Künstlertreffpunkt. Nach jahrelangem Umbau öffnete das renovierte Palais Gresham im Herbst 2003 als Luxushotel Four Seasons wieder seine Pforten.

Akademie der Wissenschaften

Der 1864 im Stil der Neorenaissance fertig gestellte Monumentalbau der Ungarischen Akademie der Wissenschaften (Magyar Tudományos Akadémia) beherrscht die Nordseite des Roosevelt tér. Die Pläne hatte der Berliner Architekt Stüler entworfen. Hier wurde die bereits 1825 von Graf Széchenyi ins Leben gerufene Bildungsinstitution untergebracht. Heute sind der Akademie zahlreiche Forschungsinstitute angeschlossen. Den (renovierten) Festsaal schmücken Fresken von Károly Lotz.

Eötvös tér

Südlich schließt sich an den Roosevelt tér ein kleinerer Platz mit dem Denkmal zu Ehren von József Eötvös an. Die Südseite des Platzes nehmen die beiden in den frühen 1980er-Jahren entstandenen Luxushotels Hyatt Regency und Intercontinental ein.

**Kettenbrücke
(Abb. S. 10/11)

Am Roosevelt tér spannt sich die Kettenbrücke (Széchenyi lánchíd) über die Donau, eines der Wahrzeichen der ungarischen Hauptstadt und die erste feste Brücke Budapests über den Strom. Sie wurde von dem englischen Ingenieur William Tierney Clark entworfen und in zehnjähriger Bauzeit, von 1839 bis 1849, unter der Aufsicht des schottischen Architekten Adam Clark erbaut. Die 375 m lange und fast 16 m breite Brücke wird von Spannketten gehalten, die an 48 m hohen, wuchtigen Pfeilern befestigt sind. Die steinernen, auf Postamenten liegenden Löwen an den Brückenköpfen schuf János Marschalkó. Ob die Löwen Zungen haben oder nicht, war eine lang diskutierte Frage in Budapest: Ihr Schöpfer – ein Schalk? – behauptete, man müsse den Tieren genau gegenüberstehen, um ihre Zungen sehen zu können.
Die Kettenbrücke wurde im Zweiten Weltkrieg mit anderen Budapester Brücken von den deutschen Truppen in die Luft gesprengt, konnte jedoch schon am 21. November 1949, genau 100 Jahre nach ihrer Einweihung, wieder dem Verkehr übergeben werden.
Der Spaziergang über die Kettenbrücke und die Strecke vom Clark Ádám tér mit der Seilbahn nach oben ist der kürzeste Weg auf den Burgberg (s. S. 120).

**Parlament

Führungen in dt. Sprache täglich 11^{00} und 15^{00}, Karten am Eingang 10, Informationen: ☎ (1) 441 49 04

Geht man vom Rossevelt tér nordwärts an der Donau entlang (Széchenyi rakpart) weiter, so erreicht man das riesige Parlamentsgebäude (Országház), eines der Wahrzeichen der ungarischen Hauptstadt. Das 268 m lange und bis zu 188 m breite Bauwerk, das zwischen 1884 und 1904 nach Plänen von Imre Steindl entstand, umfasst nicht weniger als 691 Räume, 10 Höfe und 27 Tore. Blickfang des Gebäudekomplexes ist die 96 m hohe Kuppel über dem Mitteltrakt, die an der Donaufassade von zwei schlanken, 73 m hohen Türmen flankiert wird. Zu beiden Seiten schließen sich symmetrisch angelegte, lang gestreckte Flügel an, von denen der südliche den Sitzungssaal des Abgeordnetenhauses, der nördliche den Kongresssaal beherbergt. 88 Statuen aus den Werkstätten verschiedener ungarischer Bildhauer schmücken die Fassaden des Parla-

ments. An der Donauseite sind die ungarischen Stammesfürsten und Könige dargestellt, an der östlichen, dem Kossuth tér zugewandten Eingangsseite, die ostungarischen Heerführer und Fürsten aus den Unabhängigkeitskämpfen des 17. und 18. Jh.s.
Das Gebäude kann im Rahmen von Führungen auch innen besichtigt werden, wenn keine Plenarsitzungen oder andere größere Versammlungen stattfinden. Eine der Hauptattraktionen sind die Krönungsinsignien, d. h. Krone, Zepter, Reichsapfel und Schwert. Der Krönungsmantel wird noch im Nationalmuseum aufbewahrt. Ob die Krönungsinsignien dauerhaft im Parlament verbleiben, ist allerdings noch ungeklärt.
Hinter dem Haupteingang liegt das weitläufige Treppenhaus mit Deckenfresken von Károly Lotz und Skulpturen von György Kiss. Im ersten Stockwerk befindet sich der prunkvolle, von 16 Pfeilern getragene Kuppelsaal (Raumhöhe 27 m), der heute fast ausschließlich Repräsentationszwecken dient. Sehenswert sind zudem der Jagd-

Die symmetrisch angelegte Schauseite des neogotischen Parlaments mit dem gewaltigen Kuppelbau ist der Donau zugewandt.

saal mit Wandgemälden von Körösfői-Kriesch und der Gobelinsaal mit einem riesigen Wandteppich, der eine Versammlung der landnehmenden Magyarenfürsten zeigt. Im Südflügel liegt der Saal, der nach dem berühmten ungarischen Maler Mihály Munkácsy (▶ Berühmte Persönlichkeiten) benannt wurde. Dort ist sein monumentales Gemälde "Landnahme" (durch die Magyaren) zu sehen. Neben den Repräsentations- und Versammlungsräumen befinden sich in dem weitläufigen Gebäudekomplex auch die Amtsräume des

Parlament (Fortsetzung) Staatspräsidenten, des Ministerpräsidenten sowie die mehrerer Regierungsorgane. Die Parlamentsbibliothek erreicht man durch das Südtor an der Donauseite des Parlamentsgebäudes.

József-Denkmal Für den Platz südlich des Parlaments schuf László Márton 1980 die überlebensgroße Sitzfigur des Lyrikers Attila József (1905–1937), der sich 1937 das Leben nahm.

***Kossuth Lajos tér** Vor der Eingangsseite des Parlaments erstreckt sich der Kossuth Lajos tér, der von historistischen Prachtbauten eingefasst wird. An der Nordseite des begrünten Platzes erinnert seit 1952 ein monumentales Denkmal an den Unabhängigkeitskampf von 1848. Die zentrale Figur des Monuments, Lajos Kossuth, ist eine Arbeit von Zsigmond Stróbl. Das von János Pásztor 1935 geschaffene Reiterstandbild an der Südseite stellt Graf Ferenc II. Rákóczi dar.

Neorenaissance vom Feinsten: die prächtige Eingangshalle des Ethnografischen Museums

***Ethnografisches Museum** Das Ethnografische Museum an der Ostseite des Kossuth Lajos tér ist im ehemaligen Justizpalast untergebracht, der 1896 von Alajos Hauszmann erbaut wurde. Das bronzene Dreigespann mit der Göttin der Gerechtigkeit über dem Giebelfeld des Portikus erinnert ebenso an die einstige Bestimmung des Gebäudes wie das repräsentative Treppenhaus mit seiner kostbaren Marmorverkleidung, dem vergoldeten Stuck und den Deckengemälden von Károly Lotz.

Umfangreich und dank englischer Erläuterungen auch für Nicht-Ungarn sehr informativ ist die Sammlung ungarischer Volkskultur, die im ersten Obergeschoss gezeigt wird. Sie umfasst Gegenstände aus dem bäuerlichen Leben und Handwerkerutensilien ebenso wie Textilien und Kunsthandwerk (geöffnet März–Okt. Di.–So. 10^{00} bis 18^{00}, sonst bis 17^{00} Uhr; Internet: www.neprajz.hu).

Szabadság tér

An der Stelle einer Kaserne, in der ungarische Freiheitskämpfer der Revolution von 1848/49 hingerichtet wurden, legte man den Freiheitsplatz an. Das Gebäude der einstigen Börse (heute Sitz des Staatlichen Fernsehens) und die Ungarische Nationalbank gegenüber (Magyar Nemzeti Bank) prägen das Bild dieses Platzes. Die beiden Gebäude wurden 1905 nach Plänen von Ignác Alpár errichtet – die Börse im Stil der Sezession, die Nationalbank als Musterbeispiel des späten Historismus. Im Norden schließt der Szabadság tér mit einem Halbrund von repräsentativen Bürohäusern. Der Obelisk im Zentrum ist angeblich das einzige sowjetische Ehrenmal in der Stadt, das verbleiben durfte, während alle anderen entfernt und zum Teil im Skulpturenpark (s. u.) wieder aufgestellt wurden.

***Ehemalige Postsparkasse**

Einen Häuserblock östlich des Szabadság tér, hinter der Nationalbank in der Hold utca, kann man das schönste Beispiel für den ungarischen Jugendstil in der Landeshauptstadt entdecken: die 1901 eröffnete Postsparkasse. Mit ihren volkstümlichen Ornamenten und den bunt glasierten Ziegeln ist sie ein charakteristisches und zudem ein besonders beeindruckendes Werk ihres Architekten Ödön Lechner, der als Begründer und Hauptvertreter des ungarischen Jugendstils gilt. Das Gebäude gehört heute der Nationalbank.

Markthalle der Leopoldstadt

Schräg gegenüber der ehemaligen Postsparkasse steht die Markthalle der Leopoldstadt (Lipótvárosi Vásárcsarnok). Die Eisenkonstruktion des kleinen Bauwerks zeigt Ähnlichkeiten mit derjenigen der Zentralen Markthalle – kein Wunder, beide stammen aus dem späten 19. Jahrhundert.

***St.-Stephan-Basilika**

Die im Stil der Neorenaissance vollendete St.-Stephan-Basilika (Szent István-bazilika) gehört zu den imposantesten Sakralbauten Ungarns. Monumentale Größe verleihen ihr eine 96 m hohe Zentralkuppel sowie zwei 80 m hohe Türme. Mit dem Bau des Gotteshauses wurde 1851 begonnen. Die Pläne stammten von József Hild, dem großen Vertreter der klassizistischen Baukunst. Vollendet wurde das Bauwerk erst 1905 von Josef Kauser. Großartige Kunstwerke schmücken den Innenraum, darunter Figuren von Alajos Stróbl und János Fadrusz. Die Kuppelmosaiken wurden nach Entwürfen von Károly Lotz in einer venezianischen Werkstatt gefertigt. Das Standbild des hl. Stephan aus Carrara-Marmor am Hochaltar schuf Alajos Stróbl. Berühmt ist das Gemälde am zweiten Seitenaltar rechts von Gyula Benczúr: Es zeigt den hl. König Stephan, der Maria die ungarische Krone darbietet. In der zur Kapelle umgestalteten Sakristei wird die "Heilige Rechte" des großen ungarischen Herrschers aufbewahrt, die alljährlich am 20. August in einer Prozession durch die Stadt getragen wird. Messgewänder und kostbare liturgische Gegenstände kann man in der Schatzkammer der Stephansbasilika bewundern. Mit viel Aufwand wurden die Kirche und ihre Umgebung in den letzten Jahren renoviert und umgestaltet. In die nach Norden führende Hercegprímás utca lohnt sich ein Blick wegen der wuchtigen Jugendstilbauten und dem Eckgebäude im Stil der venezianischen Gotik.

> *Baedeker* TIPP **Aussichtsreich**
>
> Unbedingt zu empfehlen ist der Aufstieg auf die Kuppel der Basilika, denn der Blick von hier oben ist unvergleichlich!

Erzsébet tér Etwa 200 m südlich der Stephansbasilika erreicht man den großzügigen Erzsébet tér. Inmitten einer Grünanlage steht der von Ybl 1883 entworfene und ursprünglich auf dem Kálvin tér aufgestellte Danubius-Brunnen. Die von Fessler geschaffenen Brunnenfiguren symbolisieren die "Mutter" Donau und ihre "Töchter", die großen Nebenflüsse Drau, Theiß und Save. An der Nordseite des Platzes (József Attila utca) sind einige in klassizistischem Stil errichtete Bauten bemerkenswert.

Deák Ferenc tér Nahtlos geht der Erzsébet tér in den Deák Ferenc tér über, der einer der wichtigsten innerstädtischen Verkehrsknotenpunkte ist. Hier treffen sich alle drei U-Bahn-Linien. An seiner Ostseite ist das Anker-Palais, Ende des 19. Jh.s als Sitz einer Versicherungsgesellschaft erbaut, nicht zu übersehen.

Evangelische Kirche und Evangelisches Landesmuseum An ihrem klassizistischen Portikus erkennt man die Evangelische Kirche (Evangélikus templom), die zu Beginn des 19. Jh.s nach Entwürfen von Mihály Pollack errichtet wurde. Im Zuge des von József Hild geleiteten Umbaus erhielt die Kirche 1856 den Portikus an der Eingangsseite. Das an die Kirche anschließende Gebäude war ursprünglich als Pfarrhaus und Evangelisches Gymnasium konzipiert. Heute ist dort das Evangelische Landesmuseum (Evangélikus Országos Múzeum) untergebracht. Es besitzt interessante kirchenhistorische Dokumente und wertvolle Goldschmiedearbeiten. Herausragendes Stück der überschaubaren Sammlung ist das 1542 hinterlegte Testament von Martin Luther.

U-Bahn-Museum In einem 1896 für die erste U-Bahn Kontinentaleuropas gegrabenen Stollen ist das Budapester U-Bahn-Museum (Földalatti Vasúti Múzeum) eingerichtet. Diverse Exponate, vor allem aber einige Jugendstil-Waggons der ersten Stunde veranschaulichen die Entwicklung dieses für die ungarische Hauptstadt so bedeutsamen Massenverkehrsmittels.

Anfahrt Es gibt zwei Möglichkeiten, von Pest zum Burgviertel hinüberzukommen: mit der Metrolinie 2 ab Deák Ferenc tér bis zum Moszkva tér und von dort weiter mit dem Bus oder über die Kettenbrücke und vom Clark Ádám tér entweder zu Fuß die Treppen hinauf oder mit der Standseilbahn (Sikló), die auf dem Szent György tér endet, dem nördlichen Vorplatz des Burgpalastes. Die nostalgisch anmutende Bahn ist bereits im Jahr 1870 gebaut worden. Nach einem jahrzehntelangen Dornröschenschlaf hat man das alte Nahverkehrsmittel vor ein paar Jahren wieder instand gesetzt.

**Burgpalast (Budai Vár)

Baugeschichte Von der ersten Burg aus dem 13. Jh. sind kaum noch Bauzeugnisse erhalten. Unter König Karl Robert wurde ein kleiner Palast errichtet. König Sigismund, der Buda zu seiner Residenz erhob, ließ ein gotisches Burgschloss erbauen, das unter dem späteren Herrscher Matthias Corvinus zu einer großartigen Renaissance-Residenz ausgebaut wurde. In der Türkenzeit blieb der Burgpalast zwar erhalten, wurde jedoch während der Belagerung im Jahre 1686 fast völlig ruiniert. Daher errichtete man im 18. Jh. ein neues Schloss, das zur Zeit der Kaiserin Maria Theresia über 200 Gemächer hatte. Sein heutiges Erscheinungsbild verdankt der Palast dem 1867 begonnenen Umbau durch Alajos Hauszmann und Miklós Ybl. Sie schufen einen Gebäudekomplex, der symmetrisch um einen zentralen, der Donau zugewandten Kuppelbau angelegt ist. Das im Zweiten Weltkrieg stark beschädigte Gebäude wird heute von bedeutenden Museen und anderen Kultureinrichtungen genutzt.

Burgpalast, Baugeschichte (Fts.)

Gleichzeitig mit dem Um- und Ausbau des Burgpalastes durch Ybl und Hauszmann fertigten ungarische Bildhauer Plastiken für den Palastbereich. Von Alajos Stróbl stammt der monumentale Matthiasbrunnen (1904) beim Durchgang zum südlichen Palasttrakt, und József Róna schuf das Reiterstandbild für den Türkenbezwinger Prinz Eugen von Savoyen (1900) vor der Donauseite des Kuppelbaus.

Matthias-brunnen

Der Burgpalast mit dem bronzenen Reiterstandbild des Türkenbezwingers Prinz Eugen und dem monumentalen Matthiasbrunnen

An der Südspitze des Gesamt-Ensembles sind Reste der mittelalterlichen Burganlage rekonstruiert. Recht imposant bietet sich der Keulenturm neben dem Ferdinandstor dar. Vorgelagert ist das Südrondell aus dem 15./16. Jahrhundert. Außerhalb der Burgmauern sind einige Grabmäler aus der Türkenzeit erhalten.

Mittelalterliche Burganlage

In den der Donau zugewandten Hauptflügeln (B, C, D) des Burgpalastes ist auf vier Etagen die Ungarische Nationalgalerie (Magyar Nemzeti Galéria) untergebracht. Die Sammlungen dieses Museums bieten einen repräsentativen Querschnitt durch die ungarische Skulptur und Malerei. Der Rundgang beginnt im Erdgeschoss mit den mittelalterlichen Stein- und Holzplastiken. Die chronologisch geordnete Ausstellung setzt sich im ersten Obergeschoss mit der spätmittelalterlichen Kunst fort, die u. a. durch die herrlichen spät-

***Ungarische Nationalgalerie**

Ungarische Nationalgalerie (Fortsetzung)

gotischen Flügelaltäre begeistert. Die ebenfalls sehr gut bestückte Sammlung barocker Kunst glänzt mit international bekannten Namen wie Joseph Heintz d. Ä., Johann Kupetzky oder Franz Anton Maulbertsch. Unter den ausgestellten Werken sind fast alle Genres der Zeit vertreten, Stillleben ebenso wie Landschaften, höfische Porträts, Allegorien und biblische Sujets.

Ein weiterer Schwerpunkt liegt auf der ungarischen Kunst des 19. Jh.s. Neben großformatigen Historienbildern von Gyula Benczúr und Bertalan Székely wird diese Epoche durch Arbeiten von Bálint Kiss, Mór Than, László Pál, Alajos Stróbl und György Zala dokumentiert. Mihály Munkácsy, dem seinerzeit wohl populärsten Genremaler des Landes, ist ein eigener Saal gewidmet. Im zweiten und dritten Obergeschoss werden die Kunstströmungen am Ende des 19. Jh.s und die ungarische Kunst des 20. Jahrhunderts exemplarisch dargestellt. Auch von Tivadar Csontváry (1853–1919), einem der wenigen auch im Ausland bekannten Maler Ungarns, sind einige seiner naiv-expressiven Werke ausgestellt (geöffnet Mitte März–Okt. Di.–So. 10⁰⁰–18⁰⁰; Nov.–Feb. 10⁰⁰–16⁰⁰ Uhr).

Museum für zeitgenössische Kunst – Ludwig-Museum

Im nördlichsten Palastflügel wird im Ludwig-Museum (Ludwig Múzeum Budapest – Kortárs Művészeti Múzeum) zeitgenössische Kunst gezeigt. Aus einer Zusammenarbeit zwischen der Ungarischen Nationalgalerie und dem Aachener Kunstsammlerpaar Irene und Peter Ludwig entstand 1991 das Museum, das ungarische und internationale Gegenwartskunst gleichermaßen präsentiert. Gezeigt werden u. a. Werke von Sándor Molnár, Imre Bukta, Miklós Erdély, Valéria Sass und Tibor Csernus sowie von Pablo Picasso, An-

Auf keinen Fall versäumen: einen Spaziergang durch das malerische Burgviertel mit seinen hübsch restaurierten Fassaden

dy Warhol, Robert Rauschenberg, Jaspar Johns, David Hockney, Jörg Immendorf und Gerhard Richter (geöffnet Di. – So. 10^{00} – 18^{00} Uhr; Internet: www.ludwig-museum.hu).

Ludwig-Museum (Fortsetzung)

Das Budapester Historische Museum (Budapesti Történeti Múzeum) ist im südlichsten Flügel des Burgpalastes (E) untergebracht. Die dort gezeigten Dokumente, Keramikarbeiten, Waffen, Textilien und Alltagsgegenstände vermitteln ein anschauliches Bild vom Leben in den ehemaligen Siedlungen Buda, Óbuda und Pest. Im Renaissancesaal zeigt ein Bildwerk den ungarischen König Matthias Corvinus mit seiner zweiten Gemahlin, Beatrix von Aragon. Herausragende Zeugnisse der ungarischen Bildhauerkunst des Mittelalters sind die 40 bemalten Skulpturen aus der Zeit zwischen 1370 und 1420, die bei Grabungen 1974 gefunden wurden und heute im sog. Gotischen Saal ausgestellt sind. Sehenswert ist auch die untere Burgkapelle, ein schlichter Raum mit gotischem Gewölbe (geöffnet tgl. außer Di. 10^{00} – 18^{00}; Nov. – Feb. 10^{00} – 16^{00} Uhr).

***Historisches Museum, Burgmuseum**

Im Südwestflügel des Burgpalastes ist seit 1985 die Nationalbibliothek beheimatet. Diese von Graf Ferenc Széchenyi im Jahre 1802 gegründete Institution besitzt rund 6 Mio. Dokumente, darunter weit über 600 000 Handschriften und mehr als 180 000 Landkarten. Prunkstücke der hervorragenden Sammlung sind die so genannten Budapester Blätter, die zu den ältesten mittelalterlichen Liederhandschriften gehören.

***Széchenyi-Nationalbibliothek**

**Burgviertel

Ein Spaziergang durch die weitgehend für den Verkehr gesperrten Straßen und Gassen des Burgviertels gehört mit zum Schönsten, was die ungarische Hauptstadt zu bieten hat. Der alte Budaer Stadtkern auf dem Burghügel, zwischen dem Bécsi kapu tér und dem Szent György tér, verströmt mit seinen überwiegend barocken Bauwerken einen unvergleichlichen Charme. Nicht nur Highlights wie die Matthiaskirche machen das Burgviertel zu einer Top-Sehenswürdigkeit, sondern auch die zahlreichen architektonischen Details, Nischen und Hinterhöfe, die es zu erkunden gilt. Der Budaer Burgberg, bestehend aus Burgviertel und Burgpalast, ist zusammen mit dem Donaupanorama von Budapest seit 1987 in die UNESCO-Liste der zu schützenden Kulturgüter eingetragen.

Stadtbild, Atmosphäre

Zwischen Burgpalast und Burgviertel liegt der Szent György tér, auf dem im Mittelalter Ritterturniere und Reiterspiele ausgetragen wurden. An der Nordseite des Platzes erhebt sich das 1806 von Mihály Pollack für den Grafen Victor Sándor erbaute klassizistische Palais (Sándor-palota), seit 2003 Residenz des ungarischen Staatspräsidenten.

Szent György tér

Vom St.-Georgs-Platz führt die Theatergasse (Színház utca) nordwärts zum Dísz tér. Ihre Ostseite wird flankiert von den Gebäuden eines ehemaligen Karmeliterklosters, das seit seiner Auflösung im 18. Jh. das Burgtheater (Várszínház) beherbergt. Das Gebäude wurde im Zweiten Weltkrieg schwer beschädigt, konnte aber vor einigen Jahren glanzvoll wiedereröffnet werden.

Burgtheater

Dísz tér

Etwa in der Mitte des Burgviertels befindet sich der Dísz tér, in den die beiden Auffahrten zur Königsstadt einmünden. Der von mehreren barocken und klassizistischen Bauten umrahmte Platz fungierte in der Vergangenheit als Marktplatz, Hinrichtungsstätte und Paradeplatz. Auf dem Platz fällt ein Honvéd-Standbild von György Zala (1893) ins Auge, das an die Freiheitskämpfe von 1848/1849 erinnert.

**Úri utca

Von der Nordwestseite des Platzes führt die Úri utca (Herrengasse) nordwärts. Vor allem barocke und klassizistische, aber auch gotische Bauformen bestimmen das Bild dieser schönen Gasse, deren Ursprünge bis ins 13. Jh. zurückreichen. Man beachte die gotischen Sitznischen in den Tordurchfahrten vieler Häuser (u. a. Nr. 32, 34, 36, 40). Das im Wesentlichen aus dem 15. Jh. stammende Hölblinghaus (Nr. 31) ist das einzige gotische Wohnhaus, das erhalten blieb.

Eingang zum unterirdischen Labyrinth

Vom Haus Nr. 9 hat man Zugang zu einem unterirdischen Labyrinth, das als trivial-historisches Panoptikum eingerichtet ist. Wer über einen Millionen Jahre alten Turnschuhabdruck eines "Homo Consumus" schmunzeln kann, kann eine Besichtigung wagen (geöffnet tgl. 9³⁰ – 19³⁰ Uhr, ab 18⁰⁰ mit Öllampe; behindertengerechter Eingang in der Lovas u. 4).

Tárnok utca

Von der Nordostseite des Dísz tér führt die breite Tárnok utca (Schatzmeistergasse) nordwärts zum Szentháromság tér. Früher war die Tárnok utca Sitz der Kaufleute. Auch heute ist sie die belebteste Geschäftsstraße im Burgviertel. Hinter den schönen alten Fassaden aus Mittelalter, Barock und Klassizismus verbergen sich Souvenir- und Antiquitätengeschäfte, Boutiquen, Wechselstuben und Restaurants. Ein typisches Beispiel für die mittelalterliche Fassadenbemalung wurde am gotischen Haus Nr. 14, dem ehemaligen Gasthaus Arany Hordó, rekonstruiert.

*Apothekenmuseum

Im Haus Nr. 18 befindet sich seit dem 18. Jh. die Arany Sas-patika (Apotheke zum Goldenen Adler), die heute als Apothekenmuseum besichtigt werden kann. Die Ausstellung umfasst nur vier kleine Räume, ist aber dennoch ausgesprochen sehenswert.

*Szentháromság tér

Zentraler Platz im Burgviertel ist der Szentháromság tér (Dreifaltigkeitsplatz) mit einer großartigen, von Barbier und Ungleich entworfenen Pestsäule aus dem Jahr 1714. Sie steht an der Stelle einer älteren Statue zum Andenken an die Pestepidemie 1691. Das Exemplar auf dem Dreifaltigkeitsplatz ist eine Nachbildung der im Zweiten Weltkrieg schwer beschädigten Originalsäule.

Das lang gestreckte, zweigeschossige Barockgebäude an der Ecke Szentháromság tér/Szentháromság utca, zu erkennen an dem schönen Erker im Obergeschoss, war früher das Rathaus von Buda. Heute hat hier das Sprachwissenschaftliche Institut der Ungarischen Akademie der Wissenschaften seinen Sitz.

Baedeker TIPP **Zum Wohl!**

Es gibt wohl keine bessere Gelegenheit, die Vielzahl der ungarischen Weine zu testen als im Haus des Ungarischen Weines (Magyar Borok Háza), Szentháromság tér 6. Täglich stehen über 80 Weine zur Probe und mehr als 400 mehr oder weniger edle Tropfen aus 22 Anbaugebieten zum Kauf bereit (geöffnet tgl. 12⁰⁰ – 20⁰⁰ Uhr).

Szentháromság utca

Vom Szentháromság tér führt eine schmale Gasse, die Szentháromság utca, zur westlichen Mauer des Burgberges. Einen Besuch lohnt in dieser Gasse die traditionsreiche Konditorei Ruszwurm (Nr. 7), eine seit 1827 bestehende Institution der Budapester Kaffeehaus-Szene.

****Matthiaskirche** (Abb. S. 57)

Die Matthiaskirche (Mátyás-templom; auch Liebfrauen- oder Krönungskirche) ist eine der Hauptsehenswürdigkeiten der ungarischen Hauptstadt. Das ursprüngliche Gotteshaus aus dem 13. Jh. wurde mehrfach umgestaltet und erhielt sein heutiges, neugotisches Erscheinungsbild durch den grundlegenden Umbau 1874–1896 nach Plänen von Frigyes Schulek. Im Jahre 1867 wurden in der Matthiaskirche Kaiser Franz Joseph I. von Österreich und seine Gemahlin Elisabeth ('Sissi') gekrönt. Franz Liszt hatte für diesen Anlass die berühmte Krönungsmesse komponiert.
Die zum Szentháromság tér ausgerichtete Westfassade mit Gewändeportal und Fensterrose ist weitgehend das Ergebnis von Schuleks Umgestaltung. Das bedeutendste Relikt der gotischen Kirche findet man an der Südseite – das Marienportal, das heute durch einen Vorbau von Schulek geschützt ist. Das großartige Relief im Giebelfeld mit dem Tod Marias stammt aus dem 14. Jahrhundert. Der Innenraum der Matthiaskirche ist mit geometrischen Mustern und

Matthiaskirche
(Liebfrauenkirche)
Mátyás-templom

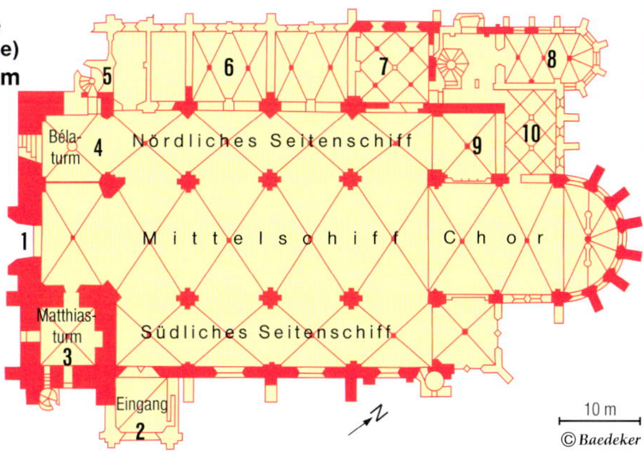

1 Hauptportal
2 Marienportal
3 Loretokapelle
4 Taufkapelle
5 Zugang zum Kirchenmuseum
6 Emmerichs-kapelle
7 Dreifaltigkeits-kapelle
8 Stephanskapelle
9 Ladislauskapelle
10 Sakristei

Pflanzenornamenten ausgemalt, was an die Dekoration einer Moschee erinnert. Die in den 1890er-Jahren ausgeführten Fresken und die Glasmalereien im Chor wurden nach Entwürfen von Bertalan Székely und Károly Lotz gestaltet. In der vergitterten Dreifaltigkeitskapelle im nördlichen Seitenschiff sind die Sarkophage von König Béla III. und seiner Gemahlin aus der Königsbasilika in Székesfehérvár aufgebahrt. Die Krypta, das königliche Oratorium (hier hängen noch die Fahnen, die anlässlich der Krönung von König Karl IV. und Königin Zita am 30. Dezember 1916 aufgezogen wurden), das Oratorium der Malteser und die St.-Stephan-Kapelle fungieren heute als Kirchenmuseum, in dem u. a. Sakralkunst und eine Kopie der ungarischen Königskrone (deren Original heute im Parlament aufbewahrt wird) zu sehen sind.

**Fischerbastei Kaum ein Bauwerk wird in Ungarn so gerne besucht und so viel fotografiert wie die Fischerbastei (Halászbástya), die sich hinter der Matthiaskirche erhebt. Mit ihren dicken Mauern, den Arkadengängen und den neoromanischen Türmen wirkt sie geradezu märchenhaft. Der Name des Ensembles bezieht sich auf die frühere Funktion des Ortes als Verteidigungsstellung der Fischerzunft am Ostrand des Burgberges. Die Anlage, die durch eine prunkvolle Freitreppe mit dem Clark Ádám tér in der Wasserstadt verbunden ist, entstand zwischen 1895 und 1902 nach Plänen von Frigyes Schulek. Den Südhof der Fischerbastei beherrscht das bronzene Reiterstandbild des hl. Stephan (Szent István), das der viel beschäftigte Bildhauer Alajos Stróbl im Jahre 1906 geschaffen hat. Den Sockel des Standbilds schmücken Reliefs mit Szenen aus dem Leben des Heiligen. Im Nordhof der Bastei stehen die Statuen der Mönche Julianus und Gellért von Károly Antal (1937). Phantastisch, aber leider mittlerweile mit einer Eintrittsgebühr verbunden, ist der Ausblick von den Wehrgängen der Fischerbastei auf die Pester Donaufront.

Das soll eine Festung sein? Nein, ist es auch nicht, viel eher die romantische Interpretation einer solchen: die Fischerbastei mit dem Reiterdenkmal des hl. Stephan

Hess András tér Der nach Andreas Hess, dem ersten Ofener Buchdrucker (1473) benannte Platz wird an seiner Ostseite von dem modernen Hotelkomplex des “Budapest Hilton” mit seiner markanten, dunkel getönten Glasfassade begrenzt. In den modernen Bau miteinbezogen wurde der mittelalterliche Nikolausturm (Miklós-torony), das spätgotische Relikt einer ehemaligen Dominikanerkirche an dieser Stelle. Das Papst-Innozenz-XI.-Denkmal hat der Künstler J. Damkó 1936 geschaffen. Hinter diesem Denkmal ist das Ensemble 'Vörös Sün' (Roter Igel) beachtenswert, das bereits im 17./18. Jh. entstanden und später klassizistisch umgestaltet worden ist.

Hess András tér (Fortsetzung)

In die Nordwestecke des Hess-Platzes mündet die Fortuna-Gasse mit ihren sehr schönen Barock- und Zopfstil-Bauten. Die Gasse ist benannt nach dem Gasthaus Fortuna (Nr. 4), in dem heute ein Handels- und Gastgewerbemuseum untergebracht ist.

Fortuna utca

Von der Nordspitze des Hess-Platzes führt die Táncsics Mihály utca zum ehemaligen Wiener Tor (Bécsi kapu). In dieser Gasse wohnten einstmals viele Juden. Im 15. Jh. ist hier ein jüdisches Gebetshaus gegründet worden.

Táncsics Mihály utca

Mittelachse des nördlichen Burgviertels ist die Országház utca (Landtagsgasse) mit barocken und klassizistischen Fassaden.

Országház utca

Das im Mittelalter gegründete ehemalige Klarissenkloster (Nr. 28) wurde im 18. Jh. nach den Vorstellungen des Architekten Franz Anton Hillebrandt umgestaltet. Es beherbergte danach den Landtag und das Oberste Gericht der ungarischen Hauptstadt. Im sehr schön restaurierten Großen Saal des Gebäudekomplexes finden von Zeit zu Zeit kulturelle Veranstaltungen statt.

Ehemaliger Landtag

An der Ecke Országház/Dárda utca geht es hinunter in die unterirdischen Gänge im Bereich des Burgberges. Das Höhlensystem umfasst insgesamt 24 km Wegstrecke, in denen sich gegen Ende des Zweiten Weltkrieges Einheiten der Deutschen Wehrmacht lange versteckten (geöffnet März – Okt. Di. – So. 10^{00} – 18^{00} Uhr).

Höhlensystem im Burgberg

Das Burgviertel wird im Norden vom Wiener Tor begrenzt. Auf dem Vorplatz des Stadttores (Bécsi kapu tér) fand einstmals der Samstagsmarkt statt. In unmittelbarer Nachbarschaft befinden sich die Lutherische Kirche, das im neoromanischen Stil errichtete Landesarchiv sowie die Anjou-Bastei.

Bécsi kapu tér

Dieser Platz im Nordwesten des Burgviertels ist nach einem Weggefährten des ungarischen Türkenbezwingers János Hunyadi benannt. An der Nordwestseite des Platzes steht das Kriegshistorische Museum (Hadtörténeti múzeum), an der Südostseite des Platzes erinnert ein gotischer Kirchturm an die Maria-Magdalenen-Kirche aus dem 13. – 15. Jh., die im Zweiten Weltkrieg zerstört wurde.

Kapisztrán tér

Umgebung des Burgberges

Die Technik zur Herstellung von Hartgussrädern entwickelte der in der Schweiz geborene Mechaniker Abraham Ganz. Die Mitte des 19. Jh.s von ihm aufgebaute Eisengießerei in der Bem József utca 20 ist die Keimzelle seines späteren industriellen Imperiums (geöffnet Di. – So. 9^{00} – 17^{00}, Dez. – März bis 16^{00} Uhr).

Gießereimuseum

Auf der schmalen Terrasse zwischen Burgberg und Donau erstreckt sich die so genannte Wasserstadt (Víziváros). Sie war bis zur türkischen Eroberung befestigt. Die Osmanen richteten in dem überwie-

Wasserstadt

Wasserstadt (Fortsetzung)

gend von Fischern, Handwerkern und Kaufleuten bewohnten Quartier Bäder ein und wandelten die bestehenden Kirchen in Moscheen um. Die Wasserstadt wurde in der Vergangenheit des öfteren von schlimmen Überflutungen der Donau heimgesucht. Der Donau-Ausbau brachte einerseits Erleichterung, andererseits aber Probleme in Form einer nachhaltigen Grundwasserabsenkung. Einige ältere Bauten sackten ab oder konnten nur mit hohem technischem Aufwand gehalten werden.

***St.-Anna-Kirche und Batthyány tér**

Die zweitürmige St.-Anna-Kirche gehört zu den schönsten Baudenkmälern des Barock im heutigen Ungarn. Sie wurde von 1740 bis 1758 nach Plänen von Christoph und Michael Hamom und Matthäus Nepauer errichtet. Den wundervollen Hauptaltar (hl. Anna mit Tochter Maria im Tempel von Jerusalem) und die Kanzel hat Carlo Bebo 1773 geschaffen. In den Seitenaltären befinden sich bemerkenswerte Skulpturen von Anton Eberhard und meisterhafte Bilder des Wiener Malers Franz Wagenschön. Vor der Anna-Kirche liegt der nach dem Grafen Lajos Batthyány benannte Platz, der schon immer der Haupt- und Marktplatz der Wasserstadt gewesen ist. Um den Platz gruppieren sich einige barocke Bauten, u. a. der ehemalige Gasthof "Zum Weißen Kreuz" (Nr. 4) und das Hickisch-Haus (Nr. 3).

Semmelweis-Museum

Am Südostfuß des Burgberges steht in der Apród utca 1 – 3 das Geburtshaus des berühmten ungarischen Arztes und Wissenschaftlers Ignác Philipp Semmelweis. Es ist heute als medizinhistorisches Museum eingerichtet. Neben Dokumenten und Gegenständen aus dem Nachlass von Semmelweis, historischem Ärztebesteck und einer Empire-Apothekeneinrichtung aus der Zeit um 1800 erwartet den Besucher hier eine schaurige Kuriosität: eine zu Anatomiestudien angefertigte Wachsfigur aus dem 18. Jh. mit geöffnetem Körper und freigelegten Organen.

*Gellértberg (Gellért-hegy)

Elisabeth-Brücke

Die 1964 nach Plänen von Pál Sávoly gebaute, 378 m lange Elisabethbrücke (Erzsébet-híd) verbindet Buda und Pest auf der Höhe des Gellértberges. Die Kabelhängebrücke ersetzt eine Ende des 19. Jh.s konstruierte Vorgängerin, die viele Jahre lang die größte Bogenbrücke der Welt war und im Zweiten Weltkrieg völlig zerstört wurde. Ihren Namen erhielt sie von der österreichischen Kaiserin Elisabeth (Sissi), die sich für den Ausgleich zwischen Österreich und Ungarn eingesetzt hatte.

Elisabeth-Denkmal

Ein von György Zala geschaffenes Denkmal der von den Ungarn hochverehrten, 1898 durch ein Attentat getöteten Monarchin hat heute nördlich des Budaer Brückenkopfs, inmitten einer kleinen, von Schnellstraßen umgebenen Grünfläche, seinen Platz. Die legendenumrankte Kaiserin wird auch in Zalas Werk idealisiert und romantisch verklärt. Er stellt sie mädchenhaft, anmutig in einen Sessel gelehnt und eher introvertiert dar. Die wirkliche Elisabeth war, wie man weiß, eine andere.

***Aussichtspunkt**

Die markanteste Erhebung im Stadtbild von Budapest ist der 235 m hohe Gellért-hegy, ein Dolomitklotz, dessen Ostflanke steil zur Donau abfällt, und dessen Westseite terrassenförmig abgestuft ist. An dieser Stelle treten mehrere Thermalquellen aus, die das Gellért-bad, das Rudasbad und das Raizenbad speisen. Der Berg ist benannt nach dem hl. Gerhard (Gellért), einem Benediktinermönch, den König Stephan I. zur Christianisierung seines Volkes ins Land holte. Der Geistliche wurde zum ersten Bischof im Lande der Magyaren geweiht. Sein Standbild aus dem Jahr 1902 findet man am Nordostabhang des Berges über einem künstlich angelegten Wasserfall. An dieser Stelle wurde Gerhard von Gegnern der Christianisierung 1046 in ein Fass gesperrt und den Felsen hinabgestürzt.

Gellértberg Aussichtsplattform (Fts.)

Szent Gellért büßte für seine christliche Missionstätigkeit mit dem Leben.

Zitadelle

Die nach 1851 von den Österreichern auf dem Berggipfel erbaute Zitadelle ist noch gut erhalten. Ein Teil der über 200 m langen und bis zu 60 m breiten Festung ist heute für Touristen zugänglich. Schaukästen in den Außenmauern informieren über die Geschichte des Gellértberges sowie über das Leben des heiligen Gerhard. Ein Hotel sowie ein Folklore-Restaurant sind in den Kasematten untergebracht. Von der dortigen Aussichtsplattform genießt man einen tollen Blick auf die Stadt (besonders schön bei Nacht!).

Freiheitsdenkmal

Am südöstlichen Bergsporn prangt das zu Ehren der im Zweiten Weltkrieg siegreichen Sowjetarmee errichtete Freiheitsdenkmal, ein Werk des ungarischen Künstlers Zsigmond Kisfaludy Stróbl (1947). Auf einem Kalksteinsockel steht eine 14 m hohe Frauengestalt, die einen Palmenzweig emporstreckt. Die beiden heroischen männlichen Figuren zu Füßen der triumphierenden Siegesgöttin verkörpern den Fortschritt und die Zerstörung. Ursprünglich stand zwischen ihnen noch ein sowjetischer Soldat, doch dieser wurde nach der politischen Wende entfernt und kann jetzt im Skulpturenpark (s. S. 150) besichtigt werden.

Jubiläumspark

Den Südhang des Berges bedecken die Blumenbeete und Promenaden des Jubiläumsparks (Jubileumi Park), der aus Anlass des 40. Jahrestages der Oktoberrevolution angelegt wurde. Auf die Parkfläche verteilt sind auch einige Plastiken, darunter die “Budapest” von István Kiss. Mit seinem großen Kinderspielplatz und den Grünflächen lockt dieser Park an schönen Tagen viele Besucher an.

Budapest

*Hotel und Bad Gellért

Der berühmte Heilbad- und Hotelkomplex Gellért zählt zu den schönsten Anlagen dieser Art in Budapest und ist ein bedeutendes Baudenkmal des Jugendstils in der ungarischen Hauptstadt (▶ Baedeker Special S. 142). Bereits im 13. Jh. bestand hier ein Kurhaus, in dem die Thermalwasser des Gellértberges für Heilbehandlungen genutzt wurden. Nach einem Bericht des Istanbuler Chronisten Evliya Çelebi zufolge bauten die Türken die Erholungsstätte zu einem luxuriösen Bad aus. Auch unter den habsburgischen Herrschern erfreute sich das Badehaus am Gellértberg großer Beliebtheit. Nachdem dieses Gebäude um die vorletzte Jahrhundertwende abgerissen worden war, entstand 1911 – 1918 nach Plänen von Ármin Hegedűs, Artúr Sebestyén und Izidor Stark das heutige Bauwerk im späten Sezessionsstil, das Hotel und Thermalbad unter einem Dach vereint. Der opulent gestaltete Eingang zum Thermalbad liegt an der schmalen Kelenhegy út, während Hotel und Café auf den Szent Gellért tér ausgerichtet sind. Modernisiert wurden die balneotherapeutischen Einrichtungen wie Thermalhallenbad mit Schiebedach, Sprudelbad und Schwitzbäder sowie die Außenanlagen mit dem Wellenbewegungsbad.

Die Freiheitsbrücke verbindet Buda und Pest auf der Höhe des Gellért-Hotels.

Freiheitsbrücke

Seit 1896 verbindet die stählerne Freiheitsbrücke (Szabadság híd) Buda und Pest auf der Höhe von Gellért tér und Fővám tér. Das 331 m lange Bauwerk hieß bis zu seiner Sprengung 1945 Franz-Joseph-Brücke. Sie wurde als Erste der Donaubrücken rekonstruiert und bereits 1946 wieder für den Verkehr geöffnet.

Südliche Pester Innenstadt

Ausgangspunkt

Ausgangspunkt für einen Spaziergang durch die südliche Pester Innenstadt ist der Vörösmarty tér. Von diesem Platz biegt man in die Váci utca (s. S. 114), Budapests bekannteste Einkaufsstraße. Beim Kristóf tér, wo eine steinerne Frauengestalt mit einem Karpfen in den Händen steht – die so genannte "Fischer-Resi" der Budapester – verlässt man die Váci utca in Richtung Szervita tér.

*Szervita tér

Der Szervita tér war noch im 19. Jh. Marktplatz. Architekturgeschichtlich interessant ist er vor allem wegen der beiden restaurierten Büro- und Geschäftshäuser an der Westseite, beides typische Beispiele für den Jugendstil in Budapest.
Das ehemalige Bankhaus Török (Nr. 3; 1906 nach Plänen von Ármin Hegedűs und Henrik Böhm erstellt) erkennt man an seinem geschwungenen Giebel mit golden leuchtendem Mosaik. Strenger, aber auch moderner ist die Architektur des 1912 errichteten Béla-Lajta-Hauses (Nr. 5) wegen seiner durchgängigen Glasfassade und dem offenen Grundriss.

An der Südostseite des Szervita-Platzes steht die Servitenkirche (Szerviták temploma). Das Gotteshaus mit seinem reichen barocken Interieur wurde im 18. Jh. erbaut und im 19. Jh. umgestaltet.

Servitenkirche

Der Barockbaumeister Anton Erhard Martinelli lieferte die Pläne für das 1716–1728 errichtete Ensemble, das heute als Rathaus der ungarischen Hauptstadt (Városház utca 9–11) dient. Geplant wurde es als Heim für die Invaliden des österreichischen Türkenfeldzuges. Über den Toren erinnern noch zwei schöne Reliefs an Kaiser Karl VI. (ungar. König Karl III.) und an Prinz Eugen von Savoyen. Hinter dem Südtor bei der Einfahrt steht eine Statue der Pallas Athene von Adami (1785). Über dem mittleren Tor ist Atlas mit der Erdkugel zu sehen; unter ihm symbolisieren zwei Frauengestalten Krieg und Frieden.

Hauptstädtisches Rathaus

Auf dem Kamermayer tér, dem südlichen Rathausvorplatz, erinnert eine Aluminiumskulptur von Béla Szabados an den ersten Bürgermeister der 1873 neu gegründeten Stadt, Károly Kamermayer.

Kamermayer tér

Vom Hauptstädtischen Rathaus bzw. vom Szervita tér führt eine Straße nach Norden zum Károly körút, einem Abschnitt des Kleinen Rings (Kis körút). Die breite Ringstraße verläuft an der Stelle der einstigen Pester Stadtmauer und umschließt den alten Stadtkern von Pest zwischen der Kettenbrücke im Norden und der Freiheitsbrücke im Süden. Der Károly körút (Karlsring), eine belebte Geschäftsstraße, beginnt am Deák tér und verläuft in südöstlicher Richtung. Nur wenige Meter vom Deák tér entfernt beherrscht ein großes Gebäude aus dunkelroten Backsteinen die Häuserfront – das 1937 fertig gestellte Madách-Haus. Der Namensgeber des Gebäudekomplexes, Imre Madách, war ein philosophisch inspirierter Literat, dessen Mitte des 19. Jh.s entstandenes Werk "Die Tragödie des Menschen" in ungarischen Schulen zur Pflichtlektüre gehört.

***Károly körút, Kleiner Ring**

Ein Häuserblock hinter dem Madách-Haus, in der Rumbach Sebestyén utca 11 – 13, ließen sich 1870 – 1872 die orthodoxen Budapester Juden ihre Hauptsynagoge errichten. Der orientalisch anmutende Bau ist ein Werk des Wiener Architekten Otto Wagner, der sich knapp 30 Jahre später den jungen Sezessionisten anschloss und heute zu den maßgeblichen Vertretern des österreichischen Jugendstils gehört. An der Wesselényi utca befand sich auch das jüdische Ghetto. Als einziges seiner Art konnte das Budapester Ghetto gerade noch rechtzeitig vor der geplanten Deportation seiner Bewohner von sowjetischen Truppen befreit werden. Inzwischen wird das Viertel auch wieder von der jüdischen Gemeinde bewohnt, was an den koscheren Lebensmitteln in den Geschäften leicht zu erkennen ist.

Orthodoxe Synagoge, ehemaliges jüdisches Ghetto

Die Rumbach Sebestyén utca mündet auf die Wesselényi utca, wo 1992 in einem Garten auf der Rückseite der Großen Synagoge (s. u.). der Wallenberg-Gedenkpark eingerichtet wurde. Der schwedische Diplomat Raoul Wallenberg hat durch seine Kontakte in Budapest zahlreiche ungarische Juden vor dem sicheren Tod bewahrt. Das Denkmal für die Opfer des Holocaust schuf Imre Varga, eine Trauerweide, auf deren Blätter jeweils der Name eines jüdischen Opfers des Faschismus eingraviert ist.

Wallenberg-Gedenkpark

***Große Synagoge**

Die Große Synagoge (Dohány utcai zsinagóga) an der Dohány utca (Tabakgasse) gehört zu den wichtigsten und besonders geschichtsträchtigen Baudenkmälern der Donaumetropole. Hier, an der Nahtstelle der alten Stadt Pest und der neueren Elisabethstadt (VII. Bezirk), die alsbald zum Ghetto werden sollte, weihte die jüdische Gemeinde 1859 ihre neue Synagoge ein, die nach Plänen des Architekten Ludwig Förster im maurisch-byzantinischen Stil entstanden ist. Das Innere der Synagoge, in der rund 3000 Menschen Platz finden, gestalteten ungarische Künstler und Handwerker, darunter auch der Baumeister Frigyes Feszl. Zierliche Säulen aus Gusseisen bilden das filigrane Tragwerk des weiten dreischiffigen Raumes. An den beiden Längsseiten sind Emporen für die Frauen installiert. Die prächtige Orgel spielten in der Vergangenheit namhafte Musiker wie Franz (Ferenc) Liszt und Camille Saint-Saëns. Im Garten der Großen Synagoge sind mehrere Tausend jüdische Opfer des Budapester Ghettos in Massengräbern beigesetzt.

Baedeker TIPP Klezmer und Co.

In den Straßen hinter der größten Synagoge Mitteleuropas pulsiert das jüdische Leben. Kleine Einblicke in die heutige jüdische Kultur bieten z. B. die Klezmer-Konzerte im Gemeindehaus (Síp utca 12) von Mai bis Oktober jeden Donnerstag ab 19³⁰ Uhr oder ein Essen im koscheren Restaurant des King's Hotel (Nagydiófa utca 25 – 27).

Heldensynagoge

An der Stirnseite des Märtyrerfriedhofs steht eine kleinere, ebenfalls im orientalischen Stil gestaltete Synagoge, die in den dreißiger Jahren des 20. Jh.s für die gefallenen ungarisch-jüdischen Soldaten des Ersten Weltkrieges erbaut wurde.

Jüdisches Museum

Neben der Großen Synagoge, an der Ecke Dohány utca/Wesselényi utca, hat man das Jüdische Museum (Országos Zsidó Vallási és Történeti Gyűjtemény) an der Stelle des Geburtshauses von Theodor Herzl errichtet. Es beherbergt eine der umfangreichsten Sammlungen von Sakralkunst des mitteleuropäischen Judentums. Darunter befinden sich auch sehr interessante Dokumente und viele wertvolle Gegenstände wie alte Thora- und Talmud-Schriften, Chanukka-Leuchter, Goldschmiedekunst sowie Gebrauchsgegenstände, die bei festlichen Anlässen und auch im Alltag Verwendung fanden.

Múzeum körút

Wesselényi und Dohány utca münden beide in den Kleinen Ring, der ab der Kreuzung mit der Rákóczi út Museumsring (Múzeum körút) heißt. Zwei große Einrichtungen der ungarischen Wissenschaft und Kultur sind an diesem Abschnitt der Ringstraße angesiedelt: die von Imre Steindl bzw. Antal Weber im Stil der Neorenaissance ausgeführten Bauten der Naturwissenschaftlichen Fakultät der Eötvös-Lóránd-Universität sowie das Nationalmuseum.

***Nationalmuseum**

Das Ungarische Nationalmuseum (Magyar Nemzeti Múzeum; Múzeum körút 14 – 16) ist in einem von Mihály Pollack entworfenen klassizistischen Monumentalbau untergebracht, der 1847 seiner Bestimmung übergeben wurde. Den Anstoß zur Gründung eines Nationalmuseums gab Ferenc Graf Széchenyi. Das Gebäude folgt mit seinem gewaltigen Eingangsportikus dem bekannten Schema musealer Bauwerke. Vor dem Museum steht ein 1893 von Alajos Stróbl geschaffenes Denkmal für den ungarischen Dichter János Arany. Die archäologische Ausstellung im Südflügel des Erdgeschosses umfasst die Geschichte Ungarns von 400 000 v. Chr. bis 804 n. Christus. Die Stephanskrone und die Reichsinsignien, die 1945 – 1978 in den USA aufbewahrt und von 1978 bis 1999 im Nationalmuseum gezeigt wurden, sind jetzt im Parlament zu Hause. Dafür wird der 1031 angefertigte Krönungsmantel auch weiterhin hier im Erdgeschoss gezeigt. Im ersten Obergeschoss wird die Geschichte Ungarns von der Zeit der Staatsgründung (1000) bis 1990 veranschaulicht. Im Lapidarium im Untergeschoss sind römische, mittelalterliche und frühneuzeitliche Exponate zu sehen (geöffnet Di. – So. 10⁰⁰ – 18⁰⁰ Uhr).

Ungarisches Nationalmuseum (Fortsetzung)

Kálvin tér

Der Kalvin-Platz am Südostrand des Zentrums von Pest ist ein belebter Verkehrsknotenpunkt. Vor einigen Jahren entdeckte man hier Reste eines mittelalterlichen Stadttores. Der Neobarockbau östlich des Platzes beherbergt die Ervin-Szabó-Bibliothek.

***Universitätskirche**

Etwas versteckt in der Papnövelde utca, einer Seitenstraße der Károlyi utca, die vom Kálvin tér wieder ins Zentrum zurückführt, steht die Universitätskirche, einer der schönsten Barockbauten der ungarischen Hauptstadt. Sie wurde 1725 – 1742 nach Entwürfen von Andreas Mayerhoffer für den in Ungarn gegründeten Paulinerorden errichtet. Die beiden mächtigen Türme kamen erst 1771 zur Vollendung. Die einschiffige Wandpfeilerkirche ist im Innern mit Kunstmarmor ausgekleidet. Die illusionistischen Deckenfresken malte Johann Bergl (1776), das Chorgestühl und einige weitere Skulpturen stammen von Josef Hebenstreit (1746). Im Zentrum des Altars befindet sich eine um 1720 gefertigte Kopie der Schwarzen Madonna von Tschenstochau.

Paulinerkloster

Neben der Universitätskirche befindet sich das einstige Paulinerkloster (18. Jh.), das seit 1805 Sitz der Theologischen Fakultät der ersten ungarischen Universität ist. Die großartige, 1775 fertig gestellte Bibliothek mit reich verzierten Bücherregalen, einer umlaufenden Galerie und einem Deckenfresko von Pietro Rivetti (1803) kann leider nur nach Voranmeldung besichtigt werden.

Károlyi-Palais, Petőfi-Museum

Das Károlyi-Palais ist benannt nach seinem einstigen Besitzer Mihály Károlyi (1875 – 1955), bedeutender Politiker und erster Präsident der Republik Ungarn. In dem klassizistischen Gebäude residierte 1848/49 der österreichische General Haynau, der den ungarischen Freiheitskampf niederhalten sollte. Heute ist hier ein Literaturmuseum untergebracht, das den Namen des ungarischen Dichters Sándor Petőfi trägt. Es enthält Zeugnisse, Textsammlungen und Tondokumente herausragender ungarischer Dichter und Schriftsteller.

Ferenciek tere

Der Ferenciek tere (Franziskanerplatz) gehört zu den verkehrsreichsten, aber dennoch interessantesten und belebtesten Plätzen der Stadt. Die hier versammelten Büro- und Geschäftshäuser repräsentieren unterschiedlichste Stilrichtungen des späten Historismus. An seiner der Donau zugewandten Seite fallen die beiden turmüberragten, zwillingsgleichen Gebäude auf, das Klothild- und das Mathild-Palais, die 1902 nach Plänen von Kálmán Giergl und

Ferenciek tere (Fortsetzung) *Párizsi udvar

Floris Korb als Mietshäuser errichtet wurden. Ihre Fassaden sind vom spanischen Barock inspiriert, während man schräg gegenüber, bei der überdachten Ladenpassage des Pariser Hofs (Párizsi udvar), Baudetails im osmanischen Stil entdecken kann. Das im Halbdunkel liegende Innere dieser Ladenpassage mutet ausgesprochen orientalisch an. Die vor einigen Jahren renovierte Franziskanerkirche (Ferenciek temploma) aus dem 18. Jh. beherrscht die Nordostseite des Franziskanerplatzes. Heiligenfiguren und das Wappen des Franziskanerordens schmücken die Schauseite der Kirche. An der nordwestlichen Außenwand erinnert ein Bronzerelief an den selbstlosen Einsatz von Baron Wesselényi während einer Flutkatastrophe im Jahre 1836.

*Franziskanerkirche

*Innerstädtische Pfarrkirche

Die zweitürmige Innerstädtische Pfarrkirche (Belvárosi plébániatemplom) ist das älteste Gotteshaus in Pest. Sie steht auf den Resten des römischen Castrum Contra Aquincum am Pester Brückenkopf der Elisabethbrücke. Bereits im 11. Jh. existierte hier ein kleines Kirchlein, in dem 1046 Bischof Gellért beigesetzt wurde. Unter König Sigismund erfolgte ein umfassender gotischer Ausbau. Im 15. Jh. kamen Seitenkapellen dazu. An der Südostwand des Chores sind heute noch Relikte eines Mihrab (Gebetsnische) erhalten, aus der Zeit, als die Türken hier eine Moschee eingerichtet hatten. Nach der Rückeroberung der Stadt durch die Österreicher wurde das stark beschädigte Gotteshaus wieder barock aufgebaut. Ende des 19. Jh.s erfolgte seine Regotisierung durch Imre Steindl. Recht eindrucksvoll ist heute das Nebeneinander von barocken und gotischen Stilformen. Beachtenswert sind der Nebenaltar mit Johannes dem Täufer (18. Jh.) sowie die beiden Renaissance-Epitaphe aus rotem bzw. hellgelbem Marmor und die von Philipp Ungnad aus Pest 1808 gefertigte Kanzel.

Elisabeth-Brücke

s. S. 128

*Am Großen Ring (Nagykörút)

Verlauf

Der über vier Kilometer lange Große Ring (Nagykörút) führt von der Margaretenbrücke im Norden halbkreisförmig um die Pester City bis zur Petőfi-Brücke. Wie beim Kleinen Ring haben die einzelnen Abschnitte unterschiedliche Namen: Szent István körút, Teréz körút, Erzsébet körút, József körút und Ferenc körút. Die Ringstraße, die 1896 dem Verkehr übergeben wurde und entlang derer sich viele sehenswerte, Ende des 19. Jh.s errichtete Bauten reihen, verläuft auf einem zugeschütteten Donauarm.

Szent István körút

Der Szent István körút (St.-Stephan-Ring) ist der nördlichste Abschnitt des Großen Rings. Zu den interessantesten Gebäuden an diesem Teilstück gehört das in den 1890er-Jahren des 19. Jh.s entstandene Lustspielhaus (Vígszínház, Nr. 14), das die Wiener Theaterbauspezialisten Fellner und Helmer entworfen hatten.

Nyugati tér, *Westbahnhof

An einem der verkehrsreichsten und belebtesten Plätze in Pest, dem Nyugati tér, steht der gleichnamige Bahnhof (Nyugati pályaudvar). Bereits 1846 fuhr auf diesem Gelände die erste Eisenbahn auf ungarischem Boden. Das denkmalgeschützte Bauwerk, in den siebziger Jahren des 19. Jh.s von der Pariser Firma Eiffel entworfen, ist heute, nach grundlegender Renovierung, ein architektonisches Schmuckstück und neben der Markthalle am Fővám tér das bedeutendste und schönste Beispiel für die Eisengussarchitektur in Budapest. Die verglaste Bahnsteighalle ruht auf filigranen Stützen und wird seitlich von zwei turmbekrönten Backsteinbauten gerahmt. Architektonisch gelungen ist auch das angegliederte, 1999 gebaute WestEnd City Center.

Westbahnhof (Fortsetzung)

15 Gehminuten nordöstlich vom Westbahnhof, im Palast der Wunder (Csodák palotája, Váci út 19), bekommen Jung und Alt technische und naturwissenschaftliche Zusammenhänge interaktiv und spielerisch vermittelt (geöffnet Di. – Fr. 9^{00} – 17^{00}, Sa. und So. 10^{00} – 18^{00} Uhr; www.csodapalota.hu).

Palast der Wunder

Der Theresienring (Teréz körút) führt vom Westbahnhof aus in südöstliche Richtung. Am sog. Oktogon, einem achteckigen Platz mit einer geschlossenen Bebauung im Stil der Neorenaissance, kreuzt sich der Ring mit der Prachtstraße Andrássy út (s. u.). Bemerkenswert am Theresienring ist das Palais Batthyány, das Alajos Hauszmann 1884 für Graf Batthyány erbaute. Das Neorenaissance-Gebäude kopiert den Palazzo Strozzi in Florenz.

Teréz körút, Oktogon, Palais Batthyány

Das nächste Teilstück des Großen Rings heißt Erzsébet körút (Elisabethring). Das Hotel Royal, ein Gebäude aus dem Jahr 1896 (Erzsébet körút 43 – 49), hat nach jahrelanger Unterbrechung im Winter 2002 den Betrieb wieder aufgenommen.

Erzsébet körút

Das legendäre Café, in den ersten drei Jahrzehnten des 20. Jh.s Treffpunkt für Schriftsteller, Publizisten und Künstler, befindet sich im Erdgeschoss eines Palastes aus dem Jahr 1893, den die Architekten Hauszmann, Gergl und Korb in einem Stilmix aus Neorenaissance und Jugendstil für die Versicherungsgesellschaft "New York" errichtet hatten. In den Jahren des Kalten Krieges hieß es Café Hungaria, heute trägt es wieder seinen alten Namen. Die in vergoldetem Stuck und schweren Stoffen schwelgende Innenausstattung gilt als Musterbeispiel späthistoristischer Innenarchitektur, und ihre Besichtigung bei einer Tasse Kaffee oder Tee ist schon beinahe ein Muss für jeden Budapest-Reisenden.

*Café New York

Das Café New York – eine Legende

Blaha Lujza tér

Blaha Lujza tér ist der Platz am Schnittpunkt des Großen Rings mit der Rákóczi út, einer der belebtesten Geschäftsstraßen von Budapest. Er ist benannt nach der berühmten ungarischen Schauspielerin Lujza Blaha (1850 – 1926). Am Nationaltheater, das bis 1965 an diesem Platz stand, feierte die Diva große Bühnenerfolge. Geht man vom Blaha Lujza tér etwa

Blaha Lujza tér (Fortsetzung)

400 m die Rákóczi út stadteinwärts, erreicht man die Rochuskapelle. An der Außenwand der 1771 nach einer Pestepidemie erbauten kleinen Kirche ist heute noch die Marke zu sehen, die den Wasserstand der Donau im Jahr 1838 anzeigt. Im anschließenden St.-Rochus-Krankenhaus arbeitete und forschte in den 1850er-Jahren der berühmte Ignaz Semmelweis.

József körút, *Josefstädtische Pfarrkirche

Der József körút, das folgende Teilstück des Großen Rings, verläuft südwärts durch die ehemalige Josefvorstadt. Das Haus Nr. 27 beherbergt das einzige Rabbinerseminar Osteuropas. Etwa 300 m östlich der Kreuzung József körút/Baross utca steht die imposante zweitürmige Josefstädtische Pfarrkirche. Das spätbarocke Gotteshaus entstand Ende des 18. Jh.s nach Plänen des Architekten József Thalherr. Den Hochaltar entwarf József Hild. Das Altarbild "Apotheose des hl. Joseph" stammt von dem Wiener Künstler Leopold Kupelmaier. Vor der Kirche wurde Péter Pázmány, Bischof von Esztergom im 17. Jh., ein Denkmal gesetzt.

**Kunstgewerbemuseum

Das im Jahre 1872 gegründete Budapester Kunstgewerbemuseum (Iparművészeti Múzeum) ist eines der ältesten seiner Art in Europa. Seit 1896 sind die Sammlungen in dem Gebäude nahe der Ecke Großer Ring/Üllői út untergebracht, das Ödön Lechner und Gyula Pártos, die beiden wichtigsten Exponenten des ungarischen Jugendstils, entworfen hatten. Ungewöhnlich sind bereits die Pyrogranit-Außenverkleidung und die bunten Dachziegel, die aus der Pécser Porzellanmanufaktur Zsolnay stammen. Geradezu exotisch wird es dann im zentralen, ganz in Weiß gehaltenen Innenhof, der seinen

Mitten in der ungarischen Hauptstadt ein orientalischer Traum: die schneeweiße Architektur des Kunstgewerbemuseums

besonderen Charakter durch die orientalisch-maurischen Formen und das lichte Glasdach erhält. Im Erdgeschoss, um den Hof, wird die Wohnkultur vom Biedermeier bis zur Jahrhundertwende (ca. 1850 – 1900) vorgestellt, im Obergeschoss umfasst die Ausstellung den Zeitraum von etwa 1800 bis 1850. In weiteren Abteilungen werden Glas- und Keramikerzeugnisse, Textilkunst sowie Arbeiten aus Leder und Papier gezeigt. Von besonderem Rang sind die Goldschmiedearbeiten aus der Schatzkammer der Familie Esterházy (geöffnet Mitte März – Okt. Di. – So. 10 00 – 18 00, sonst bis 16 00 Uhr).
Wer die Rückkehr ins Zentrum verkürzen möchte, steigt am Ferenc körút in die Metrolinie 3, die u. a. am Deák Ferenc tér hält.

Kunstgewerbemuseum (Fortsetzung)

*Durch die Andrássy út zum Stadtwäldchen

Prachtstraße

Die ab 1872 angelegte Prachtstraße – seit 2002 ins Weltkulturerbe der UNESCO aufgenommen – führt vom Erzsébet tér (s. S. 120) etwa 2 1/2 km weit in nordöstlicher Richtung zum Oktogon und dann weiter zum Heldenplatz (Hősök tere). Bedeutende Kultureinrichtungen wie die Staatsoper oder die Franz-Liszt-Musikhochschule, historistische Paläste und vornehme Villen säumen die seit 1896 von der ältesten Untergrundbahn Kontinentaleuropas begleitete Magistrale.

Postmuseum

Das Museum der Ungarischen Post (Posta Múzeum; Nr. 3) ist in einem außergewöhnlichen Gebäude untergebracht, das György Czigler in den achtziger Jahren des 19. Jh.s entwarf. Prunkstücke der Sammlung sind ein Telefon von Kaiser Franz Joseph I. sowie ein Sender aus dem Jahr 1919.

*Staatsoper

Von Miklós Ybl stammen die Pläne für die repräsentative Ungarische Staatsoper (Állami Operaház), die 1884 den Spielbetrieb aufnahm. Der Neorenaissancebau gehört zu den großen Leistungen der ungarischen Architektur im 19. Jahrhundert. Franz Liszt und Ferenc Erkel, die sich beide um das Musikleben in Budapest verdient gemacht hatten, erhielten in den Nischen zu Seiten der Wagenauffahrt ein Denkmal. Die Balustrade über dem zweiten Geschoss bekrönen Standbilder berühmter Komponisten. Das Herzstück des Opernhauses ist das Foyer mit einer prächtigen, doppelläufigen Marmor-Prunktreppe. Der Zuschauerraum mit Deckenfresken und Wandmalereien von Károly Lotz und Mór Than ist bekannt für seine außergewöhnlich gute Akustik.

Baedeker TIPP An Sommerabenden

... herrscht in den Kneipen am Jókai und Liszt Ferenc tér Hochbetrieb. Vor allem Studenten der umliegenden Hochschulen und jüngeres Publikum fühlen sich hier wohl. Wer eine gute Tasse Kaffee und eine süße Köstlichkeit bevorzugt, sollte das Lukács in der Andrássy út (Nr. 70) ansteuern, eines der schönsten alten Kaffeehäuser in Budapest.

*Oktogon

Am Oktogon kreuzt der Große Ring die Andrássy út. Obgleich der achteckige Platz während seiner Geschichte mehrfach umbenannt wurde – zuletzt hieß er Platz des 7. November –, war er für die Budapester immer das Oktogon. Er ist einheitlich mit hohen historistischen Wohn- und Geschäftshäusern umbaut, die ihm städtebauliche Geschlossenheit verleihen.

Haus des Terrors Zuerst als Zentrale der nationalsozialistischen Pfeilkreuzler, nach dem Krieg dann als Hochburg des kommunistischen Staatssicherheitsdienstes war die Andrássy út 60 in den 1940er- und 1950er-Jahren eine berüchtigte Adresse. Im Gebäude des Terrorháza wurde am 24. Februar 2002, dem "Tag der Opfer des Kommunismus", auf vier Stockwerken ein Museum eingerichtet, das die unterschiedlichen Gesichter des Terrors anschaulich dokumentiert.

Liszt-Museum Beachtenswert auf dem Abschnitt zwischen Oktogon und dem kreisrunden Kodály köröndist der 1879 im Stil italienischer Renaissance-Paläste errichtete Prachtbau (Nr. 67) an der Ecke Andrássy út/Vörösmarty utca, in dem die von Franz Liszt gegründete Musikakademie ihren ursprünglichen Sitz hatte. Das Gebäude wird seit seiner Renovierung in den 1980er-Jahren wieder von der Musikakademie genutzt. Im ersten Stockwerk ist die ehemalige Wohnung des Komponisten Franz Liszt als Museum (Liszt Ferenc Emlékmúzeum) zugänglich. Die rekonstruierte Einrichtung der drei Räume – Schlaf- und Arbeitszimmer, Speisezimmer und Salon –, zum Teil mit originalen Möbelstücken von Liszt, wird durch zahlreiche persönliche Gebrauchsgegenstände, darunter auch das kleine Glasklavier im Arbeitszimmer, Liszts Lieblingsklavier von der Firma Bösendorfer, bereichert (Eingang: Vörösmarty utca 35).

Heldenplatz: Vor dem Hintergrund des Millenniumsdenkmals für die ungarischen Nationalhelden üben Skater ihre Kunststücke.

***Ferenc-Hopp-Museum** Im Haus (Nr. 103) des Kunstsammlers Ferenc Hopp (1833–1919) ist eine sehenswerte Kollektion koreanischer und indischer Kunstgegenstände, u. a. Lackarbeiten, Porzellan und Schmuck, ausgestellt. Die chinesische und japanische Sammlung des Museums befinden sich in der weiter südlich gelegenen Ráth-Villa (Városligeti fasor 12).

Der weite Heldenplatz (Hősök tere), zugleich der Westrand des Stadtwäldchens, bildet den imposanten Bezugspunkt und Abschluss der Andrássy út. Die in den 90er-Jahren des 19. Jh.s begonnene Gestaltung des gesamten Platzensembles einschließlich Millenniumsdenkmal und der an den Platz angrenzenden Bauten – dem Museum der Bildenden Künste und der Kunsthalle – lag in den Händen des Architekten Albert Schickedanz und des Bildhauers György Zala. Der Hősök tere tritt in der ungarischen Geschichte der vergangenen hundert Jahre immer wieder als Bühne für einschneidende historische Ereignisse in Erscheinung. Als symbolisches Zeichen für den Bruch mit den Habsburgern zertrümmerten Linksgerichtete während der Räterepublik 1919 das Standbild Kaiser Franz Josephs, legten den gesamten Platz mit roten Draperien aus und ersetzten die Statuen von Árpád durch das Standbild von Marx und ein Arbeiter-und-Bauern-Monument. Auch nach 1945 war der Hősök tere wiederholt Schauplatz politischer Kundgebungen, zuletzt im Jahr 1989, als in einem feierlichen Staatsakt Imre Nagy (▶ Berühmte Persönlichkeiten) und seine Gefährten posthum rehabilitiert wurden.

*Heldenplatz

Im Mittelpunkt des Millenniumsdenkmals steht die 36 m hohe Säule, die von der Bronzefigur des Erzengels Gabriel bekrönt wird. Die bronzene Reitergruppe vor dem Sockel der Säule stellt Fürst Árpád und sechs seiner Mitstreiter dar. Zwei halbkreisförmige Kolonnaden rahmen den Platz. Zwischen den einzelnen Säulen sind die Statuen ungarischer Herrscher bzw. berühmter nationaler Revolutionshelden aufgestellt. Die Eckpfeiler der Kolonnaden werden durch bronzene Figurengruppen von György Zala akzentuiert, die Arbeit und Wohlstand, Krieg und Frieden sowie Wissenschaft und Ruhm verkörpern.

Millenniumsdenkmal

Die rechts neben dem Millenniumsdenkmal gelegene Kunsthalle (Műcsarnok) aus dem Jahr 1895 dient als Ausstellungsraum für zeitgenössische Kunst.

Kunsthalle

Das Budapester Museum der Bildenden Künste (Szépművészeti Múzeum) ist neben der Nationalgalerie auf dem Burgberg die bedeutendste Kunstsammlung in der ungarischen Hauptstadt und darüber hinaus eine der großen Galerien mit Werken Alter Meister in Europa (geöffnet Di. – So. 10^{00} – 17^{30} Uhr). Der Grundstock der heutigen Sammlung befand sich bis 1870 im Besitz der Familie Esterházy. Der Museumsbau wurde 1906 nach Entwürfen von Albert Schickedanz und Fülöp Herzog fertig gestellt. Die Hauptfassade wird von einem säulengetragenen Portikus beherrscht, dessen Tympanonrelief dem des Zeus-Tempels in Olympia nachempfunden ist.

**Museum der Bildenden Künste

Das Erdgeschoss gehört der antiken Kunst, den Gemälden und Skulpturen des 19. Jh.s (u. a. Werke von Monet, Renoir und Cézanne) sowie der reichen Grafiksammlung mit Blättern von Raffael, Tintoretto, Dürer, Cranach, Altdorfer, Rembrandt und anderen. Das Untergeschoss ist der Ägyptischen Abteilung und der Kunst des 20. Jhs. vorbehalten.

Der eigentliche Schatz des Museums ist im ersten Obergeschoss zu bestaunen: die großartige, auf 23 Säle verteilte Gemäldegalerie mit Werken Alter Meister. Zu den gut bestückten Abteilungen gehört die italienische Malerei des Quattrocento (15. Jh.) und des Cinquecento (16. Jh.). Mit der so genannten Esterházy-Madonna von Raffael

Gemäldegalerie

Gemäldegalerie (Fortsetzung)

– benannt nach den früheren Besitzern, der Familie Esterházy – besitzt die Galerie ein herausragendes Werk der italienischen Renaissance. Das Cinquecento illustrieren die Werke zahlreicher namhafter Künstler, darunter Giorgione, Sebastiano del Piombo, Lorenzo Lotto, Jacopo Tintoretto und Veronese. Im Anschluss an die italienische Barockmalerei folgt die ebenfalls hochkarätige niederländische Abteilung. Eine herausragende Arbeit der frühen niederländischen Malerei ist die "Predigt Johannes' des Täufers" (1566) von Pieter Brueghel d.Ä., aber auch Hans Memling, Petrus Christus und Gerard David sind mit Werken vertreten. Die Glanzlichter der Malerei des Goldenen Zeitalters (17. Jh.) sind unbestritten die drei Werke Rembrandts, insbesondere der "Alte Rabbiner" von 1642 und "Der Engel erscheint dem hl. Joseph", sowie die Porträts von Frans Hals. Die holländische Landschaftsmalerei, aber auch die Genremalerei und das Stillleben erhalten durch zahlreiche Werke breiten Raum. Die auf zwei Säle verteilte flämische Malerei kann mit Gemälden von Peter Paul Rubens, Anthonis van Dyck und Jacob Jordaens aufwarten.

Baedeker TIPP Orientierungshilfe

... in der umfangreichen Sammlung des Museums bietet der an der Kasse ausleihbare Audio Guide, der in englischer Sprache zu den wichtigsten Gemälden des Hauses führt.

Die Abteilung der spanischen Malerei ist ebenfalls mit hochkarätigen Stücken besetzt. Spanische und portugiesische Meister des 15. und 16. Jh.s leiten über zu Arbeiten von El Greco ("Büßende Magdalena", vor 1580), dem überragenden Künstler des Manierismus in Spanien. Die spanische Barockmalerei hat viele berühmte Namen aufzuweisen, von denen die meisten hier ebenfalls mit Werken vertreten sind, u. a. Francisco de Zurbarán, Jusepe de Ribera und Murillo. Von Francisco di Goya besitzt das Museum fünf Werke, darunter auch "Die Wasserträgerin" (vor 1812).

Höhepunkte der deutschen Malerei des 15. und 16. Jh.s sind Hans Holbeins "Marientod" (um 1490), Albrecht Dürers "Bildnis eines jungen Mannes" sowie Lucas Cranachs "Der Engel erscheint Joachim" (1518).

Jeweils ein Saal ist der englischen Malerei des 18. Jh.s mit Werken von Gainsborough, Hogarth und Reynolds und der französischen Malerei des 17. und 18. Jh.s mit Gemälden von Chardin, Lorrain und Poussin gewidmet.

*Stadtwäldchen

Hinter dem Heldenplatz beginnt der Városliget genannte Park, der im 19. Jh. nach den Vorstellungen des französischen Gartenarchitekten Nebbion gestaltet wurde und heute für die Budapester ein beliebtes Ausflugsziel darstellt. Zahlreiche Erholungs- und Kultureinrichtungen haben sich im Verlauf der Zeit auf dem Terrain des Stadtwäldchens angesiedelt, darunter der Zoologisch-botanische Garten, ein Vergnügungspark, der Hauptstädtische Großzirkus, das Széchenyi-Bad sowie die prachtvolle Burg Vajdahunyad. Auch eines der ältesten und renommiertesten Restaurants Budapests, das Gundel, verwöhnt hier in einem Neorenaissance-Gebäude seine Gäste.

*Burg Vajdahunyad, Landwirtschaftsmuseum

Schon gleich nach dem Betreten des Parks über den Hősök tere bietet sich dem Besucher zur Rechten ein malerisches Bild: Auf einer Insel im See steht ein burgartiger Gebäudekomplex mit Burgtor, spitzen Türmen, Giebeln und Zinnen. Der mittelalterliche Eindruck täuscht, denn das Ensemble entstand ebenso wie der benachbarte Heldenplatz zum Millenniumsjubiläum 1896 und ist das Werk des Architekten Ignác Alpár. Hinter dem Gebäudekomplex steckt die Idee, in einem Bauwerk verschiedene für Ungarn charakteristische Architekturmerkmale zu vereinen. So entstand der Hauptteil der Gebäudegruppe nach dem Vorbild der Burg des Türkenbezwingers Hunyadi (im heute rumänischen Hunedoara), während das Portal der Kapelle ein exakte Nachbildung des Portals der Klosterkirche in Ják darstellt. Das Innere der Burg kann allerdings nur besichtigen, wer dem dortigen Landwirtschaftsmuseum (Mezőgazdasági Múzeum) einen Besuch abstattet.

Burg Vajdahunyad (Fortsetzung)

Auf dem südöstlichen Vorhof der Burg Vajdahunyad steht ein 1903 von Miklós Ligeti geschaffenes Denkmal zu Ehren von Anonymus, einem namentlich nicht bekannten Geschichtsschreiber des 12./13. Jh.s. Der Legende nach hat er die erste ungarische Chronik verfasst.

Anonymus-Denkmal

Der Zoologisch-botanische Garten (Fővárosi Állat-és Növénykert) der ungarischen Hauptstadt liegt an der Nordwestseite des Stadtwäldchens. Er wurde bereits in den sechziger Jahren des 19. Jh.s angelegt. Besondere Attraktionen sind der Greifvogelkäfig, der Felsengarten, der Eisbären- und Seehundteich sowie der Tierkindergarten. Beachtenswert sind auch das Palmenhaus und die Aquarien.

Zoologisch-botanischer Garten

Das Stadtwäldchen ist für die Budapester eine kleine Oase inmitten der Großstadt. In dem Park kann man sich u. a. zum Schachspielen treffen.

Eines der schönsten historischen Bäder der ungarischen Hauptstadt, das Széchenyi-fürdő, liegt ganz im Norden des Stadtwäldchens. Es besteht aus einem renovierten Freibad und einem neobarocken Hallenbad mit Dampf- und Wannenbädern. Gespeist wird das Bad von einer über 70°C warmen Thermalquelle (▶ Baedeker Special S. 142).

*Széchenyi-Bad

Stressfreie Zonen

Als Bäderstadt muss Budapest wahrlich keine Vergleiche scheuen, denn im Stadtgebiet der ungarischen Metropole sprudeln die reichsten Thermal-Mineralwasser-Vorkommen Europas – insgesamt 123 Quellen, die eine Vielzahl von alteingesessenen Thermalbädern versorgen. Was liegt also näher, als einen Besichtigungstag in der Metropole mit dem Besuch eines Bades zu beschließen und sich im wohligen Thermalwasser etwas Entspannung zu gönnen?

Das Licht fällt gedämpft durch bunt leuchtende Glasfenster, die Wände verschwinden hinter Marmorsäulen und Fliesen, und unter den Füßen des Eintretenden fügen sich Mosaiksteinchen zu einem kostbaren Bodenschmuck. Keine Frage, ein Hauch von nostalgischer Eleganz, aber auch von orientalischer Üppigkeit wehen durch die Hallen des Gellért-Bades. Nicht nur der Körper, auch das Auge kommt in dem weltberühmten Jugendstilbad am Budaer Brückenkopf auf seine Kosten. Ganz zu schweigen von der Seele. Denn: Nicht die Körperertüchtigung ist das Ziel, sondern das Wohlbefinden. Und spätestens dann, wenn man unter dem Glasdach des großen Thermalbeckens seine Bahnen zieht oder unter der kleinen Kuppel des türkisfarbenen Dampfbades schwitzt, ist alles andere weit, weit weg.

Erbe der Türken

Was heute in vielen Hotels und Bädern unter dem Label "Wellness" als Neuentdeckung gefeiert wird, praktizieren die Budapester schon seit Jahrhunderten mit größter Selbstverständlichkeit. Obwohl bereits die Römer die Quellen kannten und auch im Mittelalter von Bädern in Buda berichtet wird, waren es die Türken, denen die ungarische Hauptstadt die Badekultur zu verdanken hat. Pascha Arslan und sein Nachfolger Sokoli Mustafa errichteten um 1570 in der Fő utca einen Hamam, vermutlich der erste in der Stadt. In der Barockzeit wurde das Bad beträchtlich vergrößert und im 19. Jh. gelangte es in den Besitz der Familie König – deshalb der Name Király fürdő, Königsbad. Der älteste Teil des Bades mit einem achteckigen Becken ist bis heute in Benutzung, Montag, Mittwoch und Freitag für Frauen, Dienstag, Donnerstag und Samstag für Männer.

Entspannen wie im Hamam

Am westlichen Brückenkopf der Elisabethbrücke, ganz in der Nähe des Raizenbades (Rác-fürdő), das zurzeit renoviert wird, lädt das Rudasbad

Mittelpunkt des Gellértbades ist das große, von einem Glasdach überwölbte Innenbecken.

Hier lässt Mann es sich gut gehen: Der für männliche Gäste reservierte Teil des Gellért.

(Rudas-fürdő) zu einem Besuch ein. Acht Thermalquellen entspringen hier, die schon im Mittelalter für Heilzwecke genutzt wurden. Schon damals gab es ein Badehaus. In türkischer Zeit, unter Pascha Sokoli Mustafa, wurde die Anlage ausgebaut. Aus jener Zeit stammt noch das Herzstück der Thermalanlage, ein Kuppelbau mit dem oktogonalen Hauptraum, der noch viel von der Atmosphäre eines Hamam verströmt. Um das dortige Becken – nur für Männer zugänglich – sind vier kleinere Becken mit unterschiedlichen Wassertemperaturen angeordnet. Frauen haben Zugang zum gemischten Schwimmbecken und zur Trinkhalle neben dem Dampfbad, wo man die Heilwässer der Juventus- und der Hungaria-Quelle kosten kann.
Unweit nördlich des Ofener Brückenkopfes der Margaretenbrücke breiten sich die Kureinrichtungen des berühmten Lukácsbades (Frankel Leó út 25 – 27) aus. Obwohl auch diese Einrichtung auf ein türkisches Badehaus zurückgeht, ist die heutige Anlage ein "Kind" des 19. Jh.s. Zahlreiche Kurgäste aus aller Welt besuchen hier täglich die Trinkhalle, die schon frühmorgens ihre Pforten öffnet. Mit dem nördlich benachbarten, ebenfalls sehr alten Kaiserbad (Császár-fürdő) ist das Lukács durch gemeinsame Freianlagen verbunden.

Für Alt und Jung

Die Budapester pflegen ein sehr dezidiertes Verhältnis zu ihren Bädern. Man geht nicht einfach in irgendeines, sondern man hat ein Stammbad, das den jeweiligen Vorlieben am besten gerecht wird, und wo man Gleichgesinnte trifft. Die meisten Quellen in Budapest sprudeln in Buda, deshalb befinden sich dort und auf der Margareteninsel auch die meisten Bäder. Eine Ausnahme von dieser Regel macht das 75 °C warme Heilwasser, das die Becken des Széchenyi-Bades im Stadtwäldchen (Városliget) speist. Die 1910 – 1913 erbaute und nach dem berühmten Staatsmann István Széchenyi benannte Anlage schwelgt in üppigem Neobarock und wirkt mit ihren überkuppelten Pavillons aus der Ferne fast wie ein Schlossbau. Aus der Nähe betrachtet relativiert sich der prunkvolle Eindruck etwas, denn viele Jahre war das Széchenyi stark vernachlässigt. Bei den Budapestern genießt es allerdings große Beliebtheit. Vor allem im ganzjährig geöffneten Freibad amüsieren sich Alt und Jung gleichermaßen, die einen im Kinderbecken, die anderen ihre Bahnen ziehend oder plaudernd im brusttiefen Wasser stehend. Selbst Schach wird hier im Wasser gespielt. Spätestens nach einem Besuch des Széchenyi besteht kein Zweifel mehr, dass in Budapest ein Bad nicht nur zum Schwimmen da ist!

Am Rande der Innenstadt

Ostbahnhof

Der Ostbahnhof (Keleti pályaudvar), wo Züge aus Deutschland, Österreich und der Schweiz ankommen, ist ein Neorenaissancebau aus dem Jahr 1884. Die Schauseite schmücken zwei Standbilder, die James Watt und George Stephenson darstellen. Die Wandbilder in der Bahnhofshalle stammen von Károly Lotz und Mór Than.

Kerepeser Friedhof

Der unweit südlich des Ostbahnhofs gelegene Kerepeser Friedhof (Kerepesi temető) ist einer der größten in Budapest und mit seinen eindrucksvollen Grabmonumenten auch ein sehenswerter Ort. Seit Mitte des 19. Jh.s wurden hier bedeutende Persönlichkeiten des Landes und der Stadt beigesetzt. Heute wird nur noch in Ausnahmefällen auf diesem Friedhof bestattet. Monumental bietet sich das 1958 errichtete Pantheon der Arbeiterbewegung dar, das József Körner erbaute und Zoltán Kiss künstlerisch ausgestaltete. Zeugnisse besonderer Ehrerbietung sind die Mausoleen für die Politiker Lajos Kossuth, Lajos Batthyány und Ferenc Deák, die von Alajos Stróbl sowie von Albert Schickedanz bzw. Károly Gerster entworfen wurden.

***Népliget, Lasertheater**

Noch weiter südöstlich erstreckt sich der Népliget (Volkspark), die mit 112 ha größte Grünanlage der ungarischen Hauptstadt. Der Park wurde bereits in den sechziger Jahren des 19. Jh.s angelegt. Mit seinem alten Baumbestand, den Blumenwiesen, Wasserspielen und Spielflächen ist er ein beliebter Erholungsort. Im Südwestteil des Volksparks wurde 1977 das modernste Planetarium Osteuropas eröffnet. Heute ist darin das Lasertheater untergebracht, in dem jeden Abend (außer So.) Rockmusik oder klassische Melodien in visuelle Impressionen umgewandelt werden (www.lasertheater.hu).

Margareteninsel und Rosenhügel

Anfahrt

Vom Donaukorso nimmt man die Straßenbahn Nr. 2 bis zur Endhaltestelle an der Margaretenbrücke (Margit híd). Sie verbindet den Ofener Ring über die Südspitze der Margareteninsel mit dem Großen Ring. Die zweitälteste Donaubrücke wurde 1876 erbaut, im Zweiten Weltkrieg zerstört und ab 1948 wieder aufgebaut und auf knapp 640 m Gesamtlänge erweitert.

Naherholungszentrum

Die knapp 2½ km lange Margareteninsel (Margitsziget) ist das Budapester Kur- und Naherholungszentrum schlechthin – mit Thermalquellen, die Kur- und Sportbäder speisen, Spiel- und Sportplätzen, Grünflächen und nicht zuletzt einigen zumindest stadtgeschichtlich bedeutenden Bauresten. Anziehungspunkt im Sommer ist das über ein 7 ha großes Gelände verteilte Palatinus-Strandbad (Palatinus strandfürdő) mit Wellenbad, diversen Schwimmbecken und Heilbädern. Der Name der Insel stammt von der heilig gesprochenen Prinzessin Margarete (1252 – 1271), einer Tochter von König Béla IV., die wegen eines Gelübdes ihres Vaters Nonne in dem auf der Insel eingerichteten Dominikanerinnenkloster wurde.

Dörfliche Idylle in der größten Stadt Ungarns: ▶
Gül Baba utca am Rosenhügel von Budapest

Margareteninsel, Geschichte

Bereits die Römer nutzten die Thermalwasservorkommen im Norden der Donauinsel. Im 12. und 13. Jh. baute man hier Kirchen und Klöster. Ende des 18. Jh.s ließ der Palatin von Ungarn, der habsburgische Erzherzog Johann, die Insel gärtnerisch ausgestalten. Ende des 19. Jh.s entstand nach Plänen von Miklós Ybl ein Thermalbad mit Kurhaus, das im Zweiten Weltkrieg zerstört und durch ein neu gebautes Kurzentrum ersetzt wurde. Das gleichfalls von Ybl entworfene Grand Hotel (Margitszigeti Nagyszálló) öffnete 1873 seine Pforten. Mit dem 1978 dazugekommenen Thermal Hotel ist auf der Margareteninsel ein Kurzentrum entstanden. Ein Ableger dieses Kurzentrums ist das Thermalhotel Helia auf der Pester Seite und das Thermalhotel Aquincum am Budaer Ufer. Beide Hotels liegen etwa auf gleicher Höhe wie das Kurzentrum auf der Insel.

Vereinigungsdenkmal

Beginnt man seinen Spaziergang über die Insel im Süden, dann kommt mann zuerst an dem blütenförmigen Metallkunstwerk von István Kiss vorbei, das 1972 anlässlich des 100. Jahrestages der Vereinigung von Óbuda (Alt-Ofen), Buda (Ofen) und Pest enthüllt wurde. Reliefs auf den Blattinnenseiten zeigen wichtige Episoden aus der Geschichte der Donaumetropole.

Ruine der Franziskanerkirche

Etwa in der Mitte der Insel liegen die spärlichen Reste der im 13./14. Jh. errichteten Kirche des Franziskanerklosters. Zwischen diesen und den Ruinen des Dominikanerinnenklosters erstreckt sich ein hübscher Rosengarten.

Ruine des Dominikanerinnenklosters

Nach den katastrophalen Überflutungen des Jahres 1838 entdeckte man auf der Margareteninsel die Reste eines in der Türkenzeit verfallenen Dominikanerinnenklosters, dem auch die Tochter König Bélas IV. angehört hatte. Die Klosterkirche wurde im 13. Jh. errichtet, im 14. Jh. umgebaut und im 15. Jh. erweitert.

Margareteninsel, (Fts.) Wasserturm

Sorgfältig restauriert ist der 1911 erbaute, 52 m hohe Wasserturm mit einer Aussichtsplattform. In seinem Inneren finden Kunstausstellungen statt. Neben dem Wasserturm liegt das Freilichttheater mit 3500 Sitzplätzen.

Prämonstratenserkloster

Von dem im 12. Jh. erbauten Prämonstratenserkloster stehen noch einige Grundmauern. Die Kirche des Klosters wurde 1930/1931 im neoromanischen Stil wieder aufgebaut.

Hotels

Das Grand Hotel Margitsziget war bei seiner Eröffnung 1873 das repräsentativste Hotel der Hauptstadt. Das Gebäude wurde mehrfach erneuert und blieb bis heute – v. a. dank seiner einzigartigen Lage in den Parks auf der Margareteninsel und doch mitten in der Stadt – ein beliebtes Nobelhotel. Ein unterirdischer Gang verbindet es mit dem Kurhotel Thermal und dessen Kureinrichtungen. Das Thermalhotel Margitsziget wurde Ende der 1970er-Jahre eröffnet.

***Rosenhügel**

***Türbe des Gül Baba**

Über die Margaretenbrücke gelangt man zum Budaer Donauufer, wo sich der Stadtteil Rózsadomb ausbreitet. Der Rosenhügel (Rózsadomb) ist seit langem eine bevorzugte Wohngegend. Vornehme Villen, große Gärten, Alleen und Spazierwege prägen das Bild dieses Stadtteils. An der Mecset utca 14 steht eine Türbe (türk. Grabmal), die im 16. Jh. für den Derwisch Gül Baba (türk. = Rosenvater) errichtet wurde. Der Muselmane war 1541 während einer Feier in der zur Moschee umgestalteten Matthiaskirche verstorben. Die Türbe, ein oktogonaler Kuppelbau, ist als Museum zugänglich.

Óbuda und *Aquincum

Óbuda

Bis zu seiner Vereinigung mit Buda und Pest 1873 war Óbuda (Altofen) ein verträumtes Städtchen auf der Budaer Donauseite, nördlich des Burgberges. Der heutige Stadtteil lässt davon kaum mehr etwas erahnen – Sanierungen und Neubauten haben das Gesicht von Óbuda stark verändert. Spürbar ist die kleinstädtische Atmosphäre allerdings noch am hübsch renovierten Fő tér.

***Fő tér**

Fő tér ist der nur wenige Meter nordöstlich des Flórián tér gelegene alte Hauptplatz von Óbuda. Heute umgeben ihn hohe, triste Wohnblocks, die einen wenig attraktiven Hintergrund abgeben für das von ein- bis dreigeschossigen Häusern gesäumte Karree. An der Nordseite des Fő tér steht das ehemalige Rathaus von Óbuda. Im Haus Fő tér 4 aus dem 18. Jh. kann man die Volkskunstsammlung bewundern, die das Ehepaar Kun in jahrzehntelanger Sammlertätigkeit aufgebaut hat.

Baedeker TIPP Entenbrust

Ganz in der Nähe des Imre-Varga-Museums, in der Laktanya utca 3, befindet sich das alteingesessene Lokal "Vasmacska" (☎ 1/250 22 88). Die Spezialität des Hauses, eine mit Aprikosen in Tokajer Soße gefüllte Entenbrust, genießt einen legendären Ruf.

***Imre-Varga-Museum**

An die Nordostecke des Fő tér grenzt ein kleiner, dreieckiger Platz, an dem drei weibliche Bronzefiguren mit aufgespannten Regenschirmen stehen. Sie sind das Werk von Imre Varga, für den in einem der niedrigen Bürgerhäuser in der benachbarten Laktanya utca (Nr. 7) ein Museum eingerichtet wurde. Es birgt zahlreiche Modelle und Nachbildungen von Arbeiten des Meisters. Sehenswert ist auch der kleine Garten.

Imre-Varga-Museum (Fts.)

Ehemalige Seidenspinnerei

Ein paar Querstraßen nördlich des Fő tér, in der Harrer Pál utca 44, fällt ein ovales Gebäude auf, das im Jahr 1785 als Seidenspinnerei errichtet wurde. Es erinnert an die von Kaiser Joseph II. forcierte Entwicklung der Textilherstellung in Óbuda.

*** Schloss Zichy**

Zwischen Fő tér und dem südlich anschließenden Szentlélek tér erhebt sich das im Auftrag von Graf Nikolaus Zichy Mitte des 18. Jh.s erbaute, schlichte Barockschloss (Zichy-kastély), das heute als Kulturzentrum genutzt wird. Zwei sehenswerte Museen sind hier beheimatet: das Lajos-Kassák-Museum und das Vasarely-Museum.

Lajos-Kassák-Museum

Durch einen Durchgang im westlichen Schlossflügel gelangt man in den Hof mit dem Hauptgebäude des Schlosses. Im ersten Obergeschoss des schön renovierten Barockbaus wurde Lajos Kassák, dem vielseitigen Vertreter der ungarischen Avantgarde, ein kleines Museum eingerichtet. Hier wird mit viel Engagement der Nachlass des Schriftstellers, Publizisten und Künstlers Kassák verwahrt und in einer Dauerausstellung gezeigt. Wechselausstellungen ergänzen die interessante Schau. Kassák (1887 – 1967), der von 1954 an in Óbuda lebte, hatte vor allem als Herausgeber der Zeitschrift "MA" (Heute), die 1916 – 1925 erschien, die ungarische Avantgarde-Bewegung gefördert. Der Eingang zum Vasarely-Museum, das in einem der Flügel des Zichy-Schlosses untergebracht ist, liegt am Szentlélek tér. Der aus Pécs stammende Victor Vasarely (▶ Berühmte Persönlichkeiten) gilt als bedeutendster Vertreter der Op-Art. Die opulente Werkschau gibt einen repräsentativen Überblick über das Schaffen des Künstlers.

Vasarely-Museum

Alt-Ofener Pfarrkirche, ehem. Synagoge

Südlich des Zichy-Schlosses, durch die breite Schnellstraße in der Verlängerung der Árpád-Brücke von ihm getrennt, liegt an der Lajos utca die von Johann Georg Paur 1749 im Auftrag der Zichys erbaute Alt-Ofener Pfarrkirche (Óbudai plébánia-templom).
Bereits im 18. Jh. gab es in Óbuda eine Synagoge der dortigen jüdischen Gemeinde. Als sich diese vergrößerte, beauftragte man András Landherr mit dem Entwurf für ein neues, größeres Gotteshaus, das 1820 – 1825 südlich der Altofener Pfarrkirche in der Lajos utca 161 nach Landherrs Plänen ausgeführt wurde. Der hinter einem antikisierenden Säulenportikus liegende, klassizistische Bau wird heute nicht mehr als Synagoge genutzt.

Römisches Mosaik in der Herkules-Villa

Römische Reste

Am Flórián tér, heute ein wichtiger Verkehrsknotenpunkt, befand sich im 1. Jh. n. Chr. ein römisches Militärlager, in dessen Umkreis sich später eine Zivilstadt entwickelte. An der Nordseite des Platzes sind noch die z. T. rekonstru-

Óbuda, römische Reste (Fts.)

ierten Ruinen eines Bades mit einer Hypokaust-Heizung sowie Heiß- und Kaltbecken und die Reste eines Hauses zu sehen, am Südrand des Platzes die Reste der mittelalterlichen Königinnenpfalz und die im 18. Jh. errichtete Reformierte Kirche von Óbuda. Die Überreste der römischen Militärstadt fand man südlich des Flórián tér an der Pacsirtamező utca – Mauerteile, Werkzeuge, Grabbeigaben und eine schöne Wandmalerei aus dem 3. Jh., die eine Jagdszene darstellt. Folgt man der Pacsirtamező utca noch weiter in südliche Richtung, stößt man an der Ecke Nagyszombat utca auf die Reste eines im 2. Jh. n. Chr. erbauten Amphitheaters. Die 131 m lange und 107 m breite Kampfbahn bot einst Platz für rund 15 000 Zuschauer. Nördlich des Flórián tér, mitten in einem Wohngebiet in der Meggyfa utca 19 – 21, wurden die Reste eine spätrömischen Villa, der sog. Herkulesvilla, ausgegraben. Die Mosaiken zeigen Szenen aus dem Herkules-Mythos und aus der Dionysos-Sage.

Kleinzeller Museum

Im Óbudaer Ortsteil Kleinzell (Kiscell) ließen die Grafen Zichy ein Kloster bauen, das eine Kopie des Gnadenbildes aus dem österreichischen Wallfahrtsort Mariazell bewahrt, weshalb der Ort den Namen Kleinzell erhielt. Die Gebäude des 1783 aufgelösten Klosters beherbergen heute eine Außenstelle des Historischen Museums der Stadt Budapest, die über das wirtschaftliche und kulturelle Leben der drei Donaustädte Óbuda, Buda und Pest seit dem Ende der türkischen Besatzungszeit informiert.

*Aquincum

Noch weiter stadtauswärts liegt das Ausgrabungsgelände von Aquincum, das für Archäologie-Interessierte durchaus den kleinen Ausflug lohnt. An verschiedenen Stellen in Óbuda ist man auf Spuren der römischen Vergangenheit gestoßen, besonders eindrucksvoll ist dies aber an der Szentendrei út, wo seit den 1870er-Jahren die Fundamente der Römerstadt Aquincum ausgegraben werden. Heute ist das Ausgrabungsgelände museal zugänglich und die kostbarsten Funde werden dort in einem kleinen Museum gezeigt (geöffnet Mai – Sept. tgl. Di – So. 9^{00} – 18^{00}, April und Okt. bis 17^{00} Uhr). Um das Jahr 10 v. Chr. besetzten die Römer das Gebiet ihrer späteren Provinz Pannonia. Nach einiger Zeit richteten sie auf dem Gebiet der heutigen Siedlung Alt-Ofen ein Militärlager ein, um das herum bald darauf eine Bürgerstadt entstand. Die florierende Siedlung Aquincum wurde schon zu Beginn des 2. Jh.s n. Chr. Hauptort der römischen Provinz Pannonia Inferior. Während ihrer Blütezeit in der ersten Hälfte des 3. Jh.s n. Chr. lebten rund 50 000 Menschen in Aquincum. Kaiser Septimus Severus erhob diese Provinz im Jahre 194 n. Chr. zur “Colonia”. Bedingt durch die Niederlagen der pannonischen Legionen bei Hadrianopolis im Jahre 378 und die Barbarenüberfälle setzte im 4. Jh. der Niedergang von Aquincum ein.

*Archäologisches Museum

In den Räumen des 1894 eröffneten Archäologischen Museums werden Kultgegenstände, Skulpturen, Mosaikfragmente, Werkzeuge, Gefäße, Münzen und Schmuck gezeigt. Zu den wertvollsten Schaustücken zählen neben der berühmten tragbaren Wasserorgel aus dem Jahr 228 n. Chr. eine Jupitersäule, eine Diana und eine Minerva aus Marmor, eine Mithras-Statue und ein Schriftdokument aus dem Jahr 19 n. Chr., das älteste bisher in Ungarn gefundene Schriftstück, sowie Gemmen und Elfenbeinschnitzereien. In der offenen Säulenhalle und im Lapidarium sind einige Steinmetzarbeiten wie

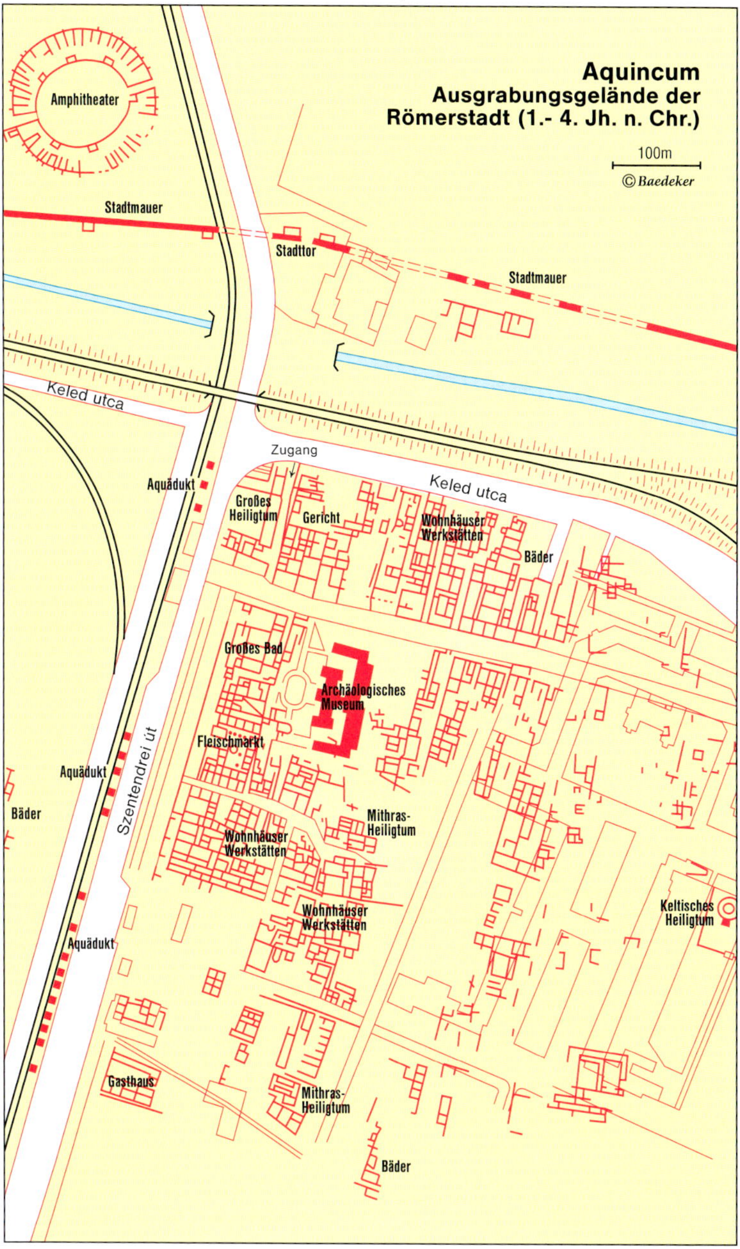
Aquincum
Ausgrabungsgelände der
Römerstadt (1.- 4. Jh. n. Chr.)
100m
© Baedeker
Amphitheater
Stadtmauer
Stadttor
Stadtmauer
Keled utca
Zugang
Keled utca
Aquädukt
Großes Heiligtum
Gericht
Wohnhäuser Werkstätten
Bäder
Großes Bad
Archäologisches Museum
Fleischmarkt
Aquädukt
Bäder
Szentendrei út
Mithras-Heiligtum
Wohnhäuser Werkstätten
Wohnhäuser Werkstätten
Keltisches Heiligtum
Aquädukt
Gasthaus
Mithras-Heiligtum
Bäder

Budapest

Aquincum (Fts.) römische Altäre, Grabsteine und Reliefs aufgestellt (geöffnet 15. bis 30. April und Oktober Di. – So. 9^{00} – 17^{00}, Mai – September Di. – So. 9^{00} – 18^{00} Uhr).

Ruinenfeld Das Ruinenfeld um das Museum vermittelt eine Vorstellung von der planmäßig angelegten, etwa 400 x 600 m großen römischen Bürgerstadt, die neben zahlreichen meist eingeschossigen Privathäusern mehrere große Bäder, eine Markthalle, ein Mithras-Heiligtum und eine Basilika umfasste. Nicht nur für Fachleute interessant sind die Reste der antiken Ver- und Entsorgungssysteme wie Wasserleitungen, Kanalisation und Heizungsanlagen. Beim Ausbau der Szentendrei út, einer breiten Ausfallstraße, die bis in das Städtchen Szentendre führt, wurde ein Aquädukt freigelegt. Zu sehen sind noch einzelne Abschnitte, die seitlich der Straße oder im Mittelstreifen zwischen den Fahrbahnen liegen.

Amphitheater der Bürgerstadt Schräg gegenüber dem Ausgrabungsgelände, auf der anderen Seite der Szentendrei út und in unmittelbarer Nähe zur HÉV-Haltestelle Aquincum, kamen bei Ausgrabungen die Reste des Amphitheaters der römischen Bürgerstadt zum Vorschein. Es war ursprünglich etwa 80 x 90 m groß und fasste rund 7500 Zuschauer. Auch ein wieder erneuerter Teil der antiken Stadtbefestigung ist hier zu sehen.

Weitere Außenbezirke

Budaer Bergland Das Budaer Bergland bildet die natürliche Westgrenze der ungarischen Hauptstadt. Seine großteils bewaldeten Höhen sind beliebte Ausflugsziele bei den Budapestern. Ein dichtes Netz von Spazierwegen, Aussichtspunkte und -türme, Naturschönheiten, Spiel- und Sporteinrichtungen, eine "Pioniereisenbahn" sowie Gaststätten zeugen von der Anziehungskraft des landschaftlich reizvollen Berglandes. Schöne Ausblicke auf die ungarische Hauptstadt hat man vom nahezu kahlen Gipfel des Dreigrenzberges (Hármashatár-hegy), vom 445 m hohen Csúcs-hegy oder vom Aussichtsturm des 529 m hohen Johannesberges (János-hegy). Auf dem Svábhegy (Schwabenberg), 1945 – 1991 Szabadsághegy (Freiheitsberg) genannt, befand sich zur Zeit der Türkenkriege ein Heerlager, dem vor allem Soldaten aus dem südwestdeutschen Raum angehörten – deshalb der Name. Heute erstreckt sich hier ein Wohngebiet mit gründerzeitlichen Villen und modernen Bungalows. Vom Városmajor-Park aus erschließt eine Zahnradbahn den Schwabenberg und den dahinter aufragenden Széchenyi-hegy. Mit einer Schmalspur-Eisenbahn kann man einen besonders schönen Teil des Budaer Berglandes kennen lernen.

Baedeker TIPP In die Budaer Berge!

Mit dem Bus Nr. 158 vom Moszkva tér nach Zugliget und mit der Sesselbahn (libegő) auf den Johannisberg hinauf. Nach gebührender Bewunderung des Panoramas Spaziergang zur Kindereisenbahn. An der Endstation Hűvösvölgy Mittagsbüfett im schattigen Biergarten des Lokals Balázs (Hűvösvölgyi út 207). Mit der Schmalspurbahn zurück zur anderen Endstation und von dort mit der Zahnradbahn (fogaskerekű) wieder zurück in die Stadt.

***Skulpturenpark** Eine der jüngsten Sehenswürdigkeiten Budapests ist der 1994 eröffnete Skulpturenpark (Szoborpark) in Budafok an der Ecke Balatoni út (Fernstraße 70)/Szabadkai utca. Skulpturen, die in den 1950erbis 1980er-Jahren als offizielle Auftragskunst für die ungarische Hauptstadt entstanden waren, wurden nach der politischen Wende 1989 entfernt und hier zu einer interessanten Ausstellung vereint. Am Eingang beispielsweise begrüßen den Besucher die Statuen der beiden Väter des Kommunismus, Marx und Engels. Obwohl weit außerhalb der Innenstadt gelegen, ist dieser "Heldenfriedhof" ein sehenswerter, für die jüngere Geschichte Ungarns sehr informativer Programmpunkt einer Stadtbesichtigung (geöffnet tgl. 10⁰⁰ bis Einbruch der Dunkelheit). Mit dem Auto ist der Skulpturenpark schnell zu erreichen, mit öffentlichen Verkehrsmitteln seit neuestem auch dank einer direkten Buslinie ab Deák tér, die ca. 30 Minuten benötigt. Die Busse fahren Juli/August täglich 10^{00}, 11^{00}, 15^{00} und 16^{00}, März bis Juni und Sept./Okt. 11^{00} und 15^{00}, sonst nur 11^{00} Uhr (www.szoborpark.hu).

Skulpturenpark (Fortsetzung)

Zentrum von Budafok

Eine besonders hübsche Barockkirche (1756) steht auf dem alten Dorfplatz. Besonderheiten ihrer Ausstattung sind ein Altargemälde von Altomonte und eine im Stil des Rokoko geschaffene Kanzel. Beachtenswert sind auch die Skulpturen aus der Entstehungszeit des Gotteshauses. Der Budafoker Friedhof, südwestlich der Kirche gelegen, weist schöne barocke und klassizistische Grabmäler auf. Die Zentrale der Staatlichen Weinkellereien (Állami Pincegazdaságok; Kossuth Lajos utca 84) und die Budafoker Weinkellerei (Budafoki Pincegazdaság) nutzen noch heute einen Teil des umfangreichen Keller- und Stollennetzes. Nach historischen Vorlagen eingerichtet ist die "Borkatakomba'", ein Weinkeller in der Nagytétényi út 63.

Kispest

Der erst seit 1871 bestehende Ort Kispest, heute Teil des XIX. Budapester Stadtbezirkes, ist Standort großer Industriebetriebe. Eine städtebauliche Besonderheit ist die so genannte Wekerle-Siedlung, die 1908 – 1925 auf schachbrettartigem Grundriss angelegt wurde. Sie umfasst mehr als 1000 Wohneinheiten.

Kőbánya

Kőbánya – übersetzt: Steinbruch – ist der X. Budapester Stadtbezirk. Man erreicht ihn am schnellsten mit dem Pkw über die Fernstraße 31 in Richtung Jászberény. Imposant im Zentrum von Kőbánya ist die St.-Ladislaus-Kirche (Szent László-templom), die um die Jahrhundertwende von dem Jugendstilarchitekten Ödön Lechner gebaut wurde. Die Architektur des Gotteshauses vereint Elemente der Neugotik und des Sezessionsstils. Die Altäre und die Kanzel schmücken Keramiken aus der Pécser Zsolnay-Manufaktur.

Neuer Friedhof mit Parzelle 301

Ganz im Osten von Kőbánya erstreckt sich der riesige Neue Friedhof (Új köztemető) der ungarischen Hauptstadt mit mehreren Tausend Parzellen. Auf diesem Friedhof (Kozma utca 8) waren in der Parzelle 301 die nach dem Volksaufstand Hingerichteten in einem Gemeinschaftsgrab verscharrt worden, darunter auch Imre Nagy (Berühmte Persönlichkeiten), Anführer des Aufstands und Ministerpräsident der Regierung von 1956. Am 31. Jahrestag seiner Hinrichtung, dem 16. Juni 1989, war der Zeitpunkt ihrer Rehabilitierung gekommen, die mit einem Staatsakt auf dem Heldenplatz und der

Kőbánya, Friedhof (Fts.)

feierlichen Umbettung in neu geschaffene Grabstätten begangen wurde. Imre Nagy wurde auf Wunsch seiner Tochter wieder in der Parzelle 301 beigesetzt.

Jüdischer Friedhof

Nördlich schließt sich an den Neuen Friedhof ein kleiner jüdischer Friedhof an. Sehenswert ist hier vor allem das Jugendstil-Mausoleum, das Ödön Lechner und Béla Lajta 1902/1903 für die Familie Schmidl errichteten.

Nagytétény

In Nagytétény, dem landwirtschaftlich geprägten südlichsten Stadtteil der ungarischen Hauptstadt (XXII. Bezirk, Ofener Donauseite), existierte vom 2. bis zum 5. Jh. ein römisches Militärlager. In dem wahrscheinlich nach einem magyarischen Führer benannten Ort spielte der Weinbau schon früh eine große Rolle, büßte aber in den letzten Jahrzehnten immer mehr an Bedeutung ein.

*Schlossmuseum

Das Barockschloss (Csókásy Pál utca 9–11) ist die Hauptsehenswürdigkeit von Nagytétény. Hier ist eine Außenstelle des Kunstgewerbemuseums untergebracht. Die Landresidenz entstand im 18. Jh. unter Verwendung von Bauresten aus dem 15. Jahrhundert. Beachtenswert ist neben vorzüglich gearbeitetem Mobiliar aus dem 15. bis 19. Jh. (überwiegend ungarischer und deutscher Herkunft) eine Kollektion von Ofenkacheln bzw. Öfen. In einigen Räumen werden wertvolle Gemälde, Teppiche, Fayencen und Uhren aus dem 18. und 19. Jh. gezeigt, im Schlossstall Funde aus der Römerzeit.

Martonvásár

*Schloss Brunswick

Die kleine Gemeinde liegt 32 km südwestlich von Budapest im Flachland zwischen den Budaer Bergen und dem Höhenzug bei Velence. In einem gepflegten, den englischen Landschaftsgärten nachempfundenen Park steht das 1775 erbaute Schloss der Familie Brunswick, das heute ein landwirtschaftliches Forschungsinstitut beherbergt. 1875 wurde es im Stil der englischen Neugotik umgestaltet. Gräfin Therese Brunswick (1775–1861), die in der Krypta der Schlosskirche beigesetzt ist, war eine Verfechterin der Lehren Pestalozzis und gründete 1828 den ersten ungarischen Kindergarten.
Berühmt wurde Martonvásár jedoch durch Ludwig van Beethoven, der als Freund des Grafen Franz Brunswick oft im Schloss zu Gast war. Josephine Brunswick, die Schwester von Gräfin Therese, war vermutlich die "unsterbliche Geliebte", an die der Komponist jene rätselhaften, nie abgesandten Liebesbriefe schrieb. Da die Briefe weder Anrede noch Datum tragen, bleibt die Identifizierung der Adressatin im Bereich der Spekulation. Bei seinen zahlreichen Besuchen auf Schloss Brunswick soll Beethoven Teile der berühmten "Appassionata", die er der gastlichen Familie widmete, und wahrscheinlich auch die "Mondscheinsonate" komponiert haben. Im Schloss ist dem berühmten Gast ein kleines Museum gewidmet; im Sommer werden im Park Beethoven-Konzerte gegeben.

Umgebung, Urzeitpark in Százhalombatta

Vor allem für die "kleinen" Besucher ist der Urzeitpark in Százhalombatta eine willkommene Abwechslung (etwa 8 km östlich von Martonvásár). Am Wochenende kann man hier sogar Neandertaler spielen und in das Leben der Urzeitmenschen schlüpfen – Steinzeitessen inklusive! Geöffnet April – Okt. Di.–So. 10^{00} – 18^{00} Uhr.

Schloss Martonvásár liegt inmitten eines herrlichen englischen Parks mit Blumenrabatten und alten Bäumen.

Ráckeve

Ehemaliges Serbenstädtchen

Das im 15. Jh. gegründete ehemalige Serbenstädtchen lockt mit einer der schönsten griechisch-orthodoxen Kirchen Ungarns und dem Barockschloss des Türkenbezwingers Prinz Eugen von Savoyen. Ráckeve liegt auf der rund 50 km langen Donauinsel Csepel, einem Naherholungsgebiet der Metropole.

*Serbische Kirche

Um die Mitte des 15. Jh.s ließen sich Serben, die vor den herannahenden Türken geflüchtet waren, auf der Insel nieder und errichteten eine orthodoxe Kirche, die sie 1487 weihen konnten. Das architektonische Erscheinungsbild des gut erhaltenen Bauwerks entspricht dem einer christlichen spätgotischen Kirche, während die Dreiteilung des Gotteshauses der orthodoxen Liturgie Rechnung trägt (Vorhalle für die Frauen, Kirchenschiff für die männliche Gemeinde und eine durch die Ikonostase abgeteilte Chorapsis für die Geistlichen). Besonders eindrucksvoll sind die byzantinisch anmutenden Fresken (1765 – 1771) von dem Künstler Todor Gruntovics an den Wänden und im Gewölbe. Darunter verbirgt sich offensichtlich eine Ausmalung aus dem 15. Jh., die zur Zeit freigelegt wird. An der südlichen Wand des Langhauses beginnend, sind Leben und Passion Christi dargestellt sowie ein Jüngstes Gericht an der Westwand. Im Zentrum des Gewölbes findet sich der von Engeln umgebene Christus als Weltenherrscher mit dem Segnungsgestus. Die Kirchenausstattung stammt ebenfalls aus dem 18. Jh. (kostbare Ikonostase von 1768).

Ráckeve (Fts.), Schloss Savoyen

Prinz Eugen von Savoyen, dessen Kriegskunst die Habsburger 1697 den Sieg über die Türken bei Zenta verdankten, ließ sich nach seinen ruhmreichen Feldzügen in Ráckeve, im Zentrum seiner Ländereien, ein Lustschloss bauen (1700/1702). Als Architekt engagierte er keinen Geringeren als Johann Lukas von Hildebrandt, der neben Johann Bernhard Fischer von Erlach als bedeutendster Vertreter des österreichischen Hochbarock gilt und als Baumeister des Wiener Belvedere in die Kunstgeschichte einging. Schloss Ráckeve war sein Debüt als Baumeister herrschaftlicher Residenzen, sein erster großer Auftrag, den er gleichwohl souverän bewältigte.
Das Schloss liegt in der Kossuth utca nördlich der Donaubrücke und ist nur von außen zu besichtigen. Blickfang der Dreiflügelanlage (die beiden Stallflügel zur Straße hin sind eine spätere Erweiterung von Andreas Mayerhoffer) ist der plastisch vortretende Mittelrisalit mit dem Wappen des Bauherrn im Giebelfeld. Den achteckigen Tambour des Mittelrisalits bedeckte ursprünglich ein Mansarddach, das abbrannte und zu Beginn des 19. Jh.s durch die Kuppel ersetzt wurde.

Umgebung, Ócsa
*Romanische Kirche

Der Besuch von Ráckeve lässt sich leicht mit einem kleinen Abstecher nach Ócsa verbinden, das etwa 35 km nordöstlich von Ráckeve und nur 5 km von der E 5 Budapest–Kecskemét entfernt liegt und über die Ortschaften Kiskunlacháza und Bugyi zu erreichen ist. Umgeben von kleinen, schilfgedeckten Bauernhäusern steht die spätromanische Kirche aus dem ersten Drittel des 13. Jh.s – ein schwerer, wehrhafter Kirchenbau mit zwei Fassadentürmen und einem weit vorspringenden Querschiff. Er wurde als Gotteshaus einer Prämonstratenserprobstei errichtet und in der Mitte des 16. Jh. von der reformierten Gemeinde übernommen. Die im 19. Jh. freigelegten Fresken im Chor stammen aus dem späten 13. Jh. (Apostel, die Heiligen Nikolaus und Georg, Szenen aus dem Leben des hl. Königs Ladislaus und Jüngstes Gericht).

Bugac (Puszta)

▶ Kecskemét, Umgebung

Bükk-Gebirge (Bükk hegység) D/E 27/28

Höhe: bis 959 m ü. d. M.

ⓘ **Nationalparkverwaltung Bükk, Sánc utca 6, 3304 Eger**
☎ (36) 41 15 81, FAX (36) 41 27 91

Erholungslandschaft

Das Mittelgebirge im Nordosten Ungarns gehört zu den meistbesuchten Erholungslandschaften des Landes und ist von ▶ Eger und ▶ Miskolc gleichermaßen schnell zu erreichen. Das Zentrum des Gebirges bildet ein etwa 20 km langes und 5 km breites Hochplateau mit dichten Misch- und Buchenwäldern, in denen neben vielen anderen Tieren Edelhirsche, Wildschweine und einige seltene Vogelarten beheimatet sind. Die höchsten Erhebungen des Bükk-Ge-

Kristallklarer Wasserfall im Bükk-Nationalpark ▶

birges sind der 958 m hohe Istállós-kő und der nur 3 m niedrigere Bálvány. Im Bükk wurden über 300 Höhlen entdeckt, einige mit vorgeschichtlichen Siedlungsspuren. Die wertvollsten archäologischen Funde kamen in der Szeleta-Höhle bei Lillafüred (▶ Miskolc, Umgebung) zum Vorschein, die den Menschen während der Eiszeit als Unterschlupf diente.

Bükk-Gebirge (Fortsetzung)

**Nationalpark Bükk

Seit 1976 ist der landschaftlich schönste Teil des Gebirges, insbesondere das von dichten Buchenwäldern bedeckte Hochplateau, als Nationalpark ausgewiesen (Bükki Nemzeti Park). Vor allem im Sommer wird der Nationalpark von zahlreichen Urlaubern und Tagesausflüglern besucht, die in der Abgeschiedenheit der herrlichen Gebirgslandschaft Erholung suchen. Das Tor zum Bükk-Nationalpark ist der Ort Felsőtárkány etwa 15 km nordöstlich von Eger. Hier startet auch die Waldeisenbahn, die zwischen Mai und September in Betrieb ist. Besonders zu empfehlen ist eine Fahrt von Eger über Felsőtárkány und Lillafüred nach Miskolc, auf der man die Naturschönheiten des Bükk-Gebirges kennen lernen kann. Auf der ca. 40 km langen Strecke schlängelt sich die Straße in zahllosen Serpentinen durch die bewaldete Gebirgslandschaft. Von kleinen Parkplätzen aus bieten sich herrliche Panoramablicke. Auf der Suche nach Restaurants und Übernachtungsmöglichkeiten wird man am ehesten in Szilvásvárad (s. u.), dem touristischen Zentrum des Nationalparks, Erfolg haben. Eine Fahrt mit der Schmalspurbahn von Szilvásvárad in das 5 km entfernte, romantische Szalajka-Tal (Szalajka-völgy) zum Schleier-Wasserfall gehört zu den Attraktionen der Bükk-Region. An den Wochenenden muss man dort allerdings mit einigem Rummel rechnen.

Szilvásvárad

*Erholungsort mit Lipizzaner-Gestüt

Die Ortschaft liegt knapp 30 km nördlich von Eger in schöner Umgebung am Westrand des Nationalparks. Bis 1945 befand sich der Erholungsort im Besitz des Grafen Pallavicini, der sich 1860 hier von dem namhaften Architekten Miklós Ybl ein Schloss bauen ließ. Den Pferdeliebhabern ist Szilvásvárad vor allem wegen des Lipizzaner-Gestüts ein Begriff. Das Besucher-Angebot reicht von der Besichtigung der Pferde in ihren Stallungen und einer kleinen Dokumentation zur Geschichte des Gestüts bis hin zu Reitvorführungen, Ausritten und Kutschfahrten.

*Istállós-kő

Nur wenige Meter unterhalb der Endstation der Schmalspurbahn, bei dem kleinen Wasserfall mit Kalktufftreppen, informiert ein Waldmuseum über das Leben der Holzfäller. Ein ausgeschilderter Weg (ca. 15 min. Gehzeit) führt von hier hinauf zu der Höhle im Istállós-kő, in der urgeschichtliches Material, 30 000 – 40 000 Jahre alte Gerätschaften, Tierknochen und anderes gefunden wurde. Von dieser Höhle geht es steil nach oben zum höchsten Gipfel des Bükk-Gebirges, dem Istállós-kő – ein Weg, der allerdings festes Schuhwerk erfordert.

Hier hat die Pferdezucht Tradition: Lipizzaner im Gestüt von Szilvásvárad

Bélapátfalva

*Zisterzienserkirche

An der Straße nach Eger, 8 km südlich von Szilvásvárad, liegt die unscheinbare Ortschaft Bélapátfalva, deren Zementwerk stillgelegt wurde. Eine ausgeschilderte, unbefestigte Straße führt vom Ort hinauf zum Fuß des imposanten Bélkő-Bergs, wo auf einem Plateau inmitten der bewaldeten Abhänge eine spätromanische Klosterkirche steht. Sie ist Ungarns einzige erhaltene Zisterzienserkirche aus dem

Mittelalter. Die abgeschiedene Lage und die schlichte Erhabenheit des Gotteshauses verleihen diesem Ort seinen ganz besonderen Charme. Im Jahre 1232 ließen sich Mönche aus dem Kloster Pilis (Esztergom) hier nieder. Durch den Mongoleneinfall wurden die Bauarbeiten an Kirche und Kloster unterbrochen und konnten erst im 15. Jh. beendet werden. Bis ins 18. Jh. verfielen die Gebäude; von der Kirche standen schließlich nur noch die Außenmauern. Um 1730 wurde sie, nunmehr im Besitz des Priesterseminars von Eger, unter Verwendung originaler Bauteile wieder hergestellt. Die Restaurierungskampagne zwischen 1953 und 1966 brachte den ursprünglichen Zisterzienserbau und die Fundamente der Klosteranlage südlich der Kirche wieder zum Vorschein.

Bélapátfalva (Fortsetzung)

Das strenge Äußere des Gotteshauses entspricht mit dem flachen Chorschluss, den fast schmucklosen Fassaden und dem Fehlen eines Turms den Bauvorschriften des Ordens. Einzige Zierde der Westfassade sind das Stufenportal mit schön gearbeiteten Kapitellen und die frühgotische Fensterrose. Der Eindruck äußerster Zurückhaltung ist auch im überwiegend barocken Inneren der dreischiffigen Basilika noch spürbar. Ein typisches Element zisterziensischer Klosteranlagen ist die Bücherzelle, die sich an das südliche Querschiff anschloss und vom Kreuzgang aus zugänglich war (geöffnet 16. März – Okt. Di. – So. 10⁰⁰ – 16⁰⁰ Uhr; im Winter auf Voranmeldung, ☎ (36/35 47 84).

Debrecen (Debreczin) — G 34

Komitat: Hajdú-Bihar
Höhe: 121 m ü. d. M.
Einwohnerzahl: 203 000

ⓘ Piac utca, 20, 4024 Debrecen
☎ (52) 41 22 50, FAX (52) 53 53 23, debrecen@tourinform.hu

✕ S. 383

***Stadt im Tiefland**

Debrecen, die Heimat der Debreziner Würste, liegt im Tiefland östlich der Theiß an der Fernstraße 4 und ist Hauptstadt des Komitats Hajdú-Bihar. Mit über 200 000 Einwohnern ist Debrecen die zweitgrößte Stadt des Landes, doch trotz ihrer Entwicklung zu einem Industrie- und Hochschulstandort verströmt sie die unaufgeregte Atmosphäre einer Provinzstadt. Die Große Reformierte Kirche und das Reformierte Kollegium erinnern heute noch daran, dass Debrecen, das gerne mit dem Beinamen "Kalvinistisches Rom" betitelt wird, die Hochburg des Protestantismus in Ungarn war.

Geschichte

Der aus mehreren Siedlungen zusammengewachsene mittelalterliche Handelsplatz erhielt 1361 die Stadtrechte. Im 16. Jh. übten in Debrecen 50 Handwerker, die in 14 Zünften zusammengeschlossen waren, ihr Gewerbe aus. Als sich die Reformation in Ungarn ausbreitete, avancierte die wohlhabende Handelsstadt zu einem Zentrum der kalvinistischen Religionslehre. Die Türken nahmen Debrecen 1555 ein, hinderten die Bürger aber nicht an der Ausübung ihrer Geschäfte und ihrer kalvinistischen Religion. Anders die Habsburger, die im 17. Jh. die Stadt von der Türkenherrschaft befrei-

Debrecen, Geschichte (Fortsetzung)

ten, aber mit der Einführung der Gegenreformation den Widerstand der Bevölkerung Debrecens herausforderten, bei dem sich nationale Bestrebungen und religiöse Überzeugung vermischten. Während der 1848er-Revolution machte Lajos Kossuth die Stadt zum Hauptquartier des Freiheitskampfes und zum Sitz seiner Regierung. In der Großen Reformierten Kirche deklarierte er Ungarns Unabhängigkeit und die Absetzung des Hauses Habsburg. Ein Jahrhundert später, im Jahr 1944, war Debrecen erneut Schauplatz historischer Ereignisse: Am 21. Dezember trat hier die Provisorische Nationalversammlung zusammen und Debrecen wurde die Hauptstadt der bis dahin befreiten Landesteile. Diesen Status behielt sie bis zum März 1945, als die Regierung wieder nach Budapest zurückkehren konnte.

Blumenkarneval

Alljährlich am Stephanstag (20. August) ist Debrecen Schauplatz eines farbenprächtigen Umzugs mit zahlreichen blumengeschmückten Wagen, die Tiere, Phantasiefiguren, Wappen u. a. darstellen.

Sehenswertes in Debrecen

Stadtbild

Das Zentrum von Debrecen durchzieht eine Hauptachse, die vom Großen Wald im Norden bis zum Bahnhof im Süden verläuft. In ihrem mittleren Abschnitt heißt sie Piac utca (Marktstraße) und ist Fußgängerzone. Außer den nachfolgend beschriebenen Gebäuden finden sich hier wie auch in einigen Querstraßen (insbesondere in der Kossuth utca) sehenswerte Häuser aus der Übergangsphase vom Historismus zum Jugendstil.

Große Reformierte Kirche

Das Wahrzeichen von Debrecen ist die monumentale Große Reformierte Kirche (Református Nagytemplom), die den imposanten Abschluss der Piac utca bildet. Sie ist geschichtlich das bedeutendste Gebäude der Stadt und überdies die größte kalvinistische Kirche Ungarns. Seit dem 12. Jh. stand hier ein Gotteshaus. Die im 13. Jh. erbaute Andreaskirche, eine gotische Basilika, wurde bei einem Stadtbrand 1802 in Schutt und Asche gelegt. Mauerreste dieser Kirche sind im Norden des heutigen Bauwerks freigelegt worden. Zwischen 1807 und 1819 (Innenausstattung etwas später vollendet) entstand nach Plänen von Mihály Péchy und Josef Tallherr der klassizistische Neubau mit einer giebelbekrönten, von zwei Türmen gefassten Eingangshalle an der südlichen Längsseite. Der Ausdruck kühler Strenge beherrscht auch den zentral angelegten Innenraum. Von der Vorgängerkirche ist noch die 5 t schwere Glocke erhalten, die 1873 neu gegossen wurde und bei besonderen Anlässen geläutet wird. Der siebenbürgische Fürst György Rákóczi I. (1593 – 1648) ließ sie aus Kanonen gießen, die im Dreißigjährigen Krieg erbeutet wurden.

Gedenkgarten

Vor der Kirche steht seit 1914 das Denkmal von Lajos Kossuth, hinter ihr liegt zwischen dem Oratorium und dem Kollegium der Gedenkgarten (Emlékkert) mit einem Mahnmal für jene Geistlichen, die der habsburgische Gerichtshof 1675 als Galeerensklaven verkaufte, weil sie den kalvinistischen Glauben verkündet hatten. An den siebenbürgischen Fürsten István Bocskai (1557 – 1606) und seine Verdienste um die Religionsfreiheit der Ungarn erinnert sein Bronzestandbild, das 1906 hier aufgestellt wurde.

Reformiertes Kollegium

Am Kálvin tér erhebt sich das Gebäude des Reformierten Kollegiums (Református Kollégium). Die 1568 aus einer Lateinschule der Dominikaner hervorgegangene Hochschule wirkte weit über Debrecens Grenzen hinaus als kalvinistische Bildungseinrichtung. Zur Hochschule gehörten 100 Elementar- und 40 höhere Schulen, die vom Kollegium mit Lehrern, Schulbüchern und Lehrplänen versorgt wurden. Das barocke Kollegiumsgebäude wurde durch den Stadtbrand 1802 schwer beschädigt und 1802 – 1816 durch Mihály Péchy im klassizistischen Stil umgebaut. Die Seitenflügel sind eine Ergänzung aus den Jahren 1870 – 1874. An der Stirnseite mit dem Haupteingang sind Gedenktafeln mit den Porträts berühmter Studenten angebracht. Die 526 000 Bände umfassende Bibliothek des Kollegiums besitzt eine überaus reiche Bibelsammlung, wertvolle Handschriften und 146 Wiegendrucke. Im Oratorium tagte 1849 das Revolutionsparlament unter der Führung von Lajos Kossuth, das die Absetzung der Habsburger beschloss, und im Dezember 1944 trat hier die Provisorische Landesversammlung zusammen.

*Déri-Museum

Ein Straßenblock weiter westlich, am gleichnamigen Platz, steht das Déri-Museum, benannt nach dem Fabrikanten Frigyes Déri, dessen Kunstsammlung den Grundstock des Museums bildet. Der außergewöhnlich reiche Bestand umfasst Kunstschätze aus Ostasien, antike Funde aus Ägypten (Mumien, Sarkophage), Griechenland und Italien, außerdem eine Sammlung heimischer Volkskunst (Hortobágyer Hirtenmäntel, Fayencen, Steingut- und Porzellangefäße) sowie Kunst des 15. bis 20. Jhs. wie z. B. das großformatige Gemälde “Ecce homo” von Mihály Munkácsy (1844 – 1900). Die vier

Déri-Museum (Fortsetzung)

Bronzefiguren vor dem Déri-Museum, Arbeiten des Debrecener Bildhauers Ferenc Medgyessy (1881 – 1958), symbolisieren die vier Sammlungsbereiche Archäologie, Geschichte, Kunst und Ethnografie. Der Künstler erhielt für diese Plastik 1937 den Grand Prix der Weltausstellung in Paris. In der Péterfia utca (Nr. 28) ist ein kleines Museum mit Werken dieses Künstlers eingerichtet.

Hotel Arany Bika

Der Stadtrundgang führt wieder zurück zur Piac utca, wo neben der Großen Reformierten Kirche das 1914 erbaute Jugendstilgebäude des Hotels Arany Bika (Piac utca 11 – 15) die Blicke auf sich zieht. Schon Ende des 17. Jh.s stand hier ein Gasthaus, das sich zu Beginn des 19. Jh.s im Besitz von János Bika (Johannes Stier) befand. Auf seinem Wirtshausschild prangte ein goldener Stier – daher der Name Arany Bika (Goldener Stier).

Rathaus

An der Ecke Piac utca/Kossuth utca steht das 1842/1843 nach Plänen von Ferenc Povolny erbaute, klassizistische Rathaus. Der durch korinthische Pilaster gegliederte Mittelrisalit mit fünf Fenstern weist im Tympanon das Stadtwappen von Debrecen mit dem Osterlamm auf.

Kleine Reformierte Kirche

Die Kleine Reformierte Kirche (Kistemplom) an der Ecke Piac utca/ Széchenyi utca ist ein 1726 entstandener und 1870 umgebauter, kleiner Barockbau. Die ursprüngliche Zwiebelhaube des mächtigen Westturms wurde durch einen Sturm zerstört und 1907 durch einen Zinnenkranz ersetzt, der den wehrhaften Charakter der Kirche unterstreicht. Seit dieser Umgestaltung heißt das Gotteshaus bei den Bürgern von Debrecen "Stummelkirche".

Weitere sehenswerte Gebäude

In der Széchenyi utca 6, nur wenige Meter hinter der Kleinen Reformierten Kirche, steht das ehemalige Wohnhaus des Postmeisters (Gasthof zur Alten Post), das einen berühmten Gast beherbergte: Im November des Jahres 1714 übernachtete hier der schwedische König Karl XII. auf seiner Flucht vor dem russischen Zaren. Ein bemerkenswertes Beispiel für historistische Architektur in Ungarn ist das Csokonai-Theater (1861 – 1865) in der Kossuth utca 10. Folgt man der Kossuth utca weiter in östlicher Richtung, dann kommt man zur neugotischen Backsteinkirche am Méliusz tér. In der Szent Anna utca steht die barocke St.-Anna-Kirche, 1721 – 1746 nach Entwürfen von Giovanni Battista Carlone errichtet. Die kleine Kirche diente ursprünglich den Piaristen (ehemaliges Piaristen-Ordenshaus direkt nebenan), dann der katholischen Gemeinde von Debrecen als Gotteshaus. Das Hauptaltarbild von Karl Rohl stellt die hl. Anna, die Patronin der Kirche, dar. Das Alte Komitatshaus (Régi Megyeháza) in der Piac utca 54 entstand 1911/1912 im Stil der Sezession. Auf den bunten Glasfenstern im Festsaal stellte Károly Kernstok (1873 – 1940) die sieben landnehmenden Fürsten dar.

Nagyerdő

Der Nagyerdő (Großer Wald) ist das im Norden des Stadtzentrums gelegene, auch mit der Straßenbahn erreichbare Naherholungsgebiet von Debrecen. In der 2300 ha großen Wald- und Parklandschaft, in die auch das Universitätsgelände und der Zentralfriedhof integriert sind, gibt es zahlreiche Vergnügungs- und Sporteinrichtungen, u. a. einen Teich zum Rudern und Bootfahren, ein Waldstadion, einen kleinen Zoo und einen Vergnügungspark. In einem

9 ha großen Park liegt das Thermalbad (Nagyerdei körút 9/11), das von zwei mineralsalzhaltigen, 63 °C warmen Quellen gespeist wird. Vier Thermalbecken befinden sich in der Kuppelhalle, die drei Außenbecken haben zusammen eine Wasserfläche von 5000 m^2. Eines der Becken ist ein Wellenbad.

Nagyerdő (Fortsetzung)

Im Zentralfriedhof (Köztemető Ady Endre út) ist vor allem die 1932 von József Borsos im Sezessionsstil entworfene Leichenhalle zu beachten. Das Hauptgebäude der Universitätskliniken (Nagyerdei körút 98) entstand 1918 nach Entwürfen von Flóris Korb, wobei die einzelnen Stationen in Pavillons untergebracht und durch ein 3 km langes System von unterirdischen Gängen miteinander verbunden sind.

Debrecen, früher eine Hochburg des Kalvinismus in Ungarn, ist heute eine bedeutende Universitäts- und Schulstadt.

Umgebung von Debrecen

Hajdúság

In der näheren Umgebung von Debrecen gibt es eine Reihe von Ortschaften und Städtchen, deren Name mit der Silbe "Hajdú" (Heiducken) beginnt. Die Heiducken waren ursprünglich Viehtreiber und Bauern, die sich seit dem 15. Jh. als Söldner in den Grenzgebieten verdingten und für ihren Mut und ihre kriegerische Mentalität bekannt waren. Ein Teil der Heiducken kämpfte im 17. Jh. für den Siebenbürger Fürst István Bocskai gegen die Habsburger. Nach dem Sieg über dieselben 1604 erhielten sie von ihm im Gebiet von Debrecen Land zur Ansiedlung (hajdúság = Land der Heiducken). Die Heiduckendörfer wurden meist als ringförmige, von einem Palisadenzaun oder einem Wall geschützte Siedlungen angelegt, wie man es heute noch an der Stadt Hajdúböszörmény erkennen kann.

Debrencen, Umgebung (Fts.), **Hajdúböszörmény**

Das Zentrum des Heiduckenlandes und seit 1699 Sitz des Heiduckenhauptmanns war die 18 km nordwestlich von Debrecen gelegene Stadt Hajdúböszörmény (30 000 Einw.). Im Haus des ehemaligen Heiduckenhauptmanns (Kossuth utca 1) ist heute das Heiduckenmuseum (Hajdúsági Múzeum) untergebracht. Dem barocken Gebäude aus dem 18. Jh. wurde 1870 im Norden ein neoklassizistischer Flügel angefügt. Die reichhaltigen archäologischen, ethnografischen und lokalhistorischen Sammlungen werden durch eine Ausstellung mit Werken der hiesigen Künstlerkolonie komplettiert.

Hajdúdorog

Weitere 16 km nördlich liegt Hajdúdorog, seit 1912 der einzige griechisch-katholische Bischofssitz in Ungarn. Die barocke griechisch-katholische Kirche (Tokaji út 2) mit Festungswall stammt aus dem Jahre 1770 und wurde 1869 umgebaut. Die aus 54 Gemälden bestehende Ikonostase trägt überwiegend spätbarocke Züge.

***Hajdúszoboszló**

Das Kapital von Hajdúszoboszló, 20 km südwestlich von Debrecen gelegen, ist seine 73 °C warme Heilquelle. Nachdem man bei einer Bohrung auf sie gestoßen war, verwandelte sich das ehemalige Heiducken-Städtchen innerhalb weniger Jahre von einer verschlafenen Kleinstadt in einen Kurort, der bis in die späten 1980er-Jahre hoch im Kurs stand. Als nach der politischen Wende die Gästezahlen schrumpften, suchte Hajdúszoboszló nach neuen Perspektiven. Man erneuerte das Thermalbad und fügte ihm einen Aquapark an, der heute die größte Badelandschaft in Ungarn ist. Auf dem Kurareal in der József Attila utca kann der Besucher wählen zwischen einem ganzjährig geöffneten Thermalbad mit mehreren Becken und physiotherapeutischen Einrichtungen und einem Freibereich mit Wellen- und Sprudelbad, Schwimm- und Kinderbecken sowie einem Meerbad mit Sandstrand.

Hortobágy

► dort

Donauknie (Dunakanyar) F 17 – 19

ⓘ Vác, Március 15. tér 16, 2600 Vác,
☎ (27) 31 61 60, FAX (27) 31 64 64, vac@tourinform.hu

S. 372 und 377 S. 384 und 387

****Landschaftsbild**

Einer der markantesten Punkte der ungarischen Landschaften ist das Donauknie, so benannt, weil der breite Strom hier, zwischen Esztergom und Budapest, beinahe im rechten Winkel nach Süden abknickt und dabei in vielen Windungen das waldreiche Visegráder Gebirge durchbricht. Der etwa 60 km lange Abschnitt ist wegen seiner herrlichen Natur, aber auch wegen der interessanten alten Städte – von Szentendre über Vác und Visegrád bis Esztergom – eine der beliebtesten Ausflugs- und Erholungsregionen in der Umgebung der ungarischen Hauptstadt. Wander- und Naturfreunde zieht es vor allem in das Hinterland des Donauknies, in das Pilis-Gebirge (► Esztergom, Umgebung) und in die Visegráder Hügel im Süden des Flusslaufs, sowie ins weniger stark frequentierte Börzsöny-Gebirge oder ins Cserhát-Bergland (► Hollókő, Umgebung) im Norden und Osten der Donau. Die gut ausgebauten Fernstraßen

Landschaftliches Highlight im Norden von Budapest: das Donauknie

Donauknie (Fortsetzung)

Nr. 11 und Nr. 2 führen direkt an der Donau entlang, die Fernstraße 10 durchquert das Pilis-Gebirge zwischen Budapest und Dorog. ▶ Szentendre ist durch die Vorortbahn HÉV mit Budapest verbunden. Man kann die malerische Strecke auch mit dem Promenadenschiff oder mit Tragflügelbooten zurücklegen. Fahrplanmäßig verkehren Passagierschiffe zwischen Budapest (Vigadó tér) und Esztergom (stromaufwärts 5 Stunden Fahrtzeit, stromabwärts 4 Stunden).

Vác (Waitzen)

*Barockstädtchen an der Donau

Am linken Ufer des Donauknies, 34 km nördlich von Budapest, liegt Vác, das sich den Charme eines hübschen Barockstädtchens bewahrt hat. Den besten Blick auf die Silhouette der Stadt mit den charakteristischen Kirchtürmen genießt man von der Donauinsel aus, von der eine Autofähre nach Vác übersetzt.

Geschichte

Auf dem bereits seit langem besiedelten Gebiet gründete der heilige Stephan zu Beginn des 11. Jh.s ein Bistum. Die günstig an einem Donauübergang gelegene Stadt war im Hochmittelalter ein regionales Handelszentrum im Schutz einer königlichen Burg. Um die Mitte des 13. Jh.s lag im Bereich des heutigen Stadtkerns die ebenfalls von Mauern umringte Stadt der Deutschen. Durch die Türkenkriege im 16. und 17. Jh. wurde die Stadt schwer verwüstet. Erst als Ende des 17. Jh.s die Bischöfe sich in Vác niederließen, entstand nördlich der Burg die Barockstadt, die im 18. Jh. aufblühte. Diese Entwicklung hielt auch im 19. Jh. an, auch Dank der ersten ungarischen Eisenbahnlinie von Pest nach Vác, die 1846 eröffnet wurde.

Vác (Fts.), Stadtanlage

Das historische Zentrum von Vác erstreckt sich am östlichen Donauufer zwischen dem vom Dom beherrschten Konstantin tér und dem nördlich davon gelegenen Március 15. tér (Platz des 15. März), der von schönen Bürgerhäusern gesäumt ist. Wenn man von Budapest kommend in die Stadt hineinfährt, überquert man am Diadal tér die figurengeschmückte Zweibogenbrücke aus dem Jahr 1757, die den Gombás-Bach überspannt. Der Mártirok útja folgend gelangt man zum Géza király tér (König-Géza-Platz) mit der Franziskanerkirche.

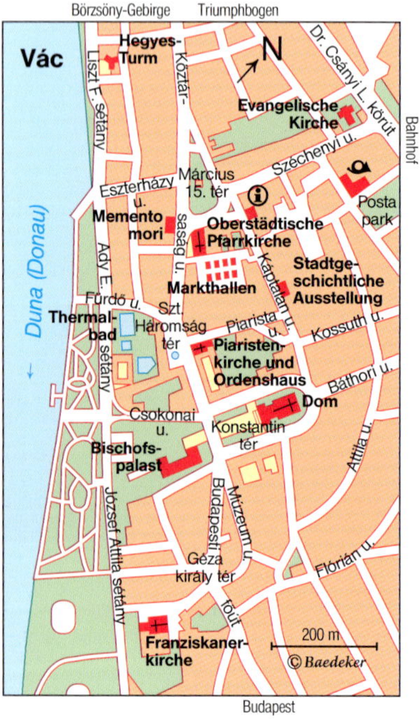

Géza király tér

Die Südwestseite des König-Géza-Platzes nimmt die barocke, dreischiffige Franziskanerkirche ein, für deren Bau (1721 – 1766) auch die Steine der mittelalterlichen Kathedrale verwendet wurden. Die Giebelwand schmückt eine Skulptur des Ordensgründers sowie das Emblem der Franziskaner. Ebenfalls am Géza király tér, im Hof einer neuen Schule, stößt man noch auf einige wenige Mauerreste der ehemaligen Königsburg. Von dem zehneckigen Torturm ist heute nur noch ein Stumpf vorhanden. In dem Ruinengarten steht die Figur des "Glücklichen Einsiedlers Vácz", von dem angeblich der Name der Stadt herrührt.

***Dom Mariä Himmelfahrt**

Am weitläufigen Konstantin tér erhebt sich das imposante Gotteshaus (Székesegyház), das mit seiner klassizistischen Kühle und seinem massigen Erscheinungsbild nicht so recht in das kleine Barockstädtchen passen will. Erstmalig in Ungarn kommt hier der in Frankreich entwickelte Stil bei einer Bischofskirche zur Anwendung, die dadurch zum Vorreiter für die späteren Domneubauten in Eger und Esztergom wird. Bischof Károly Esterházy, der 1760 den Baumeister Franz Anton Pilgram mit der Planung des Gotteshauses beauftragte, wechselte kurz darauf nach Eger. Sein Nachfolger im Amt, der ehrgeizige junge Christoph Migazzi, übergab das Projekt an den Wiener Hofbaumeister Isidore Canevale, der bereits mit dem Klassizismus vertraut war. Am deutlichsten wird dies an der antikisierenden Säulenvorhalle der Westfassade, die von sechs Statuen des Bildhauers Josef Bechert bekrönt wird. Der von einer Kuppel überwölbte Innenraum weist sowohl Elemente des Zopfstils als auch des Klassizismus auf. Franz Anton Maulbertsch schuf 1771 das Kuppelfresko ("Triumph der Hl. Dreifaltigkeit") sowie die "Heimsuchung Mariä" hinter dem Hauptaltar. Dieses Fresko war auf Wunsch von Bischof Migazzi hinter einer Mauer verschwunden und durch ein Gemälde von Martin Johann Schmidt (1718 – 1801), bekannt als Kremser-Schmidt, ersetzt worden. Erst 1944 hat man es wiederentdeckt. Von Schmidt stammen auch die Altarblätter der beiden Seitenaltäre beim Eingang der Kirche. Relikte des mittelalterlichen Doms sind die Pfeiler der Chorschranken. In der Krypta sind ebenfalls Pfeilerreste des Vorgängerbaus zu sehen.

Vác, Dom (Fortsetzung)

Steht man vor der Ostseite des Doms, dann sind es nur wenige Meter zur 1972 eingerichteten Musikschule Béla Bartók am Kossuth tér, die sich harmonisch in die barocke Umgebung einfügt.

Bischofspalast

Noch während der Dom im Bau war, ließ Bischof Migazzi sich auf der gegenüberliegenden Seite des Konstantin tér von dem Wiener Architekten Josef Meissl ein zweistöckiges Palais mit Mittelrisalit errichten (1768 – 1775). Westlich des Gebäudes erstreckt sich bis zum Donauufer der Palastgarten.

Piaristenkirche

Das dominierende Gebäude am Szentháromság tér ist die ehemalige Piaristenkirche St. Anna (Piarista templom, 1745 vollendet), die man an ihren schlanken, von spitzen Helmen bedeckten Türmen erkennt. An die Kirche schließt sich das Ordenshaus der Piaristen an. Die barocke Dreifaltigkeitssäule (1755) in der Mitte des Platzes ist ein schönes Exemplar dieser häufig anzutreffenden Skulptur-Gattung.

Thermalbad

Gegenüber der Piaristenkirche liegt einer der Eingänge in das Thermalbad von Vác (ein weiterer Eingang befindet sich am Ady Endre sétány 11). Zwischen den Badeeinrichtungen und dem Donauufer erstreckt sich eine Parkanlage mit Platanenallee, umzäunt von einem schmiedeeisernen Gitter des ungarischen Architekten und Kunsthandwerkers Frigyes Feszl (1821 – 1884).

***Március 15. tér**

Der dreieckige “Platz des 15. März” (Ausbruch der Revolution von 1848 in Ungarn) war der Mittelpunkt der barocken Bürgerstadt, auf dem bis zu seiner Umgestaltung 1951 der Markt abgehalten wurde. Mit den umstehenden Häusern im Barock- und Zopfstil bildet er ein stimmungsvolles Ensemble. Der Platz selbst ist etwas abgesenkt, mit Zierplatten ausgelegt und mit vier Barockskulpturen und einem Brunnen geschmückt. Das Rathaus (Nr. 11), ein Barockbau, wurde 1735 – 1769 an der Stelle eines türkischen Bades errichtet. Über dem schön gestalteten Eingang fallen das schmiedeeiserne Rokoko-Gitter und die Figurengruppe ins Auge. Aus der Zusammenfügung zweier mittelalterlicher Häuser entstand durch Umbauten im 18. Jh. der erste Bischofspalast (Nr. 6), der nach dem Bau des neuen bischöflichen Wohnsitzes zum Kloster umgestaltet wurde. Das zweistöckige Gebäude hat zu beiden Seiten ein barockes Prunktor. An der Südseite wird der Március 15. tér von der schlichten Fassade der ehemaligen Dominikanerkirche, der heutigen Oberstädtischen Pfarrkirche, gefasst. Das Innere des zwischen 1699 und 1745 erbauten Gotteshauses überrascht den Besucher mit einer schönen Ausstattung im Rokoko-Stil.

Baedeker TIPP Memento mori

Im Haus Nr. 19 am Március 15. tér gibt es einen ebenso interessanten wie gruseligen Fund zu besichtigen: Es handelt sich um die mumifizierten Leichname, die zwischen 1731 und 1808 in der Krypta der Dominikanerkirche bestattet wurden und durch das besondere Klima dort auf natürliche Weise erhalten blieben (geöffnet März – Okt. Di. – So. 10^{00} – 18^{00} Uhr).

Hegyes-Turm

Nordwestlich des Március 15. tér steht am Flussufer der so genannte Hegyes-Turm (Liszt Ferenc sétány 12), der letzte Überrest der alten Stadtmauer. An das einstöckige, runde Bauwerk schließt sich ein modernes Wohnhaus an. Dort findet die Uferpromenade ihre Fortsetzung, etwas abseits können Schiffe und Fähren anlegen.

Der dreieckige Március 15. tér, ein anmutiges Barockensemble in der Kleinstadt an der Donau

Triumphbogen

Ein paar Querstraßen nördlich des Március 15. tér, am früheren Stadtrand, schiebt sich der klassizistische Triumphbogen wie ein Querriegel in die Köztársaság út. Das monumentale Bauwerk entstand im Jahr 1764, als Kaiserin Maria Theresia Vác mit einem Besuch beehrte. Bischof Migazzi beauftragte ein weiteres Mal den Hofbaumeister Isidore Canevale, der bereits mit der Planung des Doms betraut war. Canevale schuf einen antiken Vorbildern folgenden Triumphbogen mit Reliefmedaillons in der Attikazone. Sie zeigen die Portraits des Kaiserpaars, der Erzherzöge Joseph und Leopold sowie die der beiden habsburgischen Kaiser Ferdinand und Maximilian, Vorfahren Maria Theresias.

Umgebung von Vác

***Vácrátót**

Der etwa 10 km südöstlich von Vác gelegene Ort Vácrátót besitzt einen der schönsten botanischen Gärten Ungarns, den Graf Sándor Vigyázó 1872 im Stil eines englischen Landschaftsgartens anlegen ließ. Der mit Felspartien, einem Wasserfall, künstlichen Ruinen und anderen romantischen Details abwechslungsreich gestaltete Park wird heute von der Akademie der Wissenschaften betreut, die auch das Arboretum mit seinen 15 000 Pflanzenarten pflegt. Zu den besonders seltenen Gewächsen des botanischen Gartens gehören Knopfkrautsträucher und riesige Sumpfzypressen rund um den künstlich angelegten Teich. Auf der Anlage steht auch ein Schloss, in dessen Park alljährlich Konzerte mit Werken von Mozart gegeben werden.

Vácrátót (Fortsetzung)

Für Naturfreunde empfiehlt sich ein Ausflug in die unberührte Natur des Börzsöny-Gebirges, dessen durchschnittlich 300 – 400 m hohe Vulkankegel die westlichen Ausläufer des Nordungarischen Mittelgebirges bilden. Im Süden, Westen und Norden reicht es bis zur Donau und Ipoly, im Osten wird es durch das Nógráder Becken begrenzt. Rund um den Csóványos, den mit 938 m höchsten Gipfel, erstreckt sich das 18 000 ha große Landschaftsschutzgebiet Magas-Börzsöny, Bestandteil des Nationalparks Duna-Ipoly, der außer dem Börzsöny auch die Gebirgslandschaft des Donauknies und das nördlich davon gelegene Ipoly-Tal umfasst. Die abwechslungsreiche Landschaft prägen flache, bewaldete Berghänge und tief eingeschnittene Täler mit zahlreichen Quellen und Flussläufen. In den niederen Lagen überwiegen Eichenwälder, in den höheren Buchenwälder. In dieser erholsamen Naturlandschaft kann man bei Wanderungen auch Hirsche, Wildschweine und Mufflons zu Gesicht bekommen. Als Ausgangspunkte für ein- oder mehrtägige Touren zu Fuß empfehlen sich Nógrád oder Diósjenő (etwa 20 km nördlich von Vác). Wer es gern etwas bequemer hat, nehme die Schmalspurbahn, die von Verőce (5 km westlich von Vác) aus das Börzsöny-Gebirge durchquert.

Börzsöny-Gebirge

Visegrád (Plintenburg)

*Ehemalige Königsstadt in malerischer Lage

Von den Städten am Donauknie liegt Visegrád vermutlich am schönsten, nämlich am Ausgang einer Flussschlinge, etwa 15 km westlich von Vác. Der geschichtsträchtige Ort ist v. a. wegen der Ruinen des Königspalastes und der aussichtsreich gelegenen Zitadelle ein beliebtes Ausflugsziel.

Die strategisch günstige Lage des Platzes oberhalb der Donau hatten sich bereits die Römer zunutze gemacht, die im 4. Jh. auf dem Sibrik-Hügel ein Militärlager gründeten. Daran erinnert noch ein rekonstruierter Wachturm in der Nähe der Fő utca. In den Ruinen der Römerfestung siedelten sich im 9. Jh. Slawen an und tauften den Ort Visegrád, was so viel wie "hohe Feste" bedeutet. Nach dem Mongoleneinfall 1241, dem auch Visegrád zum Opfer fiel, ließ König Béla IV. das Land mit Burgen befestigen. In Visegrád wurde am Donauufer eine Unterburg mit einem wehrhaften Wohnturm im Mittelpunkt, dem dem sog. Salomonturm, errichtet. Diese Unterburg war durch eine Mauer mit der mächtigen Oberburg verbunden. Unter Karl I. von Anjou, der 1316 seine Residenz dorthin verlegte, entwickelte sich Visegrád zu einer bedeutenden Stadt. In einem eigens dafür in der Zitadelle erbauten Turm ließ Karl die ungarischen Krönungsinsignien und zeitweise, nach der Krönung seines Sohnes Ludwig zum polnischen König (1370), auch die polnischen Kronjuwelen aufbewahren. Ab 1330 entstand am Hang des Burghügels ein neuer königlicher Palast, den sein Sohn Ludwig, der die Residenz wieder nach Buda verlagerte, zum Sommersitz mach-

Visegrád, Geschichte (Fts.)

te. Einen letzten kurzen Höhepunkt erlebte Visegrád in der zweiten Hälfte des 15. Jh.s, als König Matthias I. den Königspalast für sich und seine aragonesische Frau Beatrix um- und ausbauen ließ und dazu italienische bzw. in Italien ausgebildete Künstler nach Visegrád berief. Der Hof von Visegrád wurde dadurch zu einem künstlerischen Zentrum der Frührenaissance in Ungarn. Mit dem Tod von Matthias setzte der Niedergang der Stadt ein. Die Oberburg wurde in den Türkenkriegen mehrfach belagert, von verschiedenen Parteien in Besitz genommen und zerstört. Die noch erhaltenen Türme ließ der österreichische Kaiser Leopold 1702 sprengen. Im 18. Jh. wurden in Visegrád deutsche Siedler ansässig, die sich aus den Steinen des verfallenen Palastes ihre Häuser bauten. Ein Erdrutsch begrub die Reste des Palastes unter sich. Sie werden seit den 1930er-Jahren Stück für Stück wieder freigelegt.

Baedeker TIPP Wie die alten Rittersleut'

Am zweiten Juliwochenende feiert Visegrád alljährlich die mittelalterlichen Burgspiele mit Ritterturnieren, Jahrmarkt, Theateraufführungen und kulinarischen Genüssen. Außerdem wird jedes Jahr ein anderes Ereignis der Geschichte Visegráds in einem Umzug dargestellt.

Donauknie

Wasserbastei

Als Teil der unteren Burg war die Wasserbastei (Vízibástya) am Donauufer durch eine Mauer mit dem Salomonturm verbunden und diente der Überwachung des Wasserwegs bzw. der Trinkwasserversorgung des Palastes. Der mehrstöckige romanische Bau behinderte das Anlegen einer Straße und wurde deshalb abgerissen. Heute steht an seiner Stelle eine Rekonstruktion aus dem Jahre 1937.

*Salomonturm, Museum

Der sechseckige, ursprünglich 31 m hohe Salomon torony ist mit einer Mauerdicke von bis zu 8 m das beeindruckendste Relikt der Visegráder Unterburg. Von hier aus wurde die Uferstraße überwacht. Sein Name wird im Volksmund damit erklärt, dass im 11. Jh. der von Kaiser Heinrich IV. protegierte König Salomon vom ungarischen Adel hier gefangen gehalten wurde. Allerdings kann es sich dann nicht um den heutigen Turm handeln, da dieser erst im 13. Jh. entstand. Heute ist in dem Turm ein Museum mit Fundstücken aus dem einstigen Königspalast untergebracht (geöffnet Mai bis Oktober Di. – So. 9⁰⁰ – 17⁰⁰ Uhr).

Im Anjou-Saal im Erdgeschoss steht der Anjou-Brunnen aus der zweiten Hälfte des 13. Jh.s, ein Hauptwerk der mittelalterlichen Steinmetzkunst in Ungarn, der in seiner heutigen Form das Ergebnis einer vorbildlichen Rekonstruktion aus vielen kleinen Originalteilen ist. König Matthias ließ ihn im 15. Jh. aus dem Ehrenhof des Palastes entfernen und durch den damals zeitgemäßeren Herkulesbrunnen ersetzen, der heute noch dort steht. Der kostbare Brunnen aus rotem Marmor ist das Werk des Bildhauers Giovanni Dalmata. Ihm werden auch verschiedene andere, im Salomonturm aufbewahrte Plastiken aus dem Königspalast zugeschrieben, u. a. das rotmarmorne Madonnenrelief des Hochaltars aus der Palastkapelle. Im königlichen Privatgarten des Palastes stand der Löwenbrunnen, von dem ebenfalls Bruchstücke in diesem Museum zu sehen sind. Im obersten Geschoss wurde das mittelalterliche Gewölbe mit einem Metallnetz rekonstruiert. Von der Dachterrasse hat man einen herrlichen Blick auf die Donau.

Königspalast (**)

Wer heute durch das Ruinengelände des Visegráder Königspalastes (Királyi palota) spaziert, bekommt nur noch eine vage Ahnung von der einstigen Pracht des Gebäudekomplexes, über dessen Großzügigkeit und Schönheit Zeitgenossen ins Schwärmen gerieten. "Die herrlichen Speisesäle haben prächtige Kassettendecken. Hinzu kommen Hallen mit vergoldeten Säulen und überaus wohnliche Zimmer, kostspielige Marmorbrunnen, stolze Gitterfenster, ergötzliche Ballspielsäle, befestigte Schatzkammern sowie prächtige Höfe mit hohen Marmorbrunnen", schrieb der italienische Humanist Antonio Bonfini (1427 – 1503). Und weiter: "Auch Gärten fehlen nicht, unter offenen Säulenreihen duften Levkojen, allerlei Buchsbaumgewächs säumt liebliche Promenaden. (...) Auf den weiten Lichtungen in den Gärten fänden ganze Ratssäle Platz. Nicht weniger anziehend wirken auf den Betrachter die grün schimmernden Kanäle, die Fischteiche und Bassins, der Turnplatz und die lang gestreckte Pferderennbahn am Donauufer."

Rundgang

Das Ruinengelände liegt in der parallel zum Donauufer verlaufenden Fő utca (Eingang beim Haus Nr. 27). Erschlossen ist bislang der nordöstliche Teil des Palastes, die Residenz des Königs, während der südöstliche Palast noch weitgehend unter der Erde liegt. Man betritt die Anlage auf der untersten der insgesamt vier zum Hang

Visegrád, Königspalast (Fortsetzung)

hin ansteigenden Terrassen. Sie lag ursprünglich auf Straßenniveau. Hier befand sich der von Säulenhallen umgebene Empfangshof, an dessen Rückseite Treppen zur zweiten Terrasse hinaufführen. Durch einen engen Korridor, in dessen Seitenwände schmale Sitznischen für Bedienstete eingelassen sind, gelangt man in den Ehrenhof, Mittelpunkt des ehemaligen Wohnpalastes des Königs. In der Art eines Kreuzgangs führte um den Hof ein Arkadengang. Erhalten ist der Ostflügel mit herrlichem spätgotischen Netzgewölbe, gutes ein Beispiel für die hoch entwickelte mittelalterliche Wölbetechnik. In der Mitte des rekonstruierten Ehrenhofs steht der Herkulesbrunnen von Giovanni Dalmata, der auf dem 1000-Forint-Schein abgebildet ist. Originalfragmente des herrlichen Renaissancebrunnens sind in einem Raum daneben zu besichtigen.

Auch als Nachbildung imposant: der Löwenbrunnen im Ehrenhof des Königspalastes

Die Renaissance-Balustrade oberhalb des Ehrenhofs gehörte zu einer Loggia auf der dritten Terrasse, deren Fußboden Majolika-Platten zierten. Hinter der Loggia reihten sich weitere Gemächer des Königspalastes aneinander. Zwischen diesen und dem südöstlichen Palast lag auf der dritten Terrasse die Burgkapelle aus dem 14. Jahrhundert. König Matthias ließ in die verhältnismäßig große Kapelle eine vergoldete Holzdecke einziehen und einen Marmoraltar mit Madonnenrelief fertigen, der heute im Museum des Salomonturms bewundert werden kann. Eine Terrasse höher findet man im äußersten Norden der Palastanlage noch die Fragmente eines Bades mit einem Schwitzraum und einem Kaltwasserbecken. Südlich davon liegt der ehemalige königliche Privatgarten mit einer Nachbildung des rotmarmornen Löwenbrunnens, in dem der Übergang von der Spätgotik zur Renaissance sichtbar ist.

***Zitadelle**

Eine in der Ortsmitte ausgeschilderte Serpentinenstraße führt hinauf zur 315 m hoch gelegenen Oberburg (Fellegvár), die insbesondere aus der Ferne eine majestätische Erscheinung ist. Im Jahre 1250 gründete König Béla IV. die Festung, die von seinen Nachfolgern bis zu Matthias I. weiter ausgebaut wurde und als zeitweiliger Aufbewahrungsort der Krönungsinsignien von hoher politischer Bedeutung war. Die Burg überstand trotz wiederholter Belagerungen und

Eroberungen die Türkenkriege, nicht aber die habsburgische Strafexpedition gegen die Rákóczi-Aufständischen im Jahr 1702. Seither ist sie als Ruine erhalten und für Besichtigungen zugänglich.

Visegrád, Zitadelle (Fts.)

Den Kern der Burganlage, die von mehreren Schutzwällen umgeben und mit einem System von Toren, engen Gängen und Zugbrücken gesichert ist, bilden drei um einen geschlossenen Hof (Oberer Burghof) angeordnete Flügel, die ein unregelmäßiges Dreieck bilden. Im östlichen Flügel befindet sich auch der Schatzkammerturm, der ehemalige Hort der Krönungsinsignien. Den besten Blick auf die Landschaft des Donauknies genießt man vom Inneren Torturm im Osten, zu dem eine steile Treppe hinaufführt (geöffnet täglich 9[00] – 17[00] Uhr). Von der Hochburg führt ein markierter Weg auf den 378 m hohen Nagyvillám. Vom dortigen Aussichtsturm überblickt man das Börzsöny- und das Cserhát-Gebirge.

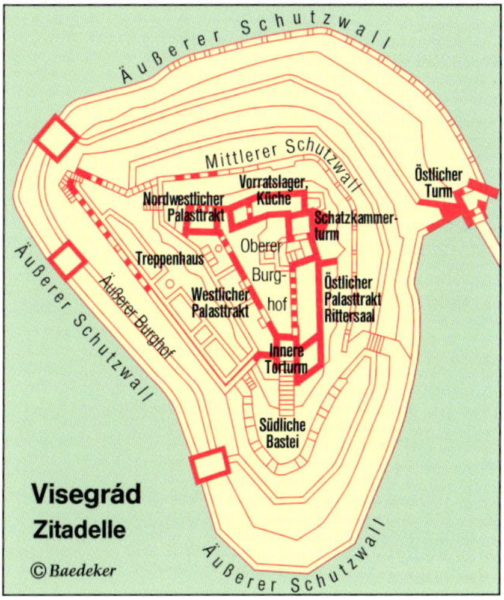

Umgebung von Visegrád

Piliser Parkwald

Visegrád liegt inmitten des 35 000 ha großen Piliser Parkwaldes, der seit 1997 Teil des Nationalparks Duna-Ipoly ist. In der Gisella-Meierei am Flussufer kann man in einer Reitschule Pferde für Ausritte durch den Wald mieten.

Nagymaros

Am linken Donauufer, gegenüber von Visegrád, liegt am Fuße des Börzsöny-Gebirges der kleine Ort Nagymaros (5000 Einw.). Die Geschichte von Nagymaros ist eng mit der von Visegrád verknüpft, das im 13. und 14. Jh. Sommersitz der Könige war. Viele der Hofbediensteten nahmen im gegenüberliegenden Nagymaros Quartier. Während der Türkenzeit wurde der Ort verwüstet und starb aus, im 19. Jh. wurden Obstplantagen angelegt. Schwer gelitten hat der Ort durch die Baumaßnahmen für das gemeinsam mit der damaligen Tschechoslowakei geplante Donaukraftwerk Gabčikovo-Nagymaros. Aufgrund landesweiter Proteste wurde der Bau 1989 eingestellt. Aus dem 14. Jh. stammt die katholische Kirche mit ihrem oktogonalen Turm und den spitzbogigen Tür- und Fensterrahmen. In der Váci utca (Nr. 21) sind eine ortsgeschichtliche Sammlung sowie Werke des Bildhauers Jenő Grantner zu besichtigen.

Visegrád, Umgebung (Fts.), Zebegény

Zebegény liegt 8 km westlich von Nagymaros ebenfalls am linken Donauufer, wo der Strom zuerst nach Süden fließt und dann einen Knick nach Nordosten macht. Am Berghang, in der Bartóky utca 7, lebte István Szőnyi (1894–1960), ein wichtiger Vertreter der modernen ungarischen Malerei. In seinem Haus dokumentiert heute ein Museum Lebensweg und Schaffen des Künstlers.

Esztergom ▶ dort

Pilis-Gebirge ▶ Esztergom, Umgebung

Eger (Erlau) E 27

Komitat: Heves
Höhe: 180 m ü. d. M.
Einwohnerzahl: 57 000

ⓘ **Dobó tér 2, 3300 Eger, ☎ (36) 51 77 15, FAX (36) 51 88 15**

🛏 S. 372 ✕ S. 383

****Barockstadt mit herrlicher Umgebung**

Das im Tal des gleichnamigen Baches an den südlichen Abhängen des ▶ Bükk-Gebirges gelegene Eger ist das Tor zu Nordungarn und eine der schönsten barocken Städte des Landes. Schon die Türken kannten und schätzten die radioaktiven Quellen, die südöstlich der Altstadt zutage treten. Auch für Weine ist der Ort bekannt. In den Weinbergen von Eger wachsen die Reben für das "Erlauer Stierblut" (Egri bikavér) und andere bekannte Weine.

Geschichte

Eger entstand im 11. Jh., als König Stephan I. hier ein Bistum gründete. Die noch junge Bischofsstadt wurde 1241 von den Mongolen fast völlig zerstört, entwickelte sich aber nach ihrem Wiederaufbau zu einem Zentrum der ungarischen Renaissance. Gleich zweimal unternahmen die Türken im 16. Jh. den Versuch, die Stadt einzunehmen; das erste Mal, 1552, scheiterte das rund 80 000 Mann starke Heer am legendären Widerstand des Burghauptmanns István Dobó, der mit nur 2000 Soldaten und der Unterstützung mutiger Frauen die Stadt verteidigen konnte. Erfolgreich war dagegen die Belagerung 1596, durch die Eger für rund 100 Jahre unter die Herrschaft der Türken kam und Sitz einer neu gegründeten osmanischen Provinz wurde. Bäder, Moscheen und andere orientalische Gebäude, von denen nur ein Minarett erhalten ist, prägten in dieser Zeit das Stadtbild. Im 18. Jh. erblühte Eger, das nun wieder Sitz eines Bischofs war, zu einer reichen Barockstadt. Bischöfe und Orden entfalteten eine rege Bautätigkeit, die den Zuzug namhafter Künstler und Kunsthandwerker zur Folge hatte.

Sehenswertes in Eger

***Dom**

Von dem Hügel, auf dem früher die mittelalterliche St.-Michaels-Kirche stand, blickt heute der mächtige klassizistische Dom (Főszékesegyház) auf die Stadt herab. Das Gotteshaus entstand 1831–1837 nach Plänen des ungarischen Architekten József Hild, der das sonst übliche Grundrissschema mit dem Eingangsbereich im Westen umdrehte und das Hauptportal an die dem Lyzeum und der Altstadt zugewandte Ostseite verlegte. Den beiden Türmen im Westen entspricht im Osten der Portikus, zu dem eine breite Freitreppe hinaufführt. Die drei monumentalen Statuen über dem Dreiecksgiebel stehen für die drei göttlichen Tugenden Glaube, Liebe, Hoffnung. Die Skulpturen zuseiten der Freitreppe verkörpern die Apostel Peter und Paul sowie die heiligen Könige Stephan und Ladislaus. Sie sind Werke des aus Italien stammenden Bildhauers Marco Casagrande (1804 – 1880), der auch die Fassadenreliefs in der Säulenvorhalle schuf.

Dom (Fortsetzung)

Die plastische Ausstattung des Innenraums entstammt ebenfalls der Werkstatt dieses Künstlers. Von den Altären sei besonders auf den Seitenaltar des Barockmalers Johann Lukas Kracker (hll. Stephan und Ladislaus; 1773), der auch im Lyzeum arbeitete, und auf den Hochaltar (1834) verwiesen, dessen Gemälde der Wiener Maler Josef Danhauser fertigte.

Folklore in Eger: Mädchen tanzen vor der Kulisse der ehemaligen Minoritenkirche und balancieren dabei Weinkaraffen auf dem Kopf.

Ehemaliges Lyzeum

Dem Dom gegenüber, am Esterházy tér, steht das Gebäude des ehemaligen Erzbischöflichen Lyzeums, heute Sitz der Pädagogischen Hochschule. Das um einen Innenhof angelegte, platzbeherrschende Gebäude gilt als eine der bedeutendsten Schöpfungen des spätbarocken Zopfstils. Bischof Károly Esterházy plante eigentlich die Gründung einer katholischen Universität, als er den Bau 1763 bei

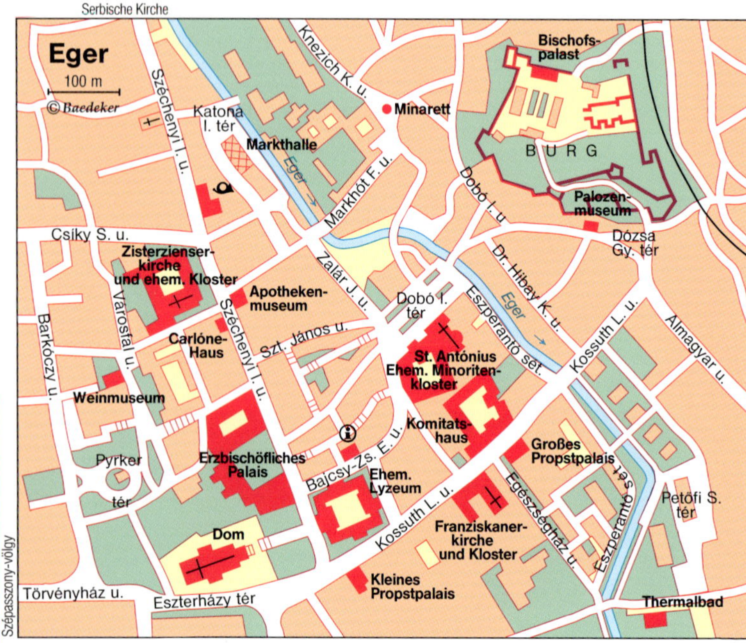

Ehemaliges Lyzeum (Fts.)

Franz Anton Pilgram und Josef Ignaz Gerl in Auftrag gab. Als der Gebäudekomplex, dessen Planung kurze Zeit später Jakob Fellner, der Hausarchitekt der Esterházys, übernommen hatte, 1795 vollendet war, standen die Zeichen der Zeit gegen eine kirchliche Universität, so dass die Bildungseinrichtung nur den Rang eines Lyzeums erhalten konnte.

**Bibliothek

Über den Eingängen im ersten Obergeschoss befindet sich der große, mit Fresken des Barockmalers Franz Sigrist geschmückte Festsaal, der nur bei Veranstaltungen besichtigt werden kann. Der imposanteste Raum des Gebäudes ist die im Südflügel untergebrachte, 1793 von Károly Esterházy gegründete Bibliothek mit dem beeindruckenden Deckengemälde des österreichischen Malers Johann Lukas Kracker von 1778/1779. Das figurenreiche Fresko mit insgesamt 132 Personen stellt eine Zusammenkunft des Konzils von Trient dar (1545 – 1563), das sich mit den Folgen der Reformation und der Erneuerung der katholischen Kirche befasste. In den Raumecken werden die vier Konzilsbeschlüsse veranschaulicht: Priesterweihe, Bücherzensur, Sterbesakramente und Reliquienverehrung. Den architektonischen Rahmen des Geschehens bildet der von Joseph Zach gemalte spätgotische Kirchenraum, der den Raum illusionistisch in die Höhe erweitert, aber nicht dem tatsächlichen Konzilsort, dem Dom von Trient, entspricht. Durch ein ebenfalls nur gemaltes Gesims wird der Übergang von Scheinarchitektur zur realen Innenausstattung hergestellt.

Rund 130 000 Bücher, darunter 34 mittelalterliche Kodizes, werden in den Eichenholzschränken verwahrt, die der Erlauer Tischler Thomas Lotter 1778/1780 nach Entwürfen von Jakob Fellner anfertigte. Einige besonders kostbare Exemplare werden in Schaukästen gezeigt (geöffnet April – Sept. Di. – So. 9^{30} – 15^{00}, sonst nur Sa., So. 9^{30} – 13^{30} Uhr). In dem 53 m hohen Turm des Ostflügels befinden sich die Sternwarte mit drehbarer Kuppel (gute Aussicht) und ein astronomisches Museum.

Lyzeum, Bibliothek (Fts.)

Vor dem Lyzeum beginnt die Széchenyi utca. In der belebten Geschäftsstraße, in der man im Sommer zwischen vielen Straßenrestaurants und -cafés wählen kann, stammen noch einige Gebäude aus dem 18. Jahrhundert. Prominentestes Beispiel ist das Erzbischöfliche Palais (Érseki palota; Széchenyi utca 1 – 3). Der hufeisenförmige Barockbau wurde 1764 – 1766 nach Entwürfen von Jakob Fellner erbaut und im 19. Jh. erneuert. Zur Straße hin schließt ein schmiedeeisernes Gitter von Lénárd Fazola, dem jüngeren Bruder von Henrik Fazola, das Grundstück ab. Die Erzbischöfliche Sammlung sakraler Kunst kann besichtigt werden (geöffnet April – Okt. Di. – Sa. 9^{00} – 17^{00}, sonst Mo. – Fr. 8^{00} – 16^{00} Uhr).

***Széchenyi utca, Erzbischöfliches Palais**

Parallel zur Széchenyi utca verläuft die kleine Városfal utca. Im Haus Nr. 1, einem einfachen Barockgebäude, sind Gerätschaften der hiesigen Weinbauern ausgestellt (Bormúzeum). Im Keller kann man Weine uralter Jahrgänge verkosten.

Weinmuseum

Das größte Bauwerk in der Széchenyi utca ist die doppeltürmige Zisterzienserkirche (Cisztercita templom), die – wie die der Franziskaner – auf den Grundmauern einer türkischen Moschee entstand.

Zisterzienserkirche

Barocke Illusionskunst auf höchstem Niveau verkörpert das Fresko in der Bibliothek des ehemaligen Lyzeums.

Zisterzienserkirche (Fts.)

1699 nach dem Abzug der Türken begonnen, konnte sie erst 1733 vollendet werden. Die von außen eher unscheinbare Kirche besitzt eine beeindruckende Innenausstattung. Die kunstvolle Skulpturengruppe im Stil des Rokoko am Hauptaltar machte den aus Mähren stammenden Johann Anton Krauss in ganz Ungarn berühmt. Schöne Steinmetzarbeiten schmücken auch die sechs Seitenaltäre. Die moderne Plastik ("Daidalos") vor dem Ordenshaus ist ein Werk von György Segesdi aus dem Jahr 1964.

Carlone-Haus

Der in Eger ansässige Baumeister Giovanni Battista Carlone, ein Mitglied der italienischen Künstlerfamilie Carlone, baute für sich selbst 1725 das hübsche Eckhaus in der Széchenyi utca 13.

Apothekenmuseum

In dem barocken Gebäude Széchenyi utca 14, 1763 nach Plänen von Jakob Fellner errichtet, kann man die Einrichtung der ehemaligen Jesuitenapotheke aus dem Jahr 1710 bewundern.

Raizenkirche

Am Ende der Széchenyi utca (Nr. 59) steht auf einer kleinen Anhöhe die serbisch-orthodoxe Kirche aus dem Jahr 1799. Ein Blick in das Innere lohnt sich, denn die Einrichtung im byzantinisch-südslawischen Stil mit reich verzierter Ikonostase ist gut erhalten.

***Dobó István tér**

Das Zentrum der Bürgerstadt von Eger bildet der nach dem legendären Burghauptmann Dobó István benannte Marktplatz unterhalb der Burg. Nach einem Gang durch die schmalen Gassen der Altstadt überrascht die Großzügigkeit des Platzes, an dem sich schön renovierte Bürgerhäuser und die imposante Pfarrkirche St. Antonius zu einem harmonischen Ensemble fügen. Die Figurengruppe vor der Kirche, ein Werk von Zsigmond Stróbl, erinnert an die Verteidiger der südungarischen Grenzburgen. Eine Statue Dobó Istváns von Alajos Stróbl aus dem Jahr 1906 schmückt die der Burg zugewandte Platzseite.

****Pfarrkirche St. Antonius**

Das beherrschende Bauwerk des Platzes ist die ehemalige Minoritenkirche (Minorita templom), heute Pfarrkirche St. Antonius, die zu den herausragenden Barockbauten in Ungarn zählt. Bereits seit dem 13. Jh. war der Minoritenorden in Eger ansässig und unterhielt an dieser Stelle ein Kloster, das während der Türkenherrschaft verfiel und danach wieder aufgebaut wurde. Der böhmische, am Wiener Barock des Lukas von Hildebrandt geschulte Baumeister Johann Ignaz Dientzenhofer lieferte die Pläne für die 1773 vollendete Kirche. Barocke Dynamik entfaltet sich bereits an der zweitürmigen Fassade, die im Mittelteil die Gebäudeflucht durchbricht und in einem eleganten Bogen in den Platz hineinragt. In der Mitte des Giebels steht eine Statue des hl. Antonius von Padua. Stationen seines Lebens werden auf dem Deckenfresko im Kircheninnern – ein Werk des Pressburger Malers Márton Raindl – dargestellt. Die Bilder der Seitenaltäre sind ebenfalls wertvolle Schöpfungen des Barock beziehungsweise Spätbarock. Rechts neben der Kirche steht das schlichte dreigeschossige Ordenshaus.

Minarett

Ein kurzer Spaziergang führt vom Dobó tér zu dem schlanken, 40 m hohen Minarett am Ende der Markhot utca. Der Gebetsturm

Die Pfarrkirche St. Antonius mit ihrer zweitürmigen Barockfassade ▸

Minarett (Fortsetzung) ist das nördlichste osmanische Bauwerk in Europa und ein Zeugnis der beinahe 100-jährigen Anwesenheit der Türken an diesem Ort. Die dazugehörige Moschee wurde zunächst als Kirche benutzt und im 19. Jh. abgerissen.

Kossuth Lajos utca, Großes Propstpalais Durch die Jókai utca oder entlang des Egerbachs gelangt man in die Kossuth Lajos utca, wo die hohe Geistlichkeit ihren Wohnsitz hatte. Jakob Fellner, der Baumeister des Lyzeums, entwarf um 1775 auch das Große Propstpalais (Nagypréposti palota) in der Kossuth Lajos utca (Nr. 16), das einen schönen Gegenpart zum direkt gegenüberliegenden Komitatshaus bildet.

Komitatshaus, *Schmuckgitter Ein ganz besonderes Detail lässt sich an den Toren des 1748 – 1756 erbauten Megyeháza (Nr. 9) entdecken: die Schmuckgitter des aus Würzburg zugewanderten Kunstschmieds Henrik Fazola (1730 bis 1779), der in Miskolc die älteste heute noch erhaltene Eisenhütte einrichtete. Das linke der beiden Tore trägt Blumen- und Rankenschmuck, das rechte das Storchenwappen des Komitats Heves und das Wappen des Bauherrn Erzbischof Barkóczy. Die beiden Schmuckgitter gelten als Hauptwerke Fazolas.

Franziskanerkloster Das ehemalige Ferences kolostor, ein schlichtes Gebäude schräg gegenüber dem Komitatshaus, entstand im 18. Jh. an der Stelle einer Moschee (Kossuth Lajos utca 14). Der in Eger ansässige Architekt Giovanni Battista Carlone entwarf die 1736 – 1755 errichtete Klosterkirche. Ein Blick in den Innenraum lohnt sich wegen seiner einheitlichen Ausstattung im Stil des späten Barock.

Eger ist nicht nur eine Weinstadt, sondern auch eine Stadt mit heißen Quellen, die ein Thermalbad speisen.

An der Einmündung der Kossuth Lajos utca in den Esterházy tér, gegenüber dem Lyzeum, steht das ehemalige Kleine Propstpalais (Kispréposti palota) aus dem Jahr 1758 (Nr. 4). Das Balkongitter im ersten Obergeschoss des Gebäudes schmiedete ebenfalls Henrik Fazola. Den Festsaal schmücken Fresken von Johann Lukas Huetter und Johann Lukas Kracker (1774).

Kleines Propstpalais

Südöstlich der Altstadt, am Petőfi tér, liegt das Bäderviertel mit Heilquellen, die bereits seit dem 14. Jh. genutzt werden. Neben dem Thermalbad gibt es am Egerbach auch ein Freibad mit altem Baumbestand. Da sich das Wasser des Egerbachs mit dem Heilwasser mischt, wirken die Quellen auch hier noch.

Thermalbad

Am Westrand der Stadt liegt die bekannteste Kellerzeile des Weinbaugebietes um Eger, genannt Szépasszony völgye, auf Deutsch "Tal der Schönen Frauen". Dort werden seit dem späten Mittelalter Weine gekeltert und gelagert. Die Keller gehen tief in den Berg hinein, viele von ihnen sind als Weinausschank oder Gaststube ausgebaut. Der beliebteste Rotwein der Region ist das "Erlauer Stierblut" (Egri bikavér), gefolgt vom Medoc-noir, während aus den weißen Trauben der liebliche Egri Leányka gekeltert wird.

Tal der Schönen Frau

**Burg

Seit dem 11. Jh. hatten der Bischof und die Domherren ihren Sitz auf dem Burgberg, in dessen Schutz sich die Stadt entwickelte. Die bereits seit den Mongoleneinfällen befestigte Anlage wurde im 16. Jh. im Auftrag Péter Perényis nach dem Vorbild italienischer Festungsbauten erweitert, um den Angriffen der Türkenheere standzuhalten. Nachdem es den Osmanen 1596 gelungen war, Burg und Stadt einzunehmen, ließen sie die Festung wieder instandsetzen. Auf Veranlassung von Kaiser Leopold I. wurde die Burg wie viele andere auch im Jahre 1702 gesprengt. 1783 ging sie in den Besitz des Bischofs Károly Esterházy über, der sie als Steinbruch für seine Neubauten benutzte. Nationalismus und wachsendes Geschichtsbewusstsein führten im 19. Jh. zu einer neuen Wertschätzung der Burg als schützenswertes Denkmal.

Geschichte

Die hoch über die Stadt ragende Burg ist in weiten Teilen nur als Ruine erhalten. Dennoch vermitteln die vorhandenen Reste einen Eindruck von der Größe und Wehrhaftigkeit dieser Festung und man genießt von hier oben einen herrlichen Blick auf Eger. Wer nicht mit dem Wagen fährt und somit durch das nördliche Tor kommt, sondern von der Altstadt her zu Fuß aufgestiegen ist (schöner Aufgang vom Dózsa György tér aus), betritt die Festung durch das südliche Varkoch-Tor. Das hier 1952 angebrachte Relief erinnert an die heldenhafte Verteidigung der Burg im Jahr 1552. Linker Hand liegt die so genannte Dobó-Bastei, rechts steigt das Gelände zur Schönen Bastei an. Der zentrale Platz der mittelalterlichen Burganlage ist heute von den Gebäuden für Kasse und Museum umgeben. An der Nordseite des Platzes erhebt sich der 1470 im Auftrag von Bischof Johann Bekensloer errichtete Bischofspalast mit schönem kreuzrippengewölbtem Arkadengang im Erdgeschoss. Das Gebäude war später Sitz des Burghauptmanns und diente im 18. Jh.

Rundgang
(Plan s. S. 180)

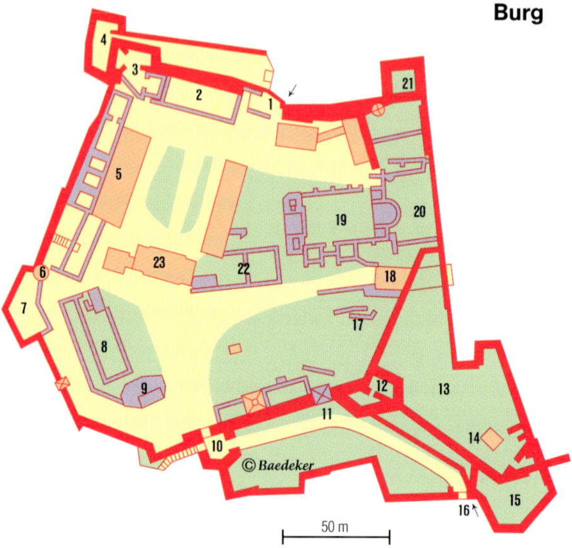

Burg

1 Oberes Tor
2 Bischofspalast (Museum)
3 Kerkerbastei
4 Erdbastei
5 Gemäldegalerie
6 Runder Turm (15. Jh.)
7 Dobó-Bastei
8 Reste des Hospitals
9 Kanonenhügel
10 Varkoch- Tor
11 Gotisches Tor
12 Gergely-Bastei
13 Ohrenbastei
14 Grab von G. Gárdonyi
15 Türkischer Garten
16 Unteres Tor
17 Schöne Bastei
18 Eingang zu den Kasematten
19 Mauerreste der roman. Kathedrale
20 Mauerreste der got. Kathedrale mit Statue des hl. Stephan
21 Sándor-Bastei
22 Reste des Provisorenpalais
23 Kasse, Information

Burg von Eger (Fortsetzung)

als Getreidespeicher und Kerker. Heute beherbergt es das Dobó-István-Museum mit Exponaten zur Geschichte der Burg. Auf dem erhöhten Terrain rechts (östlich) vom Bischofspalast stand die erste, romanische Kathedrale von Eger. Drei mächtige Pfeilerreste im Osten des Chors lassen die Ausmaße einer im 15. Jh. begonnenen, aber nie fertig gestellten Erweiterung dieses Bauwerks zur gotischen Hallenkirche erahnen. Der Dom brannte bei der Belagerung 1552 aus und wurde später abgetragen. Auf einem seiner Pfeiler steht die Statue des hl. Königs Stephan, ein Werk aus der ersten Hälfte des 19. Jh.s. Ein gotischer Treppenturm führt zum Wehrgang, der sich zu einem Spaziergang mit schöner Aussicht anbietet. Hier befinden sich auch die Kasematten, die im 16. Jh. an der östlichen Festungsmauer eingerichtet wurden. Im Südosten der Burg erstrecken sich die im 16. Jh. erbauten Basteien: die Ohrenbastei (mit dem Grab des 1922 verstorbenen Schriftstellers Géza Gárdonyi), die Gregor-Bastei, die türkische Bastei und die Schöne Bastei. Den gotischen Torturm neben der Gregor-Bastei schmückt das Wappen des Bischofs Ippolito d'Este.

Umgebung, Noszvaj

Das kleinste Barockschloss Ungarns liegt in Noszvaj, 10 km nordöstlich von Eger. Erbaut 1774–78 von Sámuel Baron Szepessy, der es noch vor Bauabschluss verkaufen musste, trägt es heute den wohlklingenden Namen des zweiten Gatten der Besitzerin, Marquis de la Motte. Das Schloss wird als Hotel genutzt.

Mezőkövesd

Zentrum der Matyós

Die Kleinstadt 20 km südöstlich von Eger an der Hauptverkehrsstraße zwischen Budapest und Miskolc ist das traditionelle Zentrum der Matyós, einer Volksgruppe, die hier und in den benachbarten Dörfern Kövesd, Tard und Szentistván beheimatet ist. Ihr Name wird auf König Matthias (Mátyás) zurückgeführt, der Mezőkövesd in der zweiten Hälfte des 15. Jh.s in den Rang einer Landstadt erhob. Ähnlich wie in anderen ethnischen Enklaven (z. B. bei den Palozendörfern im Cserhát-Gebirge) ist die Pflege volkskünstlerischer Traditionen hier besonders ausgeprägt. Die in Heimarbeit nach alten Mustern gefertigten, bunten Blumenstickereien auf Blusen, Tüchern und Schürzen (besonders beliebt ist rot auf weißem oder schwarzem Grund) gehören zu den schönsten Erzeugnissen ungarischer Folklore. Wer sich ein Souvenir aus dem Matyó-Gebiet mit nach Hause nehmen möchte, dem sei der Besuch des Matyó-Hauses am Szent László tér 18 empfohlen, das die Werkstätten und Verkaufsräume der Volkskunstgenossenschaft beherbergt.

Mezőkövesd, Allgemeines (Fortsetzung)

Sehenswertes

Im Matyó-Museum am Szent László tér 20 kann man auch die bestickten Festtrachten aus den Matyó-Dörfern bewundern. Zur Matyó-Tracht gehören ein langer, glockenförmiger Rock und eine von Männern wie Frauen getragene Schürze mit bunter Stickerei. Weitere farbenfrohe Stickereien gibt es auch im Bori-Kis-Jankó-Museum in der gleichnamigen Straße in einem schilfgedeckten Wohnhaus zu besichtigen. Das Haus aus der zweiten Hälfte des 19. Jh.s in der Mogyoró köz 4 ist noch original eingerichtet. Ähnliche Häuser befinden sich in der Kis Jankó Bori utca 12 und 21, im Anna köz, der Diófa utca und Kökény köz.

Zsóri-Bad

Das Kurbad (Zsóri fürdő) liegt in einem gepflegten Park am Stadtrand. Aus 875 m Tiefe sprudelt 71 °C warmes, kohlensäure-, jod- und schwefelhaltiges Heilwasser empor, das auf etwa 40 °C abgekühlt wird.

Feldebrő

***Pfarrkirche St. Martin**

Etwa 20 km südwestlich von Eger (Straße Richtung Verpelét, von dort noch 4 km in südlicher Richtung) wartet der kleine Ort Feldebrő mit einer kunsthistorischen Rarität auf. Im 11. Jh. entstand hier nach byzantinischem Vorbild ein romanischer Kirchenbau auf dem Grundriss eines griechischen Kreuzes. Der Stifter der Kirche war Aba Sámuel, der König Peter, dem von Papst und Kaiser protegierten Thronerben Stephans, die ungarische Krone entreißen wollte und dabei den Schutz von Byzanz in Anspruch nahm. Er starb 1044 im Kampf gegen die Partei König Peters und wurde in der Krypta dieser Kirche unter dem Hochaltar beigesetzt. Über der bald verfallenen und von den Mongolen zerstörten Kirche entstand im 13. Jh. ein romanischer Sakralbau auf dem Grundriss eines lateinischen Kreuzes, der später, insbesondere während des Barock, erneut verändert wurde. Grabungen brachten in den 1920er-Jahren die unter dem Gotteshaus liegende, romanische Krypta wieder zum Vorschein. Der Raum ist durch behauene Bündelpfeiler in zwei Schiffe gegliedert. Seine besondere Qualität verleihen ihm die teilweise erhaltenen, herrlichen Gewölbefresken aus dem 11. Jh., die sich durch eine lebendige Figurendarstellung auszeichnen. Kirche und Krypta sind Mo. – Sa. 9^{00} – 12^{00} und 13^{00} – 17^{00} Uhr geöffnet (Schlüssel für die Krypta: Szabadság tér 13).

Esztergom (Gran) F 17

Komitat: Komárom-Esztergom
Höhe: 103 m ü. d. M.
Einwohnerzahl: 29 000

ⓘ Gran Tours, Széchenyi tér 25, ☎ (33) 41 70 52, FAX (33) 50 20 00

S. 372 S. 384

Lage und **Bedeutung

Esztergom ist eine der ältesten Städte Ungarns. Sie liegt auf den rechtsseitigen Donauterrassen am Eingang des ▶ Donauknies, etwa 60 km nordwestlich von Budapest. Die alte Residenz der ungarischen Fürsten und Könige ist seit 1715 Sitz des katholischen Fürstprimas von Ungarn und dank ihrer herausragenden Baudenkmäler – Dom und Burg – ein bedeutender Fremdenverkehrsort.

Geschichte

Die Römer errichteten hier das Militärlager Solva Mansio, das im 3. Jh. als Stützpunkt bei den Feldzügen gegen Quaden und Markomannen diente. Im 9. Jh. nahmen die Magyaren das Gebiet in Besitz. Großfürst Géza machte die Siedlung zu seiner Residenz. Sein Sohn Vajk wurde um 973 hier geboren und rund 25 Jahre später, 997, in der von Géza gestifteten und dem hl. Stephan geweihten Kirche als Stephan I. zum ersten ungarischen König gekrönt. Esztergom stieg neben ▶ Székesfehérvár zur wichtigsten Pfalz des ungarischen Reiches auf, in der – nach der Gründung der Bistümer – auch der Erzbischof seinen Sitz hatte. Der in Byzanz erzogene König Béla III. (reg. 1172 – 1196) nahm in Esztergom, entgegen den Gepflogenheiten westeuropäischer Herrscher, seinen festen Wohn- und Regierungssitz und ließ die Burg zu einer prächtigen Residenz ausbauen. Unter den Gästen, die er dort empfing, fand sich auch Kaiser Friedrich I. Barbarossa, der 1189 auf dem Weg in den Dritten Kreuzzug hier Station machte. 1241 zerstörten Mongolen die blühende Stadt, woraufhin der Königshof nach Buda übersiedelte und der Palast dem Erzbischof überlassen wurde. Im 16./17. Jh. war die seit 1543 von den Türken besetzte Stadt beständig Schauplatz von Angriffen und Belagerungen. 1715 wurde Esztergom, das seit 1683 zurückerobert war, wiederum Residenz des Erzbischofs und Sitz des Fürstprimas

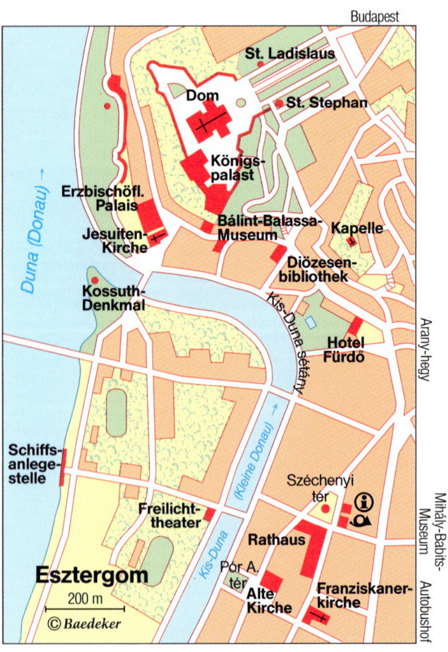

von Ungarn und damit zum geistlichen Zentrum des Landes. 1856 weihte man den neuen Dom, die größte und prachtvollste Kirche Ungarns.

Geschichte (Fortsetzung)

**Dom

Baugeschichte

Mit seinen gewaltigen Ausmaßen (118 m lang und 48 m breit) und seiner imposanten Kuppel beherrscht der Dom (Főszékesegyház) das Stadtbild von Esztergom. Auf dem 156 m hohen Burgberg (Várhegy) stand bis zum 18. Jh. inmitten der mittelalterlichen, dicht bebauten Burgstadt die 1010 von König Stephan I. gegründete Primaskirche, die dem Erzieher Stephans, Bischof Adalbert von Prag, geweiht war. Bei einem Umbau Ende des 12. Jh.s erhielt die Kirche das legendäre Portal, die sog. Porta Speciosa, die aus den erhaltenen Originalteilen rekonstruiert wurde und heute im Burgpalastmuseum zu besichtigen ist. Ihr Nachfolgebau, eine 1767 – 1774 errichtete, bescheidene Barockkirche, erwies sich bald als nicht standesgemäß für den höchsten kirchlichen Würdenträger des Landes. Für das neue Dombauprojekt nach Plänen von Paul Kühnel und János Páckh musste das Niveau des Burgberges z. T. bis zu 11 m gesenkt werden. Mit den Bauarbeiten wurde 1822 begonnen, 1839 starb János Páckh. An seine Stelle trat der führende Vertreter des Klassizismus in Ungarn, József Hild, der sich zwei Jahre zuvor mit der Kathedrale in ▶ Eger als Dombaumeister einen Namen gemacht hatte. 1856 war der Dom von Esztergom vollendet, allerdings ohne die Bebauung des Vorplatzes und in etwas kleineren Ausmaßen als geplant. Bei der Einweihung der Bischofskirche dirigierte Franz Liszt seine zu diesem Anlass komponierte "Graner Festmesse".

Baedeker TIPP Donaublick

Von der Kuppel der gewaltigen Domkirche hat man einen wunderbaren Blick auf Esztergom und die Donau (geöffnet April – Okt. tgl. 9⁰⁰ – 16³⁰ Uhr außer Karfreitag und Ostersamstag).

Außenbau

Über den unbebauten Szent István tér gelangt man zur Ostfassade des Doms, wo der Eingang des Gotteshauses liegt. Zwei über die Breite der Ostfassade hinausragende Türme flankieren die von korinthischen Säulen getragene, portikusartige Vorhalle, über der sich die 102 m hohe Zentralkuppel mit dem Säulentambour erhebt. Ebenso wie in Eger hat der Architekt die Eingänge an die der Stadt zugewandte Ostseite verlegt. Nördlich der Kathedrale steht die Doppelskulptur "Die Krönung Stephans" von Miklós Melocco, die 2001 anlässlich des Millenniums dort aufgestellt wurde.

Innenraum

Die Innenausstattung aus grauem Kunstmarmor verströmt klassizistische Kühle und Erhabenheit. Skulpturen und Wandreliefs fertigten Johann Meixner und Marco Casagrande, der Hochaltar ist ein Werk Pietro Bonannis. Das Altarblatt mit der "Himmelfahrt Mariä" des Venezianers Michelangelo Grigoletti imitiert eine "Assunta" von Tizian. Von der Ausstattung des alten Doms stammt

Dom (Fts.), Bakócz-Kapelle

noch die Grabkapelle des Erzbischofs Tamás Bakócz, die 1823 in 1600 nummerierte Stücke zerlegt und 20 m weiter, links des Hauptportals der neuen Kirche, wieder aufgebaut wurde. Ein Künstler aus dem Umkreis von Giuliano da Sangallo schuf dieses architektonische Kleinod aus rotem Marmor zwischen 1506 und 1510. Den weißen, mit einem (noch originalen) Verkündigungsrelief geschmückten Marmoraltar lieferte 1519 der Florentiner Künstler Andrea Ferrucci. Der Bauherr verewigte sich neben dem rechten Pilaster als kniende Stifterfigur, an den Wänden prangen die Wappen des Königs Wladislaw II. (reg. 1490 – 1516) und des Erzbischofs György Szathmáry, dem Nachfolger Bakóczs.

Krypta

Die mächtige Krypta wurde im ägyptischen Stil gestaltet. Hier werden noch einige meisterhaft gearbeitete steinerne Grabplatten Graner Erzbischöfe aufbewahrt. Auch der 1975 in der Emigration verstorbene Fürstprimas József Mindszenty, dessen Sarg im Sommer 1991 aus dem österreichischen Mariazell nach Esztergom überführt wurde, fand hier seine letzte Ruhestätte. Die beiden monumentalen Engelsfiguren schuf 1826 der Wiener Bildhauer Andreas Schroth.

*Schatzkammer

In der Nordostecke des Kuppelquadrats liegt der Zugang zur Schatzkammer des Doms, die eine der reichsten Sammlungen sakraler Kunst aus dem 9. bis 19. Jh. in Ungarn besitzt. Die wiederholt geplünderte Sammlung mit zahlreichen liturgischen Gefäßen, kostbaren Messgewändern und Reliquienbehältnissen wurde während der Türkenzeit vom Domkapitel in verschiedene Burgen Oberungarns und Österreichs ausgelagert und dadurch vor der Zerstörung gerettet.

Das älteste Stück des Domschatzes ist der ovale, im 9. Jh. in Metz bearbeitete Bergkristall mit eingeritzter Kreuzigungsszene. Weitere Spitzenstücke der Sammlung sind das byzantinische Kusstäfelchen aus dem 12. Jh. ('Staurothek'), das ungarische Krönungskreuz aus dem darauffolgenden Jahrhundert sowie die drei gotischen Hornpokale. Meisterwerke der Goldschmiedekunst sind der in Siebenbürgen entstandene sog. Suki-Kelch von 1440 und das herausragende goldene Prunkkreuz des Matthias Corvinus, das allein schon einen Besuch dieses Museums wert ist. Seine obere Hälfte mit dem Kalvarienberg entstand 1402 in Paris, der untere Teil ist eine florentinische Arbeit aus den 80er-Jahren des 15. Jahrhunderts.

*Königspalast

Baugeschichte

Die Reste des ältesten ungarischen Königspalastes (Királyi palota) befinden sich am Südvorsprung des Burgberges zur Linken des Doms. Die im 10. und 11. Jh. errichtete Burg wurde im Auftrag König Bélas III. im letzten Drittel des 12. Jh.s um einen zweigeschossigen Westflügel und einen polygonalen Wohnturm an der Südspitze erweitert und prächtig ausgestattet. Umbauten im Renaissancestil veranlassten in späterer Zeit die Erzbischöfe von Esztergom, die seit 1256 hier residierten. Während der Belagerung durch die Türken wurde der Palast zugeschüttet. Heute ist er zumindest teilweise wieder freigelegt. Im Jahr 2000 wurde die Anlage im Norden um einen Backsteinflügel ergänzt. Die wichtigsten Räume sind als Museum zugänglich (geöffnet Di. – So. 10^{00} – 18^{00} Uhr).

In den ersten Räumen sind Mauerreste der St.-Adalbertkirche (11./12. Jh.), die neben dem Burgpalast stand, sowie das Modell ihres vielfach kopierten romanischen Prunkportals, der "Porta Speciosa", aufbewahrt. Als nächstes gelangt man in die lang gestreckten ehemaligen Kasematten, in denen heute das Lapidarium mit originalen Steinmetzarbeiten aus dem mittelalterlichen Burgpalast untergebracht ist. Den kreuzgewölbten Saal am Südwestende des Palastes hielt man im 19. Jh. für das Geburtszimmer König Stephans I. Die marmorne Mittelsäule und die Sitznische mit den Zwillingsfenstern sind Ergänzungen des 19. Jh.s, in dem man den Raum zur Kapelle umgestaltete.

Rundgang
(Plan S. 186)

Der aus mehreren Gebäudeflügeln bestehende Königspalast von Esztergom wurde um einen großen Innenhof angelegt.

Über eine Treppe gelangt man ins Obergeschoss in einen romanischen Raum mit zwei schönen Portalen, von denen das größere in den dahinter liegenden, durch eine Mauer zweigeteilten János-Vitéz-Saal führt. Der bedeutende Humanist, Erzbischof und Erzieher von König Matthias ließ sich sein repräsentatives Arbeitszimmer in der zweiten Hälfte des 15. Jh.s mit einem Freskenzyklus ausmalen, der sich am Vorbild italienischer Renaissancepaläste orientierte. Das Freskenprogramm beinhaltet das Horoskop des Auftraggebers und einen Triumphzug der Gestirne (Fragmente an den Gewölbebogen und an der Trennwand). Zwischen gemalten Rundbogenarkaden sind außerdem die schön restaurierten weiblichen Figuren – Personifikationen der vier Kardinaltugenden – zu sehen: Prudentia (Klugheit; mit dem Spiegel als Symbol der Selbsterkenntnis), Temperantia (Mäßigkeit; sie verdünnt den Wein mit Wasser), Fortitudo (Stärke; mit einer Keule) und Iustitia (Gerechtigkeit; mit Waage

János-Vitéz-Saal

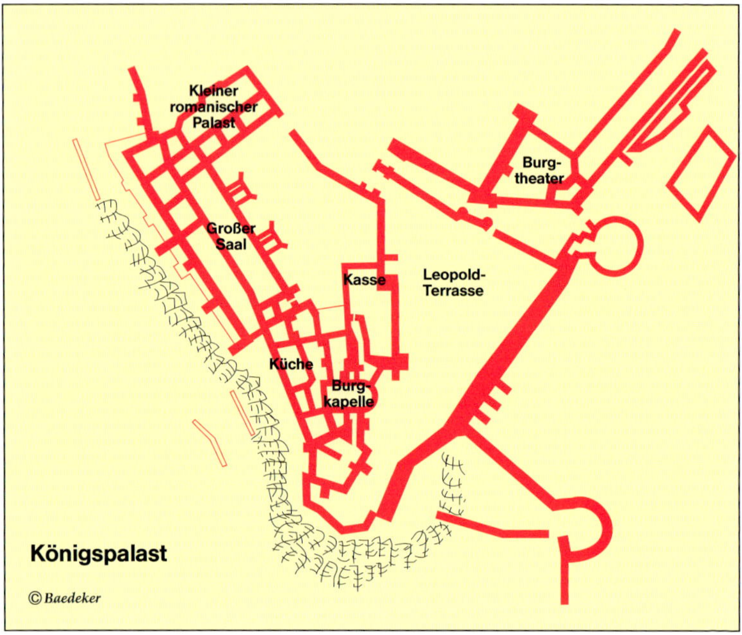

Königspalast (Fortsetzung)

und Schwert). Mit der Ausführung der Fresken beauftragte Vitéz vermutlich italienische Künstler aus dem Umkreis des florentinischen Malers Filippino Lippi, den König Matthias für Arbeiten an seinem Hof verpflichtet hatte. Vom János-Vitéz-Saal aus geht es über eine mittelalterliche Stiege hinab ins Erdgeschoss des Burgpalastes. Hier konnten die Fundamente einer Pfalzkapelle in Form einer Rundkirche aus dem ältesten Bau (10./11. Jh.) freigelegt werden. Wieder in den János-Vitéz-Saal zurückgekehrt, gelangt man durch einen schmalen Korridor in die herrliche Burgkapelle.

Pfalzkapelle

****Burgkapelle**

Die Burgkapelle des Esztergomer Palastes zählt nicht nur zu den Höhepunkten der kirchlichen Kunst in Esztergom, sondern ist auch eines der schönsten ungarischen Baudenkmäler am Übergang von der Romanik zur Gotik. Dies ist vor allem das Verdienst einer behutsamen Rekonstruktion, durch die erneuerte Stellen sichtbar sind, aber der ursprüngliche Raumeindruck dennoch erfahrbar bleibt. Über einem schlichten Grundriss erhebt sich ein ursprünglich üppig mit Bauplastik und Malerei verzierter Sakralraum, der von einem hohen Kreuzrippengewölbe überspannt wird. Zwei mit normannischem Zackenmuster und wunderbar gearbeiteten Kapitellen geschmückte Portale führen in kleine Seitenkapellen. An der Westseite schmückt eine Fensterrose die Wand über dem Portal, an den Süd- und Nordseiten werden die Wände durch die schmalen Sitznischen aufgelockert. Die Portraits über den Sitznischen ließ der Graner Erzbischof Csanád Telegdi um 1340 anfertigen. In der Chorapsis mit den normannischen Doppelsäulen kündigt sich bereits der gotische Stil an: Die tragende Wand (Romanik) löst sich auf. Die beiden männlichen Kapitell-Figuren – der eine mit wildem Bart, der andere bartlos – sind nicht, wie früher angenommen, der Baumeister und sein Geselle, sondern eher die im Mittelalter geläufigen Personifikationen des Guten und Bösen. Von der ursprünglich fast vollständigen Ausmalung der Kapelle zeugen nur noch einige wenige Fragmente im Chor. Auch die Westfassade der Burgkapelle wurde wiederhergestellt. Von ihrem kleinen Vorplatz führte ein Portal in die Kapelle, das andere in den Palast.

Königspalast, Burgkapelle (Fortsetzung)

Im Süden und Westen des Burgpalastes sind noch Mauerreste von Wehranlagen aus dem 14. und 15. Jh. erhalten, so die Leopoldbastei (Lipótbástya) auf der Südseite und das Burgtor mit Trinkwasserleitungen an der Donauseite.

Wehranlagen

Weitere Sehenswürdigkeiten in Esztergom

****Christliches Museum**

Im Nordflügel des 1882 erbauten Erzbischöflichen Palais, in der Wasserstadt unterhalb des Burgberges (Mindszenty Hercegprímás tere 2), zeigt das Keresztény Múzeum seine Schätze (geöffnet Di.–So. 9⁰⁰–17⁰⁰ Uhr). Die weit über die Landesgrenzen hinaus bekannte Sammlung, die neben den Budapester Museen den größten und qualitativ bedeutendsten Bestand an alter ungarischer und früher italienischer Renaissancemalerei besitzt, verdankt ihre Gründung der Sammelleidenschaft des Graner Erzbischofs János Simor, der die in seinem Besitz befindlichen Gemälde bereits 1875 öffentlich zugänglich machte und sie durch den Ankauf weiterer Kunstwerke ergänzte.

Gemäldegalerie

Den Schwerpunkt der Sammlung bildet die Gemäldegalerie, in der die italienische Malerei des 13. bis 18. Jh.s mit Werken von Filippo Lippi, Duccio di Buoninsegna und Lorenzi di Credi am stärksten vertreten ist. Das Hauptwerk der ungarischen Spätgotik sind die vier Passionstafeln eines Marienaltars (1506) des Monogrammisten "M. S.". Von österreichischen und deutschen Künstlern des 15.–18. Jh.s sind v. a. Lucas Cranach d. Ä. und Franz Anton Maulbertsch zu nennen. In der altniederländischen Sammlung befindet sich ein herrlicher "Schmerzensmann" von Hans Memling.

Skulpturen, Kunsthandwerk

Neben der hervorragenden Bildergalerie besitzt das Museum auch eine hochrangige Skulpturensammlung mit ungarischen und deutschen Werken des 14.–18. Jahrhunderts. Als schönste Schöpfung der spätgotischen ungarischen Holzschnitzkunst gilt das sog. "Heilige Grab von Garamszentbenedek", ein bei Prozessionen mitgeführter Schrein vom Ende des 15. Jahrhunderts. In der kunsthandwerklichen Abteilung werden kostbare Gold- und Silberschmiedearbeiten, Habaner Keramik, Bildteppiche und Textilwerke gezeigt.

Ehemalige Jesuitenkirche

Direkt neben dem Erzbischöflichen Palais entstand 1728–1738 als Gotteshaus für die Jesuiten die hübsche Barockkirche. Die Türme wurden erst am Ausgang des 18. Jh.s errichtet, die barocke Ausstattung im Zweiten Weltkrieg zerstört. Für den Platz vor der Kirche stifteten die Bürger von Esztergom nach der überstandenen Pest 1740 eine Mariensäule.

Bálint-Balassi-Museum

Das Museum in der Pázmány Péter út 63 ist nach dem Lyriker Bálint Balassi benannt, der 1594 bei Esztergom im Kampf gegen die

Bálint-Balassi-Museum (Fts.) Türken fiel. Es beherbergt eine archäologische und lokalhistorische Sammlung mit Fundstücken aus der römischen Antike, dem Mittelalter und der Türkenzeit (geöffnet Di. – So. 10[00] – 18[00] Uhr).

Diözesanbibliothek József Hild, der mit dem Domneubau beauftragte Baumeister, entwarf auch das Gebäude der erzbischöflichen Bibliothek (1853), die in der Wasserstadt unweit des erzbischöflichen Palais ihren Sitz fand. Die kostbarsten Stücke der bibliophilen Sammlung sind in zwei Räumen zu besichtigen (geöffnet tgl. 10[00] – 18[00] Uhr).

Hotel Fürdő, Thermalbad Die Thermen von Esztergom sind seit der Römerzeit bekannt. Das heutige Hotel Fürdő in der Pázmány Péter út 14 ist ein imposantes klassizistisches Bauwerk vom Anfang des 19. Jh.s, dem ein Thermalhallenbad und ein Freibad angeschlossen sind. Genau an dieser Stelle hatten die Johanniter im 12. Jh. die erste öffentliche Badeanstalt des Landes eröffnet.

***Széchenyi tér** Der ehemalige Marktplatz von Esztergom, der von liebevoll renovierten Häusern aus dem 18. und 19. Jh. umgeben ist, bildete damals wie heute den Mittelpunkt des kleinstädtischen Lebens. Die unterschiedlichen Fassadenstile vom Barock bis zum späten Historismus verleihen dem keilförmigen Platz seine besondere Atmosphäre. An seiner Südseite steht seit etwa 1770 das arkadengeschmückte Rathaus (Városháza) mit einer schönen Rokoko-Fassade.

Alte Kirche Südlich des Rathauses, am Pór Antal tér, wurde in den 1760er-Jahren die Alte Kirche (Öreg templom) errichtet. Das Hochaltarblatt ist ein Werk des ungarischen Malers János Vaszary (1867 – 1937).

Donauinsel Die durch vier Brücken mit der Stadt verbundene Donauinsel entwickelte sich in den letzten Jahren zu einem Erholungsort mit Bootsanlegestellen, Sportplätzen und einem Freilichttheater. Ab 2003 wird auf der Insel ein neues Bad gebaut. Seit Herbst 2001 verbindet die 1895 erbaute und im Zweiten Weltkrieg gesprengte Maria-Valerie-Brücke die beiden Donauseiten wieder miteinander.

Szent Tamás-hegy Vom St.-Thomas-Berg, dem zweiten markanten Hügel der Stadt gegenüber dem Burgberg, kann der Blick weit über Esztergom hinwegschweifen. Auf dem Berg steht eine Kapelle aus dem Jahre 1823. Die Kreuzwegstationen stammen noch aus dem 18. Jahrhundert.

St.-Annen-Kirche Die 1828–1835 erbaute Rundkirche Szent Anna auf dem Heldenplatz (Hősök tere) an der südlichen Ausfallstraße entwarf János Páckh nach dem Vorbild des römischen Pantheons als Modell für den projektierten Dom. Das Innere des überkuppelten Zentralbaus ist mit Carraramarmor ausgekleidet. In der klassizistischen Kirche in Balatonfüred (▶ Balaton) und andernorts wurde der Kirchentypus der St.-Annen-Kirche nachgeahmt.

Umgebung von Esztergom

***Pilis-Gebirge** Von Esztergom empfiehlt sich eine Fahrt ins Pilis-Gebirge (Pilishegység), das sich zwischen Esztergom und Budapest, in der Schlinge des Donauknies, erstreckt. Rund 23 000 ha dieser Gebirgslandschaft sind als Naturschutzgebiet ausgewiesen. Die Bergkette erreicht im 757 m hohen, sargförmigen Pilis tető ihren höchsten Punkt. In der an Wasserläufen armen Landschaft gibt es zahlreiche Höhlen mit paläontologischen Spuren. Die vorwiegend von Buchen- und Eichenwäldern bedeckten Gebirgshänge wechseln mit steil aufragenden, malerischen Kalkfelsen. Im Mittelalter war die Region wegen ihres Hochwildbestands und der Nähe zu den Königsresidenzen Esztergom, Visegrád und Buda bevorzugtes Jagdrevier der ungarischen Könige, die hier zahlreiche kleine Jagdschlösser unterhielten. Heute ist das Pilis-Gebirge ein viel besuchtes Erholungsgebiet. Beliebte Ausgangspunkte für Wanderungen sind die Dörfer auf der schmalen Bergkette zwischen dem Pilis-Gebirge und den Visegráder Hügeln, insbesondere Pilisszentkereszt, wo die Straße zum 700 m hohen Dobogókő hinaufführt (herrliche Aussicht auf das ▶ Donauknie). Der gleichnamige Höhenkurort wird sommers wie winters viel besucht.

Pilis-Gebirge (Fortsetzung)

Barocke Formen, neu gemischt: die Universität von Piliscsaba

Piliscsaba

In Piliscsaba, 20 km südlich von Esztergom an der Landstraße 10 Richtung Budapest, errichtete Imre Makovecz (▶ Baedeker Special S. 62) die Bauten um den Campus der Katholischen Universität.

Gödöllő

G 21

Komitat: Pest
Höhe: 180 m ü. d. M.
Einwohnerzahl: 30 000

ⓘ Királyi Kastély, 2100 Gödöllő, ☎/FAX (28) 41 54 02, godollo@tourinform.hu

🛏 S. 372

Sommersitz von Königin Elisabeth

Dass viele Besucher Budapests mit der Vorortbahn HÉV in die knapp 30 km entfernte Kleinstadt hinausfahren, hat vor allem einen Grund: das barocke Schloss in Gödöllő. Viele Jahre, ja Jahrzehnte war es Sommersitz der österreichischen Kaiserin Sissi, die ab 1867 auch Königin von Ungarn war. Es steht im Zentrum von Gödöllő, am Szabadság tér, umgeben von einem Park. Erbaut wurde es 1744 – 1748 nach Plänen von Andreas Mayerhoffer für Fürst Antal Grassalkovich, einen Günstling der Kaiserin Maria Theresia, der sich im Zentrum seiner Ländereien eine Residenz wünschte. Nach dem österreichisch-ungarischen Ausgleich 1867 machte Ungarn Kaiser Franz Joseph I. und seiner Gemahlin Elisabeth das Schloss zum Geschenk. Sie ließen es bald darauf von Ferdinand Kirschner bzw. Miklós Ybl umbauen. Die großzügige Gabe galt wohl in erster Linie

Geschichte (Fortsetzung)

Kaiserin Elisabeth, die sich bei den Ungarn großer Beliebtheit erfreute. Gödöllő wurde für die darauffolgenden 30 Jahre ihr bevorzugter Sommersitz.

Künstlerkolonie

In den ersten Jahrzehnten des 20. Jh.s waren namhafte Künstler wie z. B. Aladár Körösfői-Kriesch und Sándor Nagy Mitglieder der Künstlerkolonie von Gödöllő. So ist die Stadt auch für Anhänger des Jugendstils einen Ausflug wert. Das Stadtmuseum (Szabadság tér 5, ☎ 28/42 19 97) organisiert in regelmäßigen Abständen unter dem Motto "Secessionstour" auch deutschsprachige, etwa zweistündige Führungen zu diesem speziellen Aspekt Gödöllős. Voranmeldung ist erwünscht.

Repräsentativ, aber vergleichsweise bescheiden: Schloss Grassalkovich, Sommersitz der österreichischen Kaiserin Elisabeth

***Schloss Grassalkovich**

In der Mittelachse der dreiflügeligen, einen Hof umschließenden Anlage zieht der hohe, überkuppelte Mittelrisalit die Blicke auf sich. An den Fassaden der seitlichen Flügel, die nur ein Hauptgeschoss haben, ist noch das für die Bauten der habsburgischen Monarchie charakteristische "Schönbrunner Gelb" zu erkennen. In der renovierten Anlage wurde 1996 das Gödöllőer Königliche Schlossmuseum eröffnet. Zu besichtigen sind der repräsentative, mit Marmorstuck verzierte Prunksaal, die Appartements von Franz Joseph I. und seiner Gemahlin sowie die Königin-Elisabeth-Gedenkausstellung. Die Renovierung des Barocktheaters im Rudolph-Flügel wird voraussichtlich Ende 2003 abgeschlossen sein (geöffnet April – Okt. Di. – So. 10^{00} – 18^{00}, Nov. – März bis 17^{00} Uhr; Jan. geschlossen; www.kiralyikastely.hu). Im Erdgeschoss befindet sich ein hübsches Café.

Den Mittelpunkt der Universität, die im Jahr 2000 aus der Zusammenlegung verschiedener Fakultäten entstand, bildet der neobarocke Bau des einstigen Prämonstratensergymnasiums, vor dem sich ein gepflegter Park mit vielen seltenen Pflanzen erstreckt. Einen Blick lohnt das Bronzerelief des 1909 in Ungarn geborenen und 1984 in Italien verstorbenen Künstlers Amerigo Tot an einer Wand der Universitätsaula. Der Titel des Werks: "Apotheose des Kerns". Universität

Umgebung von Gödöllő

Die Wallfahrtskirche im Ortsteil Máriabesnyő liegt etwa 2 km vom Zentrum von Gödöllő entfernt auf einer Anhöhe oberhalb der Straße 30 in Richtung Hatvan. Ein Kreuzweg führt zu der spätbarokken, 1759 bis 1770 erbauten Kapelle (Kegytemplom) mit Ober- und Unterkirche. Wallfahrtskirche Máriabesnyő

Nach 14 km Fahrt auf der Straße 30 in Richtung Hatvan kommt man in den kleinen Ort Aszód. Der in Eger ansässige Architekt Giovanni Battista Carlone lieferte die Pläne für das Schloss, das sich die Familie Podmaniczky um 1730 hier erbauen ließ. Die Grafen Széchenyi erweiterten den Bau 1770 um seitliche Flügel, so dass eine hufeisenförmige Anlage mit einer schönen, zweiläufigen Mitteltreppe entstand. Die ehemalige Residenz ist nicht öffentlich zugänglich (Internat), auf freundliche Anfrage wird man aber dennoch in den großen Festsaal geführt, der 1776 von Johann Lukas Kracker und Joseph Zach ausgemalt wurde, die auch in Eger wirkten. Das Freskenprogramm mit illusionistischen Architekturelementen kulminiert in der Scheinkuppel mit einer allegorischen Darstellung im Zentrum. Aszód, Schloss

Die Vorfahren der heutigen Dorfbewohner stammten aus der Steiermark und wurden im 18. Jh. hier angesiedelt. Die Gemeinde, 14 km nordwestlich von Aszód, hat ein sehenswertes Heimatmuseum (Szabadság út 127), in dem Gerätschaften des bäuerlichen Lebens, Trachten, Urkunden und Fotos zu sehen sind. Iklad

Etwa 16 km hinter Aszód liegt Hatvan, ein wichtiger Verkehrsknotenpunkt an den Ausläufern des Mátra-Gebirges und zu beiden Seiten des Flusses Zagyva. Die rund 25 000 Einwohner sind hauptsächlich in der Nahrungsmittelindustrie beschäftigt. Hatvan

Nicht nur in Gödöllő, sondern auch in Hatvan ließen sich die Grassalkovichs 1754 – 1763 ein stolzes Barockpalais bauen, das mit seinem u-förmigen Grundriss und dem überkuppelten Mittelrisalit dem favorisierten Schlosstypus der Familie entsprach. Das an der Durchgangsstraße von Hatvan (Kossuth tér 18) gelegene Gebäude ist heute ein Kulturzentrum. Die barocke katholische Kirche am Kossuth tér aus dem Jahre 1757 macht mit einem Zwiebelturm mit Uhr und Sims über dem Haupteingang auf sich aufmerksam. Die Inneneinrichtung – Kanzel, Altäre und Gestühl – ist ebenfalls im Barockstil gehalten. Sehenswertes

1974 wurde in Hatvan das von einem Park umgebene Thermalbad eröffnet. Heilende Wirkung verspricht das 40 °C warme Wasser vor allem bei Gelenkerkrankungen. Thermalbad

Gödöllő (Fts.), Abstecher nach Schloss Szirák

Einen kleinen Abstecher lohnt das etwa 30 km nordwestlich von Hatvan an den südlichen Ausläufern des Cserhát-Gebirges gelegene Barockschloss der Grafen Teleki-Degenfeld, das heute als Hotel genutzt wird. Man erreicht es über die Straße 21 in Richtung Pásztó, von der man bei Jobbágyi links abbiegt. Von dort sind es noch 13 km bis nach Szirák.

Gyöngyös F 24

Komitat: Heves
Höhe: 171 m ü. d. M.
Einwohnerzahl: 35 000

ⓘ Fő tér 10, 3200 Gyöngyös
☎/FAX (37) 31 11 55, gyongyos@tourinform.hu

S. 384

Tor zum Mátra-Gebirge

Am Südhang des Mátra-Gebirges, 80 km nordöstlich von Budapest, liegt Gyöngyös, Industrieort und Zentrum des historischen, wenig bekannten Weinbaugebiets Mátraalja. Zu Gyöngyös, dessen Name "die Perlenreiche" bedeutet (wohl wegen der hier ehemals verbreiteten Misteln), gehören die beliebten Mátra-Erholungsorte Mátraháza und Mátrafüred.

Sehenswertes in Gyöngyös und Umgebung

St.-Bartholomäus-Kirche

Die St.-Bartholomäus-Kirche (Szent Bertalan templom) aus dem 14. Jh., eine der größten gotischen Kirchen in Ungarn, wurde in der Renaissance umgestaltet und nach einem Brand Anfang des 18. Jh.s von Giovanni Battista Carlone barockisiert. In der reich bestückten Schatzkammer lagern zahlreiche Meisterwerke sakraler Kunst ab dem 15. Jahrhundert. Neben der Kirche steht am Fő tér eine moderne Skulptur von Pál Kő (geb. 1941), die den König Karl Robert von Anjou darstellt.

Mátra-Museum

Im Orczy-Palais, das Mitte des 19. Jh.s klassizistisch umgestaltet wurde, ist das Mátra-Museum untergebracht (Kossuth utca 40). Die lokalhistorische Ausstellung wird durch Schaustücke aus Vergangenheit und Gegenwart des Weinbaus der Gegend bereichert. Eine Sammlung im Obergeschoss dokumentiert Geologie sowie Tier- und Pflanzenwelt der Mátra. Neben dem Palais erstreckt sich der schöne Stadtpark.

Kirche des Franziskanerklosters

Die gotische Kirche (Ferences kolostor) am Nemecz József tér stammt aus dem späten 14. Jahrhundert. Während der Türkenbesetzung wurde sie zerstört und 1701 – 1727 nach Entwürfen von Giovanni Carlone barock wieder aufgebaut. Sehr schön sind das Portal und die Inneneinrichtung. Im Schlussstein des Chorgewölbes erkennt man das Wappen der Stifterfamilie Báthori.

***Mátra**

Neben dem Balaton und dem Donauknie ist das Mátra-Gebirge (Mátra hegység) eine der meistbesuchten Ausflugs- und Urlaubsregionen in Ungarn. Es liegt nur ca. 80 km von Budapest entfernt. Die Mátra ist mit Straßen und insgesamt 400 km Wanderwegen gut erschlossen. Auch Skipisten gibt es hier – vor allem um den Kékestető. An etwa 100–120 Tagen im Jahr liegt in den oberen Lagen Schnee. Der rund 50 km lange Höhenzug ist Teil des Nordungarischen Mittelgebirges und erreicht mit dem Kékestető 1014 m – das ist der höchste Punkt des ganzen Landes. Die 3 km lange Straße, die von Mátraháza (s. u.) zum Gipfel führt, kann bisweilen gesperrt sein. Ein großer Parkplatz mit Restaurant ist aber vorhanden. Der zweithöchste Gipfel Ungarns ist der Galyatető, 10 km nordwestlich von Mátraháza gelegen und 965 m hoch.

Mátra-Gebirge (Fortsetzung)

Schöne alte Trachten werden im Palozenmuseum in Mátrafüred gezeigt.

*Mátrafüred

Der Luftkurort 6 km nordöstlich von Gyöngyös ist auch mit einer Schmalspurbahn zu erreichen (Station beim Mátra-Museum), die zunächst durch die Weinberge führt. In der Pálosvörösmarti utca 2 wartet eine kleine, aber liebevoll zusammengestellte Privatsammlung zur Palozer Volkskunst auf Besucher. In der Umgebung von Mátrafüred gibt es viele markierte Wanderwege, so zum Aussichtsturm Hanák (584 m). Oberhalb des Orts befindet sich ein schön gelegener Campingplatz.

*Mátraháza

Mátraháza, 8,5 km nördlich von Mátrafüred in 715 m Höhe gelegen, ist ein weiterer Luftkurort an der Straße 24. Wegen der gesunden Bergluft und der windgeschützten Lage wurde hier ein Tuberkulose-Sanatorium eingerichtet.

Parádfürdő

Der Bade- und Luftkurort Parádfürdő liegt 13 km nordöstlich von Mátraháza in 240 m Höhe an der serpentinenreichen Straße 24. Das erste Badehaus entstand bereits Ende des 18. Jahrhunderts. Das Sanatorium und die Badeanlagen umgibt ein 80 ha großer Park. Am unteren Ortsrand gibt es auch ein Freibad. Interessant ist das Kutschenmuseum im Cifra-Stall (am oberen Ortsrand) mit einfachen Wagen und hochherrschaftlichen Kaleschen aus verschiedenen Zeiten (geöffnet April–Okt. Di.–So. 9^{00}–17^{00}, sonst 10^{00}–16^{00} Uhr).

Gyöngyöspata

In Gyöngyöspata, 11 km westlich von Gyöngyös, ist die gotische Liebfrauenkirche sehenswert, die im 15. Jh. auf den Grundmauern eines romanischen Vorgängerbaus errichtet wurde und im 17./18. Jh. mehrere Um- und Anbauten erfuhr. Im Innern blieben gotische Fresken und ein prächtiger frühbarocker Hochaltar erhalten, dessen Holzschnitzerei die Wurzel Jesse (Stammbaum Christi) darstellt.

Győr (Raab) F/G 10/11

Komitat: Győr-Moson-Sopron
Höhe: 118 m ü. d. M.
Einwohnerzahl: 130 000

(i) Árpád utca 32, 9021 Győr, ☎/FAX (96) 31 17 71

🛏 S. 372 ✕ S. 384

**Barockstadt

Mit seinen romantischen Plätzen und den kopfsteingepflasterten Gassen, an denen sich liebevoll renovierte Wohnhäuser aus Renaissance und Barock aneinander reihen, gehört Győr unbestritten zu den schönsten Städten in ganz Ungarn. 170 Bau- und Kunstdenkmäler sind in Győr offiziell registriert – in manchen Straßenzügen fast jedes Haus. Vor allem abends, wenn die autofreien Gassen in das milde Licht der nostalgischen Straßenlaternen getaucht sind, entfaltet die Stadt einen besonderen Charme. Győr liegt rund 120 km westlich von Budapest und 50 km vom österreichisch-ungarischen Grenzübergang Hegyeshalom entfernt, mitten in der Kleinen Tiefebene am Zusammenfluss von Mosoni-Donau, Raab und Rábca. Die Komitatshauptstadt ist nicht nur ein Besuchermagnet für in- und ausländische Gäste, sondern auch Wirtschafts-, Verkehrs- und Kulturzentrum der Region.

Geschichte

Die von Kelten gegründete Siedlung Arrabona entwickelte sich unter den Römern zu einer der bedeutendsten Städte der Provinz Pannonien. Diese Stellung bewahrte sie auch während der Landnahme

Typisches Straßenbild auf dem Kaptalan-Hügel in Győr

der Ungarn. König Stephan machte sie zur Bischofsstadt. Nach einem Stadtbrand 1566 erfolgte der Wiederaufbau nach den Ideen der italienischen Renaissance. In der Zeit der Türkenkriege fiel die Burg durch einen Verrat des Burghauptmanns 1594 für vier Jahre in die Hand der Feinde, die den Ort verwüstet zurückließen. Im 17. Jh. blühte die Stadt nicht zuletzt wegen ihres Donauhafens wieder auf. Aus dieser Zeit stammen die prächtigen Barockbauten. Ab Mitte des 19. Jh.s entwickelte sich Győr zum wichtigsten Industrieort im nördlichen Transdanubien.

Geschichte (Fortsetzung)

Sehenswertes in Győr

Rathaus

Wo die Straßen 1 von Westen und 83 von Süden die Innenstadt von Győr erreichen, begrüßt das pompöse neobarocke Rathaus (Városháza) den Besucher. Den Bau von 1898 mit u-förmigem Grundriss überragt ein 58 m hoher Turm. Im prunkvollen Festsaal werden oft Konzerte gegeben (z. B. im Győrer Musiksommer). Vor dem Rathaus und in seiner Nähe liegen einige Parkplätze, von denen aus die Altstadt in wenigen Minuten zu Fuß zu erreichen ist.

**Bécsi kapu tér

Der Platz an der Raab (Rába) mit der großen Karmeliterkirche und den stattlichen Bürgerhäusern im Barock- und Zopfstil ist einer der hübschesten Barockplätze in Ungarn überhaupt. Mitten auf dem Platz, der auf deutsch Wiener-Tor-Platz heißt, erinnert ein Denkmal an Károly Kisfaludy (1788 – 1830), den bedeutenden ungarischen Dramatiker.

Altabak-Haus, Ott-Haus

Die auffallendsten Häuser an der Ostseite des Platzes sind das Altabak-Haus (Nr. 12) und das Ott-Haus (Nr. 13). Ersteres entstand 1620 aus mittelalterlichen Häusern (erhalten sind gotische Konsolen) und bekam 1767 den Eckerker und die fein gearbeitete Stuckfassade. Aus der Spätrenaissance stammen die Säulen und Arkaden im Innenhof. Das Ott-Haus mit seiner Zopfstilfassade geht ebenfalls auf mittelalterliche Wohnhäuser zurück, die 1778 – 1782 für den Győrer Bischof Franz Graf Zichy umgebaut wurden. Eine Attika verdeckt im Obergeschoss den Hausgiebel.

Karmeliterkirche

Der Barockbau des Karmelita templom (1721 – 1725) am Südrand des Bécsi kapu tér ist ein Werk des Tirolers Martin Athanasius Witwer aus dem Karmeliterorden. Vorbild war die Karmeliterkirche in Rom, so dass das Bauwerk eines der seltenen Beispiele für den italienischen Barock in Ungarn darstellt. Rechts des Hauptportals befindet sich in einer Kapellennische die vielleicht bekannteste ungarische barocke Marienskulptur, ein Werk des Venezianers Giovanni Giuliani (1663 – 1744), der in Österreich lebte. Die Bilder des Hochaltars stellen die Heiligen Stephan und Emmerich dar, die Maria huldigen. Die Gemälde der Nebenaltäre stammen von dem österreichischen Barockmaler Martino Altomonte (1726 – 1727).

**Király utca, Baross Gábor utca

Eine der schönsten Gassen in Győrs Altstadt ist die Király utca, die als Fußgängerzone von der Nordostecke des Bécsi kapu tér Richtung Széchenyi tér führt. Im Haus Nr. 4, dem ehemaligen Palais Esterházy, bezog Napoleon am 21. August 1809 Quartier. Auf halbem Weg zum Széchenyi tér kreuzt die Baross Gábor utca die Király-Straße. Gebäude mit Stuckfassaden, überwiegend aus dem 19. Jh., wechseln sich hier mit modernen Bauten ab. Die breite Fußgänger-

Király utca (Fortsetzung) zone mit Bäumen und Sitzbänken ist die Haupteinkaufsstraße in der Altstadt. Hier findet man u. a. eine große Buchhandlung (Ecke Király utca), Banken, Straßencafés und Modegeschäfte.

Kisfaludy-Theater Zwei Kreuzungen nordwestlich der Baross Gábor utca steht in der Czuczor Gergely utca das moderne Kisfaludy-Theater (Színház) von 1978. Eine Wand ist mit einer Keramik des berühmten Künstlers Victor Vasarely verkleidet.

***Széchenyi tér** Der Széchenyi tér ist seit römischen Zeiten das Zentrum von Győr. Hier traf man sich zum Wochenmarkt, zu Jahrmärkten und Festen. In seiner Mitte steht eine Mariensäule zum Gedenken an die Befreiung Budas 1686 (mit Heiligenstatuen). Die Häuser um den Platz stammen aus dem 17. und 18. Jh., so auch das Rosalienhaus. Seinen Namen erhielt es von dem Stuckrelief unter dem Erkerfenster, das die liegende hl. Rosalie zeigt. Im Eisenstockhaus (Nr. 4), einem Barockgebäude aus dem ausgehenden 17. Jh., wohnten einst die Richter der Stadt. Der Name des Hauses geht auf einen Baumstamm zurück, in den 1833 ein Holzhändler Eisennägel trieb und den er fortan als Erkennungszeichen seines Berufs benutzte. Nach dem Vorbild des Wiener "Stock im Eisen" hinterließen hier auch Handwerksburschen auf der Wanderschaft ihre Zeichen. Das Angarano-Haus, ein Palais an der Westecke des Széchenyi tér, entstand in den 1580er-Jahren aus mehreren kleinen Gebäuden für den italienischen Kaufmann Angarano. 1770 ließ Gábor Graf Esterházy das Gebäude umgestalten, dessen augenfälligster Schmuck heute das Korbbogenportal und der Erker mit schmiedeeisernem Gitter sind.

St.-Ignaz-Kirche Das beherrschende Gebäude am Széchenyi tér ist die frühbarocke ehemalige Jesuitenkirche aus den Jahren 1634 – 1641, ein Werk des

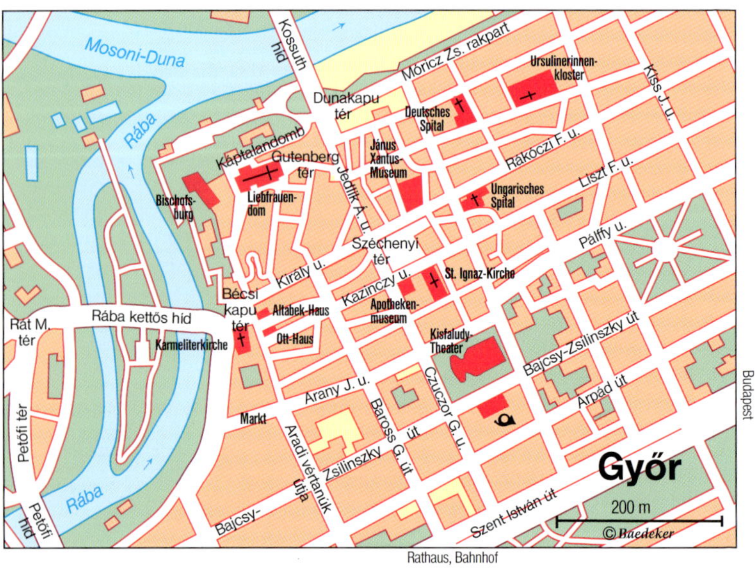

Der Blumenmarkt in Győr bringt Farbe ins Stadtbild.

St.-Ignaz-Kirche (Fortsetzung)

Florentiners Baccio del Bianco. Als Vorbild für die einschiffige Kirche diente ihm die römische Jesuitenkirche Il Gèsu, die als erste Barockkirche überhaupt gilt. Die Nischen der ursprünglich turmlosen Fassade (Türme 1726 von Martin Witwer hinzugefügt) enthalten Statuen des Johannes Nepomuk, Johannes des Evangelisten, des hl. Andreas und des hl. Franz von Borgia. Über dem Eingang ist eine Madonna und im Giebel der Ordensgründer Ignatius von Loyola aufgestellt. Mit ausgezeichneten Fresken ausgeschmückt wurde die Kirche 1744 von dem aus dem Pustertal gebürtigen Österreicher Paul Troger, der v. a. durch seine Arbeit in den Stiften Melk und Göttweig berühmt wurde. Auch das Hochaltargemälde, das die Verklärung des Ordensgründers Ignatius von Loyola darstellt, stammt von Troger.

Apothekenmuseum

Die St.-Ignaz-Kirche ist in das barocke Bencés rendház integriert, das von den Jesuiten erbaut wurde. Nach der Auflösung des Jesuitenordens 1773 ging es in den Besitz der Benediktiner über, die hier ein Gymnasium einrichteten, das bis heute besteht. Im Erdgeschoss verkauften die Jesuiten bereits im 17. Jh. Arzneien, und so wurde in dem Raum mit Gewölben, Deckenfresken und Stuck ein Apothekenmuseum eingerichtet (Patika-múzeum).

János-Xantus-Museum

Das Győrer Stadtmuseum ist im barocken "Abtshaus" von 1741 an der Nordseite des Széchenyi tér (Nr. 5) untergebracht. Das Gebäude ließ sich der Benediktinerabt von Pannonhalma aus mehreren mittelalterlichen Häusern zu einem Palais umbauen. Der heutige Festsaal war das Refektorium. Der schöne Rokoko-Erker über dem Portal wird von Skulpturen des hl. Benedikt und des hl. Königs Ste-

János-Xantus-Museum (Fortsetzung)

phan eingerahmt. Die Deckenfresken von Stephan Schaller (1708 bis 1779) aus Győr zeigen Szenen aus der Gründungslegende von Pannonhalma. Das nach János Xantus, einem ungarischen Naturforscher des 19. Jh.s benannte Museum zeigt ortsgeschichtliche, ethnografische, naturwissenschaftliche und kunstgewerbliche Sammlungen sowie Münzen und Kunst (geöffnet Di. – So. 10^{00} – 18^{00} Uhr).

Ungarisches Spital

In dem Komplex Rákóczi utca Nr. 6, den 1666 der Győrer Bischof György Széchenyi aus mehreren älteren Häusern zum Spital für ungarische Bürger (Magyar ispita) umbauen ließ, verbringen noch heute alte Menschen ihren Lebensabend. Vom Stil der Spätrenaissance geprägt sind die beiden Arkadenhöfe mit toskanischen Säulen. Zum Spital gehört die um 1730 angebaute St.-Anna-Kirche, die in der zweiten Hälfte des 19. Jh.s umgestaltet wurde.

Gold und Kunstmarmor beherrschen den Innenraum der Liebfrauenbasilika von Győr, die im 18. Jh. barock umgestaltet wurde.

***Jedlik Ányos utca, Gutenbergplatz**

Vom Széchenyi-Platz geht der Stadtrundgang weiter durch die Jedlik Ányos utca, wo restaurierte Bürgerhäuser im Barock- und Zopfstil ein besonders hübsches Altstadtensemble bilden, bis man zum Gutenberg-Platz gelangt. Das dortige barocke Bundesladen-Denkmal (Frigyláda emlékmű) wurde 1731 von dem aus Italien stammenden Wiener Hofbildhauer Antonio Corradini geschaffen. Der Überlieferung zufolge gab Kaiser Karl VI. das Kunstwerk in Auftrag. Auf einem Sockel, der mit Reliefs geschmückt ist, heben Engel die Bundeslade empor, in der, umgeben von einem Strahlenkranz, das Lamm Gottes zu sehen ist. Vom Gutenberg-Platz geht es hinauf zum Káptalan-Hügel und zum Dom.

Das bedeutendste Baudenkmal der Stadt ist die Liebfrauenkirche, die seit dem Papstbesuch 1996 den Titel Basilika trägt. Sie geht auf einen dreischiffigen romanischen Bau aus dem 11. Jh. zurück, der nach den Mongolenzerstörungen wieder aufgebaut wurde. Nach der Türkenbesetzung erhielt er seine frühbarocke Innenarchitektur. Die etwas spröde Hauptfassade, 1803 – 1823 in einer Mischung aus Zopfstil und Klassizismus entstanden, lässt nicht erahnen, welch barocke Pracht den Besucher im Inneren erwartet. Franz Anton Maulbertsch malte 1772 – 1781 das Hauptaltarbild und die Gewölbefresken im Stil des italienischen Illusionismus, in denen tatsächliche und vorgetäuschte, d. h. gemalte Architektur verschmelzen. Zu sehen sind im Mittelschiff die Verklärung Christi, im nördlichen Seitenschiff die Verkündigung an Maria und der Triumph des Kreuzes und im südlichen Seitenschiff Szenen aus dem Leben des hl. Stephan. Besonders die Gemälde in den Seitenschiffen machen mit ihrer Hell-Dunkel-Verteilung die expressive Kraft Maulbertschs deutlich. Das Gnadenbild über dem nördlichen Seitenaltar stellt Maria mit dem Jesuskind dar. Es stammt aus Irland und kam im 17. Jh. nach Győr. Vom südlichen Seitenschiff gelangt man in die gotische Kapelle des hl. Ladislaus (nach dem Stifter auch Héderváry-Kapelle) aus dem frühen 15. Jahrhundert. Auf ihrem Altar steht ein Meisterwerk gotischen Kunsthandwerks, das Kopfreliquiar des hl. Ladislaus, König von 1077 bis 1095, 1192 heilig gesprochen. Das 1405 entstandene Reliquiar besteht aus vergoldetem Silber und ist mit Email in Drahtgeflecht verziert. Die Krone ist eine spätere Ergänzung und wurde um 1600 in Prag gefertigt.

**Liebfrauenbasilika

**Ladislaus-Reliquiar

Gegenüber der Domfassade, oberhalb der Raab, steht die Bischofsburg (Püspökvár). Vom ersten Bau, im 11. Jh. unter König Stephan errichtet, ist nichts erhalten. Zentrum der heutigen Anlage ist der Wohnturm des Bischofs Kálmán aus dem 14. Jh. – sein Wappen ziert die Front. Die gotische Burgkapelle neben dem Turm, die den Namen des Győrer Bischofs Orbán Dóczy trägt, entstand mit weiteren Anbauten 1481 – 1486. Ab 1537 erfolgte der Bau von acht großen Basteien nach den Prinzipien des Renaissance-Festungsbaus. Ein Teil der Anlagen wurde 1809 von den Franzosen gesprengt. Im 18./19. Jh. erfuhr die Anlage barocke bzw. historistische Umbauten.
Das Burgmuseum mit Lapidarium befindet sich in der Sforza-Bastei (Eingang Káptalan domb; geöffnet April – Okt. Di. – So. 10^{00} bis 18^{00} Uhr). Ein Diözesanmuseum mit wertvollen sakralen Gegenständen des 14.–19. Jh.s ist im ehem. Priesterseminar von 1765 untergebracht (Káptalan domb 26; geöffnet 15. März – Okt. Di. – So. 10^{00} – 16^{00} Uhr). Unterhalb der Basteien, an der Promenade, steht das Reiterstandbild von König Stephan von Ferenc Medgyessy (1940).

*Bischofsburg

An der Südseite des Doms liegt der Platz namens Apor Vilmos püspök tere mit einer Rokokostatue des hl. Michael (1764), die dem Engelssturz über dem Portal der Wiener Michaelerkirche nachempfunden ist. Auf dem Platz wurden die Grundmauern einer Kirche aus dem späten 10. oder frühen 11. Jh. ausgegraben. Im ehemaligen Bischofspalast in der Südecke des Apor Vilmos püspök tere (Nr. 2) ist eine Sammlung von Werken des großen modernen Bildhauers Miklós Borsos (1906 – 1989) ausgestellt. Vom Káptalan domb gelangt man hinunter zum Bécsi kapu tér, dem Ausgangspunkt des Stadtrundgangs.

Apor Vilmos püspök tere

Umgebung von Győr

Lébény, **Romanische Kirche

In Lébény, 22 km nordwestlich von Győr, steht eines der bedeutendsten romanischen Bauwerke Ungarns, die mächtige St.-Jakobs-Kirche, die um 1210 als Abteikirche eines kleinen Benediktinerklosters von einer reichen Grafenfamilie aus Győr erbaut wurde. Als älteste Geschlechterkirche Westungarns war sie Vorbild für andere derartige Bauten wie z. B. für die Kirche in Ják (▶ Szombathely, Umgebung). In den Türkenkämpfen wurde sie mehrfach schwer beschädigt und wieder aufgebaut. 1631 zogen Jesuiten für das zerstörte mittelalterliche Kreuzrippengewölbe ein barockes Tonnengewölbe ein. Schließlich wurde die Kirche in den 1860er- und 1870er-Jahren unter der Leitung von August Essenwein, dem Direktor des Germanischen Nationalmuseums in Nürnberg, restauriert.
Die von zwei mächtigen Türmen flankierte Westfassade besitzt ein prächtiges, reich gegliedertes Portal. Auch das Südportal, das für die Mönche vorgesehen war, ist im Stil normannischer Romanik aufwändig gestaltet. Im Inneren werden die drei Kirchenschiffe durch Bündelpfeiler voneinander getrennt, die aufgesetzten Halbsäulen laufen in Knospenkapitellen aus. Die Glasfenster von Lili Sztéhló stammen aus dem Jahr 1953.

Csorna

Etwa 30 km westlich von Győr liegt das Städtchen Csorna (12 500 Einwohner). Im 13. Jh. gründete hier die Familie Osli ein Prämonstratenserkloster. Die mittelalterliche Kirche wurde 1774 – 1786 barock umgestaltet. In der Vorhalle der Kirche ist ein romanisches Relief des hl. Michael aus dem 13. Jh. zu entdecken. Das Kloster fiel in der Folgezeit einem Brand zum Opfer und wurde um die Wende zum 19. Jh. barock wieder aufgebaut. Heute beherbergt es eine Volkskunstsammlung und lokalgeschichtliche Exponate aus dem János-Xantus-Museum (Szent István tér 34; geöffnet Mai – Sept. Di. – So. 10^{00} – 18^{00}, sonst bis 14^{00} Uhr).

Bábolna

*Berühmtes Gestüt

Der Abstecher in den kleinen Ort 24 km östlich von Győr lohnt sich vor allem für Pferde- und Reitsportfreunde, aber nicht nur. Seit mehr als zwei Jahrhunderten werden in Bábolna, das 1789 von Kaiser Joseph II. als Staatsgut gegründet wurde, englische Vollblüter gezüchtet. Berühmt ist Bábolna aber für seine Araberpferde, von denen heute rund 250 in den Ställen stehen. Seit 2001 widmen sich die neuen Betreiber des Gestüts nicht nur der Pferdezucht, sondern versuchen darüber hinaus auch, es als Reiterhof und reithistorisches Zentrum einem größeren Publikum zu öffnen. Im Rahmen von Führungen kann man die Stammpferde in ihren Ställen besichtigen. Auf dem Gestütsgelände gibt es auch ein Kutschen-, ein Jagd- und ein Reitermuseum sowie ein Restaurant und ein Hotel.

Baedeker TIPP Nur für Pferdeliebhaber

... ist der etwa dreiwöchige internationale Sommerkurs zum Thema “Wissenschaft und Praxis für Reiter”, den das Bábolna-Gestüt 2002 das erste Mal anbot. Vormittags Theorie des Reitens und der Pferdehaltung, nachmittags Reiten in Gruppen. Informationen und Anmeldung unter www.babolnamenes.hu.

Pannonhalma

G 1

**Benediktinisches Mutterkloster

Pannonhalma, knapp 20 km südlich von Győr, wird hauptsächlich wegen seiner berühmten Abtei auf dem Martinsberg (Szent Márton hegy), dem Mutterkloster und Zentrum der Benediktiner in Ungarn, besucht. Von der Klostergründung bis heute sind mit einer kurzen Unterbrechung durch die Säkularisation zwischen 1786 und 1802 Mönche hier ansässig. Die staatlich anerkannte Klosterschule genießt einen ausgezeichneten Ruf. Seit 1997 steht das Kloster mit der Marienkapelle, dem Kalvarienberg und der umliegenden Kulturlandschaft auf der Liste des UNESCO-Welterbes.

Geschichte der Benediktinerabtei

Als Großfürst Géza im Jahre 996 italienische Mönche auf seinem Grundbesitz ansiedelte, legte er im überwiegend noch heidnischen Magyarenreich den Grundstein für die Verbreitung des Christentums. Die Wahl des Standorts wird damit erklärt, dass im benachbarten römischen Kastell Savaria Sicca 316 der hl. Martin geboren sei, dessen Patronat das Kloster unterstellt ist. König Stephan I. bestätigte fünf Jahre später die Gründung des Klosters und stattete es mit Grundbesitz und Privilegien aus, die denen des Stammklosters in Montecassino entsprachen. In den Zeiten der Verweltlichung geistlicher Ämter, insbesondere während des 16. Jh.s, saßen prominente Kirchenpolitiker auf dem Abtsstuhl der reichen Abtei, u. a. Cesare Borgia, Spross der berühmten italienischen Adelsfamilie und Sohn Papst Alexanders VI. In den Türkenkriegen als Vorburg von Győr angelegt, wurde das Kloster mehrmals belagert und brannte 1575 nieder. Der Wiederaufbau setzte ab 1699 ein. In den ersten Jahrzehnten des 19. Jh.s entstanden die klassizistischen Neu- und Umbauten, die das heutige Erscheinungsbild der Klosteranlage prägen.

Besichtigung

Die Abtei kann nur im Rahmen einer Führung besichtigt werden (Führungen in Deutsch 21. März – 11. Nov. Di. – So. 11^{00} und 13^{00} Uhr). Weitere Informationen zu Besichtigungsmöglichkeiten erhält man unter ☎ (96) 57 01 91 oder unter www.osb.hu.

Rundgang

Die Abtei erhebt sich, wie viele benediktinische Klöster, in aussichtsreicher Lage auf dem Hügelmassiv des Martinsberges. Der Eingang zu dem gewaltigen Gebäudekomplex liegt im Süden, zwischen dem Gymnasium und dem Wohntrakt der Abtei. Durch mehrere, hintereinander gelegene Höfe gelangt man auf den Vorplatz der Kirche. Von hier aus bietet sich ein herrlicher Ausblick auf den Bakonywald und die Kleine Tiefebene. Die Fassade des Gotteshauses beherrscht der 55 m hohe, um 1830 von János Packh erbaute Westturm. Durch das Portal rechts vom Turm betritt man das dreischiffige Gotteshaus.

*Kirche

Die heutige Kirche erhebt sich über zwei Vorgängerbauten. Von der ersten, um 1001 gegründeten Kirche sind nur die Grundmauern der Krypta erhalten. Einziges Relikt der zweiten, 1137 nach einem Brand errichteten Kirche ist der rote Marmorbrunnen im Kreuzgang. Unter Abt Urias entstand zu Beginn des 13. Jh.s der spätromanisch-frühgotische Neubau, der 1224 geweiht werden konnte. Die dreischiffige, kreuzrippengewölbte Basilika weist Merkmale der Zisterzienserarchitektur auf (so z. B. den flachen Chorschluss), die der

Pannonhalma, Klosterkirche (Fortsetzung)

Bauherr von seinen Italienaufenthalten kannte. Aus dieser Bauphase stammt auch die für benediktinische Sakralbauten typische, unter dem erhöhten Chor liegende Krypta, deren schönes Gewölbe von gedrungenen Rundstützen getragen wird. Die Sitznische in der Westwand soll der Platz des hl. Stephan gewesen sein, ist aber jüngeren Datums. Das spätgotische Gewölbe des Chors sowie die nördliche Seitenkapelle sind das Ergebnis der Baumaßnahmen, die 1486 unter König Matthias erfolgten. Gleichzeitig ließ er den südlich an die Kirche angrenzenden Kreuzgang errichten, der stilistisch dem Ehrenhof des Königspalastes in Visegrád nahe steht. Im Figurenschmuck an den Konsolen des Kreuzrippengewölbes sind die menschlichen Tugenden und Laster dargestellt, so u. a. die Demut (Rinderkopf), die Sinnlichkeit (weibliches Gesicht) und die Eitelkeit (grinsende Fratze). Beachtenswert ist auch das bei Restaurierungsarbeiten wiederentdeckte Säulenportal im Südflügel des Kreuzgangs, dem Eingang zum Refektorium. In die Kirche (genauer gesagt ins südliche Seitenschiff) gelangten die Mönche durch die so genannte Porta speciosa. Sie ist mit ihren schlanken Säulenpaaren in rotem Marmor und den weißen Kalksteinkapitellen das künstlerisch bedeutsamste Bauteil des Kreuzgangs und eines der wenigen romanischen Prunkportale in Ungarn, die die Jahrhunderte überdauert haben. Im Tympanon ist die Schlüsselszene aus dem Leben des hl. Martin dargestellt, die Teilung seines Mantels mit einem Bettler (19. Jh.).

**Bibliothek

Im Nordflügel des Konvents liegt die Bibliothek mit dem prächtigen klassizistischen Bibliothekssaal, den Franz Engel und Johann Packh um 1830, gleichzeitig mit der Errichtung des Westturms, bauen ließen. Mit einem Bestand von rund 330 000 Büchern, Handschriften und Wiegendrucken gehört sie zu den großen kirchlichen Bibliotheken Ungarns. Von besonderer Bedeutung sind die im Archiv aufbewahrten Schriftstücke aus der Geschichte des ungarischen Staates sowie die Stiftungsurkunde der Benediktinerabtei in Tihany (▶ Balaton) aus dem Jahre 1055, in der zum ersten Mal in größerer Zahl ungarische Wörter und Suffixe auftauchen. Sie ist damit das älteste Zeugnis der ungarischen Sprache.
An die Bibliothek schließen sich eine Gemäldegalerie und ein kleines Museum mit Exponaten von der Frühgeschichte bis zum Mittelalter an.

Mosonmagyaróvár E 8

Grenzstadt

Für den über Wien Anreisenden ist Mosonmagyaróvár, 14 km hinter dem österreichisch-ungarischen Grenzübergang und knapp 40 km nordwestlich von Győr, die erste größere Stadt auf ungarischem Boden. In Mosonmagyaróvár hatten die Römer im ersten nachchristlichen Jahrhundert das Militärlager Arx Flexum gegründet. König Stephan I. ließ die Burg Moson bauen und im 13. Jh. errichteten die Herren von Győr die strategisch bedeutende Festung Magyaróvár, die gleichzeitig ein wichtiger Umschlagsort für den Viehhandel mit

Klassizistische Bücherschränke bis zur Decke: ▶
Die berühmte Bibliothek von Pannonhalma ist mit rund 330 000 kostbaren Handschriften und Büchern eine der größten des Landes.

Moson-magyaróvár (Fortsetzung)

Wien war. Die Türken steckten 1529 und 1683 bei ihren Versuchen, Wien einzunehmen, die Burg in Brand. Im ausgehenden 18. Jh. gehörte die Burg Magyaróvár dem Statthalter von Ungarn, Herzog Albrecht von Sachsen-Teschen. Die Doppelgemeinde am Zusammenfluss von Lajta und Mosoni Duna entstand 1939 durch die Zusammenlegung der beiden Orte Moson und Magyaróvár.

Sehenswertes

Im Stadtkern von Mosonmagyaróvár, der leider durch den Durchgangsverkehr etwas beeinträchtigt ist, gibt es noch einige schöne, denkmalgeschützte Barockhäuser. An der Stelle einer von den Türken zerstörten mittelalterlichen Kirche entstand 1777–1787 auf dem Szent László tér die barocke Pfarrkirche mit einer sehenswerten Ausstattung. Die Fresken im Langhaus (Szenen aus dem Leben des hl. Paulus) und das Hochaltarblatt (König Stephan I. vor der Muttergottes kniend) schuf der Wiener Maler Franz Schellmayer. Ebenfalls Werke des Barock sind die Kanzel und das Taufbecken. Im Hanság-Museum in der Fő utca 139 sind neben einer lokalhistorischen, archäologischen und ethnografischen Sammlung auch Möbel des Barock und Biedermeier ausgestellt.

Burg

Auf einer Insel in der Lajta erhebt sich über unregelmäßigem Grundriss die mittelalterliche Burg aus dem 13. Jh., die heute der Agraruniversität von Keszthely zur Verfügung steht. Mehrfache Umbauten prägen ihr Erscheinungsbild. Ursprünglich besaß sie vier Ecktürme, von denen die beiden nördlichen einem Umbau im 19. Jh. zum Opfer fielen. Im Erdgeschoss der Festung kann man ein Lapidarium und eine kleine Ausstellung über die Geschichte der Burg besichtigen. Hinter dem Burgpark jenseits der Lajta liegt das Stadtwäldchen mit den modernen Universitätsgebäuden.

Gyula

M/N 32

Komitat: Békés
Höhe: 90 m ü. d. M.
Einwohnerzahl: 35 000

(i) Kossuth Lajos utca 7, 5700 Gyula
☎/FAX (66) 56 16 80, bekes-m@tourinform.hu

S. 384

*Kleinstadt mit Burg und Burgbad

Gyula ist ein nostalgisch-hübscher Kurort abseits der Touristenströme, denn es liegt an der ungarisch-rumänischen Grenze, an einem Arm der Weißen Körös. Die für ihre “Gyulai kolbász”, eine herzhaft gewürzte Dauerwurst, bekannte Stadt besitzt eine höchst imposante Backsteinburg, auf deren Gelände sich heute ein viel besuchtes Heil- und Familienbad befindet.
Zum ersten Mal erwähnt wird der Ort als Kloster im Jahr 1214. Die Burg von Gyula wurde 1566 von den Türken eingenommen und diente bis zu deren Vertreibung 1695 als Sitz eines Regierungsbezirks, Sandschak genannt. Der neue Grundherr Johann Georg Harruckern ließ um 1720 neben der Burg ein Schloss bauen und holte Deutsche aus dem Rheinland nach Gyula, die sich links der heutigen Allee Béke sugárút ihr so genanntes Deutsch-Gyula einrichte-

ten. Seitdem lebt auch eine große rumänische Minderheit in Gyula. Wer bei einem Spaziergang durch die Stadt den Straßenamen "Dürer utca" entdeckt, fragt sich vielleicht, was der große Renaissancekünstler wohl mit Gyula zu tun hatte. Ganz einfach: Dort, wo Jahrhunderte später der Komponist Ferenc Erkel das Licht der Welt erblickte, wohnte die aus dem nahen Dorf Ajtós-falva ("Türmacherdorf") stammende Familie Ajtóssy. Der Goldschmied Antal Ajtóssy wanderte in die Niederlande aus und kam 1455 nach Nürnberg. Er nannte sich "Türer" und war der Vater des Malers und Grafikers Albrecht Dürer.

Allgemeines (Fortsetzung)

Sehenswertes in Gyula

Burg

Die weitläufige, wuchtige Burg von Gyula ist die einzige aus Backstein erbaute mittelalterliche Festung in der Tiefebene. Entstanden ist sie in mehreren Phasen vom 14. Jh. bis etwa 1480. Über den Burggraben wurde erst 1802 eine feste Brücke gebaut. Heute umrahmen Grünflächen die Festung, und die roten Backsteine geben eine prächtige Kulisse für die Bühne auf dem Burgteich ab, auf der jeden Sommer Vorstellungen des Gyulaer Burgtheaters stattfinden.

Biedermeierambiente in der Hundertjährigen Konditorei

*Burgbad

Um einige Einrichtungen erweitert und insgesamt erneuert präsentiert sich seit Ende 2002 die an die Burg angrenzende Badeanlage Várfürdő (Kossuth Lajos utca). Zu dem bereits vorhandenen Kurkomplex mit Hallenbad und Thermalbad kamen durch die jüngsten Baumaßnahmen noch zwei Heilwassermassagebecken, zwei Thermalbecken, ein Wellenbad und ein 4000 m^2 großes Wellness-Zentrum hinzu. Auf die "kleinen" Badegäste wartet ein mit Rutschen ausgestattetes Wasserparadies.

*Hundertjährige Konditorei

Folgt man von der Burg der Kossuth Lajos bzw. Megyeház utca, dann kommt man ins Zentrum von Gyula um die drei Plätze Petőfi,

Hundertjährige Konditorei (Fortsetzung)

Erkel und Harruckern tér. Wer Sinn für Biedermeiereinrichtungen und einen Hang zu Süßem hat, sollte unbedingt der in ganz Ungarn bekannten “Százéves Cukrászda” einen Besuch abstatten. Die zweitälteste Patisserie des Landes findet man am hübschen Erkel tér (Nr. 1), in einem klassizistischen Wohnhaus. Das Besondere an der Konditorei ist ihre originale Einrichtung aus dem Jahr 1840, die bis heute erhalten ist. Ganz in der Nähe, am Harruckern tér, steht die spätbarocke Pfarrkirche (Belvárosi plébánia templom) aus dem 18. Jahrhundert. Im Chor befindet sich das Grabmal des Stifters Franz Baron Harruckern, das 1777 der Wiener Künstler Martin Schmidt gestaltete. Das Hauptaltarblatt von Hubert Maurer zeigt die Himmelfahrt Mariens.

Ferenc-Erkel-Gedenkhaus

Die Jókai Mór utca führt in westliche Richtung zum Apor Vilmos tér, wo in dem klassizistischen Haus Nr. 7 Ferenc Erkel (1810 – 1893) geboren wurde. Dem Schöpfer der ungarischen Nationaloper und Komponist der Nationalhymne ist hier eine Ausstellung gewidmet, die mit seinem Leben und Schaffen bekannt macht.

Békéscsaba und Umgebung

M/N 31

Komitatshauptstadt

16 km nordwestlich von Gyula, inmitten des fruchtbarsten Weizenanbaugebiets von Ungarn, liegt Békéscsaba, die 66 000 Einwohner zählende Hauptstadt des Komitats Békés. Der während der Türkenkriege völlig ausgestorbene Ort erwachte zu neuem Leben, als ab 1718 der Großgrundbesitzer Baron Harruckern Slowaken aus Ober-

In einem typischen Hofhaus mit hübsch gestaltetem Giebel und kleiner Loggia ist das Slowakische Heimatmuseum untergebracht.

ungarn hier ansiedelte. Békéscsaba ist bis heute Sammelpunkt der in Ungarn lebenden slowakischen Minderheit. Außer den Slowaken kamen Deutsche aus dem Rheinland und Rumänen hierher. Die Gegend ist auch unter dem Namen "Sturmecke" bekannt, da das ländliche Proletariat um die Jahrhundertwende mit großen Streiks und Demonstrationen für seine Rechte kämpfte.

Allgemeines (Fortsetzung)

Kossuth tér

Das historische Békéscsaba erstreckt sich um den Kossuth tér, wo die 1807 – 1824 im klassizistischen Zopfstil entstandene Große Evangelische Kirche – die größte evangelische Kirche Ungarns – mit ihrem 70 m hohen Kirchturm die ältere Kirche aus dem Jahr 1745 weit überragt. Wegen ihrer enormen Platzkapazität – 2900 Menschen können sich hier versammeln – wird sie auch für Konzerte genutzt.

Slowakisches Heimatmuseum

Das 1818 im ländlichen Klassizismus erbaute Haus in der Garai utca 21 gibt Einblick in das Leben der Slowaken in und um Békéscsaba.

Mihály-Munkácsy-Museum

Der bedeutendste ungarische Maler des 19. Jh.s, Mihály Munkácsy, ging in Békéscsaba bei einem Tischlermeister in die Lehre, später lebte und arbeitete er in Wien, München, Düsseldorf und Paris. Munkácsy, der eigentlich Lieb hieß und aus einer seit 200 Jahren in Ungarn ansässigen bayerischen Familie stammte, wurde für seine realistischen Genreszenen und Stillleben berühmt. Im Museum in der Széchenyi utca 9 sind einige Werke und persönliche Gebrauchsgegenstände des Künstlers ausgestellt. Das Munkácsy-Standbild vor dem Museum stammt von Miklós Borsos.

Árpád-Bad

Am rechten Ufer des Élővíz-Kanals entlang – den Weg säumen Skulpturen großer Söhne der Stadt – gelangt man zum Bad Árpádfürdő (Árpád sor 1). Die Becken dieses Bades werden gespeist von einer alkalischen Quelle, die mit einer Temperatur von 74 °C entspringt.

Freilichtmuseum

Ein Gehöft und eine Windmühle 4 km außerhalb von Békéscsaba an der Straße nach Gyula (geöffnet April – Oktober) vermitteln einen Einblick in die einstige Kultur dieses Landstrichs.

Mezőberény

Auch dieser Ort 20 km nördlich von Békéscsaba, ein Gewerbe- und Industriezentrum für die landwirtschaftlich geprägte Gegend, wurde von Baron Harruckern mit Deutschen, Slowaken und Ungarn besiedelt. Die deutsch-protestantische Tradition ist immer noch lebendig und wird durch die Partnerschaft mit den Städten Gronau und Münsingen rege gepflegt. Die evangelische Kirche stammt aus der Mitte des 18. Jh.s.

Szarvas

▶ dort

Orosháza

Ein Zentrum der Geflügelzucht in Ungarn ist die Region um die Agrarstadt Orosháza (37 000 Einw.), die 38 km südwestlich von Békéscsaba an der Hauptstraße nach Szeged liegt. Mit der Erschließung von Erdgasvorkommen setzte hier auch eine industrielle Entwicklung ein. Um die Jahrhundertwende war die Stadt ein Bollwerk der agrarsozialistischen Bewegung und des radikalen Flügels der Bauern.

Orosháza (Fortsetzung)

Außer der 1830 begonnenen evangelischen Kirche auf dem Győry Vilmos tér besitzt Orosháza keine Baudenkmäler. Der Bau einer Kirche aus Stein wurde der evangelischen Gemeinde nur mit der Auflage gestattet, dass der Turm, den sie ab 1777 errichtete, gesondert zu stehen habe. Im Ragyánszki-Arboretum in der Gárdonyi Géza utca (Nr. 12) gedeihen mehr als 2000 Baumarten, darunter viele Nadelhölzer und exotische Pflanzen.

Gyopárosfürdő

Etwa 5 km nördlich der Stadt Orosháza liegt der Erholungsort Gyopárosfürdő am Gyopáros-Thermalsee.

Hévíz M 8

Komitat: Zala
Höhe: 132 m ü. d. M.
Einwohnerzahl: 5700

ⓘ siehe Keszthely

S. 372

Kurort mit Tradition

Der 7 km nordwestlich von ▶ Keszthely gelegene Kurort gehört zu den traditionsreichsten Bädern Ungarns. Seine Bekanntheit verdankt Hévíz seinem Thermalbad, dem größten natürlichen Warmwassersee Europas. Schon Ende des 18. Jh.s wurden Artikel über seine Heilwirkung in Fachzeitschriften veröffentlicht, und 1795 bekam der Ort sein erstes aus Holz erbautes Badehaus – die Entwicklung zum Kurort begann.

Ortsbild

Heute bestimmt der Kur- und Badetourismus das Bild von Hévíz: Hotels und Pensionen aller Preiskategorien reihen sich an der langen Hauptstraße und den davon abzweigenden Seitenstraßen nahtlos aneinander. Souvenirgeschäfte, Zahnarztpraxen und Kosmetiksalons gibt es hier in einer Dichte, wie man sie selbst am Balaton vergeblich sucht. Zum Sehen und Gesehenwerden trifft man sich am Deák Ferenc tér in der Galéria Hévíz, einem Kulturzentrum mit Geschäften und Restaurants. Einige Vier-Sterne-Hotels haben mittlerweile nicht nur ihre eigenen Thermalschwimmbäder (mit dem Wasser aus dem Thermalsee) und Kurabteilungen, sondern auch Wellness- und Beautybereiche. Auch für Nicht-Hotelgäste zugänglich ist das im Jahr 2001 eröffnete tropische Erlebnisbad im Hotel Carbona (www.carbona.hu).

****Thermalsee**

Um den Thermalsee von Hévíz zu finden, muss man nur den Badegästen folgen, die mit Handtüchern und Schwimmring ausgestattet durch den Ort schlendern. Er liegt mitten im Herzen der Kurstadt, umgeben von einem herrlichen Park auf der Stadtseite und einem Naturschutzgebiet auf den anderen Seiten. Die vielen Seerosen und die nostalgisch aussehenden Badehäuser mit ihren Türmchen und Holzveranden prägen das Bild des 47 500 m² großen Gewässers. Aus einer 36 m tief in einer trichterförmigen Mulde gelegenen Quelle sprudeln täglich 60 – 80 Mio. Liter Wasser. Das bedeutet, dass sich das Seewasser alle 28 Stunden völlig erneuert. Im Sommer erreicht es eine Temperatur von 33 – 34 °C und sinkt im Winter nicht unter 23 – 26 °C, so dass man auch bei kühler Außen-

Mit dem Schwimmring kann man es sich im Thermalsee von Hévíz so richtig gemütlich machen.

Thermalsee (Fortsetzung)

temperatur noch ein Bad nehmen kann. Eine besonders intensive Heilwirkung besitzt die mehrere Meter dicke, graubraune, körnige Schlammschicht am Boden des Sees, die zu Fangopackungen genutzt wird. Zugang zum See hat man nur über die Badeanstalten.

Umgebung von Hévíz

Egregy

Ein Ausflug in das kleine, etwa 2 km nördlich von Hévíz gelegene Dorf, heute ein Stadtteil von Hévíz, lohnt wegen der romanischen Kirche Maria Magdalena auf dem Friedhof des Orts (2. Hälfte 13. Jh.). Es handelt sich um ein schlichtes Gotteshaus mit kurzem Schiff, Westturm und Chor.

Hollókő E 22

Komitat: Nógrád
Höhe: 400 m ü. d. M.

ⓘ Kossuth utca 68, 3176 Hollókő
☎ (32) 57 90 11, FAX (32) 57 90 10, holloko@tourinform.hu

S. 384

**Museumsdorf

Das berühmte Palozendorf, 1987 von der UNESCO in das Weltkulturerbe aufgenommen, liegt im Cserhát-Gebirge (s. u.), rund 40 km nördlich von Hatvan und etwa ebenso weit von Balassagyarmat ent-

Hollókő (Fortsetzung)

fernt. Nach etwa 16 km Fahrt auf der Landstraße von Hatvan nach Pásztó zweigt eine schmale Straße ab, auf der man das versteckt in den Hügeln gelegene Hollókő erreicht.

Burgruine

Wenn man sich Hollókő nähert, erblickt man zuerst die stolze Burgruine am Ortsrand, die hoch über dem Land thront. Die im 13. bis 14. Jh. errichtete, im Zuge der Hussiten- und Türkenkriege schwer umkämpfte Burg wurde 1711 von den Habsburgern zerstört. Von der runden Bastei im Norden bietet sich ein schönes Panorama über die umliegende Landschaft.

In dem abgelegenen Museumsdorf Hollókő wird die Geschichte und Kultur der Palozen wieder lebendig.

Rundgang

Zum alten Ortskern von Hollókő (Ófalu) gehören 54 zum Teil denkmalgeschützte Häuser, die trotz einiger Brände seit dem Mittelalter beinahe unverändert erhalten geblieben sind. Einige Gebäude werden auch an Touristen vermietet. Die schlichte kleine Kirche mit Holzturm markiert den Dorfmittelpunkt. Charakteristisch für die Wohnhäuser sind der von der Straße aus zugängliche, ebenerdige Keller, der sich durch Bruchsteinmauerwerk von der weiß getünchten Fassade abhebt, und der von der Hofseite ausgehende, oft ums ganze Haus geführte Laubengang. Ein schmales Walmdach bedeckt ihn an der Giebelseite. Geländer und Balken weisen kunstvolle Holzschnitzereien auf – eine Spezialität der Palozen. Im kleinen Museum in der Kossuth Lajos utca Nr. 82 werden in drei Räumen Gebrauchs- und Einrichtungsgegenstände aus früheren Zeiten gezeigt. Besonders schön ist die Frauentracht: Viele kurze Röcke werden übereinander getragen, dazu eine Bluse mit sehr weiten Ärmeln und darüber ein Schultertuch. Vor die Röcke wird eine breite, schwarze Schürze gebunden, auf dem Kopf sitzt eine aus mehreren Schichten bestehende, perlenbestickte Haube. Bei kaltem Wetter gehörte noch eine bestickte Pelzjacke oder eine Pelzweste zur Tracht.

Hollókő (Fortsetzung)

Umgebung von Hollókő

Cserhát

Das flachhügelige Bergland zwischen dem Börzsöny und der Mátra ist ein Teil des Nordungarischen Mittelgebirges, weist aber kaum bergigen Charakter auf. Im 652 m hohen Naszály erreicht es seine höchste Erhebung. Das Landschaftsbild bestimmen die sanft geschwungenen Hügel, Wiesen, Felder und kleinere Mischwälder. Auch heute noch ist der Cserhát, die Heimat der Palozen (s. o.), eine dünn besiedelte, hauptsächlich landwirtschaftlich genutzte und touristisch kaum erschlossene Region. Versteckt in den Tälern oder geschützt an einem Hang und nur durch schmale Landstraßen verbunden liegen die kleinen, idyllischen Dörfer, in denen die Zeit stillzustehen scheint.

Szécsény

Die kleine Provinzstadt (7000 Einw.) liegt 15 km nördlich von Hollókő, an der Straße Nr. 22 von Balassagyarmat nach Salgótarján. Hier wurde im Zuge des antihabsburgischen Freiheitskampfes Ferenc Rákóczi II. im Jahr 1705 vom Reichstag zum regierenden Fürsten gewählt.
Viel zu besichtigen gibt es nicht in Szécsény. Im Barockschloss der Grafen Forgách ist heute das Kubinyi-Ferenc-Museum untergebracht. Es bewahrt hauptsächlich archäologische Funde aus der Region, aber auch eine kleine naturgeschichtliche Sammlung und eine Sonderabteilung zum Thema Jagd. Sehenswert ist die gotische Sakristei der Franziskanerkirche.

Balassagyarmat

18 km westlich von Szécsény, an der Grenze zur Slowakischen Republik, liegt die ehemalige Komitatshauptstadt Balassagyarmat (20 000 Einwohner), heute ein regionales Verwaltungs-, Handels- und Kulturzentrum. Die Stadt am Ipoly (Eipel) wurde schon von den landnehmenden Magyaren besiedelt, wovon der zweite Teil des Namens (Gyarmat) zeugt. Im 15. Jh. wurde der Name der Aristokratenfamilie Balassa hinzugefügt, der die Stadt gehörte. Balassagyarmat besitzt noch einige barocke und klassizistische Gebäude, von denen vor allem das alte Komitatshaus (1832/1835) am Köztársaság tér mit dem vorspringenden Mittelrisalit und einem Mansarddach Beachtung verdient. Hier arbeiteten die beiden Dichter Imre Madách und Kálmán Mikszáth als Komitatsbeamte.

Palozenmuseum

Die Palozen, deren Herkunft nicht eindeutig geklärt ist, sind eine im Norden Ungarns beheimatete Volksgruppe, die in der Abgeschiedenheit ihrer Dörfer lange Zeit eine eigenständige Lebensform mit eigenem Brauchtum, eigenem Dialekt und einer besonderen Bauweise bewahren konnte. In vielen kunsthandwerklichen Bereichen (Holzschnitzerei, Keramik, Stickerei) entwickelten sie große Fertigkeit. Im Palozenmuseum am Palócliget 1, etwa 100 m vom Köztársaság tér entfernt, wird der Besucher in die reiche Volkskunst der Palozen eingeführt – vor allem Stickarbeiten, Webereien und holzgeschnitzte Gebrauchsgegenstände werden hier ausgestellt. Ergänzt wird die ethnografische Sammlung durch ein eingerichtetes

Hollókő, Balassagyarmat (Fortsetzung)

Palozenhaus (Palóc-udvar) mit Stall und Scheune im Hof des Museums. Es stammt aus dem Dorf Karancskeszi und wurde 1932 als erstes historisches Gebäude in ein Museum überführt.

Salgótarján

Etwa 25 km östlich von Szécsény erreicht man auf der Straße 22 die Bergbau- und Industriestadt Salgótarján, die sich am Ufer des Tarján-Baches und in den abzweigenden Seitentälern ausbreitet. Sie ist auch Verwaltungssitz des Komitats Nógrád. Ihren Namen erhielt die Stadt von der benachbarten Burg Salgó und dem Magyarengeschlecht Tarján, das sich hier zur Zeit der ungarischen Landnahme niederließ. Obwohl auf den umliegenden Hügeln schon in der frühen Steinzeit Menschen wohnten, und sich an der Stelle der heutigen Stadt in der Bronzezeit eine Siedlung befand, war Salgótarján bis zum Beginn des 19. Jh.s ein unbedeutendes Dorf mit etwa 1000 Einwohnern. Mit der Erschließung der reichen Braunkohlevorkommen und dem Bau einer Eisenbahnverbindung setzte Salgótarjáns Aufstieg zu einer wichtigen Industriestadt ein.

Baedeker TIPP Haifischzähne

... Fußabdrücke, versteinerte Bäume und andere Schätze des tropischen Meeres und des Urwaldes von vor ca. 20 Mio. Jahren sind auf dem hochinteressanten Lehrpfad in Ipolytarnóc, 20 km nordöstlich von Szécsény, zu bestaunen.

Sehenswertes

Einen Besuch lohnt das Bergbaumuseum (Bányamúzeum) im einstigen József-Stollen in der Bajcsy Zsilinszky utca 1, wo von Loren bis zu großen Abbaumaschinen verschiedenste Gerätschaften des Bergbaus gezeigt werden. Seit 1980 gibt es am Múzeum tér eine lokalgeschichtliche Sammlung (Helytörténeti Múzeum) mit einer umfangreichen Abteilung zur Industriegeschichte und zur Geschichte der Arbeiterbewegung.

Hortobágy-Nationalpark (Hortobágyi Nemzeti Park) F – H 28 – 32

Komitat: Hajdú-Bihar
Höhe: bis 88 m ü. d. M.

ⓘ **Petőfi tér 1, 4071 Hortobágy, ☎ (52) 58 93 21, www.hnp.hu**
Nationalparkzentrale: Sumen utca 22, 4024 Debrecen, ☎ (52) 34 99 22

S. 373 S. 384

****Einzigartige Puszta-landschaft**

Zwischen der Theiß und der ostungarischen Stadt ▶ Debrecen erstreckt sich die Hortobágy, ein Flachland, das früher einmal das Überschwemmungsgebiet der Theiß war. Ausgedehnte Weideflächen mit kurzem Grasbewuchs, vereinzelte Ziehbrunnen und Herden von Zackelschafen oder Graurindern prägen das Bild der Hortobágy-Puszta. Um diese einzigartige Landschaft zu bewahren, wurde das Kerngebiet der Hortobágy-Puszta unter besonderen Schutz gestellt und 1973 als erster Nationalpark Ungarns ausgewiesen. 1999 erklärte die UNESCO den Nationalpark zum Weltnaturerbe. Vier größere zusammenhängende Gebiete innerhalb des Nationalparks, in denen man u. a. die ursprünglichen Tierrassen der Puszta beobachten kann und wo das traditionelle Hirtenleben in Ausstellungen und Vorführungen gezeigt wird, sind für Besucher zugelassen (sie-

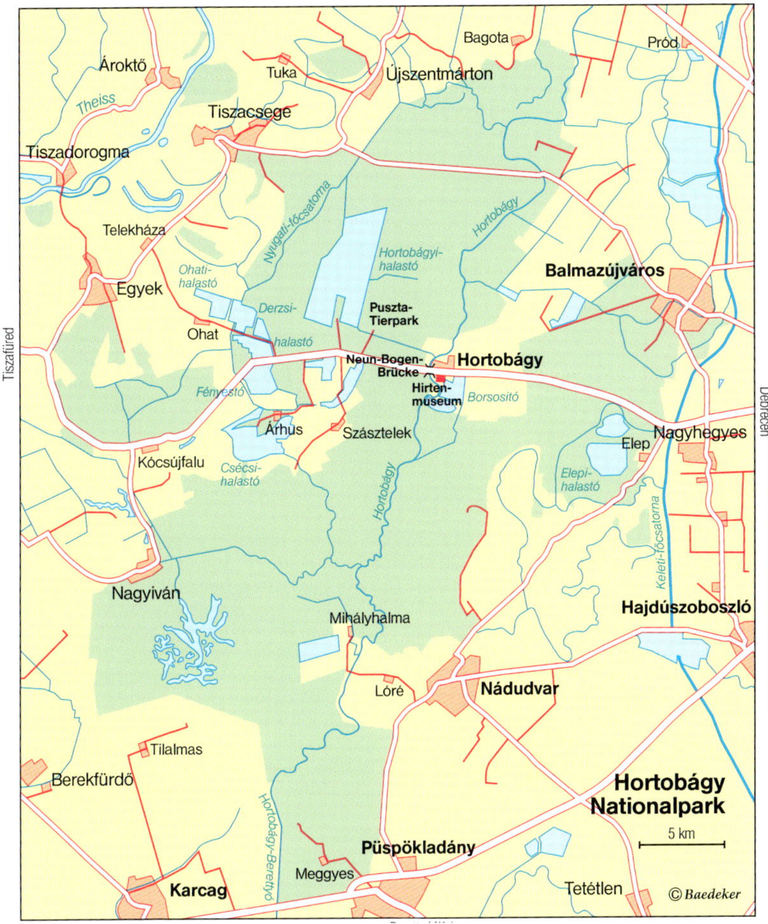

he Karte): die Puszta von Nyírőlapos-Nyárijárás, die Hortobágy-Fischteiche (Hortobágy-Halastó), das Sumpfgebiet von Egyek-Pusztakócs und ein Teil des Tisza-Stausees. Sie alle liegen an der Straße 33 von Tiszafüred nach Debrecen, die das Nationalparkgebiet durchquert.

Allgemeines (Fortsetzung)

Anfahrt, Eintritt, Infrastruktur

Eintrittskarten, Informationsmaterial und Karten erhält man in der Nationalparkzentrale in Debrecen (s. o.) oder direkt vor Ort – entweder bei der Tourinform in der Ortschaft Hortobágy (s. o.) oder am westlichen Parkeingang beim so genannten Westlichen Gasthof (Nyugati Fogadóház). Die meisten Übernachtungsmöglichkeiten findet man in Hortobágy, dem größten Ort im Nationalpark. Im Altenteich-Gasthaus am Ufer der Hortobágyer Fischteiche kann man ebenfalls übernachten. In Hortobágy-Máta gibt es einen gut ausgestatteten Reiterhof und ein großes, neues Vier-Sterne-Hotel mit Hallenbad (Hortobágy Club Hotel, www.hchotel.hu).

Hortobágy (Fts.), Pusztaromantik, Lehrpfade, Wanderungen

Ein Ausflug in den Nationalpark Hortobágy erfüllt sowohl die Erwartungen derer, die sich für das traditionelle Leben in der Puszta interessieren, als auch die Erwartungen derer, die sich vor allem für die Pflanzen- und Tierwelt dieser einzigartigen Landschaft begeistern. Ein herzhaftes Essen in der urigen Csárda mit Zigeunermusik, Kutschfahrten und Reitdarbietungen oder Vorführungen von altem Handwerk gehören ebenso zu den Angeboten wie geführte Wanderungen oder Ausritte in die Puszta. Im Frühjahr und Herbst ist der Nationalpark Rastplatz zahlloser Zugvögel. Daneben fühlen sich hier auch Blässgänse, Rohrsänger, Trappvögel, seltene Schwarzstörche, Falken und Adler wohl. Die Sümpfe von Egyek-Pusztakócs, ein Vogelparadies, in dem Wildgänse und Kraniche rasten und Silberreiher nisten, kann man mit dem Drahtesel erkunden, denn zu den besten Beobachtungsplätzen dieses Gebietes führt ein ausgeschilderter Radweg (Fahrradausleihe möglich). Die Fischteiche und Vogelnistplätze von Hortobágy und Szálkahalom sind durch Lehrpfade und Beobachtungsplätze für Besucher erschlossen.

*Hortobágy (Ort)

Touristenzentrum

Die meisten Besucher erkunden die Hortobágy von der gleichnamigen, mitten im Nationalparkgebiet an der Straße 33 gelegenen Ortschaft aus. Abgesehen von ein paar alten Gebäuden ist Hortobágy kein besonders attraktiver Ort, aber hier gibt es alles, was der Besucher braucht: ein Tourinformbüro, Unterkünfte (u. a. ein Zeltplatz), ein Restaurant sowie das Hirtenmuseum. Bereits Ende des 17. Jh.s stand in der Ortschaft ein Landgasthaus, eine so genannte Csárda. Der im Bauernbarock errichtete Westflügel des Gebäudes kam 1781 dazu, den klassizistischen Ostflügel errichtete man 1815. Hinter der Csárda lädt eine Galerie zum Besuch ein, in der Kunstwerke mit dem thematischen Schwerpunkt "Puszta" ausgestellt sind, darunter auch Arbeiten von Mihály Munkácsy, János Pásztor und Ferenc Medgyessy.

Hirtenmuseum

In einem alten Wagenschuppen der Csárda ist das Hirtenmuseum (Csikósmúzeum, Pásztormúzeum), untergebracht. Das Leben der Pferdehirten, der so genannten "Csikós", ihr Alltag, ihr Kunsthandwerk und ihre Methoden der Viehzucht werden hier dargestellt. Außer den Csikós gab es noch die Rinderhirten (gulyás), die Schäfer (juhász) und – am unteren Ende der Hierarchie – die Schweinehirten (kondás).

*Neun-Bogen-Brücke

Die 167 m lange, neunbogige Steinbrücke (Kilenclyukú híd), die nahe bei der Csárda, am westlichen Ortsausgang, den Fluss Hortobágy überspannt, ist gewissermaßen das Wahrzeichen des Hortobágy-Nationalparks. 1850, 17 Jahre nach ihrer Fertigstellung, etablierte sich hier ein Brückenmarkt (Hídvásár), in dessen Tradition heute noch jährlich am Nationalfeiertag (20. August) ein besonders farbenprächtiger Markt stattfindet.

Kunststücke für die Touristen: ▶
Im Nationalpark Hortobágy-Puszta geben die Pferdehirten ihre Reitkünste zum Besten.

Hortobágy (Fts.), Puszta-Tierpark

Beim Dorf Hortobágy befindet sich auch der Puszta-Tierpark, wo Graurinder, langhornige Zackelschafe, Nonius-Pferde, Hausbüffel und andere traditionelle Nutz- und Haustiere gehalten werden.

*Stausee Tisza-tó

Nationalpark und Erholungsgebiet

35 km westlich von Hortobágy erreicht die Straße 33 Tiszafüred, den größten Ort am Theißsee (Tisza-tó). Bevor hier das Wasser der Theiß zum zweitgrößten See des Landes aufgestaut wurde, war der Flussabschnitt zwischen Tiszabábolna und Kisköre ein Überschwemmungsgebiet mit zahlreichen Feuchtwiesen und von Pappelwäldern umgebenen toten Flussarmen. Heute ist der 127 km^2 große und durchschnittlich nur 2 m tiefe Stausee eine Wasserlandschaft mit seichten Stellen, an denen Schilf und Seegras wachsen, und großen offenen Wasserflächen, die im südlichen Teil für Wassersport und zum Baden bestens geeignet sind und den Tisza-tó zu einem beliebten Erholungsrevier gemacht haben. Auch Naturfreunde kommen hier auf ihre Kosten, denn der nördliche Teil des Tisza-tó gehört zum Nationalpark Hortobágy und unterliegt unterschiedlich strengen Naturschutzbestimmungen. Manche Zonen dürfen nicht betreten werden, in anderen sind Naturlehrpfade und Beobachtungsplätze im Aufbau. Hier nisten Schwarzstörche, Reiherkolonien und Haubentaucher. In den flachen Seitenarmen blühen Seerosen und Seekannen.

Tiszafüred

In Tiszafüred, das für seine Keramik bekannt ist, entstand 1949 am Tariczky sétany 6 das erste Dorfmuseum des Landes. Gezeigt werden Gebrauchsgegenstände der Hirten sowie Keramik. Im Töpferhaus in der Malom utca 12 kann man eine eingerichtete Töpferwerkstatt aus dem 19. Jh. besichtigen.

Umgebung des Hortobágy-Nationalparks

Karcag

Die Landstadt 60 km südwestlich von Debrecen war einst Hauptsitz der Kumanen, eines Nomadenvolkes aus den südrussischen Steppengebieten. Ähnlich wie die Jazygen (▶ Jászberény) erreichten sie Ungarn im 13. Jahrhundert. Sie verpflichteten sich zum Waffendienst für die ungarischen Könige und erhielten dafür Siedlungsgebiete und das Recht auf Selbstverwaltung. Im 16. Jh. verschmolzen Sprache und Kultur der Kumanen mit denen der Ungarn, doch ihre Siedlungen verloren erst 1876 ihre Autonomie und wurden in die Komitatsverwaltung einbezogen. Die Silbe "kun", die sich in einigen Ortsnamen noch findet, wie z. B. bei Kiskunhalas oder Kiskunfélegyháza, sowie die Landschaftsbezeichnung Kiskunság (Kleinkumanien) und Nagykunság (Großkumanien) sind Zeugnisse der früheren kumanischen Besiedlung.

Sehenswertes

Zwei Museen in Karcag machen mit der Lebensweise und Kultur der Kumanen vertraut: das Traditionshaus in der Jókai utca 16, ein typisch kumanisches Bauernhaus mit einer Ausstellung kumanischer Volkskunst, und das Großkumanische Museum, das in einem klassizistischen Herrenhaus (1830) in der Kálvin utca 4 eingerichtet wurde und nach dem in Karcag geborenen Ethnologen István Györffy (1884 – 1939) benannt ist. Im ehemaligen Wohnhaus des

1984 verstorbenen Töpfers Sándor Kántor in der Erkel Ferenc utca 4 werden einige seiner schönsten Werke ausgestellt und die Arbeitsgänge des Töpferns vorgeführt. Kántor hatte die volkstümliche Tradition des Töpferhandwerks in der Tiefebene wiederbelebt und künstlerisch weiterentwickelt.

Karcag (Fortsetzung)

9 km nordwestlich von Karcag liegt das Heilbad Berekfürdő, dessen jod- und bromhaltiges Thermalwasser mit einer Temperatur von 55 bzw. 57 °C aus dem Boden kommt.

Berekfürdő

Das Dorf Kenderes, 25 km südwestlich von Karcag an der Landstraße Nr. 4, gelangte in der zweiten Hälfte des 19. Jh.s in den Besitz der Familie Horthy. Der bekannteste Sohn dieses Geschlechts, Miklós von Horthy, war von 1920 bis 1944 Reichsverweser des ungarischen Königreiches. Vor dem Ehrenhof des Neobarockschlosses in Kenderes befindet sich seine bronzene Büste. Im Salon des Herrensitzes ist eine kleine Dokumentation zu besichtigen. Horthy ruht seit dem Herbst 1993 auf dem Friedhof des Dorfes.

Umgebung, Kenderes

Jászberény G/H 24

Komitat: Jász-Nagykun-Szolnok
Höhe: 100 m ü. d. M.
Einwohnerzahl: 29 000

ⓘ Lehel vezér tér 33, 5100 Jászberény
☎/FAX (57) 40 64 39, jaszbereny@tourinform.hu

Der einstige Marktflecken am Ufer des Flusses Zagyva ist die “Hauptstadt” des Jászság (Jazygien), dem traditionellen Siedlungsgebiet der Jazygen. Das ursprünglich im heutigen Iran beheimatete Nomadenvolk erreichte im 13. Jh. das Karpatenbecken und erhielt ebenso wie die aus Asien eingewanderten Kumanen (▶ Hortobágy, Karcag) vom ungarischen König die Erlaubnis, sich in bestimmten Gebieten niederzulassen. Als Gegenleistung verpflichteten sie sich zu Kriegsdiensten für die Magyaren. Ein Teil der Jazygen verließ die Große Tiefebene in den Wirren der Türkenkriege wieder. Diejenigen, die nicht abwanderten, verloren alsbald ihren Sonderstatus und verschmolzen mit der ungarischen Bevölkerung.

Zentrum der Jazygen

Sehenswertes in Jászberény

Mit einer reichen Sammlung zur Lokalgeschichte und zur Kultur der Jazygen wartet das seit 1874 bestehende Jazygenmuseum (Jász múzeum) auf, das in dem klassizistischen Gebäude in der Táncsics Mihály utca 5 untergebracht ist (geöffnet Di. – Fr. $9^{00} – 16^{00}$, Sa. und

Jazygenmuseum

Jászberény Jazygenmuseum (Fortsetzung)

So. 9⁰⁰ – 13⁰⁰ Uhr). Das kostbarste Stück der Sammlung ist ein byzantinisches Elfenbein-Horn, bekannt als das “Horn des Lehel”. Der Überlieferung zufolge soll es dem ungarischen Stammesfürsten Lehel gehört haben, der nach der Niederlage in der Schlacht auf dem Lechfeld 955 in Gefangenschaft geriet. Vor seiner Hinrichtung bat er darum, noch einmal in sein Horn blasen zu dürfen und erschlug damit den deutschen Kaiser Konrad mit den Worten: “Du wirst vor mir ins Jenseits gelangen und dort mein Diener sein.” Dabei sprang ein Stück von dem Horn ab. Da sich die Sage von Lehel nicht mit geschichtlichen Daten belegen lässt, bleibt die Herkunft des Horns wohl weiterhin ungeklärt.

Kirchen

Die Franziskaner, die die Jazygen bekehrt hatten, errichteten 1472 in Jászberény eine gotische Kirche und ein Ordenshaus. Nach der Besetzung durch die Türken wurde das Gotteshaus 1723/1755 barock umgebaut, doch im Kircheninneren blieben einige gotische Elemente erhalten, so z. B. Stützpfeiler und eine Türöffnung mit Spitzbogen. Ebenfalls auf gotischen Grundmauern erhebt sich die barocke Pfarrkirche am Köztársaság tér (1774 – 1782). Die Spitze ihres eleganten Kirchturms, den 1759 Andreas Mayerhoffer entwarf, schmückt eine Nachbildung der ungarischen Königskrone.

Thermalbad

In der Hatvani utca befindet sich das Thermalbad, zu dem auch ein Freibad gehört. Die 1959 entdeckte Thermalquelle spendet pro Minute 600 Liter 45 °C warmen Wassers.

Kalocsa — N 18/19

Komitat: Bács-Kiskun
Höhe: 97 m ü. d. M.
Einwohnerzahl: 19 000

ⓘ Tourinform Paks, 7030 Paks, Szent István tér 2, ☎/FAX (75) 42 15 75

🛏 S. 373 ✕ S. 384

“Paprika-Stadt”

Kalocsa ist eine Kleinstadt im Süden Ungarns, etwa 120 km südlich von Budapest an der Donau gelegen. In den Feldern um Kalocsa wird Paprika angebaut – in solchen Mengen und von so guter Qualität, dass er die Stadt berühmt gemacht hat (▶ Baedeker Special S. 220). Bekannt ist Kalocsa aber auch für seine Volkskunst, insbesondere für die farbenfrohen Stickereien sowie die Blumendarstellungen an Wänden und Möbeln.

Sehenswertes in Kalocsa

***Dom**

Das historische Zentrum von Kalocsa ist der Szentháromság tér mit dem Hotel Kalocsa und den beiden schönsten Barockbauten, dem Dom und dem Erzbischöflichen Palais. Die erste Bischofskirche entstand noch zur Zeit König Stephans I., der in Kalocsa das Erzbistum für die Gebiete jenseits der Donau gründete. Die Kirche wurde im Lauf der Jahrhunderte mehrfach zerstört und immer wieder erneuert. Für den barocken Neubau, zwischen 1735 und 1754 errichtet, lieferte wahrscheinlich Andreas Mayerhoffer die Entwürfe. Die zweitürmige Westfassade schmückt ein Giebel mit der Muttergottes zwischen den Statuen der Apostel Petrus und Paulus. Um 1770 wurde die Inneneinrichtung vollendet und nach einem Brand 1816 wiederhergestellt. Die Stuckreliefs in den Gewölben fertigten italienische Meister, das Hochaltarbild mit der "Himmelfahrt Marias" malte Leopold Kupelwieser aus Wien. Die Figuren vor dem Chor stellen die heiligen Könige Stephan und Ladislaus dar. Das Relief an der Südseite des Domes trägt das Bildnis des ersten Erzbischofs von Kalocsa, des Abtes Astrik. Im Oratorium neben dem Chor und in der Domschatzkammer werden kostbare Stücke sakraler Kunst aufbewahrt. Das älteste Bischofsgrab in der Krypta stammt aus dem beginnenden 13. Jahrhundert.

Dom (Fortsetzung)

Erzbischöfliches Palais

Das barocke Palais entstand 1776 nach Plänen des Piaristen-Ordensbruders Gáspár Oswald auf den Mauern einer Burg aus dem 14. Jahrhundert. Die Wandbilder im Festsaal und die Deckenfresken der Kapelle sind Werke des berühmten österreichischen Barockmalers Franz Anton Maulbertsch. Im Ostflügel ist die Bibliothek untergebracht, die rund 100 000 Bände, u. a. 56 Kodizes und 508 Wiegendrucke, umfasst und nach Voranmeldung besichtigt werden kann. Zu den kostbarsten Stücken zählt eine Bibel mit dem Schriftzug Martin Luthers.

Károly-Viski-Museum

Das Museum in der Szent István király utca 25 birgt neben lokalgeschichtlichen Exponaten auch die Sammlung des Ethnografen Ká-

In Kalocsa hat die Blumenstickerei eine lange Tradition.

Baedeker SPECIAL

Das rote Gold

Nirgendwo in Ungarn – ausgenommen bei Szeged – wächst er so gut wie in der Umgebung von Kalocsa: Paprika, das Nationalgewürz der Magyaren. Im Herbst, nach den trockenen und heißen Sommermonaten, verwandeln sich die Paprikafelder um Kalocsa in ein Meer von dunkelroten Früchten.

Glaubt man der Legende, dann kam der Paprika folgendermaßen nach Ungarn: Die Tochter eines Magyaren wurde während der türkischen Besetzung des Landes in einem Harem festgehalten. Als sie aus der Gefangenschaft fliehen konnte, nahm sie ein paar Paprikasamen mit, pflanzte sie in ihrem Gärtchen an und legte so den Grundstock für den Paprikaanbau. Näher an der historischen Wahrheit ist vermutlich die Version, nach der die Pflanze mit den roten, gelben oder grünen Früchten von den Spaniern aus Amerika mitgebracht, über den Mittelmeerhandel in den (türkisch besetzten) Balkan und von dort nach Ungarn gelangte, wo vor allem die scharfen und die süßen Sorten heimisch wurden. Die gemahlenen Schoten, denen man durch Herausschneiden der capsaicinhaltigen Samen und Scheidewände die allzu heftige Schärfe etwas nehmen konnte, fanden nicht nur als Gewürz Eingang in die ungarische Küche, sondern galten auch schon bald als Heilmittel für unterschiedlichste Leiden.

Viel Sonne und kaum Regen

In der Großen Tiefebene, wo die Statistik die meisten Sonnen- und die wenigsten Regentage verzeichnet, gedeihen die Paprikasträucher nicht nur auf den Feldern, sondern auch in den heimischen Gärten. Zum Trocknen werden die Schoten dann in langen Bündeln an die Wände der Bauernhäuser gehängt – ein preisgünstiger und überaus schöner Hausschmuck. So wie andere Orte die Weinernte mit einem Fest begehen, feiert Kalocsa jedes Jahr die Paprikaernte mit einem "Paprika-Tag", der sich mittlerweile zu einer mehrtägigen Festivität ausgeweitet hat. Zum Programm des Paprika-Tages gehört auch ein Kochwettbewerb, bei dem ausschließlich Paprikagerichte zubereitet werden. Dass der Verzehr der roten Frucht, sei es als Gewürz oder als Gemüse, der Gesundheit zumindest nicht abträglich ist, konnte auch noch wissenschaftlich bewiesen werden – natürlich von einem Ungarn: Albert von Szent-Györgyi gelang es 1928 als Erstem, im Paprika die Ascorbinsäure, besser bekannt als Vitamin C, zu isolieren.

Fast überall in Ungarn zu kaufen: Paprika als Mitbringsel

roly Viski, die die Entwicklung der Volkskunst um Kalocsa, insbesondere die der Blumenstickerei, anhand besonders schöner Beispiele veranschaulicht.

Kalocsa, Károly-Viski-Museum (Fts.)

Der aus Kalocsa gebürtige, von 1937 bis zu seinem Tod 1992 in Paris lebende Bildhauer Nicolas Schöffer hat seiner Heimatstadt eine Sammlung von Plastiken vermacht, die in seinem Geburtshaus gezeigt werden (Schöffer gyűjtemény, Szent István király utca 76).

Sammlung Nicolas Schöffer

Das berühmteste Erzeugnis aus Kalocsa und ein wichtiger Exportartikel ist der edelsüße, rotgoldene Gewürzpaprika, der aus den Schoten gewonnen wird, die überall in der Gegend an den Häusern zum Trocknen aufgehängt sind. Im Paprikamuseum (Paprika-Múzeum) in der Szent István király utca 6 erfährt man Wissenswertes über die Geschichte der Paprikaschote sowie deren Anbau und Verarbeitung.

Gewürzpaprikamuseum

In einem typischen Tieflandgehöft mit Laubengang und einer stilechten Ausstattung stellt die Genossenschaft für Heimarbeit in der Tompa Mihály utca (Nr. 7) ihre Erzeugnisse aus (Tájház). Die durch die Jahrhunderte überlieferten Blumenmotive werden nicht nur in einer besonderen Technik auf Kleidungsstücke, Decken, Tisch- und Bettwäsche gestickt, sondern schmücken in gemalter Form auch die Wände und Möbel des Hauses. Im Verkaufsraum kann man schöne folkloristische Souvenirs erwerben.

Volkskunstmuseum

Umgebung von Kalocsa

Dieses Weindorf 25 km südöstlich von Kalocsa ist einen Ausflug wert. Maria Theresia veranlasste, dass sich hier im 18. Jh. Schwaben nieder ließen. Bis heute leben in Hajós Nachfahren dieser Siedler. Besucht wird Hajós aber wegen der Kelterhäuschen, die auf dem Hügelzug südlich des Ortes aneinander gereiht sind – rund 1200 sollen es sein! Natürlich kann man den Wein hier auch probieren.

*Hajós

Kaposvár

O 11

Komitat: Somogy
Höhe: 141 m ü. d. M.
Einwohnerzahl: 68 000

ⓘ Fő utca 8, 7400 Kaposvár, ☎/FAX (82) 32 04 04, kaposvar@tourinform.hu

S. 373

Kaposvár, etwa 50 km südlich des ▶ Balaton am Fluss Kapos gelegen, erhielt seinen Namen von der Burg, die heute nur noch als Ruine zu sehen ist. 1555 konnten die Türken die Festung erobern und ganze 113 Jahre lang halten. Zu Beginn des 18. Jh.s wurde sie auf Befehl der Habsburger geschleift. Nach dem Bau der Eisenbahnlinie Donau – Drau in der zweiten Hälfte des 19. Jh.s entwickelte sich Kaposvár zum Verwaltungs- und Industriezentrum der Som-

Komitatshauptstadt

Kaposvár, Allgemeines (Fortsetzung)

ogy, der hügeligen, ehemals von Sümpfen und Steppenwiesen geprägten Landschaft südlich des Balaton. Heute ist Kaposvár die Hauptstadt des Komitats Somogy.

Sehenswertes in Kaposvár

Fő utca

Hauptstraße und Fußgängerzone ist die Fő utca. Seit 1832 steht hier der klassizistische Bau des ehemaligen Rathauses (Nr. 10), der heute das Somogy-Museum mit einer volkskundlichen und naturgeschichtlichen Abteilung sowie einer Kunstsammlung beherbergt (geöffnet tgl. außer Mo. März – Okt. 11^{00} – 17^{00}, sonst bis 15^{00} Uhr). Das barocke Haus Fő utca Nr. 1 wählte der Dichter Csokonai Vitéz Mihály (1773 – 1805) als Schauplatz für sein heiteres Epos "Dorottya". An den dort beschriebenen Faschingsball anknüpfend veranstaltet man alljährlich in Kaposvár einen Karnevals- und den Dorottya-Ball. Das Haus Fő utca 19 wurde 1774 als erstes zweigeschossiges Gebäude der Stadt erbaut. Die historische Einrichtung der alten Apotheke ist noch erhalten.

Katholische Kirche

Auf dem Hauptplatz, dem Kossuth tér, wurde 1734 – 1744 die heutige katholische Kirche gebaut. Ihre neoromanische Gestalt gab ihr Ottó Tandor (1852 – 1913). Auffällig sind die vielen Türme: ein großer, vier kleinere und zwei noch kleinere.

Freibad

Im Süden, in den Flussauen des Kapos, erwartet im Jókai-Hain eine großzügige Thermalbadeanlage mit Frei- und Hallenbad den Besucher. Das alkalische Thermalwasser entspringt mit 43 °C. Das Bad wurde mit Keramik, Kupferreliefs und Plastiken aus Aluminium künstlerisch gestaltet.

*Rippl-Rónai-Haus

Das Werk des aus Kaposvár gebürtigen, postimpressionistischen Malers József Rippl-Rónai (1861 – 1927) kann man in seinem ehemaligen Wohnhaus auf dem Róma-Hügel südlich der Kapos kennen lernen (Rómahegy; geöffnet April – Okt. tgl. außer Mo. 10^{00} – 18^{00}, sonst bis 16^{00} Uhr). Rippl-Rónai war nach seinem Studium in München und langem Aufenthalt in Frankreich in seine Heimat zurückgekehrt. Das Interieur seiner Villa aus dieser Zeit ist erhalten.

Kecskemét

L 22/23

Komitat: Bács-Kiskun
Höhe: 122 m ü. d. M.
Einwohnerzahl: 108 000

(i) Kossuth tér 1, 6000 Kecskemét
☎/FAX (76) 48 10 65, www.kecskemet.hu, kecskemet@tourinform.hu

S. 373 S. 384

**Marillenschnaps und Jugendstil

Kecskemét ist die Hauptstadt des Komitats Bács-Kiskun sowie kulturelles und wirtschaftliches Zentrum des Donau-Theiß-Zwischenstromlands. Die Stadt besticht durch einige herausragende Jugendstilbauwerke, eine Vielzahl von Museen und eine angenehme Atmo-

Allgemeines (Fortsetzung)

sphäre im überschaubaren Zentrum. Der Ziegenbock im Stadtwappen erklärt sich durch den Namen Kecskemét, was so viel wie "Ziegengang" heißen soll. Die von Budapest aus leicht zu erreichende Stadt eignet sich außerdem als Ausgangspunkt für Ausflüge in die Bugac-Puszta, dem touristisch erschlossenen Teil des Nationalparks Kleinkumanien (Kiskunsági Nemzeti Park).
Das Umland von Kecskemét wird auch "ungarischer Obstgarten" genannt, weil das milde Klima Weintrauben wachsen lässt und den Obst- und Gemüseanbau ermöglicht. Berühmt ist Kecskeméts Aprikosenschnaps "Barack Pálinka", aber auch einige gute Landweine werden hier angebaut.

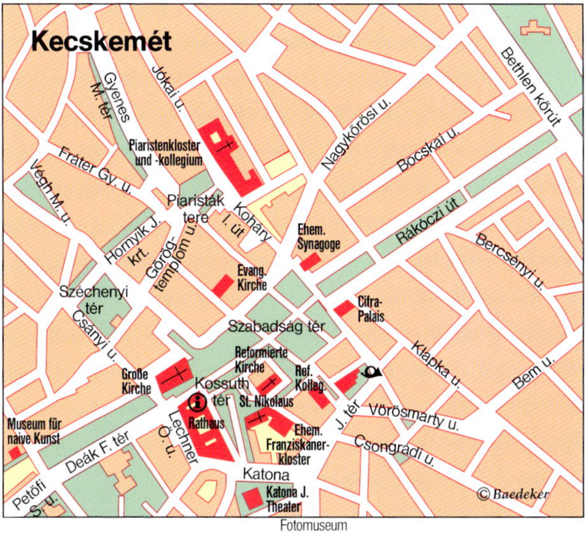

Geschichte

Als Stadt wird Kecskemét 1368 erstmals urkundlich erwähnt. Keine Stadtmauern, sondern nur ringförmig angelegte Gräben (an deren Stelle heute die E 5 verläuft) schützten die mittelalterliche Siedlung. Als Besitz des Paschas von Buda und anschließend als Eigentum der Schatzkammer des Sultans genoss die Stadt während der Türkenherrschaft das Privileg der Selbstverwaltung. Grundlage ihrer wirtschaftlichen Blüte waren die Rinderzucht und der Viehhandel sowie die damit verbundenen Gewerbe. Nach dem Rückzug der Türken ging Kecskemét 1710 an Habsburg. Ein Ablösevertrag im Jahr 1834 entband die Stadt von ihren Lehenspflichten und ermöglichte den wirtschaftlichen Aufschwung durch den Anbau von Obst, Gemüse und Wein. Zu Beginn des 19. Jh.s pflanzte man in der Umgebung von Kecskemét 7 Millionen junge Bäume, um den Sandboden zu binden.
Eine schwere Naturkatastrophe traf die aufstrebende Stadt am 8. Juli 1911: Ein heftiges Erdbeben erschütterte 25 Minuten lang die Gegend und richtete große Verwüstungen an. Über Kecskeméts Grenzen hinaus bekannt ist das im ehemaligen Franziskanerkloster eingerichtete Musikpädagogische Institut, das die neuen musik-

Geschichte (Fortsetzung)

pädagogischen Ansätze des in Kecskemét geborenen Musikers und Komponisten Zoltán Kodály (▶ Berühmte Persönlichkeiten) weiterentwickelt.

Sehenswertes in Kecskemét

Stadtbild

Kecskemét weist ein für die Marktflecken der Tiefebene charakteristisches Erscheinungsbild auf: An der Peripherie der Stadt liegen verstreute Einzelgehöfte, die in Richtung Stadtmitte dörflichen Wohnsiedlungen mit Obstgärten (und mittlerweile leider auch tristen Trabantensiedlungen) weichen. Kleinstädtisch wird die Atmosphäre in den Vierteln innerhalb der mittelalterlichen Gräben mit den typischen, von Akazien gesäumten, kopfsteingepflasterten Straßenzügen. Nur das eigentliche Stadtzentrum zeigt wirklich städtische Züge. Die Hauptsehenswürdigkeiten liegen verhältnismäßig dicht beieinander an den drei großen Plätzen Kossuth tér, Szabadság tér und Katona József tér.

Eines der auffälligsten Gebäude im Zentrum von Kecskemét ist das Rathaus mit seiner prächtigen Giebelfassade.

**Rathaus

Am Kossuth tér erhebt sich der imposante Gebäudekomplex des Rathauses (Városháza), das 1893 – 1896 nach Plänen von Ödön Lechner und Gyula Pártos errichtet wurde und als ein Hauptwerk der ungarischen Variante des Jugendstils gilt. Elemente unterschiedlicher Stile, vor allem aber gotische Spitzbogen, Rundpfeiler und säulenartige Wandvorlagen, mischen sich mit volkstümlicher Bauornamentik (Majolika) und zeitgenössischen Architekturansätzen zu einem eigenwilligen Stil. Beeindruckend in ihrer dekorativen Gestal-

Rathaus (Fortsetzung)

tung ist die repräsentative Eingangshalle, die das Selbstverständnis der im 19. Jh. zu Wohlstand gekommenen Stadt widerspiegelt. Das Treppenhaus mit den breiten, an Barockstiegen erinnernden Treppenaufgängen gewinnt seine besondere Wirkung durch das Farbenspiel der bunten Glasfenster. Nach Voranmeldung besichtigt werden kann auch der prächtige, holzgetäfelte Sitzungssaal im ersten Obergeschoss, in dessen Wandgemälden von Bertalan Székely (1835 – 1910) berühmte Szenen der ungarischen Geschichte vom Blutsvertrag der landnehmenden Stammesfürsten bis zur Krönung Kaiser Franz Josephs erzählt werden. Aus dem Glockenspiel über dem Haupteingang erklingt zu jeder vollen Stunde eine Melodie von Kodály, Erkel oder Beethoven.

Gedenkstein für József Katona

Ein Gedenkstein vor dem Rathaus erinnert daran, dass an dieser Stelle der Dramatiker József Katona (1791 – 1830) durch einen Herzanfall zu Tode kam. Der aus Kecskemét Gebürtige war die letzten zehn Jahre seines Lebens als Anwalt in seiner Heimatstadt tätig. Mit seinem Drama "Bánk bán", das den Mord an der Frau des ungarischen Königs Andreas II. thematisiert, sicherte er sich einen Platz in der ungarischen Literaturgeschichte.

Große Kirche

Das Gotteshaus mit den gelb-weiß abgesetzten Fassaden neben dem Rathaus ist die so genannte Große Kirche (Nagytemplom), die 1774 nach Plänen von Gáspár Oswald begonnen und erst 1806 vollendet wurde. Die Figurengruppe am Eingang zeigt, wie Christus die Himmelsschlüssel an Petrus übergibt. Die Plastiken in den Nischen der Vorderfront tragen die Gesichtszüge der Heiligen Stephan und Ladislaus sowie von Peter und Paul. Das Gemälde des Hochaltars mit der Himmelfahrt Christi schuf der ungarische Maler József Ferencz Falkoner.

József-Katona-Theater

Nach Süden mündet der Kossuth tér in den Katona József tér mit dem neobarocken Theatergebäude (1896), das nach einer Renovierung seinen gründerzeitlichen Charme wiedergewonnen hat. Es entstand nach Plänen der Wiener Architekten Fellner und Helmer, die zu den meistbeschäftigten Theaterbaumeistern ihrer Zeit gehörten. Auch in Kecskemét schmückt die Hauptfassade der für ihre Gebäude typische Dreiecksgiebel, in den der monumentale Rundbogen mit den Haupteingängen einschneidet. Für die barocke, 1742 von der Bürgerschaft gestiftete Pest- oder Dreifaltigkeitssäule vor dem Theater schuf der Bildhauer Leopold Anton Conti den Figurenschmuck.

Fotomuseum

Erst 1991 öffnete am Katona József tér (Nr. 12) das Ungarische Fotomuseum seine Pforten (Mo. und Di. geschlossen). Schwerpunkt der Sammlung ist die ungarische Fotografie, aber auch Dokumente zur Fotogeschichte, alte Apparate und historische Fotografien werden gezeigt.

St.-Nikolaus-Kirche

An der Ostseite des Kossuth tér erhebt sich die älteste Kirche der Stadt aus dem 13. Jahrhundert. Man betritt sie durch einen ummauerten Vorhof mit schönen Rokokogittern an den beiden Eingangstoren. Im 15. Jh. wurde die Kirche nach Osten verlängert und im Seitenschiff die St.-Annenkapelle angefügt. Die Franziskaner, die das Gotteshaus 1647 übernahmen, erneuerten es im Stil des Ba-

St.-Nikolaus-Kirche (Fts.)

rock. Nördlich der Kirche brachten Ausgrabungen die Grundmauern der mittelalterlichen Michaelskapelle zum Vorschein. Die Kalvarien-Skulptur vor der Kirchenmauer ist die Arbeit eines unbekannten Meisters aus dem Jahre 1790.

Institut für Musikpädagogik "Zoltán Kodály"

Im ehemaligen Ordenshaus der Franziskaner an der Kéttemplomköz wurde 1975 das Institut für Musikpädagogik (Kodály Zoltán Zenepedagógiai Intézet) eröffnet, das sich zur Aufgabe gemacht hat, das musikpädagogische Erbe Zoltán Kodálys zu bewahren und die von ihm für den Musikunterricht entwickelten Methoden weiterzuentwickeln und weiterzugeben. Im einstigen Refektorium sowie im Hof davor werden regelmäßig Konzerte gegeben. Eine Dauerausstellung im Kreuzgang dokumentiert das Leben Zoltán Kodálys.

Reformierte Kirche

Auf den Resten einer mittelalterlichen Kirche steht die 1683–1684 errichtete und Ende des 18. Jh.s erweiterte Reformierte Kirche. Der Chor ist klassizistisch, die Kanzel trägt die Stilmerkmale des Rokoko.

Szabadság tér

Wie ein kleiner Park im Herzen der Stadt wirkt der üppig begrünte, von schönen Häusern gefasste Szabadság tér. Hier befindet sich auch das Café Liberté, wo man bei bester Kaffeekultur den großzügigen Platz auf sich wirken lassen kann. Auf der Südseite begrenzt ihn das mächtige Jugendstil-Gebäude des Neuen Kollegiums (1911), das u. a. eine Bibliothek und das Ráday-Kirchenmuseum beherbergt.

***Cifra-Palais, Galerie**

Von einem Vertreter der zweiten Generation ungarischer Jugendstilarchitekten, dem Lechner-Schüler Géza Márkus, stammt das bemerkenswerte Gebäude (1902) am Beginn der repräsentativen Rákóczi Ferenc utca (Cifrapalota). In der Art des belgischen oder französischen Jugendstils werden die Fassaden zu Trägern eines flächigen, überwiegend floralen Dekors, hier in Form von bunten Majolika-Keramiken aus der Zsolnay-Manufaktur in Pécs. Das ursprünglich als Handelskasino genutzte Haus ist seit 1983 städtische Galerie (Kecskeméti Képtár). Der Schwerpunkt der Sammlung liegt auf der ungarischen Malerei der letzten hundert Jahre. Zu sehen sind aber auch Werke, die in der Künstlerkolonie von Kecskemét entstanden sind (geöffnet Di.–Sa 10^{00}–17^{00}, So. 13^{30}–17^{00} Uhr). Neben der Bildergalerie ist im Cifra-Palais auch eine regionalgeschichtliche Ausstellung untergebracht.

Ehemalige Synagoge

Direkt gegenüber dem Cifra Palota steht die 1871 im maurischen Stil nach Plänen von János Zitterbarth errichtete Synagoge, seit 1973 "Haus der Wissenschaft und Technik" (Tudomány és technika háza). Der Zwiebelturm fiel dem schweren Erdbeben 1911 zum Opfer, weitere schwere Schäden musste das Gebäude im Zweiten Weltkrieg hinnehmen. Im Foyer stehen Kopien von 15 Michelangelo-Skulpturen.

Evangelische Kirche

Nach Entwürfen des in Budapest viel beschäftigten Architekten Miklós Ybl entstand 1863 das Gotteshaus der evangelischen Gemeinde in der Arany János utca 1. Die Kirche im Stil der Neoromanik bewahrt zwei schöne Kachelöfen vom Ende des vorigen Jahrhunderts aus der Zsolnay-Fabrik in Pécs.

Typisch für den ungarischen Jugendstil ist die glasierte Keramik als Fassadenschmuck, wie hier beim Cifra Palota.

Piaristenkloster und -kollegium, Evangelische Kirche (Fts.)

Der Gebäudekomplex in der Jókai utca 1 umfasst neben der Kirche das Ordenshaus, ein Kollegium und ein Gymnasium im Stil des Klassizismus. Das um 1730 erbaute Gotteshaus ist ein Werk von Andreas Mayerhoffer. Die Fassade schmücken Statuen der Heiligen Stephan und Ladislaus sowie die Figuren Marias und des Ordensgründers St. Josef von Kalazan. Im Inneren überrascht die Kirche mit einigen schönen Altären aus der Erbauungszeit. Auf dem Gemälde des seitlichen Hirtenaltars (1745) tragen die Figuren die charakteristische Haartracht und Kleidung der hier beheimateten Kumanen.

Weitere Museen

Kecskemét kann neben der Galerie im Cifra-Palais mit einer Reihe weiterer interessanter Museen aufwarten. In einem Wohnhaus aus dem 18. Jh. in der Kölcsey utca 3 ist das Museum für die Geschichte der Medizin und der Pharmazie untergebracht (Orvos-és Gyógyszerészet-történeti Múzeum). Gezeigt werden medizinische Geräte und Heilmittel aus dem 18. und 19. Jahrhundert.
Einzigartig in Ungarn ist die reiche Sammlung des Museums naiver ungarischer Kunst, die im schönen Ambiente eines Adelshauses im Stil des Bauernbarock (Gáspár András utca 11) zu besichtigen ist. "Sórakatenus" heißt das vor einem Jahrzehnt gegründete Spielzeugmuseum an der Ecke Gáspár utca/Hosszú utca. Das Besondere an dieser Einrichtung ist die Verknüpfung von Museum und Werkstatt. Es werden hier nicht nur Spielsachen vom Beginn des 19. Jh.s an gezeigt, sondern Kinder und Jugendliche können in Werkstätten unter der Anleitung von Fachleuten selbst Spielzeug anferti-

Kecskemét, Museen (Fts.)

gen. In einer alten Destillerie aus dem vorigen Jahrhundert hat das Museum für Volkskunsthandwerk seinen Sitz (Serfőző utca 19). Die Sammlung umfasst Töpferwaren, Schnitzarbeiten aus Holz und Knochen sowie Web- und Häkelarbeiten aus den vergangenen drei Jahrzehnten.

Bugac-Puszta

Lage und *Landschaftsbild

Die Bugac-Puszta ist der mit 10 000 ha flächenmäßig größte Teil des 1975 gegründeten Nationalparks Kiskunság, rund 30 km südwestlich von Kecskemét. Sanddünen, Moorsenken, mit Wildblumen bestandene Wiesen, Schilfgebiete und alkalische Seen prägen das vielfältige Bild dieser Steppenlandschaft. Ebenso wie die ▶ Hortobágy-Puszta entstand diese eigentümliche Landschaftsform in der Türkenzeit als Folge von Verwüstungen, Rodungen und Verödung von Ackerland. Danach nutzten die ungarischen Hirten das Gebiet als Weideland für Graurinder, Zackelschafe (Racka), Halbblutpferde und Wollschweine (Mangalica). Während der überwiegende Teil Kleinkumaniens (Kiskunság), insbesondere das Umland von Kecskemét, im 19. Jh. wieder in fruchtbares Agrarland umgewandelt werden konnte, blieben einzelne Landstriche als Puszta erhalten und wurden unter Naturschutz gestellt. Die typischen Puszta-Tiere, die man heute hier auf den weiten Grasflächen sieht, werden nur noch für touristische Zwecke gezüchtet.

Baedeker TIPP Ausflug in die Puszta

Graurinder und wilde Pferde, Zigeunermusik, Kesselgulasch und vieles mehr, was man mit Pusztaromantik verbindet, gibt es im Bauern- und Reiterhof Varga in Kerekegyháza, etwa 15 km nordwestlich von Kecskemét (Kunpuszta 150, ☎ 76/37 10 30, Informationen unter www.vargatanya.de).

*Nationalpark

Der Eingang in den Nationalpark liegt wenige Kilometer hinter der Ortschaft Bugac, etwa 16 km westlich von Kiskunfélegyháza. Als Alternative zur Anreise mit dem eigenen Wagen gibt es Busverbindungen nach Kecskemét und Kiskunfélegyháza sowie eine Schmalspurbahn, die zwischen Bugac und Kecskemét verkehrt. Planwagen bringen die Besucher zu den Graurinder- und Zackelschafherden, zur bewirtschafteten Csárda und zu den Stallungen des Gestüts. In dem kleinen Hirtenmuseum kann man Trachten, Volkskunst und Gebrauchsgegenstände der Csikós besichtigen.

Auskunft

Nationalparkverwaltung Kiskunság, Liszt Ferenc utca 19, 6000 Kecskemét, ☎ (76) 48 26 11, FAX (76) 48 10 74.

Nagykőrös

Allgemeines

Das Obst- und Gemüseanbaugebiet von Nagykőrös, einer 16 km nordwestlich von Kecskemét an der Straße 441 nach Cegléd gelegenen Stadt, leistet einen wesentlichen Beitrag zur Agrarproduktion des Landes. Die 1266 erstmals urkundlich erwähnte Gemeinde entwickelte sich im Mittelalter zu einem kleinen Marktflecken, der während der Türkenzeit ebenso wie Kecskemét und Cegléd zur Khas-Stadt erhoben wurde. Khas-Städte genossen den besonderen

Schutz des Sultans und blieben vor Verwüstungen verschont, so dass die Stadt während der Türkenherrschaft sich sogar vergrößerte.

Nagykőrös (Fortsetzung)

János-Arany-Museum

Im Cifrakert, einem kleinen Park an der Hauptstraße (Ceglédi út 19), steht die ehemalige Husarenkaserne aus den Jahren 1836/1838, die heute die stadtgeschichtliche Sammlung sowie ein Arany-Gedenkmuseum beherbergt. Den lang gestreckten, eingeschossigen Bau schmückt an der Eingangsseite ein Giebel über dorischen Säulen und an der Hofseite ein Arkadengang. Der große ungarische Dichter János Arany (1817 – 1882) unterrichtete neun Jahre, von 1851 bis 1860, am Gymnasium von Nagykőrös. Zu den schönsten Ausstellungsstücken gehören altes Handwerkszeug, persönliche Gegenstände aus dem Besitz der Familie Arany, Grabhölzer sowie die erste Urkunde, in der der Stadtname Kőrös erscheint.

Weitere sehenswerte Gebäude

Als Nagykőrös 1688 protestantisch wurde, verließen die Katholiken die Stadt. Erst neunzig Jahre später gab es wieder eine katholische Gemeinde, der Königin Maria Theresia mit einer Spende von 8000 Goldstücken zu einem neuen Gotteshaus verhalf. Das Gemälde des barocken Hauptaltars zeigt König Ladislaus im Kampf gegen die Kumanen. Das barocke Rathaus von Nagykőrös (Szabadság tér 5) stammt aus dem Jahre 1710. Originell ist der Turm des Gebäudes mit dem kragenförmig umlaufenden Erker. Die Kirche am Szabadság tér entstand als katholisches Gotteshaus im 15. Jahrhundert. Nach dem Auszug der Katholiken wurde sie von den Reformierten übernommen. Ihr Erscheinungsbild verdankt sie im Wesentlichen

Die Häuser in der Bugac-Puszta werden auch heute noch mit Stroh gedeckt – eine mühsame Handarbeit.

Kecskemét, Nagykőrös (Fortsetzung)

den Umbauten im 19. Jh., die Fassade mit dem markanten Turm wurde 1907 neu gestaltet. Die schöne Ausstattung mit einer umlaufenden Empore, barocker Kanzel und Orgel sowie die Goldschmiedearbeiten in der kleinen Schatzkammer lohnen einen Besuch.

Kiskunfélegyháza

▶ dort

Keszthely — M 8

Komitat: Zala
Einwohnerzahl: 22 000

ⓘ Kossuth Lajos utca 28, 8360 Keszthely
☎/FAX (83) 31 41 44, keszthely@tourinform.hu

S. 373 S. 385

*Ferienstadt am Balaton mit Schloss

Keszthely ist die größte Gemeinde am ▶ Balaton und ein traditionsreiches Ferienzentrum an der Westseite des Sees mit einem Strandbad, Hotels und vielen Freizeitmöglichkeiten. Der Badetourismus spielt in der Stadt zwar die Hauptrolle, aber viele Besucher kommen auch wegen dem großen Barockschloss der Festetics gern nach Keszthely. Der aufgeklärte Schlossherr und Großgrundbesitzer György Graf Festetics (1755 – 1819) betätigte sich als Förderer von Kunst und Wissenschaft, rief den literarischen Zirkel "Helikon" und die so genannten "Helikon-Feste" ins Leben. Außerdem legte er den Grundstein für die Helikon-Bibliothek. Einen wichtigen Beitrag zur kulturellen Entwicklung der Stadt und des Landes leistete er mit der Gründung des Georgikon (1797), der ersten landwirtschaftlichen Hochschule Europas (heute Agrarwissenschaftliche Universität). Keszthelys Entwicklung zum Badeort begann ab Mitte des 19. Jahrhunderts.

Sehenswertes in Keszthely

*Schloss Festetics

In einem weitläufigen Park am nördlichen Rand des Zentrums liegt das Schloss, das für zwei Jahrhunderte der Familie Festetics als Wohnsitz diente. Das erste, für Kristóf Festetics im Jahre 1745 erbaute Schloss war mit "nur" 34 Zimmern eine verhältnismäßig bescheidene Anlage inmitten eines französischen Barockgartens. Der für das heutige Erscheinungsbild prägende Um- und Ausbau durch den Wiener Architekten Viktor Rumpelmayer erfolgte im Auftrag des späteren Herzogs Tasziló Festetics zwischen 1883 und 1887. Es entstand ein großzügiger, hufeisenförmig angelegter Schlosskomplex mit 101 Zimmern. Die einheitliche, am französischen Schlossbau orientierte Neobarockfassade wird durch den Turm im Mittelflügel akzentuiert. Nach den Entwürfen des englischen Gartenbauingenieurs E. H. Miller wurde vor und hinter dem Gebäude der Schlossgarten angelegt, während zur Stadt hin eine Mauer mit Tordurchgang das Anwesen abgrenzt.

Neobarockes Juwel am Westufer des Plattensees: Das Schloss in Keszthely, ehemals Residenz der Familie Festetics ▶

Im Südflügel der fürstlichen Residenz ist ein Schlossmuseum eingerichtet (geöffnet Di. – So. 10^{00} – 17^{00} Uhr; Besichtigung mit oder ohne Führung). Der Rundgang führt durch verschiedene Gemächer mit originaler Einrichtung, in die Schlosskapelle und in den stuckverzierten Speisesaal, der heute für Konzerte und andere Veranstaltungen genutzt wird. Interessante Stücke kann man in der Sammlung von Waffen und Rüstungen aus dem Nationalmuseum in Budapest entdecken, die mehrere Räume beansprucht – so z. B. Jagdgewehre mit Perlmutteinlegearbeiten, kunstvoll verzierte Säbel oder komplett erhaltene Duellierkoffer. Am beeindruckendsten ist allerdings die berühmte Helikon-Bibliothek, die Kristóf Festetics 1745 gegründet hatte. Den schönen zweigeschossigen Bibliothekssaal mit deckenhohen Regalen aus slawonischer Eiche ließ 1799 bis 1801 György Graf Festetics bauen. Er war es auch, der den Bibliotheksbestand auf rund 90 000 Bände erweiterte.

Besichtigung

**Bibliothek

In dem eingeschossigen Gebäude nahe beim Schloss (Georgikon utca 20) wurden seit 1797 die Studenten der Landwirtschaftsschule unterrichtet. Südlich schließt das ehemalige Gut der Familie Festetics und spätere Lehrgut mit drei Höfen, einer Meierei, Wirtschaftsgebäuden, Stallungen und Werkstätten an. Im ehemaligen Kornspeicher, dem heutigen Meiereimuseum in der Bercsényi utca 67, sind alte Arbeitsgeräte und Landwirtschaftsmaschinen für den Wein- und Ackerbau am Balaton zusammengetragen (geöffnet Mai – Okt. Di. – Fr. 10^{00} – 17^{00}, Sa. und So. 10^{00} – 18^{00} Uhr).

Georgikon-Haus, Meiereimuseum

Keszthelys Zentrum ist die Kossuth Lajos utca, die sich zwischen Fő tér und Georgikon utca als breite belebte Fußgängerzone mit hübsch renovierten Häusern, Geschäften, vielen Cafés und Res-

*Kossuth Lajos utca

Puppenmuseum und Panoptikum

taurants präsentiert. In der Bakacs utca, einer schmalen Seitenstraße der Kossuth Lajos utca, warten gleich drei Ausstellungen auf Besucher. Im Puppenmuseum (Babamúzeum) – angeblich Europas größtes – sind rund 450 Porzellanpuppen in Volkstrachten versammelt. Für Puppenfans sicher ein Vergnügen, das allerdings durch die dicht gedrängte Präsentation und die fehlenden Hintergrundinformationen bzw. Beschriftungen etwas getrübt wird. In unmittelbarer Nachbarschaft befindet sich das Panoptikum, eine Zusammenstellung von rund 40 lebensgroßen berühmten Personen. Nicht nur Bastelfreunde begeistern dürfte das so genannte "Schneckenparlament", ebenfalls in der Bakacs utca zu besichtigen. In einer mehr als zehnjährigen Arbeit entstand aus 4,5 Millionen winzigen Schneckenhäusern das 7 m lange, originalgetreue Abbild des ungarischen Parlamentsgebäudes.

Im Puppenmuseum von Keszthely

Goldmark-Geburtshaus

Geht man die Kossuth Lajos utca weiter in Richtung Fő tér, kommt man am Geburtshaus des Komponisten Károly Goldmark vorbei. Das schlichte Barockgebäude (Kossuth Lajos utca 22) ist eines der ältesten Wohnhäuser der Stadt mit einem mittelalterlichen Keller.

Fő tér, Pfarrkirche

An der Südseite des Fő tér, heute ein Platz, der hauptsächlich vom Verkehr bestimmt ist, errichteten 1386 die Franziskaner eine einschiffige, kreuzrippengewölbte Kirche, der 1550 nördlich ein Kloster angeschlossen wurde. Während der Türkenzeit wurde sie zu einer Festung umgebaut und durch einen Kanal mit dem Plattensee verbunden, damit die Boote bis hierher fahren konnten. Die Türken belagerten die befestigte Kirche, konnten sie aber nicht erobern. Der neugotische Fassadenturm kam 1878 hinzu, 1896 wurde die barocke Einrichtung entfernt und der gotische Kirchenraum wieder hergestellt. Die im Rahmen der Restaurierung freigelegten, bemerkenswerten Freskenfragmente im Chor verraten Einflüsse der italienischen Malerei des ausgehenden 14. Jahrhunderts. Den Schlussstein des Chorgewölbes schmückt das Wappen des Bauherren István Lackffy, dessen Grabmal ebenfalls im Chor seinen Platz fand.

Balatonmuseum

Eine äußerst informative (zudem deutsch beschriftete) und materialreiche Sammlung zur Geschichte des Natur- und Kulturraums "Balaton" ist in den Räumen des prunkvollen, 1928 im Stil des Neobarock erbauten Gebäudes in der Múzeum utca 2 (Eingang Kossuth Lajos utca) untergebracht. Außer einem Lapidarium mit römischen und mittelalterlichen Steinfunden gibt es hier Ausstellungen zu unterschiedlichsten Themenbereichen, u. a. zur Flora und Fauna, zu Folklore und traditionellen Erwerbszweigen sowie zu Schifffahrt und Badetourismus am Balaton (geöffnet April – Oktober Di. bis So. 10^{00} – 18^{00}, sonst Di. – Sa. 10^{00} – 17^{00} Uhr).

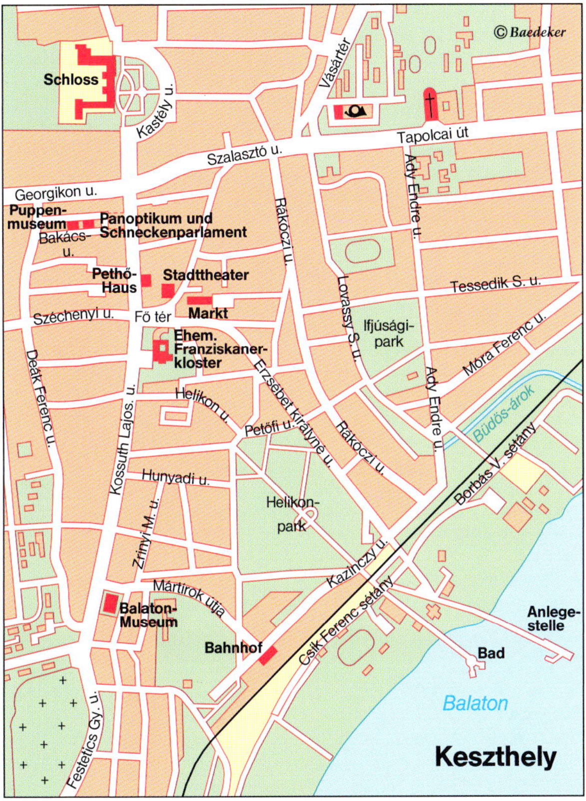

Helikon-Park, Strandbereich

Zwischen Innenstadt und Strand erstreckt sich das Villenviertel von Keszthely, wo es auch ein paar Hotels, Gästehäuser und Pensionen gibt (▶ Praktische Informationen, Hotels und Pensionen). Mittelpunkt des Viertels ist der Helikon-Park, der bis zum Strand reicht und früher sicher einmal die Zierde des Ortes war, heute aber ein wenig vernachlässigt wirkt. Hinter der Bahnlinie beginnt der breite Grüngürtel am Strand mit Bademöglichkeiten, Sportstätten und den zwei Hotels aus dem Jahr 1892. Ein Steg führt hinaus zum Inselbad – dem einzigen am Balaton –, das 1960 in Anlehnung an seine ursprüngliche Architektur neu gebaut wurde.

Umgebung von Keszthely

Fenékpuszta

Im 7 km südlich von Keszthely gelegenen Ort Fenékpuszta sind noch die klassizistischen Stallungen des ehemaligen Gestüts der Familie Festetics sowie die Reste des römischen Lagers Valcum zu sehen.

Zalavár

Etwa 18 km südwestlich von Keszthely, am Rande des Kis-Balaton, errichtete im 9. Jh. der slawische Fürst Privina, der von den Karolingern das Gebiet am Balaton als Lehen erhalten hatte, in der Nähe des heutigen Dorfs Zalavár, im Zentrum seiner Herrschaft die so genannte Moosburg. Im Zuge der Christianisierung durch das Salzburger Erzbistum ließ er hier eine Reihe von Kirchen bauen, u. a. das westlich außerhalb von Zalavár gelegene, später erweiterte Gotteshaus (als "Bazilika" ausgeschildert). Von der dreischiffigen Basilika mit westlicher Vorhalle und drei Apsiden im Osten sind nur noch die Grundmauern erhalten.

Baedeker TIPP Auf schmaler Spur

... aber direkt am Balatonufer entlang fährt die 100-jährige Bahn zwischen Badacsonytomaj und Keszthely im Juli und August, tgl. außer So. und Mo. Informationen unter www.mavnostalgia.hu.

Zalaapáti

13 km westlich von Keszthely, an der Straße 75, steht in dem Ort Zalaapáti die spätbarocke, um 1780 erbaute Abtei St. Adrian, deren Altarbilder der Österreicher Martin Johann Schmidt, besser bekannt als "Kremser Schmidt", gemalt hatte. Das Kloster war im 11. Jh. von König Stephan I. in Zalavár, an der Stelle der Burg des Slawenfürsten Privina gegründet und im 18. Jh. an seiner heutigen Stelle neu aufgebaut worden.

Hévíz

▶ dort

Kiskunfélegyháza — M 23/24

Komitat: Bács-Kiskun
Höhe: 101 m ü. d. M.
Einwohnerzahl: 33 000

ⓘ siehe Kecskemét

Mittelpunkt des "ungarischen Obstgartens"

Kiskunfélegyháza liegt im Herzen des Donau-Theiß-Zwischenstromlands und ist das historische Zentrum Kleinkumaniens (s. u.). Die von den Türken im 16. Jh. völlig zerstörte Siedlung blühte erst nach 1774 wieder auf und entwickelte sich zu einer Handelsstadt. Heute wird Kiskunfélegyháza vor allem als Ausgangspunkt für Ausflüge in die Bugac-Puszta (▶ Kecskemét, Umgebung) besucht.
Die historische Landschaft Kleinkumanien (Kiskunság) zwischen Donau und Theiß in der ungarischen Tiefebene erhielt ihren Namen von dem Türkisch sprechenden Nomadenvolk der Kumanen, das ursprünglich in den Steppen Südrusslands beheimatet war. Von den Mongolen bedrängt, wanderten Kumanenstämme zu Beginn des 13. Jh.s in die Tiefebene ein und wurden nach ihrer Christianisierung allmählich in den Magyarenstaat integriert. Kleinkumanien entwickelte sich im 19. Jh. zu einer der fruchtbarsten Agrarlandschaften Ungarns, weshalb es auch als der "Obstgarten Ungarns" bezeichnet wird. Die meisten Bewohner sind in der Landwirtschaft beschäftigt, doch nachdem in den 1960er-Jahren Erdöl- und Erdgasvorkommen entdeckt wurden, siedelte sich auch Industrie hier an.

Sehenswertes in Kiskunfélegyháza

*Rathaus

Nur wenige Städte in Ungarn können sich eines so imposanten und originellen Rathauses rühmen wie Kiskunfélegyháza. Das 1911 nach Entwürfen von József Vass errichtete Verwaltungsgebäude im Zentrum der Stadt (Kossuth Lajos utca 1) gehört neben dem Kecskeméter Rathaus zu den schönsten Beispielen der ungarischen Jugendstilarchitektur. Die reiche Blumenornamentik an den Scheingiebeln der Hauptfassade ist dem Formenrepertoire der bäuerlichen Volkskunst Ungarns entlehnt, wie man sie u. a. von den Stickereien auf Hirtenmänteln und -jacken kennt. Zusammen mit den bunten Majolika-Dachziegeln, die in der Pécser Zsolnay-Manufaktur gebrannt wurden, verleihen sie dem ansonsten eher strengen Bau eine heitere Note.

Paradebeispiel für den ungarischen Nationalstil aus der Zeit um 1900: das Rathaus in Kiskunfélegyháza

Museum von Kleinkumanien

Im ehemaligen Haus der Kommandantur Kleinkumaniens, einem Barockgebäude von 1753 (Dr. Holló Lajos utca 9), ist heute die ethnografische und lokalhistorische Sammlung des Kiskun Múzeum zu besichtigen. Entsprechend seiner früheren Nutzung als Kerker wurde der Flügel zum Hof zum Gefängnismuseum umgestaltet. Die hier gezeigten Exponate (u. a. Folterwerkzeuge) erinnern an die Zeiten, als noch Räuber die Große Tiefebene unsicher machten. Im Hof des Museums steht eine sehenswerte und noch funktionstüchtige Windmühle aus der Zeit um 1860.

Kirche

Die barocke, 1744 – 1752 erbaute Kirche zur Lieben Frau am Béke tér besitzt eine Kanzel und Seitenaltäre im Stil des Rokoko sowie einen

Kiskunfélegyháza (Fts.)

Taufbrunnen im Zopfstil. Nach dem Einsturz des alten Kirchturms erhielt das Gotteshaus 1770 einen neuen Turm.

"Schwanenhaus"

Der Vater des großen ungarischen Dichters Sándor Petőfi (▶ Berühmte Persönlichkeiten) betrieb in dem klassizistischen Gebäude am Petőfi tér (Nr. 9) von 1820 bis 1830 eine Gastwirtschaft. Heute ist darin das Kulturhaus untergebracht. Geboren wurde sein berühmter Sohn nicht in der Stadt seiner Kinderjahre, sondern in Kiskőrös, etwa 30 km westlich von Kiskunfélegyháza.

Umgebung von Kiskunfélegyháza

Bugac-Puzsta

▶ Kecskemét, Umgebung

Csongrád

Am rechten Ufer der Theiß, 24 km östlich von Kiskunfélegyháza an der Straße 451, liegt das Fischerstädtchen Csongrád (23 000 Einw.). Hier spürt man noch etwas von der Beschaulichkeit des einfachen Lebens in der ungarischen Provinz. Einen Besuch lohnen das kleine volkskundliche Museum (Iskola utca 2) und die denkmalgeschützten Fischerhütten an der Körösmündung. Der tote Nebenarm des Flusses ist Naturschutzgebiet.

Szentes

Von Csongrád sind es noch 12 km bis nach Szentes, einer Stadt mit rund 35 000 Einwohnern, die sich am linken Theißufer ausbreitet. Die 1075 erstmals urkundlich erwähnte Siedlung entwickelte sich nach der unruhigen Türkenzeit zu einer Agrarstadt, in der sich später auch die Nahrungsmittelindustrie ansiedelte. An ihre zeitweilige Funktion als Komitatssitz erinnert das monumentale Komitatshaus auf dem Kossuth tér. Eine lange Tradition hat hier das Töpfer- und Korbflechterhandwerk.

Sehenswertes

Das älteste Baudenkmal der Stadt ist die St.-Annen-Kirche aus dem Jahr 1768, die jedoch mit Ausnahme des Turms 1847 klassizistisch umgebaut wurde. Am Kossuth tér stehen das neobarocke Rathaus aus dem Jahr 1912 und die klassizistische Reformierte Kirche, die zwischen 1808 und 1825 entstand. In einem klassizistischen Haus im Széchenyi-Wäldchen am Kurca-Flüsschen erhielt das József-Koszta-Museum seine Heimstatt, das neben Gemälden des Landschaftsmalers József Koszta (1864 – 1949) auch Ausgrabungsfunde aus der Zeit der Völkerwanderung und Töpferarbeiten aus Szentes ausstellt.

Kiskunhalas

Etwa 50 km südwestlich von Kiskunfélegyháza, im Donau-Theiß-Zwischenstromland, liegt das Agrarstädtchen Kiskunhalas mit einem schönen Badesee. Am nördlichen Stadtrand von Kiskunhalas, Ecke Kölcsey/Linhardt utca, steht noch eine Windmühle aus dem vergangenen Jahrhundert, von denen es früher in der flachen Landschaft Kleinkumaniens viele gegeben hat.

*Spitzenmuseum

Der Zeichenlehrer und Volkskunstsammler Árpád Dékáni gründete 1903 eine Werkstatt für die Herstellung von Spitzen nach seinen Entwürfen und legte damit den Grundstock der Spitzenproduktion in Kiskunhalas. Den Erfolg seiner Unternehmung verdankte er wesentlich der Kunsthandwerkerin Mária Markovits, die zusammen mit einer kleinen Gruppe von Spitzennäherinnen seine Entwürfe umsetzte und dabei ein so hohes Niveau erreichte, dass ihre Produkte 1904 auf der Weltausstellung in Saint Louis weltweit Aufmerksamkeit erregten. Mária Markovits entwickelte die auch in Ungarn verbreitete 10-12-Nadelstichtechnik aus Venedig zur 40-50-Nadelstichtechnik weiter. Die ehemalige Werkstatt (Kossuth utca 37 A) beherbergt heute u. a. das Spitzenmuseum (Csipkeház) mit einigen besonders kunstvollen Exemplaren der Spitze von Kiskunhalas. Im Garten wurde der Spitzennäherin mit einem Bronzeportrait ein Denkmal gesetzt (geöffnet 9⁰⁰ – 12⁰⁰, 13⁰⁰ – 16⁰⁰ Uhr).

Kiskunhalas, Spitzenmuseum (Fortsetzung)

In einem Gebäude aus dem ausgehenden 19. Jh. (Köztársaság utca 2) ist die ortsgeschichtliche Sammlung untergebracht. Das Museum besitzt auch Werke des in Kiskunhalas geborenen, naturalistischen Malers János Thorma (1870 – 1937).

János-Thorma-Museum

Kőszeg (Güns) — H 4

Komitat: Vas
Höhe: 274 m ü. d. M.
Einwohnerzahl: 12 000

ⓘ Jurisics tér 7, 9730 Kőszeg, ☎ (94) 56 31 21, koszeg@tourinform.hu

🛏 S. 374 🍴 S. 385

Kőszeg ist eine Kleinstadt an der Grenze zu Österreich, ca. 20 km nördlich von ▶ Szombathely und knapp 50 km südlich von Sopron. Die sanft hügelige Umgebung des Städtchens, vor allem aber ihre

Kleinstadt am Rande der Günser Berge

Alles in Kőszeg dreht sich um den Jurisics tér. Hier steht auch das Rathaus, das in mehreren Bauphasen sein heutiges Erscheinungsbild erhielt.

Allgemeines (Fortsetzung)

außerordentlich hübsche kleine Altstadt mit Renaissance- und Barockbauten sowie einer stattlichen Burg machen Kőszegs Reize aus. Große Bedeutung hatte Kőszeg einst während der Türkenbedrohung. Bereits nach der Gründung des ungarischen Staates bauten die Könige die Stadt als Teil der Burgenkette an der westlichen Reichsgrenze aus, der sog. Wart (Őrség). Die Mitte des 12. Jh.s errichtete Steinburg verteidigte der Burghauptmann Miklós Jurisics im August 1532 mit ein paar wenigen Männern 25 Tage lang gegen den Ansturm des 55 000 Mann starken Heeres von Sultan Suleiman II. Die Feinde zogen ab, als der Winter kam und vor Wien ein starkes kaiserliches Heer aufmarschierte. Dadurch war nicht nur Kőszeg, sondern auch Wien vor den Türken gerettet.

Sehenswertes in Kőszeg

***Jurisics tér, Heldentor**

Das Heldentor, 1932 zum 400-jährigen Jubiläum der Türkenbelagerung an der Stelle des 1880 abgerissenen Unteren Portalturms aus dem 14. Jh. errichtet, bildet den Eingang in die Altstadt von Kőszeg. Sie ist winzig und besteht im Wesentlichen aus der etwas erhöht gelegenen Burg, ein paar Straßenzügen und dem zentralen Jurisics tér. Der hübsche Platz, dessen Mitte zwei Kirchen einnehmen, ist von eng aneinander gebauten Bürgerhäusern umschlossen. Die Platzbebauung aus dem Mittelalter wurde durch einen Brand großenteils zerstört und die Häuser danach im Barockstil wieder aufgebaut. Die barocke Mariensäule auf dem Platz ist das Werk des Soproner Steinmetzen Lorenz Eysenkölbl (1739), den die Stadt mit Bußgeldern von Protestanten bezahlte, die sich gegen den Marienkult stellten. Eysenkölbl fertigte auch den Stadtbrunnen, der unter der häufigen Benutzung litt, weshalb er 1766 mit einem Brunnenhaus im Zopfstil überdacht wurde.

Häuser an der Ostseite, Arkadenhaus

Das erste Gebäude rechts neben dem Heldentor ist das Lábasház, das Arkadenhaus (Nr. 2) aus dem Jahr 1774. Der Stadtmusiker Josef Bittner ließ es als Ballhaus im Zopfstil errichten.

Sgraffito-Haus

Das dritte Haus an der Ostseite (Nr. 5 – 7) stammt aus dem 16. Jh. und ist im Sgraffito-Verfahren, das damals ganz neu aus Italien importiert wurde, aufwändig verziert. Unter dem Dachansatz findet sich eine lateinische Inschrift, ein Zitat aus einem Brief des Apostels Paulus an die Römer, die auf die zeitweise Nutzung des Hauses als Pfarrhaus zurückgeht.

Batthyány-Haus

Das daneben liegende Renaissancehaus (Nr. 9 a) aus dem 16. Jh. wurde zwei Jahrhunderte später frühbarock umgebaut. Das Eingangstor ist bogenförmig, die Flügel sind mit schön geschnitzten geometrischen Motiven verziert.

Apothekenmuseum

Ein mittelalterliches Bürgerhaus wurde zum Ordenshaus der Jesuiten umgebaut, die hier (Nr. 11) eine Apotheke betrieben. Nach Auflösung des Ordens 1777 kaufte der Apotheker Mátyás Svalla das Haus samt der barocken, um 1740 von Jesuiten-Laienbrüdern gefertigten Einrichtung, wodurch die Stadtapotheke "Zum goldenen Einhorn" entstand. In dem Museum (Patikamúzeum) sind auch gedrechselte Holztiegel und Fayencegefäße mit Bleiglasur zu sehen.

Westseite des Platzes

Das Tábornokház, ein Renaissancebau aus dem 17. Jh. links neben dem Heldentor (Nr. 4 – 6), war das Quartier des Hauptmanns der berittenen Stadtwache. Die Front ist mit einer zweibogigen Loggia geschmückt. Hier ist das Jurisics-Museum untergebracht, das dem heimischen Handwerk gewidmet ist. Vom Turm des Museums bietet sich ein hübscher Blick auf Platz und Altstadt.

Westseite des Platzes (Fts.)

An das Generalshaus schließt sich das Rathaus an (Nr. 8). Es entstand in mehreren Phasen: Gotisch sind noch die überdachten Schießscharten an der Nordseite, die Attika stammt aus der Renaissance, die Türen im Inneren sind barock und das Hauptportal klassizistisch. Die gemalte Fassade – links außen das Wappen der Familie Jurisics, in der Mitte das des historischen Ungarn, rechts das der Stadt Kőszeg – stammt ebenfalls aus dem Barock (1712).

Rathaus

Das nächste Gebäude, Jurisics tér 12, aus dem 14./15. Jh., nach einem ehemaligen Besitzer auch Lada-Haus genannt, wurde mehrfach umgebaut und präsentiert sich heute mit prächtiger Barockfassade.

Lada-Haus

Das wuchtige, festungsartige Ambrózy-Haus (Nr. 14) mit zwei Straßenfassaden schließt die Häuserzeile an der Westseite des Jurisics tér ab. Es entstand um 1560 durch die Vereinigung von zwei oder drei Häusern im Stil der Spätrenaissance. Barocke Züge kamen im 18. Jh. hinzu. Die Hofseite schmückt eine Loggia mit toskanischen Säulen und farbigen Sgraffiti.

Ambrózy-Haus

Die Burg von Kőszeg, von den Türken zerstört und von Miklós Jurisics wieder aufgebaut

Die vordere der beiden Kirchen auf dem Jurisics tér ist dem hl. Emmerich (Szent Imre) geweiht und wurde 1615–1618 von den Protestanten über einem mittelalterlichen Beinhaus errichtet. Die ältere Jakobskirche diente ihnen als Vorbild, daher die gotischen Züge. An die einschiffige Kirche mit hohem Fassadenturm baute man 1671, als die Kirche von den Katholiken übernommen wurde, eine baro-

St. Emmerich

St. Emmerich (Fortsetzung)

cke Kapelle und eine Sakristei an. Über dem Haupteingang beachte man die Skulptur des hl. Emmerich. Das Hauptaltarbild von Stephan Dorffmeister d. J. (1805) zeigt das Gelübde des hl. Emmerich. Dorffmeister d. Ä. malte die "Heimsuchung Mariä" auf dem rechten Seitenaltar.

***St. Jakob**

Die zweite Kirche am Jurisics tér, das bedeutendste Baudenkmal in Kőszeg, wurde 1403 – 1407 unter Verwendung von Resten einer romanischen Minoritenkirche im Stil der Spätgotik erbaut und 1758 barockisiert. 1554 wurde sie protestantisch, ab 1671 befand sie sich im Besitz verschiedener katholischer Orden, deren Wappen an der Fassade zu sehen sind. Der Turm steht seit dem 15. Jh., 1697 wurde das so genannte Sanctus-Türmchen über dem Chor hinzugefügt. Im Inneren der dreischiffigen Hallenkirche beachte man den Schlussstein des Kreuzgewölbes vor dem Chor, der das Wappen des Stifters Miklós Garai trägt. Die Südseite des Chors weist Sitznischen mit Spitzbögen auf, über dem Tabernakel befindet sich eine gotische Madonna mit dem Jesuskind (um 1500). Ebenfalls aus der Gotik stammen die Wandmalereien an der Stirnwand des südlichen Seitenschiffes: Dargestellt sind die Hl. Drei Könige, ein übergroßer hl. Christophorus, eine Schutzmantelmadonna sowie die hl. Elisabeth von Thüringen, die aus dem Geschlecht der Árpáden stammte, und eine hl. Barbara.

Chernel utca

Die Chernel-Straße, die von der Jakobskirche bergan erst nach Westen führt und dann nach Süden abbiegt, ist nach dem in Kőszeg tätigen, 1891 verstorbenen Historiker Kálmán Chernel benannt. Fast alle Häuser stammen aus dem späten Mittelalter und wurden im Barock umgebaut. Das prächtigste ist das u-förmige Chernel-Haus (Nr. 10). Über der Tür mit Korbbogen tragen Pfeiler mit Rokoko-Vasen ein Gesims. In den Schlussstein des Korbbogens ist das Baujahr 1766 eingraviert. Hier wohnte 1809 Eugène de Beauharnais, Stiefsohn und Vizekönig Napoleons.

Rájnis József utca

Die József-Rájnis-Straße, von der Nordwestecke des Jurisics tér nach Norden führend, wurde nach dem Jesuitenmönch und Dichter József Kőszegi Rájnis benannt, der antike griechische und lateinische Literatur ins Ungarische übertrug. Auch hier stehen hübsche, barock bzw. klassizistisch umgestaltete Gebäude. Das bekannteste ist das Haus Nr. 2 neben der Jakobskirche, das 1677 – 1680 nach Entwürfen des italienischen Baumeisters Pietro Orsolini erbaut wurde und erst den Jesuiten, dann den Benediktinern als Ordenshaus diente.

Jurisics-Burg

An der Rájnis József utca liegt der Aufgang zur Burg. Matthias Corvinus eroberte den mittelalterlichen Bau 1482 und fügte ihm einen Renaissance-Westflügel an (Fensterreihe erhalten). Nach der Zerstörung durch die Türken 1532 baute sie Jurisics, dem sie geschenkt worden war, wieder auf. Der Stadtbrand 1777 zog auch die Burg in Mitleidenschaft und so erhielten die Süd- und Westflügel danach ein barockes Aussehen. Von den fünf Türmen wurden nur zwei wieder in ihrer ursprünglichen Höhe gebaut.
Zuerst durchquert man die Vorburg, in deren Hof ein Denkmal an Jurisics erinnert (von Sándor Mikus, 1903 – 1982). Das kleine Marzipanmuseum in der Vorburg besteht aus vier Räumen, in denen

Märchenszenen und bekannte Motive aus Film und Fernsehen in dem süßen Material nachgebildet sind. In der Burg selbst ist das Miklós-Jurisics-Museum mit lokalgeschichtlichen Exponaten beheimatet. Neben Dokumenten und Gemälden besitzt es das berühmte "Buch der Weinstocktriebe", in das seit 1740 bis heute die Triebe der Weinstöcke am Namenstag des hl. Georg gemalt und Bemerkungen zur Weinlese am Tag der hl. Ursula eingetragen werden.

Jurisics-Burg (Fortsetzung)

Umgebung von Kőszeg

Günser Berge, Naturpark Irottkő-Geschriebenstein

Südwestlich von Kőszeg erstreckt sich das Günser Hügelland, das mit dem auf der Grenze zu Österreich gelegenen, 884 m hohen Irottkő (Geschriebenstein) seinen höchsten Punkt erreicht. Das Gebiet wurde als Naturpark ausgewiesen und lädt zu ausgedehnten Wanderungen oder Radtouren ein. So kann man auf dem blau markierten Nationalwanderweg von Kőszeg auf den Irottkő wandern (ca. 16 km) oder über den Szabó-hegy und Óház zu den sog. Steirerhäusern (Stájerházak) – Gehzeit ca. 2,5 – 3 Stunden. Über diese und andere Aktivitäten im Naturpark informiert eine kostenlose Broschüre, die man in der Touristeninformation in Kőszeg erhält ("Aktiv im Naturpark Irottkő-Geschriebenstein").

Über Cák nach Bozsok

Die Fahrt von Kőszeg in das knapp 10 km südlich gelegene Bozsok lohnt sich wegen der schönen Landschaftseindrücke, denn sie führt durch sanft gewellte Hügel mit Weingärten und Obstbaumwiesen. Cák, 4 km südwestlich von Kőszeg, ist für die Weinkeller berühmt, die oberhalb des Orts an einer schönen Kastanienallee liegen. Charakteristisch für diese Meisterwerke ländlicher Baukunst sind die vorspringenden strohgedeckten Dächer. Auch Bozsok ist mit einigen Laubenhäusern und einer barocken Pfarrkirche ein für die Region typisches Dorf. Am Rand des Dorfes liegt, von Wald umgeben, das kleine Sibrik-Schloss, heute ein Hotel. Es stammt aus dem 15. Jh., wurde aber im Barock erheblich erweitert.

*Bükfürdő

19 km östlich von Kőszeg liegt Bad Bük. Nachdem man 1956 bei der Ölsuche hier eine 58 °C warme Thermalquelle entdeckt hatte, entstand etwa 1 km von dem eigentlichen Ort entfernt das Heilbad Bükfürdő mit einem großen Thermalbadekomplex (siehe Tipp), Hotels aller Kategorien, Pensionen und Campingplatz. Die Kuranwendungen reichen von Massagen über Heilgymnastik, Fango, Wannenbäder, Inhalationen und Trinkkuren bis zu Wellness-Angeboten. Neben ihren Anwendungen können die Kurgäste an organisierten Ausflügen teilnehmen oder Sport treiben. Angeboten werden Reiten, Bowling,

Baedeker TIPP Badespaß für alle

... bietet der 13 ha große Thermalbad- und Freizeitkomplex, der auch für externe Gäste gegen Eintritt zugänglich ist. Es gibt insgesamt 19 Außen- und Innenbecken (davon 7 Thermalbecken und ein neues Erlebnisbad), Sauna, Restaurants, Minigolfplatz und eine großzügige Liegewiese (geöffnet April – Okt. tgl. 8⁰⁰ – 18⁰⁰, sonst bis 17⁰⁰ Uhr).

Bükfürdő (Fortsetzung)

Radfahren, Tennis oder auch Golf. Neben dem für seinen Wellnessbereich bekannten Danubius Thermal & Sport Hotel öffnet im Sommer 2003 das Golf, Wellness & Conference Luxushotel mit 200 Zimmern sowie der neue 18-Loch-Golfplatz seine Tore. Der bereits bestehende Platz des Birdland Golf & Country Club soll auf 27 Löcher erweitert werden (Informationen unter www.birdland.hu). Auch Radisson SAS ist seit Sommer 2003 mit einem Vier-Sterne-Hotel mit Thermal- und Erlebnisbad in Bük vertreten.

Schloss Szapáry

Einem ungewissen Schicksal blickt das 5 km westlich von Bükfürdő gelegene Schloss Szapáry entgegen. Das um 1696 vollendete Gebäude, ein typisches Beispiel für die Barockarchitektur des ungarischen Landadels, ist nur noch von außen zu besichtigen.

Miskolc — D 29/30

Komitat: Borsod-Abaúj-Zemplén
Höhe: 130 m ü. d. M.
Einwohnerzahl: 182 000

ⓘ **Mindszent tér 1, 3530 Miskolc, ☎/FAX (46) 34 89 21, borsod-m@tourinform.hu**

🛏 S. 374 ✕ S. 385

Lage und Bedeutung

Mit rund 180 000 Einwohnern ist Miskolc die drittgrößte Stadt Ungarns und außerdem einer der wichtigsten Industriestandorte des Landes. Das klingt auf den ersten Blick nicht sehr verlockend für Besucher. Doch erstens hat die von einer mächtigen Burgruine überragte Stadt, deren Zentrum auch heute noch beinahe klein-

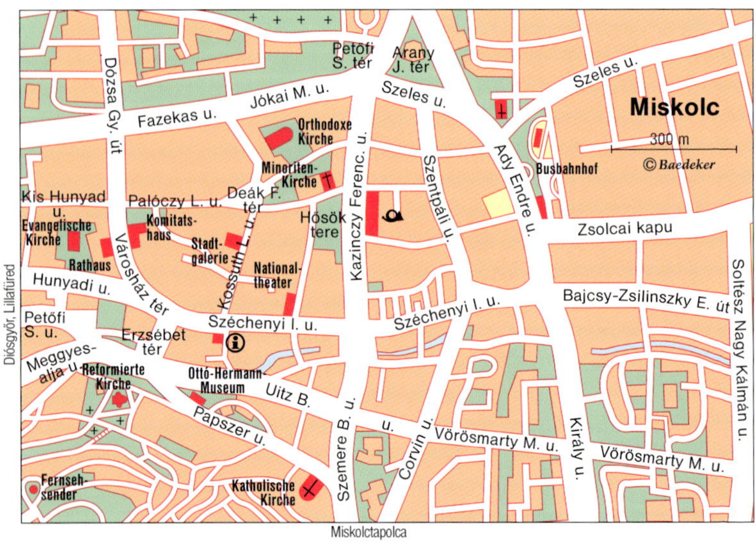

Denkmal für István Széchenyi auf dem Varosház tér

Lage und Bedeutung (Fts.)

städtisch anmutet, durchaus ein paar Sehenswürdigkeiten zu bieten, und zweitens liegt sie nahe an den Ostausläufern des landschaftlich reizvollen und touristisch gut erschlossenen ▶ Bükk-Gebirges, das zu den beliebtesten Erholungsgebieten Ungarns zählt.

Geschichte

In der Umgebung von Miskolc, in den Höhlen des Bükk-Gebirges, wurden Knochen von Eiszeitmenschen gefunden, die zu den ältesten Spuren des Menschen in Europa zählen. Ein Geschlecht aus dem Magyaren-Stamm der Bors (daher der Komitatsname Borsod) nahm das Gebiet von Miskolc im 9. Jh. in Besitz. Im Schutz der Burg Diósgyőr gedieh die Siedlung zu einer kleinen Stadt, die 1544 von den Türken geplündert und in Brand gesteckt wurde. Nach der Einnahme der Burg zu Eger (1596) besetzten die Osmanen für fast hundert Jahre, bis 1687, die Stadt. Wie viele nordungarische Städte unterstützte auch Miskolc den Freiheitskampf gegen die Habsburger. Ferenc Rákóczi schlug sogar zeitweise sein Hauptquartier in Miskolc auf und zahlte dafür 1706 mit der Brandschatzung durch die kaiserlichen Truppen. Die reichen Eisenerzvorkommen im Bükk-Gebirge wurden seit dem ausgehenden 18. Jh. in der Umgebung von Miskolc verarbeitet, und Ende des 19. Jh.s gab es bereits einige Industrieunternehmen am Ort.

Sehenswertes in Miskolc

Széchenyi utca

Das Bild der Széchenyi utca, der zur Fußgängerzone umgestalteten Hauptgeschäftsstraße in Miskolc, bestimmen die überwiegend gründerzeitlichen Gebäude aus dem 19. Jahrhundert, dazwischen

Széchenyi utca (Fortsetzung)

findet sich das eine oder andere hübsche Barockhaus, aber auch einige wenig attraktive Neubauten. Auffälligstes Gebäude ist das vornehme Nationaltheater, das mit der schmalen Eingangsseite an die Széchenyi utca stößt (Ecke Déryné utca). Hier stand das erste feste Theatergebäude des Landes, das im Jahr 1843 in Flammen aufging und danach durch den heutigen klassizistischen Bau ersetzt wurde.

Városház tér

Die Széchenyi utca mündet in den Városház tér, der mit seinen sorgfältig restaurierten Gebäuden historischen Glanz in die Industriemetropole bringt. Stolz erhebt sich rechter Hand das 1727 erbaute, klassizistisch umgestaltete Komitatshaus, ein lang gestrecktes Gebäude mit zwei Hauptgeschossen und einem Mezzaningeschoss. Der horizontalen Gliederung durch Gesimse wirken die vier ionischen Säulen entgegen, die über dem Eingang die beiden oberen Geschosse zusammenfassen. Ein ebenbürtiges Pendant zum Komitatshaus bildet das zweigeschossige barocke Rathaus direkt gegenüber. Weitere sehenswerte Gebäude sind das Szeremley-Haus (Nr. 5) und das Almássy-Palais (Nr. 13). Das Weintraubenrelief über dem Eingang des Hauses Nr. 20 weist darauf hin, dass hier ein griechischer Weinhändler wohnte.

Erzsébet tér, Ottó-Herman Museum

Ein besonders hübscher Platz ist der Erzsébet tér mit dem Kossuth-Denkmal in der Mitte und den einladenden Parkbänken. In dem barocken Gebäudekomplex an der Ecke zur Papszer utca (Nr. 1), am Ufer des Szinva-Bachs, ist das Ottó-Herman-Museum untergebracht. Der Namensgeber, ein aus Miskolc gebürtiger Naturwissenschaftler, entdeckte in den Höhlen des Bükk-Gebirges Spuren der ersten vorgeschichtlichen Bewohner. Die umfangreichen Museumsbestände umfassen neben den archäologischen Funden aus der Region eine Waffensammlung, historische Trachten, Möbel sowie volkskundliche und lokalgeschichtliche Exponate.

***Reformierte Kirche**

Der Spazierweg zum Avas-Berg südwestlich der Innenstadt führt an der Reformierten Kirche am Nordhang des Kleinen Avas (Kis Avas) vorbei. Die im 13. Jh. gegründete Kirche ist das älteste Bauwerk in Miskolc. Durch einen Umbau 1470 – 1490 erhielt sie die Gestalt einer gotischen, dreischiffigen Halle mit Chorumgang. Das durch einen Brand zerstörte Gotteshaus wurde zwischen 1560 und 1569 als Kirche der Reformierten Gemeinde wieder aufgebaut, wobei die gotischen Pfeiler ummantelt und das Gewölbe durch eine Holzdecke ersetzt wurde. Das Renaissance-Gestühl im Chor wurde wahrscheinlich aus der Kapelle der Burg Diósgyőr hierher überführt. Die charakteristischen Merkmale der kalvinistischen Kirchtürme zeigt der frei stehende Glockenturm neben der Kirche (1557) mit gedrungenem, steinernem Unterbau, einer hölzernen Galerie und spitzem, schindelgedecktem Turmhelm. Hinter der Kirche liegt ein kleiner, malerischer Friedhof mit alten Gräbern und verwitterten Grabsteinen.

Avas-Berg

In den 243 m hohen Hausberg von Miskolc wurden zahlreiche alte Weinkeller 10 – 20 m, in einem Fall sogar 100 m tief hineingegraben. Sie sind in den Sommermonaten an den Wochenenden geöffnet. Vom Aussichtsturm (Fernsehturm) auf dem Gipfel genießt man einen guten Rundblick.

Burg
Diósgyőr

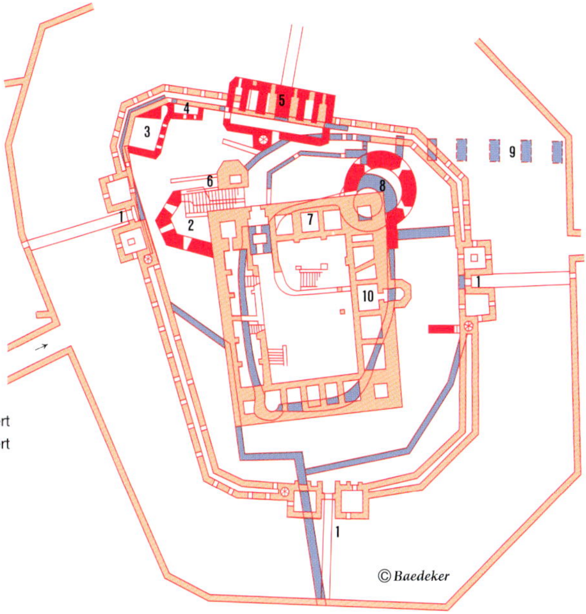

Minoritenkirche

Von der Széchenyi utca, am Nationaltheater vorbei und durch die Déryné utca, gelangt man zu der barocken Minoritenkirche (Minorita templom) am Hősök tere (Heldenplatz). Sie ist ein Werk des italienischen Baumeisters Giovanni Battista Carlone, der in Eger ansässig war. Die Kirche entstand 1729 – 1734. Das Innere des Gotteshauses schmücken Fresken zum Marienleben.

Griechisch-orthodoxe Kirche

Unweit der Minoritenkirche steht an der Ecke des Deák Ferenc tér die schöne, 1785 – 1788 im Zopfstil erbaute Kirche (Görögkeleti ortodox templom). Sie besitzt eine kostbare, 16 m hohe Ikonostase mit einer Kopie der Schwarzen Madonna von Kasan im Mittelpunkt, ein Geschenk der russischen Zarin Katharina II.

Stadtteil Diósgyőr

Im Westen des Stadtzentrums von Miskolc liegt der Stadtteil Diósgyőr, Industrieviertel der Stadt und Standort des Eisenhüttenwerks, der riesigen Werkzeugmaschinenfabriken und anderer Großbetriebe. Auch die genossenschaftlichen Einrichtungen (Kulturhaus, Sternwarte Uránia usw.) befinden sich hier. Die Hauptattraktion von Diósgyőr ist allerdings die markante Burgruine.

****Burg Diósgyőr**

An der Stelle der heutigen Burg errichteten wohl schon die Magyaren im 9. Jh. eine Festung, die die Mongolen 1241 zerstörten. 1271 ließ der Ban Ernye von Ákos auf dem erhöhten Terrain eine steinerne Burg über ovalem Grundriss erbauen. Nachdem die Burg 1340 in den Besitz des Königs übergegangen war, entstand für König Ludwig nach dem Muster süditalienischer Kastellburgen das

Burg Diósgyőr (Fortsetzung)

heutige, von vier Ecktürmen flankierte und durch einen äußeren Befestigungsring geschützte Burgschloss. Seitdem König Sigismund 1424 die Festung seiner Gemahlin als Lustschloss vermacht hatte, wurde sie von den jeweiligen Königinnen bewohnt. Eine prächtige Ausstattung im Stil der Frührenaissance erhielt der Königinnensitz in der zweiten Hälfte des 15. Jh.s durch Beatrix von Aragon, der Gemahlin von König Matthias. Erhalten blieb davon einzig die so genannte Madonna von Diósgyőr, vermutlich ein Teil eines Altars aus der Burgkapelle und ein Werk des dalmatinischen Künstlers Johannes Duknovich de Tragurio, der auch in den anderen Palästen des Königspaares beschäftigt war. Im 16. Jh. wechselte die Burg mehrmals den Besitzer. Unter den neuen Burgherren kamen weitere Befestigungen hinzu, so die Rundbastei im Nordosten und die fünfekkige Bastion im Nordwesten. Die im 16. Jh. allmählich verfallende Burg wurde 1678 von habsburgischen Truppen gesprengt, ihre Ruine diente im 19. Jh. als Steinbruch. Seit 1968 sind die Grundmauern der Außenanlage wieder freigelegt und das innere Burgschloss in Teilen rekonstruiert. So erkennt man noch die gewaltigen Ausmaße des Rittersaals im Nordflügel und die im Ostflügel untergebrachte Burgkapelle. Drei der vier Ecktürme wurden restauriert, im südwestlichen Turm (Aussichtsplateau) wurde auch das gotische Gewölbe des Ecksaals wiederhergestellt. Im Burgmuseum in der nordöstlichen Bastei werden Funde aus der Burg aufbewahrt. In den Sommermonaten wird der Burghof für Freilichtveranstaltungen genützt. Burg und Burgmuseum sind April – Nov. tgl. außer Mo. 10 00 – 18 00 Uhr geöffnet.

Umgebung von Miskolc

*Lillafüred

Von Diósgyőr aus sind es nur noch wenige Kilometer durch das Tal des Szinva-Bachs in den im Bükk-Gebirge gelegenen Luftkurort Lillafüred (12 km vom Stadtzentrum entfernt), der als Vorort zu Miskolc eingemeindet wurde. Im tiefen Taleinschnitt der hier zusammenfließenden Bäche Szinva und Garadna erhebt sich wie ein Märchenschloss das imposante Hotel Palota – eine Nobelherberge aus den 1930er-Jahren, die in der sozialistischen Ära in ein Gewerkschaftserholungsheim umgewandelt wurde und seit der Öffnung des Landes wieder als Hotel geführt wird. Vor dem Haus speist der Garadna-Bach einen künstlichen Teich, den Hámori tó, auf dem man auch Boot fahren kann. Der terrassenartig angelegte Garten hinter dem Haus mit einem kleinen Wasserfall, der allerdings nicht immer Wasser führt, geht in einen großen Waldpark über, der vor allem während der Laubfärbung im Herbst eine zauberhafte Kulisse abgibt.

Oberhalb des Hotels liegt auch die kleine Bahnstation für die nostalgische Schmalspurbahn, die zwischen Miskolc und Garadna verkehrt und einen wildromantischen Teil des Bükk-Gebirges durchquert.

Höhlen

Bekannt ist Lillafüred vor allem wegen der Höhlen, die alle in der näheren Umgebung des Hotels liegen. Der Eingang zur István-Höhle befindet sich an der Landstraße nach Eger, etwa 500 m oberhalb des Hotels Palota. In der Grotte bildeten sich phantastische Tropfsteingebilde. Die Temperatur liegt das ganze Jahr über bei 10 °C.

Lillafüred, Höhlen (Fts.)

Die Petőfi-Höhle (auch als Anna-Höhle bekannt) mit den Abdrücken von ausgestorbenen Pflanzenarten im Kalktuffstein liegt nur etwa 150 m unterhalb des Hotels. Auf einem leicht ansteigenden Weg erreicht man nach etwa einer Stunde Gehzeit (vom Hotel aus) die Szeleta-Höhle, in der Zeugnisse der so genannten Szeleta-Kultur des Eiszeitmenschen gefunden wurden. Besonders sorgfältig gearbeitet sind lorbeerblattförmige Pfeil- und Lanzenspitzen, die die eiszeitlichen Bewohner durch Absplitterung aus grau glänzendem Chalcedon herstellten.

Újmassa

Auf der schmalen Straße, die am Hámori tó vorbei ins Bükk-Gebirge führt, gelangt man nach etwa 4 km nach Újmassa, zur "Wiege" der nordungarischen Hüttenindustrie. Frigyes Fazola nahm hier 1813 die erste Eisenhütte Ungarns in Betrieb. Sein Vater, der aus Würzburg nach Eger übergesiedelte Kunstschmied Henrik (Heinrich) Fazola hatte im nahe gelegenen Ómassa einen Ofen gebaut, um Eisenerz aus dem Norden des Bükk-Gebirges zu schmelzen. Frigyes verlegte die Produktion nach Újmassa und errichtete eine neue und größere Anlage, die heute als Industriedenkmal von Bedeutung ist. Ein kleines Museum informiert über die Anfänge der Eisenverhüttung.

Lillafüred ist der nächstgelegene Erholungsort zu Miskolc und mit seinem See und dem Schlosshotel ein beliebtes Ausflugsziel.

Miskolctapolca

Der Bade- und Erholungsort Miskolctapolca liegt etwa 7 km südwestlich des Stadtzentrums von Miskolc in herrlicher waldreicher Umgebung. Im 18. Jh. wurde hier das erste Badehaus errichtet. Die im ausgehenden 19. Jh. erbaute Badeanlage ist mit einigen Veränderungen bis heute erhalten. Sie besteht aus zwei überdachten Ther-

Miskolctapolca (Fortsetzung)
*Grottenbad

malbädern, einem Becken unter freiem Himmel sowie dem besonders beliebten, in einer natürlichen Höhle liegenden Grottenbad (Zugang durch das Thermalbad). Ein kleiner, etwas abseits gelegener Teich, geeignet für Bootsfahrten, und ein großes Freibad ergänzen die Badeeinrichtungen.

Mohács Q/R 16/17

Komitat: Baranya
Höhe: 91 m ü. d. M.
Einwohnerzahl: 21 500

ⓘ Széchenyi tér 1, 7700 Mohács, ☎ (69) 50 55 15, FAX 50 55 04

☒ S. 385

Lage und *Bedeutung

Mit Mohács, 40 km südöstlich von ▶ Pécs an der Donau gelegen, verbindet man ein historisches Datum, das für das gesamte Westeuropa zum Synonym wurde für die Bedrohung durch die Osmanen: Die Rede ist von der legendären Schlacht im Jahr 1526, in der die Ungarn eine verheerende Niederlage gegen das übermächtige türkische Heer erlitten. Für Ungarn bedeutete dies der Beginn der rund 150-jährigen Türkenbesetzung und das Ende des selbstständigen magyarischen Königreichs. Nach den Türkenkriegen war die Region um Mohács, wo schon die Römer ein Castrum errichtet und sich später die Magyaren niedergelassen hatten, fast völlig ausgestorben, bis die Habsburger im 18. Jh. den Zuzug von katholischen

Geradezu furchteinflößend sind die Masken und Kostüme, die man am traditionellen Faschingsumzug, dem Busójárás, in Mohács sieht.

Deutschen (den sog. Donauschwaben) förderten. Auch viele griechisch-orthodoxe Serben siedelten sich hier an. Die Siedler verdienten vor allem mit dem Fischfang und der Seidenspinnerei ihr Geld. Ab 1840 besaß die Grenzstadt sogar einen Donauhafen.

Allgemeines (Fortsetzung)

Eine alte Tradition der in Mohács lebenden Südslawen (Schokatzen) ist der alljährlich im Februar stattfindende Faschingsumzug, der Busójárás, der an der Buschosäule am Koló tér beginnt. Vermummte Gestalten mit grimmigen, holzgeschnitzten Masken und Schellen ziehen durch die Straßen, um den Winter zu vertreiben. Im Volksmund heißt es auch, dass die Busóläufer nicht nur die kalte Jahreszeit, sondern auch die Türken aus dem Land gejagt hätten.

*Faschingsumzug

Der zentrale Platz von Mohács ist der Széchenyi tér mit der Votivkirche (Emléktemplom) an der Südseite und dem Rathaus im maurischen Stil an der Ostseite (1927), beide nach Entwürfen von Aladár und Bertalan Árkány entstanden. Als symbolische Geste für den nationalen Zusammenhalt Ungarns wurde für das Fundament der 1926, am 400. Jahrestag der Schlacht bei Mohács eingeweihten Votivkirche die Erde von 3000 ungarischen Dörfern und Städten verwendet. Die Franziskanerkirche (1740) in der Kossuth Lajos utca mit Turm und prunkvollem Portal an der schmalen Vorderfront besitzt ein Altarbild von Stefan Dorffmeister. Es zeigt den hl. Stephan, wie er Maria, der Schutzpatronin Ungarns, seine Krone darbietet. Im 18. Jh. hatten sich auch die Serben eine Kirche gebaut, deren 45 m hoher Kirchturm weithin sichtbar ist.
Die ehemalige Bischofskirche sowie das Bischofspalais in der Kossuth Lajos utca hatte Bischof Zsigmond Berényi aus Pécs 1742 bzw. 1739 in Auftrag gegeben. Das Dorottya-Kanizsai-Museum in der Szerb utca 2 bewahrt Dokumente zur Schlacht von Mohács. An der Mündung des Csele-Bachs in die Donau erinnert ein Denkmal an den ungarischen König Ludwig II. (1506 – 1526), der hier auf der Flucht vor den Türken ertrank.

Sehenswertes in Mohács

Vor der Donau-Regulierung gehörte das 380 km² große Areal zwischen der Donau und ihrem Arm bei Baracska zum Überflutungsgebiet des Flusses; heute stehen mehrere Dörfer auf der Insel (Mohácsi-sziget). Hin und wieder kommt es zu Überschwemmungen, so zuletzt 1956, wo die Fluten fast alle Häuser zerstörten. Die Insel ist durch einen Fährbetrieb mit der Stadt verbunden.

Insel Mohács

*Historischer Gedenkpark von Mohács

In der stillen Grenzlandschaft südlich von Mohács, unweit der Ortschaft Sátorhely, liegt das sieben Hektar große Gelände mit der Gedenkstätte für die Gefallenen der Schlacht von 1526 (Mohácsi Történelmi Emlékhely; geöffnet April und Okt. Mi. – So. 10^{00} – 16^{00}, Mai bis Sept. Di. – So. 9^{00} – 18^{00} Uhr). Von der Hauptstraße in Richtung Grenze (Straße 56) biegt rechter Hand eine Kastanienallee ab, die auf den Parkplatz vor der Gedenkstätte führt. Der am 29. August 1976, zum 450. Jahrestag der Schlacht eröffnete Park befindet sich an der Stelle, wo Archäologen in mehreren Grabungen die Massengräber von rund 15 000 Gefallenen entdeckt hatten. Der Entwurf für die Anlage stammt von György Vadász. Man betritt den Park

Gedenkpark

Mohács, Gedenkpark (Fortsetzung)

durch ein bronzenes Tor, der Weg dahinter führt zu dem atriumartigen Gebäude, wo auf Schautafeln die Geschichte der Schlacht dokumentiert wird.

Rundgang

Die eigentliche Gedenkstätte besteht aus einem kreisrunden, von Bäumen gefassten Areal auf dem ehemaligen Schlachtfeld. An der südwestlichen Seite wird die Baumeinfassung von einem Keil von Schwarzföhren unterbrochen, die den vermutlichen Standort des türkischen Heers markieren. An den in konzentrischen Ringen angelegten Wegen liegen die Massengräber. Die insgesamt 120 auf dem Gelände verteilten Grabzeichen in Form von Holzpfählen, die an archaische Tempfähle erinnern, schufen ungarische Künstler. Sie sind z. T. sehr abstrakt gehalten, wie zum Beispiel die Speerhölzer um den Glockenturm von Sándor Kiss, die das selbstständige und stolze Siebenbürgen symbolisieren, oder aber von geradezu expressionistischer Ausdruckskraft, wie bei dem Standbild des Sultans Suleiman, in dessen Seilkorb die Köpfe gefallener Ungarn hängen.

Grabzeichen auf dem Schlachtfeld von Mohács

Nagykanizsa — Q 6/7

Komitat: Zala
Einwohnerzahl: 52 000

ⓘ Tourinform, Csokonai u. 24, 8840 Csurgó, ☎/FAX (82) 471351

🛏 S. 374

Lage und Geschichte

Die Industriestadt Nagykanizsa liegt 50 km südlich von ▶ Zalaegerszeg und nur 25 km von der Grenze zu Slowenien entfernt. Als die Türken 1566 Szigetvár, das bedeutendste Bollwerk Südtransdanubiens, einnahmen, wurde die Burg von Nagykanizsa zu einer Festung mit symbolischer Bedeutung. Um 1600 fiel sie doch den Türken in die Hand. 1705 ließen die Habsburger die Feste schleifen,. Aus der Zeit um 1900 besitzt Nagykanizsa noch ein paar sehenswerte Gebäude im Sezessionsstil oder im Stil des späten Historismus.

György-Thúry-Museum

Das György-Thúry-Museum am Nordende des Erzsébet tér ist in einem klassizistischen Gebäude von 1820 untergebracht und wurde nach dem Burghauptmann György Thúry benannt, der 1568 – 1571 den Oberbefehl über die Burgbesatzung hatte. Er fiel in der Schlacht von Orosztony unweit von Nagykanizsa und gilt als legendärer Held der Türkenzeit. Die älteren Sammlungen sind der Archäologie, der Geschichte der Möbelherstellung und der Volkskunst gewidmet, eine neuere Ausstellungsabteilung informiert über die Wälder des Komitats Zala und ihre Nutzung.

Das Barockgebäude Fő út Nr. 5–7, ein früherer Gutshof der Grafenfamilie Batthyány, wurde 1705–1712 aus den Steinen der zerstörten Burg erbaut. Das Denkmal für György Thúry vor der Galerie wurde 1971 anlässlich des 400. Todestages des Burghauptmanns aufgestellt. In der Galerie (Thúry György Múzeum Képtára) hängen Werke der ungarischen Malerei des 20. Jahrhunderts.

Gemäldegalerie des György-Thúry-Museums

Das barocke Ensemble von Kirche und Kloster in der Südweststadt (Zárda utca Nr. 9) wurde 1702–1714 aus den Steinen von Minarett und Moschee der Burg gebaut, der linke Turm kam erst 1816 hinzu. Besonders wertvoll in der Kirche ist eine aus Holz geschnitzte gotische Madonnenfigur (15. Jh.). Das Taufbecken wurde aus dem Grabstein des Paschas Mustafa, des letzten türkischen Burghauptmanns, angefertigt. Das Altarbild malte um 1770 der Österreicher Franz Kaspar Sambach (1715–1795). Neben der Kirche steht das barocke Franziskaner-Ordenshaus, das 1702–1704 erbaut wurde.

Katholische Kirche in der Unterstadt

Die reich verzierte barocke Skulpturengruppe aus dem Jahr 1758 auf dem Kossuth Lajos tér (im Südosten der Stadt) ist von einem kunstvollen gusseisernen Gitter umgeben und gilt als eines der schönsten ungarischen Werke dieser Art.

Dreifaltigkeitssäule

Von der Dreifaltigkeitssäule ist der Eötvös tér schnell zu erreichen. Auf dem Platz steht seit einiger Zeit wieder das imposante Trianon-Denkmal, das nach dem Ersten Weltkrieg dort aufgestellt und bis zur politischen Öffnung des Landes 1990 zugeschüttet in einer Grube lag.

Trianon-Denkmal

Verlässt man die Stadt auf der Magyar utca nach Nordwesten, gelangt man zum Inkey-Mausoleum, einem Gebäude mit zentraler Kuppel, vier Nischen und von Statuen bewachtem Eingang. 1768 ließ es sich Boldizsár Inkey, Sohn einer der angesehensten Familien von Nagykanizsa, errichten.

Umgebung, Lazsnakpuszta

In Zalakaros, 18 km nordöstlich von Nagykanizsa (5 km von Zalakomár an der Straße Nr. 7), stieß man in den 1960er-Jahren bei der Erdölsuche auf Thermalwasser. Seitdem hat sich das Dorf zu einem beliebten Kurort mit einem Thermal- und einem Erlebnisbad entwickelt.

Zalakaros

Nyíregyháza

E 35

Komitat: Szabolcs-Szatmár-Bereg
Höhe: 115 m ü. d. M.
Einwohnerzahl: 115 000

ⓘ Országzászlótér 6, 4400 Nyíregyháza, ☎/FAX (42) 50 46 47, szabolcs-m@tourinform.hu

✕ S. 385

Mittelpunkt der Landschaft Nyírség und Sitz des östlichsten ungarischen Komitats ist Nyíregyháza. Die Agrar- und Industriestadt liegt inmitten eines der größten Obstanbaugebiete Ungarns, aus dem

Mittelpunkt des Nyírség

Allgemeines (Fortsetzung)

u. a. die "Jonathan"-Äpfel stammen. In der weitläufigen Stadt leben 20% der Bevölkerung in Einzelgehöften; weit verzweigte ländliche Randbezirke kontrastieren mit dem urbanen Erscheinungsbild des Stadtzentrums. Mit drei Hochschulen ist Nyíregyháza auch ein Bildungs- und Kulturzentrum.

Vom 14. bis zum 16. Jh. gehörte Nyíregyháza der einflussreichen Familie Báthori. Im Jahr 1605 ging es an den siebenbürgischen Fürsten István Bocskai (1557 – 1606), der hier ebenso wie in der Umgebung von Debrecen Heiducken ansiedelte. Im 18. Jh. holten die nachfolgenden Besitzer slowakische Familien in die fast völlig ausgestorbene Stadt. Ihre Entwicklung zu einem Handelszentrum verdankt sie u. a. dem Bau der Eisenbahnlinie nach Budapest in der zweiten Hälfte des 19. Jahrhunderts.

Nyírség (Landschaft)

Das Gebiet nordöstlich der Großen Tiefebene im Theiß-Knie ist mit seinen fruchtbaren Sand- und Lössböden ein wichtiges Obstanbaugebiet mit riesigen Apfelplantagen. Aus dem Nyírség stammt die Apfelsorte "Jonathan", die in alle Welt exportiert wird. Auch Mais, Sonnenblumen und Tabak werden in der Umgebung von Nyíregyháza angebaut. Trotz der intensiven Obstkultivierung und dem Aufbau einer Nahrungsmittelindustrie zählt der Nyírség zu den ärmsten Regionen Ungarns. Der Anteil der Sinti und Roma ist hier überproportional hoch, Armut und Arbeitslosigkeit sind weit verbreitet. Landschaftlich und kulturell ist der Nyírség allerdings außerordentlich interessant. Da das Land früher sehr sumpfig war, blieb es größtenteils von Türkeneinfällen verschont, so dass sich in diesem Landstrich noch viele alte Dörfer mit kleinen, aber kunsthistorisch sehr interessanten Kirchen erhalten haben. Ganz besonders sehenswert ist die am Übergang zur Renaissance entstandene Reformierte Kirche in Nyírbátor (s. S. 255).

Baedeker TIPP **Variationen auf Holz**

Sie ragen nicht aus der Landschaft, sie scheinen sich vielmehr darin verstecken zu wollen, die Holzbauten des ungarischen Architekten Dezső Ekler, die man auf der Strecke von Nyíregyháza nach Nyírbator am Waldrand bei Nagykálló entdecken kann (Abb. S. 253).

Sehenswertes in Nyíregyháza

Innenstadt

Nyíregyháza besitzt ein ansprechendes Zentrum ohne herausragende Baudenkmäler. Das Bild der Innenstadt bestimmen einige Gebäude im Stil des späten Historismus wie zum Beispiel das Komitatshaus und das Theater, beide das Werk des Architekten Ignác Alpár, das Rathaus im Neorenaissancestil oder die zweitürmige griechisch-orthodoxe Kirche. Im Jósa-András-Museum am Benczúr Gyula tér 21 wird Nyíregyháza zu einem Ort, der auch eine Geschichte hat – mit Funden aus der Zeit der magyarischen Landnahme, einer ortsgeschichtlichen und ethnografischen Abteilung sowie einer ständigen Ausstellung mit Werken des aus Nyíregyháza stammenden Malers Gyula Benczúr (1844 – 1920) – neben Munkácsy der bedeutendste Vertreter des späten Historismus in Ungarn. Auf dem Platz vor dem Museum steht sein Denkmal sowie die Plastik "Geburt der Venus" von Zsigmond Kisfaludy Stróbl.

Nur 6 km nördlich des Stadtzentrums liegt an einem 14 ha großen, von Schilf und Riedgras umgebenen Salzsee der Erholungsort Sóstó. Das alkalische Gewässer besteht aus zwei miteinander verbundenen Teichen, von denen der eine zum Baden, der andere zu Kahn- und Tretbootfahrten einlädt. Nördlich des Sees liegt das Thermalbad Sóstófürdő, das mit mehreren Becken und einer knapp 60 000 m^2 großen Grünfläche für alle Arten von Badevergnügen gerüstet ist. An der Promenade Blaha Lujza sétány, benannt nach der berühmten ungarischen Schauspielerin, die häufig hier verweilte, gibt es außerdem noch einen kleinen Badesee (Tófürdő).

Sóstó, Thermalbad

Seit 1979 besitzt Sóstó mit dem Freilichtmuseum (Múzeumfalu) eine weitere Besucherattraktion. Auf dem musealen Gelände sind Bauernhäuser, Kirchen und andere öffentliche Gebäude, wie eine Schule und eine Feuerwehrremise, aus den verschiedenen Regionen des Komitats wieder aufgebaut worden. Die schilfgedeckten Wohnhäuser sind original eingerichtet. Auch ein kleiner Tierpark mit Aquarium gehört zu der Anlage (geöffnet 15. Juni – 31. August Di. – So. 9^00 – 18^00, 1. April – 14. Juni und Sept./Okt. 9^00 – 17^00 Uhr).

Freilichtmuseum

Moderne Architektur: Gebäude von Dezső Ekler bei Nagykálló

Umgebung von Nyíregyháza

Über Tiszavasvári, 28 km westlich von Nyíregyháza, erreicht man Tiszadob, das 15 km weiter westlich an der Theiß liegt. Hier steht inmitten eines Landschaftsparks das 1884 im Stil der Loire-Schlösser erbaute Andrássy-Schloss, das man besichtigen kann.

Tiszadob

In entgegengesetzter Richtung führt die Straße 4 nach Kisvárda, einer Stadt mit rund 19 000 Einwohnern, 45 km nordöstlich von Nyíregyháza. Sie ist der Mittelpunkt der Oberen Theißgegend im äußersten Osten Ungarns.

Kisvárda

Ein Ensemble, wie man es selten findet: Die kleine Reformierte Kirche in Tákos besitzt eine einheitliche Innenausstattung aus dem Barock mit geschnitzter und bemalter Decke, Chorgestühl und Kanzel.

Kisvárda (Fts.), Sehenswertes

*Rétközi-Museum

Kisvárda erhielt seinen Namen von der Burg, die um 1400 erbaut und im 16. und 17. Jh. zu einem Burgschloss mit vier Ecktürmen erweitert wurde. Die mehrmals zerstörte und wieder aufgebaute Festung blieb schließlich eine Ruine, wenn auch eine gut konservierte und eindrucksvolle. Im restaurierten Teil der Burg ist ein Museum mit mittelalterlichen Steinmetzarbeiten untergebracht. Ein architektonisches Schmuckstück ist das Innere der ehemaligen Synagoge von Kisvárda, die im späten Secessionsstil erbaut wurde. Sie beherbergt heute die lokalgeschichtliche und volkskundliche Sammlung der Stadt mit Werkstätten und rekonstruierten Wohnungen der umliegenden Dörfer sowie eine Galerie mit Werken zeitgenössischer Künstler (Rétközi-Museum). In der 1788 – 1805 neu aufgebauten Peter- und Paulskirche, der lokalen Überlieferung zufolge eine Stiftung des hl. Königs Ladislaus (1040 – 1095) zum Dank für den Sieg über die Kumanen, finden sich noch Mauerreste und mittelalterliche Konsolen mit menschlichen Figuren (12. Jh.) sowie gotische Baudetails im Chor.

Nagykálló, Máriapócs

Auf der Fahrt von Nyíregyháza nach Nyírbátor liegen zwei Wallfahrtsorte auf der Strecke. Nach Nagykállo, 14 km südöstlich von Nyíregyháza, pilgern orthodoxe Juden aus aller Welt zur Grabstätte von Eizik Taub (1751 – 1821), der als Vertreter einer neuen, humanen Glaubensauffassung verehrt wird. Die griechisch-katholische Basilika im 14 km weiter östlich gelegenen Máriapócs ist bereits seit 1696 ein Wallfahrtsort. In jenem Jahr vergoss die Madonnenikone dieser Kirche – heute nur noch als Kopie vor Ort – das erste Mal Tränen.

Nyírbátor

E/F 37/38

Die 35 km südöstlich von Nyíregyháza gelegene Stadt gehörte im Mittelalter der Familie Báthori, die als Fürsten von Siebenbürgen zu mächtigen Herren aufstiegen. Nyírbátor verdankt dem Geschlecht zwei herrliche mittelalterliche Kirchen, von denen die Sankt-Georgs-Kirche, heute Reformierte Kirche, zu den bedeutendsten Bauwerken der Spätgotik in Ungarn zählt.

**Reformierte Kirche

Der durch die Türkenkriege reich gewordene Woiwode István Báthori ließ sich 1484–1488 auf dem Burghügel eine dem hl. Georg geweihte Kirche als Familiengrabstätte errichten. Im 16. Jh. trat die Stadt zum kalvinistischen Glauben über. Die Reformierte Gemeinde übernahm die mittlerweile beschädigte Kirche und stellte sie wieder her. Die Westfassade mit vorangestelltem, seitlichem Turm schmückt über dem Portal das Wappen der Báthoris; an der Südseite befindet sich das Hauptportal im Stil der Renaissance. Von einer alten Sakristei sind noch Mauerreste an der nördlichen Außenwand zu sehen. Im Inneren der Kirche zieht zunächst das filigrane Netzgewölbe die Blicke auf sich, das die einschiffige Halle überspannt. Am plastischen Dekor der Sakramentsnische, in den Fenster- und Türrahmungen, in der Sitznische im Chor und an anderen Details kündigt sich bereits die Renaissance an, die durch Kontakte mit der königlichen Bauhütte in Visegrád hier bereits auftritt. In der Tumba im Chor ruht der 1605 verstorbene Dichter István Báthori. An den in der Gruft beigesetzten Stifter der Kirche erinnert die Marmorgrabplatte an Altares statt. Das 1503–1511 von einem Florentiner Meister geschnitzte und kunstvoll verzierte Chorgestühl wird im Ungarischen Nationalmusuem in Budapest aufbewahrt. Neben der Kirche erhebt sich seit 1640 der mit Schindeln verkleidete Glockenturm in Eichenholzkonstruktion, der in vollendeter Form den Typus des Reformierten Kirchturms in Ostungarn und Siebenbürgen vertritt.

*Ehemalige Minoritenkirche

Dem Minoritenorden stiftete István Báthori um 1480, also kurz vor dem Bau seiner Familienkirche, ein Kloster, in dessen Kirche er 1493 beigesetzt wurde. Die Grafen Károlyi ließen um 1720 Ordenshaus und Bettelordenskirche – noch erkennbar an der schmucklosen Fassade und dem lang gezogenen, mehrjochigen Chor – barock umgestalten. Das Gotteshaus erhielt ein Kreuzgewölbe, das einem mittelalterlichen Gewölbe nachempfunden wurde, sowie eine geschnitzte Kanzel und mehrere Barockaltäre, die überreich mit Figuren, gedrehten Säulen und Giebelfragmenten besetzt sind. Die Figuren schnitzte der Bildhauer Johannes Strecius aus Leutschau (Slowakei). Besondere Aufmerksamkeit gebührt dem mächtigen Passionsaltar an der Nordwand von 1731, den ein Bildschnitzer aus Preschau (Prešov, Slowakei) fertigte. In realistischen Szenen, wie man sie von spätmittelalterlichen Altären kennt, aber in barockem Gehäuse, sind die Stationen der Passion dargestellt.

István-Báthori-Museum

Im Ordenshaus des ehemaligen Minoritenklosters neben der Kirche (1733–1758) zeigt das István-Báthori-Museum seine Schätze, zu denen u. a. das geschnitzte Chorgestühl und wertvolle Ausstattungsstücke aus dem Renaissanceschloss der Báthori-Familie in Siebenbürgen gehören.

*Szatmár (Landschaft)

Abgeschiedenheit im Osten Ungarns

Zwischen der Kraszna und der Theiß erstreckt sich im äußersten Osten Ungarns, im Grenzgebiet zur Ukraine und zu Rumänien, der historische Landstrich Szatmár. Das im Verhältnis zur Tiefebene dicht besiedelte Gebiet mit einem engmaschigen Netz kleiner Landstraßen ist touristisch noch kaum erschlossen. Wer sich von der verhältnismäßig schlechten Infrastruktur und dem langen Anfahrtsweg (am besten über Kisvárda oder Nyírbátor) nicht abschrecken lässt, kann hier noch Dörfer mit schilfgedeckten Hofhäusern und schönen alten Kirchen, die von ihren charakteristischen Glockentürmen überragt werden, entdecken.

***Csaroda, Tákos**

Besonders zu empfehlen ist der Besuch der Dörfer Csaroda und Tákos, die etwa 40 km südöstlich von Kisvárda an der Fernstraße 41 liegen. Csaroda besitzt noch eine romanische Dorfkirche aus dem 13. Jh. mit gotischen Fresken aus dem 14. Jh. sowie einer gemalten und holzgeschnitzten Ausstattung aus dem 17. Jahrhundert. Die kleine Reformierte Kirche in Tákos (Abb. S. 254) ist ein schönes Beispiel für die traditionelle Bautechnik, bei der eine Balkenkonstruktion mit Korbgeflecht gefüllt und mit Lehm beworfen wird.

Szatmárcseke, *Friedhof

Noch weiter südöstlich liegt Szatmárcseke, das man von Vásárosnamény über die Route Jánd – Gulács – Tivadar – Kisar erreicht (Landstraße; ca. 30 km). In dem Dorf steht noch ein alter, denkmalgeschützter Friedhof, der in Ungarn seinesgleichen sucht. Die Grabhölzer weisen einen kielförmigen Zuschnitt auf, der an ein Boot denken lässt.

Das Leben auf dem Land ist beschwerlich: Bäuerin in Csaroda

Ópusztaszer

Komitat: Csongrád
Höhe: 85 m ü. d. M.
Einwohnerzahl: 2200

ⓘ 6767 Ópusztaszer, Szoborkert 68, ☎ (62) 27 51 33, FAX (62) 27 50 07
opusztaszer@tourinform.hu

🛏 S. 374

Ort der Landnahme

Im Donau-Theiß-Zwischenstromland, 28 km nördlich von ▶ Szeged und 8 km östlich der E 5 liegt der kleine Ort Ópusztaszer. Der ältesten, im 13. Jh. verfassten Chronik der ungarischen Geschichte zufolge hielten hier die sieben Stammesoberhäupter der landnehmenden Ungarn im Jahre 896 unter ihrem obersten Heerführer Fürst Árpád eine erste gesetzgebende Nationalversammlung ab und verteilten das neu eroberte Land zur Besiedlung. Ein zweites Mal fand an diesem Ort eine Landverteilung statt, als 1945 mit einem symbolischen Akt die Enteignung des Großgrundbesitzes und die Vergabe des Bodens an die Kleinbauern eingeleitet wurde.

***Nationaler Historischer Gedenkpark**

Auf dem Gelände der magyarischen Landnahme wurde 1970/1975 ein Nationaler Historischer Gedenkpark (Nemzeti Történeti Emlékpark) eingerichtet, der von April bis Oktober 9^{00} – 19^{00}, sonst 9^{00} bis 17^{00} Uhr geöffnet ist. Er liegt außerhalb des Dorfes Ópusztaszer an der Landstraße nach Szeged. Ca. 1 km hinter dem Ort biegt eine schmale Straße nach links ab, die direkt auf den Gedenkpark zuführt. Man betritt den Park durch ein reich verziertes Tor, das der zeitgenössische Bildhauer István Kiss geschaffen hat. Das Bronzerelief in der Eingangshalle mit der Darstellung des Erntedankfestes ist ein Werk der Künstlerin Valéria Tóth.

Rundgang, Árpád-Denkmal und Ruinengarten

Eine Allee führt vom Eingang direkt zum historischen Ausgangspunkt des Gedenkparks, dem Árpád-Denkmal, das 1896 zur ungarischen Eintausendjahrfeier (Millennium) von der Stadt Szeged gestiftet worden war. Die Entwürfe für den Tempel stammen von Gyula Berczik, die Figur des thronenden Árpád schuf Ede Kallós. In der Nähe des Árpád-Denkmals wurden bei Grabungen die Mauerreste eines romanischen Benediktinerklosters und einer dreischiffigen Basilika sowie einige Skulpturenfragmente freigelegt.

***Rundhalle**

In der 1987 erbauten Rundhalle wird das 1800 m² große, 120 m lange und 15 m hohe Panoramagemälde "Einzug der Magyaren" von Árpád Feszty (1856 – 1914) gezeigt (Extraeintritt). Das Historienbild – der Bildträger ist eine am Stück gewebte Leinwand – entstand für die Millenniumsfeier 1896 und war in der Hauptstadt Ungarns in einem extra für dieses Panorama gebauten Pavillon zu sehen, bis es bei der Belagerung von Budapest stark beschädigt wurde.

Freilichtmuseum

Das in den Gedenkpark integrierte Freilichtmuseum vereint eine Reihe von Gebäuden in ihrer für die Region charakteristischen Ausprägung, darunter Einzelgehöfte, eine Fischerhütte, eine Schmiede und eine Böttcherwerkstatt, eine Windmühle, ein Bahnhof, ein Krämerladen und eine Bäckerei.

Pannonhalma

▶ Győr, Umgebung

Pápa

H/I 9

Komitat: Veszprém
Höhe: 154 m ü. d. M.
Einwohnerzahl: 34 000

ⓘ Tourinform, 8500 Pápa, Fő u. 5, ☎/FAX (89) 31 15 35
papa@tourinform.hu

🛏 S. 374

Barockstädtchen Nach einem Brand Ende des 17. Jh.s wurde Pápa, am Übergang des Bakonywaldes zur Kleinen Tiefebene gelegen, unter den Esterházy wieder aufgebaut, die sich hier auch ein Schloss errichten ließen. Bis heute verleihen die Barockbauten aus dieser Zeit dem Städtchen seinen speziellen Charakter. Bevor die Esterházy den Katholizismus nach Pápa zurückbrachten, war die Stadt ein Zentrum der Reformation. Mit dem bereits 1531 ins Leben gerufenen Reformierten Kollegium begründete die Stadt ihren Ruf als Bildungsstätte. In dieser Tradition entstanden später die Theologische Akademie und andere Hochschulen.

Sehenswertes in Pápa

Stadtbild Die Stadtanlage hat die Struktur des mittelalterlichen Festungssystems bewahrt, die Bebauung im Herzen der Stadt ist jedoch größtenteils barock. Die anschließende Beschreibung folgt der Fő utca vom Március 15. tér zum Fő tér, dem zentralen Platz der Stadt.

Reformiertes Kollegium Das Gebäude des Reformierten Kollegiums, das den Március 15. tér nach Süden abschließt, wurde 1894/1895 errichtet. Vorher hatte die 1531 gegründete Institution im Arkadenhaus (s. u.) und in dem spätbarocken Haus Petőfi utca 13 ihren Sitz. Aus dem Kollegium gingen zahlreiche große Namen der ungarischen Geschichte hervor, so der Nationaldichter Sándor Petőfi (▶ Berühmte Persönlichkeiten) und der Schriftsteller Mór Jókai. Auch heute beherbergt das Gebäude Schulen sowie die Bibliothek der Reformierten Kirche Transdanubiens (Ausstellung zur Geschichte des Kollegiums).

***Museum für Blaufärberei** Der aus Sachsen stammende Carl Friedrich Kluge gründete 1864 in Pápa eine Blaufärberei und baute das Haus Március 15. tér Nr. 12 im Jahr 1869 als neue Produktionsstätte. Es ist heute ein Museum (Kékfestő múzeum), in dem die noch vollständige und funktionstüchtige alte Ausrüstung zusammen mit Blaudruckerzeugnissen zu sehen ist.

Benediktinerkirche Die barocke Liebfrauenkirche in der Fő utca Nr. 10 wurde 1737–1742 für die Pauliner erbaut und kam 1805 in den Besitz der Benediktiner. In der einschiffigen Kirche mit elliptischem Grundriss ist die von den Paulinern gefertigte kunstvolle Rokoko-Ausstattung mit Hauptaltar, Chorgestühl und Kanzel besonders sehenswert. Die Deckenfresken stammen aus dem Jahr 1868.

Benediktinerkirche (Fts.)

Reformiertes Kirchenhistorisches Museum

Das Református Egyháztörténeti Múzeum ist in der alten Reformierten Kirche aus dem 18. Jh. untergebracht, einem schlichten Bau im Zopfstil, der im Hof des Reformierten Pfarrhauses (Fő utca 6) steht. Nach dem Toleranzedikt Kaiser Josephs II. durften protestantische Kirchen nur ohne Turm und in abgeschlossenen Hofräumen gebaut werden. Im Innenraum mit Emporen ist die Rokoko-Kanzel hervorzuheben.

Barocke Häuser am Hauptplatz von Pápa

***Fő tér**

Von den vielen hübschen Bürgerhäusern an Fő utca und Fő tér sei das Barockhaus Fő tér Nr. 12 hervorgehoben, das aus der zweiten Hälfte des 18. Jh.s stammt. Die Platzfront trägt seit dem 19. Jh. neogotische Züge, vor dem Erdgeschoss an der Ruszek utca zieht sich eine lange Arkadenreihe mit Geschäften hin.

***Große Kirche**

Beherrscht wird der Platz von der Großen Kirche, die dem hl. Stephanus – dem Märtyrer und nicht, wie so häufig in Ungarn, dem hl. König Stephan – geweiht ist. Den für eine Pfarrkirche sehr stattlichen Bau im spätbarock-klassizistischen Zopfstil errichtete 1774 bis 1786 Jakob Fellner, der Hausarchitekt der Esterházys, und nach dessen Tod Josef Großmann. Die Entwürfe stammen von Franz Anton Pilgram. Im Giebelfeld sieht man das Wappen des Stifters Károly Esterházy, über dem Giebel die von Engeln flankierte Statue des hl. Stephanus (von J. A. Messerschmidt aus Pressburg). Die bemerkenswerten Deckenfresken in den böhmischen Gewölben malte Franz Anton Maulbertsch. Sie stellen das Leben des hl. Stephanus dar. Die Grisaillen in den Zwickelfeldern haben Gemälde in der römischen Kirche San Stefano Rotondo zum Vorbild. Von Maulbertsch stammen auch die Wandmalereien in der Marienkapelle (links vom Chor) und in der Sakristei. Das Hauptaltarbild ("Steinigung des hl. Stephanus", ein Werk des Wiener Malers Hubert Mau-

Pápa, Große Kirche (Fts.) rer; 1785) wird flankiert von Marmorstatuen der Könige Stephan und Ladislaus von dem Wiener Bildhauer Philipp Jakob Prokop. Sehr schön sind auch die Kanzel und das Gestühl aus Zedernholz.

Schloss Esterházy An der Nordseite des Fő tér steht in einem Park das Schloss der Esterházy, 1783–1784 unter Verwendung von Resten einer mittelalterlichen Burg von Josef Großmann errichtet. In dem hufeisenförmigen Gebäude im Schönbrunner Gelb komponierte Otto Nicolai als Gast von Károly Esterházy Teile seiner Oper "Die lustigen Weiber von Windsor". Am Ende des Ostflügels liegt die Kapelle mit einem Fresko von Ignaz Mildorfer. Von der Einrichtung des Schlosses blieben schöne barocke Kamine und Öfen erhalten. Heute sind im Schloss ein Kulturzentrum, das Stadtmuseum und die Städtische Galerie untergebracht.

Kreuzweg, Nepomuk-Statue Der Kreuzweg (Kálvária) an der vom Fő tér nach Norden führenden Győri út erhielt seine heutige Form – fünf Stationen mit bemalten Holzfiguren und einer Einsiedlerhöhle – zwischen 1740 und 1746. Die Nepomuk-Statue an der Győri út von 1753 zeigt den Heiligen auf ungewöhnliche Art: Ein gepanzerter Soldat holt zum Schlag auf die kniende Gestalt des Johannes Nepomuk aus (der Überlieferung nach wurde er von einer Brücke in die Moldau gestürzt).

Synagoge Dass Pápa einst auch eine große jüdische Gemeinde hatte, wird durch die 1846 fertig gestellte Synagoge deutlich. Sie steht seit einiger Zeit leer und ist in schlechtem Zustand.

Mühlen Von den 22 Mühlen, die die Tapolca einst antrieb, sind nur noch wenige zu sehen, da das Flüsschen versiegte. Die meisten Wasserräder trieben Getreide- und Papiermühlen an.

Umgebung, Ganna, *Ugod 12 km südlich von Pápa, in Ganna, ließ sich die Familie Esterházy 1808 ein klassizistisches Familienmausoleum bauen. Etwa 10 km westlich von Pápa erreicht man die kleine Ortschaft Ugod. Jakob Bellner baute dort eine zauberhafte spätbarocke Kirche, die schon allein wegen des herrlichen Altars aus buntem Marmor unbedingt den kleinen Abstecher lohnt.

Pécs (Fünfkirchen) Q 13/14

Komitat: Baranya
Höhe: 180 m ü. d. M.
Einwohnerzahl: 159 000

ⓘ Széchenyi tér 9, 7621 Pécs, ☎ (72) 21 33 15, FAX 21 26 32
baranya-m@tourinform.hu

🛏 S. 374 ✕ S. 385

****Kunststadt mit mediterranem Charme** Pécs hat ein ganz besonderes Flair und ist mit keiner anderen Stadt in Ungarn zu vergleichen. Die im südlichen Transdanubien, an den Hängen des Mecsek-Gebirges gelegene Stadt erwartet den Besucher mit einem milden Klima, südländischem Charme sowie zahlreichen hochrangigen Baudenkmälern und Kunstwerken – von früh-

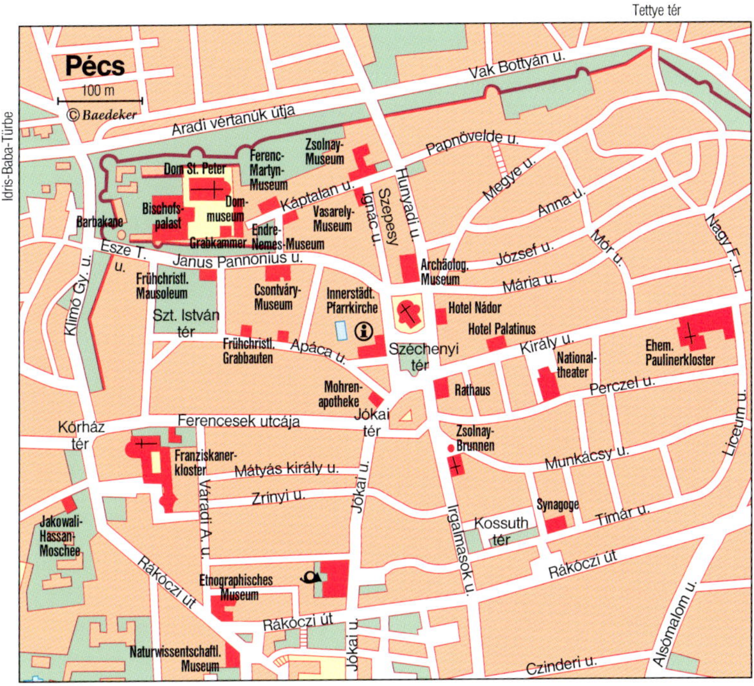

Allgemeines (Fortsetzung)

christlichen Grabkammern über türkische Moscheen, profane und sakrale Gebäude aus Mittelalter und Neuzeit bis hin zu Ausstellungen ungarischer Gegenwartskunst. Bildung und Kultur spielten stets eine wichtige Rolle in Pécs. Internationale Anerkennung als Vorreiter des modernen Balletts genießt das Tanzensemble des Pécser Stadttheaters. Die im 20. Jh. wieder ins Leben gerufene Universität gehört zu den renommiertesten des Landes. Pécs ist auch das kulturelle Zentrum der seit dem 18. Jh. in der Region angesiedelten Deutschen, der so genannten Donauschwaben.

Geschichte

Pécs ist uraltes Siedlungsgebiet. An der Stelle eines keltischen Dorfes gründeten die Römer eine Siedlung namens Sopianae, die sie im 3. Jh. zur Verwaltungshauptstadt der Teilprovinz Pannonia Valeria erhoben. Im 9. Jh. besaß der Ort, wie aus der lateinischen Bezeichnung Quinque Basilicae ("fünf Kirchen") hervorgeht, bereits fünf christliche Gotteshäuser. Im Jahr 1009 gründete der hl. Stephan das Bistum Pécs. Die nach dem Einfall der Mongolen 1241/1242 wieder aufgebaute Stadt wurde 1367 Sitz der ersten Universität des Landes. Im Mittelpunkt der humanistischen Bestrebungen stand der berühmte Gelehrte und Dichter Janus Pannonius, 1459–1472 Bischof von Pécs. Während der beinahe 150-jährigen Türkenherrschaft wurde Pécs als Sitz des Militärgouverneurs eine lebendige, von osmanischer Kultur geprägte Stadt mit nicht weniger als zehn Moscheen. Nach der Vertreibung der Türken ließen sich Deutsche aus Baden und Württemberg in Pécs nieder.

Parken

Pécs ist dank seiner vielen Einbahnstraßen und einigen verkehrsberuhigten Zonen für nicht ortskundige Autofahrer bisweilen ziemlich anstrengend. Deshalb sollte man das Auto möglichst schon am Rand der Altstadt, z. B. am Kossuth tér, abstellen.

Sehenswertes im Zentrum

****Széchenyi tér**

Er ist der Mittelpunkt von Pécs und außerdem einer der schönsten Plätze des Landes: der einstige mittelalterliche Marktplatz der Bürgerstadt, benannt nach dem ungarischen Staatsmann und Reformpolitiker Graf István Széchenyi. Wie eine Bühne steigt der am Hang gelegene Platz zur ehemaligen Moschee an, deren Kuppelbau einen imposanten Abschluss des Platzes bildet.
Rings um den Széchenyi tér prägen stattliche Geschäfts- und Wohnhäuser aus dem späten 19. Jh. das Bild. Auf der Ostseite beachte man vor allem das an seinem hohen, schlanken Turm erkennbare Rathaus (Széchenyi tér 1), das 1907 sein heutiges Erscheinungsbild erhielt, und etwas weiter oben das ehemalige Traditionshotel Nádor (Széchenyi tér 15), dessen Schicksal zur Zeit ungewiss ist. Die Westseite wird vor allem von zwei Gebäuden beherrscht, dem 1720 errichteten ehemaligen Jesuitenkolleg – heute ein Gymnasium – sowie dem schön renovierten neobarocken Komitatshaus, heute Sitz der Touristeninformation.

***Innerstädtische Pfarrkirche**

Die Innerstädtische Pfarrkirche St. Maria, die heute den Széchenyi-Platz beherrscht, war während der Türkenherrschaft die Hauptmoschee der Stadt. Gebaut wurde sie für Pascha Kassim 1585 an der

Stelle und aus den Steinen einer romanischen Bartholomäuskirche. Das nach dem Abzug der Türken von den Jesuiten als Kirche genutzte und barock umgestaltete Gebäude wurde 1939 – 1942 wieder in seinen ursprünglichen Zustand zurückgeführt und im Nordwesten durch eine halbrunde Eingangshalle erweitert, durch die man heute die Kirche betritt. Besonders eindrucksvoll ist die Kuppelkonstruktion des Baudenkmals: Ein Stalaktitgewölbe leitet vom quadratischen Grundriss über zum achteckigen Tambour, den eine 28 m hohe Flachkuppel überspannt. Ein weiteres typisch islamisches Baudetail ist die nach Mekka gerichtete Gebetsnische (Mihrab) an der Südostwand neben dem Haupteingang. Unter dem Kreuz auf der grünen Kuppel glänzt der islamische Halbmond.

Innerstädtische Pfarrkirche (Fts.)

Etwas unterhalb der Innerstädtischen Pfarrkirche steht in der Mitte des Platzes, von einer kleinen Grünfläche umgeben, eine Dreifaltigkeits- oder Pestsäule. Sie ist die 1908 von György Kiss geschaffene Nachbildung des zerstörten Originals, das die Bürger von Pécs nach einer Pestepidemie 1710/1714 gestiftet hatten.

Dreifaltigkeitssäule

Zum Andenken an Vilmos Zsolnay, den Gründer der Zsolnay-Manufaktur, wurde an der Südseite des Széchenyi-Platzes, vor der Barmherzigkeitskirche, der Jugendstilbrunnen mit der grün schimmernden Eosin-Glasur aufgestellt. Der Brunnen mit den Wasser speienden Tierköpfen ist ein Werk von Andor Pilch aus dem Jahr 1912.

Zsolnay-Brunnen
(Abb. S. 267)

Charmant und mit hübschen Geschäften und Cafés bestückt ist das kleinstädtische Viertel zwischen Széchenyi tér und Klimó Gyula utca. Am reizvollen Jókai tér steht die nach den hölzernen Mohrenfiguren an der Fassade benannte Mohrenapotheke. Sie ist die älteste Apotheke in Pécs und seit 1697 in Betrieb. Ein Blick ins Innere lohnt wegen der originellen, 1897 dazugekommenen Einrichtung aus der Zsolnay-Manufaktur. Das gegenüberliegende klassizistische Gebäude ist das traditionsreiche Gasthaus "Zum Weißen Elefanten", wie man am originalen Wirtshausschild unschwer erkennen kann. Die spätbarocken Gewölbe im Kaffeehaus des Restaurants stützt ein nachträglich eingefügter Bündelpfeiler aus dem 13. Jahrhundert. In der ebenfalls zur Fußgängerzone umgestalteten Ferencesek utcája liegt linker Hand das Franziskanerkloster, in dem während der Türkenzeit eine Moschee eingerichtet war. Nach dem Ende der Türkenzeit nahmen die Franziskaner das Gebäude wieder in ihren Besitz und errichteten 1758 die noch erhaltene, aber im 19. Jh. veränderte Barockkirche.

***Jókai tér, Ferencesek utcája**

Baedeker TIPP Souvenir aus Pécs

Was für Veszprém das Herender Porzellan bedeutet, ist für Pécs das Zsolnayer Porzellan. Das Spezialgeschäft der Traditionsmanufaktur mit einer großen Auswahl befindet sich am Jókai tér 2.

An der Ostseite des Széchenyi tér beginnt die Király utca. Die zur Fußgängerzone umgestaltete Straße mit überwiegend gründerzeitlicher Bebauung ist heute eine belebte Einkaufs- und Flaniermeile mit vielen Straßencafés und -restaurants. Auch ein Internetcafé

***Király utca**

◂ **Der Széchenyi tér mit der markanten Innerstädtischen Pfarrkirche und der barocken Pestsäule, bei Tag und bei Nacht das Herz von Pécs**

Alte Fassaden und moderne Cafés und Restaurants prägen das Bild der Király utca, der Hauptgeschäftsstraße im Zentrum von Pécs.

Király utca (Fortsetzung)

(Nr. 20) findet sich dort. Gleich an ihrem Anfang zieht das Jugendstilgebäude des Hotels Palatinus aus dem Jahr 1916 die Blicke auf sich (► Praktische Informationen, Hotels und Pensionen). Bereits an der hohen Eingangshalle wird deutlich, dass die 1989 aufwändig wieder aufgebaute Nobelherberge außen und innen ein kleines Juwel ist. Nach einigen Metern weitet sich die Straße zum Színház tér, wo seit 1895 das Pécser Nationaltheater (Theater, Oper, Ballett) residiert. Das Ballettensemble des in historistischer Stilvielfalt erbauten Hauses genießt mit seinen unverwechselbaren Produktionen internationalen Ruf. Am östlichen Ende der Fußgängerzone erhebt sich die barocke Zweiturmfassade der Paulinerkirche.

**Dombezirk und Umgebung

*Domplatz

In der nordwestlichen Ecke der ehemals befestigten Altstadt von Pécs liegt der Dombezirk mit einer Reihe bedeutender Bau- und Kunstdenkmäler. Zu den herausragendsten Zeugnissen der frühchristlichen Kultur in Ungarn gehören die unter dem Domplatz bzw. in den Höfen der Häuser Apáca utca 8 und 14 liegenden Grabstätten aus dem 3. und 4. Jahrhundert. Der im 19. Jh. angelegte, in mehreren Stufen zum Dom hin ansteigende Dom tér (Domplatz) ist mit seinem schönen Baumbestand, den Promenierwegen und Parkbänken ein beliebter Treffpunkt für Einheimische und Touristen. Im Sommer sitzt man schön im Café unter den hohen alten Kastanien. Auf dem höchsten Punkt des Geländes erhebt sich der monumentale neoromanische Dom.

*Dom St. Peter

An der Stelle des heutigen Doms (Székesegyház) stand vermutlich bereits in spätrömischer Zeit die Begräbniskapelle eines frühchristlichen Friedhofs. Die erste Bischofskirche fiel ebenso wie der angrenzende Bischofspalast 1064 einem Brand zum Opfer. Die Bauarbeiten an der neuen Bischofskirche dauerten bis weit ins 12. Jh. hinein. An seiner Innenausstattung wirkten neben heimischen Künstlern auch Meister aus Dalmatien, damals Teil des Magyarenreichs, und der Lombardei mit. Zu Beginn des 19. Jh.s befand sich der Dom in denkbar schlechtem Zustand, obwohl man 1805 – 1830 eine zweite Fassade vorgeblendet hatte, um die vom Einsturz bedrohten Außenwände zu stützen. Sein heutiges neoromanisches Erscheinungsbild erhielt er durch den Umbau 1882 – 1891 nach Plänen des Wiener Baumeisters Friedrich Schmidt, der einen (vermeintlich) romanischen Dom wiederherstellen wollte. Die Bauplastik aus der alten Kirche wurde ins Dommuseum (s. u.) gebracht. György Zala formte nach diesen Vorlagen die Reliefs an den Nord- und Südzugängen zur Krypta. Auch der Hochaltar ist eine Kopie des romanischen Originals.
Bei der Ausstattung des Doms arbeiteten namhafte ungarische Künstler des 19. Jh.s mit, wie z. B. Károly Antal (Apostelstatuen an der Südfassade), György Kiss (Tympanonrelief am Südportal) und der Maler Károly Lotz (Fresken in verschiedenen Kapellen). Ein besonders kostbares Ausstattungsstück aus dem frühen 16. Jh. ist die marmorne Rundbogen-Sakramentsnische in der Corpus-Christi-Kapelle (Südwestseite des Doms). Ebenfalls in dieser Kapelle steht ein Messing-Taufbecken (1792) im ungarischen Barockstil. Im Lapidari-

Alles nur aus Liebe: Einer alten Tradition folgend bringen junge Männer an das Eisengitter in der Janus Pannonius Straße ein Vorhängeschloss an, wenn sie verliebt sind.

Dom (Fortsetzung) um an der Ostseite des Doms sind die originalen Bauplastiken des romanischen Doms zu besichtigen, u. a. auch das aus römischen Grabsteinen errichtete Westportal der Kathedrale, die Reliefs vom Zugang zur Krypta und der sog. Heiligkreuzaltar. Der Dom ist Mo.-Fr. 9[00] – 17[00], Sa. 9[00] – 14[00], So. 13[00] – 17[00] Uhr geöffnet.

Bischofspalais, Dommuseum Der Vorplatz der Bischofskirche wird von zwei stattlichen Gebäuden gefasst: zur Linken von dem Bischofspalais im Stil der Neorenaissance (19. Jh.), zur Rechten vom barocken Archiv des Domstifts (1780/1783), heute Dommuseum. Hinter dem Dommuseum, in der Achse des Domchores, steht das Lapidarium mit den Bauplastiken der alten Kathedrale.

Barbakane Die am Ende des Parkweges aufragende Barbakane (Rundbastei) wurde Ende des 15. Jh.s errichtet und diente der Verstärkung des befestigten, oft auch als Burg bezeichneten Bischofsbezirks. An der Stelle der heutigen Janus Pannonius utca verlief damals die südliche Burgmauer.

Frühchristliches Mausoleum

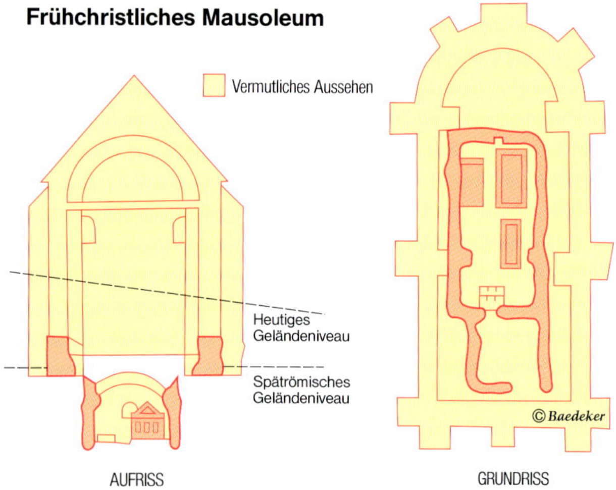

***Frühchristliches Mausoleum** Dort, wo die Janus Pannonius utca den Dom tér durchschneidet, stießen Archäologen 1975/1976 auf die Grundmauern einer Kapelle mit Ostapsis und darunter auf eine römische Grabkammer aus dem 4. Jahrhundert (Őskeresztény Mauzóleum; geöffnet April – Okt. Di. – Sa. 10[00] – 18[00], So. bis 16[00] Uhr, Nov. – März Di. – So. 10[00] – 16[00] Uhr). Während die Mauern der Kapelle heute wieder über dem Bodenniveau liegen, wurde die Grabkammer unterirdisch belassen. Der Zugang zur Grabkammer über eine überdachte Treppe links der Kapelle führt zunächst in einen kleinen Ausstellungsraum, in welchem die Ausgrabung dokumentiert wird. Die Wände der tonnengewölbten, mit drei Sarkophagen bestückten Grabkammer, die mittlerweile zum UNESCO-Weltkulturerbe gehört, schmücken in gemalte Rahmen gestellte Wandbilder aus der zweiten Hälfte des 4. Jh.s, die den römischen Katakombenmalereien ähneln.

In unmittelbarer Umgebung des Doms wurden weitere zwei unterirdische Grabanlagen freigelegt: die auf der rechten Seite des Domplatzes gelegene Grabkammer, die wegen einer gemalten Krugdarstellung auch "die Grabkammer mit dem Krug" genannt wird, und die beim östlichen Obelisken gelegene Peter-und-Paul-Grabkapelle aus dem späten 4. Jahrhundert. Letztere entdeckte man 1782 beim Bau des Archivs, woraufhin das Gebäude einige Meter versetzt errichtet wurde – vermutlich die erste Denkmalschutzmaßnahme in Ungarn. Die Grabkapelle, die erst seit Frühjahr 2003 zu besichtigen ist, beeindruckt durch ihre reichen Wandmalereien. Für die Öffentlichkeit noch nicht zugänglich sind die Cella Trichora, eine Katakombe mit drei Konchen und Fragmenten eines Mosaikbodens an der Westseite des Doms, zwei Grabkammern im Süden des Doms und die Cella Septichora genannte Katakombe unter dem Dommuseum.

Weitere Grabbauten auf dem Dom tér und in der Apáca utca

In den Hinterhöfen der Häuser Apáca utca 8 und 14 (geöffnet wie Mausoleum; außerhalb der Öffnungszeiten auch durch die Glaswände einsehbar) sind Teile einer frühchristlichen Nekropole um eine Kapelle freigelegt, welche aus drei Grabkammern und 110 spätrömischen Gräbern bestand.

***Káptalan utca**

Östlich des Dombezirks verläuft die idyllische Káptalan utca, die von den ehemaligen Domherrenhäusern gesäumt ist, darunter auch dem ältesten Haus von Pécs (s. u.). In der Káptalan utca befinden sich die meisten Museen von Pécs. Im ehemaligen Wohnhaus und Atelier von Ferenc Martyn (1899–1986), einem Vertreter der abstrakten Malerei, sind heute einige seiner Werke ausgestellt (Káptalan utca 6). Eine Haustür weiter, Káptalan utca 5, ist eine stattliche Sammlung des 1909 im benachbarten Pécsvárad geborenen und nach Frankreich ausgewanderten Malers Endre Nemes zu besichtigen. Seine monumentalen Gemälde zeigen die Einflüsse des Symbolismus.

***Zsolnay-Museum**

Das älteste Wohnhaus der Stadt, Káptalan utca Nr. 2, wurde 1324 als Wohnsitz des Propstes erstmals urkundlich erwähnt. Aus dieser Zeit mag der gewölbte Tordurchgang mit den gotischen Sitznischen sowie ein Fenster mit Sitznische im ersten Obergeschoss stammen. Noch sichtbare Ergebnisse eines Umbaus vom Beginn des 16. Jh.s sind die restaurierten Renaissancefenster im Obergeschoss. Im 18. Jh. kam der westliche Anbau, zunächst als offene Loggia, hinzu. Die barocke Immaculata über dem Eingang stammt ebenfalls aus dieser Zeit.
Gleich zwei wichtige Ausstellungen sind in diesem Haus beheimatet: die Kunstgewerbliche Sammlung des Janus-Pannonius-Museums mit Exponaten des ungarischen Bildhauers Amerigo Tot im Erdgeschoss und im Obergeschoss das Zsolnay-Museum mit zahlreichen Gefäßen und Objekten aus der gleichnamigen, in Pécs ansässigen Keramik- und Porzellan-Manufaktur. Die abwechslungsreiche und schön präsentierte Ausstellung vermittelt ein

Der Zsolnay-Brunnen auf dem Széchneyi-Platz

Zsolnay-Museum (Fts.)

eindrucksvolles Bild von den technischen Errungenschaften des Unternehmens. In den Formveränderungen der Keramiken spiegelt sich auch der Stil- und Geschmackswandel in der Entwicklung des europäischen Kunsthandwerks im ausgehenden 19. Jahrhundert.

*Vasarely-Museum

In dem schlichten klassizistischen Wohnhaus aus dem Jahr 1838 schräg gegenüber dem Zsolnay-Museum (Káptalan utca 3) wurde 1908 der berühmte, 1997 in Frankreich verstorbene Künstler Victor Vasarely (eigentlich: Győző Vásárhelyi; ▶ Berühmte Persönlichkeiten) geboren. Er vermachte seiner Heimatstadt rund 150 Gemälde und Grafiken, die einen interessanten Einblick in das Werk des Op-Art-Begründers geben.

Janus-Pannonius-Museum

Pécs

Durch die Szepesy Ignác utca – das klassizistische Haus mit den vier toskanischen Säulen und einem Tympanon in der Mitte der Fassade (Nr. 3) ist die 1830 erbaute Universitätsbibliothek –, erreicht man wieder den Széchenyi-Platz. In einem Zopfstilgebäude hinter der Innerstädtischen Pfarrkirche (Széchenyi tér 12) ist die archäologische Abteilung des städtischen Janus-Pannonius-Museums untergebracht, dessen Sammlungen sich auf verschiedene Gebäude im Stadtzentrum verteilen. Hier, am Széchenyi tér, wird die lange Besiedlungsgeschichte der Baranya (so der Name des Komitats) eindrucksvoll dokumentiert. Herausragende Exponate sind die Überreste einer altsteinzeitlichen Siedlung (ca. 60 000 v. Chr.), Relikte einer jungsteinzeitlichen Kultur auf dem Makár-Berg sowie keltische und bronzezeitliche Fundstücke. Die ethnografische Abteilung ist in der Rákóczi utca untergebracht.

Csontváry-Museum

In einem schönen, 1894 im Stil der Neorenaissance errichteten Erkerbau in der Janus Pannonius utca 11 sind die großformatigen Gemälde des Tivadar Csontváry Kosztka (1853 – 1919) zu einer Dauerausstellung zusammengetragen. Csontváry, von Beruf Apotheker, begann erst im Alter von 41 Jahren zu malen. Seine farbenfrohen, phantasievollen Werke lassen Einflüsse verschiedenster Stilrichtungen der beginnenden modernen Malerei, insbesondere des Expressionismus und des Symbolismus, erkennen, entziehen sich aber einer eindeutigen Zuordnung.

Stadtgeschichtliches Museum

Über die Stadtgeschichte von Pécs vom ausgehenden 17. Jh. bis zum Zweiten Weltkrieg sowie über die Entwicklung der Lederindustrie am Ort informiert die Sammlung des Stadtgeschichtlichen Museums im ehemaligen Gerberhaus in der Felsőmalom utca 9.

Außerhalb des Zentrums

Synagoge

Am Kossuth tér im südlichen Teil des Zentrums baute sich 1869 die jüdische Gemeinde ihre stattliche Synagoge, die bis zu 1000 Personen aufnehmen kann (April – Okt. außer Sa. 10^{00} – 17^{00} Uhr zu besichtigen).

Türbe des Idris Baba

Auf ein weiteres türkisches Bauwerk stößt man im Westen von Pécs, wo im Garten eines Kinderkrankenhauses in der Nyár utca (Nr. 8) eine kleine mohammedanische Grabkapelle aus dem Jahr 1591 mit Spitzbogenportal steht (Idrisz Baba türbéje). Sie gedenkt des Idris Baba ("Baba" bedeutet so viel wie Vater und ist ein Ehrentitel für ältere Männer), der wegen seiner Weisheit wie ein Heiliger verehrt wurde.

Türbe des Idris Baba (Fts.)

Tettye tér

Mit etwas mehr Zeit kann man vom Széchenyi tér zum Tettye tér nordöstlich der Innenstadt hochwandern, einem beliebten Ausflugsziel am Fuße des Mecsek-Gebirges. Von dort aus hat man einen schönen Blick auf die Stadt. In einem Park liegen die Ruinen eines Palastes aus dem 16. Jh., der während der Türkenherrschaft von Derwischen bewohnt wurde.

***Moschee des Jakowali Hassan Pascha**
Ein kleiner Spaziergang in die südwestliche Ecke der Innenstadt führt in die türkische Vergangenheit von Pécs, zu der Moschee in der Rákóczi utca 2 mit dem zwölfeckigen, 23 m hohen Minarett. Dank ihres hervorragenden Erhaltungszustandes zählt sie zu den bedeutendsten Baudenkmälern aus der Türkenzeit. Über einem quadratischen Grundriss erhebt sich der massive Kubus des Gebetssaals, dessen Flachkuppel auf einem achteckigen Tambour aufsitzt. Kielbogenfenster schneiden in die dicken Außenwände ein und gliedern die ansonsten schmucklose Natursteinfassade. Auch das Innere ist, abgesehen von der zurückhaltenden Ornamentik und der Stalaktitenverzierung, schlicht gehalten. In die nach Mekka gerichtete Wand ist die obligate Mihrab (Gebetsnische) eingelassen.

Moschee des Jakowali Hassan Pascha

Ausflüge ins Mecsek-Gebirge P/Q 13 – 15

*Erholungsregion

Die nördlichen Stadtviertel von Pécs liegen bereits an den Ausläufern des bewaldeten Mecsek-Gebirges (Mecsek hegység). In den Höhlen dieses Mittelgebirges wurden die ältesten Siedlungsspuren in der Baranya (etwa 60 000 v. Chr.) gefunden. Sie werden heute im Janus-Pannonius-Museum in Pécs aufbewahrt. Dank des milden Klimas wachsen an den Südhängen des Mecsek Weinreben und sogar südländische Früchte.

Misina

Vom Fernsehturm auf dem 534 m hohen Misina-Gipfel (Anfahrt vom Zentrum über die Hunyadi út) genießt man nicht nur einen guten Blick auf Pécs, sondern auch einen Fernblick bis zur Drau. Wer den Ausblick gerne mit einem guten Essen kombinieren möchte, sollte die Terrasse des Hotelrestaurants Kikelet ansteuern, das auf dem Weg zum Misina liegt (Károlyi Mihály út 1).

Mánfa

Verlässt man Pécs in nördlicher Richtung auf der Straße 66, dann kommt man nach ca. 10 km in die Ortschaft Mánfa, die bereits im 12. Jh. existierte. Sie besitzt eine sehenswerte romanische Dorfkir-

Mánfa (Fortsetzung)

che (Maria Heimsuchung) in idyllischer Lage etwas außerhalb des Orts. Der im 13. Jh. begonnene Bau dieses Gotteshauses wurde im 14./15. Jh. im gotischen Stil vollendet. Entsprechend dem Typus kleinerer Geschlechterkirchen besteht sie aus einem quadratischen Schiff mit einem rechteckigen Chor und einem Westturm.

Sikonda, Komló

Etwa 4 km hinter Mánfa liegt der Kur- und Erholungsort Sikonda inmitten einer waldreichen Hügellandschaft. Auf der Suche nach Steinkohle stieß man 1928 auf eine Heilquelle, um die herum der Badeort entstand. Der Reiterhof von Sikonda bietet die Möglichkeit, die schöne Umgebung zu Pferd zu entdecken. Von einer völlig anderen Seite zeigt sich der Mecsek dagegen im nur wenige Kilometer entfernten Komló, wo die Steinkohleförderung einen geruhsamen Ort in eine graue Bergarbeiterstadt verwandelt hat.

Orfű, Abaliget

Empfehlenswert ist auch ein Ausflug in die beiden nordwestlich von Pécs gelegenen Ortschaften. In Orfű locken die Seen zum Baden und Angeln, aber auch das Mühlenmuseum zieht Besucher an. Es besteht aus einer von Pferden angetriebenen Zugmühle sowie einer Wassermühle mit dazugehörigem Müllerhaus, wo die einzelnen Arbeitsschritte des Müllerhandwerks vorgeführt werden und sogar Brot gebacken wird. Die Hauptattraktion von Abaliget liegt dagegen unter der Erde – eine 600 m lange, beeindruckende Tropfsteinhöhle, die man besichtigen kann (Führungen).

Pécsvárad

Am Fuße des 682 m hohen Zengő-Berges, dem höchsten Gipfel des Mecsek, ca. 20 km nordöstlich von Pécs, gründete König Stephan I. 1015 eine der ersten Benediktinerabteien des Landes. Das Burgkloster beherbergt heute ein Hotel und ein Museum. Von der romanischen Klosterkirche steht noch das Erdgeschoss, die Stiftsgebäude wurden um 1730 im Barockstil erneuert. Im Oktober jedes zweiten Jahres wird hier der so genannte "Mädchenmarkt", ein traditionelles Volksfest, abgehalten.

Mecseknádasd

Nach weiteren 10 km auf der Straße 6 erreicht man das Dorf Mecseknádasd, wo sich 1717 Familien aus Hessen, später auch Zuwanderer aus Elsass-Lothringen und der Steiermark niederließen. Ein kleines Heimatmuseum macht mit der Kultur und den traditionellen Gewerben der Ungarndeutschen vertraut.

Ófalu

Hinter Mecseknádasd biegt rechter Hand eine schmale Straße nach Ófalu ab. Das versteckt in den Hügeln liegende Dorf, das erst seit 1973 durch eine Teerstraße mit der Außenwelt verbunden ist, wurde im 18. Jh. von deutschen Siedlern gegründet, deren Nachfahren sich dank der abgeschiedenen Lage bis heute ihren Dialekt und ihre bäuerliche Kultur bewahren konnten. Ein Gehöft im Ort ist als Heimatmuseum eingerichtet.

Szigetvár

Q 11

Allgemeines

Die legendäre Verteidigung ihrer Burg gegen ein übermächtiges Türkenheer ließ die kleine, 34 km westlich von Pécs gelegene Provinzstadt (12 000 Einw.) in die Annalen der ungarischen Geschichte eingehen. Die 2400 Mann starke Besatzung der von Sümpfen umgebenen Szigetvár – was so viel wie Inselburg heißt – hielt im Sommer 1566 der Belagerung einer Übermacht von rund 100 000 Türken einen ganzen Monat stand, bevor diese die Burg einnehmen konnten. Das türkische Heer, angeführt von Sultan Suleiman II. dem Prächtigen, verlor dabei mehr als 20 000 Mann. Burghauptmann Graf Miklós Zrínyi, der angesichts der aussichtslosen Lage einen Ausbruch wagte, kam mit all seinen Gefolgsleuten ums Leben. Ein Urenkel des Grafen, der Dichter und Feldherr Miklós Zrínyi der Jüngere (1620 – 1664), der ebenfalls gegen die Türken zu Felde zog, setzte dieser Tat mit seinem Epos "Die Belagerung von Sziget" ein literarisches Denkmal.

Szigetvár (Fortsetzung)

Nach ihrer Erstürmung nahmen die Türken die Szigetvár in Besitz und setzten sie wieder in Stand. Von der inmitten von Weiden und Hecken gelegenen Burg sind heute nur noch Teile erhalten, die jedoch die Struktur der einstigen Anlage noch gut erkennen lassen. Die 8 m hohen und 3 – 4 m dicken Burgmauern sowie die vier mächtigen Basteitürme umschlossen ein Terrain von 3,5 ha. Dem Zahn der Zeit konnten nur die innere Burg und ein später gebautes barockes Türmchen einigermaßen Widerstand leisten. Über die Zeit der Türkenabwehr informiert das dort untergebrachte Museum.

Burg

Siklós ▶ dort
Harkány ▶ Siklós, Umgebung
Villány ▶ Siklós, Umgebung

Plattensee

▶ Balaton

Sárospatak

B/C 34

Komitat: Borsod-Abaúj-Zemplén
Höhe: 96 m ü. d. M.
Einwohnerzahl: 15 00

ⓘ Eötvös utca 6, 3950 Sárospatak, ☎ (47) 31 53 16, FAX 51 14 41, sarospatak@tourinform.hu

Sárospatak liegt am Südrand des Zempliner Gebirges, im Zentrum des historischen Weinbaugebietes Tokaj-Hegyalja. Die Hauptsehenswürdigkeit der Kleinstadt ist das berühmte Renaissanceschloss oberhalb des Bodrog-Flusses, das in der ungarischen Geschichte eine nicht unbedeutende Rolle spielte. Seit der Gründung des Reformierten Kollegiums im 16. Jh. wurden in Sárospatak kalvinistische Religionslehre und Wissenschaft betrieben.

Stadt mit berühmtem Burgschloss

Die Stadt, die bis zum Ende des 14. Jh.s in königlichem Besitz war, gehörte ab 1526 Fürst Péter Perényi. Dieser ließ in den 30er- und 40er-Jahren des 16. Jh.s die Burg ausbauen, die Stadtmauer errichten und gründete eine Schule, aus der das Reformierte Kollegium hervorging. Als Mitgift der Zsuzsanna Lórántffy erbten im Jahre

Geschichte

Geschichte (Fortsetzung)

1616 die Rákóczi, ein siebenbürgisches Fürstengeschlecht, Sárospatak und wurden Herren über Burg und Stadt. Die zu einem Schloss im Stil der Renaissance erweiterte Burg machten sie zu ihrer bevorzugten Residenz. Im 17. und 18. Jh. entwickelte sich Sárospatak zu einem Zentrum des Widerstands gegen die Herrschaft der Habsburger; u. a. versammelten sich hier im Schloss die Anhänger der Wesselényi-Verschwörung. Ferenc II. Rákóczi, der Anführer des ungarischen Unabhängigkeitskampfes (bekannt als Kuruzzenaufstand), machte die Stadt zu seinem Hauptquartier und hielt 1708 in der Burg den Landtag ab. Von hier aus floh er 1710, ein Jahr vor Beendigung des Aufstands, in die Emigration. Sárospatak ging an die Habsburger, die verschiedene Adelsgeschlechter als Schlossherren einsetzten.

Sehenswertes in Sárospatak

*Burgschloss

Das imposante Burgschloss (Vár) liegt im Süden des Stadtzentrums in der Szent Erzsébet utca. Der Burggarten mit Grünanlagen und Befestigungsmauern reicht von dieser Straße bis zum Ufer des Bodrog-Flusses. Vor der Besichtigung (der Eingang zum Schloss befindet sich an der Westseite) sollte man den Bodrog überqueren und sich den Burgkomplex von der gegenüberliegenden Seite des Flusses ansehen. Der älteste Teil der Burg ist der so genannte Rote Turm (Vöröstorony), ein sechsgeschossiges, mit Ecktürmen versehenes Bauwerk. Es wurde Ende des 15. Jh.s von den damaligen Besitzern, der Familie Pálóczi, zum Bergfried erweitert und um 1540 von Fürst Péter Perényi im Stil der Renaissance zum Wohnturm ausgebaut. Sehenswerte Räume des Roten Turms sind die ehemalige Kapelle im zweiten Obergeschoss und ein Stockwerk darüber der so genannte "Große Palast" mit schönem Bauschmuck aus der Renaissance. Perényi ließ auch den zweistöckigen Trakt mit den Arkaden im Erdgeschoss errichten, der heute den Ostflügel des Burgschlosses bildet (er wird auch als Perényi-Flügel bezeichnet).

Unter Fürst György Rákóczi I. erfolgte um die Mitte des 17. Jh.s der Ausbau der Burg zu einem Schloss mit vier Flügeln um einen Hof. Der Ostflügel und der Rote Turm sind durch die der westlichen Eingangsseite des Schlosshofs gegenüberliegende, nach der Gemahlin des Bauherrn benannte Lórántffy-Loggia (1645) verbunden, zu der ein überdachter Treppenaufgang hinaufführt. Die eleganten Arkaden der Loggia, die in der Stiege

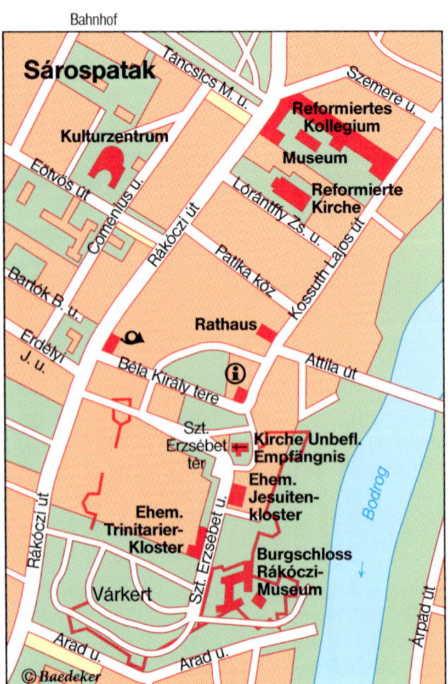

Burgschloss (Fortsetzung)

fortgeführt werden, bilden zusammen mit den reich verzierten Öffnungen des Perényi-Traktes ein schönes Beispiel der Renaissancearchitektur in Ungarn. Das heutige Aussehen des Schlosses ist überwiegend von den Umbauten späterer Besitzer, insbesondere der Familie Bretzenheim (Anf. 19. Jh.), geprägt.

Treppenaufgang und Loggia des imposanten Burgschlosses von Sárospatak sind von der Renaissance geprägt.

Rákóczi-Museum

In den restaurierten Räumen des Burgschlosses ist das Rákóczi-Museum eingerichtet (geöffnet Di.–So. 10⁰⁰–18⁰⁰ Uhr), das nur im Rahmen einer Führung besichtigt werden kann. Der Schwerpunkt der Ausstellung liegt auf der Dokumentation des nationalen Freiheitskampfes und der Geschichte der Rákóczi-Dynastie. Gezeigt werden aber auch Möbel des 16.–19. Jh.s, Arbeiten aus den nahen Glashütten, Werkzeug und Gerätschaften für den Weinbau und aus der Kelterei in Hegyalja sowie einige Exemplare der bekannten Keramik aus Sárospatak. Ein besonders schöner und geschichtlich überdies bedeutsamer Raum ist das so genannte Sub-Rosa-Zimmer im Obergeschoss des Ostflügels, ein reich mit Stuck (17. Jh.) dekorierter Saal, in dem sich 1670 die Führer der antihabsburgischen Wesselényi-Verschwörung versammelten.

Szent Erzsébet utca

Die von Bäumen gesäumte Szent Erzsébet utca bildete einst die Hauptachse der ummauerten Stadt und verband das Schloss mit der Pfarrkirche. Die Pfarrkirche "Zur Unbefleckten Empfängnis" am nördlichen Ende der Kádár Kata utca, ursprünglich direkt an die nördliche Stadtmauer grenzend, wurde als gotische Basilika errichtet und Ende des 15. Jh.s zu einer dreischiffigen Hallenkirche umgestaltet. Sehenswert sind die Grabsteine im nördlichen Schiff

Szent Erzsébet utca (Fts.)

sowie der barocke Hochaltar mit der Darstellung der Unbefleckten Empfängnis im Altarblatt. Im Süden des Gotteshauses sind noch Grundmauern einer Rundkapelle aus dem 11. Jh., möglicherweise die Kapelle der königlichen Residenz, zu sehen. Die moderne Bronzeplastik auf dem Platz vor der Pfarrkirche ist ein Werk des ungarischen Künstlers Imre Varga zur Erinnerung an die vermutlich in Sárospatak geborene, später mit dem Landgrafen von Thüringen vermählte hl. Elisabeth (1207 – 1231), die eine Tochter des Árpádenkönigs Andreas II. war.

Das Reformierte Kollegium war und ist eine hoch geschätzte Bildungseinrichtung der protestantischen Kirche. Mit dem Bibliothekssaal von Mihály Pollack erhielt die stolze Büchersammlung einen adäquaten Rahmen.

Reformiertes Kollegium

Außerhalb des mittelalterlichen Stadtgebiets, an der Rákóczi út, steht das 1806 – 1822 errichtete Gebäude des Reformierten Kollegiums (Református Kollégium), heute Sitz der Hochschule der protestantischen Kirche. Die im 16. Jh. von Fürst Péter Perényi ins Leben gerufene Bildungseinrichtung entwickelte sich im 17. Jh. durch das Engagement von Zsuzsanna Lórántffy, der Gemahlin des Siebenbürger Fürsten György Rákóczi, zu einem der führenden kalvinistischen Kollegien in Ungarn. Zwischen 1650 und 1654 gehörte auch der aus Mähren stammende Humanist und Pädagoge Johann Amos Comenius zu den Professoren des Kollegiums.
Das Schmuckstück des klassizistischen Gebäudes ist der von Mihály Pollack entworfene, zwei Stockwerke hohe Bibliothekssaal mit Empore. In der Bibliothek werden mehr als 2000 Handschriften und 200 000 Bücher aufbewahrt (Besichtigung nur mit Führung und nach Anmeldung; ☎ 47/31 10 57). Rund um das Kollegium erstreckt sich ein 7 ha großer Park mit schönen alten Bäumen, abwechs-

lungsreicher Flora sowie denSkulpturen von Schirmherren und namhaften Schülern. Der zweigeschossige, spätbarocke Bau im Hof der Anlage (1771/1772) beherbergt ein kleines Museum, das neben kunstgewerblichen Exponaten vor allem die wissenschaftliche Sammlung des Reformierten Kollegiums zeigt und über Leben und Wirken von Johann Amos Comenius informiert.

Reformiertes Kollegium (Fts.)

Nicht nur historische Bausubstanz, auch interessante Beispiele für modernes ungarisches Bauen kann man in der Provinzstadt bewundern, so z. B. das Wohn- und Geschäftszentrum in der Rákóczi utca. Wie eine Versammlung von Kobolden wirkt das eigenwillige, aus einzelnen Kuben zusammengesetzte Gebäude mit den unkonventionell schräg geschnittenen Fenstern und den haubenartigen Dächern – ein wohltuender Kontrast zu den tristen Einheitsfertigbauten sozialistischer Prägung, die in vielen Städten Ungarns die Lücken in der historischen Bausubstanz füllen.
Der Architekt, Ervin Nagy, ist ein Schüler von Imre Makovecz, der das benachbarte Kulturzentrum (Művelődési központ) in der Eötvös utca entworfen hat. Makovecz gehört zu den Begründern einer Architekturschule in Ungarn, für die, bei aller Verschiedenheit der einzelnen Vertreter, das menschengerechte Bauen und Wohnen zu einem vordringlichen Anliegen wurde (▶ Baedeker Special S. 62).

Moderne Architektur

Umgebung von Sárospatak

Karcsa ist ein idyllisches kleines Dorf etwa 20 km östlich von Sárospatak, nahe der ungarisch-slowakischen Grenze. Unbefestigte Straßen, traditionelle, meist mit Weinreben bewachsene Gehöfte und eine Atmosphäre ländlicher Abgeschiedenheit und Ruhe machen den Reiz dieses Ortes aus.

*Karcsa

Aber auch für den Kunstfreund ist der Abstecher lohnend, da Karcsa eine außergewöhnliche romanische Kirche besitzt. Das von der Straße her eher unscheinbar wirkende, turmlose Gotteshaus mit Schindelwalmdach wurde im 11. Jh. als Geschlechterkirche gegründet. Es handelte sich um einen zentralen Rundbau vom Typus romanischer Pfalz- oder Taufkapellen. Dieser Rundbau ist heute noch als Chor des Gotteshauses vorhanden. In der zweiten Hälfte des 12. Jh.s übernahmen die Johanniter die Kirche, errichteten das Langhaus und gestalteten den Rundbau zur Chorapsis um. Weitere geplante Baumaßnahmen unterblieben, da sich die Johanniter am Ende des 13. Jh.s wieder aus dem Gebiet um Karcsa zurückzogen. Die Westseite der Kirche schmückt ein bemerkenswertes romanisches Gewändeportal, das in der Nachfolge der berühmten Porta speciosa des Königspalastes von ▶ Esztergom steht. Im Innern der Kirche sollte man vor allem das Kapitell des südlichen Emporenpfeilers etwas genauer betrachten. An ihm ist – als Motiv der romanischen Kunst recht ungewöhnlich – der Streit zweier Männer um eine Frau dargestellt.

Romanische Kirche

Sárvár

▶ Szombathely

Komitat: Baranya
Einwohnerzahl: 10 000

ⓘ Tourinform Harkány, 7815 Harkány, Kossuth u. 2/a, ☎ (72) 47 96 24, FAX (72) 47 99 89, harkany@tourinform.hu

🛏 S. 375 ✕ S. 386

Städtchen mit berühmter Burg

Das kleine Städtchen, etwa 30 km südlich von ▶ Pécs in unmittelbarer Grenznähe gelegen, wird vor allem wegen seiner berühmten Burg besucht, die so gut erhalten ist wie nur wenige ungarische Festungen. Der Ort selbst besitzt ein paar denkmalgeschützte Häuser und eine Moschee auf dem Kossuth tér, die im 18. Jh., nach dem Abzug der Türken zerstört und in unserem Jahrhundert wieder aufgebaut wurde. In Siklós beginnt die Weinstraße durch die Villány-Siklós-Region, die durch sehenswerte alte Weindörfer führt.

*Burg

Geschichte

Im 12. Jh. ließ sich die Familie Siklósi hier eine Burg errichten, die im 14. Jh. nach deren Aussterben in den Besitz der Familie Garai überging. Unter dem nachfolgenden Besitzer, dem Palatin (Vizekönig) Imre Perényi, entstanden im 16. Jh. die wehrhaften Basteien zum Schutz vor den drohenden Türkeneinfällen. Ab 1728 gehörte Siklós den Grafen Batthyány, die der Burg ihr heutiges Erscheinungsbild gaben.

Besichtigung

Die mächtige Festung (geöffnet Di. – So. 9^{00} – 18^{0} Uhr) liegt auf einem Plateau oberhalb der Stadt. Ein äußerer Befestigungsring mit dicken Mauern und Basteien, vor denen einst breite Gräben verliefen, schützt die eigentliche, als geschlossene Vierflügelanlage errichtete Burg. Die Außenwand des Südflügels schmückt ein rekonstruierter spätgotischer Erker mit reicher plastischer Zierde. Über eine Brücke gelangt man zum Eingang der Burg auf der Südwestseite und zu der zinnenbekrönten Rundbastei (Barbakán) mit dem Wappen der Batthyány über dem prunkvollen Tor. Eine Zugbrücke führt vor das Barocktor der um einen Innenhof angelegten Burg.

Im Südflügel wurde das Burgmuseum eingerichtet. In den düsteren Gewölberäumen im Untergeschoss werden Architekturfragmente präsentiert und die Geschichte der Burg erläutert, im Kerker gibt es ein paar Folterinstrumente zu besichtigen.

Informativer ist die liebevoll gestaltete Ausstellung im Erdgeschoss des Südflügels. Ausgangspunkt dieser Sammlung sind die Handschuhe aus der Pécser Handschuh- und Lederfabrik Hamerli. Auf kleinem Raum wird hier nicht nur das Handwerk des Handschuhherstellers, sondern auch die Rolle dieses Accessoires in der europäischen Mode des 19. und 20. Jh.s anschaulich gemacht. Schuhe, Kleider, Taschentücher und Hüte, Tanzkarten und vieles mehr, was zum modischen Alltag damals gehörte, ergänzen die Handschuhsammlung.

*Handschuhmuseum

Siklós ist eine der besterhaltenen Grenzfestungen des Landes. Durch das prunkvolle Barockportal in der runden, von Zinnen bekrönten Bastion geht es hinein in die Burg.

Weinmuseum

Das so genannte Weinmuseum im Nordflügel besteht aus einem einzigen Raum und ein paar wenig spannenden Exponaten zum besagten Thema. Im dazugehörigen Wein- und Souvenirladen kann man die guten Tropfen aus dem Anbaugebiet Villány-Siklós verkosten und kaufen.

**Burgkapelle

Ein architektonisches Kleinod ist die spätgotische, von der Familie Garai erbaute Burgkapelle im Ostflügel. Das filigrane Netzrippengewölbe im Chor (Ende 15. Jh.) braucht den viel zitierten Vergleich mit dem Gewölbe der Reformierten Kirche in Nyírbátor (▶ Nyíregyháza, Umgebung) nicht zu scheuen. Aus dem späten 15. Jh. stammen die Fresken an den Wänden der Kapelle, die zu Beginn des 16. Jh.s übermalt wurden. Dargestellt sind König Ladislaus und Ludwig von Toulouse, Christus als Schmerzensmann und das Lamm Gottes. Vermutlich im Auftrag des Burgherrn Hiob Garai entstand das Wandbild "Hiob und vier Begleiter".

Umgebung von Siklós

Harkány

Wer von Pécs aus mit dem Wagen nach Siklós kommt, fährt fast zwangsläufig durch den kleinen, 5 km westlich von Siklós gelegenen Kurort. Schon im 18. Jh. kannte man die schwefelhaltigen Quellen, die heute das Thermalbad speisen. Ein 12 ha großer Park umgibt Thermalbad und Kureinrichtungen. Das Freibad hat mehrere große Warmwasser- und ein Sportbecken.

Ormánság

Harkány ist das Tor zum Ormánság, der überwiegend flachen Landschaft nördlich der Drau (Dráva) mit etwa 30 bis 40 kleinen Dörfern, deren Bewohner sich so manche Besonderheit bewahrt haben. Dazu gehören die Trachten und eine eigenwillige, der ständigen Hochwassergefahr der Drau angepasste Bauweise, bei der die Häuser auf einer Balkenkonstruktion errichtet werden.

Weinkellerhäuschen in Villánykövesd

Skulpturenpark

Auf der Strecke von Siklós nach Villány lohnt ein kurzer Abstecher in den bizarren Skulpturenpark, der in einem aufgelassenen Steinbruch abseits der Straße liegt (Abzweigung ist ausgeschildert). Im Rahmen der staatlichen Kunstförderung werden hier in regelmäßigen Abständen Bildhauer zu Arbeitssymposien bei freier Verpflegung eingeladen. Das Ergebnis ihrer Arbeit verbleibt vor Ort auf dem Gelände dieses "Freilichtmuseums", das mittlerweile bereits auf über 100 Exponate angewachsen ist (Eintritt).

***Weinstraße Villány-Siklós**

Knapp ein Dutzend Dörfer gehören zur Weinstraße Villány-Siklós, die durch das Weinanbaugebiet an den Süd- und Osthängen des Villány-Gebirges führt. Für Weinkenner und -liebhaber ist dieser Ausflug ein Muss, denn hier kann man in zahlreichen gemütlichen

Weinkellern den Wein direkt beim Erzeuger probieren und kaufen. Die Trauben für die Rotweinsorten – vor allem Blauer Portugieser, Cabernet Franc und Cabernet Sauvignon, Merlot und Blaufränkischer – wachsen an den östlichen Hängen, die für den Weißwein – insbesondere Welschriesling, Chardonnay, Traminer und Rheinischer Riesling – werden an den Südhängen des Villány-Gebirges angebaut.

Weinstraße Villány-Siklós (Fortsetzung)

Seinen Namen erhielt die Weinregion von dem Ort Villány, 13 km östlich von Siklós. Hier stehen an der Durchgangsstraße noch besonders viele Weinkellerhäuschen, die auch für die anderen Dörfer dieser Gegend charakteristisch sind. Natürlich gibt es in Villány auch ein Weinmuseum – im Haus Bem utca 3. Viele deutsche Familien sind in dieser Gegend ansässig, wie die zweisprachigen Ortsschilder belegen. In Villány sollte man von der Hauptstraße Richtung Villánykövesd abzweigen, ebenfalls ein typisches Weindorf. Im dortigen Hotel Cabernet (▶ Praktische Informationen, Hotels und Pensionen) ist man auf "Weintouristen" bestens eingerichtet, z. B. mit dem Angebot eines halbtägigen Kellerrundgangs, auf den der Gast mit einem Stück salzigen Kuchens vorbereitet wird. Landschaftlich sehr hübsch ist die idyllische Strecke von Villánykövesd nach Palkonya. Die Straße folgt einem Fluss, der sich zu einem kleinen See mit Schilfgürtel verbreitert. Auch Palkonya, dessen überkuppelte Kirche man schon von weitem sieht, ist ein sehenswertes Weindorf mit vielen Kellern.

***Villány**

▶ dort

Mohács

Sopron (Ödenburg) F 4

Komitat: Győr-Moson-Sopron
Höhe: 212 m ü. d. M.
Einwohnerzahl: 55 000

ⓘ Előkapu utca 11, 9400 Sopron, ☎/FAX (99) 33 88 92
sopron@tourinform.hu

🛏 S. 375 ✕ S. 386

Sopron, ca. 65 km südlich von Wien, nur 8 km von der österreichischen Grenze entfernt und nahe beim Neusiedler See (Fertő tó) gelegen, ist ein viel besuchter Ausflugsort, nicht nur wegen der schönen Lage und des bekannten Rotweins, dem Soproner "Blaufränkischen", sondern vor allem wegen seines einzigartigen Stadtbilds. Kaum eine andere ungarische Stadt hat ihre von Mittelalter und Barock geprägte Stadtanlage so gut bewahren können – offiziell registriert sind 115 Baudenkmäler und 240 weitere geschützte Gebäude. 1972 erhielt die Stadt den Europapreis für Denkmalschutz.

Lage und **Bedeutung

Aufgrund seiner Lage an der Bernsteinstraße zwischen Ostsee und Italien war Sopron schon vor der Eroberung Pannoniens durch die Römer ein wichtiger Handelsplatz. Im 2. Jh. n. Chr. war das römische Scarbantia eine bedeutende Stadt mit Kapitol, Forum und Stadtmauern. Der Name Ödenburg rührt aus der Zeit nach der Völ-

Geschichte

kerwanderung, als Awaren in den Mauern der einstigen Römerstadt ihre Festung anlegten. Im 12. Jh. ist in einer ungarischen Chronik von einem Ort namens Suprun zu lesen. In dieser Zeit ließen sich die ersten deutschen Einwanderer hier nieder. 1277 erhielt die Stadt das Privileg einer freien königlichen Stadt. Zwischen 1297 und 1339 entstanden die Stadtmauern, die die Türkenzeit überdauerten und teilweise heute noch zu sehen sind. 1676, nach dem verheerenden Brand, wurde die Stadt im barocken Stil neu aufgebaut. Nach dem Friedensvertrag von Trianon, 1921, entschieden sich die Soproner Bürger in einer Volksbefragung für den Verbleib bei Ungarn. Die Budapester Horthy-Regierung verlieh Sopron dafür den Titel "urbs fidelissima", "treueste Stadt". Die Industriegeschichte Soprons begann Ende des 18./Anfang des 19. Jh.s mit einem Kohlebergwerk und einer Zuckerraffinerie.

Geschichte (Fortsetzung)

Sehenswertes in Sopron

**Stadtbild

Soprons Altstadt ist ein kleines Juwel. Alle Häuser innerhalb der mittelalterlichen Stadtmauer sind als Baudenkmäler registriert. Die meisten entstanden ursprünglich im frühen Mittelalter, ihr heutiges Erscheinungsbild verdanken sie dagegen ganz verschiedenen Epochen. So kann man in Sopron romanische Fenster, gotische Sitznischen, Renaissanceloggien sowie barocken oder klassizistischen Bauschmuck entdecken. Die treppenförmig angeordneten Häuser am nördlichen Stadteingang lassen noch die Form der einstigen Festungsanlage erkennen.

*Stadtturm

Der Stadt- oder Feuerturm am nördlichen Rand der Altstadt ist das Wahrzeichen von Sopron. Sein Fundament stammt aus der römischen Antike, der untere viereckige Teil aus dem 14. Jahrhundert. Der Mittelteil mit den toskanischen Arkaden verkörpert die Renaissance, und der obere Teil – ein Uhrturm mit einem mehrstöckigen Zwiebelhelm – entstand 1682 nach dem Stadtbrand. Der Eingang zum 61 m hohen Turm, von dessen Galerie man eine herrliche Sicht über die Stadt genießt, liegt am Fő tér. Im Turm ist eine stadtgeschichtliche Sammlung untergebracht (geöffnet Di.–So. 10^{00} bis 17^{00} Uhr). An seinem Ausgang zur Innenstadt steht das Treuetor, 1921 von der Regierung in Budapest nach der Volksabstimmung gestiftet. Das Relief stellt die Soproner Bürger dar, wie sie der gekrönten Hungaria ihre Reverenz erweisen.

**Fő tér

Der Fő tér ist das Herz von Sopron, überragt vom Feuerturm und umgeben von schönen alten Häusern sowie der Ziegenkirche, die mit der Nordseite an den Platz stößt. Die barocke Pestsäule auf dem Fő tér ließen Graf Löwenburg und seine Frau nach der Pest 1701 errichten. Die knienden Figuren stellen die Stifter dar. Daneben sind die hll. Jakob, Johannes Nepomuk, Antonius und König Stephan sowie darüber Barbara, Regina, Anna und Katharina zu sehen.

*Storno-Haus

Eines der schönsten Palais der Stadt steht gleich neben dem Feuerturm (Fő tér 8). Während eines Feldzugs gegen Wien wohnte in den

◂ **Soprons "gute Stube" ist der Fő tér, der von schön renovierten Gebäuden umfasst und vom Stadtturm überragt wird.**

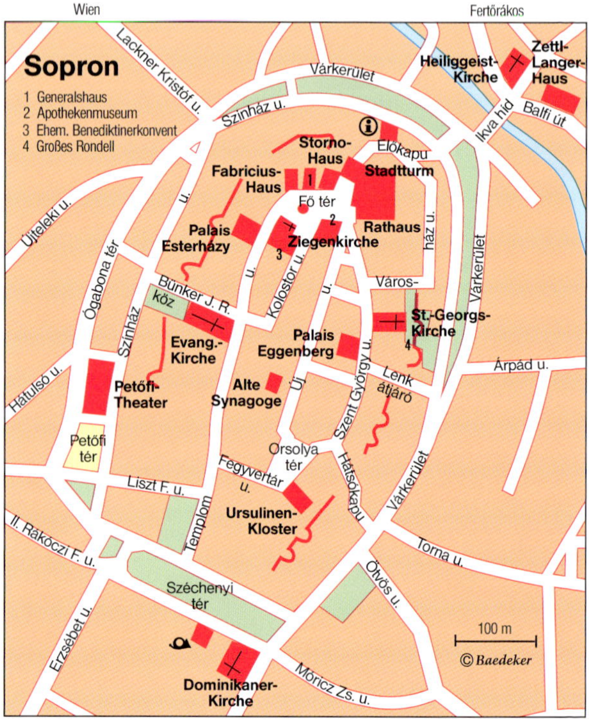

Storno-Haus (Fortsetzung)

Jahren 1482 und 1483 König Matthias Corvinus hier. Das barocke Äußere stammt aus der Mitte des 18. Jh.s. 1872 kaufte Franz Storno d. Ä. das Haus. Der Name seiner Familie taucht über Generationen in der Stadtgeschichte auf, ihre Mitglieder wurden als Künstler und Kunstsammler bekannt. Ihre hier zu sehende Sammlung (altes Porzellan, Möbel, Gemälde, volkstümliche Schnitzereien, Keramik usw.) gibt einen interessanten Einblick in die Wohnkultur des ausgehenden 19. Jh.s (geöffnet Apr. – Okt. Di. – So. 10^{00} – 18^{00}, sonst bis 14^{00} Uhr). Im ersten Stock des Gebäudes ist eine stadtgeschichtliche Ausstellung untergebracht.

Apothekenmuseum

Das ursprünglich mittelalterliche Haus auf der anderen Seite des Fő tér (Nr. 2) wurde öfters umgebaut, bis es 1850 seine heutige Form erhielt. Die Westseite schmückt ein barocker Erker, die Südfront wird von drei gotischen Fenstern durchbrochen. Die Apotheke (Patikaház), die heute als Museum zugänglich ist, wurde 1642 eingerichtet.

Generals- oder Lackner-Haus

Das mittelalterliche Generalshaus Fő tér 7, neben dem Storno-Haus, wurde 1620 vom Bürgermeister Christoph Lackner umgebaut. Hier wohnte im 18. und 19. Jh. der Stadtkommandant, daher die Bezeichnung. Der klassizistische Balkon wurde 1830 ergänzt.

Hinter der klassizistischen Fassade des Fabricius-Hauses am Fő tér 6, neben dem Generalshaus, verbirgt sich ein Komplex aus Häusern, die im 14./15. Jh. auf römischen Grundmauern bzw. einem Teil der Stadtmauer errichtet wurden. Auffallend ist der zwei Stockwerke hohe Erker an der Fassade (18. Jh.). Die Hofseite ist mit zweigeschossigen Arkaden und toskanischen Säulen (17. Jh.) gestaltet. Der rückwärtige Trakt an der Stadtmauer wird auf die erste Hälfte des 14. Jh.s datiert. Seine aus Feldsteinen gemauerte Fassade zeigt zwei spitzbogige und zwei gerade abgeschlossene gotische Fenster mit Maßwerk. Im gotischen Kellergewölbe ist ein römisches Lapidarium untergebracht, im Obergeschoss sind Funde der illyrischen, keltischen und römischen Kultur sowie aus der Zeit der Landnahme ausgestellt, u. a. auch Bernsteinschmuck und der ca. 1200 Jahre alte Cundpald-Kelch. Im Eingangstrakt zeigt das städtische Franz-Liszt-Museum ein originales Interieur aus dem 17. und 18. Jahrhundert. Neben dem Fabricius-Haus steht das 1830 erbaute klassizistische Komitatshaus.

* Fabricius-Haus

Den südlichen Abschluss des Fő tér bildet die Marien- oder Ziegenkirche (Kecske templom). Die Sage weiß von einem Schatz, den eine Ziege hier aus der Erde gescharrt hat und mit dem die Kirche errichtet wurde. In Wirklichkeit wurde sie von einer Familie Geisel oder Geisler gestiftet, deren Wappen an der Kirche öfters zu sehen ist. Der 48 m hohe, im oberen Teil oktogonale Turm aus dem 14. Jh. hatte die Westtürme des Wiener Stephansdoms zum Vorbild und inspirierte seinerseits mehrere Kirchtürme der Soproner Gegend. Die für die Franziskaner errichtete dreischiffige Hallenkirche entstand in nahezu 200-jähriger Bauzeit zwischen 1280 und 1491. Ältester Teil ist der Chor, der ebenso lang ist wie das quadratische Langhaus. Der bemerkenswerte Bauschmuck ist in der gotischen Bauphase entstanden. Fassade und Innenausstattung stammen hingegen aus dem Spätbarock bzw. Rokoko, so auch die Holzkanzel von 1754 und der Hochaltar mit einer Darstellung der Himmelfahrt Mariens, der dem Tischler Augustinus Löscher zugeschrieben wird. Die südliche Orgelempore ruht auf Konsolen in Form von Ziegen. Von der Steinkanzel im südlichen Schiff warb 1456 der Franziskanermönch Johannes von Capistran Freiwillige für den Kreuzzug gegen die Türken unter der Führung von János Hunyadi. Im 17. Jh. wurden in der Marienkirche mehrere Reichstage abgehalten und zwei Königinnen sowie 1625 Ferdinand II., römischer Kaiser deutscher Nation, zum König von Ungarn gekrönt.

* Ziegenkirche

Im ehemaligen Ordenshaus der Benediktiner, Templom utca 1, direkt neben der Ziegenkirche, ist mit dem Kapitelsaal des Franziskanerklosters eines der bedeutendsten Zeugnisse der Hochgotik in Ungarn erhalten geblieben (wieder hergestellt um 1950). Man erreicht den um 1330 entstandenen Saal in der Nordostecke des Gebäudes vom Kreuzgang aus. Das Kreuzrippengewölbe des dreischiffigen Raums ruht auf zwei oktogonalen Säulen. Eine Rarität ist der Bauschmuck, der als "Seelenspiegel" auf die Rolle des Raums als Ort der gemeinschaftlichen Mönchsbeichte Bezug nimmt. Die Figuren an Konsolen und Kapitellen symbolisieren die sieben Todsünden, die an den Schlusssteinen die Erlösung. Zu sehen ist auch ein steinernes Wappen mit der Ziege der Familie Geisler, das früher am Kirchturm angebracht war.

** Kapitelsaal im Benediktinerkonvent

Esterházy-Palais, Bergbaumuseum

Das ursprünglich spätgotische Haus Templom utca 2–4 wurde 1752 von Paul Esterházy zu einem barocken Palais umgebaut. 1772 wohnte hier Kaiserin Maria Theresia bei ihrem Besuch in Sopron. Zu beiden Seiten des prächtigen Tors (darüber das Esterházy-Wappen und eine Kopie der Gnadenmadonna von Mariazell) sieht man im Obergeschoss breite Erker. Im Palais stellt ein Museum die Geschichte des Bergbaus in Sopron und Ungarn seit 1245 dar.

Evangelische Kirche und Pfarrhaus

Das spätbarocke Gotteshaus in der Mitte der Templom utca entstand 1782/1783, der 52 m hohe Turm 1862/1863. Ursprünglich besaß es nur einen Dachreiter, wie es das Toleranzedikt von 1781 vorschrieb. In der dreischiffigen Kirche ist der hohe, vergoldete und mit Statuen geschmückte Altar von 1730 hervorzuheben, der vom Kahlenberg bei Wien nach Sopron gebracht wurde. Kanzel und Bänke stammen aus dem Jahr 1780. Interessant ist auch der Opferstock mit reicher Schnitzerei und Bemalung aus dem 17. Jahrhundert. An die Kirche schließt sich das evangelische Pfarrhaus an. Das aus dem Mittelalter stammende Palais erhielt um 1770 sein Obergeschoss und die barocke Fassade mit ionischen Säulen. In dem Palais ist die Evangelische Sammlung der Stadt Sopron untergebracht.

Orsolya tér, Arkadenhaus

Die Nordseite des Orsolya tér nimmt das Arkadenhaus (Lábasház) ein, das um 1750 errichtet wurde. Die Arkaden wurden vermutlich um die Mitte des 19. Jh.s zugemauert und kamen erst bei der Beseitigung der Bombenschäden nach dem Zweiten Weltkrieg wieder zum Vorschein. Im Erdgeschoss befinden sich Geschäfte, im Obergeschoss eine Ausstellung zur Industriegeschichte.

Der untere Teil der Új utca war im Mittelalter die Judengasse und vom nördlichen Teil durch eine Mauer getrennt. 1526, nach der Vertreibung der Juden aus Sopron, wurde die Mauer entfernt, die Új utca – die "neue Straße" – entstand. Hier stehen noch zwei Synagogen. Die Alte Synagoge (Nr. 22–24) von 1300–1320, eine der ältesten in Europa, war das erste Gebetshaus der jüdischen Gemeinde Soprons. Die eigentliche Synagoge steht im Hof hinter den beiden Barockhäusern, da nichtkatholische Gotteshäuser nicht an die Straße gebaut werden durften. Unter einem hohen Zeltdach vereint die Alte Synagoge einen großen, sich über zwei Etagen erstreckenden Betsaal, einen Frauenbetsaal (mit Ersterem nur durch Sehschlitze verbunden) und das rituelle Bad. Den Hauptsaal mit rekonstruiertem hölzernem Bema betritt man durch ein frühgotisches Portal an der Nordseite. Die Synagoge im Hof des Hauses Új utca 11 entstand um 1370 als Privatbethaus eines aus Wien stammenden Juden. Sie wurde wie die Alte Synagoge nach 1526 zum Wohnhaus umgebaut. Die ursprüngliche Bestimmung des Hauses entdeckte man bei der Restaurierung nach dem Zweiten Weltkrieg.

Új utca, mittelalterliche Synagogen

Die Fassade des gegenüberliegenden Hauses (Nr. 16) erinnert an einen venezianischen Palazzo. Es stellte den rückwärtigen Flügel eines mittelalterlichen Palastes an der Kolostor utca dar (Nr. 13), wo weitere Teile des ältesten Soproner Profanbaus erhalten sind. Die Restaurierung Anfang der 1950er-Jahre machte die Barockisierung aus dem 18. Jh. rückgängig, wobei die gotischen Fenster und die Renaissance-Konsolarkaden freigelegt wurden.

Gotisches Haus

Viele schöne alte Häuser findet man in der Szent György utca. In die Häuserzeile integriert wurde die zwischen 1380 und 1430 erbaute Domkirche St. Georg, die man nach dem Stadtbrand von 1676 barock wiederherstellte und erweiterte (1685). Die Restaurierung der Westfassade brachte zwei Tympanonreliefs über den Portalen ans Tageslicht; das nördliche zeigt die hl. Margarete von Antiochien, das südliche den Kampf des hl. Georg mit dem Drachen. Der Turm entstand 1882. Nachdem die Kirche ab Ende des 16. Jh.s den Protestanten gehört hatte (1631 wurde hier der Bürgermeister und Humanist Christoph Lackner beigesetzt), wurde sie 1674 von den Jesuiten übernommen, die die angrenzenden Gebäude für ihre Zwecke umbauten.

*** Szent György utca, Georgskirche**

Baedeker TIPP Praktisch und schön

Im Lenk átjáró, dem Durchgang des Hauses Szent György utca 11, findet man bestimmt ein hübsches Souvenir: Kunsthandwerk, Hand- oder Hausschuhe aus Fell, handbemaltes Porzellan aus Kalocsa, Decken und Stoffe mit traditionellen Mustern und vieles mehr.

Das Haus Szent György utca 12, im 15. Jh. erbaut, gehörte nach einigen Umgestaltungen ab 1674 der Fürstin Eggenberg, die hier protestantische Gottesdienste halten ließ, nachdem die Georgskirche in die Hand der Jesuiten gekommen war. Von der steinernen Kanzel im Arkadenhof wurde vor den versammelten Gläubigen gepredigt.

Palais Eggenberg

◂ **Sorgfältig restauriert präsentieren sich die spätbarocken Fassaden in der Altstadt von Sopron. Die meisten Häuser sind traufständig und haben eine Hofdurchfahrt im Erdgeschoss.**

Palais Eggenberg (Fts.) An der Kanzel befindet sich das Wappen der Eggenberger, einer in den Fürstenstand erhobenen Weinhändlerfamilie aus dem steirischen Radkersburg. Über dem Hauptportal ist das Wappen der Brandenburger zu sehen, mit denen die Eggenberger verwandtschaftlich verbunden waren.

Caesar-Haus In dem prächtigen Palais Hátsókapu utca 2 tagte 1861 der Pressburger Landtag. Das Gebäude entstand in der zweiten Hälfte des 18. Jh.s aus alten Häusern und einem Teil der inneren Stadtmauer. Ein riesiger Renaissance-Eckerker schmückt die Straßenseite. Der Name geht auf die Familie Caesar zurück, in deren Besitz das Palais von Ende des 19. bis Mitte des 20. Jh.s war.

Stadtmauer Der Várkerület, die Ringstraße um die Altstadt, folgt dem Verlauf der mittelalterlichen Stadtmauer, die großenteils auf den römischen Fundamenten errichtet wurde. Zwischen Georgskirche und Caesar-Haus sind beeindruckende Teile des Großen Rondells zu sehen, daneben ein mehrere Meter dicker römischer Mauerrest.

Außerhalb der Altstadt

***Bonsichterviertel** Mit der schmalen Ikvahíd utca, ursprünglich tatsächlich eine Brücke über den Bach Ikva, beginnt das nördlich der Altstadt, an der Straße nach Wien gelegene Bonsichterviertel. Seit dem Mittelalter wohnten hier Handwerker und Weinbauern. Bonsichter bedeutet so viel wie Bohnenzüchter und bezieht sich auf die Tatsache, dass viele Winzer zwischen den Reben Bohnen anbauten. Typisch für das Bonsichterviertel sind die kleinen, meist nur eingeschossigen Hofhäuser mit Gärten, wie man sie aus ländlichen Gegenden kennt. An der Ecke Szentlélek/Dorffmeister utca steht die aus dem 14./15. Jh. stammende Heiliggeistkirche (Szentlélek templom), die um 1780 barockisiert wurde. Die Gemälde am Haupt- und am linken Seitenaltar sowie die Fresken malte Stephan Dorffmeister d. Ä. im Jahr 1782.

Zettl-Langer-Museum Die bunt zusammengewürfelte Privatsammlung von Gusztáv Zettl in der Balfi utca 9 – 11, der östlichen Fortsetzung der Szentlélek utca, entstand um die Wende zum 20. Jh. und zählt Waffen, Grabungsfunde, Gefäße aus der römischen Antike, Schmuck, Porzellan, wertvolle Gemälde von Paolo Veronese und Dorffmeister sowie Stiche von Dürer und Rembrandt zu ihren Schätzen.

Zwei-Mohren-Haus Das Zwei-Mohren-Haus (Két mór-ház) in der Szent Mihály utca Nr. 9, der Verlängerung der Dorffmeister utca, ist ein schönes Beispiel für die Hofhäuser im Bonsichterviertel aus dem frühen 18. Jahrhundert. Sein Name rührt von den zwei Mohren her, die das Tor flankieren. Sie stammen wie der gesamte Bauschmuck – Figuren und gedrehte Säulen – von dem Bauherrn Ignaz Leitner, einem Steinmetz, der seiner Arbeit alte Musterbücher zugrunde legte.

Michaelskirche, St.-Jakobs-Kapelle Folgt man der Szent Mihály utca weiter stadtauswärts, kommt man zur romanisch-gotischen Michaelskirche (Szent Mihály templom), der ersten Pfarrkirche der Stadt. Der Bau aus dem 13. Jh. wurde bis zum 15. Jh. zur dreischiffigen Hallenkirche erweitert und auch später noch verändert. Die Restaurierung in den Jahren 1859 – 1866 unter Leitung von Franz Storno erneuerte den Bau so gründlich, dass er neogotisch wirkt. Der 48 m hohe Turm indes behielt sein ursprüngliches Äußeres. In der Kirche befindet sich eine wertvolle Madonnenfigur von 1460, das Hochaltarblatt schuf Bartolomeo Altomonte 1739. Die Szent Jakab kápolna daneben, ein frühgotischer Bau aus dem 13. Jh., wurde als Grabkapelle genutzt. Die Wandgemälde im Inneren stammen von Franz Storno.

St.-Jakobs-Kapelle (Fts.)

Museum und Kulturzentrum "Franz Liszt"

An der Stelle einer großen Bastei südwestlich der Altstadt, heute Deák tér, wurde 1872 eine historistische Villa erbaut, die seit 1913 das Städtische Museum beherbergt. Neben ortsgeschichtlichen und volkskundlichen Sammlungen sind Gemälde bedeutender Barockkünstler wie Maulbertsch, Troger und Altomonte zu sehen. Im großen Saal des Kulturzentrums finden Konzerte und Veranstaltungen der Stadt Sopron statt.

*Lővérek

Das Erholungsviertel von Sopron zieht sich im Südwesten der Stadt an den Hängen des Soproner Gebirges, den Lővérek, hinauf. Alte Villen und große Gärten am Hang bestimmen das Bild des hübschen Stadtviertels Alsó-Lővérek, wo sich auch einige Hotels und Pensionen befinden (▶ Praktische Informationen, Hotels und Pensionen). Eine kleine Oase der Ruhe ist der alte Botanische Garten der Universität oberhalb der Universitätsgebäude. Auf der knapp 400 m hohen Karlshöhe (Károly-magaslat) kann man vom 23 m hohen Aussichtsturm das herrliche Panorama der Umgebung – mit Neusiedler See und den Ausläufern der Alpen – genießen.

Umgebung von Sopron

Paneuropäisches Picknick

Auf der Strecke nach Fertőrákos, in Sopronkőhida, zweigt linker Hand ein Sträßchen ab, das nach 4 km an der ungarisch-österreichischen Grenze endet (ausgeschildert "Páneurópai Piknik Emlékhely"). Ein kleiner Gedenkpark mit Infotafeln erinnert daran, dass hier 1989 Ungarn und Österreicher den Stacheldrahtzaun abbauten und sich zum "Paneuropäischen Picknick" zusammensetzten.

Mahnmal: die Skulptur von Gabriela von Habsburg in Fertőrákos

*Fertőrákos (Kroisbach)

In Fertőrákos, 9 km nordöstlich vom Soproner Stadtzentrum, wurde seit der Römerzeit Leitha-Kalkstein gewonnen. Bis 1948 war der Steinbruch in Betrieb, heute kann das Gelände gegen Eintritt besichtigt werden (geöffnet im Sommer tgl. 8⁰⁰ – 19⁰⁰, im Winter tgl. 8⁰⁰ – 16⁰⁰ Uhr; Jan. geschlossen). Faszinierend sind die 12 bis 15 m hohen, von Säulen gestützten Hallen, in denen der für seine schöne Maserung bekannte Stein unterirdisch abgebaut wurde. Im Sommer finden hier im Rahmen der Soproner Festwochen Konzerte und Theateraufführungen statt. Ein Spazierweg führt am oberen Steilrand des Steinbruchs entlang. Von dort oben bietet sich eine schöne Aussicht auf den Neusiedler See. Im Ort selbst gibt es auffällig viele neue Häuser – überwiegend Zweitwohnsitze der österreichischen Nachbarn. Schon die Bischöfe von

Fertőrákos (Fortsetzung)

Győr fanden Fertőrákos so attraktiv, dass sie sich hier ein Bischofspalais bauen ließen. Das Gebäude erhielt um 1745 unter Bischof Franz Graf Zichy seine barocke Gestalt. Einmalig in Ungarn ist der an seinem ursprünglichen Standort verbliebene Pranger aus dem 17. Jahrhundert. Der Grenzübergang zum 4 km nördlich liegenden Mörbisch am See ist für Fußgänger und Radfahrer passierbar (in den Wintermonaten geschl.).

Balf

Balf (Wolfs), ein Dorf mit 640 Einwohnern, liegt am Neusiedler See, 6 km südöstlich von Sopron. Schon die Römer wussten das schwefelhaltige Heilwasser zu schätzen. Das spätbarocke Schloss dient heute als Kurhotel.

Nagycenk

In Nagycenk (Großzinkendorf, 14 km südöstlich von Sopron) steht das Stammschloss der bedeutenden ungarischen Grafenfamilie Széchenyi, deren Name in vielen Straßenbezeichnungen auftaucht. Das Schloss entstand 1750 – 1758 und wurde um 1800 frühklassizistisch erweitert. István Széchenyi ließ 1834 – 1840 den Westflügel anbauen sowie eine Gasbeleuchtung und sanitäre Anlagen installieren – damals eine Neuheit in Ungarn. Im Schloss befinden sich heute ein Hotel mit Restaurant sowie das István-Széchenyi-Museum. Außerdem zeigt hier das Budapester Verkehrsmuseum eine Ausstellung zum ungarischen Verkehrswesen (im Obergeschoss) sowie alte Lokomotiven und Wagen. Eine schmalspurige Museumseisenbahn verbindet das Schloss mit dem Ort Fertőboz.

Eine 1754 angelegte, 2,6 km lange Lindenallee führt vom Schloss nach Norden zu einem Grabmal. Im eigentlichen Széchenyi-Mausoleum im Dorffriedhof von Nagycenk liegt der bekannteste Sohn des Grafengeschlechts, István Széchenyi (1791 – 1860), Staatsmann während der ungarischen Reformzeit und des Unabhängigkeitskampfes gegen das Haus Habsburg 1848/1849. Er erschoss sich 1860 in einer Wiener Nervenheilanstalt. Széchenyi initiierte so bedeutende Unternehmungen wie den Bau der Budapester Kettenbrücke oder die Regulierung von Donau und Theiß. Die Kirche St. Stephan auf dem Hauptplatz (Széchenyi tér) wurde 1862 von Miklós Ybl im neoromanischen Stil errichtet. Von dem romanischen Vorgängerbau ist noch das Tympanon erhalten. Vor der Kirche steht das Denkmal des Grafen von Alajos Stróbl (1897).

**Fertőd · Schloss Esterházy G 6

"Ungarisches Versailles"

In Fertőd, 27 km östlich von Sopron, steht mit Schloss Esterházy der größte und schönste Schlossbau Ungarns. Die Residenz im typischen "Habsburg-Ocker" am östlichen Ortsrand entstand 1760 – 1767 aus dem kleinen Süttörer Jagdschloss von 1720. Maßgeblich an dem für Ungarn einzigartigen Rokokobau beteiligt war der Tiroler Baumeister Melchior Hefele, Schüler von Balthasar Neumann und Johann Bernhard Fischer von Erlach. Bauherr und Bauleiter war Nikolaus (Miklós), genannt der Glänzende (Fényes), mit dem das Geschlecht der Esterházy seinen Zenit erreichte. In nur 150 Jahren waren die Esterházy vom Kleinadel zu einer der reichsten Fürstenfamilien Europas aufgestiegen, mit einem Grundbesitz von ca. 5000 km^2, an die hundert Schlösser und einem dementsprechenden Lebensstil. Man leistete sich z. B. ein festes Theaterensemble, ein Orchester und einen eigenen Hofkapellmeister, Joseph Haydn, der von 1761 bis 1790 in Nikolaus' Diensten stand und ab 1766 hier wirkte. Als Parteigänger Habsburgs waren die Esterházy allerdings, anders als z. B. die Széchenyi, in Ungarn wenig beliebt. Nach dem Tod von Fürst Nikolaus 1790 siedelte die Familie nach Eisenstadt um, der Fertőder Hof wurde aufgegeben.

Schloss Esterházy (Fortsetzung)

Das "ungarische Versailles" wird Schloss Fertőd auch genannt, denn es ist die größte Barockanlage des Landes.

Schlossanlage, Öffnungszeiten

Schloss Fertőd ist eine hochrangige Sehenswürdigkeit und außerdem ein beliebtes Ausflugsziel für Radfahrer aus dem nahen Österreich. An Wochenenden darf man hier also mit vielen Mitbesuchern rechnen. Das Auto lässt man auf dem gebührenpflichtigen Parkplatz auf der gegenüberliegenden Straßenseite stehen, wo es auch zwei Restaurants gibt. Den Eingang in den Schlossbereich bildet das prächtige schmiedeeiserne Tor, durch das man in den Ehrenhof gelangt. Die Höhe der Gebäude steigert sich bis zum Hauptbau in der Mittelachse: Eingeschossige, viertelkreisförmige Trakte leiten über zu den zweigeschossigen Seitenflügeln, die das dreigeschossige Hauptgebäude einfassen. Den Hof schmückt ein Brunnen mit Delphinen. Das Innere des Schlosses kann nur im Rahmen einer Führung besichtigt werden, die während der Hauptsaison zu jeder halben und zu jeder vollen Stunde beginnt. Sie dauert ca. 40 Minuten und schließt auch die Räume mit der Haydnausstellung ein. Öffnungszeiten: 15. März – 31. Dez. tgl. außer Mo. 10^{00} – 18^{00}, sonst 10^{00} – 16^{00} Uhr. Im Juli/August finden in Schloss Fertőd die Haydn-Festspiele statt (Informationen bei der Touristinformation Sopron). Im Ostflügel von Fertőd ist ein Hotel der einfachsten Kategorie untergebracht.

Die China-Mode des 18. Jh.s hinterließ auch in der Innenausstattung von Schloss Eszterházy ihre Spuren.

Schloss Esterházy (Fts.), Besichtigungsrundgang

Die Schlossführung beginnt im Erdgeschoss mit Eingangssaal und Sala Terrena, die sich zum Ehrenhof sowie zum Garten öffnet. Den Fußboden bedeckt weißer Carrara-Marmor, die Fresken malte 1766 Joseph Ignaz Milldorfer. An der Decke kann man die aus Girlanden gebildeten Buchstaben FNE entziffern, das Monogramm des Erbauers. Rechts der Sala Terrana durchquert man u. a. den Chinoiseriesaal mit China-Möbeln und japanischer Kommode sowie das Schlafzimmer der Fürstin mit einem 200 Jahre alten Murano-Leuchter. Links der Sala Terrana liegen die Apartments des Fürsten. Zu ihnen gehört auch das sog. Chinesische Zimmer mit dem in einem Wandschrank versteckten chinesischen Schattentheater. Bei Führungen wird er geöffnet und den Besuchern ein originales Stück vorgespielt. Im Obergeschoss besichtigt man zunächst den zweigeschossigen Festsaal, in dem 1772 erstmals Haydns Abschiedssymphonie gespielt wurde. Ein Fresko von Basilius Grundmann huldigt "Apollo mit dem Sonnenwagen", die Statuen in den Ecken symbolisieren die Jahreszeiten. Im Sommer werden hier Konzerte gegeben. Vom Gartenbalkon hat man einen schönen Blick auf den noch existierenden Teil des einst 130 ha großen Schlossparks. Es folgen die Räume mit der Haydn-Ausstellung und die Apartments, in denen im September 1773 die Königin und spätere Kaiserin Maria Theresia logierte. Die meisten Räume sind mit Rokokomöbeln und -kaminen ausgestattet, die z. T. aus anderen Schlössern stammen.

Außerhalb des Schlosses sind die lang gestreckten Grenadierhäuser zu sehen (gegenüber dem Tor zum Ehrenhof), die Unterkunft der einstigen Leibwache, sowie das Musikerhaus (Madách sétány 1, Straße nach Fertőszéplak), in dem Hofmusiker wohnten, so auch von 1766 bis 1790 Joseph Haydn.

*Neusiedler See (Fertő tó) E/F 5

Steppensee mit Schilfgürtel

Etwa 10 km östlich von Sopron erreicht man den Neusiedler See (ungarisch Fertő tó, "Sumpfsee"), den einzigen Steppensee Mitteleuropas. Seit 2001 gehört das Gewässer an der Schnittstelle verschiedener Kultur- und Sprachräume zum UNESCO-Weltkulturerbe. Er ist einschließlich der Schilfflächen 337 km² groß – von denen 87 km² in Ungarn liegen –, aber nur 1 – 1,80 m tief. Daher erwärmt sich sein schwach salzhaltiges Wasser im Sommer auf über 25 °C, im Winter friert er fast bis auf den Grund zu. In Abhängigkeit von den Klimaschwankungen ändert sich der Wasserstand: 1866 – 1869 beispielsweise war der See gänzlich ausgetrocknet. Der Neusiedler See, der wenige Zuflüsse und keinen Abfluss hat, ist fast ausschließlich von einem bis zu 5 km breiten Schilfgürtel umgeben; der südliche, ungarische Teil besteht fast ganz aus Schilfflächen und kann daher nicht mehr für Wassersport genutzt werden (bei Fertőrákos gibt es noch eine Bootsanlegestelle). Nur am österreichischen Ostufer bei Podersdorf ist das Ufer frei von Schilf (mehrere schöne Strandbäder).

Im Schilfgürtel des Neusiedler Sees leben über 300 Vogelarten, auch gibt es zahlreiche seltene Wasserpflanzen. Das Gleichgewicht dieses Biotops ist durch Abwasser gefährdet sowie dadurch, dass mehr Wasser verdunstet bzw. abgezogen wird als zufließt. Um der drohenden Zerstörung entgegenzuwirken, hat Ungarn 1991 seinen Teil zum Nationalpark erklärt, und seit 1993 ist das gesamte Seegebiet als grenzüberschreitender Nationalpark ausgewiesen. Auf ungarischem Gebiet entstand am Rand der Ortschaft Sarród ein Besucherzentrum.

Baedeker TIPP Mit dem Rad

Schön flach ist die Umgebung des Neusiedler Sees und deshalb auch fürs gemütliche Radeln bestens geeignet. Ein asphaltierter Radweg führt rund um den See und verbindet auf der ungarischen Seite Fertőd (wo man gegenüber vom Schloss einkehren kann) mit Sopron, Balf und Fertőrákos.

Sümeg L 8

Komitat: Veszprém
Höhe: 135 m ü. d. M.
Einwohnerzahl: 7200

ⓘ Kossuth Lajos utca 25, 8330 Sümeg, ☎ (87) 55 02 76, FAX (87) 55 02 75
sumeg@tourinform.hu

Kleinstadt mit berühmter Kirche

Eine imposante Festung überragt die Kleinstadt, die rund 30 km nördlich von ▶ Keszthely, in einem vom Keszthelyer Gebirge und den westlichen Ausläufern des Bakonywaldes gebildeten Becken liegt. Die Burg ist zwar das auffälligste Baudenkmal von Sümeg, kunsthistorisch weitaus bedeutender ist allerdings die Pfarrkirche

Allgemeines (Fortsetzung)

mit ihrem herrlichen barocken Freskenzyklus. Mit der Ausmalung der Sümeger Kirche lieferte der süddeutsche Freskant Franz Anton Maulbertsch einen ersten Beweis seines Könnens in Ungarn – und für viele auch seinen schönsten. Dass Sümeg die Atmosphäre einer fürstlichen Residenzstadt verströmt, ist dem Vorrücken der Türken im 16. Jh. zu verdanken: Als sie 1552 Veszprém erobert hatten, zogen die Bischöfe für 200 Jahre nach Sümeg um und richteten sich dort entsprechend ein.

Sehenswertes in Sümeg

*Barockes Stadtbild, Bischofspalais

Besonders hübsch sind die spätbarocken Häuserensembles in der Kossuth utca, auf dem Szent István tér und am Udvarbíró tér. Am Szent István tér ließ sich Bischof Marton Padányi Bíró 1748 – 1755 ein Renaissancehaus in einen stattlichen Barockpalast umbauen (Püspöki palota). In der Mittelachse seiner Fassade, über dem Portal, ziehen der von Atlanten getragene und mit Girlanden verzierte Balkon und das Wappen des Bauherrn die Blicke auf sich. Rechts vom Tor befindet sich die Kapelle mit Stuck von Antonio Orsatti und Fresken von Gregor Vogl (um 1750).

Franziskanerkirche und -konvent

Die barocken Bauten des Franziskanerklosters (Ferences kolostor) am Szent István tér entstanden zwischen 1652 und 1657 auf Initiative des Veszprémer Bischofs György Széchenyi. Anlass war die Auffindung des Holzreliefs einer Pietà in den Ruinen der Burgkapelle, das der Bischof 1653 kopieren ließ. Den Umbau der Kirche 1720 leitete der Karmelitermönch Martin Athanasius Witwer. Von Witwer entworfen und von Franz Richter angefertigt wurde der kunstvolle Altar (1743). Richter hatte auch in Győr an der Karmeliterkirche mitgewirkt. An die Kirche schließt sich der Konvent an.

Kisfaludy-Museum

Der Balaton war das große Thema des Lyrikers Sándor Kisfaludy (1772 – 1844). Das Haus am Kisfaludy Sándor tér, wenige Schritte von der Franziskanerkirche entfernt, in dem er geboren wurde und lebte, ist als Gedenkmuseum eingerichtet. Auch am Badacsony besaß Kisfaludy ein Haus, das heute eine beliebte Gaststätte ist.

**Fresken in der Pfarrkirche

Ein einzigartiges Kunstwerk stellt die Ausmalung der äußerlich unscheinbaren Kirche Christi Himmelfahrt am Deák Ferenc tér dar. Der ganze einschiffige Innenraum des 1756 – 1757 errichteten Baus ist nach einem Bildprogramm gestaltet, das der Bauherr Bischof Márton Bíró entwarf. Ausgeführt hat es Franz Anton Maulbertsch, wohl der bedeutendste Vertreter der österreichischen spätbarocken Malerei, in den Jahren 1757 – 1758. Geboren 1724 in Langenargen am Bodensee, übersiedelte er 1739 nach Wien, wo er 1752/1753 die Kuppel der Piaristenkirche ausmalte. Die Fresken in Sümeg sind typisch für sein frühes Werk, das durch helle Farbigkeit, bewegte Komposition und expressive Gesten der oft (wie bei Goya) überschlanken Figuren gekennzeichnet ist.
Der Bilderzyklus folgt in seiner Anordnung der Heilsgeschichte. Unter der Orgelempore warten in der Vorhölle die alttestamentarischen Gestalten auf Erlösung. 1. Gewölbejoch: Mariä Verkündigung, rechter Seitenaltar: Anbetung der Hirten (Selbstbildnis des Künstlers als Hirte mit Käselaib), linker Seitenaltar: Beschneidung

Bewegte Komposition in Verbindung mit fein abgestimmter Farbgebung: die Fresken in der Pfarrkirche Christi Himmelfahrt

Fresken in der Pfarrkirche (Fts.)

Jesu. 2. Gewölbejoch: Stern von Bethlehem, der mit der Anbetung durch die Hl. Drei Könige im rechten Seitenaltar (im Hintergrund der Kindermord in Bethlehem) korrespondiert, sowie links Sonnen- und Mondfinsternis, die zur Kreuzigung auf dem linken Seitenaltar überleiten. 3. Gewölbejoch, rechter Seitenaltar: Auferstehung Christi, Kuppel auferstandener Christus mit Jüngern, Nachthimmel mit Engeln, Ausgießung des Hl. Geistes und Aussendung, linker Seitenaltar: Petrus bei seiner ersten Predigt. Die Grisaillen des Chors zeigen die vier Kirchenväter, das Gewölbe Gottvater mit dem leeren Thron. Im Triptychon des Hochaltars ist Christi Himmelfahrt mit Symbolen von Glaube, Hoffnung, Liebe, links die triumphierende Kirche (Maria mit Heiligen, Päpsten), rechts die kämpfende und leidende Kirche (rechts unten Maulbertschs Signatur) dargestellt.

*Burg (Abb. S. 54)

Von der Franziskanerkirche führt ein gepflasterter Weg zur 260 m höher gelegenen Burg (gebührenpflichtiger Parkplatz am Fuß des Burghügels). Die weitläufige Anlage befand sich im 16. Jh. im Besitz der Bischöfe von Veszprém, die sie 1552 mit Renaissancebastionen nach italienischer Art ausbauten – eine Vorsichtsmaßnahme gegen die zu erwartenden Angriffe der Türken, die sie tatsächlich auch nicht einnehmen konnten. Zu Anfang des 18. Jh.s war die Festung ein wichtiger Stützpunkt der Rákóczi-Aufständischen, weshalb sie von den kaiserlichen Truppen 1713 in Brand gesteckt und gesprengt wurde. Einige Teile wurden rekonstruiert, so die Kernburg mit dem Wohnturm aus dem 13. Jh., Burgkapelle und Brunnen. Über dem Eingang zur Kernburg prangt das Wappen des Veszprémer Bischofs Vetési aus der 2. Hälfte des 15. Jahrhunderts. Vom Burghügel hat man einen wunderbaren Blick auf das Umland. Die Burg ist im Sommer 8^{00} – 20^{00} Uhr, sonst 9^{00} – 17^{00} Uhr geöffnet.

Sümeg (Fts.), Kutschenmuseum

Unterhalb der Burg (Váralja utca) wurde im ehemaligen bischöflichen Pferdestall aus der Mitte des 18. Jh.s ein Kutschenmuseum eingerichtet (Lószerszám múzeum).

Szarvas L 28

Komitat: Békés
Höhe: 85 m ü. d. M.
Einwohnerzahl: 28 000

ⓘ Kossuth tér 3, 5540 Szarvas, ☎/FAX (66) 31 11 40

🛏 S. 375 ✕ S. 386

Lage und Bedeutung

Auf der Fahrt von ▶ Kecskemét nach Békéscsaba bzw. Gyula auf der Landstraße Nr. 44 kommt man durch das Städtchen Szarvas, das an einem toten Arm der Körös im südlichen Teil der Großen Tiefebene liegt. Die Hauptattraktion von Szarvas ist das Arboretum, das nicht nur Botanikfreunde in Begeisterung versetzt. In den Türkenkriegen war der einstige Marktflecken zerstört worden und blieb bis zur Ansiedlung slowakischer Familien im 18. Jh. menschenleer. Seinen erneuten Aufschwung verdankt Szarvas vor allem dem evangelischen Pastor Sámuel Tessedik (1742 – 1820), der den planmäßigen Ausbau der Stadt vorantrieb und 1790 das Practicum Economicum Institutum gründete, eine der ersten Landwirtschaftsschulen Europas, die heute noch – inzwischen als Universität – besteht.

***Arboretum**

Im Norden der Stadt liegt das weithin bekannte, nach dem Kosenamen seines Gründers auch Pepi-kert (Pepi-Garten) genannte Arboretum. Als der Gardeoffizier des kaiserlichen Heeres József Graf Bolza um 1830 seinen Abschied nahm, legte er nach dem Vorbild des Schlossgartens von Schönbrunn auf seinem Gut in Szarvas einen 5 ha großen Botanischen Garten an. Sein Enkel Pál Bolza verlegte den Garten wegen der Flussregulierung der Körös aus dem Anna-Wäldchen an den heutigen Standort. Nach seinem Tode ging das mittlerweile 42 ha große Arboretum in den Besitz des ungarischen Staates über. Heute kann man auf einem Areal von 84 ha rund 1660 Baumarten aus allen Teilen der Welt bewundern, darunter auch so seltene wie den Gingko, den heiligen Baum der Japaner, oder den kalifornischen Mammutbaum. Besonders schön sind im Herbst die gelblich-braunen Laubkronen des japanischen Ahorn.

Weitere Sehenswürdigkeiten

Die von Pastor Tessedik gegründete Landwirtschaftsschule hatte in einem 1790 errichteten Spätbarockbau in der Vajda Péter utca 1 ihren ersten Sitz. Heute werden hier archäologische Funde, regionale Volkskunst und Dokumente zur Wirtschaftsgeschichte der Gegend gezeigt (Sámuel-Tessedik-Museum). Für seine Kirchengemeinde ließ Sámuel Tessedik in derselben Straße auch das evangelische Gotteshaus errichten (1786/1788), dessen Innenausstattung im Stil des Klassizismus erhalten ist. Eine Besonderheit ist die seit 1836 bestehende Mühle (Szárazmalom) in der Ady Endre utca 1, da sie nicht mit Wasserkraft, sondern durch Pferde angetrieben wird. Im Slowakischen Traditionshaus (Szlovák tájház), einem lang gestreckten Bauernhaus mit Rieddach und Laubengang in der Hoffmann utca 1 aus dem Jahr 1885, informiert eine Ausstellung über die Lebensgewohnheiten und Kultur der in Szarvas ansässigen Slowaken. Zu einem Spaziergang lädt der 13 ha große, über 100 Jahre alte Park an der Toten Körös ein, der nach der österreichischen Kaiserin Elisabeth benannt ist. Im Wohnhaus und Atelier des Malers György Ruzicskay (1896 – 1989) sind seine Gemälde zu besichtigen.

Szeged

P 25/26

Komitat: Csongrád
Höhe: 84 m ü. d. M.
Einwohnerzahl: 159 000

ⓘ Oroszlán utca 2, 6721 Szeged, ☎/FAX (62) 48 86 90, szeged@tourinform.hu

S. 376 S. 386

**Junge Stadt an der Theiß

Szeged ist das wirtschaftliche und kulturelle Zentrum der südlichen Tiefebene, Hauptstadt des Komitats Csongrád und die viertgrößte Stadt des Landes. Im Ausland kennt man die Stadt vor allem als Heimat der "Pick"-Salami (▶ Baedeker Special S. 303) und des Szegediner Gulaschs, das nicht nur mit dem berühmten Paprika der Region, sondern auch mit Sauerkraut zubereitet wird. Trotz seiner "Randlage" im äußersten Süden Ungarns hat Szeged nichts Provinzielles, im Gegenteil: Kaum eine Stadt in Ungarn wirkt so jung und weltoffen – Budapest natürlich ausgenommen. Das jugendli-

Die Plätze von Szeged – hier vor der Universität – sind im Sommer Treffpunkte für die Einwohner, vor allem für die Studenten.

Allgemeines (Fortsetzung)

che Flair – fast ein Drittel der Bevölkerung sind Schüler und Studenten – ist auf die vielen Bildungseinrichtungen und eine Universität zurückzuführen. Dass die Stadt auch architektonisch jung wirkt, hängt mit dem verheerenden Hochwasser von 1879 zusammen, das fast alle Häuser zerstörte. Danach wurde Szeged völlig neu aufgebaut – großzügiger, weiter und großstädtischer.

1879 und die Folgen

Es passierte in einer Märznacht im Jahr 1879: Die Theiß trat über die Ufer, rund 5500 Häuser stürzten ein, 60 000 Menschen wurden obdachlos. Nachdem sich der Fluss wieder in sein Bett zurückgezogen hatte, standen nur noch 265 Gebäude. Die Katastrophe wurde zum Neubeginn: Innerhalb weniger Jahre wurde Szeged nach dem Vorbild europäischer Großstädte neu aufgebaut: großzügige, begrünte Plätze, breite Ausfallstraßen sowie eine äußere und eine innere Ringstraße bestimmen auch heute noch die Struktur der Innenstadt. Die kleinstädtische Bebauung wich hohen, eleganten Häusern oder ganzen Gebäudekomplexen im Stil des Historismus oder des neu aufkommenden Jugendstils, von denen zahlreiche

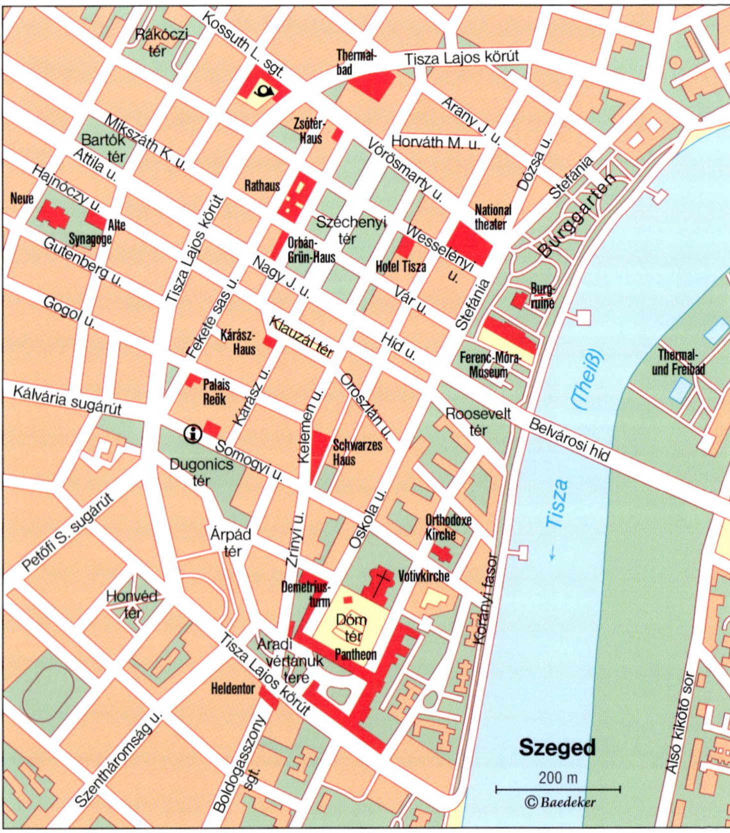

schöne Beispiele erhalten sind. Ermöglicht wurde dies durch die finanzielle Unterstützung verschiedener europäischer Staaten. Als Dankesgeste trägt Szegeds mittlere Ringstraße deshalb die Namen der Hauptstädte dieser Länder: Bécs (Wien), London, Párizs, Brüsszel, Moszkva und Róma.

1879 und die Folgen (Fts.)

Geschichte

Die im Jahre 1138 erstmals urkundlich erwähnte Stadt, damals bereits ein wichtiges Handelszentrum, wurde unter König Béla IV. nach dem verheerenden Mongoleneinfall 1241 durch eine Burg befestigt. Nach der Eroberung durch die Türken (1543) genoss Szeged den Status einer Khas-Stadt, die direkt dem Sultan unterstellt war. Wegen ihrer Beteiligung am Rákóczi-Aufstand wurde die Stadt zu Beginn des 18. Jh.s von den habsburgischen Truppen geplündert und zerstört. Im Jahre 1787 war die Zahl der Bürger von Szeged bereits wieder auf rund 21000 angestiegen. Im 20. Jh. entwickelte sich Szeged zu einem wichtigen Standort für die Nahrungsmittelindustrie und zu einer Verwaltungs- und Universitätsstadt.

Sehenswertes in Szeged

Széchenyi tér

Nach dem Hochwasser entstand an der Stelle des alten Marktplatzes der riesige, von Platanen bestandene Széchenyi tér. Standbilder großer Söhne des Landes und der Stadt säumen seine Wege. Im südlichen Teil des Platzes erinnert ein Denkmal an den großen Reformpolitiker István Széchenyi. Die allegorischen Figuren um das Wasserbecken in der Mitte des Platzes symbolisieren die Leben spendende, aber auch zerstörerische Kraft der Theiß.

Rathaus, Orbán-Grün-Haus

An der Nordwestseite des Széchenyi tér steht das Rathaus mit einem erhöhten, von einem Turm bekrönten Mittelteil. Es entstand 1883 nach Plänen von Ödön Lechner und Gyula Pártos. Lechner, der Begründer des ungarischen Jugendstils, bediente sich hier noch neobarocker Formen, wobei die flächenhafte, wenig plastische Auffassung der Fassade bereits den neuen Baustil erahnen lässt. Das klassizistische Gebäude neben dem Rathaus ließ sich 1901 der Buchdrucker Orbán Grün errichten. Auf Steinkonsolen ruht ein Erker mit schmiedeeisernem Gitter und der Figur eines römischen Legionärs aus Gusseisen.

Zsótér-Haus

Eines der Gebäude, das dem Hochwasser standgehalten hatte, ist das Haus Széchenyi tér 9, das 1844 im späten Klassizismus für den Schiffseigner und Getreidehändler János Zsótér erbaut wurde.

Hotel Tisza

Das renommierte Hotel Tisza auf der gegenüberliegenden Seite des Széchenyi tér (Ecke Wesselényi utca) war stets Mittelpunkt des gesellschaftlichen Lebens in der Stadt. Im großen Saal der 1866 erbauten Nobelherberge traf sich die Szegeder Gesellschaft zu Konzerten und anderen kulturellen Veranstaltungen.

*Klauzál tér, Kárász utca

Südlich des Széchenyi tér liegt der charmante Klauzál tér, ein für Szegeder Verhältnisse geradezu intimer Platz. Zusammen mit der Kárász utca bildet er ein beliebtes Fußgängerviertel und das Handelszentrum der Stadt. Eine besondere Bedeutung für die Bewohner von Szeged hat der Balkon des so genannten Kárász-Hauses

Klauzál tér (Fortsetzung)

(Klauzál tér 5). Dort hielt Lajos Kossuth am 11. Juli 1849 seine letzte Ansprache in Ungarn, bevor er ins Exil ging. Außerdem gibt es am Klauzál tér den besten Kuchen in der Stadt: in der Traditionskonditorei Virág im Erdgeschoss des so genannten Neu-Zsótér-Hauses.

Alte und Neue Synagoge

Vom Klauzál tér empfiehlt sich ein Abstecher in nordwestlicher Richtung zur etwa 300 m entfernten Alten Synagoge (Hajnóczy utca 12). Das Gotteshaus der jüdischen Gemeinde wurde 1843 im klassizistischen Stil erbaut. Eine ungarische und hebräische Inschrift an der Außenwand zeigen den Wasserstand bei der Überschwemmung von 1879 an. Die Neue Synagoge zwischen der Hajnóczy utca und der Gutenberg utca, ein 1900 – 1903 entstandener Secessionsbau, war bis zum Bau der Votivkirche das größte Gotteshaus in Szeged. Prächtig gibt sich der überkuppelte Innenraum: 24 Tamboursäulen symbolisieren die Stunden des Tages, die Blüten eines Hagebuttenstrauches den Glauben und die Sterne das Universum. Ein Davidstern im Strahlenkranz krönt die Kuppel.

***Palais Reök**

Auf dem Weg von der Alten Synagoge zum Dom tér liegt am Tisza Lajos körút (Ecke Kölcsey utca) das schönste Jugendstilgebäude der Stadt: das Palais Reök, das der in Szeged heimische Architekt Ede Magyar 1906/1907 für den Wasseringenieur Reök baute. Das Gebäude vereint souverän Elemente des französischen und ungarischen Jugendstils und besticht durch seine heitere Eleganz. Die Einheimischen nennen es "Pferdehinterteilhaus", weil es hinter einer Husarenstatue steht. In der näheren Umgebung des Palais Reök befinden sich noch weitere schöne Jugendstilhäuser – meist Wohn- und Geschäftshäuser – in verschiedenen Ausprägungen des um 1900 dominierenden Baustils.

Dugonics tér

Nächste Station des Stadtrundgangs ist der Dugonics-Platz, wo bis zum Hochwasser der Getreidemarkt stattfand. Auf dem Platz steht die Statue von Attila József, ein Werk von Imre Varga. Im Vajda-Gedenkhaus (Nr. 2) hat heute die Touristeninformation ihren Sitz.

Schwarzes Haus

An seinem Eckturm erkennt man das so genannte "Schwarze Haus" in der benachbarten Somogyi utca 13, das seinen Namen von dem dunkelgrauen Mauerverputz erhielt. Das Handelshaus entstand 1857 und ist heute Sitz der historischen Abteilung des Ferenc-Móra-Museums (s. u.).

****Dom tér**

Ein einzigartiges Zeugnis für den expressionistischen Städtebau des frühen 20. Jh.s ist der im Süden der Innenstadt gelegene Komplex um den Domplatz. Den Ausgangspunkt bildet die 1913 – 1929 errichtete Votivkirche (Dom) an der Nordseite des Platzes, danach wurde nach Plänen von Béla Rerrich die Bebauung des Dom tér realisiert. Der hufeisenförmige Gebäudekomplex mit einer Fassade aus gebranntem und glasiertem Klinker beherbergt im Westflügel das Kollegium der Universität und die Theologische Hochschule, im Südwesten das Bischofspalais sowie im Süden und Osten naturwissenschaftliche und medizinische Institute. Im Erdgeschoss öffnen sich die dreigeschossigen Flügel in rundbogigen Arkaden zum Dom tér. Die ernste, beinahe erdrückende Monumentalität der

Jugendstil in Szeged: das Palais Reök ▸

"Szegeder Pantheon"

300 m langen Arkadenreihe wird nur durch die unterschiedlichen Pfeilerformen (besonders schön sind die in der Art barocker Säulen gedrechselten Pfeiler) in ihrer Strenge gemildert. Unter den Arkaden erhielt das so genannte "Szegeder Pantheon" seinen Platz, eine Sammlung von 89 Porträtbüsten und Reliefs herausragender Persönlichkeiten aus der ungarischen Geschichte, Kunst, Literatur und Wissenschaft. Der bedeutende ungarische Bildhauer Alajos Stróbl legte mit seinen Porträtplastiken den Grundstein für diese Ruhmesgalerie. Seit der Fertigstellung des Domplatzes werden vor der imposanten Kulisse der Votivkirche (die Stufen zum Hauptportal dienen als Bühne) alljährlich die Szegeder Freilichtspiele abgehalten, an denen pro Veranstaltung bis zu 6000 Personen teilnehmen können.

Expressionistische Backsteinarchitektur: die Arkaden mit dem Szegeder Pantheon

Szeged

Votivkirche

Einem Gelübde der Bürgerschaft von Szeged während des Hochwassers verdankt die Stadt ihren prächtigen Dom (Fogadalmi templom), der den Dom tér an der Nordseite abschließt. Die Pläne für das 1913 – 1930 errichtete Gotteshaus lieferten Ernő Foerk und Frigyes Schulek, die sich in der Gestaltung der Fassade an den romanischen Domen in Italien orientierten. Über dem Hauptportal steht die 3 m hohe Statue der Muttergottes, der Patronin der Kirche und Schutzherrin des Landes. Links und rechts der Madonnenfigur sind in Mosaikbildern die zwölf Apostel wiedergegeben. Eine besondere Madonnendarstellung findet sich im Kircheninnern in dem Mosaik von Ferenc Márton über dem Baldachin des Hochaltars. Sie ist auch bekannt als die "Madonna im Pelz", da die Gottesmutter ein regionaltypisches Gewand, den reich verzierten Fellmantel der Großen Tiefebene sowie die ebenfalls für Szeged typischen roten Pantöffelchen trägt. Beachtenswert ist auch das Kruzifix von János Fadrusz an einem Seitenaltar.

Demetriusturm

Der Demetriusturm (Dömötör-torony) überstand als eines der wenigen mittelalterlichen Baudenkmäler die Hochwasserkatastrophe von 1879. Der untere, quadratische Teil des Turms stammt aus der Erbauungszeit der ersten Demetriuskirche im 12. Jh., das achteckige Turmstück wurde im 13. Jh. aufgesetzt. Im 18. Jh. in einen neuen Kirchenbau einbezogen, kam der Turm erst bei der Neugestaltung des Domplatzes zum Vorschein, als man die Reste des barocken Doms beseitigte. Er wurde restauriert und nach Plänen von Béla Rerrich zu einer Taufkapelle umgebaut. In das Tympanon des Portals wurde ein romanisches Relief (12. Jh.) des Agnus Dei aus einer Kirche des benachbarten, heute eingemeindeten Dorfs Kiskundorozsma eingesetzt. Das Innere der Kapelle schmücken Malereien mit historischen Themen.

1935 fertigte der Szegeder Uhrmacher Ferenc Csúri die Uhr für den Domplatz. Zu jeder vollen Stunde erscheinen, von einer Melodie begleitet, die Figuren bekannter Staatsmänner, Schriftsteller, früherer Rektoren und Dekane der Universität.

Musizierende Uhr

An der Ecke Boldogasszony sugárút/Tisza Lajos körút steht das 1936 erbaute Heldentor mit einem expressionistischen Freskenzyklus von Vilmos Aba-Novák (1894 – 1941). Von der Machtübernahme der Kommunisten bis ins Jahr 2000 war der Bilderzyklus unter einem Kalkanstrich versteckt gewesen.

Heldentor

Nordöstlich der Votivkirche steht die 1773 – 1778 von den serbischen Neubürgern im Stil des Barock erbaute griechisch-orthodoxe St.-Nikolauskirche (Görögkeleti Szerb templom). Sie besitzt eine schöne Ikonostase in einem Rahmen aus Birnbaumholz.

Griechisch-orthodoxe Kirche

Im Zuge des Wiederaufbaus von Szeged erhielt die Stadt 1896 am Roosevelt tér eine Bücherei – entsprechend ihrer Bestimmung als Ort der Bildung und Wissenschaft im klassizistischen Stil und mit einem antikisierenden Dreiecksgiebel an der Hauptfassade. Das Gebäude beherbergt die städtische Bibliothek und das Ferenc-Móra-Museum, benannt nach dem Schriftsteller und Altertumsforscher Ferenc Móra (1879 – 1934). Seine Privatsammlung zur regionalen Vor- und Frühgeschichte bildete den Grundstock des Museums.

Ferenc-Móra-Museum

Nördlich des Roosevelt tér liegt an der Theiß der Burggarten (Várkert) an der Stelle der 1246 erbauten Burg. Nach dem Hochwasser wurden die restlichen Mauern der Burg abgetragen, weil sie der Neukonzipierung der Stadt im Wege waren. Nur eine quadratische Bastei blieb verschont. Hier sind ein Museum und ein Lapidarium mit Bauplastik aus der Burg eingerichtet. Im Südostzipfel des Burggartens steht ein Marmordenkmal von Elisabeth ("Sissi"), der Kaiserin von Österreich und Königin von Ungarn.

Burggarten, Burgmuseum, Sissi-Denkmal

Geht man vom Burggarten wieder stadteinwärts in Richtung Széchenyi tér, kommt man am Schauspielhaus von 1883 vorbei, einem Werk der Wiener Theaterarchitekten Fellner und Helmer.

Nationaltheater

Ein bedeutendes mittelalterliches Bauwerk ist im Süden des Stadtzentrums, auf dem Mátyás tér in der Unterstadt (Alsóváros), erhalten. Die seit 1444 in Szeged ansässigen Franziskaner errichteten auf den Grundmauern einer romanischen Kirche ab 1490 ein Gotteshaus, das vermutlich 1503 vollendet war. Das Schiff der Hallenkirche überspannt ein herrliches Netzgewölbe bzw. Sterngewölbe (Chor), vergleichbar dem in der Reformierten Kirche von Nyírbátor (► Nyíregyháza, Umgebung). Weitere Bestandteile des spätgotischen Baus sind die Spitzbogenfenster. Die Ausstattung, v. a. Kanzel und Hochalta stammen aus dem Barock.

Ehem. Franziskanerkirche

Im Stadtteil Füvészkert am linken Theiß-Ufer (Lövölde utca 22) erstreckt sich der Botanische Garten von Szeged (Füvészkert). Neben verschiedensten Laubbäumen, Sträuchern und rund 70 Kieferngewächsen kann man hier auch 1500 tropische Pflanzen sowie zahlreiche Rosenarten bewundern. Im Teich des Botanischen Gartens blühen weiße Seerosen und indische Lotusblumen.

Botanischer Garten

Umgebung von Szeged

Kiskundorozsma

Kurz nach 1900 gab es in Dorozsma, 8 km nordwestlich an der Strecke nach Kiskunhalas, noch 23 Windmühlen. Ein Exemplar aus dem Jahre 1821 blieb in der Szélmalom utca erhalten. Etwas außerhalb des Ortes lädt ein schön gelegener, von Pappel- und Nadelwäldern umgebener Badesee (Széksósfürdő) mit sodahaltigem, 30 °C warmem Wasser zum Schwimmen ein. Der dortige Campingplatz erfreut sich an den Wochenenden großer Beliebtheit.

Ópusztaszer

▶ dort

Tápé

In dem kleinen Fischerort 3 km östlich von Szeged (Landstraße nach Makó), heute ein Ortsteil der Stadt, werden auch heute noch Brauchtum und Kultur der Tiefebene gepflegt. Im Chor der Michaelskirche in der Honfoglalás utca (um 1300) sind Reste gotischer Fresken erhalten. Das barocke Querschiff samt Turm wurde 1770, das Hauptschiff 1941 errichtet. Eine private Sammlung volkskundlicher und lokalgeschichtlicher Gegenstände aus den vergangenen Jahrhunderten kann man bei József Lele in seinem Wohnhaus in der Vártó utca 4 besichtigen.

Kiszombor

4 km vor Makó (Abzweigung von der Straße 43) liegt das Dorf Kiszombor mit einer sehenswerten romanischen Kirche (11. Jh.). Der kleine Rundbau war vermutlich im 11. Jh. als Geschlechterkirche erbaut und später als Chor in ein größeres Gotteshaus integriert worden. Die Rückführung der Kirche in ihren ursprünglichen Zustand (1981) brachte auch Fresken aus dem 14. Jh. zum Vorschein.

Makó

P 27/28

„Zwiebelstadt"

Joseph Pulitzer, der berühmte amerikanische Zeitungsverleger und Stifter der nach ihm benannten Preise im Bereich Journalismus, Literatur und Musik, erblickte 1847 in diesem Marktflecken an der ungarisch-rumänischen Grenze das Licht der Welt. Das an den Ufern der Maros, etwa 30 km östlich von Szeged gelegene Makó ist mittlerweile eine Industriestadt mit rund 30 000 Einwohnern. Die bekanntesten Erzeugnisse aus Makó sind seit jeher die Zwiebeln, die traditionell hier angebaut werden. Ihre hervorragende Qualität ist der speziellen Anbaumethode, dem tonhaltigen Wiesenboden und den vielen Sonnentagen in dieser Gegend zu verdanken. Ihren Namen erhielt die Stadt nach einem heldenhaften Gefolgsmann des Königs, der im 13. Jh. als Ban, d. h. als Befehlshaber in den ungarischen Grenzmarken, über die Region herrschte und die Siedlung zu Lehen bekam.

Sehenswertes

1821 trat die Maros über die Ufer und zerstörte fast die gesamte Stadt, die danach – ähnlich wie Szeged – völlig neu aufgebaut wurde. Am Fő tér fällt das an der Stelle eines barocken Vorgängerbaus 1839 erbaute, klassizistische Rathaus ins Auge. In der Kazinczy utca Nr. 4 lebte der ungarische Dichter Attila József (1905 – 1937) mehr als ein Jahrzehnt. Das nach ihm benannte ortsgeschichtliche Museum ist in der Megyeház utca 4 untergebracht. Neben der Stadtgeschichte wird hier auch der Lebensweg des aus Makó gebürtigen

Die Wurst aus dem Turm

Im Süden von Ungarn gibt es genügend Sonne für den Paprikaanbau und genügend Platz für die Viehzucht. Beides – Paprika und Schweinefleisch – sind die unverzichtbaren Zutaten der ungarischen Salami, einer der begehrtesten kulinarischen Exportartikel des Landes.

Seit über 130 Jahren wird in Ungarn Salami produziert. Woher die geräuchterte Wurst kommt, ist nicht mit letzter Sicherheit geklärt, wahrscheinlich aber stammt sie aus Italien. Italienische Gastarbeiter sollen sie um 1850 nach Ungarn gebracht haben. Knapp 20 Jahre später, 1869, eröffnete der Agrarhändler Markus Pick im südungarischen Szeged die erste Salamifabrik. Obgleich mittlerweile auch bei Pick vieles von Maschinen übernommen wird, was früher Handarbeit war, ist das Herstellungsverfahren der Salami kein grundlegend anderes geworden seit der Gründung der Firma. Nach wie vor spielen die Zutaten eine wichtige Rolle: bestes Schweinefleisch und Schweinespeck, Paprika aus der Umgebung und eine Gewürzmischung, über deren Ingredienzien sich der Hersteller natürlich ausschweigt. Der zweite Produktionsschritt nach der Herstellung der Würste dauert ca. 2 Wochen. So lange werden die rohen Salamis geräuchert. Danach hängen sie drei Monate lang in schornsteinartigen, fensterlosen Türmen, bei konstanten 14 °C und gleichmäßiger Luftbefeuchtung. Dank der modernen Klimatechnik ist dies heute kein Problem mehr, früher war es allerdings schon eines. Lange konnte die Salami deshalb nur zwischen Oktober und März produziert werden – daher auch der Name Wintersalami (téliszalami). Die feuchte Luft kam ursprünglich von der Theiß, in deren Nähe der Firmengründer Markus Pick seinen Betrieb verlegt hatte.

Während des dreimonatigen Reifeprozesses bildet sich auf den Würsten der typische weiße Edelschimmel, der mehrmals mit der Bürste entfernt wird und zum charakteristischen Geschmack der ungarischen Salami beiträgt. Markus Pick legte mit seiner Salamifabrik den Grundstein für ein kleines Imperium, denn Pick ist heute nicht nur der Salamihersteller Nummer eins, sondern darüber hinaus auch der größte Nahrungsmittelproduzent in ganz Ungarn mit rund 4500 Beschäftigten. Etwa die Hälfte davon arbeitet in Szeged, im Stammsitz des Unternehmens.

Ist der Schimmel so wie er sein soll? Qualitätskontrolle in der Salamifabrik Pick.

Makó (Fortsetzung)

Joseph Pulitzer (1847 – 1911) dokumentiert. Im Museumshof steht ein Haus mit Originaleinrichtung, einer Schmiede- und Fassbinderwerkstatt, einem Kornspeicher und einer Kate. Die 1722 – 1778 im Barockstil erbaute Reformierte Kirche am Kálvin tér wurde nach dem Hochwasser 1828 klassizistisch umgebaut. Die Inneneinrichtung stammt ebenfalls aus dieser Zeit und ist das Werk eines Tischlermeisters aus Makó. Wer sich für aktuelle ungarische Architektur interessiert, sollte sich das 1999 fertig gestellte Zwiebeltheater in der Posta utca (beim Postamt) anschauen, eines der jüngsten Werke des bekannten zeitgenössischen Architekten Imre Makovecz (▶ Baedeker Special S. 62). Das eigentliche Gebäude, das von zwei skurrilen Türmen flankiert wird, erinnert mit seinem tief herabgezogenen Dach an einen mittelalterlichen Helm.

Hódmezővásárhely

O 26/27

Typische Agrarstadt

Hódmezővásárhely (50 000 Einw.), 25 km nordöstlich von Szeged gelegen, ist eine jener Agrarstädte, die für die Tiefebene charakteristisch sind. Das eigentliche Zentrum umgibt ein breiter Gürtel von dörflichen Siedlungen, die von Einzelgehöften abgelöst werden. Der Übergang vom Land zur Stadt ist beinahe nahtlos. An dem ländlichen Erscheinungsbild hat auch die Entwicklung zum Industriestandort nichts geändert. Hódmezővásárhely kann auf eine uralte Besiedlungsgeschichte und eine lange Tradition als Handelsplatz zurückblicken. Der hohe Anteil der Landarbeiter und Kleinbauern ließ die Stadt an der Wende vom 19. zum 20. Jh. zu einem Zentrum der agrarsozialistischen Bewegung werden.

Kossuth tér

Der zentrale Platz von Hódmezővásárhely ist der Kossuth tér. Hier stehen die 1713 – 1722 erbaute Reformierte Kirche und das historistische Rathaus (1893), von dessen 57 m hohem Turm man einen schönen Blick genießt. Die 20 Zentner schwere Glocke des Rathausturms hat nach einem Brand 1970 im nahe gelegenen Park einen neuen Standort gefunden. Das Hotel "Fekete Sas" ("Schwarzer Adler") an der Westseite des Platzes entwarf Gyula Pártos, dessen bekanntestes Bauwerk das in Zusammenarbeit mit Ödön Lechner entwickelte Kunstgewerbemuseum in Budapest ist. Dem Anführer der Agrarrevolte, János Szántó Kovács, setzte die Stadt mit dem Standbild von József Somogyi (1965) ein Denkmal. Zusammen mit 123 anderen Aufständischen war Kovács 1895 im großen Rathaussaal von Hódmezővásárhely verurteilt worden.

Griechisch-orthodoxe Kirche, János-Tornyai-Museum

In der Szántó Kovács János utca Nr. 9 bauten sich 1786 – 1807 die hier ansässigen griechischen und serbischen Kaufleute eine Kirche. An der Außenmauer des spätbarocken Gotteshauses sind mehrere Grabsteine zu sehen. Ein Besuch im städtischen Museum, das bereits 1904 in den Gebäuden schräg gegenüber der Kirche (Nr. 16 – 18) eingerichtet wurde, vermittelt einen Eindruck von der Bandbreite des regionalen Kunsthandwerks, das von geschnitzten und mit den typischen Blumenmustern bemalten Möbeln bis zu Töpferwaren aus Hódmezővásárhely reicht. Glanzstück der archäologischen Abteilung ist die bei Ausgrabungen entdeckte jungsteinzeitliche Venus-Statuette, genannt "Venus vom Kökény-domb", die dem Fruchtbarkeitskult diente.

Am Kossuth tér 8 befindet sich eine Galerie mit Gemälden von János Tornyai (1896 – 1936), der als "Maler der Tiefebene" in die Kunstgeschichte einging. Tornyai gilt auch als Mitbegründer der Künstlerkolonie von Hódmezővásárhely, die sich in den ersten Jahrzehnten des 20. Jh.s gebildet hatte. Ihr gehörten sowohl Maler als auch Bildhauer und Kunsthandwerker an.

Hódmezővásárhely (Fts.), Alföldi-Galerie

Székesfehérvár (Stuhlweißenburg)

I 15

Hauptstadt des Komitats Fejér
Höhe: 111 m ü. d. M.
Einwohnerzahl: 105 000

ⓘ Városház tér 1, 8000 Székesfehérvár, ☎ (22) 31 28 18, FAX 50 27 72, fejer-m@tourinform.hu

🛏 S. 376 ✕ S. 386

Kaum eine Stadt ist mit den Anfängen der ungarischen Monarchie so eng verbunden wie Székesfehérvár. Die zwischen den Ausläufern des Bakonywaldes und den Velence-Bergen, etwa auf halber Strecke zwischen ▶ Budapest und dem ▶ Balaton gelegene Stadt gilt als die älteste Königsresidenz des Landes. In ihrer Basilika, deren Mauerreste heute die Hauptsehenswürdigkeit der Stadt darstellen, wurden jahrhundertelang die ungarischen Könige gekrönt und nach ihrem Tod beigesetzt. Da sich Székesfehérvár seit dem Zweiten

**Bedeutung

Straßencafés bestimmen im Sommer auch das Bild der Fő utca, der Hauptstraße von Székesfehérvár

Bedeutung (Fortsetzung)

Weltkrieg zu einem wichtigen Industriestandort entwickelt hat, zeigt sich die Stadt dem Ankommenden nicht besonders attraktiv – bis er schließlich durch das alte Zentrum spaziert, wo man eine hübsche, vom Barock geprägte Kleinstadt entdeckt.

Geschichte

In der Gegend von Székesfehérvár sollen sich die Magyaren bereits zur Zeit der Landnahme niedergelassen haben. Fürst Géza, der Vater König Stephans I., errichtete 972 hier eine Burg, in der er 997 beigesetzt wurde. "Alba regia", was so viel wie "Weißer Stuhl" bedeutet, war seit Stephan I. neben Esztergom die wichtigste Pfalz des Magyarenreichs. Vor den Mongolen, die im 13. Jh. in Ungarn eindrangen, blieb die Stadt verschont, nicht aber vor der Einnahme durch die Türken im Jahr 1543. Sie blieben beinahe 150 Jahre (bis 1688) in Székesfehérvár. Als die Habsburger und die Osmanen das Reich unter sich aufteilten und der Sitz des Reichstags und des ungarischen Königs nach Preßburg (Bratislava) verlegt wurde, büßte die alte Königsstadt ihre Bedeutung ein. Durch die Erhebung zum Bischofssitz 1777 vollzog sich der Ausbau zu einer Barockstadt, die am Ende des 18. Jh.s bereits 12 000 Einwohner zählte.

Sehenswertes in Székesfehérvár

***Ruinengarten Königliche Basilika**

Für Geschichtsbegeisterte sicher die wichtigste Sehenswürdigkeit ist das Ausgrabungsgelände der romanischen Königsbasilika, Ruinengarten genannt (Középkori romkert; geöffnet Di.–So. 10⁰⁰ bis 18⁰⁰ Uhr). Seit 1996 überspannt eine moderne Glasdachkonstruktion das Areal. Die Kirche, eine dreischiffige Basilika mit halbrunder Apsis im Osten, wurde von König Stephan I. noch vor dem Jahr 1000 gestiftet und bis zum 15. Jh. mehrfach umgebaut und um Grabkapellen erweitert. Als Krönungskirche und Grablege der ungarischen Könige nahm sie im Mittelalter eine herausragende Stelle ein. Insgesamt sind hier elf Könige beigesetzt. Die Türken plünderten bei ihrer Besetzung die Königsgräber, nutzten die Basilika als Moschee und später auch als Munitionslager. Die Reste der 1601 durch eine Explosion schwer beschädigten Kirche mussten 1789 dem Neubau des Bischofspalastes weichen. Ausgelöst durch den sensationellen Fund der beiden unversehrten Sarkophage von König Béla III. und seiner Gemahlin Anna von Châtillon, die in die Domkrypta überführt wurden (die Gebeine ruhen in der Matthiaskirche in Budapest, die Grabbeigaben werden im dortigen Nationalmuseum aufbewahrt), begann man um die Mitte des 19. Jh.s mit den Ausgrabungen.

***Marmorsarkophag**

Relikte aus der romanischen Kirche, v. a. Bauplastik, Grabsteine sowie ein Teil des rotmarmornen Sarkophags von König Ludwig I., werden in der Rundbogenhalle im Osten des Ausstellungsgeländes gezeigt. Hier hat auch der Marmorsarkophag, der lange als Grablege des hl. Stephan bzw. als die seines Vaters Géza galt, seinen Platz gefunden. Die jüngere Forschung vermutet, dass es sich um den Sarg des früh verstorbenen Prinzen Imre, des Sohnes Stephans I., handelt. Der römische, mit figürlichen und ornamentalen Reliefs geschmückte Sarkophag wurde in der ersten Hälfte des 11. Jh.s von einem venezianischen Steinmetz umgestaltet. An der Stirnseite hält eine Engelsfigur ein Wickelkind, das die Seele des Verstorbenen symbolisiert.

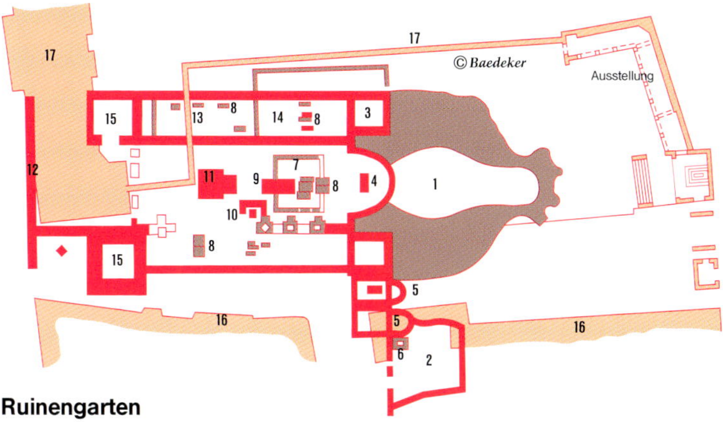

Ruinengarten

- 11.-12. Jahrhundert
- 14.-15. Jahrhundert
- 18.-20. Jahrhundert

1 Grabkapelle des Königs Matthias
2 Hof (11. Jh.)
3 Sakristei und Schatzkammer
4 Chor mit Hl.-Jungfrau-Altar
5 Grabkapellen
6 Glockenturm
7 Chor
8 Gräber
9 Podium
10 Kanzel
11 Grab des hl. Königs Stephan
12 Tor
13 Grabkapelle der hl. Katharina

***Városház tér, Bischofspalast, Rathaus**

Ein schönes Platzensemble bietet der von barocken Gebäuden umstandene Városház tér. Das beherrschende Gebäude am Platz ist der 1790 – 1801 aus den Steinen der mittelalterlichen Basilika erbaute Bischofspalast. Die Südseite nimmt das aus zwei Gebäuden zusammengewachsene Rathaus ein. Das ältere, etwas niedrigere Barockpalais (1690) schmückt ein von Säulen gefasstes Korbbogentor mit den Personifikationen von Klugheit und Gerechtigkeit, ein Werk des Eisenstädter Bildhauers Thomas Walch (1717). Im Gebäude neben dem Rathaus befindet sich ein großes Café und die Touristeninformation. Die große Brunnenplastik in Form eines Reichsapfels in der Mitte des Platzes spielt auf die geschichtliche Bedeutung der Stadt an. Eines der beeindruckendsten Barockgebäude der Stadt erblickt man schräg gegenüber vom Rathaus, Ecke Városház tér/Jókai utca. Es ist das um 1770 erbaute Hiemer-Haus. Interessante Fassadendetails sind der über Eck gestellte, stuckverzierte Erker auf Masken tragenden Konsolen und die Nischenfigur des hl. Sebastian. Von der Jókai utca aus kann man einen Blick in den Arkadenhof des Gebäudes werfen.

***Hiemer-Haus**

Fő utca, ehem. Zisterzienserkloster

Die Hauptachse der nördlichen Altstadt bildet die Fő utca. Kirche und Ordenshaus der Zisterzienser (Ecke Fő u./János köz) wurden 1745 – 1751 von den Jesuiten errichtet, später von den Paulinern und schließlich von den Zisterziensern genutzt. Das Ordenshaus beherbergt heute eine Außenstelle des István-Király-Museums mit archäologischen Funden. Hinter der Zweiturmfassade des Gotteshauses verbirgt sich ein architektonisch wenig reizvoller Kirchenraum, der aber einige qualitätvolle Ausstattungsstücke aufweist. Beachtenswert sind die Deckenfresken des Wiener Barockmalers Caspar Franz Sambach (1715 – 1795) und die Kanzel von Carlo Bebo aus Óbuda. Die Kunsttischlerarbeiten, wie z. B. das Gestühl oder die Gemäl-

Zisterzienserkloster (Fts.)

derahmen, stammen aus der Werkstatt der Jesuiten, wohingegen die herrliche Rokoko-Einrichtung der Sakristei (Eingang János köz) von Paulinermönchen gefertigt wurde.

Die ehemalige Jesuitenapotheke mit ihrer originalen Einrichtung

*** Fekete Sas**

Das unscheinbare zweigeschossige Gebäude schräg gegenüber (Fő utca 9) mit dem Schriftzug "Fekete Sas" über dem Eingang ist die Apotheke "Zum Schwarzen Adler". Auf drei Räume verteilt ist die orginale Einrichtung der ehemaligen Jesuitenapotheke (Patikamúzeum), die 1758 in der Tischlerwerkstatt des Ordens angefertigt und nach der Auflösung des Jesuitenordens 1773 in dieses Gebäude verlegt wurde. Bis 1971 konnte man hier Arzneimittel kaufen. Seit ihrer gründlichen Restaurierung durch die ungarische Art Building Company ist die Apotheke als Museum zugänglich (Eintritt).

Vörösmarty-Theater

Folgt man der Fő utca weiter, vorbei an der Blumenuhr, erreicht man das Vörösmarty-Theater, das außerhalb der Altstadt erbaut wurde. Das Gebäude rechts neben dem Theater am Fő tér, 1820 als Stadtpalast erbaut und seit 1870 ein Hotel (Magyar Király), ist ein schönes Beispiel für den ungarischen Klassizismus.

István-Király-Museum

In der nordöstlichen Ecke der Altstadt, Országzászló tér 3, sind in einem schlichten Gebäude die umfangreichen Sammlungen des István-Király-Museums untergebracht mit zahlreichen Exponaten zur Geschichte und Kultur der Stadt und des Komitats. Besonders interessant sind die Funde aus römischer Zeit und aus der Frühzeit des Magyarenreichs sowie Steinmetzarbeiten aus der Königsbasilika.

Jókai utca, Oskola utca

Der Rückweg zum Városház tér führt entweder durch die Jókai utca, wo sich die István-Csók-Galerie befindet, oder durch die Oskola utca, wo eines der ältesten Häuser der Stadt steht (Nr. 6). Nach der Entfernung seiner barocken Fassade kam ein giebelständiges, in Bruchsteinmauerwerk ausgeführtes Gebäude mit tief eingeschnittenen Rundbogenfenstern an der Eingangsseite zum Vorschein.

Arany János utca, Dom

Am Városház tér biegt die Arany János utca nach Süden ab, an der sich linker Hand, am höchsten Punkt der Stadt und auf dem Terrain der ehemaligen Burg der Árpáden, der Dom St. Peter und Paul erhebt. Großfürst Géza, der den Anschluss der Magyaren an die römisch-katholische Kirche konsequent betrieben hatte, ließ hier auch ein kleines Gotteshaus (siehe die Markierungen im Straßenpflaster) errichten, in dem er auch beigesetzt wurde. 1235 ist der Bau einer gotischen Pfarrkirche überliefert, die nach der Erhebung der Stadt zum Bischofssitz dem Domneubau (1759–1778) weichen musste. In den Westtürmen des wenig eleganten Spätbarockgebäudes hatte Baumeister Martin Grabner die gotischen Fenster der Vorgängerkirche einsetzen lassen. Die Fresken im Innern der Kirche mit Szenen aus dem Leben des hl. Königs Stephan und die Gemälde der Seitenaltäre schuf Johann Cymbal aus Wien (1768). Mit der Gestaltung des Chors und des Hochaltars (1775) war der Wiener Architekt Franz Anton Hillebrandt befasst.

Arany János utca, Dom (Fts.)

Die Szent Anna-kápolna links neben dem Dom ist das einzige völlig intakte mittelalterliche Gebäude der Stadt. Im Jahre 1478 als Friedhofskapelle erbaut und während der Türkenzeit als Moschee genutzt, wurde das Kirchlein im frühen 18. Jh. wieder als Gotteshaus eingerichtet und mit einem barocken Altar bestückt.

St.-Anna-Kapelle

Wer sich für historisches Spielzeug begeistern kann, sollte unbedingt das Puppenmuseum in der Megyeház utca Nr. 17, einer Parallelstraße zur Arany János utca, besuchen. Die mit viel Liebe zusammengetragene Sammlung umfasst Puppenstuben aus drei Jahrhunderten, die ältesten stammen aus dem 18. Jahrhundert. Sie informieren auf unterhaltsame Weise über die Entwicklung des Spielzeugs, aber auch über Kleidermoden und Einrichtungsstile.

***Puppenmuseum**

In dem reizvollen Zopfstilgebäude (1781) Arany János utca Nr. 12 wohnte József Budenz (1836 – 1892), der die vergleichende finnougrische Sprachwissenschaft entwickelte. Heute ist hier das Ybl-Mu-

Budenz-Haus

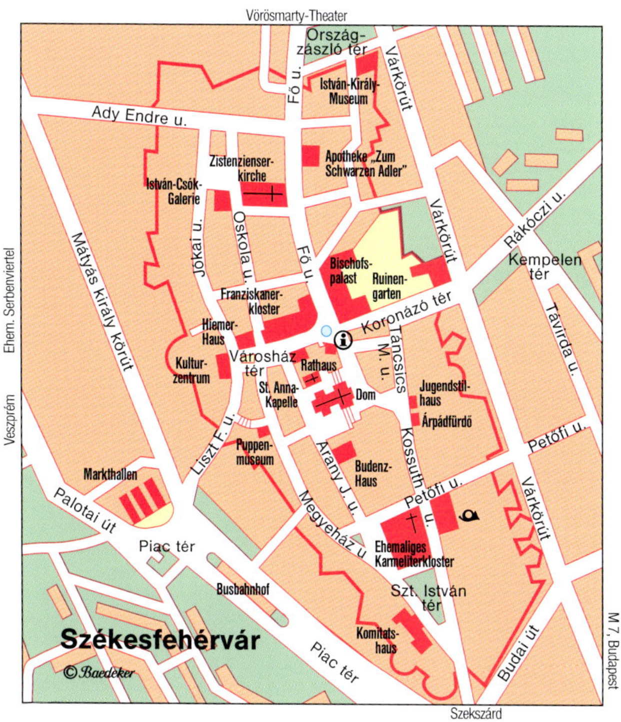

Budenz-Haus (Fortsetzung)

seum untergebracht, das die Kunstsammlung Ervin Ybls sowie Dokumente und persönliche Gegenstände aus dem Nachlass des Architekten Miklós Ybl zeigt. Ybl gilt als der wichtigste Vertreter der historistischen Architektur in Ungarn.

Szent István tér

Die Arany János utca mündet in den spitz zulaufenden Szent István tér mit dem 1812 fertig gestellten Komitatsrathaus an der rechten Längsseite. In der Mitte des Platzes steht das 1938 von Ferenc Sidló geschaffene Reiterstandbild König Stephans. Die Kirche des ehemaligen Karmeliterklosters an der Ecke Kossuth/Petőfi utca lässt von außen nicht erahnen, welch außerordentlich beeindruckender Innenraum sich dahinter verbirgt.

*Fresken in der Karmeliterkirche

Der bedeutendste Kunstschatz der 1745 – 1748 erbauten Rokokokirche sind seine 1768/1769 entstandenen Deckenfresken des oberschwäbischen Barockmalers Franz Anton Maulbertsch mit Themen aus dem Marienleben: Im ersten Gewölbejoch ist Mariä Geburt dargestellt, im zweiten Mariä Himmelfahrt. Auch die Gemälde der Seitenaltäre stammen von seiner Hand. Die Kirche kann nur während der Messe besichtigt werden (Mo. – Fr. 6^{30} und 9^{00}, Sa. 18^{00}, So. 6^{30}, 8^{00} und 9^{00} Uhr).

Kossuth utca

In der Kossuth utca (Nr. 15) steht der ehemalige Gasthof "Zum Pelikan", wo sich im 19. Jh. die Schauspielgesellschaft der Stadt zu Aufführungen traf. Nach ein paar Metern weitet sich die Straße (dort, wo die Táncsics utca einmündet) zu einem kleinen, angenehmen Platz, an dem das orientalisch anmutende Jugendstilhaus und daneben das aus derselben Zeit stammende, leider ziemlich verwitterte Kuppelbad Árpádfürdő ins Auge stechen.

Ehem. Serbenviertel, Serbische Kirche

Im Westen der Altstadt liegt in der Rác utca das alte Serbenviertel. Einige Häuser, in denen Volkskunst und Lebensweise der Serben dokumentiert werden, sind als Freilichtmuseum zu besichtigen, so die griechisch-orthodoxe Kirche, ein schlichter Barockbau aus der ersten Hälfte des 18. Jahrhunderts. Das Gotteshaus besitzt eine schöne Ikonostase und eine Marienikone aus dem 15. Jahrhundert.

Umgebung von Székesfehérvár

Várpalota

Die am Rande des Bakonywaldes, 23 km westlich von Székesfehérvár gelegene Stadt ist ein bedeutendes Industriezentrum, das Ende der 1960er-Jahre durch die Zusammenlegung von drei Gemeinden entstand: Várpalota mit einem großen Lignitbergwerk, Inota mit einem Wärmekraftwerk und einer Aluminiumhütte sowie Pétfürdő mit der größten ungarischen Kunstdüngerfabrik. Inota war zur Zeit der Römer eine wichtige Siedlung an der hier verlaufenden Heerstraße. In der Nähe von Pétfürdő, das wegen seines Heilbades bekannt war, ist noch heute der 1800 Jahre alte, 300 m lange und teilweise haushohe römische Staudamm zu sehen.

Burg

Seit dem 14. Jh. gab es in Várpalota (= Burgschloss) eine Burg, die 1439 bis 1445 erweitert und im frühen 16. Jh. angesichts der herannahenden Türkenheere nach den damals neuesten Erkenntnissen der Festungsarchitektur umgestaltet wurde. Es entstand eine quadratische Anlage mit vier in die Wallmauer eingelassenen Basteien und Burggräben. Während der Türkenzeit wechselten die Besitzer mehrmals. Als die Grafen Zichy im 17. Jh. die Burg übernahmen,

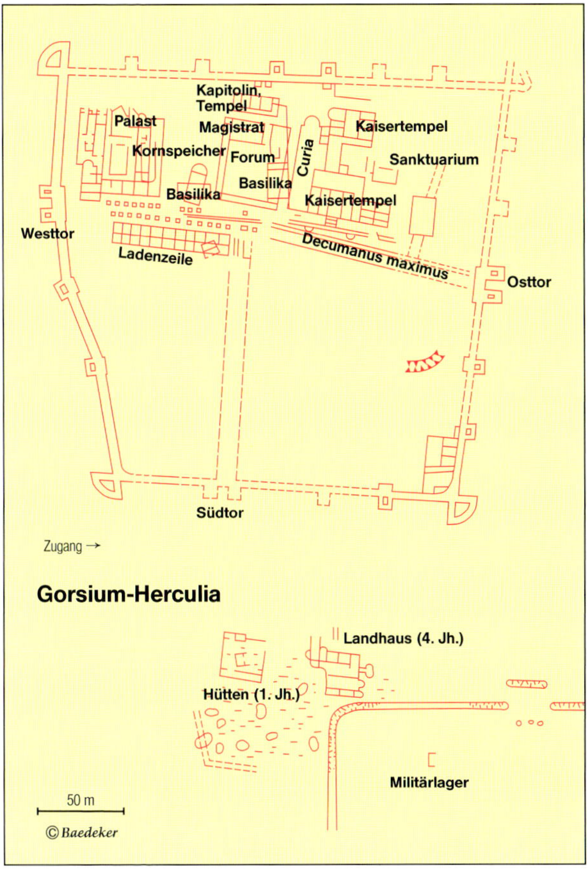

ließen sie die Festung 1699/1702 zu einem wohnlichen Burgschloss ausbauen. Im 19. Jh. wurde der nördliche Eckturm abgetragen und die Anlage dem Verfall preisgegeben. Die in den 70er Jahren restaurierte Burg nimmt heute eine lokalgeschichtliche Sammlung sowie das Ungarische Museum für Chemieindustrie auf. Burg (Fts.)

Das 1725 erbaute Schloss wurde von Miklós Ybl 1863 im Stil eines romantischen Historismus umgestaltet. Heute befindet sich hier ein Artilleriemuseum. Schloss Zichy

*Römersiedlung Tác-Gorsium-Herculia

Lage und Bedeutung

Eine der beeindruckendsten und größten römischen Ausgrabungsstätten Ungarns liegt etwa 16 km südlich von Székesfehérvár nahe bei der kleinen Ortschaft Tác (von dort ausgeschildert). Öffnungszeiten: April – Sept. tgl. 8^{00} – 18^{00}, sonst 10^{00} – 16^{00} Uhr.

Tác-Gorsium-Herculia, Geschichte

Auf dem Boden einer Keltensiedlung, an der Kreuzung strategisch wichtiger Fernstraßen, errichteten die Römer im 1. Jh. n. Chr. ein Militärlager, das im 2. Jh. von Kaiser Hadrian die Stadtrechte erhielt und zum Sitz der Provinzlandtage von Unterpannonien erhoben wurde. Die alljährlich im Mai/Juni zusammentretenden Provinzversammlungen waren von kultischen Feiern zu Ehren des Kaisers begleitet und bedurften entsprechender Amtsgebäude, Kultstätten, öffentlicher Plätze und anderer Einrichtungen. Im 2. und 3. Jh. von Sarmaten verwüstet, wurde die Stadt Ende des 3. Jh.s wieder aufgebaut und nach Maximianus Herculius, dem Mitregenten Kaiser Diokletians, Herculia genannt. Zu Zeiten der größten Ausdehnung lebten etwa 7000 – 8000 Menschen in Gorsium-Herculia. Bis zur Mitte des 5. Jh.s erlebte die Stadt eine letzte Blütezeit, bevor sie sich mehr und mehr entvölkerte und schließlich von der Landkarte verschwand.

Rundgang

Der größte Teil des Ausgrabungsgeländes erstreckt sich nördlich des Kassenhäuschens. Auf der einstigen Nord-Süd-Straße (Cardo maximus), an der heute hübsche, in Stein gehauene Reliefs und Grabsteine (Kopien und Originale) aufgestellt sind, gelangt man ins Stadtzentrum von Gorsium-Herculia. Durch die Stadt führte in west-östlicher Richtung eine Hauptstraße (Decumanus maximus), an deren Südseite ein Geschäftsviertel mit Läden und Werkstätten ausgegraben wurde. Jenseits der Hauptstraße lagen die öffentlichen Gebäude und Plätze. Ganz im Westen (wenn man davor steht links) stehen noch die Grundmauern eines großen Palastes mit einem aus vier beheizbaren Räumen bestehenden Bad, mehreren Sälen an der Nordseite und einem Kornspeicher im Osten. Die ehemalige christliche Basilika rechts davon erhob sich über einem Wohnhaus, dessen Wandmalereien und Bodenmosaiken rekonstruiert wurden. Die Ostseite der Basilika stößt an das Forum mit seinen öffentlichen Einrichtungen und dem kapitolinischen Tempel. Daran schließt sich der heilige Bezirk (area sacra) an mit den Amtsgebäuden der Provinztage, mehreren Kultstätten (Kaisertempeln) und einem Gebäude, von dem der weitläufige, mit Fresken geschmückte Keller ausgegraben wurde. Zur Hauptstraße hin schloss eine Mauer den heiligen Bezirk ab, in die zwei schöne (restaurierte) Brunnen eingelassen waren. In einem kleinen schattigen Wäldchen südlich des Kassenhäuschens wurden die Reste eines Wohnhauses freigelegt (Villa Leporis), das zu einem im 4. Jh. entstandenen Villenviertel außerhalb der Stadtmauern gehört hatte, sowie ein später hier angelegter Friedhof (4./5. Jh.).

Auf dem Ausgrabungsgelände steht auch die Skulptur eines römischen Soldaten, der (s)ein Kind an der Hand hält.

Sehr zu empfehlen ist der Besuch des kleinen Museums auf dem Grabungsgelände, wo die Originale der Steinplastiken und Grabstelen sowie andere interessante Fundstücke, insbesondere die anmutigen Venus-Bronzestatuetten, gezeigt werden.

Szekszárd

Komitat: Tolna
Höhe: 110 m ü. d. M.
Einwohnerzahl: 37 000

ⓘ Garay tér 18, 7100 Szekszárd, ☎ (74) 51 12 63, FAX 51 12 64,
szekszard@tourinform.hu

S. 376 S. 387

Mittelpunkt eines Weinbaugebiets

Die hübsche, von Hügeln umgebene Kleinstadt 145 km südlich von Budapest ist der Hauptort eines bedeutenden Weinbaugebiets. Angebaut werden v. a. Kadarka und Stierblut, beides mächtige Rotweine, daneben aber auch Blaufränkischer, Cabernet und Welschriesling. Der Weinbau ist bereits für die römische Zeit belegt, als der Ort noch Alisca hieß. In der nach der Türkenherrschaft weitgehend entvölkerten Gegend siedelten sich im 18. Jh. Deutsche an. Szekszárd war die Heimat des "ungarischen Münchhausen" János Háry, dessen Taten der hier geborene János Garay beschrieb.

In der Region um Szekszárd trug man farbenfreudige Trachten.

Sehenswertes in Szekszárd

*Béla tér, Komitatshaus

Das alte Zentrum von Szekzsárd liegt oberhalb der breiten Széchenyi utca um den Béla tér. Man erreicht ihn, indem man von Budapest kommend am Garay tér – mit dem Denkmal des Dichters – rechts in die schöne Alleenstraße einbiegt. Um den weiten Platz, der seinen Namen von dem ungarischen König Béla I. erhielt, sind drei interessante Gebäude versammelt: die Pfarrkirche, das Komi-

Der Gemencer Wald bei Szekszárd, ein Refugium für Naturliebhaber

Komitatshaus (Fortsetzung)

tatshaus und das Rathaus. Der Entwurf für den schönen klassizistischen Bau des Komitatshauses (Megyeháza) mit seinen dorischen Säulen (erbaut 1828–1833) stammt von Mihály Pollack. Im Hof fand man in den 1970er-Jahren die Reste der romanischen Klosterkirche der Benediktiner, die König Béla I. 1061 bauen ließ.

Katholische Pfarrkirche

Die 1802–1805 erbaute Kirche, eines der größten einschiffigen Gotteshäuser in Ungarn, ist ein Werk von Johann Joseph Thalherr, dem Erbauer des Esterházy-Palais in Pressburg.

Rathaus

Das ursprünglich klassizistisch-romantische Rathaus erhielt 1904 seine markante Fassade, die mit ihren seitlichen Türmchen und ihrer flächigen Gestaltung bereits den Jugendstil ankündigt.

Augusz-Haus

Die Residenz des Barons Antal Augusz in der Széchenyi utca (36 bis 40), 1820 gebaut, bietet ein recht buntes Bild: Der weiße Mittelteil ist klassizistisch, der rosafarbene rechte Flügel ahmt das Castello Miramare in Triest nach, der graue linke Flügel den deutschen Barock. Franz Liszt war hier öfters zu Gast und gab Konzerte. Auf Bitte des Barons komponierte Liszt für die Weihe der Kirche in der Neustadt eine Messe, die "Szekszárder Messe", die jedoch erst später uraufgeführt wurde. Das Gebäude gegenüber dem Augusz-Haus ist das ehemalige Grand Hotel von Szekszárd.

Mór-Wosinsky-Museum, Kulturhaus

Das Museum am Mártírok tere 26, ein neoklassizistisches Gebäude von 1895, besitzt eine archäologische Sammlung aus lokalen Ausgrabungen. Prachtstück der Ausstellung ist eine Bronzestatue der Pallas-Athene. In der ethnografischen Sammlung dominiert Volkskunst aus Sárköz. Ebenfalls am Mártírok tere (Nr. 10) steht das Kulturhaus (Babits Mihály Művelődési Központ), ein moderner Bau von

András Máté und Ernő Tillai. Mihály Babits (1883 – 1941), ein großer ungarischer Lyriker des 20. Jh.s, stammte aus Szekszárd. Von ihm werden im Kulturhaus einige Erinnerungsstücke und Handschriften aufbewahrt. Sein Geburtshaus, ein Gebäude im Zopfstil in der Babits Mihály utca 13, wurde als Gedenkstätte eingerichtet.

Kulturhaus (Fts.)

Umgebung von Szekszárd

Decs

Decs, 9 km südöstlich von Szekszárd, ist mit 4300 Einwohnern die größte Gemeinde des Sárköz und ein Zentrum der regionalen Volkskunst. Im Volkskunsthaus der Region Sárköz werden Trachten, Möbel, Webarbeiten und Spitzenklöppelei sowie andere handwerkliche Arbeiten ausgestellt. Alle zwei Jahre wird in Decs die "Sárközer Hochzeit" gefeiert, auf der das Brautpaar und alle Hochzeitsgäste in Volkstrachten des 19. Jh.s erscheinen.

*Gemencer Wald

Etwa 10 km östlich von Szekszárd breitet sich der größte Auenwald Ungarns aus: Gemenci erdő. Charakteristisch für das 50 000 ha große Landschaftsschutzgebiet am rechten Donauufer sind die toten Flussarme und Fischteiche, deren Ufer von Weiden und Eichen bewachsen sind. So wie hier sahen früher die Ufer der Donau und anderer Flussläufe in Ungarn aus, bevor sie reguliert wurden und das ökologische Gleichgewicht nachhaltig gestört wurde. Schwarzstörche, Flussadler, Reiher und viele andere selten gewordene Wasservögel haben hier ein ideales Rückzugsgebiet gefunden. Seit 1996 ist der Gemencer Wald Teil des Nationalparks Donau-Drau (Duna-Dráva) und steht somit unter besonderem Schutz. Vom Eingang bei Bárányfok starten das ganze Jahr über die Züge der Schmalspurbahn, die sich von hier zum südlich gelegenen Pörbölydas durch das Naturschutzgebiet schlängelt. Zwischen Mai und Oktober kann man auch mit kleinen Booten die Flussläufe des Gemencer Waldes erkunden.

Baedeker TIPP Auf Augenhöhe

... mit der Natur ist man bei einer eineinhalbstündigen Kutschfahrt durch den Gemencer Wald, die den Besucher in ein unberührtes Paradies entführt. Information und Buchung bei Tourinform Szekszárd, Garay tér 18, ☎ (74) 51 12 63 oder direkt bei Herrn Dobribán, ☎ 06 703 12 40 02.

Paks

32 km nördlich von Szekszárd erreicht man Paks, Standort des einzigen Atomkraftwerks in Ungarn. Imre Makovecz, der Begründer der organischen Architektur in Ungarn (▶ Baedeker Special S. 62) baute hier 1987 – 1990 eine ungewöhnliche Kirche (Szentlélek-templom), die mit ihrem spitzen Turm die eingeschossigen Wohnhäuser ringsum um ein Vielfaches überragt. Die zweite Attraktion neben der Holzkirche ist die Fischsuppe, die man in der Halászcsárda probieren sollte (Dunaföldvári u. 5/a).

Dunaújváros

Nach weiteren 25 km Fahrt auf der Straße 6 Richtung Budapest passiert man Dunaújváros. Die Stadt am rechten Donauufer ist einer der wichtigsten Standorte der Eisen- und Stahlindustrie Ungarns. Wer sich für Architekturgeschichte interessiert, hat hier durchaus Grund für einen Stopp. Als nach dem Zweiten Weltkrieg die ersten Hüttenwerke hier entstanden, wurde Dunaújváros in den 1950er-

Dunaújváros (Fortsetzung)

und 1960er-Jahren als Reißbrettstadt hochgezogen. Sztalinváros, Stalinstadt, hieß sie damals, später wurde dann das weniger politische Dunaújváros (Donauneustadt) daraus. Als Erbe aus dieser Zeit blieben Dunaújváros die Gebäude im stalinistischen "Zuckerbäckerstil" erhalten, für den man in fast allen ehemaligen Ostblockstaaten Beispiele findet. Dass die Stadt auf eine lange Vergangenheit zurückblickt, lässt sich im so genannten Intercisa-Museum nachvollziehen. Hier wird anhand von Grabungsfunden die Bronze- und Römerzeit dokumentiert. Die Römer, die sich im 1. Jh. n. Chr. auf dem Stadtgebiet von Dunaújváros niedergelassen hatten, richteten zum Schutz des Limes das Militärlager Intercisa ein, aus dem sich im 2. und 3. Jh. eine Stadt entwickelte.

Szentendre (Sankt Andreas) F 19

Komitat: Pest
Höhe: 101 m ü. d. M.
Einwohnerzahl: 18 000

(i) Dumtsa Jenő u. 22, 2000 Szentendre, ☎/FAX (26) 3179 65
szentendre@tourinform.hu

🛏 S. 376 ✕ S. 387

****Ausflugsziel**

Die Kleinstadt am hügeligen rechten Donauufer, etwa 20 km nördlich von Budapest, gehört zu den beliebtesten Ausflugszielen vor den Toren der Metropole. Ihr besonderes Gepräge erhielt die liebevoll renovierte Altstadt mit den schmalen Gassen und malerischen Durchblicken auf die Donau durch die im 18. Jh. zugewanderten Serben, die mit ihrer Kultur, ihrer Religion, ihren Bräuchen und vor allem ihren Bautraditionen der Stadt ihren Stempel aufdrückten. Zu Beginn des 20. Jh.s zog das charmante Flussstädtchen zahlreiche Künstler in seinen Bann. Kleine Museen und Galerien laden zur Besichtigung ihrer Arbeiten ein, aber auch an Souvenirläden mit folkloristischen Auslagen mangelt es nicht. In den Sommermonaten strömen unzählige Touristen in die Stadt.

Anreise von Budapest

Szentendre ist von Budapest aus mit öffentlichen Verkehrsmitteln schnell zu erreichen. Mit der Vorortbahn HÉV (Abfahrt Batthyány tér, alle 10 bis 30 Minuten von 4^{00} bis 23^{30} Uhr) dauert es ca. 45 Minuten, mit dem Bus (Volánbusz; Abfahrt Árpád híd zwischen 6^{30} und 22^{30} täglich) ca. 30 Minuten. Im Sommer verkehren Schiffe zwischen der Budpester Anlegestelle Vigadó tér und Szentendre. Das Zentrum des Städtchens ist für den Verkehr gesperrt; die Hauptsehenswürdigkeiten erreicht man leicht zu Fuß.

Geschichte

Die Ursprünge von Szentendre reichen bis ins 4. Jh. v. Chr. zurück, als hier Kelten ansässig waren. Am Ufer des Baches Bükkös bauten die Römer im 1. Jh. n. Chr. ein Militärlager, und auch die Magyaren fanden an dem Ort Gefallen und ließen sich hier nieder. Als Besitz des Bischofs von Veszprém wird die Ortschaft 1146 erstmals urkundlich erwähnt. Ab dem 14. Jh. kamen vor den Türken fliehende, griechisch-orthodoxe Serben, die so genannten Raizen, nach Szentendre. Da sich die Türken am Ende des 17. Jh.s zwar aus Ungarn, nicht

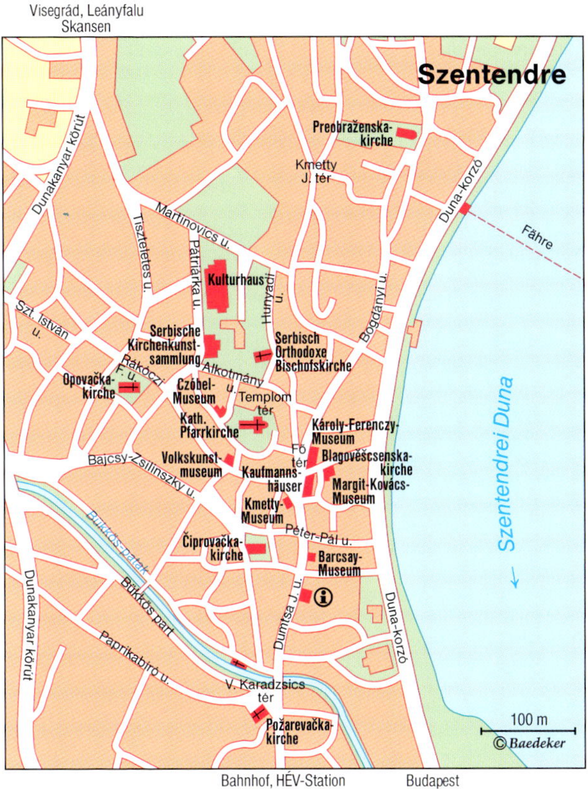

Geschichte (Fortsetzung)

aber aus dem Balkan zurückzogen, flüchteten zahlreiche Serben, die an der Seite Habsburgs gekämpft hatten, in die ungarischen Gebiete. Allein in Szentendre ließen sich 6000 Flüchtlinge nieder. Durch die Handelstätigkeit der Zugewanderten blühte der Ort im 18. Jh. auf. Äußeres Zeichen ihres Wohlstands sind die Barockkirchen (insgesamt sieben), deren Kirchtürme die Silhouette von Szentendre bestimmen. Die Stadt wurde zum kirchlichen und kulturellen Mittelpunkt der ungarischen Serben und Sitz des griechisch-orthodoxen Bistums. Epidemien wie die verheerende Reblauspest im Jahre 1880 und Hochwasser warfen Szentendre im 19. Jh. in seiner Entwicklung zurück. Erst als zu Beginn des 20. Jh.s Künstler die von der Industrialisierung unberührt gebliebene Kleinstadt entdeckten, ging es wieder aufwärts.

Sehenswertes in Szentendre

Öffnungszeiten

Die meisten Museen und Galerien in Szentendre sind April – Okt. Di. – So. 10^{00} – 18^{00} Uhr geöffnet; das Margit-Kovács-Museum ist auch am Montag geöffnet.

***Fő tér** Hauptplatz von Szentendre ist der denkmalgeschützte, dreieckige Fő tér, der von hübschen Kaufmannshäusern im Barock- und Zopfstil gesäumt wird. Seit 1763 steht in der Mitte des Platzes das nach einer Pestwelle von der "Privilegierten Serbischen Handelsgesellschaft" gestiftete Kaufmannskreuz, ein schmiedeeisernes Kreuz auf einem ikonengeschmückten Steinsockel.

***Blagoveščenska-Kirche** An der Donauseite des Fő tér, Ecke Görög utca, erhebt sich die schöne serbisch-orthodoxe Blagoveščenska-Kirche, die 1752/1754 nach Entwürfen von Andreas Mayerhoffer erbaut wurde und der Verkündigung an Maria geweiht ist. Blickfang der schlichten Eingangsseite ist das Portal mit einem barock geschwungenen Balkon darüber. Auf dem Fresko über dem seitlichen Eingang findet sich die weit verbreitete Darstellung Kaiser Konstantins und seiner Mutter Helena mit dem Kreuz Christi. Die Ikonostase von 1790 ist ein Werk des serbischen Künstlers Michael Živković.

Károly-Ferenczy-Museum Das Zopfstilgebäude aus dem Jahr 1797 links neben der Blagoveščenska-Kirche (Fő tér 6) bewahrt das künstlerische Erbe der Familie Ferenczy, insbesondere Werke von Károly Ferenczy (1862 – 1917), einem Hauptvertreter des ungarischen Impressionismus. Mit Arbeiten vertreten sind auch seine Frau Olga Fialka und ihre Kinder, der Maler und Grafiker Valér Ferenczy, die Gobelinweberin Noémi Ferenczy sowie ihr Zwillingsbruder Béni Ferenczy, der als Vertreter der modernen ungarischen Bildhauerkunst bekannt ist.

Kaufmannshäuser, Bildergalerie Ein interessantes Architekturensemble sind die sechs unter einem Dach vereinten, schmalen Wohn- und Geschäftshäuser Fő tér 2 – 5, in denen ursprünglich sechs Kaufmannsfamilien wohnten. Heute beherbergt der Gebäudekomplex im Erdgeschoss eine Galerie mit Gemälden einheimischer Kunstschaffender.

Kmetty-Museum Auf der gegenüberliegenden Platzseite lädt die ständige Ausstellung im Barockhaus Nr. 21 zur Begegnung mit dem Werk des kubistischen Malers János Kmetty (1889 – 1975) ein. Beachtenswert ist das sog. dalmatinische Ladenfenster, dessen Holzladen zur Geschäftszeit heruntergeklappt und als Ladentheke genutzt wurde.

***Margit-Kovács-Museum** Die malerische Görög utca, in der sich im 18. Jh. vor allem griechische Familien ihre Wohn- und Handelshäuser bauten (görög = Grieche), führt vom Fő tér hinunter zum Donauufer. Das barocke Haus Ecke Görög utca/Vastagh György utca wurde im 18. Jh. als Salzhaus gebaut. Mit den kleinen vergitterten Fenstern der Frontseite und dem prächtig verzierten Torbogen gehört es zu den schönsten Barockbauten der Stadt. In zehn Räumen des Gebäudes sind Werke der 1977 verstorbenen Bildhauerin und Keramikkünstlerin Margit Kovács zu besichtigen, die in ihren Arbeiten volkstümliche Motive mit modernen Elementen verknüpfte. Die keramische Sammlung gehört zu den populärsten in ganz Ungarn.

Baedeker TIPP Für Naschkatzen

Etwas außerhalb vom Zentrum, in der Rózsa utca 2, der Hauptstraße nach Budapest, liegt die Konditorei Surányi, die man vom Fő tér zu Fuß in ca. 15 Minuten erreicht. Unübertroffen ist die Haselnuss-Doboschtorte – unbedingt probieren!

Barcsay-Museum Die südliche Verlängerung des Fő tér bildet die Dumtsa Jenő utca, wo im Gebäude Nr. 10 Werke des Malers und Mosaikkünstlers Jenő Barcsay (1900 – 1987) in einer Dauerausstellung präsentiert werden.

Folgt man vom Barcsay-Museum der Péter Pál utca, kommt man zur 1750–1791 erbauten serbisch-orthodoxen Čiprovačka, seit 1857 Peter-Paul-Kirche genannt. Die im Jahr 1800 abgebrannte Kirche wurde in der zweiten Jahrhunderthälfte wieder hergestellt. Noch etwa 200 m weiter südlich erreicht man die griechisch-orthodoxe Kirche am Vuk Karadzcics tér, die Zuwanderer aus der Gegend südöstlich von Belgrad erbaut hatten. Gemäß den Vorschriften des orthodoxen Glaubens musste der Chor nach Osten gerichtet sein, weshalb die Kirche der Straße den Rücken zukehrt. Die Ikonostase brachten die Flüchtlinge sehr wahrscheinlich aus ihrer alten Heimat mit. Wunderschön ist das so genannte Zarentor, der doppelflügelige Eingang im Mittelteil der Ikonostase.

Čiprovačka- und Požarevačka-Kirche

Am Fő tér und in den benachbarten Gassen und Hinterhöfen ist die Auswahl an Keramikverkaufsausstellungen groß.

An den Fő tér zurückgekehrt, empfiehlt sich ein kleiner Spaziergang durch die Rákóczi utca, wo auf der rechten, dem Burghügel zugewandten Seite, das alte Gebäude des Volkskunstmuseums noch einen Eindruck von der traditionellen Bautechnik vermittelt. Auf Straßenniveau lag der Keller, eine steile Treppe führt hinauf zum Eingang des Hauses. Die kleine Ausstellung volkskundlicher und volkskünstlerischer Kuriositäten ist schnell besichtigt, sodann kann man weiter nach oben steigen – zum Burghügel mit dem Templom tér (Kirchplatz).

Rákóczi utca, Volkskunstmuseum

Der ummauerte Platz auf der Spitze des Burghügels war im Mittelalter das Zentrum der Siedlung. Im 18. Jh. hatten sich hier um die Kirche katholische Kroaten niedergelassen. Heute kommen vor allem Touristen hierher, um den herrlichen Blick über die Dächer

*Templom tér

Templom tér (Fortsetzung)	der Stadt zu genießen. Im Sommer ist der Kirchplatz gefüllt mit zahlreichen Marktständen, die ein breites Sortiment an folkloristischen Souvenirs anbieten.
Katholische Pfarrkirche, Czóbel-Museum	Vermutlich an der Stelle eines älteren Kirchleins entstand ab dem Beginn des 14. Jh.s auf dem Templom tér das Johannes dem Täufer geweihte Gotteshaus, an dem auch im 15. Jh. noch gebaut wurde. Aus dieser gotischen Bauphase stammen ein romanisches und ein gotisches Turmfenster und eine Sonnenuhr am südwestlichen Strebepfeiler. Die aus Dalmatien zugezogenen Katholiken übernahmen im 18. Jh. die verwaiste und beschädigte Kirche und veränderten sie 1710 und nochmals 1780 im barocken Stil. Im Haus gegenüber der Kirche (Templom tér 1) ist der Nachlass des 1976 verstorbenen Malers Béla Czóbel in einem kleinen Museum zugänglich.
Serbisch-Orthodoxe Bischofskirche und Kirchenkunstsammlung	Die eleganteste der sieben Barockkirchen Szentendres ist die nördlich des Burgbergs in der Alkotmány utca gelegene, 1764 geweihte Bischofskirche (Görög-keleti székesegyház; bekannt als "Belgrad-Kirche"), zu erkennen an ihrem rot-gelben Fassadenanstrich. Man betritt den Kirchgarten durch ein schmiedeeisernes Tor (1771/1772) aus der Werkstatt des heimischen Kunstschlossers Márton Ginesser. Der imposanteste Teil der Einrichtung ist die aus Lindenholz geschnitzte, bemalte und vergoldete Ikonostase. Die schräg gegenüber der Bischofskirche im ehemaligen Bischofspalais untergebrachte Serbische Kirchenkunstsammlung bewahrt einen reichen Bestand an kostbaren sakralen Gegenständen der orthodoxen Kirche. Neben älteren, von den Serben aus ihrer Heimat hierher gebrachten Kunstwerken umfasst die Sammlung vor allem in Ungarn entstandene liturgische Geräte, Messgewänder und Ikonen aus dem 17. – 19. Jahrhundert.
Weitere Museen	Dem malerischen Werk des Surrealisten Lajos Vajda (1908 – 1941) ist ein Museum in der Hunyadi utca 1 gewidmet. In dem einstöckigen barocken Haus in der Bogdányi út 10 erhielt das Künstlerehepaar Imre Amos (1907 – 1944) und Margit Anna (1913 – 1991) eine Gedenkstätte. Imre Amos wurde ein Opfer des Holocaust. In einem kleinen gläsernen Pavillon in der Ady Endre utca 5 sind Skulpturen und Kleinplastiken von Jenő Kerényi (1908 – 1975) zu besichtigen.
Preobraženska-Kirche	Die griechisch-orthodoxe Kirche in der Bogdányi út 40 am Fuße des Szatmár-Berges, eines der schönsten Prawoslawischen Gotteshäuser von Szentendre, ließen 1741/1746 Tabakbauern und Gerber im Barockstil errichten. Frauen durften nur den rückwärtigen Teil der Kirche betreten. Blickfang im Innern ist die Ikonostase mit fünf übereinanderliegenden Bilderreihen und vergoldeten korinthischen Säulen. Besonders schön sind die Schnitzarbeiten des Zarentores im Mittelteil sowie die acht Ikonen, die es umgeben.
Szentendre-Insel	Gegenüber der Stadt liegt in der Donau eine 31 km lange und im Schnitt 2 km breite Insel, die bis zur Stadtgrenze von Budapest reicht. Bei dem 10 km entfernten Dorf Tahitótfalu führt eine Brücke auf die Insel. Dort gibt es Ackerland, Gemüsefelder und Kleingärten. Urlaubersiedlungen sind die Orte Horány und Surány.

Hölzerner Glockenturm einer Reformierten Kirche im Freilichtmuseum von Szentendre ▶

Leányfalu 2 km nördlich von Szentendre erreicht man den Erholungsort Leányfalu mit Sommerhäusern, Bademöglichkeit und Campingplatz.

****Ethnografisches Freilichtmuseum** Unbedingt zu empfehlen ist ein Ausflug in das Freilichtmuseum (Skanzen) etwa 3 km nordwestlich von Szentendre an der Strecke nach Visegrád (geöffnet 30. März – 1. Juli und 26. Aug. – 10. Nov. tgl. 9^{00} – 17^{00} Uhr, 2. Juli – 25. Aug. bis 19^{00} Uhr). Es wurde 1974 eröffnet und wird, wenn alle Gebäude und Siedlungen von ihren ursprünglichen Standorten überführt bzw. originalgetreu nachgebaut sind, das größte Ungarns sein. Angelegt ist das Museum als Gesamtschau auf die bäuerliche Architektur und Wohnkultur anhand von zehn charakteristischen Siedlungsgruppen mit regionaltypischen Gebäuden, die überwiegend aus dem 18. und 19. Jh. stammen. In der sanft-hügeligen Landschaft verstreut liegend, sind die einzelnen "Dörfer" durch kurze Spazierwege miteinander verbunden.

Rundgang Bereits aufgebaut sind einzelne Gebäude aus Westtransdanubien sowie eine Siedlung aus dem Oberen Theißgebiet, aus der Kleinen Tiefebene, ein Marktflecken aus der Puszta, ein Gehöft aus Großkumanien, ein kalvinistischer Friedhof aus Ostungarn und Bauten vom Plattensee-Oberland bzw. aus dem Bakony-Gebirge. Neben den detailgetreu eingerichteten Wohnhäusern vermitteln auch die verschiedenen Wirtschaftsgebäude, Mühlen, Stallungen, Scheunen sowie eine Schmiede, eine Weberwerkstatt, eine Bäckerei, eine Blaufärberei und eine Gerberei Einblick in den harten Alltag der Landbevölkerung.

Die Hauptattraktion in der Siedlung aus dem Oberen Theißgebiet, der waldreichen Region an der Ostgrenze des heutigen Ungarn, ist die 1787/1790 erbaute Reformierte Kirche aus dem Dorf Mánd. Der schindelverkleidete Glockenturm aus dem 17. Jh. gehörte einst zur Tochterkirche in Nemesborzova. Auf dem Hügel oberhalb dieser Siedlungsgruppe steht die in Blockbauweise errichtete, griechisch-katholische Kirche aus dem kleinen Dorf Mándok wie sie typisch ist für diesen Kirchentyp in den Nord- und Ostkarpaten. Die Innenraumgestaltung des Gotteshauses aus dem 18. und 19. Jh. genügt sowohl den Anforderungen der griechisch-katholischen als auch denen der römisch-katholischen Liturgie.

Szolnok — I/K 25/26

Komitat: Jász-Nagykun-Szolnok
Höhe: 89 m ü. d. M.
Einwohnerzahl: 77 000

ⓘ Ságvári krt., 5300 Szolnok, ☎ (56) 420704, FAX 34 14 41, szolnok-m@tourinform.hu

✕ S. 387

Verkehrsknotenpunkt Szolnok, 100 km südöstlich von Budapest an der Mündung der Zagyva in die Theiß gelegen, ist ein Verkehrsknotenpunkt in der Großen Tiefebene mit einem Flusshafen. Aufgrund der häufigen Zerstörungen – insgesamt 17 – gibt es bis auf einige Straßenzüge aus dem 19. Jh. keine alte Bausubstanz und auch keine nennenswerten Sehenswürdigkeiten. König Stephan ließ 1075 eine Burg errichten, die ab 1706 Hauptquartier des Freiheitskämpfers Rákóczi war und 1709 von kaiserlichen Truppen gesprengt wurde. 1847 kurbelten die Eröffnung der Eisenbahnstrecke Pest – Szolnok und die Regulierung der Theiß die Wirtschaft an. Da strategisch immer noch von Bedeutung, wurden im Zweiten Weltkrieg zahlreiche Wohnhäuser, die Hälfte der Industrieanlagen sowie sämtliche Brücken zerstört.

Allgemeines (Fortsetzung)

Sehenswertes

Am Kossuth tér, dem alten Hauptplatz von Szolnok, steht das spätklassizistische ehemalige Hotel Magyar Király Szálloda, heute das Damjanich-János-Museum mit einer umfangreichen archäologischen Abteilung. Die Gemäldegalerie des Damjanich-János-Museums mit Werken der 1902 gegründeten Szolnoker Künstlerkolonie befindet sich in der ehemaligen Synagoge in der Templom utca (Nr. 2), einem eindrucksvollen Jugendstilgebäude aus dem Jahr 1899. Die barocke Franziskanerkirche wenige Schritte westlich der Galerie (Templom utca 8) wurde 1724 – 1757 erbaut und ist das bedeutendste Baudenkmal in Szolnok. Architekt war der Italiener Carlone, von dem auch mehrere Gebäude in Eger stammen. Bemerkenswert im Hauptaltarbild ist die festliche Kleidung der Gläubigen aus dem 18. Jahrhundert.

Die Theiß fließt bei Szolnok gemächlich dahin. Ruhe Suchende und Angler finden hier ein ideales Plätzchen.

Thermalbad

Von der Theißbrücke dehnt sich am rechten Ufer flussabwärts ein hübscher Park aus, an dessen Ende der Komplex mit dem Jugendstilhotel Tisza und dem Thermalbad steht. Das Wasser entspringt mit 56 °C.

Umgebung von Szolnok, Cegléd

Cegléd, mit 42 000 Einwohnern größte Stadt im Komitat Pest, liegt 30 km westlich von Szolnok im Norden eines großen Obst-und-Gemüse-Anbaugebiets. Im Freiheitskampf 1848 spielte sie eine größere Rolle: Hier begann Lajos Kossuth am 24. September 1848 mit einer flammenden Rede seine Rekrutierung von Freiwilligen für die Revolutionsarmee. An der geschichtsträchtigen Stelle auf dem Kossuth tér steht seit 1896 die barocke Dreifaltigkeitssäule. Die klassizistische Reformierte Kirche (Szabadság tér) mit ihren 40 m hohen Türmen und 60 m hoher Kuppel wurde ab 1835 von József Hild erbaut, dem bedeutendsten Vertreter des ungarischen Klassizismus. Das Kircheninnere ist allerdings völlig schmucklos. In einem Jugendstilbau (Múzeum utca 5) befindet sich das Kossuth-Museum, das neben einer stadt- und handwerksgeschichtlichen Sammlung den Freiheitskampf 1848 und das Turiner Exil Kossuths illustriert.

Szombathely (Steinamanger) — I 4/5

Komitat: Vas
Höhe: 216 m ü. d. M.
Einwohnerzahl: 85 000

ⓘ Király utca 11, 9700 Szombathely, ☎/FAX (94) 52 03 16, szombathely@tourinform.hu

🛏 S. 376

Zentrum Westtransdanubiens

Neben Sopron ist Szombathely das zweite wirtschaftliche und kulturelle Zentrum Westtransdanubiens. Die Industriestadt, Sitz der Komitatsverwaltung und einer Pädogogischen Hochschule, hat ein paar interessante Relikte aus ihrer antiken und spätantiken Vergangenheit zu bieten. Von der spätbarocken Stadtanlage sind allerdings nur wenige Bauten erhalten, da Szombathely im Zweiten Weltkrieg zu großen Teilen zerstört wurde. Im Sommer finden in Szombathely die Savaria-Festspiele statt.

Geschichte

Die Römer gründeten 43 v. Chr. die “Colonia Claudia Savaria”, die ab 107 Hauptstadt der Provinz Pannonia superior (Oberpannonien) war. Im Jahr 316 wurde der hl. Martin in Savaria geboren. Als die Stadt im 5. Jh. von einem Erdbeben schwer getroffen wurde, zählte sie 30 000 Einwohner. Unter Karl dem Großen kam der Ort unter fränkische Herrschaft – daher auch der deutsche Name Steinamanger, der sich wahrscheinlich auf den verlassenen Zustand bezog. Ab dem 13. Jh. gehörte Szombathely den Bischöfen von Győr. 1777 sorgte Maria Theresia dafür, dass die Stadt auch Bischofssitz wurde und leitete damit einen wirtschaftlichen und kulturellen Aufschwung ein. Der erste Bischof von Szombathely, János Szily, ließ Szombathely zur Residenzstadt um- und ausbauen.

Sehenswertes in Szombathely

Fő tér

Der mittelalterliche Marktplatz ist heute das moderne Geschäftszentrum der Stadt, ein weitläufiger, autofreier Platz mit Bäumen, Blumenrabatten und Parkbänken, umgeben von ein paar Gebäuden mit barocker oder historistischer Fassade und vielen neuen Häusern. Bemerkenswert ist das ehemalige Kaufhaus "Centrum" an der Ecke Fő tér/Széchenyi utca, ein mächtiger Jugendstilbau mit einer interessanten Glasdachkonstruktion.

Fő tér (Fortsetzung)

Berzsenyi tér, Dom

Die Széchenyi utca verbindet den Fő tér mit dem Berzsenyi tér, der nach Norden in den Templom tér übergeht. Der Platz bildet mit dem Dom, dem Bischofspalast, dem ehemaligen Priesterseminar und dem 1796 entstandenen Eölbey-Haus – alles Werke von Melchior Hefele – ein geschlossenes Ensemble. Auftraggeber war Bischof János Szily, dessen Denkmal vor dem Eölbey-Haus steht. Den Platz beherrscht die eigentümlich uninspirierte Fassade des Doms, an dem Hefele von 1791 bis zu seinem Tod 1797 arbeitete. Fertig gestellt wurde der Bau 1814. Die Turmhelme kamen später hinzu. Anders als die Fassade, die irgendwo zwischen Spätbarock und Klassizismus angesiedelt ist, war die im letzten Krieg zerstörte Innenausstattung noch üppiger Barock. Die Altäre wurden rekonstruiert bzw. restauriert. Anstelle des Maulbertsch-Gemäldes im Hauptaltar befindet sich heute ein Bild von István Takács (1951). Die Statuen am Hauptaltar und an der Fassade stammen von Philipp Prokop. Die Kanzel fertigte Martin Rumpelmayer nach dem Entwurf von Hefele.

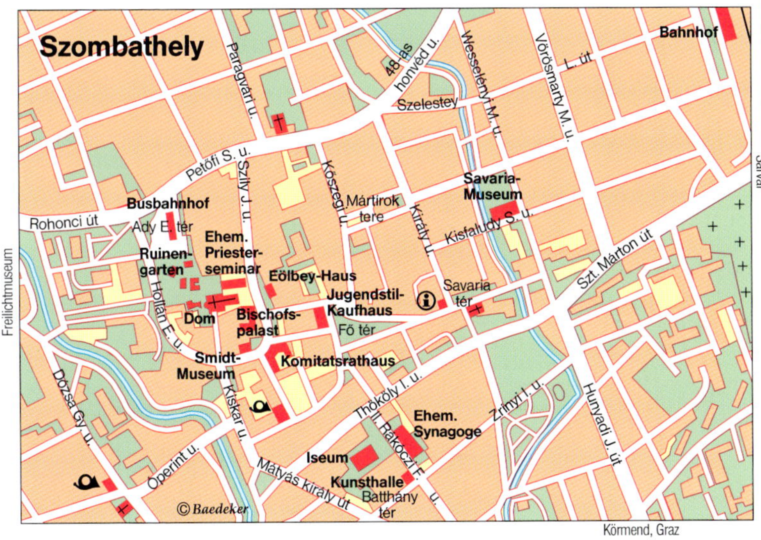

***Ruinengarten**

Der Járdányi-Paulovits-István-Romkert genannte Ruinengarten hinter dem Dom (geöffnet Di.–Sa. 9[00]–17[00] Uhr; Zugang zwischen Dom und Priesterseminar) ist der 1938 bei Bauarbeiten entdeckte Kern des alten Savaria. Von der St.-Quirinus-Basilika, die im 4. Jh. aus Teilen des ehemaligen Statthalterpalasts entstand, ist noch eine halbrunde Apsis und ein 25 m langes Mosaik eines Meisters aus Aquileia erhalten. Quirinus, Bischof von Siscia (Sisak in Kroa-

Den späten Barockstil in Ungarn verkörpert der Bischofspalast in Szombathely.

Ruinengarten (Fortsetzung)

tien), soll 303 in Savaria ertränkt worden sein. Im Westteil des Geländes kann man noch ein Stück der mit groben Basaltsteinen gepflasterten Römerstraße sehen, ebenso Grundmauern von Häusern im Fischgrätmauerwerk. Bei der Apsis des Doms sind Reste der mittelalterlichen Rundburg der Bischöfe von Győr zu erkennen.

Bischofspalast

Der spätbarocke, 1778 – 1783 errichtete Komplex, der die Südseite des Domplatzes einnimmt, ist noch ganz dem ungarischen Zopfstil verpflichtet. Die Attika trägt allegorische Figuren der Tugenden und das Wappen des Bischofs Szily. Im Erdgeschoss rechts liegt die Sala Terrena mit einem Wandgemälde von Stephan Dorffmeister (1784). Der Festsaal im Obergeschoss, der als einer der schönsten ungarischen Barocksäle und als gelungenste Schöpfung Hefeles gilt, prunkt mit Fresken von Maulbertsch. Die Sala Terrana und eine archäologische Sammlung kann man Di. – Fr. 9^{30} – 15^{30} und Sa. 9^{30} – 11^{30} Uhr besichtigen.

Ehemaliges Priesterseminar, *Bibliothek

Das ehemalige Priesterseminar gegenüber dem Bischofspalast wurde 1777 – 1779 erbaut. Im ersten Obergeschoss des Gebäudes kann die beeindruckende Diözesanbibliothek mit rund 70 000 Bänden, Inkunabeln und Handschriften besichtigt werden. Die Deckengemälde in der Bibliothek stammen von dem Barockmaler Stephan Dorffmeister (1791).

Smidt-Museum, Komitatsrathaus

Dem Krankenhausdirektor und Arzt Lajos Smidt ist die reichhaltige Sammlung an medizinischem Gerät zu verdanken, die man im Smidt-Museum am Berzsenyi tér bewundern kann. Das gegenüberliegende, 1775 – 1779 errichtete Gebäude, Sitz der Komitatsverwaltung, erhielt seine historistische Fassade 1880 durch Alajos Hausmann. Östlich schließt sich das klassizistische sog. Kleine Komitatshaus von 1848 an.

Komitatsrathaus (Fortsetzung)

Iseum

Im ersten und zweiten Jahrhundert breitete sich die Verehrung orientalischer Gottheiten im römischen Reich aus. Besonders beliebt war der ägyptische Isis-Kult. Das Isis-Heiligtum in Savaria liegt in der Rákóczi Ferenc utca (Nr. 2). Es wurde im Jahr 188 angelegt, im 3. Jh. erweitert und bei dem Erdbeben von 455 zerstört. Die Ausgrabungen zeigen, dass die Anlage aus mehreren ineinander geschachtelten Säulengängen mit einem Altar in der Mitte bestand (durch ein Podest angedeutet). Dahinter lag das Allerheiligste, dessen Portikus rekonstruiert wurde. Das Gebälk enthält Reliefreste aus dem 2. Jh., die u. a. Isis auf ihrem Hund Sothis reitend zeigen.

Kunsthalle

Die benachbarte Kunsthalle (Rákóczi Ferenc utca 4) wurde 1985 mit Spendengeldern erbaut. Die Galerie konzentriert sich auf ungarische Werke des 20. Jahrhunderts mit Schwerpunkten auf den Œuvres von Gyula Derkovits (1894 – 1934) und István Dési Huber (1895 bis 1944). Aber auch avantgardistische Tendenzen des frühen 20. Jh.s sind mit Werken des futuristischen Künstlers Lajos Kassák und anderen Mitgliedern des Künstlerkreises “Acht” vertreten.

Ehemalige Synagoge

Gegenüber der Kunsthalle, am Batthyány tér, der von Bürgerhäusern des 19. Jh.s umgeben ist, wurde 1881 die Synagoge im maurischen Stil errichtet. Seit 1975 wird sie als Konzertsaal genutzt.

Savaria-Museum

In einem historistischen Gebäude im Nordosten des Zentrums (Kisfaludy Sándor utca 9) ist das Savaria-Museum untergebracht, das v. a. Funde aus der römischen Antike aufbewahrt. Das Lapidarium im Untergeschoss enthält neben Statuen und Mosaiken u. a. von Savaria auch Bauschmuck der Kirche in Ják. Im Obergeschoss gibt es eine umfangreiche Ausstellung zur Archäologie und Naturkunde der Szombathelyer Gegend (z. T. mit deutschen Erläuterungen).

Kámoni-Arboretum

Der botanische Garten am nördlichen Stadtrand (Szent Imre herceg útja 102) wurde Ende des 19. Jh.s angelegt. Heute wachsen hier auf 25 ha an die 3000 Baumarten, darunter 260 Nadelbäume. Daneben sind schöne Rosen und Kakteen zu sehen.

***Freilichtmuseum**

Das Freilichtmuseum des Komitats Vas (Vasi Múzeumfalu) liegt am westlichen Stadtrand, in einer grünen Wohnsiedlung (Árpád utca 30). Auf einer Fläche von 6 ha wird die ländliche Architektur dieser Region vorgestellt. Dazu gehören vor allem die eingeschossigen reetgedeckten Bauernhäuser, von denen unterschiedliche Typen aufgebaut wurden. Bei den meisten sind Wohn- und Schlafzimmer (natürlich in einem Raum), Küche und Backstube hin-

Baedeker TIPP Ostergießen

An wichtigen Feiertagen werden im Freilichtmuseum von Szombathely alte Bräuche wiederbelebt. Einer davon ist das Ostergießen, das am Ostermontag stattfindet und jedes Jahr viele Zuschauer findet. Ursprünglich wurden an diesem Tag die heiratsfähigen Mädchen mit eiskaltem Wasser übergossen – eine symbolische Reinigung. Heute begnügt man sich immerhin mit etwas weniger Flüssigkeit und Duftwasser.

tereinander angeordnet und durch einen offenen Flur verbunden, der überdacht an der Längsseite des Hauses verläuft. Die rekonstruierte Einrichtung samt Werkzeugen und Alltagsgegenständen könnte zwar an manchen Stellen etwas liebevoller gepflegt sein, vermittelt aber dennoch einen Eindruck vom Alltagsleben der Bauern. Blumen- und Gemüsegärten bei den Wohngebäuden, ein kleines Tiergehege mit Ziegen sowie verschiedene Wirtschaftsgebäude wie z. B. eine Mühle oder die Dorfschmiede und sogar ein Fischteich ergänzen das Ensemble (geöffnet April – 10. November Di. – So. 9^{00} – 17^{00} Uhr).

Sárvár

I 6

Badestadt

Sárvár, am Zusammenfluss von Raab und Güns knapp 30 km östlich von Szombathely gelegen, setzt wie viele Orte in Ungarn auf den Badetourismus: Im Dezember 2002 wurde nach grundlegender Renovierung und Erweiterung das Thermalbad wieder eröffnet. Auf einer Fläche von 55 000 m^2 sind nicht nur unterschiedliche Freiluft- und Hallenbecken, sondern auch ein Kurzentrum, Wellness- und Fitnessbereiche, spezielle Einrichtungen für Kinder sowie Restaurants und Bars vereint. Außerdem besitzt die angenehme Kleinstadt ein gut erhaltenes Burgschloss.

*Burgschloss

Eine Erdburg aus der Zeit der Landnahme bildete den Ausgangspunkt für die Steinburg, die zusammen mit der Siedlung im Jahre 1534 an die einflussreiche Familie Nádasdy überging. Unter Tamás Nádasdy wurde Sárvár zum Mittelpunkt reformatorischer und humanistischer Bestrebungen in Westungarn. Er ermöglichte die Herausgabe der ersten ungarischen Bibelübersetzung und einer Grammatik in ungarischer Sprache des Erasmus-Schülers János Sylvester. Für den Umbau der Burg holte er sich italienische Festungsbaumeister nach Sárvár, nach deren Plänen die fünfeckige, von Bastionen geschützte Renaissance-Anlage entstand. Tamás' Nachfahre Ferenc Nádasdy, der das Burgschloss um 1650 vollendete, beteiligte sich an der Verschwörung des ungarischen Adels gegen die Habsburger (Wesselényi-Aufstand) und bezahlte dafür mit dem Leben. Seine Kunstschätze nahmen die Habsburger mit nach Wien. Im 19. Jh. erhielt das Gebäude seine klassizistische Fassade. Aus der Erbauungszeit blieb der Renaissanceturm aus dem Jahr 1598 erhalten.
Beeindruckend ist der Prunksaal, dessen Wände und Decken stuckgerahmte Fresken einnehmen. In den Deckenbildern, die der Wiener Künstler H. R. Miller 1653 im Auftrag Ferenc Nádasdys malte, werden die Nádasdys als erfolgreiche Feldherren in den Türkenkriegen verewigt. Die Wände schmücken Szenen aus dem Alten Testament von Stephan Dorffmeister (1769). Er malte auch die allegorischen Darstellungen im Turmzimmer, in denen – als logische Fortsetzung des Freskenprogramms im Prunksaal – auf die Rolle der Burgherren als Förderer der Wissenschaft und der Künste angespielt wird. Auch andere Räume des Burgschlosses sind mit Wandgemälden und Möbeln des 18. Jh.s ausgeschmückt. Das im Schloss untergebrachte Ferenc-Nádasdy-Museum ist der Familiengeschichte der Burgherren, der regionaltypischen Volkskunst und der Stadtgeschichte gewidmet.

Ják

K 4

Allgemeines

Das 12 km südlich von Szombathely gelegene Dorf Ják besitzt mit der mächtigen St.-Georgs-Kirche auf der Anhöhe über dem Ort eines der herausragendsten romanischen Baudenkmäler Ungarns.

Sie repräsentiert den Prototyp einer Geschlechterkirche: St. Georg in Ják, eine dreischiffige romanische Basilika mit zwei Westtürmen und halbrunder Chorapsis.

**St.-Georgs-Kirche

Vermutlich um das Jahr 1214 legte der ungarische Adlige Márton Ják, genannt "der Große", auf einer Anhöhe im Zentrum seiner ausgedehnten Besitzungen den Grundstein für eine Geschlechterkirche. Gleichzeitig berief er Benediktinermönche hierher, die neben der Kirche ein bescheidenes Kloster gründeten. Bis zum Einfall der Mongolen 1241 standen bereits das dreischiffige Langhaus, der Chor und die Zweiturmfassade. Allerdings waren zu diesem Zeitpunkt erst das westlichste Langhausjoch und das Chorquadrat mit einem Kreuzrippengewölbe versehen. Die anderen Teile der 1256 geweihten Kirche wurden nach der Bauunterbrechung mit einfacheren Konstruktionen eingewölbt. Während der Türkenkriege verließen die Mönche die Abtei, die wenige Jahre später abbrannte. Vom Umbau der Kirche unter Abt Ferenc Folnay blieb das Spätrenaissance-Portal (1663) an der Kirchenmauer erhalten, das mit dem

Ják, St. Georg (Fts.) Wappen des Auftraggebers geschmückt ist. Der Architekt Frigyes Schulek, der gerade den Wiederaufbau der Matthiaskirche in Budapest beendet hatte, renovierte 1896–1904 die Kirche in Ják. Er ließ die barocken Zusätze der Kirche entfernen, die Türme nach dem Vorbild der Kirche in Zsámbék (▶ Tata, Umgebung) erneuern und ein Kreuzrippengewölbe einziehen.

****Westfassade** Durch das Spätrenaissancetor von Abt Folnay gelangt man vor die imposante Westfassade. Das Gewände des prächtigen Stufenportals ist reich an geometrischen Mustern, figürlichen und vegetabilen Ornamenten im Stil der normannischen Romanik. Von höchster Bedeutung für die spätromanische Kunst in Ungarn sind die annähernd lebensgroßen Figuren von Christus (in der Mitte) und zehn seiner Apostel in den Nischen über dem Portal und an den Turmfassaden. Die Vorbilder für diese beinahe vollplastisch gestalteten Statuen wurden in der Bauplastik des Bamberger Doms und im Riesentor des Stephansdoms in Wien gefunden. Beim Tympanonrelief handelt es sich um eine moderne Nachbildung des ins Savaria-Museum in Szombathely überführten Originals.

Inneres Die Funktion der Kirche in Ják als Geschlechterkirche wird besonders am Innenraum deutlich, wo sich über der Vorhalle im Westen die mit drei Sitznischen ausgestattete Herrschaftsempore befindet. Dem reichen bauplastischen Schmuck an den Fassaden entsprach einst eine kostbare Ausmalung des Inneren, die heute nur noch fragmentarisch erhalten ist. Die Fresken in der Vorhalle zeigen den Stifter Márton Ják und seine Familie sowie Engel, die die Seele des Verstorbenen zum Himmel tragen. Besonders stark mitgenommen ist das Fresko im Chor, das den Kirchenpatron Georg im Kampf mit dem Drachen darstellt. Seltenheitswert hat die aus Holz geschnitzte Madonnenfigur aus dem 15. Jh. am Altar des linken Seitenchores, da in Ungarn nur wenige Skulpturen aus dem Mittelalter erhalten sind. Ein weiteres bedeutendes Werk mittelalterlicher Kunst wurde bei Restaurierungsarbeiten 1991 entdeckt: Unter dem Gemälde eines Barockaltars des Jahres 1705 kam ein in Ungarn einzigartiger gotischer Flügelaltar aus der Zeit um 1400 zum Vorschein.

St.-Jakobs-Kapelle Bei der kleinen, um 1260 über einem Vierpassgrundriss erbauten Kirche gegenüber der Eingangsseite handelt es sich um die St.-Jakobs-Kapelle. Sie diente der Gemeinde als Pfarrkirche, in der Taufen, Trauungen und Totenmessen vorgenommen wurden, was in der Hauptkirche nicht gestattet war. Am Portal an der Südseite ist das Lamm Gottes zwischen zwei Drachen dargestellt. Die Innenausstattung des Kirchleins stammt aus dem Rokoko. Die Altäre aus dem 18. Jh. standen anfänglich in der Abteikirche.

Umgebung, Csempeszkopács 22 km südwestlich von Szombathely, an der Straße 87, liegt Csempeszkopács mit einer besonders schönen romanischen Dorfkirche (Mitte 13. Jh.). Stilistische Ähnlichkeit mit Ják zeigt das Südportal mit normannischer Zackenornamentik. Im Kircheninneren finden sich Reste mittelalterlicher und barocker Fresken. Der Hochaltar stammt von Stephan Dorffmeister (Schlüssel zur Kirche bei József Sümeghi, Rákóczi Ferenc utca 21, ☎ 94/37 96 78).

Körmend ▶ Zalaegerszeg, Umgebung

Tata (Totis) G 14/15

Komitat: Komárom-Esztergom
Höhe: 160 m ü. d. M.
Einwohnerzahl: 24 000

ⓘ Ady Endre u. 9, 2890 Tata, ☎ (34) 58 60 46, FAX 58 60 45
komarom-m@tourinform.hu

🛏 S. 376

"Stadt der Seen"

Tata unterscheidet sich von anderen Kleinstädten vor allem durch seine schöne Lage am so genannten Alten See (Öreg-tó), der den Ort zu einem beliebten Ausflugs- und Naherholungsziel gemacht hat. Der Öreg-tó ist zwar der bekannteste, aber nicht der einzige See in der Gegend. Die meisten Gewässer in der Umgebung von Tata entstanden im 18. Jh., als man die Sümpfe trockenlegte. Der bereits in römischer Zeit besiedelte Ort wird 1221 erstmals urkundlich erwähnt. Im 16. Jh. wurde er zur Abwehr der Türken zu einer Festung ausgebaut und von beiden Lagern mehrmals eingenommen und beschädigt. Ab 1727 gehörte Tata den Esterházy, die den Ort zu einer Residenzstadt ausbauten. Viele der barocken Gebäude sind das Werk Jakob Fellners, des Hausarchitekten dieser Familie.

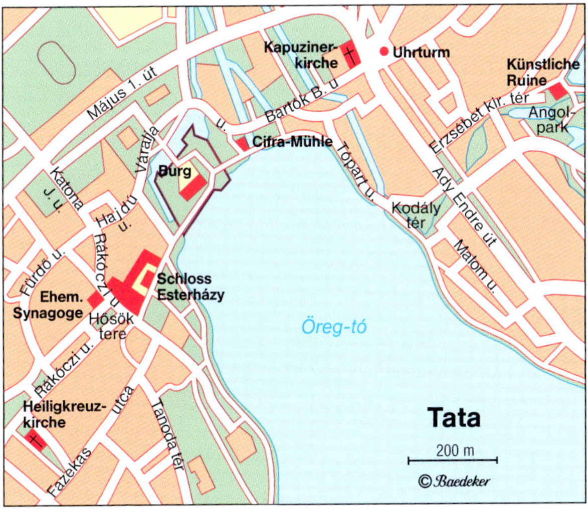

Sehenswertes in Tata

Rund um den Alten See

Am schönsten präsentiert sich Tata am Ufer des Öreg-tó, der von einem Grüngürtel mit zum Teil alten Villen und einem breitem Promenadenweg mit Parkbänken gesäumt wird. Rudern, Paddeln und Segeln werden hier groß geschrieben, baden kann man, sollte man aber nicht unbedingt, denn die Wasserqualität lässt noch sehr

Um den Alten See (Fts.)

zu wünschen übrig. Am Nordostufer des Öreg-tó gibt es ein Bootshaus und eine Bootsanlegestelle. Im Sommer pendeln auch Passagierboote auf dem See.

*Burg

Am Ufer des Alten Sees erhebt sich majestätisch die Burg, die in der zweiten Hälfte des 14. Jh.s erbaut und um 1400 mit vier Ecktürmen befestigt wurde. Im 15. Jh. befand sie sich im Besitz der ungarischen Könige, die sich wiederholt hier aufhielten. Unter König Matthias erfolgte der Ausbau zu einer Grenzfestung gegen die Türken, von denen sie mehr als einmal erobert wurde. 1727 erwarb Fürst Esterházy die Ruine und beauftragte Jakob Fellner um 1760 mit dem Wiederaufbau, von dem allerdings nur die Brücke zur Ausführung kam. Durch den Umbau der Burg im neogotischen Stil versuchte man 1893, ihr vermeintlich ursprüngliches Erscheinungsbild wieder herzustellen – ein Eingriff, der 1980 weitgehend wieder rückgängig gemacht wurde. Dass die Festung einst eine großzügige Anlage gewesen sein muss, erkennt man noch an den freigelegten Grundmauern, als Baukörper erhalten blieb allerdings nur ein Torso: der fünfstöckige Turm und der daran anschließende Südflügel, in dem heute das Domokos-Kuny-Museum sowie ein Café untergebracht sind. Die Sammlung des Museums reicht von römischen und mittelalterlichen Baufragmenten und -plastiken im Erdgeschoss bis zu Gemälden, Fayencen aus der heimischen Manufaktur, Mobiliar und Dokumenten in den oberen Geschossen. Sehenswert in der etwas altmodischen Ausstellung (leider nur auf Ungarisch beschriftet) sind v. a. der kreuzgewölbte sog. Rittersaal mit dem wieder hergestellten Kachelofen sowie ein Raum mit rekonstruierten römischen Wandmalereien (geöffnet im Sommer Di. – So. 10⁰⁰ bis 18⁰⁰, im Winter Mi. – Fr. 10⁰⁰ – 14⁰⁰, Sa./So. 10⁰⁰ – 16⁰⁰ Uhr).

Baedeker TIPP **Kaffee mit Ausblick**

Es gibt in Tata kaum einen schöneren Ausblick auf den Alten See als von der Terrasse des kleinen Cafés in der Burg, das man über eine schmale Außentreppe erreicht (nur im Sommer geöffnet). Man sitzt sonnengeschützt unter den spitzbogigen Arkaden und der See liegt einem zu Füßen.

Cifra-Mühle (Cifra-malom)

Auf dem Weg von der Burg in die Stadtmitte kommt man an der Cifra-Mühle, Tatas ältestem Bauwerk vorbei – sie stand nachweislich schon 1587. In den Zeiten der Türkenbesetzung soll, so wird erzählt, der Müller an geraden Tagen Korn für die fremden Herrscher, an ungeraden für die Ungarn gemahlen haben. Die Fenstereinfassungen des einstöckigen Gebäudes sind aus rotem Marmor gehauen. In dem großen Raum im Erdgeschoss tragen barocke Volutensäulen aus Holz die Decke. 1755 nahm Jakob Fellner einige Veränderungen an der Wassermühle vor.

Kapuzinerkirche, *Uhrturm

An der Errichtung der 1743 – 1746 entstandenen Kapuzinerkirche in der Bartók Béla út wirkte u. a. der junge Jakob Fellner mit. Die Innenausstattung des einschiffigen Gotteshauses stammt ebenfalls aus dem 18. Jahrhundert. Im Zentrum des modernen Tata, vom Durchgangsverkehr am Országgyülés tér umflossen, steht etwas verloren der alte Uhrturm (Óratorony), den 1763 ein ortsansässiger Zimmermann nach Plänen von Jakob Fellner baute. Der hölzerne Glockenstuhl mit den vier Uhren und Schallöffnungen sitzt auf einem gemauerten, oktogonalen Sockel. Kapuzinerkirche, Uhrturm (Fts.)

Östlich des Sees liegt der 46 ha große, bereits in der zweiten Hälfte des 18. Jh.s angelegte Park um den Cseke-See (Cseke-tó). Am Nordufer des Sees steht die künstliche Ruine einer mittelalterlichen Kirche (Entwurf Charles-Pierre de Moreau), die 1801 aus Steinen der Benediktinerkirche in Vértesszentkereszt und aus römischen Grabsteinen errichtet wurde. Volkspark (Népkert)

Den Schlosskomplex am Westufer des Sees baute Jakob Fellner für die Familie Esterházy in der zweiten Hälfte des 18. Jahrhunderts. Zu der Anlage, die nur von außen besichtigt werden kann, gehörten das 1777 fertig gestellte Hauptgebäude mit Mansarddach und zwei Ecktürmen, das 1751 für die Gutsverwaltung errichtete so genannte Kleine Schloss, der prunkvolle Pferdestall und das türkische Bad, das bereits im Mittelalter existierte und 1738 in Form eines schlichten Barockhauses erneuert wurde. Im Schloss von Tata unterzeichnete der vor Napoleon geflüchtete Kaiser Franz I. von Österreich 1809 den Friedensvertrag von Schönbrunn, und Kaiser Karl I. unternahm von hier aus den letzten Versuch, das ungarische Königtum unter habsburgischer Herrschaft zu restituieren. Schloss Esterházy

Eine ungewöhnliche Sammlung erwartet den Besucher in der ehemaligen Synagoge am Hősök tere, gegenüber dem Esterházy-Schloss: Rund 100 Abgüsse von berühmten Werken der antiken Bildhauerei sind hier versammelt (Görög-római Másolatmúzeum; geöffnet wie Burgmuseum). Skulpturenmuseum

Franz Anton Pilgram entwarf die spätbarocke Kirche (Szent Kereszt-plébániatemplom) am etwas weiter stadtauswärts gelegenen Kossuth tér. Das gängige Muster der barocken Zweiturmfassade mit Scheingiebel wirkt hier, unter dem Einfluss des Zopfstils, bereits etwas spröde und schwunglos. Die Innenausstattung der Kirche stammt aus dem 18. Jh., besonders schön ist der Hochaltar mit vier Säulen und Figuren von Anton Schwaiger (1786), der von 1768 bis zu seinem Tode in Tata ansässig war. Heiligkreuzkirche

Einen schönen Blick über die Stadt genießt man vom Kálvária domb im Südwesten von Tata mit der Kalvarienkapelle von Jakob Fellner (1755). Das Kruzifix vor der Kirche stammt von Anton Schwaiger. Kalvarienhügel

Umgebung von Tata

Der Geburtsort von Franz Lehár und Mór Jókai rund 25 km nordwestlich von Tata, nahe der Autobahn nach Wien gelegen, ist eine Grenzstadt und durch eine Eisenbahnbrücke mit dem slowakischen Komárno verbunden. Die beiden Städte waren fast ein Jahr- Komárom

Komárom (Fortsetzung)

tausend lang eine Siedlung und Hauptstadt des einstigen Komitats Komárom. Erst durch den Friedensvertrag von Versailles-Trianon 1920 wurde sie zweigeteilt. Besucht wird Komárom v. a. wegen seines Thermalbades und wegen der Burg, die im 19. Jh. von österreichischen Ingenieuren zu einer riesigen Festungsanlage ausgebaut wurde und aus drei Forts besteht: Igmánd, Csillag und Monostor. Fort Csillag ist nicht zugänglich, Fort Monostor beherbergt ein militärgeschichtliches Museum (www.fort-monostor.hu) und im Fort Igmánd ist heute ein Museum mit Funden aus dem römischen Militärlager Brigetio eingerichtet (geöffnet Di. – So. 10^{00} – 18^{00} Uhr).

Vértesszőlős

Auf der Strecke nach Tatabánya, 5 km östlich von Tata an der Straße 100, stieß man auf dem Gebiet dieser Gemeinde in den 1960er-Jahren auf Siedlungsspuren von Urmenschen, die vor 500 000 Jahren hier gelebt hatten. Im Freiluftmuseum sind Knochenfunde und Reste von Gebrauchsgegenständen dieser Kultur zu besichtigen.

Tatabánya

Nach weiteren 5 km kommt man nach Tatabánya (77 000 Einw.), Sitz des Komitats und Bergarbeiterstadt. Sehenswert in Tatabánya ist das 1988 eröffnete Bergwerksmuseum in der Vágóhíd utca (geöffnet Mai – Okt. tgl. außer Mo. und Mi. 10^{00} – 17^{00} Uhr), das in den Übertageanlagen des einstigen Schachtbetriebs XV. eingerichtet wurde und die Lebens- und Arbeitsbedingungen in einem der bedeutendsten Kohlereviere Ungarns vor Augen führt. 1996 wurde das Freilichtmuseum um ein Bergmannswohnhaus erweitert.
Auf der Anhöhe über der Stadt erhebt sich das 1896 anlässlich der Feierlichkeiten zum tausendjährigen Bestehen Ungarns eingeweihte Turul-Denkmal (emlékmű). Der adlerähnliche Riesenvogel aus der ungarischen Sagenwelt wird mit der legendenumwobenen Herkunft der Árpáden, dem ersten ungarischen Königsgeschlecht, in Verbindung gebracht. Die Sage berichtet, dass der Vogel der Ahnfrau des Geschlechts, Emese, im Traum erschienen sei und ihr weissagte, dass sie die Stamm-Mutter ruhmreicher Herrscher werde.

Baedeker TIPP Eremit auf Zeit?

In den barocken, aber mittlerweile neu hergerichteten Einsiedlerhäuschen der Kamaldulenser kann man das Eremitendasein ausprobieren. Anmeldung und Information unter ☎ (34) 36 14 19.

***Vértes-Gebirge und Majk-Puszta**

Von Tatabánya empfiehlt sich ein kleiner Abstecher ins Vértes-Gebirge. Von Oroszlány, etwa 15 km südwestlich von Tatabánya, führt die Straße nach Csákvár (mit dem ehemaligen Schloss der Esterházys von 1823) durch den bewaldeten Höhenzug. Nach 2 km erreicht man die Abzweigung nach Majk-Puszta, wo sich im 18. Jh. Kamaldulensermönche ins Einsiedlerdasein zurückzogen. Am Bau der barocken Klosteranlage waren u. a. Franz Anton Pilgram und Jakob Fellner beschäftigt. Zum Klosterkomplex gehören ein Hauptgebäude (Tagungszentrum) und 17 Einsiedlerklausen. Von der Kirche steht nur noch der Turm.

Ein bedeutendes Baudenkmal liegt an der Autobahn M 1 nach Budapest, 5 km nördlich der Abfahrt Herceghalom. Am oberen Dorfrand, von weitem sichtbar und im Ort ausgeschildert, erhebt sich die Ruine der großen romanischen Sippenkirche – zusammen mit der Kirche in ▶ Ják das prominenteste Beispiel für diesen Kirchentyp in Ungarn. Die dreischiffige Basilika wurde um 1220 begonnen und nach dem Einfall der Mongolen um die Jahrhundertmitte vermutlich von einer französischen Bauhütte vollendet. Ein Erdbeben im 18. Jh. verursachte ihren Einsturz. Es blieben nur die Westfassade mit den beiden Türmen und Reste der Langhauswände stehen. Sie vermitteln allerdings durchaus noch einen Eindruck von der einstigen Größe des Bauwerks am Übergang von der Romanik zur Gotik. Auch ein kleines, mäßig interessantes Lapidarium befindet sich auf dem Gelände, das nur gegen Eintritt zugänglich ist.

*Tata, Umgebung, Zsámbék, Sippenkirche

Wer sich für nostalgische Petroleumlampen aus dem 19. Jh. begeistern kann, sollte das kleine Lampenmuseum (Lámpamúzeum) im Ort, in der Magyar utca 8, besuchen.

Tokaj

D 33

Komitat: Borsod-Abaúj-Zemplén
Höhe: 94 m ü. d. M.
Einwohnerzahl: 5700

ⓘ Serház út 1, 3910 Tokaj, ☎/FAX (47) 35 22 59
tokaj@tourinform.hu

🛏 S. 377 ✕ S. 387

Der traditionelle Weinort, Mittelpunkt des berühmten, seit 2002 unter UNESCO-Schutz gestellten Weinanbaugebiets im Nordosten Ungarns, liegt am Fuß der Tokajer Berge (Tokaj-hegyalja), wo Bodrog und Theiß zusammenfließen. Auf rund 5000 ha wachsen rund um das Städtchen die Trauben für den Tokajer Wein (s. Baedeker Special S. 336) – auf vulkanischem Boden und an Hängen, die bis weit in den Spätherbst von der Sonne verwöhnt werden.

*Berühmte Weinstadt

Schon kurz nach der Landnahme im 10. Jh. siedelten sich die Magyaren im Gebiet von Tokaj an. Einer ihrer Anführer ließ hier eine Wallburg erbauen. Die daraus hervorgegangene, für den Salztransport auf der Theiß bedeutsame Burg fiel 1576 den Türken in die Hände. Sie wurde 1604 von den Habsburgern fast vollständig zerstört. Vier Erdbasteien und einige Mauerfragmente sind die einzi-

Geschichte

König der Weine

"Vinum regum, rex vinorum" – Wein der Könige, König der Weine. Eine Auszeichnung wie diese, zumal vom Sonnenkönig Ludwig XIV. ausgesprochen, wird wohl nur wenigen Weinen zuteil. Doch schließlich ist der Tokajer der berühmteste Tropfen des Landes und dementsprechend viele Legenden und Bonmots ranken sich um ihn.

In früheren Jahrhunderten galt er sogar als Medizin. Die für ihre Schönheit berühmte französische Kaiserin Eugénie, Gattin von Napoleon III., schrieb ihr anhaltend jugendliches Aussehen und ihre gute Gesundheit der Tagesration von zwei Glas Tokajer zu – immerhin hatte sie, als sie 1920 starb, das für damalige Verhältnisse biblische Alter von 94 Jahren erreicht. Die Sorte Furmint, aus der Tokajer hauptsächlich besteht (daneben noch Lindenblättriger oder Hárslevelű und etwas Muskat-Lunel oder Sárgamuskotály), wurde einst gegen Blutarmut und Appetitlosigkeit eingesetzt und galt auch als passables Potenzmittel.

Der erste Aszú

Die klassische, weltweit berühmte Variante des Tokajer wurde erstmals in der ersten Hälfte des 17. Jh.s, vermutlich 1631, gewonnen. Der Prediger Máté Szepsi Laczkó gilt als Schöpfer des ersten Aszú. Dieser Ausdruck steht für Beeren, die von der Edelfäule befallen sind und bei der Ernte mit der Hand aus den Trauben ausgebrochen werden – eine mühselige Tätigkeit, die von einigen tausend Arbeitern auf den gut 6000 ha Fläche bewältigt wird. Die geschrumpften Beeren mit konzentrierter Süße werden in kleinen, 25 kg fassenden Bütten (Puttony) gesammelt und dann sanft zu einer breiigen Masse (Maische) zerquetscht. Anschließend erfolgt eine "Vermählung" mit normalem Jungwein in kleinen Fässern (136 l). Je nach Zielsetzung und Jahrgang kommen drei, vier, fünf, selten auch sechs Bütten Aszú-Maische zum Wein. Der Saft wird ein bis zwei Tage umgerührt, damit der natür-

Winzer beim "Ansaugen" des Weins

liche Zucker und die Geschmacksstoffe aus dem edelfaulen Material ausgelaugt werden. Danach werden die Trubstoffe getrennt und der Wein beginnt, in den kleinen Göncer-Fässchen gelagert, langsam zu gären. Bis er die Flaschenreife erreicht hat, vergehen Jahre. Das ungarische Weingesetz verlangt eine Ausbauzeit von zwei Jahren im Fass und zusätzlich so viele Jahre wie Bütten zugesetzt wurden. Das heißt, dass zum Beispiel ein vierbuttiger Aszú sechs Jahre Fassreife hinter sich hat. Die Fässer (gelagert in historischen Kellern unter den Weinbergen) sind dabei einige Monate nur zu dreiviertel gefüllt, da ein gewisser Luftton (Oxidation), ähnlich wie beim Sherry, angestrebt wird.

Aszú Eszencia

Eine besondere Spezialität sind die Aszú Eszencia, mit natürlichen Zucker- und Extraktwerten noch über dem ohnehin seltenen sechsbuttigen Aszú, sowie die Eszencia. Dabei werden edelfaule Beeren in speziellen Bottichen mit Gitterdoppelboden gesammelt. Ohne Pressung, nur durch den Druck des Eigengewichts, sondern sie etwas Saft ab, aus dem ein köstlicher Nektar gewonnen wird. Die Aszú-Weine machen nur etwa zehn Prozent der Tokajer-Produktion aus. Der größere Rest heißt Szamorodni, was in etwa bedeutet "wie gewachsen". Bei diesen Weinen wird das Lesegut nicht selektiert. Je mehr edelfaule Trauben sie enthalten,

Schaurig-schönes Ambiente: In düsteren unterirdischen Kellern und in großen Fässern wird der Tokajer zu seiner Reife gebracht.

desto süßer (édes) wird der gute Tropfen. In weniger guten Jahren fällt er trocken (száraz) aus.

Renaissance des Tokajer

Lange Zeit vernachlässigte man in Ungarn die große Tokajer-Tradition. Nach dem Wegfall des "Eisernen Vorhangs" investierten bedeutende Wein-Unternehmen aus Frankreich, Italien, Spanien, Japan und Deutschland in Tokaj-hegyalja und verhalfen so dem "königlichen Wein" zu einer Renaissance.

Geschichte (Fortsetzung)

gen Überreste dieser Wehranlage. Die Siedlung, seit 1478 mit den Stadtrechten versehen, entwickelte sich zu einem wichtigen Handelszentrum, dem im 17. und 18. Jh. griechische Händler, die vor den Türken flohen, zum Aufschwung verhalfen. Der Weinanbau und Weinhandel nimmt damals wie heute die führende Rolle im wirtschaftlichen Leben der Stadt ein. Auch die Bewohner der Dörfer in der Umgebung von Tokaj leben v. a. vom Weinanbau.

Sehenswertes in Tokaj

*Stadtbild

Im Zentrum von Tokaj gibt es noch einige schöne Gebäude aus dem 17. und 18. Jh., so z. B. das im Zopfstil erbaute Rathaus (Városháza) in der Rákóczi utca 54 (um 1790) und das János-Szapolyai-Palais (Szapolyai János-palota) in der Bem József utca 2, das der russische Zar Peter der Große als Quartier für die Kosaken erwarb, die seinen Weinkeller in Tokaj bewachten. Das stattlichste Gebäude am Ort ist das Rákóczi-Dessewffy-Schloss (Rákóczi-Dessewffy-kastély) in der Bajcsy-Zsilinszky út 15 – 17, ein zweigeschossiger Barockbau aus der Zeit um 1700. Die spätbarocke, griechisch-orthodoxe Kirche (Görögkeleti templom) in der Bethlen Gábor utca 14 präsentiert sich seit 1770 mit einem Turm und sechs Pfeilern an der Vorderfront, die ein Gesims mit Tympanon tragen.

Baedeker TIPP Wild und Wein

Weinproben auf leeren Magen sollte man vermeiden. Hervorragend geeignet für eine Stärkung vorab ist das herzhafte Rehpörkölt im Tokajer Restaurant Toldi (Hajdú köz 2, ☎/FAX 47/35 34 02). Danach schmeckt der Wein bei der Winzerin Katika Erdős (Szerelmi pincesor 11, ☎ 06/209 53 13 83) um so besser.

Tokaj-Museum

Natürlich hat ein Ort wie Tokaj ein Weinmuseum. Es ist im Haus Bethlen Gábor utca 7 untergebracht, das sich um 1790 ein griechischer Kaufmann erbauen ließ. Im Erdgeschoss werden Pflanzen und Tiere der Theiß-Bodrog-Region und typische Berufe der heimischen Bevölkerung vorgestellt. Das Obergeschoss ist sakraler Kunst vorbehalten. Die Exponate im Dachgeschoss und im Gewölbekeller machen den Besucher mit dem Weinanbau vertraut (geöffnet Di. bis So. 10^{00} – 16^{00} Uhr).

*Rákóczi-Keller

Der historische Weinkeller (Rákóczi pince) am Kossuth tér 15 hat 24 unterirdische Gänge und ist 1,5 km lang. Man kann ihn nur im Rahmen einer Weinprobe mit Führung besichtigen.

Umgebung von Tokaj

Tarcal

Der Weinbauort 8 km westlich von Tokaj besitzt ebenfalls einen Rákóczi-Keller mit Weinmuseum. Eine Straße führt von Tarcal auf den 512 m hohen, aussichtsreichen Hausberg Tokaji-hegy.

Mád

Fährt man weitere 9 km in nordwestliche Richtung, so erreicht man den Ort Mád, der ebenfalls für seinen guten Wein bekannt ist.

Weinstädtchen mit Charme: Tokaj ▸

Mád (Fts.)

Sehenswert sind in Mád die spätgotische katholische Kirche, der alte jüdische Friedhof und die Synagoge aus dem Jahre 1771, ein Bauwerk im Zopfstil.

Tállya

9 km hinter Mád und 26 km nordwestlich von Tokaj liegt der Weinbauort Tállya. Hier sollte man einen Blick in die Pfarrkirche St. Ladislaus (Szent László) werfen, die durch ihre kunstvolle barocke Ausstattung besticht. Das Gemälde des linken Seitenaltars mit einer Darstellung des hl. Wendelin, dem Schutzpatron der Hirten, ist ein Werk von Franz Anton Maulbertsch. Am Taufbecken der spätbarocken evangelischen Kirche wurde 1802 Lajos Kossuth getauft, der im 8 km entfernten Dorf Monok das Licht der Welt erblickte (Gedenkmuseum im Geburtshaus).

Vizsoly

Etwa 20 km nördlich von Tallya erreicht man Vizsoly, wo 1590 die erste vollständige ungarische Bibelübersetzung gedruckt wurde. Diese "Vizsolyer Bibel" ist in der mit mittelalterlichen Fresken geschmückten Reformierten Kirche zu besichtigen. Das ausgestellte Exemplar stammt aus der Bibliothek des Reformierten Kollegiums von Sárospatak, das Original wurde bedauerlicherweise 2002 gestohlen.

Tolcsva

Großer Beliebtheit erfreuen sich bei den Ungarn die Weine aus dem 25 km nordlich von Tokaj gelegenen Tolcsva. Der Ort besitzt eine gotische Kirche aus dem 15. Jahrhundert und ein Weinbaumuseum in einem frühbarocken Haus.

Zempliner Gebirge

Das zwischen den Flüssen Hernád und Bodrog aufragende Zempliner Gebirge (Zempléni-hegység) bildet den nordöstlichen Abschluss des Nordungarischen Mittelgebirges. Seine Erhebungen sind vulkanischen Ursprungs. Die höchste unter ihnen, der Nagy-Milic mit 896 m, liegt direkt an der Landesgrenze zur Slowakischen Republik. In dem stufenartigen Gebirge gibt es zahlreiche Obstplantagen und mehrere Weinbaugebiete. Das bekannteste ist Hegyalja, wo die Trauben für die Weine aus Tokaj reifen. Die dichten Wälder bestehen aus Eichen, Buchen und Fichten.

Vác

▶ Donauknie

Velencer See (Velencei-tó) — I 16/17

Komitat: Fejér
Größe: 26 km²

ⓘ siehe Székesfehérvár

S. 377

***Erholungsgebiet und Vogelparadies**

Der wärmste See Europas liegt etwa 45 km südwestlich von Budapest und 15 km östlich von Székesfehérvár am Fuße des Höhenzuges Velence. Er ist 10 km lang und durchschnittlich nur 2,5 km

Bootsanlegeplatz an einem Kanal am Velencer See

Velencer See (Fortsetzung)

breit und bedeckt eine Fläche von 26 km². Wegen seiner geringen Wassertiefe – 120 – 160 cm – erwärmt er sich im Sommer schnell auf 22 – 26 °C. Die verschilfte Umgebung des Sees ist ein idealer Nistplatz für zahlreiche Vogelarten. An der Nordwestseite des Sees wurde deshalb ein Vogelreservat eingerichtet, in dem sich u. a. Silberreiher, Drosselrohrsänger und Lachmöwen wohlfühlen. Angeln, Baden, Segeln und Boot fahren kann man v. a. am flacheren, allerdings auch landschaftlich weniger reizvollen Südufer, wo die Badeorte Gárdony und Agárd liegen. Wegen seiner Nähe zu Budpest und zu Székesfehérvár ist der Velence-See nach dem Balaton bei all jenen sehr beliebt, die gern Urlaub am Wasser machen. Die touristische Infrastruktur wird insbesondere am Südufer kontinuierlich ausgebaut. In Sukoró entsteht zurzeit ein Erlebnispark mit Abenteuer- und Erlebnisbad, der die Attraktivität des Velencer Sees weiter erhöhen soll.

Gárdony, Agárd, Velence

Der Badeort Gárdony, der mit Agárd schon fast völlig zusammengewachsen ist, zählt heute knapp 8000 Einwohner. Agárd ist der größte Erholungsort am See, die Anlegestelle der fahrplanmäßig verkehrenden Schiffe und gleichzeitig der größte Segelhafen. Gäste finden hier auch ein modernes Thermalbad. Der wichtigste Ferienort am Nordufer ist Velence, das zwei Schiffshäfen, mehrere Freibäder und neben anderen Sporteinrichtungen eine Wassersportschule und eine 2300 m lange Strecke für Kajak-, Kanu- und Segelregatten besitzt.

Umgebungsziele

Im Rahmen von Tagestouren kann man vom Velencer See einige interessante Ausflugsziele ansteuern, allen voran ▶ Székesfehérvár, die beeindruckende Römersiedlung Tác-Gorsium-Herculia und Martonvásár mit dem Schloss Brunswick. Von der Gemeinde Suko-

Velencer See, Umgebung (Fts.)

ró führt der Weg zur höchsten Erhebung dieses "Gebirges", auf den 352 m hohen Meleg-hegy (Meleg-Berg), von wo der Blick über den See hinaus über Székesfehérvár bis zu den Ausläufern des Bakonywaldes schweifen kann. Pákozd, auch mit dem Schiff zu erreichen, hat sich in die Annalen der ungarischen Geschichte eingeschrieben: Hier wurde am 29. September 1848 die erste Schlacht des Freiheitskampfes ausgetragen. Die aus Soldaten, Angehörigen der Nationalgarde und Aufständischen aus dem Volk bestehenden Truppen zwangen das Heer der Habsburger zum Rückzug. Ein Denkmal auf dem Berg Mészeg-hegy über dem Schlachtfeld erinnert an den siegreichen Tag.
Die Kapelle nahe dem Obelisk ist seit den 1990er-Jahren eine Gedenkstätte für die fast 200 000 im Januar und Februar 1943 in der Sowjetunion gefallenen ungarischen Soldaten.

Veszprém (Veszprim) — K 12

Komitat: Veszprém
Höhe: 260 m ü. d. M.
Einwohnerzahl: 63 000

ⓘ Vár utca 4, 8200 Veszprém, ☎/FAX (88) 40 45 48
veszprem@tourinform.hu

S. 377 S. 387

*"Stadt der Königinnen"

Die Hauptsehenswürdigkeit der Komitatshauptstadt ist schon von weitem zu sehen: die auf dem schmalen Felssporn des Burgberges thronende alte Bischofsstadt, die zu den schönsten Architekturensembles in Ungarn zählt. Doch nicht nur sie, auch die Nähe zum ▶ Balaton, der nur 15 km entfernt ist, und zum reizvollen Bakonywald begünstigten Veszpréms Entwicklung zu einem Fremdenverkehrsort. Die Universität und eine Reihe wissenschaftlicher und kultureller Einrichtungen machen Veszprém zu einer auch außerhalb der Reisezeit lebendigen Stadt. Im 10. Jh. befand sich Veszprém im Besitz der Árpáden. König Stephan I. erhob kurz nach 1000 den Ort zum Bischofssitz. Seinem Neffen Besprem, den er als Gespan einsetzte, verdankt die Stadt ihren Namen. In dem Palast, den Stephan errichten ließ, residierten vornehmlich seine Frau Gisela und nach ihr eine Reihe späterer Königinnen, die vom Bischof von Veszprém gekrönt wurden – deshalb auch der Beiname "Stadt der Königinnen". Die Blütezeit während der Renaissance wurde durch die Türkenkriege beendet. Nachdem die Habsburger die Stadt zurückerobert hatten, sprengten sie die Burg, um den Freiheitskampf der Ungarn zu zerschlagen. Durch den Wiederaufbau im 18. Jh. erhielt die Stadt ihr neues Gesicht im Stil des ungarischen Zopfstilbarock. Im Zweiten Weltkrieg erlitt Veszprém schwere Schäden.

Sehenswertes in Veszprém

*Óváros tér

Direkt unterhalb der Burg liegt der von hübschen Bürgerhäusern umgebene, verkehrsberuhigte Platz mit dem modernen Millenniumsdenkmal und ein paar netten Cafés, die im Sommer auch

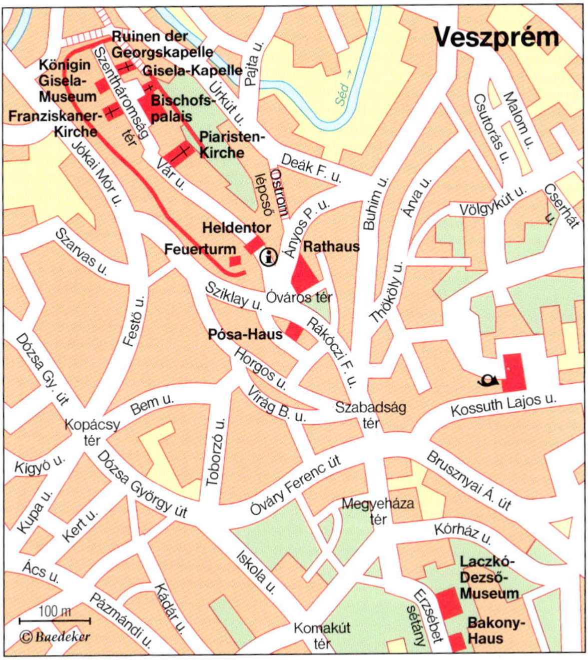

Tische draußen aufstellen. Besonders auffällig ist neben einigen Jugendstilhäusern mit ungewöhnlich feinem und wenig volkstümlichem Dekor das so genannte Pósa-Haus (Nr. 3) im Zopfstil von 1793. Am Beginn der zur Burg führenden Vár utca steht der 48 m hohe Feuerturm, dessen oberer Teil aus dem 19. Jh. stammt.

Óváros tér (Fortsetzung)

****Burgviertel, Heldentor, Feuerturm**

Das auf einem schmalen Dolomitfelsen angelegte, von einer Mauer umgebene Burgviertel ist in seiner Geschlossenheit ein eindrucksvolles Kunstdenkmal. Dort, wo der Hang etwas flacher abfällt, liegt der durch ein Tor gesicherte Zugang von der Bürgerstadt auf die Bischofsburg, die von dem schlanken Feuerturm überragt wird. Die mittelalterliche Bebauungsstruktur mit nur einer Straße (Vár utca) in der Mitte des Burgberges blieb erhalten, die Gebäude stammen überwiegend aus dem 18. und 19. Jahrhundert. An der Stelle des alten Burgtores wurde 1936 das neoromanische Heldentor (Hősök kapuja) errichtet. Im Erdgeschoss hat heute die Stadtinformation ihren Sitz, und über der Tordurchfahrt macht ein kleines Museum mit der Geschichte des Burgviertels bekannt (geöffnet Mai – Okt. Di. – So. 10⁰⁰ bis 18⁰⁰ Uhr).

Baedeker TIPP Feuer!

Nein, um das Entdecken eines Brandes geht es heute natürlich nicht mehr, wenn man den Feuerturm besteigt, schon eher um die herrliche Aussicht auf Veszprém. Das Wahrzeichen der Stadt ist vom 15. März bis Ende Okt. 10⁰⁰ – 18⁰⁰ zugänglich.

Ehemaliges Gymnasium und Kirche der Piaristen

Schon nach wenigen Metern fällt der große Gebäudekomplex des ehemaligen Piaristengymnasiums auf der rechten Straßenseite auf. Die Wandnischen an der Fassade sind mit Fresken ausgemalt. An das Gymnasium aus der zweiten Hälfte des 18. Jh.s schließt unmittelbar die Kirche an, die 1836 in klassizistischem Stil erbaut wurde.

Dubniczay-Haus

Ein besonders elegantes Barockgebäude ist das 1751 erbaute Domherrenhaus Vár utca 29. Über dem Eingang des Hauses wölbt sich ein Korbbogen, darüber ist eine dreieckige Giebelfläche mit zwei Engeln zu sehen. Die Rückseite des Hauses stößt an die Burgmauer, wo das einzige Burgrondell aus dem Mittelalter erhalten ist

Das barocke Bischofspalais und der Dom beherrschen das Panorama der Altstadt von Veszprém.

***Bischofspalais**

Wo die schmale Vár utca sich zu einem Platz weitet, erhebt sich rechter Hand, an der Stelle des mittelalterlichen Königinnenpalastes, das Bischofspalais (1765/1776), für das der viel beschäftigte Jakob Fellner die Pläne lieferte. Das Schema barocker Schlösser aufgreifend, legte er dem Gebäude einen U-förmigen Grundriss zugrunde, bei dem zwei Seitenflügel einen Ehrenhof umschließen. Die talseitige Fassade erhält durch den vorspringenden Mittelrisalit mit Loggia im Erdgeschoss und Balkon im Obergeschoss den Charakter einer repräsentativen Schauseite.

****Gisela-Kapelle, Propstpalais**

Etwas versteckt zwischen dem Bischofspalast und dem Propstpalais liegt das kunsthistorisch bedeutendste Baudenkmal Veszpréms, die so genannte Gisela-Kapelle (Gizella-kápolna). Sie wurde um 1230 erbaut und diente dem Bischof sowie den hier residierenden Königinnen (keinesfalls aber Königin Gisela, der sie ihren Namen verdankt) als Privatkapelle. Das Obergeschoss der Kirche wurde beim Bau des Bischofspalastes abgetragen, die Fassade des Erdgeschosses barock verkleidet. Der kleine Kirchenraum besitzt ein schönes, ursprünglich wohl bemaltes Kreuzrippengewölbe mit bemerkenswerten Schlusssteinen. An der Nordwand wurden Fresken aus der Entstehungszeit der Kapelle freigelegt. Sie zeigen sechs je paarweise angeordnete Apostel – schwebende Figuren, deren Darstellung byzantinische Einflüsse vermuten lässt (geöffnet Mai – Okt. Di. – So. 10 00 – 17 00 Uhr).

Gisela-Kapelle, Propstpalais (Fts.)

Durch die Gisela-Kapelle mit dem Bischofspalast verbunden ist das ebenfalls von Fellner entworfene Propstpalais mit seiner schönen Zopfstilfassade.

Franziskanerkirche

Die Westseite des Platzes nimmt die schlichte Franziskanerkirche (Ferences templom) ein. Das Gotteshaus aus der Zeit um 1730 brannte 1909 ab und wurde durch einen Neubau ersetzt, dessen neoromanische Fassade auf den gegenüberliegenden Dom Bezug nimmt. Das angrenzende Ordenshaus von 1776 reicht bis zur Westmauer des Burgbergs. Das dortige Kirchenkunstmuseum des Bistums Veszprém, auch als Königin-Gisela-Museum bekannt, besitzt neben anderen liturgischen Schätzen ein kostbares Messgewand aus dem Jahr 1480. Im Refektorium beachte man das schöne Schnitzwerk und die Stuckverzierungen (Vár utca 35, geöffnet Mai – Okt. tgl. 9 00 – 17 00).

St.-Michaelsdom

Nach Norden schließt der Dom den Platz ab. Er steht auf den Grundmauern einer von König Stephan I. gestifteten und 1001 erstmals erwähnten Bischofskirche, die mehrfach zerstört wurde. Durch den letzten Umbau 1907/1910 erhielt sie ihr neoromanisches Aussehen. Von den früheren Bauphasen sind der spätgotische Chor von 1380/1400, das gotische Gewölbe der Krypta und die Grabmäler der hier beigesetzten Bischöfe und Königinnen erhalten.

St.-Georgskapelle, Stephan und Gisela

Nördlich des Doms sind die Mauerreste der St.-Georgskapelle zu besichtigen (Szent György-kápolna romjai; geöffnet Mai – Okt. Di. bis So. 9 00 – 17 00 Uhr). Über einer Rundkapelle aus dem frühen 11. Jh. entstand in der zweiten Hälfte des 13. Jh.s eine oktogonale Kapelle, die Bischof Albert Vetési um 1450 zu seiner Grablege umgestaltete. Am Ende der Vár utca bietet sich von der Aussichtsplattform mit den beiden überlebensgroßen Figuren des heiligen Stephan und seiner Gemahlin Gisela auf der Balustrade (1938) ein schöner Blick auf Veszprém und das Umland.

Stadttheater

Kaum zu verfehlen, da an der Óváry út, der Hauptdurchgangsstraße, gelegen, ist das städtische Theater, ein eigenwilliges Jugendstilgebäude. István Medgyaszay, ein Schüler des Wiener Jugendstilarchitekten Otto Wagner, baute es 1908.

Laczkó-Dezső-Museum

Im Laczkó-Dezső-Museum in der Nähe des Megyeház tér (Erzsébet sétány 1) erfährt man Wissenswertes über die Geschichte des Komitats. Direkt neben dem Museum steht ein kleines Bauernhaus, das Bakony-Haus, mit dem charakteristischen Laubengang und einer originalen Einrichtung.

Zoo (Állatkert)

Unter dem 50 m hohen Viadukt über dem Tal des Séd erstreckt sich auf einer Fläche von 100 ha der Tierpark von Veszprém. Eine seiner Besonderheiten ist das große Vogelhaus, wo die Vögel frei zwischen den Besuchern umherfliegen.

Umgebung von Veszprém

*Bakony

Der bedeutendste Teil des Transdanubischen Mittelgebirges ist der Bakony, auch Bakonywald genannt. Er erstreckt sich nördlich des Balaton bis zur Kleinen Tiefebene und reicht im Nordosten bis zum Vértes-Gebirge. Auch das parallel zum Nordufer des Balaton verlaufende Balatoner Oberland sowie das angrenzende Keszthelyer Gebirge gehören zum Bakony. Die höchste Erhebung des 4000 km^2 großen Waldgebietes ist der 704 m hohe Kőris unweit der Stadt Zirc. Eigentlich besteht der Bakony aus zwei Teilen: dem südlichen mit der größten Stadt des Mittelgebirges, der Komitatshauptstadt Veszprém, sowie den Städten Várpalota und Sümeg und dem nördlichen, auch Hoher oder Alter Bakonywald genannt.

Baedeker TIPP Den Bakony entdecken

Dazu lädt diese ausführliche und sehr informative Website ein: www.vpmegye.hu/turist/tematik/bakony/bakonyde.htm. Es werden die wichtigsten Orte im Bakony vorgestellt und sogar zwei Wanderungen genau beschrieben.

Veszprém

Herend K 11

**Porzellanmanufaktur

In Herend, einem Dorf 13 km nordwestlich von Veszprém, kommen vor allem Freunde von schönem und teurem Porzellan auf ihre Kosten, denn hier steht seit 1826 die zweitälteste Porzellanmanufaktur Ungarns (nach Telkibánya). Zwar besitzt die Manufaktur in einigen Städten Ungarns Filialen, doch nur in Herend gibt es neben der Möglichkeit zum Einkauf auch eine Schaumanufaktur und ein hochinteressantes und sehr informatives Porzellanmuseum. Die Geschichte von Herend ist eine Erfolgsgeschichte, seit 1839 Mór Fischer das Unternehmen übernahm. Durch ihn wurde Herend innerhalb weniger Jahrzehnte in aller Welt bekannt. Die englische Königin Victoria bestellte sich in Herend ein mit Schmetterlingen und Blüten verziertes, von der chinesischen Porzellanmalerei inspiriertes Tafelservice. Das “Victoria-Muster” wurde zu einem der beliebtesten Herender Dekore und wird bis heute verwendet.

Die Porzellanmanufaktur ist seit der Einweihung ihres großzügigen Neubaukomplexes hervorragend auf Besucher eingerichtet. In dem wuchtigen Gebäude mit Klinkerverkleidung sind Verkaufsraum, Café und Restaurant Apicius sowie die Minimanufaktur untergebracht. In der Minimanufaktur (geöffnet Mai bis Okt. tgl. 9^{00} bis 17^{30}, sonst bis 16^{30} Uhr; www.porcelanium.com) wird im Rahmen einer Führung der Herstellungsprozess anschaulich vermittelt. Der Geschichte des Herender Porzellans und seiner verschiedenen Dekore ist das dahinter, neben den alten Farbrikgebäuden gelegene Museum gewidmet (www.muzeum.herend.com; gleiche Öffnungszeiten wie oben). Anhand ausgewählter Stücke erhält der Besucher einen Überblick über die Entwicklung der künstlerischen

Meisterwerke der Porzellankunst, informativ und einladend präsentiert, erwarten den Besucher im Museum der Manufaktur von Herend.

Herend (Fortsetzung)

Strömungen in der Porzellanherstellung, aber auch spannende Hintergrundinformationen über Auftraggeber sowie über die Herkunft einzelner Dekore. Detaillierte Beschriftungen (in ungarisch, englisch und deutsch) ergänzen die eindrucksvolle und sehr geschmackvoll präsentierte Ausstellung.

Nagyvázsony L 11

*Ortsbild

Das Dorf an den südlichen Ausläufern des Bakonywaldes und am Fuße des 600 m hohen Kab-Berges ist wegen seines hübschen Ortsbilds ein beliebtes Ausflugsziel im Hinterland des Balaton, sowohl von Veszprém (ca. 25 km in südwestliche Richtung) als auch von Balatonfüred (20 km nordwestlich) nur wenig entfernt.

*Kinizsi-Burg

In Nagyvázsony steht eine verhältnismäßig gut erhaltene Festung, die im frühen 15. Jh. um einen Wohnturm herum gebaut wurde. Im Jahre 1472 schenkte sie König Matthias I. zusammen mit den umliegenden Ländereien dem aus Nagyvázsony gebürtigen Pál Kinizsi, der sich als siegreicher Anführer des königlichen Heeres große Verdienste erworben hatte. Kinizsi ließ die Feste in ihrer heutigen Form ausbauen. Mitte des 17. Jh.s gingen Burg und Dorf in den Besitz der Grafenfamilie Zichy über. Die Kaisertreue der Zichys bewahrte die Burg vor der Zerstörung durch die habsburgischen Truppen zu Beginn des 18. Jh.s.
Durch das äußere Torrondell und eine Brücke über dem Wassergraben gelangt man ins Innere der Burg. Dort erhebt sich der 28 m

Kinizsi-Burg (Fortsetzung)

hohe gotische Wohnturm mit Verließen im unteren Teil. Die oberen Stockwerke mit Räumen für die Burgbesatzung, einem Rittersaal und Wohnräumen für die Burgherrin wurden ihrer früheren Bestimmung entsprechend wieder hergestellt und mit Renaissance-Möbeln bestückt (Burgmuseum). In der Burgkapelle im Nordwesten ruht unter einer Grabplatte aus rotem Marmor der erste Burgherr Pál Kinizsi. Sein Grab befand sich ursprünglich in dem von ihm gestifteten Paulinerkloster, von dem Mauerreste am nördlichen Ortsrand zu sehen sind. Im Gewölbe unter der Burgkapelle ist ein Lapidarium untergebracht.

Freilichtmuseum, Postmuseum

In der Vár utca 1 steht ein typisches Laubenganghaus aus dem Jahr 1825. Hier werden Möbel, Haushaltsgegenstände und Zeugnisse der lokalen Geschichte gesammelt und gezeigt. Zu besichtigen sind des Weiteren ein Stall, ein Keller und eine Scheune. Vor dem Gebäude gegenüber wurden früher die Pferde der Postkutsche gewechselt, die von Buda über Fehérvár und Veszprém nach Tapolca unterwegs war. Heute ist hier ein kleines, aber nicht uninteressantes Postmuseum (Postamúzeum) eingerichtet.

Bei der grundlegenden Renovierung Mitte des 18. Jh.s erhielt die Zisterzienserkirche in Zirc auch ihren barocken Freskenschmuck, ein Werk von Franz Anton Maulbertsch.

St.-Stephanskirche

Die um 1400 errichtete katholische Pfarrkirche der mittelalterlichen Siedlung ließ Pál Kinizsi um 1480 im gotischen Stil erneuern. Aus dieser Bauphase stammen der polygonale Chor, die kreuzgewölbte Sakristei und das Netzgewölbe des Schiffs. Ihr barockes Gepräge erhielt die Kirche um 1740, als die Grafen von Zichy die Wiederherstellung des schwer beschädigten Gotteshauses veranlassten.

Das barocke Palais aus dem 18. Jh. an der Durchgangsstraße weist bereits klassizistische Züge auf. Die Vorderfront schmückt ein von vier ionischen Säulen getragener Tympanon, der die symmetrische Ausrichtung des Gebäudes betont.

Nagyvázsony (Fortsetzung), Schloss Zichy

Zirc

I 12

Zirc, 20 km nördlich von Veszprém, wird hauptsächlich wegen der mächtigen Zisterzienserabtei besucht, die 1182 von König Béla III. gegründet und mit Mönchen aus Clairvaux besetzt worden war. Die Klosterkirche (Rákóczi tér 1) wurde 1739 – 1753 im Stil des Spätbarock erneuert, die beiden 45 m hohen Fassadentürme erst 1854 hochgezogen. Hervorzuheben ist die großartige Ausstattung: Gemälde – darunter der Hochaltar – und Fresken von Franz Anton Maulbertsch sowie ein reich verziertes Chorgestühl und eine ebenfalls barocke Kanzel.

*Zisterzienserkloster

1732 bis 1854 wurden an die Kirche die heutigen Konventsgebäude angebaut. Unbedingt besichtigen sollte man dort die Bibliothek. Die fünf mit Intarsien-Fußböden und Schränken des Zircer Schreiners Michael Wild ausgestatteten Säle enthalten eine als Denkmal geschützte Sammlung mit 60 000 Bänden und vielen wertvollen Raritäten, darunter ein Wiegendruck von Schedels Weltchronik (geöffnet Di. – So. 9[00] – 12[00], 14[00] – 16[00] Uhr). Im Kloster gibt es weiterhin ein naturkundliches und volkskundliches Museum. Hinter dem Klosterkomplex (Damjanich utca) dehnt sich der ehemalige botanische Garten der Abtei aus, heute ein schöner Park mit z. T. seltenen Baumarten.

**Bibliothek

Visegrád

▶ Donauknie

Zalaegerszeg

L/M 5/6

Komitat: Zala
Höhe: 156 m ü. d. M.
Einwohnerzahl: 63 000

ⓘ Kossuth utca 17 – 19, 8901 Zalaegerszeg, ☎/FAX (92) 31 61 60
zalaegerszeg@tourinform.hu

🛏 S. 377 ✕ S. 388

Zalaegerszeg liegt knapp 40 km nordwestlich von Keszthely im "Göcsej", einer sanft gewellten Hügellandschaft im südwestlichen Transdanubien. Für Reisende, die vom Grenzübergang Heiligenkreuz kommend in Richtung Plattensee unterwegs sind, bietet sich Zalaegerszeg als Zwischenstopp an. Die Komitatshauptstadt, die sich aufgrund der Erdölförderung in der Umgebung zu einem Industriestandort entwickelte, besitzt ein interessantes, jüngst erweitertes Freilichtmuseum.

Stadt im Göcsej

Allgemeines (Fortsetzung)

Der im Jahr 1247 erstmals urkundlich erwähnte Ort war im 16. und 17. Jh. militärisches Zentrum der umliegenden Festungen im Kampf gegen die Türken. Nach dem Ende der Türkenherrschaft verlor die Stadt an Bedeutung, und der wirtschaftliche Aufschwung im 19. Jh. blieb aus, da die Stadt erst um 1885 an das Eisenbahnnetz angeschlossen wurde. Erst als man in der Umgebung auf Erdölvorkommen stieß, ging es mit Zalaegerszeg wieder bergauf.

Sehenswertes in Zalaegerszeg

Széchenyi tér und Szabadság tere

Das Ortszentrum liegt links und rechts der Durchgangsstraße (Nr. 76) um Széchenyi tér und Deák Ferenc tere. Einige Fassaden aus der Zeit des späten 19. Jh.s wechseln sich hier ab mit modernen Gebäuden. Von Keszthely kommend auf der rechten Seite der Durchgangsstraße steht die zweitürmige barocke Pfarrkirche Maria Magdalena, die zwischen 1750 und 1760 gebaut und 1826 nach einem Brand wiederhergestellt wurde. Der neobarocke Prachtbau des Hotels Arany Bárány auf der anderen Straßenseite wurde 1893 von János Brenner errichtet. Aus der gleichen Zeit stammt das benachbarte Archiv, Széchenyi tér 3, das 1891 im Stil der Neorenaissance erbaut wurde. Der schöne Barockpalast am Szabadság tér (Nr. 7) bei der Pfarrkirche entstand 1730 – 1732 nach Plänen des Wiener Baumeisters Franz Allio.

Göcsej-Museum

Das Göcseji Múzeum ist in einem lang gestreckten Jugendstilgebäude ca. 50 m nördlich der Pfarrkirche, in der Batthyány utca 2, untergebracht (geöffnet Di. – Fr. 9^{00} – 17^{00} Uhr). Seine reichhaltige Sammlung umfasst hauptsächlich Alltagskultur und Folklore der Region Göcsej, zu der 70 Gemeinden des Komitats Zala gehören. Weiterhin ist hier der Nachlass des 1884 in Zalaegerszeg geborenen Bildhauers Zsigmond Kisfaludy Stróbl zu sehen.

Dísz tér

Der Széchenyi-Platz geht nach Süden über in die Kossuth Lajos utca, die Hauptgeschäftsstraße von Zalaegerszeg – mit ihren überwiegend modernen Gebäuden nicht gerade attraktiv, aber mit gutem Einkaufsangebot. Am quadratischen Dísz tér empfiehlt sich ein Besuch im Café Gerő, wo man im Sommer auch draußen sitzen kann (▶ Praktische Informationen, Restaurants und Cafés).

***Göcsej-Dorfmuseum und Finno-ugrischer Ethnopark**

Das Freilichtmuseum (Göcseji Falumúzeum) liegt am Nordwestrand der Stadt an einem toten Arm der Zala und ist ausgeschildert mit “Skanzen”. Etwa 50 Originalbauten wurden hier aufgestellt: Bauernhäuser, Weinkeller, Scheunen, Schmieden, Kornspeicher, eine Schnapsbrennerei und ein Glockenstuhl sowie verschiedene originalgroße Hausgiebel. Alle Bauten, die mit Mobiliar bzw. Geräten und Werkzeugen ausgestattet sind, bestehen aus Holz und tragen ein Schilf- oder Strohdach.

Im Sommer 2001 wurde das Freilichtmuseum erweitert durch den so genannten Finno-ugrischen Ethnopark, der sich noch im Aufbau befindet. Dokumentiert werden soll die traditionelle Lebensweise

Hier wird man in längst vergangene Zeiten zurückversetzt: ▶ Weiß getünchte, reetgedeckte Bauernhäuser mit Laubengängen und Blumengärten im Freilichtmuseum von Zalaegerszeg.

Dorfmuseum (Fts.)

der Völker, die – ebenso wie die Ungarn – zur Finno-ugrischen Sprachfamilie gehören, so z. B. die Finnen, die an der Wolga lebenden Mari oder die in Sibirien beheimatete Volksgruppe der Mansi. Bei den meisten dieser Kulturen, deren gemeinsame Grundsprache im 3. Jahrtausend v. Chr. zerfiel, waren Fischfang und Jagd die Haupterwerbsquellen. Freilichtmuseum und Finno-ugrischer Volkskundepark sind Juni – Aug. Di. – So. 10^{00} – 18^{00}, Sept./Okt. und April/Mai 10^{00} – 16^{00} Uhr geöffnet.

Museum der ungar. Ölindustrie

Direkt neben dem Dorfmuseum gibt es noch das Museum der ungarischen Ölindustrie (Magyar Olajipari Múzeum) mit einem Bohrturm, Pumpen und anderem Gerät.

Umgebung von Zalaegerszeg

Egervár

Im 10 km nördlich von Zalaegerszeg gelegenen Egervár beeindruckt das ursprünglich aus der Renaissance stammende Schloss. Die Grafen Nádasdy ließen 1540 – 1569 einen vierflügeligen Bau errichten, der 1712 von den Grafen Széchenyi barock umgestaltet wurde. Heute ist das Schloss eine Jugendherberge.

Körmend

Die 12 000 Einwohner zählende Kleinstadt liegt 27 km nordwestlich von Zalaegerszeg. Das Gebiet war schon kurz nach der Landnahme bewohnt. Die an der Kreuzung wichtiger Handelsstraßen entstandene Siedlung wurde 1244 zur Stadt erhoben. Zu Beginn des 17. Jh.s baute sich in Körmend die Grafenfamilie Batthyány inmitten ihrer Ländereien ihren Wohnsitz, was der Stadt zu einem großen Aufschwung verhalf.

Schloss

Das Schloss (Liszt Ferenc utca) ging aus einer Burg aus dem 13./14. Jh. hervor. Im 17. Jh. ließen die Batthyánys die Burganlage zu einem Barockschloss erweitern und umgestalten. Eine barocke Fassade mit klassizistischen Anklängen und ein weiteres Geschoss erhielt das Gebäude im 18. Jahrhundert. Ein Teil des Schlosskomplexes ist zugänglich und beherbergt ein Museum mit lokalgeschichtlichem Material und Stücken aus der Sammlung der Familie Batthyány. Der 49 ha große Schlosspark wurde im 18. Jh. nach französischen Vorbildern gestaltet.

Szentgotthárd (St. Gotthard), *Pfarrkirche

Knapp 30 km westlich von Körmend kommt man in den Grenzort Szentgotthárd mit einer sehenswerten Pfarrkirche, die 1748/1764 nach Plänen von Franz Anton Pilgram als Klosterkirche der Zisterzienser erbaut wurde. Die eintürmige Fassade besticht durch die Klarheit der großen Formen und ihren leicht konkaven Schwung; auch der Innenraum ist zu monumentaler Einheitlichkeit gesteigert. Von den Gewölbefresken verdient vor allem das von Stephan Dorffmeister gemalte (1784) im ersten Joch Beachtung. Dargestellt ist die Schlacht bei Szentgotthárd (1664), in der die habsburgischen Truppen einen entscheidenden Sieg über ein übermächtiges türkisches Heer erringen konnten. Die Altargemälde und das Deckenbild im zweiten Joch stammen von dem Zisterziensermönch Mathias Gusner.

Hévíz

▶ dort

Őrség (Wart) L 2/3

*Nationalpark Őrség

Die abwechslungsreiche, hügelige Waldlandschaft im Dreieck zwischen Körmend im Norden, Zalaegerszeg im Osten und der ungarisch-österreichischen Grenze im Westen wurde 2002 als Nationalpark ausgewiesen. Nicht nur im Hinblick auf seine Landschaft, auch als ethnografische und kulturelle Region ist der Őrség interessant. Ein Teil dieser Gegend, die so genannte Oberwart, fiel nach dem Friedensvertrag von Versailles 1920 an Österreich. Die Bevölkerung dieses Grenzgebietes leistete den ungarischen Herrschern schon im 10. und 11. Jh. Wachdienste, woraus sich wohl der Landschaftsname "Wart" (= Wache) ableitet. Für diese freiwilligen Dienste wurde sie mit Privilegien und größerer Eigenständigkeit belohnt.

Traditionelle Architektur

Charakteristisch für die Wart sind Kleinstsiedlungen, Häusergruppen oder Weiler, im Ungarischen "szer" genannt, die eine Kette von Grenzposten bildeten. Die meist aus Holz gebauten, mit einem weit vorkragenden Walmdach gedeckten Wohnhäuser und Stallungen gruppierten sich um einen Hof und bildeten einen wirksamen Schutz gegen Räuber und Wölfe. In vielen Dörfern der Wart sind Beispiele für diese Siedlungsform und in traditioneller Bauweise errichtete Wohnhäuser erhalten.

Pityerszer

in Szalafő, 5 km nordwestlich von Őriszentpéter, wurden ein paar Häuser zu dem sehenswerten Museumsdorf Pityerszer vereint. In Farkasfa, weitere 6 km nordwestlich, gibt einen hölzernen Glockenturm, wie er für die Region typisch ist, und ein paar Blockhäuser zu sehen. Ein besonders schönes Beispiel für einen frei stehenden Kirchturm findet man in Pankasz, 7 km östlich von Őriszentpéter.

Velemér

Im südlichen Teil der Őrség, 17 km südlich von Őriszentpéter, an der ungarisch-slowenischen Grenze, lohnt das kleine Dorf Velemér wegen der schönen Kirche aus dem 13. Jh. einen Besuch. Das Innere schmücken gut erhaltene Fresken des österreichischen Malers Johann Aquila aus dem Jahr 1378. Die geschwungenen Konturen der Figuren und die weichen Gesichtszüge weisen auf den so genannten Internationalen Stil hin, der sich um 1400 in der europäischen Malerei und Plastik durchsetzte. An der nördlichen Mauer hat sich der Meister auch selbst verewigt.

Praktische Informationen

Praktische Informationen von A bis Z

Anreise

Mit dem Flugzeug

Non-Stop-Flugverbindungen nach Budapest bestehen täglich von Berlin, Düsseldorf, Frankfurt/Main, Hamburg, München, Stuttgart, Wien und Zürich. Die Flugzeit von Frankfurt am Main nach Budapest beträgt ca. 1 1/2 Stunden. Der internationale Budapester Flughafen Ferihegy liegt rund 25 km außerhalb des Stadtzentrums. Der Terminal 2A ist den Maschinen der ungarischen Fluggesellschaft Malév vorbehalten, Terminal 2B ist für die Flugzeuge ausländischer Fluggesellschaften bestimmt. Airport-Minibusse befördern die Fluggäste zur angegebenen Adresse im Budapester Stadtgebiet. Diese Sammeltaxis sind wesentlich günstiger als herkömmliche Taxis und nahezu gleich bequem und schnell. Am nicht zu verfehlenden Schalter in der Ankunftshalle löst man einen Fahrschein und gibt die gewünschte Adresse an. Nach einer Wartezeit von max. 30 Min. ist eine Route für mehrere Fahrgäste zusammengestellt; mit etwas Glück wird man als Erster am Zielort abgesetzt. Für die Rückfahrt zum Flughafen können die Minibusse telefonisch bestellt werden (☎ 296-85 55; ☎/FAX 296-89 93). Sie verkehren täglich von 5⁰⁰ bis 22⁰⁰ Uhr bzw. bis zur letzten Flugankunft / bis zum letzten Abflug.

Flüge an den Balaton

Für Urlauber, die an den Balaton fahren, gibt es eine Alternative zur Anreise über Budapest: Vom 20. April bis 19. Oktober fliegt die Chartergesellschaft Eurowings jeweils Sonntags ab Berlin/Tegel, Frankfurt/Main, Leipzig, Dortmund und Stuttgart direkt nach Sármellék, einem Flughafen 11 km südlich von Héviz und 15 km vom Balaton entfernt. Vom 3. November bis 17. April jeweils Do. und So. fliegt Germanwings ab Köln/Bonn nach Wien/Schwechat. Von dort gibt es einen Transfer nach Héviz.

Auskunft Flughafen Ferihegy

Ankünfte: ☎ (1) 296 80 00
Abflüge: ☎ (1) 296 70 00

Fluggesellschaften

Austrian Airlines
Flughafen Ferihegy
☎ (1) 296 06 60
www.aua.com

Lufthansa
Flughafen Ferihegy
☎ (1) 292 19 70
www.lufthansa.com

Malév
Flughafen Ferihegy
Terminal 2A: ☎ (1) 296 71 79
Terminal 2B: ☎ (1) 296 75 44
www.malev.hu

◂ **Synonym für die Würze der ungarischen Küche: der rote Paprika**

Swiss International Air Lines
Flughafen Ferihegy
☎ (1) 290 77 12
www.swiss.com

Auskunft Balatonflüge

BalatonAir
H-8623 Balatonföldvár
☎ (30) 944 30 96
www.balatonairport.de

Mit der Bahn

Ungarn ist gut mit der Bahn erreichbar, da so gut wie alle alle großen Städte des Landes an das Streckennetz angebunden sind. Die meisten Züge aus Deutschland, Österreich und der Schweiz kommen am Budapester Ostbahnhof (Keleti pályaudvar) bzw. am Südbahnhof (Déli Pályaudvar) an. Von West- und Süddeutschland aus führen die günstigsten Bahnverbindungen über Nürnberg, Passau, Linz und Wien bzw. über Stuttgart, München, Salzburg, Linz und Wien. Viele Bahntouristen aus Nord- und Ostdeutschland reisen über Berlin, Dresden, Prag und Bratislava in die ungarische Hauptstadt. Von der Schweiz kommt man am schnellsten über Bregenz, Innsbruck und Wien nach Budapest.

Bahnauskunft

Deutsche Bahn
www.reiseauskunft.bahn.de
☎ 11861

Ungarische Staatsbahn MÁV
☎ (1) 461 55 00 (auch deutsch)
www.mav.hu
Reiseplaner im Internet:
elvira.mavinformatika.hu

Mit dem Bus

Viele Busreiseveranstalter bieten mehrtägige Ausflüge nach Ungarn an. Die meisten Busreisen beinhalten Ausflüge nach Budapest und zum Balaton (Plattensee). Die Autobusse der Deutschen Touring-Gesellschaft fahren das ganze Jahr über von verschiedenen deutschen Städten – u. a. Köln, Düsseldorf, Frankfurt/Main, Stuttgart, München) – nach Budapest und Győr, im Sommer auch nach Siófok (Balaton). Die Fahrtzeit von Frankfurt nach Budapest liegt bei etwa 14 Stunden. Ganzjährig unterhält die Volánbusz AG / Deutsche Touring GmbH eine Busverbindung zwischen mehreren Städten in Deutschland, Österreich sowie der Schweiz und Budapest.

Volánbusz/Deutsche Touring

Reservierung in Budapest
Volánbusz
IX. Üllői út 131
☎ (1) 219 80 80
www.volan.hu

Reservierung in Deutschland
Deutsche Touring GmbH
Am Römerhof 17
D-60486 Frankfurt am Main
☎ (069) 790 32 51
FAX (069) 790 32 09
www.deutsche-touring.com

Mit dem Auto

Am einfachsten erreicht man Ungarn von Westdeutschland und von der Schweiz aus über Österreich. Der schnellste Weg nach Budapest und in den Norden und Osten des Landes führt ab Wien über die österreichische Autobahn A 4 bis zum Grenzübergang Nikkelsdorf bzw. Hegyeshalom. Von dort nimmt man dann die ungari-

Anreise mit dem Auto (Fts.)

sche Autobahn M 1. Urlauber aus Ostdeutschland können auch über Dresden, die Autobahn D 1 (Prag – Brno/Brünn), die Autobahn D 2 (Brno/Brünn – Bratislava/Pressburg) und den Grenzübergang Rajka knapp 20 km nordwestlich von Mosonmagyaróvár einreisen. Für die Anfahrt in das westliche und südliche Ungarn gibt es die Alternativroute über Linz nach Graz (E 57) und von dort ein Stück auf der A 2 Richtung Wien bis Fürstenfeld, wo man die Autobahn verlässt und nach knapp 30 km bei Heiligenkreuz bzw. Rábafüzes die Grenze passiert.

Mit dem Schiff

Von Anfang April bis Anfang November verkehren täglich Tragflügelboote zwischen Wien (Anlegestelle: Reichsbrücke/Mexikoplatz) und Budapest (Anlegestelle: Belgrád rakpart). Die Fahrzeit beträgt von Wien nach Budapest, also stromabwärts, rund 5 Stunden, stromaufwärts rund 6 Stunden.

Schifffahrtsgesellschaft

Mahart Tours Budapest
V., Belgrád rakpart
Int. Anlegestelle
☎ (1) 318 17 04
FAX (1) 318 77 40
www.mahart.hu

Flusskreuzfahrten

Von Mitte März bis Ende Oktober sowie in der Zeit um Weihnachten und Neujahr verkehren zwischen Passau bzw. Wien und der ungarischen Hauptstadt Budapest mehrere sehr komfortabel ausgestattete Flusskreuzfahrtschiffe. Auskünfte in allen Reisebüros.

Ärztliche Hilfe (Orvosok)

Notruf

Im ganzen Land: ☎ 104
In deutscher Sprache: ☎ (1) 311 16 66

Medizinische Versorgung

Erste Hilfe und Notfallambulanz werden grundsätzlich unentgeltlich geleistet. Die Kosten für einen Rücktransport übernehmen die Krankenversicherungen generell nicht. Vor allem bei längeren Aufenthalten im Land empfiehlt sich daher der Abschluss einer privaten Auslandskrankenversicherung.

Apotheken

Medikamente sind in Ungarn meist nur mit Rezept in der Apotheke erhältlich. Apotheken (Patika, Gyógyszertár) sind in der Regel Mo.–Fr. $8^{00}18^{00}$, manche auch bis 20^{00}, und Sa. 8^{00}–14^{00} Uhr geöffnet. In Budapest gibt es ein paar Apotheken, die 24 Stunden geöffnet sind (Teréz krt 41, ☎ 1/311 44 39, Frankel Leó u. 22, ☎ 1/212 44 06 und Alkotás út. 1/B, ☎ 1/355 46 91)

Auskunft

Im Internet

www.hungarytourism.hu
Die offizielle Webseite des Fremdenverkehrsamtes in Ungarn: sehr informativ und gut zu benutzen, mit vielen Links und praktischen Tipps

Auskunft (Fortsetzung)

www.ungarn-tourismus.de
Offizielle Webseite des Fremdenverkehrsamtes in Deutschland

www.ungarnaktuell.de
Ein interessanter und aktueller Mix aus Tagespolitik, Kultur, Wirtschaft und Szenenachrichten – kurzum eine spannende Lektüre für die Zeit vor dem Urlaub

www.ungaro.de
Webseite der Ungarn-Community mit privaten Tipps und Erfahrungsberichten

www.travelport.hu
Online-Buchung von Hotels, Campingplätzen und Pensionen

www.budapester.hu
Tagesgeschehen und Hintergrundberichte gut lesbar aufbereitet: die Online-Ausgabe der deutschsprachigen Budapester Zeitung. Im Leserforum kann man sich austauschen und Tipps einholen.

www.malev.de
Webseite der ungarischen Fluggesellschaft mit Flugplänen und Möglichkeit zum Online-Buchen

In Deutschland

Ungarisches Tourismusamt
D-10178 Berlin
Neue Promenade 5
☎ (030) 24 31 46-0
FAX (030) 24 31 46 13

D-60313 Frankfurt
An der Hauptwache 11
☎ (069) 92 88 46-0
FAX (069) 92 88 46 13

D-80637 München
Dom-Pedro-Straße 17
☎ (089) 12 11 52 30
FAX (089) 12 11 52 51

☎ (018 05) 14 01 50
Servicetelefon der Tourismusämter für Reiseauskünfte (0,12 €/Minute)

In Österreich

Opernring 5, 2. Stock
A-1010 Wien
☎ (01) 585 20 12 13
FAX (01) 585 20 12 15
htvienna@hungarytourism.hu

In der Schweiz

Stampfenbachstr. 78
CH-8035 Zürich
☎ (01) 361 14 14
FAX (01) 361 39 39
htzurich@hungarytourism.hu

In Ungarn

Ungarisches Tourismusamt
(nur schriftliche Anfragen)
1364 Budapest, Pf. 215
FAX (1) 266 74 77
info@budapestinfo.hu

Autohilfe

Pannenhilfe

Der ungarische Automobilclub MAK (Magyar Autóklub) unterhält rund um die Uhr einen landesweiten Pannendienst. Bei Vorlage des ADAC-Plus-Serviceheftes kann die Hilfe des MAK kostenlos in Anspruch genommen werden. Bei Anforderung von Abschleppfahrzeugen sollten ADAC-Mitglieder auf Fahrzeuge des MAK bestehen. An den Autobahnen sind alle 2 km Notrufsäulen aufgestellt.

Notruf

▶ Notrufe

Baden

Balaton und Badeseen

Das beliebteste Badereiseziel in Ungarn ist der Balaton (Plattensee), wo sich ein Strand an den anderen reiht. Meistens handelt es sich dabei um Liegewiesen mit einem betonierten Einstieg oder mit Stegen ins Wasser. Die meisten Strände gibt es am Südufer, wo das Wasser sehr flach und deshalb für Familien mit kleinen Kindern sehr geeignet ist. Die Wasserqualität wird regelmäßig geprüft. Baden kann man auch am Neusiedler See, am Velencer See und im Theißsee, der sich zu einer viel besuchten Erholungsregion entwickelt hat. In Donau und Theiß sollte man nicht schwimmen, denn sie sind mit Schadstoffen aus Industrie und Landwirtschaft belastet. Dies gilt besonders für die Donau im Großraum Budapest. Dafür entstanden in den letzten Jahren in der Umgebung einiger größerer Städte Badeseen mit Umkleidekabinen und Gastronomie, so z. B. Veresegyház 20 km nordöstlich von Budapest, der Achilles-Park 6 km südlich von Győr, der Orfű-See bei Pécs oder Sóstó im Norden von Nyíregyháza.

Strandfürdő

Die Bezeichnung ist leicht irreführend für Menschen, die kein Ungarisch sprechen: “Strandfürdő” bedeutet nicht Strand oder Strandbad, sondern einfach “nur” Freibad!

Thermalbäder

▶ Heilbäder

Bahn

Streckennetz

Budapest ist mit seinen drei großen Bahnhöfen der wichtigste Verkehrsknotenpunkt des ungarischen Eisenbahnnetzes. Bereits im Jahre 1846 verkehrte eine Eisenbahn zwischen Pest und Vác, das damals Waitzen hieß. 1850 war die Strecke Pest – Wien fertig gestellt, und 18 Jahre später wurden die Ungarischen Staatseisenbahnen (MÁV) ins Leben gerufen. Das heutige, 7400 km lange ungarische Streckennetz wird von InterCity-, Schnell- (gyorsvonat) und Regionalzügen (személyvonat) befahren.

Auskunft

MÁV
Budapest
Andrássy út 35
☎ (1) 322 80 82.

Informationen über Fahrkarten sowie Abfahrtszeiten erhält man auch am Süd-, Ost- und Westbahnhof von Budapest.

Auskunft in Deutschland
Reiseservice der
Deutschen Bahn AG
☎ (018 05) 99 66 33
www.reiseauskunft.bahn.de

Fahrpreise

Verglichen mit den Tarifen in Deutschland ist das Bahnfahren in Ungarn sehr preiswert. So kostet z. B. die Hin- und Rückfahrkarte für die Strecke Budapest – Debrecen umgerechnet ca. 15 € (2. Klasse). Kinder bis zum vollendeten 4. Lebensjahr fahren gratis, im Alter von 5 bis 10 Jahren bekommen sie 50% Ermäßigung. Im Rahmen des Euro-Domino-Programms dürfen an 3 – 8 Tagen innerhalb eines Monats beliebig viele und beliebig weite Fahrten zu einem Festpreis unternommen werden. Jugendliche bis 26 Jahre haben Anspruch auf einen Preisnachlass.

Bahn (Fortsetzung)

Schmalspurbahnen und Nostalgiezüge

In Ungarn gibt es noch 21 Schmalspurbahnen. Sie verkehren in den schönsten Regionen des Landes auf einer Gesamtlänge von 380 km. Bei einigen, so z. B. bei der in Balatonfenyes und in Nagycenk, kann der Reisegast gegen einen geringen Aufpreis sogar Lokomotivführer spielen. Am Balaton verkehrt zwischen Ende Juni und Ende August von Dienstag bis Samstag zwischen Keszthely und Badacsonytomaj ein 100-jähriger Zug mit Dampflokomotive. Von Ende April bis Ende September startet immer samstags vom Budapester Westbahnhof ein Nostalgiezug ins Donauknie (www.kisvasut.hu).

Behindertenhilfe

Behindertengerechte Einrichtungen sind in Ungarn noch nicht sehr weit verbreitet. Die Ausstattung der öffentlichen Gebäude, Restaurants und Einkaufszentren ist nur in den erst kürzlich eröffneten oder in jüngster Zeit komplett renovierten Einrichtungen als behindertengerecht zu bezeichnen.

Auskunft

BSK-Reise-Service
Reisedienst des Bundesverbands Selbsthilfe Körperbehinderter, Postfach 20
D-74236 Krautheim
☎ (062 94) 42 81-0
www.bsk-ev.de

Bundesarbeitsgemeinschaft der Clubs Behinderter und ihrer Freunde
Eupener Str. 5
D-55131 Mainz
☎ (061 31) 22 55 14

Verband aller Körperbehinderten Österreichs
Lützowgasse 24–28
A-1014 Wien
☎ (01) 911 32 25 und 94 55 62

Mobility International Schweiz
Hard 4
CH-8408 Winterthur
☎ (052) 222 68 25
www.mis-infothek.ch

Botschaften

▶ Diplomatische und konsularische Vertretungen

Camping und Caravaning

In Ungarn gibt es rund 440 Campingplätze und jährlich kommen neue Plätze dazu. Die Preise für Übernachtungen sind nicht mehr so niedrig wie in früheren Jahren, dafür hat sich der Standard bei einigen Plätzen auch erhöht. Im Hinblick auf die sanitären Einrichtungen sind allerdings immer noch viele Anlagen verbesserungswürdig. Auf den meisten Plätzen kann man auch Wohnwagen und Wohnmobile abstellen, auf einigen sogar Wohnwagen oder einfa-

Camping und Caravaning (Fts.)

che Campinghütten mieten. Da die Campingplätze während der Saison (Mai – Oktober) sowie an den Wochenenden gut besucht sind, empfiehlt es sich in der Hauptreisezeit, bereits im Voraus einen Platz zu buchen. Campen auf freiem Gelände ist untersagt. Campingplatzverzeichnisse erhält man bei den beiden u. g. Adressen sowie bei den ungarischen Fremdenverkehrsämtern (▶ Auskunft).

Auskunft

Magyar Camping és Caravaning Club (MCCC)
Mária u. 34/II.
H-1085 Budapest
☎ (1) 267 52 55
FAX (1) 267 52 54

Magyar Kempingek Szakmai Szövetsége
Porcsinrózsa u. 81
H-2030 Érd
☎ / FAX (23) 37 41 00
www.camping.hu
camping@axelero.hu

Klassifizierung

Die meisten ungarischen Campingplätze sind in Kategorien eingeteilt und durch Sterne klassifiziert, die angeben, ob die Plätze gewissen Mindestanforderungen (*) genügen bzw. über einfache (**), komfortable (***) oder sehr gute (****) Ausstattungen verfügen. Die meisten Campingplätze mit Komfort und guter Ausstattung findet man um den Balaton, in der Nähe der Heilbäder sowie im Großraum Budapest/Donauknie.

Diplomatische und konsularische Vertretungen

Ungarische Vertretungen

Ungarische Botschaft
Markgrafenstraße 36
D-10117 Berlin
☎ (030) 20 31 01 00
FAX (030) 229 13 14

Außenstelle in Bonn, Generalkonsulate in München und Stuttgart

Ungarische Botschaft
Bankgasse 4 – 6
A-1010 Wien
☎ (01) 533 26 31
FAX (01) 535 99 40

Ungarische Botschaft
Muristr. 31,
CH-3006 Bern
☎ (031) 44 85 72
FAX (031) 43 20 01

Vertretungen in Ungarn

Deutsche Botschaft
Úri utca 64 – 66
H-1014 Budapest
☎ (1) 488 35 00
FAX (1) 488 35 05
www.deutschebotschaft-budapest.hu

Österreichische Botschaft
Benczúr utca 16
H-1068 Budapest
☎ (1) 351 6700
FAX (1) 352 87 95
www.austrian-embassy.hu

Schweizer Botschaft
Stefánia út 107
H-1143 Budapest
☎ (1) 460 70 40
FAX (1) 384 94 92
www.eda.admin.ch/budapest

Einkaufen und Souvenirs

Souvenirs

Die besten Einkaufsmöglichkeiten gibt es immer noch in Budapest (▶ Reiseziele von A bis Z, S. 109 ff.) – obwohl hier wiederum alles etwas teurer ist als in der Provinz, und das Preisniveau durchaus mit anderen europäischen Großstädten mithalten kann. Um Souvenirs zu kaufen, muss man allerdings nicht in die Hauptstadt, denn die findet man überall dort, wo Touristen erwartet werden. Landestypische Mitbringsel wie z. B. Blusen aus Kalocsa, Porzellan aus Herend, Porzellan und Keramik aus Pécs (Zsolnay) oder rustikale Töpferware aus Tihany bekommt man nicht nur dort, wo sie hergestellt werden, sondern nahezu im ganzen Land.
Da die Ungarn durchaus auch Essen und Trinken genießen können, kann man auch einige kulinarische Souvenirs empfehlen – angefangen bei der deftigen ungarischen Salami (insbesondere die traditionsreichen Marken "Herz" und "Pick"), dem Marillenschnaps aus Kecskemét (Kecskeméti barackpálinka) oder den zu Trockengestekken zusammengebundenen Paprikaschoten bis zum ungarischen Wein, vor allem der berühmte "Tokajer" und das "Erlauer Stierblut" aus der Umgebung von Eger.

Die blaugrundigen rustikalen Töpferwaren von der Halbinsel Tihany knüpfen an die bäuerliche Keramikkunst an.

Reiseproviant

Außer den Supermärkten der internationalen Handelsketten gibt es in Ungarn auch noch viele Tante-Emma-Läden, doch Obst und Gemüse kauft man nach wie vor am besten auf den Märkten. Lebensmittel heißen "élelmiszer". An westlichen Grenzübergangsstellen sind scharenweise Verkaufsstände zu finden, wo man vom eingemachten Gemüse über Zwetschgenschnaps (der landesweit beliebte "szabolcsi szilvapálinka" stammt aus dem Nordosten Un-

Einkaufen und Souvenirs (Fts.)

garns) bis zu Kürschnerprodukten und Zigaretten fast alles bekommt. Handeln lohnt sich, denn die Preise sind hier für Touristen von vornherein etwas höher angesetzt als in den Geschäften.

Antiquitäten

Ungarn gilt immer noch als Antiquitätenfundgrube. Es gibt private und staatliche Antiquitätenläden; Letztere erkennt man an der Abkürzung BÁV. Das Angebot reicht vom Kupferstich bis zu gut erhaltenem Mobiliar aus der k.-u.-k.-Zeit. Vorsicht ist jedoch geboten, da oft auch Diebesgut, Repliken oder Fälschungen als Antiquitäten angeboten werden. Wer Gegenstände von künstlerischem Rang sowie Antiquitäten von hohem Wert ausführen will, muss die Zusage der zuständigen Museen einholen. Auskunft erteilt das Amt für Kulturerbschutz (Kulturális Örökségvédelmi Hivatal), 1053 Budapest, Magyar u. 40, ☎ (1) 266 00 27/15 83.

Tax Free Shopping

Wer als ausländischer Tourist in Ungarn Waren erwirbt, kann sich die Mehrwertsteuer bei der Ausreise zurückerstatten lassen, sofern der Warenwert mindestens 50 000 Forint beträgt. Diese Regelung gilt nicht für Antiquitäten und Kunstgegenstände. Für die Steuerrückerstattung benötigt man die Originalrechnung, auf der die Mehrwertsteuer ausgewiesen sein muss, und ein vom jeweiligen Geschäft ausgefülltes Mehrwertsteuer-Rückerstattungsformular. Nach Vorlage der Rechnungen und der Formulare bekommt man die Mehrwertsteuer in den IBUSZ-Reisebüros am Flughafen, am Westbahnhof, an der Schiffsanlegestelle Belgrád rakpart sowie an allen Straßengrenzübergängen zurück. Ob diese Regelung nach dem Beitritt Ungarns zur EU entfällt, war bei Redaktionsschluss noch nicht geklärt.

Elektrizität

Das ungarische Stromnetz führt eine Wechselspannung von 220 Volt. Adapter sind nicht erforderlich.

Essen und Trinken

Küche mit vielen Einflüssen

Das Karpatenbecken war seit eh und je ein Schmelztiegel der unterschiedlichsten Kulturen. Diese Vielfalt hat auch in der Küche des Landes Spuren hinterlassen, die sowohl Einflüsse der österreichischen und kroatischen als auch der slowakischen und sogar der türkischen Küche verrät.

Alles in allem lieben es die Ungarn schmackhaft, deftig und kalorienreich. Fleisch steht im Mittelpunkt der ungarischen Küche und wird gerne gegrillt oder mit dunklen Soßen auf der Basis einer Mehlbrenne und mehligen Beilagen wie Nockerln oder Knödeln verzehrt. Gemüse, auch heimisches wie beispielsweise Gurken oder Paprika, wird fast immer eingelegt und auch für den Salat zum Erstaunen vieler Gäste nicht frisch verwendet. Bleiben noch die herrlichen süßen Mehlspeisen wie Palatschinken oder gefüllte Strudel, bei denen ebenfalls an "hochkarätigen" Zutaten nicht gespart wird. Dazu kommt, dass die Portionen in den Restaurants meistens so groß ausfallen, dass man mit etwas weniger Appetit zu zweit davon satt werden kann – im Zeitalter des Schlankheitskultes ein liebenswerter Anachronismus.

Suppen

Als Vorspeise wird meistens eine Suppe serviert. Die ungarischen Suppen spielen in der Esskultur des Landes eine durchaus relevante Rolle. In den meisten Fällen werden sie mit einer Mehlschwitze – einem Gemisch aus Fett, Mehl und Paprikapulver – zubereitet und mit Knödeln, Nockerln oder winzigen Teigstücken, sog. csipetke, angereichert. Auch süße Suppen aus Sauerkirschen beispielsweise gehören ins Vorspeisenrepertoire. Weit mehr als nur eine Vorspeise ist die Fischsuppe (Halászlé). Sie wird oft aus mehreren Fischarten wie Karpfen oder Wels zubereitet, mit diversen Gemüsearten, Zwiebeln, Weißbrotstückchen und etwas saurer Sahne verfeinert und mit Paprika abgeschmeckt.

Hauptspeisen

Im Alltag begnügt man sich am Mittagstisch einer kleinen Gaststätte nach der Suppe mit einem zweiten Gang. Man darf nicht verwundert sein, wenn der bestellte Salat, der hier als Ergänzung des Hauptgerichts aufgefasst wird, erst zusammen mit der panierten Hähnchenkeule serviert wird. Ein guter Aperitif ist auch in Ungarn willkommen. Schon von einem Schluck Kecskeméti barackpálinka oder Szatmári szilva (Marillen- bzw. Zwetschgenschnaps) wird die Bauchspeicheldrüse in herzhafter Weise mobilisiert. Eine der beliebtesten Vorspeisen ist die mit Hackfleisch gefüllte Hortobágyer Palatschinke. Zum Hauptgang gibt es meist Fleisch – so etwa das berühmte Gulasch, das bei den Ungarn allerdings Pörkölt heißt. Unter der Bezeichnung Gulasch verstehen die Ungarn einen gut gewürzten Eintopf auf der Basis einer Rindfleischbrühe, die nach dem ungarischen Rinderhirt Gulyás benannt wurde. Dem Pörkölt sehr ähnlich ist das Tokány, gedünstetes Rindfleisch mit einer dikken und gut gewürzten Soße, verfeinert mit einem Schuss Wein. Bei der Zubereitung beider Speisen wird in der Regel saure Sahne verwendet, die den Soßen einen cremigen Charakter verleiht. Nahrhafte, kaloriengesättigte Speisen, die, wie Pörkölt und Tokány, mit Paprika gewürzt sowie mit Sahne verfeinert werden, lassen sich unter dem Begriff Paprikás subsumieren. Ebenfalls beliebt ist das Paprikahuhn (Paprikás csirke galuskával). Die Geflügelstücke werden dabei in Schweineschmalz und mit Zwiebeln, Paprika und Tomaten geschmort und mit Knoblauch, Kümmel und Majoran gewürzt.

Krautspeisen

Als Hauptgang kommt auch der Klausenburger Krautauflauf (Kolozsvári rakott káposzta) auf den Tisch, bei dem Kraut mit Wurst, Speck, Hackfleisch, Reis, Tomaten und Paprikaschoten geschichtet und gebacken wird. Eine andere Krautvariante ist das Szeklerkraut mit Sauerrahm, auch Székler Gulasch genannt nach dem Schriftsteller und Archivar József Székely.

Fisch

Die ungarischen Gewässer sind sehr fischreich, deshalb finden sich verschiedene Süßwasserfische auch nahezu überall auf der Speisekarte. Eine Spezialität der Balaton-Region ist der Fogas, der Balaton-Zander.

Süßspeisen

Strudel, mit Quark gefüllt und mit Puderzucker bestäubt, Schomlauer Nockerln oder Dobos' Torte – die ungarischen Desserts sind alle eine Verführung! Jede noch so kleine Gaststätte hat den wohl berühmtesten Nachtisch auf der Karte: Palatschinken mit Obst und/oder Eis gefüllt oder als Gundel-Palatschinken mit Nussfüllung

Essen und Trinken (Fortsetzung)

und Schokoladensauce. Beim Kaffee bevorzugen die meisten Ungarn den Mokka, dessen Verbreitung auf die türkische Besatzungsperiode zurückgeht.

Wein (bor)

Die Weinbautradition reicht in Ungarn bis in die Römerzeit zurück. Die wichtigsten Weinbaugebiete des Landes sind Sopron, Mór, Balaton (Plattensee), Eger, Tokaj, Szekszárd, Pécs, Villány und die Tiefebene. In vielen Budapester Kellerlokalen kann man eine ganze Reihe dieser Weine verkosten.

Tokajer

▶ Baedeker Special S. 336

Spirituosen, Bier

Berühmt und begehrt sind die ungarischen Obstschnäpse, insbesondere der Barack, ein Marillen- bzw. Aprikosenschnaps, der Szilva (Zwetschgenschnaps) und der Kirschgeist. Neben heimischen Bieren werden in Ungarn in zunehmendem Maße auch ausländische, insbesondere österreichische und deutsche Biere ausgeschenkt.

Feiertage

1. Januar: Neujahr
15. März: Nationalfeiertag zum Gedenken an den Freiheitskampf 1848
März/April: Ostern (Ostermontag)
1. Mai: Tag der Arbeit
Mai/Juni: Pfingsmontag
20. August: Stephanstag; Staatsfeiertag mit großem Feuerwerk in Budapest
23. Oktober: Tag der Republik (Tag des Volksaufstands von 1956 und der Ausrufung der Republik 1989)
1. November: Allerheiligen
25./26. Dezember: Weihnachten

Ferienwohnungen und Privatzimmer

Allgemeines

Beinahe in ganz Ungarn, vor allem aber in den wichtigsten Fremdenverkehrsregionen – d. h. in Budapest, im Donauknie und am Balaton – kann man Ferienhäuser, -wohnungen und Privatzimmer mieten. Obwohl auch hier die Preise in den vergangenen Jahren angehoben wurden, sind diese Unterkünfte meist billiger als Übernachtungen im Hotel.
Privatzimmer sind in der Regel einfach ausgestattet, aber sauber. Oft handelt es sich um Zimmer, die von der Gastfamilie während der Saison für Besucher geräumt werden.

Auskunft, Kataloge

Ferienhaus-, Ferienwohnungs- und Fremdenzimmerkataloge erhält man von den örtlichen Fremdenverkehrsämtern sowie vom ungarischen Fremdenverkehrsamt (▶ Auskunft) in Budapest und in den Dependancen in Deutschland, Österreich und der Schweiz.

Dorftourismus

In Deutschland heißt es “Ferien auf dem Land”, in Italien “Agriturismo”, in Ungarn “Dorftourismus”. Das Interesse an dieser Form der Ferien und die Zahl der Unterkünfte nehmen zu.

Ferienwohnungen und Privatzimmer (Fortsetzung)

Dorftourismus

Zentrum für Dorftourismus
Falusi Turizmus Centrum
Dohány utca 86, 1074 Budapest
☎ (1) 343 41 30
FAX (1) 321 43 96
www.falutur.hu

Pensionen in Budapest

Panzió Centrum
Szarvas Gábor u. 24
☎ (1) 200 88 70
FAX (1) 200 88 69
E-Mail: pansiocentrum@mail.matav.hu

Buchung im Internet

www.ungarnurlaub.hu
Hier kann man Ferienhäuser in ganz Ungarn buchen.

www.travelport.hu
Rund 800 Ferienhäuser und Privatzimmer sind hier registriert.

Flugverkehr

Allgemeines

Ungarn ist durch Linienflüge großer Fluggesellschaften an das internationale Luftliniennetz angeschlossen. Die nationale Fluggesellschaft MALÉV fliegt weltweit mehr als 40 Städte an, darunter auch viele europäische. Da Ungarn ein verhältnismäßig kleines Land ist und auch über ein dichtes Bahnnetz verfügt, kommt dem Inlandflugverkehr de facto keine Bedeutung zu. Auskunft über inländische Fluggesellschaften und den Lufttaxi-Service zu abgelegenen, aber touristisch bedeutsamen Orten erteilt das Budapester Tourinform-Büro (▶ Auskunft). Regionalflugplätze, die regelmäßig angeflogen werden, gibt es in Sármellék (Balaton), in Miskolc, Debrecen, Győr, Szeged und Pécs.

Flugauskunft

▶ Anreise

Geld

Währung

Das ungarische Zahlungsmittel ist der Forint (Ft. bzw. HUF). Im Umlauf befinden sich Münzen im Wert von 1, 2, 5, 10, 20, 50 und 100 Forint sowie Banknoten im Wert von 200, 500, 1000, 2000, 5000, 10 000 und 20 000 Forint.

Devisenbestimmungen

Pro Person dürfen maximal 350 000 Forint in beliebiger Stückelung ein- bzw. ausgeführt werden. Dies ist zugleich der Höchstbetrag für gemeinsam reisende Familien. Andere Währungen können unbeschränkt eingeführt werden. Jedoch empfiehlt es sich, größere mitgeführte Werte bereits bei der Einreise zu deklarieren. Fremdwährungen dürfen bis zu einem Gegenwert von 100 000 Forint bzw. in der Höhe der deklarierten Einfuhr ausgeführt werden.

Geldwechsel

In Ungarn darf nur an offiziellen Stellen Geld gewechselt werden, d. h. in Filialen von Banken und Sparkassen, auf Postämtern, an Hotelrezeptionen sowie in Wechselstuben. Belege über den offiziellen Umtausch ausländischer Währungen sind aufzubewahren; sie müssen bei der Ausreise auf Verlangen der Zollbehörde vorgelegt werden. Abgeraten wird vom illegalen Geldwechsel auf der Straße. Es

Geld (Fortsetzung)

ist von Vorteil, erst im Land selbst ungarische Forint zu kaufen, da der Wechselkurs dort wesentlich günstiger ist als im Ausland. Vermeiden sollte man auch den Rücktausch von Forint im Heimatland, da dies mit kursbedingten Verlusten verbunden ist.

Wechselkurse

1 € = 263 HUF	100 HUF = 0,38 €
1 sfr = 170 HUF	100 HUF = 0,58 sfr

Kreditkarten

Banken, größere Hotels, Restaurants der gehobenen Kategorie, Autovermieter sowie die vornehmlich von Touristen frequentierten Geschäfte und Warenhäuser akzeptieren gängige Kreditkarten wie Eurocard, Visa, American Express, Diners oder Carte Blanche.

Geldautomaten

In der ganzen Stadt sind Geldautomaten installiert, an denen man mit einer gängigen Kredit- oder Bank-Karte in Verbindung mit der Geheimnummer Bargeld abheben kann. Die Automaten sind mit mehrsprachigen Hinweisen versehen.

Kartenverlust

Wer eine Kredit- bzw. Bank-Karte verloren hat, sollte sich unverzüglich mit der jeweiligen Kreditkartenorganisation bzw. der die Karte ausgebenden Bank in Verbindung setzen. Bei Verlust der Bank-Karte kann man auch den zentralen Annahmedienst für Verlustmeldungen von Bank-Karten in Frankfurt am Main informieren; Karte und Konto werden dann sofort gesperrt (☎ 0 18 05/02 10 21).

Öffnungszeiten der Geldinstitute

Die Filialen der ungarischen Banken und Sparkassen sind in der Regel Mo. – Fr. 8^{00} – 16^{30} Uhr geöffnet. Einige Banken schließen freitags bereits um 13^{00} Uhr.

Heilbäder

Allgemeines

Ungarn ist das Land der Thermalquellen. Das bezieht sich ganz besonders auf Budapest (▶ Baedeker Special S. 142), wo die Dichte an Bädern nahezu unübertroffen sein dürfte, aber auch auf dem Land sprudeln zahlreiche Heilquellen. In den 35 Badeorten des Landes (und natürlich auch in den Bädern und Kurhotels in Budapest) werden die heißen Quellen für unterschiedlichste Kuranwendungen genutzt. Mehr und mehr stellen sich die Kurorte aber auch auf Wellnessurlauber und Familien ein – z. B. durch ein erweitertes Sport- und Fitnessangebot und angegliederte Erlebnisbäder, die sich auch bei den "kleinen" Besuchern großer Beliebtheit erfreuen. In rund 30 weiteren Orten gibt es kleinere Bäder mit Thermal- bzw. Heilwasser. Das Ungarische Fremdenverkehrsbüro gibt eine Broschüre zum Thema "Kur- und Wellnessangebote" heraus. Nachfolgend die größten Heilbäder außerhalb von Budapest.

Westungarn

Der berühmteste Kurort in Westungarn ist Hévíz, in direkter Nähe zum Plattensee, mit Europas größtem Thermalsee. In dem schwefelhaltigen, leicht radioaktiven Wasser (38 °C) kann man fast das ganze Jahr über baden, aber auch die Moorerde aus dem See wird für Anwendungen genutzt. Die Auswahl an Unterkünften in Hévíz ist groß – von Pensionen bis zu exklusiven Fünf-Sterne-Hotels ist alles vertreten. Nicht weit entfernt von Hévíz, etwa 30 km südlich, liegt inmitten einer sanft gewellten Landschaft Bad Zalakaros. Das

Thermalwasser mit einem hohen Gehalt an Natriumchlorid, Jodid, Bromid und Hydrogenkarbonat tritt mit einer Temperatur von 96 °C aus der Erde und gehört damit zu den heißesten Quellen Europas. Mehrere Außen- und Innenbecken laden zum Baden ein. 23 km östlich von Szombathely liegt das Burgstädtchen Sárvár. Die Landschaft um Sárvár ist idyllisch, reich an Wald und Gewässern. Die zwei Heilquellen des Kurortes enthalten hauptsächlich Natriumchlorid, Hydrogenkarbonat und Spurenelemente. Knapp 30 km nordwestlich erreicht man den viel besuchten Badeort Bükfürdő. Das kalzium-, magnesium-, hydrogenkarbonat-, fluor- und kohlensäurehaltige Wasser wird bei Rheuma und Erkrankungen der Bewegungsorgane angewendet. Ein großes Freizeitbad ist dem Heilbad angeschlossen. Ganz im Süden von Westungarn, in der Nähe von Pécs, gibt es noch ein Heilbad: Harkány mit einer 62 °C warmen schwefelhaltigen Thermalquelle.

Heilbäder (Fortsetzung)

Nordungarn

Mit drei großen Heilbädern wartet der Norden des Landes auf. Die schwefelhaltigen und radioaktiven Heilquellen des Barockstädtchens Eger im Bükk-Gebirge werden im Fall von rheumatischen Beschwerden empfohlen. Die Besonderheit des Kurortes Miskolctapolca ist das Thermalbad in einer Felsenhöhle. Der Kurort liegt trotz seiner Nähe zu Miskolc in einer herrlichen waldreichen Umgebung. Das kohlensäure-, jod- und schwefelhaltige Thermalwasser der Kleinstadt Mezőkövesd am Fuße des Mittelgebirges hat bei Gelenkentzündungen, Verschleißerscheinungen und rheumatischen Erkrankungen heilende Wirkung.

Süden und Osten

Das Heilbad in Debrecen wurde in den letzten Jahren zu einem modernen Badezentrum mit mehreren Thermal- und Schwimmbekken, davon fünf im Freien, ausgebaut. In der weitläufigen Burganlage des Kurstädtchens Gyula befindet sich auch das Thermalbad mit einer 70 °C warmen, jod- und bromhaltigen Quelle. Um die bitumenhaltige Thermalquelle von Hajdúszoboszló, jenseits der Theiß, entstand in den letzten Jahren ein großes Heil- und Freizeitbad. Das Heilwasser von Hajdúszoboszló soll besonders bei Gelenkentzündungen helfen – deshalb nennt sich der Kurort auch "Mekka der Rheumakranken".

Hotels und Pensionen

Breites Angebot

Informationen über Unterkünfte in Ungarn findet man im Internet u. a. unter www.hungarytourism.hu, wo mehr als 3000 Hotels, Pensionen, Campingplätze, Jugendherbergen und Privatzimmer registriert sind. Die gewählte Unterkunft kann man mit Hilfe des deutschsprachigen "Hungarian Central Reservation Systems" auch online reservieren. Eine komplette Übersicht über alle Unterkünfte findet man auch im jährlich aktualisierten Unterkunftsverzeichnis des ungarischen Fremdenverkehrsamtes (s. Auskunft).

Preise und Kategorien

Grundsätzlich können die Hotelpreise innerhalb einer Kategorie stark differieren. Insgesamt liegen sie – von Budapest abgesehen – noch unter dem Niveau in Westeuropa. Die offizielle Besternung reicht von 5 Sternen (Luxushotels) bis 1 Stern (sehr einfache Unterkünfte). Bei Pensionen gibt es keine Stern-Kategorisierung. Die in

Preise und Kategorien

Klammer gesetzten Sterne sind als Anhaltspunkt für das Preisniveau zu verstehen. Durchschnittliche Hotel- und Pensionspreise in Euro für ein Zweibettzimmer mit Bad (in der Regel mit Frühstück):

	Hotel auf dem Land/in Budapest	Pension auf dem Land/in Budapest
*****	ab 80 €/ab 120 €	
****	50 – 160 €/80 – 200 €	
***	30 – 80 €/40 – 120 €	20 – 50 €/20 – 100 €
**	20 – 40 €/20 – 60 €	10 – 50 €/15 – 60 €

Hotels und Pensionen

Baja

Pension Country House (***)
Petőfi-sziget
Március 15. sétány 20
☎ (79) 32 65 85
FAX (79) 42 21 34; 6 Z.
Das gut ausgestattete Gästehaus liegt am Fluss, in einer erholsamen Umgebung.

Balaton

*****Blaha Lujza**
Balatonfüred, Blaha Lujza út 4
☎ (87) 581210, FAX (87) 58 12 19
www.hotelblaha.hu; 22 Z.
Das klassizistische Gebäude, das einst der Sängerin Blaha Lujza gehörte, ist heute ein familiäres Mittelklassehotel mitten in Balatonfüred.

*****Flamingo**
Balatonfüred, Széchenyi u. 16
☎ (87) 58 10 60
FAX (87) 34 33 18
www.flamingohotel.hu; 90 Z.
1995 eröffnetes Haus direkt am See (Zimmer z. T. mit Seeblick) mit eigenem Strand, Sauna und Restaurant. Zimmer mit allem Komfort.

Gombás Kuria (***)
Balatonfüred, Arácsi utca 94
☎ / FAX (87) 34 00 80, 9 App.
Im oberen, alten Ortsteil von Balatonfüred gelegenes, charmantes Landhaus im traditionellen Stil.

******Marina-Port**
Balatonkenese, Kikötő u. 2 – 4
☎ / FAX (88) 48 14 53
www.yacht.hu; 74 Z.

Direkt am Jachthafen gelegenes Haus, das nach Totalrenovierung jugendlich daherkommt. Eigener Strand, Zimmer hübsch möbliert und mit Balkon. Großes Sportangebot.

Villa Katerina (***)
Balatonszepezd
Petőfi utca 27
☎ (87) 46 87 34; 12 Z.
Die familiäre, schön gelegene Pension besitzt eine sonnige Terrasse und einen eigenen Zugang zum See.

******Club Tihany**
Tihany, Rév u. 3
☎ (87) 53 85 63
FAX (87) 44 80 83
www.clubtihany.hu; 330 Z.
Die von Grün umgebene Anlage direkt am See mit eigenem Strand und breitem Sport- und Wellnessangebot ist ein Erholungsparadies.

Budapest

*******Kempinski Hotel Corvinus**
Erzsébet tér 7-8
☎ (1) 429 37 77, FAX (1) 429 47 77
www.kempinski.budapest.com
Das Budapester Kempinski, in der Pester Innenstadt nahe der Váci utca gelegen, ergänzt seit 1992 den Reigen der Luxushotels in der ungarischen Hauptstadt.

*******Budapest Hilton**
Hess András tér 1-3
☎ (1) 488 66 00, FAX (1) 488 66 44
www.danubiusgroup.com/danubius/hilton.html; 322 Z.

Das Hotel wurde in die Ruinen des einstigen Dominikanerklosters auf dem Burgberg hineingebaut. Faszinierend ist der Blick aus den Fenstern auf das Parlament.

******Hotel K + K Opéra**
Révay u. 24
☎ (1) 269 02 22
FAX (1) 269 02 30
www.hotels.hu/opera; 206 Z.
Das geschmackvoll eingerichtete Hotel liegt im Zentrum von Pest in einer ruhigen Seitenstraße neben der Oper.

******Mercure Budapest Nemzeti**
József krt. 4
☎ (1) 477 20 00
FAX (1) 477 20 01
E-mail:
h1686@accor/hotels.com; 76 Z.
Wer viel Leben mag und gern am Großen Ring flaniert, wohnt hier genau richtig.

******Art'otel**
Bem rakpart 16 – 19
☎ (1) 487 94 87, FAX (1) 487 94 88
www.hotels.hu/artotel; 164 Z.
Direkt an der Donau unterhalb des Burgberges liegt das sicherlich ausgefallenste Hotel von Budapest.

*****Ibis Budapest Centrum**
Ráday u. 6
☎ (1) 456 41 00
FAX (1) 456 41 16, 126 Z.
Modernes Stadthotel, zweckmäßig eingerichtete Zimmer, gutes Preis-Leistungsverhältnis, günstige Lage nahe beim Kálvin tér. Die Ráday utca ist für jüngeres Publikum eine gute Ausgehadresse.

Kristal
Társ u. 9
☎ / FAX (1) 466 90 43
www.kristal.hu
Kleines, schmuckes Hotel in ruhiger Lage, etwa 20 Gehminuten von der City entfernt.

Pension Dominik (**)
Cházár András u. 3
☎ (1) 4609428, FAX (1) 3437655
E-Mail: dominikpanzio@axelero.hu; 37 Z.
Das alte Backsteingebäude, das die Frühstückspension beheimatet, liegt in einer ruhigen Straße eines Villenviertels nahe am Stadtwäldchen.

Pension Unicum (**)
Bod Péter u. 13
☎ (1) 319 10 00
FAX (1) 319 37 84; 9 Z.
Im Restaurant der kleinen Pension mit eigenem Garten im Süden von Buda wird der Gast auch mit Diätkost und vegetarischen Gerichten verwöhnt.

Bugac

Pension Bucka (***)
Felsőmonostor 545
☎ (76) 57 55 00
FAX (76) 32 83 18
E-Mail: horvathl@kefag.hu; 15 Z.
Das beschauliche Puszta-Hotel mit eigenem Restaurant liegt am Rand des Nationalparks. Breites Freizeitangebot, u. a. Tontaubenschießen, Reiten, Kutschfahrten, Tennis.

Donauknie

*****Kék Duna Klub Hotel**
Göd, Kék Duna u. 34
☎ (27) 33 71 07
FAX (27) 33 71 08; 24 Z.
Das Hotel liegt unmittelbar am Donau-Ufer, in einem 3,5 ha großen Park, 30 km nördlich von Budapest. Tennisplatz, Hallenbad, Kegelbahn.

Eger

*****Hotel Senátor Ház**
Dobó tér 11
☎ (36) 32 04 66, FAX (36) 41 17 11
www.hotels.hu/senatorhaz
Das kleine (nur 11 Zimmer), aber feine Stadthotel ist in einem barocken Patrizierhaus mitten in der Altstadt untergebracht. Die Räume sind geschmackvoll eingerichtet, der Service persönlich.

Esztergom

*****Hotel Esztergom**
Prímássziget
☎ (33) 41 25 55, FAX (33) 41 28 53
Das Haus bietet zeitgemäßen Komfort in allen 34 Doppelzimmern. Herrlich ist der Blick auf die Basilika.

Gödöllő

Pension Tavirózsa (***)
Veresegyház
Találkozók útja 1/a
☎ / FAX (28) 38 43 85
E-Mail: info@tavirozsa.hu
25 km nordöstlich von Budapest, bei Gödöllő, liegt der Erholungsort Veresegyház. Die schöne Pension mit Seepanorama wurde 1997 gebaut. Sie hat ein eigenes Restaurant, wo auch – eher ungewöhnlich in Ungarn – Vegetarier auf ihre Kosten kommen.

Győr

*****Klastrom**
Zechmeister u. 1
☎ (96) 31 56 11
FAX (96) 32 70 30
www.hotels.hu/klastrom; 42 Z.
Ein ehemaliges, 300 Jahre altes Kloster wurde in ein komfortables Hotel mit 44 Zimmern umfunktioniert.

Hévíz

******Danubius Thermalhotel Aqua**
Kossuth Lajos u. 13 – 15
☎ (83) 34 10 90
FAX (83) 34 09 70
www.danubiusgroup.com/aqua
Das 1984 erbaute Hotel verfügt über ein eigenes Thermalbad. Die Zimmer sind zweckmäßig und komfortabel eingerichtet.

******Rogner Hotel & Spa Lotus Therme**
Lótuszvirág utca
☎ (83) 50 05 90
FAX (83) 50 05 91
www.lotustherme.com; 231 Z.

Sehr komfortable Anlage inmitten eines 16 ha großen Parkareals am Rand von Hévíz mit allen nur denkbaren Fitness- und Wellnesseinrichtungen, u. a. einer großen Thermallandschaft mit Außen- und Innenbecken, Golfplatz, Tennisplätzen.

*****Erzsébet**
Erzsébet királyné ú 13 – 15
☎ (83) 34 20 35 – 40
FAX (83) 34 20 40; 45 Z., 2 App.
Im Herzen von Hévíz, in der Nähe des Thermalsees gelegenes, neues Mittelklassehotel.

Hortobágy

******Hortobágy Club Hotel**
Hortobágy-Máta
☎ (52) 36 90 20
FAX (52) 36 90 27
hchotel@mail.alba.hu; 77 Z.
Das Hotel mit eigener Schwimmhalle ist eine Oase inmitten der Puszta. Ideal für Reiterferien!

Kalocsa

*****Hotel Kalocsa**
Szentháromság tér 4
☎/FAX (78) 46 12 44; 32 Z.
Traditionsreiches Haus am Hauptplatz mit empfehlenswertem Restaurant.

Kaposvár

Pension Flamingo (**)
Füredi u. 53
☎ (82) 51 14 45
FAX (82) 41 67 28; 40 Z.
Wer den Badestränden des Balaton ein schattiges Plätzchen im Garten vorzieht, ist in dieser Pension an der Landstraße Nr. 67 richtig.

Kecskemét

*****Három Gúnár**
Batthyány u. 1 – 7
☎ (76) 48 36 11
FAX (76) 48 12 53, 45 Z.
www.hotels.hu/harom_gunar
"Drei Gänseriche" heißt das Mittelklassehotel in der Innenstadt. Der Name rührt von der Tatsache, dass die Stadt traditionell mit der Gänsezucht verbunden ist.

*****Aranyhomok**
Kossuth tér 3
☎ (76) 48 62 86, FAX (76) 481195
aranyh@freemail.c3.hu
Das gutbürgerliche Haus liegt im Herzen der Stadt und ist dennoch eine ruhige Adresse.

*****Gerébi Kúriahotel**
Lajosmizse, Alsólajos
☎ (76) 35 65 55
FAX (76) 356045; 47 Z.
gerebi@matavnet.hu
Inmitten der ungarischen Tiefebene, 21 km von Kecskemét entfernt, liegt dieses alte Herrschaftshaus in einem schönen Park.

Keszthely

Pension Melinda (**)
Római utca 33
☎ (83) 31 56 82, 6 Z.
h12725kov@ella.hu

Freundlich geführte, sehr gepflegte Pension in einer renovierten Villa ca. 50 m vom Strand in ruhiger Lage und mit eigenem Parkplatz.

Pension Erika (**)
Ady Endre u. 14 – 16
☎ / FAX (83) 31 45 91; 10 Z.
In dem modernen zweistöckigen Haus mit eigenem Garten und Schwimmbecken sind auch Hunde und Katzen willkommen.

Körmend

Pension Fezőr (**)
Rákóczi út
☎ (94) 41 07 88
FAX (94) 41 25 83; 7 Z.
Zu der 1995 eröffneten Pension gehört auch eine Gaststätte mit guter Küche.

Kőszeg

Pension Gyöngyvirág (***)
Bajcsy-Zsilinsky u. 6
☎ (94) 36 04 54
FAX (94) 36 45 74, 10 Z.
Familienfreundliche Pension mit Campingplatz, 5 Gehminuten von der Altstadt entfernt. Die Zimmer sind klein und einfach, aber sauber.

Miskolc-Lillafüred

*****Hotel Palota**
Erzsébet sétány 1
☎ (46) 33 14 11
FAX (46) 53 32 03; 129 Z.
www.hotels.hu/hotelpalota
In idyllischer Lage in einem Tal im Bükk-Gebirge, nur 28 km von Miskolc entfernt, wurde 1927 – 1930 das schlossartige Hotel erbaut. Dass es einst ein vornehmes Feriendomizil war, verraten vor allem noch die Außenanlagen mit Park und altem Baumbestand sowie die großen Zimmer.

Nagykanizsa

*****Centrál Hotel**
Erzsébet tér 23
☎ (93) 31 40 00
FAX (93) 31 01 11; 33 Z.
Der Name ist Programm: Das Centrál liegt in der Tat so wie es heißt. Das angenehme Hotel stammt aus dem Jahr 1916, im Jahr 2000 wurde es komplett renoviert.

Ópusztaszer

Pension Páterház (***)
Szentes, Kossuth Lajos u. 1
☎ (30) 935 94 35; 8 Z.
Etwa 30 km nördlich von Ópusztaszer erreicht man Szentes. Die Pension mit Restaurant, Bar und bewachtem Parkplatz ist in einem schön renovierten alten Gebäude untergebracht.

Pápa

Pension Főnix (**)
Jókai u. 4
☎ (89) 324361, FAX (89) 310759
lacy@compunet.hu; 5 Z.
Die Pension mit hauseigener Wein- bzw. Bierstube liegt im Zentrum der Barockstadt.

Pécs

*****Palatinus**
Király u. 5
☎ (72) 514 42, FAX (72) 514738
www.danubiusgroup.com/palatinus; 94 Z.
Das Jugendstil-Hotel ist ein architektonisches Schmuckstück und zweifelsohne das stilvollste Haus in der Stadt.

*****Hotel Kikelet**
Károlyi Mihály ú 1
☎ (72) 51 29 00
FAX (72) 51 29 01
www.hunguest.hu; 33 Z.
Ruhig im Villenviertel oberhalb von Pécs gelegen. Die eigenwillige, an das Bauhaus erinnernde Architektur – das Gebäude stammt aus den 1930er-Jahren – ergibt zusammen mit dem 1998 völlig neu gestalteten Inneren eine gelungene Mischung. Alle Zim-

mer mit Balkon und Blick auf die Stadt. Kleiner Wellnessbereich im Haus.

Sárvár

Pension Tinódi (**)
Hunyadi út 11
☎ (95) 32 02 25
FAX (95) 32 36 06
Das Haus im Zentrum des Kurortes hat auch ein Restaurant. Die Zimmer machen einen freundlichen Eindruck.

Siklós

*****Hotel Cabernet**
Vilánykövesd
Petőfi u. 29
☎ (72) 49 32 00
FAX (72) 49 32 22
www.hotelcabernet.hu; 25 Z.
Das Hotel Cabernet liegt an der Weinstraße Villány-Siklós und ist ein guter Standort für eine Weinreise durch das Villány-Gebiet. Angenehme Zimmer, freundlicher Service. Selbstverständlich besitzt das hauseigene Restaurant einen stattlichen Weinkeller!

Sopron

*****Hotel Wollner**
Templom u. 20
☎ (99) 524400, FAX (99) 524401
wollner@fullnet.hu; 18 Z.
Das im Jahr 2000 komplett renovierte Hotel in einem 300 Jahre alten Barockpalais mitten in der Altstadt von Sopron tendiert mit seiner eleganten Ausstattung und dem gepflegten Ambiente eher zu 4 Sternen. Ruhiges Gärtchen hinter dem Haus, alle Zimmer nur für Nichtraucher!

Villa Mimi (***)
Honvéd u. 5
☎ (99) 51 23 80
FAX (99) 51 23 81
www.mimi-ameli.com; 6 Z.

Ein Schmuckstück unter Soprons Unterkünften ist die kleine, charmante Gründerzeitvilla in einem ruhigen Gartenviertel oberhalb der Stadt. Die Zimmer sind sparsam modern, aber sehr geschmackvoll möbliert. Der liebevoll gestaltete Garten lädt zum Entspannen ein. Sehr persönlicher Service.

Selmeci Gästehaus (**)
Selmeci u. 23
☎ (99) 33 46 56
www.hotels.hu/selmeci; 11 Z.
In der Nähe der Innenstadt bietet die Pension Unterkunft in familiärer Umgebung.

*****Kastély**
Nagycenk, Széchenyi Kastély
Kiscenki út 3
☎ / FAX (99) 36 00 61
E-Mail: reserve@syneco.hu/market/kastelyszallo; 19 Z.
Nur 12 km von Sopron, an der Kreuzung der Straßen nach Budapest und zum Plattensee, liegt das Schloss in paradiesischer Ruhe.

Szarvas

Pension Liget (***)
Erzsébet liget
☎ (66) 21 61 41, FAX (66) 31 19 54
www.ligetpanzio.hu
9 Z., 2 App., Campingplatz
Die moderne Pension mit angeschlossenem Campingplatz liegt auf der Körösinsel und ist mit eigenem Pool, Tennis-

platz, Ruderboot-, Kanu- und Fahrradverleih eine gute Adresse für Bade- und Aktivurlauber. Zimmer mit allem Komfort, Restaurant, Sauna und Solarium im Haus.

Szeged

*****Hotel Tisza**
Széchenyi tér1/a
☎ / FAX (62) 47 82 78; 55 Z.
www.hotels.hu/tisza_szeged
Das renommierte Hotel in der Innenstadt war stets Mittelpunkt des gesellschaftlichen Lebens in Szeged.

*****Hotel Fáma**
Hódmezővásárhely
Szeremlei u. 7
☎ (62) 22 22 31, FAX (62) 22 22 92
Das Hotel in ruhiger Lage hat 15 Zimmer und ein exklusives Restaurant.

Székesfehérvár

*****Schlosshotel Zichy-Hadik**
Seregélyes
☎ (22) 44 70 30
FAX (22) 44 70 32; 35 Z.
Auf halbem Weg zwischen Budapest und Plattensee, 10 km östlich der Autobahn M 7, erwartet das als Jagdschloss im klassizistischen Stil erbaute Hotel seine Gäste. Restaurant im Haus.

Szentendre

****Pension Centrum 2000**
Dunakorzó
☎ (26) 30 25 00; 6 Z.
hotel.centrum@axelero.hu
Die gepflegte Pension liegt im Herzen des Städtchens 15 km nördlich von Budapest.

Szekszárd

*****Pension Hirschen**
Szálka, Kossuth u. 68
☎ / FAX (74) 40 95 33; 6 Z.
olock@freemail.hu
Das zur Pension umgebaute Bauernhaus liegt mitten in einer bezaubernden Hügellandschaft an einem Badesee, nahe bei Szekszárd.

Szirák

******Schlosshotel Szirák**
Petőfi út 26
☎ (32) 48 53 00, FAX (32) 485285
www.hotels.hu/kastely; 37 Z.
90 km nordöstlich der Hauptstadt befindet sich das 1748 erbaute Schloss. Die 17 Doppelzimmer und 5 Appartements empfangen ihre Gäste mit modernem Komfort.

Szombathely

*****Gerendás Hotel**
Huszár út 118
☎ / FAX (94) 50 92 90; 15 Z.
gerendashotel@axelero.hu
Das kleine Hotel bietet in ruhiger Umgebung bequeme Unterkunft.

*****Hotel Cabernet**
Mártírok tere 4
☎ (94) 31 14 40, FAX (94) 32 45 32
Das Jugendstil-Gebäude im Herzen des Komitatssitzes hat auch ein stimmungsvolles Kaffeehaus.

Tata

*****Casablanca**
Tópart sétány 1
☎ / FAX (34) 48 95 86
www.hotels.hu/casablanca

2001 eröffnetes Hotel direkt am Ufer des Tata-Sees. Die 11 Zimmer sind hübsch eingerichtet, vier davon mit Terrasse und Seeblick. Essen kann man im hauseigenen türkischen Restaurant.

Pension Mónika (**)
Tópart sétány
☎/FAX (34) 38 32 08; 8 Z.
Das 2002 vollkommen erneuerte Haus steht am Ufer des Tata-Sees und bietet gute Bedingungen für Wassersport und Erholung

Tokaj

*****Millennium Hotel**
Bajcsy-Zsilinszky u. 34
☎ (47) 35 22 47
FAX (47) 35 23 47
www.hotels.hu/millennium_tokaj
Das neueste Haus der kleinen Weinstadt kann in 18 Zimmern 45 Gäste beherbergen.

Pension Fehér Bástya (***)
Sárospatak, Rákóczi út 39
☎ (47) 31 24 00
FAX (47) 31 54 00; 12 Z.
Die 1994 eröffnete Pension in der Kleinstadt Sárospatak, ca. 35 km nordöstlich von Tokaj, besitzt auch ein Restaurant und eine Bierstube.

Velencer See

Pension Kék Madár (**)
Agárd, Nyíl u. 2
☎ (22) 37 08 45, FAX (22) 35 46 55
Das seichte Wasser des Velencer Sees ist ideal für Familien mit Kleinkindern. Zu den Freizeitangeboten dieser Pension gehören u. a. Surfen, Segeln, Tennis, Bootsfahren, Angeln und Radfahren.

Veszprém

Pension Éllő (**)
József Attila u. 25
☎ (88) 42 00 97
FAX (88) 32 97 11; 18 Z.
Das gepflegte Haus liegt im schönsten Viertel von Veszprém, 10 Gehminuten von der Innenstadt entfernt.

Villánykövesd

▶ Siklós

Visegrád

*****Hotel Honti**
Fő utca 66
☎ (26) 39 81 20
FAX (26) 39 72 74
hotelhon@axelero.hu; 34 Z.
Das Hotel befindet sich in einer romantischen Umgebung, 2 km vom Frei- und Heilbad Lepence entfernt. Gäste haben die Möglichkeit, auf der Donau Motorboot zu fahren, auf die Jagd zu gehen und zu angeln.

Zalaegerszeg

*****Batthyány-Wellness-Kastély**
Zalacsány, Csány L. u. 24
☎ (83) 33 62 58
FAX (83) 53 70 37
interthermalkft@axelero.hu; 32 Z.
Das altehrwürdige Batthyány-Schloss fungiert seit den späten 1990er-Jahren als Hotel. Stilvolle Einrichtung.

Jugendherbergen

Das Netz von Jugendherbergen ist in Ungarn relativ dicht. Insgesamt gibt es fast 200 Häuser. Der Preis für eine Übernachtung liegt zwischen 11 und 18 €. Bettwäsche ist im Preis enthalten.

Jugendherbergen (Fortsetzung)

Auskunft und Buchung

Hungarian Youth Hostel Association
Almassy tér 6, 1077 Budapest
☎ / FAX (1) 343 51 67
www.youthhostels.hu
reservation@youthhostels.hu

oder über die Agentur

Mellow Mood
Baross tér 15
1077 Budapest
☎ (1) 413 20 65
FAX (1) 321 48 51
travellers@hostel.hu

Kuren

► Heilbäder

Literaturempfehlungen

Sachbücher

Holger Fischer: Eine kleine Geschichte Ungarns. Suhrkamp Verlag 1999. Auch ohne Vorkenntnisse bekommt man von dieser knappen, aber dennoch gut lesbaren Zusammenfassung einen Einblick in die ungarische Geschichte.

István Nemeskürthy: Abriss der Kulturgeschichte Ungarns. Budapest, Corvina Verlag, 1994

Michael Sailer: Ungarn – Weingebiete und Weine. Michael Sailer Verlag, Nürtingen 1994. Für Weinkenner und solche, die es werden wollen, ein nützliches Nachschlagewerk.

Anthony Tischhauser: Bewegte Form. Der Architekt Imre Makovecz. Verlag Urachhaus, Stuttgart 2002. Ein schön bebildertes Standardwerk über Ungarns bekanntesten zeitgenössischen Architekten.

Prosa

Liebe – Ungarische Kurzprosa aus dem 20. Jahrhundert. Budapest, Corvina Verlag 2001. Im diesem Band sind 30 Autoren vertreten – allesamt berühmte Vertreter der ungarischen Belletristik, angefangen von Mikszáth und Móricz über Kosztolányi und Németh bis hin zu Déry und Örkény.

Iván Mándy: Einsam und verloren. Herausgegeben von Hans-Henning Paetzke, Noran Verlag 2002. Zwei phantastische Erzählungen aus der Budapester Welt "kleiner Leute".

Ferenc Molnár: Liliom. Reclam 9937, Stuttgart 2001. Diese "Vorstadtlegende" in sieben Bildern gibt einen hervorragenden Einblick in die Budapester Gesellschaft der Jahrhundertwende.

Sándor Márai: Die Glut. Piper Taschenbuch 2001. Ein kleines literarisches Meisterwerk, das die Wiederentdeckung dieses Autors einläutete (► Baedeker Special S. 69).

Reisebericht

Budapest. Ein literarisches Porträt. Herausgegeben von Wilhelm Droste, Susanne Scherrer und Kirstin Schwamm. Insel Taschenbuch 1998. Spannendes Budapest-Lesebuch, topografisch gegliedert, beinhaltet köstliche Erzählungen von u. a. Musil, Koestler, Klaus Mann, Molnár, Krúdy, Heltai, Szép und Konrád.

Mehrwertsteuerrückerstattung

▶ Einkaufen, Souvenirs

Mietwagen

Am einfachsten erhält man einen Mietwagen auf dem Budapester Flughafen Ferihegy. Wer in Ungarn ein Auto mieten möchte, muss mindestens 21 Jahre alt sein, seinen Führerschein wenigstens ein Jahr besitzen und eine Kreditkarte vorlegen. Generell ist das Mieten eines Autos von Deutschland aus günstiger.

Avis
Deutschland: ☎ (01 80) 5 55 77
Budapest: ☎ (1) 318 42 40
Ferihegy: ☎ (1) 296 64 21
www.avis.com

Budget
Deutschland: (01 80) 5 21 41 41
Budapest: ☎ (1) 214 04 20
Ferihegy: (1) 357 81 97
www.budget.com

Europcar
Deutschland: (01 80) 5 22 11 22
Budapest: ☎ (1) 313-14 92
www.europcar.com

Hertz
Deutschland: (01 80) 5 33 35 35
Budapest: ☎ (1) 266 43 61
Ferihegy: (1) 296 82 80
www.hertz.com

holiday autos
Deutschland: ☎ (01805) 179191
www.holidayautos.com
(nur ab Deutschland buchbar)

Volántours rent a car
VI., Teréz krt. 38
☎ (1) 312 42 90

Eurent
Pécs
Diósi út 1
☎ (72) 21 13 31
Debrecen
Kassai út 27
☎ (52) 41 23 60

Notrufe

Zentraler Notruf ☎ 112

Polizei ☎ 107

Unfallrettung/Notarzt ☎ 104

Notarzt in deutscher Sprache
☎ (01) 350 37 37

Feuerwehr
☎ 105

Autopannendienst ☎ 188

ACE-Notrufzentrale Stuttgart
☎ (00 49/18 02) 34 35 36

ADAC-Notrufzentrale München
☎ (00 49/89) 22 22 22
(rund um die Uhr besetzt)

☎ (00 49/89) 76 76 76 (Ambulanzrückholdienst und Telefonarzt)

Öffentliche Verkehrsmittel

▶ Verkehrsmittel

Öffnungszeiten

Lebensmittelgeschäfte in Ungarn sind normalerweise Mo. – Fr. 7^{00} bis 19^{00} Uhr (mit Mittagspause) und Sa. 9^{00} – 13^{00} Uhr geöffnet. In Budapest und einigen größeren Städten gibt es auch durchgängig geöffnete Lebensmittelgeschäfte. Kaufhäuser sind unterschiedlich geöffnet, im Allgemeinen Mo. – Fr. 10^{00} – 18^{00} und Sa. 10^{00} – 14^{00} Uhr. In größeren Einkaufszentren in Budapest kann man sogar Tag und Nacht und auch sonntags einkaufen. Banken sind in der Regel Mo. – Fr. 8^{00} – 16^{30} Uhr geöffnet.

Parken

In Budapest sind Parkplätze rar und viele Autodiebe unterwegs. Man sollte sein Auto unbedingt in einem der Parkhäuser oder in der Hotelgarage abstellen. In den Zentren anderer größerer Städte gibt es meist Parkplätze mit Parkautomaten. Es empfiehlt sich, die Vorschriften zu beachten, denn widerrechtlich geparkte Autos werden ohne Rücksicht auf ihre Herkunft abgeschleppt.

Post

Postämter Die ungarischen Postämter sind werktags 8^{00} – 18^{00} Uhr geöffnet. Die Budapester Postämter haben Mo. – Fr. 8^{00} – 18^{00}, Sa. 8^{00} – 13^{00}, das Postamt am Ostbahnhof (Keleti pályaudvar) Mo. – Sa. 7^{00} – 21^{00}, das Postamt am Westbahnhof (Nyugati pályaudvar) Mo. – Sa. 7^{00} bis 21^{00}, So. 8^{00} – 20^{00} Uhr geöffnet.

Posttarife Postkarten nach Deutschland und in die Schweiz müssen mit 100 HUF, nach Österreich mit 40 HUF frankiert werden, Standardbriefe bis 20 g nach Deutschland und in die Schweiz mit 150 HUF, nach Österreich mit 60 HUF. Briefmarken sind in Postämtern und fast überall dort erhältlich, wo es Ansichtskarten gibt. Die ungarischen Briefkästen sind rot und mit einem Posthorn markiert.

Reisedokumente

Personalpapiere Für einen Aufenthalt in Ungarn bis zu 30 Tagen benötigen Bürgerinnen und Bürger der Bundesrepublik Deutschland und von Österreich einen gültigen Reisepass bzw. einen Personalausweis, Kinder unter 16 Jahren einen Kinderausweis mit Lichtbild bzw. einen Eintrag im Elternpass. Schweizer Staatsbürger brauchen einen gültigen Reisepass. Ausländer, die länger als 30 Tage in Ungarn bleiben wollen, müssen sich bei der zuständigen Polizeidirektion melden.
Vom Visumzwang befreit sind deutsche, österreichische und schweizerische Staatsbürger, die sich nicht länger als drei Monate in Ungarn aufhalten.

Kraftfahrer haben Führerschein und Fahrzeugschein mit sich zu führen. Die Mitnahme der Grünen Versicherungskarte wird empfohlen. Das Nationalitätskennzeichen muss am Fahrzeug angebracht sein. Beschädigte Fahrzeuge dürfen Ungarn nur mit einer entsprechenden Bestätigung verlassen, die bei der Einreise oder am Unfallort in Ungarn ausgestellt wird. Zur Einfuhr von Tieren nach Ungarn ist ein amtstierärztliches Attest vorzulegen, das nicht älter als acht Tage (vor Reiseantritt!) sein darf. Eine Tollwutimpfung (mind. 30 Tage alt) muss nachgewiesen werden; für Hunde ist darüber hinaus eine Schutzimpfung gegen Staupe vorgeschrieben. Leine und Maulkorb sind mitzuführen. Die Einfuhr von so genannten Kampfhunden ist verboten.

Reisedokumente (Fortsetzung), Fahrzeugpapiere

Tiere

Reisezeit

Die beste Reisezeit für Ungarn ist der Sommer mit vielen warmen Tagen. Die Monate Mai und September eignen sich besonders für einen Aktivurlaub – zum Beispiel mit Radeln, Wandern oder Reiten – sowie für einen Besuch von Budapest, wo es im Hochsommer sehr heiß und stickig werden kann. Für den Balaton sind Juli und August mit Wassertemperaturen bis 25 °C die beste Wahl – allerdings muss man zu dieser Zeit auch mit vielen Mitbesuchern rechnen. Eine Reise wert ist Ungarn auch im Herbst. Zwischen Donau und Theiß ist der Altweibersommer, der bis in den Oktober hinein anhält, mit seinen milden Sonnentagen besonders schön.

Restaurants und Cafés

Die ungarische Gastronomie reicht von der einfachen Selbstbedienungsgaststätte über die gemütliche Weinstube bis zum feinen Restaurant. Typisch ungarisch sind die Csárdas, Gasthöfe, die oftmals aus alten Landstraßenwirtshäusern hervorgegangen sind. Rustikales Interieur und Zigeunermusik lassen hier auch heute noch Erinnerungen an die "gute alte Zeit" wach werden. In den Weinregionen des Landes kommen zu den Restaurants und Csárdas noch die Weinstuben und Weinkeller, so z. B. bei Eger im "Tal der Schönen Frau", in Tokaj, in Villánykövesd und im Plattensee-Oberland. In solchen Lokalen wird – ähnlich wie beim Wiener "Heurigen" – zum Wein nur Schmalzbrot oder ein deftiges Wurstvesper gereicht.

Preiskategorien

Preis für ein Hauptgericht mit Salat oder Suppe:

*	bis 1500 Forint
**	bis 2500 Forint
***	über 2500 Forint

Baja

Halászcsárda*
Damjanich u. 1
☎ (79) 32 44 43

Die Fischer dieser Region haben herrliche Rezepte für Fischgerichte erfunden, und die Köche dieses viel besuchten Restaurants verstehen es, sie umzusetzen.

Balaton

Kupa**
Balatonfenyes
Vörösmarty u. 105
☎ (85) 36 16 17
Zu den Gerichten nach alten Rezepten werden hervorragende Weine serviert. Im Winter sorgt ein offener Kamin für gemütliche Wärme.

Blaha Lujza**
Balatonfüred, Blaha Lujza út 4
☎ (87) 58 12 10
Restaurant des gleichnamigen Hotels im Herzen von Balatonfüred. Hübscher Hof zum draußen Sitzen.

Kisfaludy Ház**
Badacsony, Szegedi Róza u. 87
☎ (87) 43 10 16
Am Südhang des berühmten Zeugenberges mit Basaltsäulen liegt das beliebte Restaurant mit einem zauberhaften Blick über den Plattensee.

Laci Pince Csárda**
Balatonudvari, Öreghegy
☎ (87) 44 98 22
Ländlicher Gasthof mit herrlicher Terrasse und wunderbarer Aussicht auf den Balaton.

Öreg Présház/*****
Fonyód, Lenke u. 21
☎ (85) 70 55 30
Stilvolles Restaurant in einem alten Weinlagerhäuschen mit typischen Gerichten in ausgefallenen Variationen.

Csárdás**
Siófok, Fő utca 105
☎ (84) 31 06 42
Nur 100 m vom Plattensee entferntes, stimmungsvolles Lokal mit Garten (Mitte März bis Ende Okt. geöffnet).

Rege Kávézó**
Tihany, Kossuth u. 22
☎ (87) 44 82 80

Café direkt unterhalb der Kirche von Tihany in einem ehemaligen Wirtschaftsgebäude des Klosters mit sehr guter Kuchenauswahl und herrlicher Terrasse. Gehobene Preise.

Bánd

Udvarház**
Petőfi u. 2
☎ (88) 272 42 42
Der Gasthof an der Landstraße zwischen Herend und Veszprém hat keine Speisekarte. Die Gulaschsuppe wird in einem riesigen Kessel gekocht. Spezialität des Hauses ist der Gänsebraten. Mo. ist Ruhetag.

Bugac

Szakál Gaststätte**
Soltvadkert, Bócsai út 27
☎ (78) 48 15 46
Der Wirt ist als Autor von Kochbüchern bekannt. Zum Essen gibt es eigene Weine.

Budapest

Cafés ▶ Budapest, S. 113

Gundel***
XIV., Állatkerti út 2
☎ (1) 321 35 50
FAX (1) 342 29 17
Die allererste Adresse der ungarischen Metropole ist das Gundel (Tischreservierung unerlässlich) beim Budapester Zoo, das im Jahr 1894 gegründet und 1910 von Károly Gundel, dem großen Nestor der modernen

ungarischen Kochkunst, übernommen wurde. Heute zaubert hier der Chefkoch (fast) alle Köstlichkeiten der ungarischen und internationalen Küche, so auch den legendären Gundel-Palatschinken.

Kisbuda Gyöngye**
III., Kenyeres u. 34
☎ (1) 368 64 02
Kleines, elegantes Restaurant mit Jugendstil-Ambiente. Spezialitäten: Fisch und Geflügel. Geöffnet: 12[00] – 24[00] Uhr, So. Ruhetag.

Mágnáskert***
II., Csatárka u. 58
☎ (1) 325 99 67
Das Restaurant auf dem Rosenhügel ist eine der besten Gastro-Adressen des Landes. Gemütlicher Innenhof und große Sonnenterrasse.

Náncsi Néni**
II., Ördögárok u. 80
☎ (1) 397 27 42
Etwas außerhalb, wo die Wälder beginnen, liegt das Restaurant von Tante Náncsi, deren Hausmannskost enorme Beliebtheit genießt. Reservierung ist notwendig. Geöffnet 12[00] – 22[00] Uhr.

Százéves***
V., Pesti Barnabás u. 2
☎ (1) 318 36 08
Ältestes Speiselokal der Hauptstadt. Ein optisches und kulinarisches Kleinod mit stolzen Preisen. Geöffnet 12[00] bis 15[00] und 18[00] – 24[00] Uhr.

Vadrózsa***
II., Pentelei Molnár u. 15
☎ (1) 326 58 17
Ein feines Haus mit Blick auf die Stadt. In der Barockvilla speist man abends bei Kerzenschein und dezenter Klaviermusik. Geöffnet 12[00] – 15[00] und 19[00] – 24[00] Uhr.

Zöldfa
Csömör, Szabadság u. 13
☎ (28) 44 57 42
Die Gaststätte des von Slowaken bewohnten Dorfes am nordöstlichen Stadtrand von Budapest ist vor allem für eines bekannt: sagenhafte heiße Steaks vom Stein!

Debrecen

Aranybika**
Piac u. 11
☎ (52) 41 67 77
An der Stelle des heutigen Jugendstil-Gebäudes stand bereits 1699 ein Gasthaus. Die Spezialität des berühmtesten Restaurants der Stadt ist das gefüllte Kraut.

Dante***
Piac u. 22
☎ (52) 45 18 06
Damit inmitten der ungarischen Tiefebene auch Anhänger der französischen Küche auf ihre Kosten kommen: Steak mit Parmesan und Huhn nach Avignon-Art.

Eger

Fehérszarvas Vadásztanya**
Klapka György u. 8
☎ (36) 41 31 11
Der Gast wird hier mit einem Schnaps begrüßt. Das gemütliche Lokal hat sich auf Wild- und Fischgerichte spezialisiert.

Ködmön Csárda**
Szépasszonyvölgy
☎ (36) 41 31 72
Ochsenbraten am Spieß gehört zu den deftigen Spezialitäten des Hauses.

Offi Ház**
Dobó István tér 5
☎ (36) 31 10 05
Feines Restaurant in einem historischen Gebäude am zentralen Stadtplatz.

Esztergom

Szt. Kristóf**
Dobozi u.11
☎ (33) 41 62 55
Die mit viel Liebe geführte Pension befindet sich in der Nähe des gewaltigen Doms. Im hauseigenen Lokal servieren die Besitzer ihren Gästen köstliche Fischspeisen.

Gyöngyös

Kékes**
Fő tér 7
☎ (37) 31 19 15
Das elegante Lokal am Hauptplatz serviert pikant gewürzte Gerichte.

Győr

Arany Szarvas Fogadó**
Radó sétány 1
☎ (96) 517452
FAX (96) 517454
Auf der Terrasse am Ufer der Raab – mit Blick auf den Fluss – und im rustikalen Pub des Hotelrestaurants sitzt man gemütlich. Das Hotel liegt auf der Raabinsel, nur ein paar Schritte vom Bécsi-kapu tér entfernt. Großer Parkplatz beim Haus. Tgl. geöffnet.

Hotel Klastrom**
Zechmeister u. 1
☎ (96) 51 59 17
Die Einrichtung des Hotelrestaurants ist Geschmacksache, aber die typischen Gerichte aus der Kleinen Tiefebene werden hier mit viel Liebe zubereitet und der Service ist freundlich.

Gyula

Aranykereszt**
Eszperantó tér 2
☎ (66) 46 31 97
Das Restaurant des renommierten Hotels genießt einen guten Ruf.

Hollókő

Bence*
Pásztó, Fő út 92
☎ (32) 46 06 87
Haben Sie schon mal Gulasch nach Palozen-Art gegessen? Dann sollten Sie dies hier mal probieren!

Hortobágy

Hortobágyi Csárda**
Petőfi tér 2
☎ (52) 36 91 39
Das Lieblingsgericht der Gäste der bekanntesten Csárda der Puszta ist das Hortobágyer Gulasch, das hier auf Hirtenart zubereitet wird.

Kalocsa

Cabernet Fogadó
Hajós, Pincefalu
☎ (78) 40 48 30
Das aus 1200 Kelterhäuschen bestehende Weindorf Hajós, 25 km südöstlich von Kalocsa, ist unbedingt einen Umweg wert. In einem der Kelterhäuschen befindet sich das gemütliche Lokal, das natürlich eigenen Wein anbietet.

Karcag

Fehér Holló**
Püspökladányi út 3 – 5
☎ (59) 50 01 00
Vielfältige Landesspezialitäten und ein breites Weinangebot charakterisieren dieses Restaurant.

Kecskemét

Liberté**
Szabadság tér 1
☎ (76) 32 86 36
Stilvolles Kaffeehaus und Restaurant im Herzen der Stadt. Im Sommer kann man draußen sitzen und den Platz auf sich wirken lassen.

Öreg Tanyacsárda*
Lajosmizse (17 km nördlich), Alte Csárda
☎ (76) 35 61 66
Die Csárda bietet alles, was von einem Landgasthaus in der Puszta zu erwarten ist: beste ländliche Kost der Tiefebene.

Keszthely

Hotelrestaurant Bacchus**
Erzsébet királyné u. 18
☎ (83) 51 04 50
FAX (83) 31 40 97
www.bacchushotel.hu
Wer es gemütlich mag, sitzt im urigen Keller, im Sommer ist es allerdings am schönsten im Hof des Hotelrestaurants. Gediegene ungarische Küche, große Portionen.

Körmend

Berki Csárda*
Rákóczi u. 77
☎ (94) 41 01 01
Unweit von der slowenisch-österreichischen Grenze erwartet der Gasthof mit herrlichen Fisch- und Wildspezialitäten seine Gäste.

Kőszeg

Fürdő Étterem*
Bükfürdő, Termál krt. 34
☎ (94) 35 80 79
Von Schrammelmusik begleitet schmeckt hier die hausgemachte Süßigkeit nach dem Kalbsbraten noch besser.

Miskolc

Calipso**
Városház tér 7
☎ (46) 32 46 16
Das Restaurant in zentraler Lage hat 1997 die Ehrentafel der ungarischen Gastronomie erhalten – eine Auszeichnung, die für Qualität bürgt.

Kispipa Halászcsárda
Rákóczi út 4
☎ (46) 34 69 11
Klein, aber fein: Fischrestaurant mit bester Küche.

Mohács

Halászcsárda**
Szentmihály tér 5
☎ (69) 32 25 42
Die empfehlenswerte Csárda ist vor allem auf Fischgerichte spezialisiert. Montag Ruhetag.

Nyíregyháza

Lugas Hotel**
Prága u. 3
☎ (42) 34 27 77
Elegantes Ambiente und aufmerksame Bedienung warten auf Feinschmecker-Gäste.

Ópusztaszer

Park Fogadó**
Baks, Fő út 11
☎ (62) 26 93 11
Spezialitäten der Tiefebene nach uralten Rezepten.

Pannonhalma

Borbirodalom Pannonhalma Borpince***
Szabadság tér 27
☎ (96) 47 17 30
Die Kessel- und Grillgerichte sowie die vom Kellermeister arrangierten Weinproben sind ein Erlebnis.

Pécs

Aranykacsa**
Teréz u. 4
☎ (72) 31 58 68
Das Restaurant in der Innenstadt von Pécs ist bei Anhängern deftiger Speisen genauso beliebt wie bei Vegetariern. Werfen Sie einen Blick in den Raum mit der Zsolnay-Keramik!

Restaurant im Hotel Kikelet/*****
Károlyi Mihály út 1
☎ (72) 51 29 00
FAX (72) 51 29 01
Restaurant mit herrlicher Aussichtsterrasse und großem, hellem Speisesaal im Bauhausstil. Empfehlenswert: Kalbsgulasch mit Dill-Quark-Nockerln oder Putenbrustfilet mit Ingwer. Zum Nachtisch werden hausgemachte Strudel gereicht!

Siklós

Hotel Cabernet Görbepince
Petőfi u. 29
☎ (72) 59 29 00
Angenehmes Hotel und Restaurant direkt an der Weinstraße Villány-Siklós. Ungarische und schwäbische Erlebnisküche. Köstlich ist der Ferkelbraten.

Fülemüle Csárda*
Villány, Kültelek
☎ (72) 49 29 39
Zu den guten Fisch-, Wild-, Geflügel- und Rindfleisch Spezialitäten trinkt man hier natürlich den lokalen Wielander.

Siófok

▶ Balaton

Sopron

Fehér Rózsa*
Pócsi u. 21
☎ (99) 33 52 70
Familiäres, auch bei Einheimischen beliebtes Lokal mit Freisitzen im Hof. Die deftige Küche kommt hier in großen Portionen auf den Tisch. Geöffnet tgl. 11⁰⁰ – 23⁰⁰ Uhr.

Kastély Étterem***
Nagycenk, Széchenyi Kastély
☎ (99) 36 00 61

Das Schlossrestaurant bietet eine anspruchsvolle ungarische und internationale Küche. Im Sommer sitzt man sehr schön draußen im Schlosshof.

Szarvas

Halászcsárda der Pension Lux*
Szabadság u. 35
☎ (66) 31 34 17
Das zur Pension Lux gehörende Fischlokal genießt einen guten Ruf.

Szeged

Alabárdos**
Oslola utca 13
☎ (62) 42 09 14
Das vorzügliche Restaurant befindet sich in der Nachbarschaft des Szegeder Doms. Seit Jahrzehnten werden hier die nationalen und regionalen Spezialitäten des Landes gekocht.

Székesfehérvár

Diófa
Kadocsa u. 32/a
☎ (22) 30 06 65
Für die Zufriedenheit der Gäste bürgen die Köche der Gaststätte, die schon mehrere Wettbewerbe erfolgreich absolvierten.

Fogadó az Öreg Préshez**
Mór (ca. 30 km nördlich)
Arany János u. 4
☎ (22) 40 78 32

Die ruhige Kleinstadt liegt am Fuße des Vértes-Gebirges, ca. 25 km nordwestlich. Auf der Speisekarte des anspruchsvollen Lokals sind auch die Spezialitäten der hiesigen Donauschwaben zu finden.

Szekszárd

Szász Söröző Étterem*
Garai tér 18
☎ (74) 31 24 63
Das stimmungsvolle Lokal ist auf Fisch- und Wildgerichte spezialisiert. Leichte Weine aus der Region und ein breites Biersortiment runden das Angebot ab.

Szentendre

Aranysárkány***
Alkotmány utca 1A
☎ (26) 30 14 97
Seit 25 Jahren eine Gourmetadresse von Rang. Im Mai 2002 überzeugte sich sogar die Gattin des amerikanischen Präsidenten Bush von der Kochkunst des Teams um Attila Máhr. Wer sich schon mal einstimmen möchte auf die Speisekarte, werfe einen Blick auf die Homepage: www.aranysarkany.hu.

Labirintus**
Bogdányi u. 10
☎ (26) 31 70 54
Restaurant mit gutbürgerlicher Speisekarte und Weinmuseum im Keller, wo alle Weinsorten des Landes zu finden sind.
In der Rózsa utca 2 befindet sich die Konditorei Surányi, deren Haselnuss-Doboschtorte unübertrefflich ist.

Szolnok

Tisza**
Verseghy park 2
☎ (56) 37 11 55
Das Restaurant im ehrwürdigen Hotel Tisza zählt Welspörkölt mit Nockerln und Schweinebarten vom Spieß zu seinen Spezialitäten.

Tokaj

Tokaj**
Rákóczi utca 5
☎ (47) 35 23 44
Traditionsreiches Restaurant mit Terrasse. Auf der Speisekarte findet man viele landestypische Gerichte.

Őskaján*
Tolcsva (ca. 30 km nördlich), Kossuth Lajos u. 16
☎ (47) 38 41 95
In dem neu eröffneten Restaurant wird u. a. eine hervorragende Gänseleber mit Tokajer Aszu angeboten.

Vác

Ilka Csárda*
Göd, Pesti út 93/A
☎ (27) 33 63 03
In dieser Tscharda kann man vor allem deftige Gerichte aus Siebenbürgen genießen.

Veszprém

Elefánt Bisztró
Óváros tér
☎ (88) 398 19 66
Jugendliches Bistro mit kleinen Gerichten wie Pasta oder Sandwiches und gutem Cappuccino.

Oliva
Buhim utca 14 – 16
☎ (88) 40 38 70
FAX (88) 40 38 75
www.oliva.hu
Mexikanische, japanische und mediterrane Grillspezialitäten erwarten den Gast in diesem Restaurant in der Innenstadt von Veszprém. Im Sommer sitzt man im sog. Grill-

Restaurants und Cafés (Fortsetzung)

garten. Mo.–Do. 11⁰⁰–23⁰⁰, Fr./Sa. bis 24⁰⁰ geöffnet.

Zalaegerszeg

Gerő Cukrászda
Dísz tér 4
☎ (92) 33 21 32
Modernes Café mit regem Zulauf und Sitzplätzen im Freien. Gute Kuchenauswahl und viele Kaffeesorten.

Restaurant im Hotel Frey**
Zalakaros, Termál út 7
☎ (92) 34 01 25
Neben typischen Gerichten vom Kis-Balaton ist hier auch die internationale Küche vertreten.

Zsámbék

Tante Susanne**
Budajenő (ca. 6 km östlich), Kossuth u. 59
☎ (26) 37 12 36
Ungarische, donauschwäbische und internationale Rezepte sind im Küchenrepertoire gleichermaßen vertreten. Freitags und samstags nostalgische Ziehharmonikamusik. Montag Ruhetag.

Sport

Angeln

Der Fischbestand in ungarischen Gewässern ist gut. Karpfen, Zander, Welse, Aale sowie Weißfische gehen hier Anglern ins Netz. Nach Vorlage des Reisepasses kann man bei den Stadt- und Gemeindeverwaltungen einen Angelschein erwerben. Informationen erhält man beim Ungarischen Anglerverband im Internet unter www.mohosz.hu (E-Mail: mohosz@axelero.hu).

Golf

Insgesamt gibt es zurzeit 13 Golfplätze in Ungarn, die meisten in Budapest und Umgebung. Der 18-Loch-Platz in Hencse, im Süden von Transdanubien, gilt als Golferparadies. Detaillierte Auskünfte über die Plätze erhält man unter www.hungolf.hu.

Jagd

Ungarn ist bekanntermaßen ein beliebtes Jagdrevier, sowohl für Hoch- als auch für Niederwild. Für die Mitnahme von Jagdwaffen und Munition ist die Einladung des ungarischen Jagdvereins erforderlich (Informationen unter www.huntinghun.hu).

Radfahren

Ungarn ist kein Land der großen Höhenunterschiede und schon allein deshalb auch für weniger ambitionierte Radfahrer bestens geeignet. Bereits vor einigen Jahren hat man damit begonnen, Fahrradwege auszuschildern und dadurch bessere Bedingungen für den Radtourismus zu schaffen. Die 205 km lange Strecke um den Plattensee oder die Strecke vom Neusiedler See bis nach Fertőd sind nur zwei Beispiele von vielen. In ausgewählten Zügen der ungarischen Staatsbahnen, der Budapester Vortortbahn HÉV und der Budapester Zahnradbahn ist das Mitnehmen von Fahrrädern erlaubt. Vorschläge für mehrere Hundert Touren durch Ungarn mit detaillierten Kartenausschnitten enthält der illustrierte Reiseführer "Radtouren in Ungarn", den man beim Verlag bestellen kann (Frigoria Verlag, Postfach 219, 1536 Budapest, ☎/FAX (1) 203 09 15, frigoria.kiado@matavnet.hu).

Reiten

Pferde sind aus der Geschichte Ungarns nicht wegzudenken. Dementsprechend gut ausgebaut ist die Infrastruktur auf dem Gebiet des Reitsports. Vor allem im Hinterland des Balaton, aber auch in anderen Regionen des Landes gibt es unzählige Reiterhöfe ("Lovasiskola") mit einem breiten Angebot, das von Möglichkeiten zu Kutschfahrten über Ausritte und Reitunterricht bis zu Verpflegung und Unterkunft reicht. Manche Reiterhöfe unterrichten auch im Gespannfahren. Auch in den großen Gestüten des Landes, Bábolna und Szilvásvárad, kann man Reitunterricht nehmen. Auskünfte erteilt der Verband für Ungarische Reittouristik, www.equi.hu.

Reiten (Fortsetzung)

Wandern

Viele Regionen Ungarns eignen sich hervorragend für Wanderungen. Vor allem rund um den Balaton, am Neusiedler See, im Bükk- und Aggtelek-Nationalpark, im Pilis-Gebirge und in anderen Landschaftsschutzgebieten wie z. B. dem Naturpark Irottkő westlich von Kőszeg. Die so genannte Blaue Tour führt von Velem an der österreichischen Grenze bis auf die 894 m hohe Bergspitze des Nagy-Milic im nordöstlichen Winkel von Ungarn und erschließt die schönsten Wandergebiete des Landes. Wanderkarten und Wegbeschreibungen geben vor allem die ungarischen Verlage Grafon und Cartographia heraus. Sie sind zum Teil auch im deutschen Buchhandel erhältlich. Auskünfte erteilt auch der Verband der Ungarischen Naturfreunde, www.fsz.bme.hu/mtsz (z.T. in Englisch und Deutsch).

Segeln, Surfen

Der Balaton ist seit langem als Segelrevier sehr beliebt und für Segelschiffe jeden Typs zugelassen. Wer mit dem eigenen Boot nach Ungarn einreist, benötigt einen dreiteiligen Grenzübertrittschein (Triptuik). Dieses Dokument erhält man bei den nationalen Automobilklubs und Seglervereinigungen. Boote vor Ort chartern kann man z. B. in Siófok, Balatonfüred und Keszthely. Um auf dem Plattensee mit einem größeren Segelboot unterwegs sein zu dürfen, benötigt man den Segelschein A. Motorboote sind auf dem See verboten, Segelboote dürfen jedoch Hilfsmotoren benutzen. Auch der Velencer See, der Orfű-See bei Pécs und der Theißsee sind bei Surfern und Seglern beliebt. Surfen kann man auch auf dem Omszki-See in Nordbuda an der Landstraße 11, im Markaz-See, 10 km nordöstlich von Gyöngyös, auf dem toten Donauarm bei Fadd-Dombori, 20 km nordöstlich von Szekszárd und auf dem Látóképi-See 15 km westlich von Debrecen, in der Nähe der Landstraße 33.
Für Wasserwanderungen sollte man sich Kartenmaterial in einer ungarischen Buchhandlung besorgen. Hilfreich ist auch die Broschüre "Ungarns Wasserwelt – 3500 km auf ungarischen Gewässern", die das ungarische Fremdenverkehrsamt herausbringt.

Ungarischer Seglerverband
www.hunsail.hu

Ungarischer Surfverband
husurf@freemail.hu

Wintersport

Da es keine hohen Berge im Land gibt, kommt dem alpinen Skisport keine große Bedeutung zu. Wer dennoch unbedingt einmal auf den Brettern stehen will, hat dazu auf den Pisten im Norden und Nordosten Ungarns noch am ehesten Gelegenheit, insbesondere im Börzsöny-, Mátra- und Bükkgebirge. Weit verbreitet ist dagegen das Eislaufen, u. a. auf kleinen Seen und Flüssen, auf der Kunsteislaufbahn im Budapester Stadtwäldchen von Ende Oktober bis März oder das ganze Jahr über im großen Einkaufszentren Pólus Center im 15. Stadtbezirk von Budapest.

Sprache

Verständigung

In den meisten Orten hat man kaum Mühe, sich verständlich zu machen, da viele Ungarn die deutsche Sprache verstehen und sprechen. Bei jüngeren Menschen und in größeren Städten kommt man oft auch mit Englisch weiter. Die ungarische Sprache gehört zur finno-ugrischen Sprachfamilie und nimmt somit eine Sonderstellung in Europa ein. Die Aussprache des Ungarischen bereitet den meisten Besuchern, die der Sprache nicht mächtig sind, große Schwierigkeiten, insbesondere die unterschiedliche Aussprache der Konsonanten und Vokale. Im Ungarischen wird immer die erste Silbe eines Wortes betont.

Typischer ungarischer Zungenbrecher

Kleiner Sprachführer Ungarisch

Auf einen Blick

Ja. / Nein.	Igen. [igän] / Nem. [näm]
Vielleicht.	Talán. [tollahn]
Bitte.	Kérem. [kehräm]
Danke.	Köszönöm. [kössönöm]
Gern geschehen.	Szívesen. [ssihwäschän]
Entschuldigung!	Bocsánat! [botschahnott]
Wie bitte?	Tessék? [täschschehk]
Ich verstehe Sie nicht.	Nem értem. [näm ehrtäm]
Ich spreche nur wenig ...	Csak egy kicsit beszélek ... [tschock ädj kitschit bässehläk ...]
Sprechen Sie ...	Beszél ... [bässehl ...]
... Deutsch?	... németül? [nemätül]
... Englisch?	... angolul? [ongolul]
Schreiben Sie es mir bitte auf!	Kérem írja fel! [kehräm ihrjo fäl]
Können Sie mir bitte helfen?	Tudna nekem segíteni kérem? [tudno näkäm schägihtäni kehräm]
Ich möchte ...	Szeretnék ... [ssärätnehk ...]
Das gefällt mir (nicht).	Ez (nem) tetszik. [äs (näm) täzzik]
Haben Sie ...?	Van ...? [wonn ...]
Wie viel kostet es?	Mennyibe kerül? [männjibä kärül]
Wie viel Uhr ist es?	Hány óra (van)? [hahnj ohro (wonn)]

Kennen lernen

Guten Morgen!	Jó reggelt! [joh räggält]
Guten Tag!	Jó napot! [joh noppot]
Guten Abend!	Jó estét! [joh äschteht]
Grüß dich! / Grüß euch!	Szia! / Sziasztok! [ssio / ssiosstok]
Es freut mich, Sie kennen zu lernen.	Örülök, hogy megismerhetem. [örülök hodj mägischmärhätäm]
Wie geht es Ihnen / dir?	Hogy van / vagy? [hodj wonn / woddj]
Danke. Und Ihnen / dir?	Köszönöm. És Ön / te? [kössönöm ehsch ön / tä]
Auf Wiedersehen!	Viszontlátásra! [wissontlahtahschro]
Tschüss!	Szia / Sziasztok! [ssio / ssiosstok]
Bis bald! / Bis später!	Viszlát! [wisslaht]

Unterwegs

links / rechts	balra [bollro] / jobbra [jobbro]
geradeaus	egyenes(en) [ädjänäsch(än)]
nah / weit	közel [kösäl] / messze [mässä]

Bitte, wo ist ... ?	Hol van kérem a(z) ... ? [hol wonn kehräm o(s) ...]	Unterwegs (Fts.)
Wie weit ist das?	Milyen messze van? [mijän mässä wonn]	
Sie können ... nehmen.	Mehet ... [mähät]	
... den Bus ...	... busszal. [bussoll]	
... die Straßenbahn ...	... villamossal. [willommoschscholl]	
... die U-Bahn ...	... metróval. [mätrohwoll]	
Ich habe eine Panne.	Defektem van. [däfäktäm wonn]	Panne
Würden Sie mir bitte einen Abschleppwagen schicken?	Tudna nekem egy vontatókocsit küldeni? [tudno näkäm ädj wontottohkotschit küldäni]	
Wo ist hier in der Nähe eine Werkstatt?	Hol van itt a közelben egy műhely? [hol wonn itt o kösälbän ädj mühhäj]	
Wo ist bitte die nächste Tankstelle?	Hol (van) a legközelebbi benzinkút? [hol (wonn) o läcksösäläbbi bänsinkuht]	Tankstelle
Ich möchte ... Liter ...	... liter ... kérek. [... litär ... kehräk]	
... Normalbenzin.	...normálbenzint [norrmahlbänsint]	
... Super.	... szupert. [ssupärt]	
... Diesel.	... dízelt. [dihsält]	
... bleifrei.	...ólommenteset [ohlommäntäschät]	
Volltanken, bitte.	Tele kérem. [tälä kehräm]	
Hilfe!	Segítség! [schägihtschehg]	Unfall
Achtung!	Figyelem! [fidjäläm]	
Vorsicht!	Vigyázat! [widjahsott]	
Rufen Sie bitte schnell ...	Hívjon gyorsan ... [hihwjon djorschonn ...]	
... einen Krankenwagen.	... mentőt. [mäntöht]	
... die Polizei.	...a rendőrséget. [o rändöhrschehgät]	
... die Feuerwehr.	... a tűzoltókat. [o tühsoltohkott]	
Es war meine Schuld.	Én vagyok a hibás. [ehn woddjok o hibahsch]	
Es war Ihre Schuld.	Ön a hibás. [ön o hibahsch]	
Geben Sie mir bitte Ihren Namen und Ihre Anschrift!	Adja meg kérem a nevét és a címét! [oddjo mäg kehräm o näweht ehsch o zihmeht]	
Wo gibt es hier ...	Hol van itt ... [hol wonn itt]	Essen / Unterhaltung
... ein gutes Restaurant?	... egy jó étterem? [ädj joh ehttäräm]	
... ein nicht zu teures Restaurant?	... egy nem túl drága étterem? [ädj näm tuhl drahgo ehttäräm]	
Gibt es hier eine gemütliche Kneipe?	Van itt valahol egy nyugodt, hangulatos kocsma? [wonn itt wollohol ädj njugott honngulottosch kotschmo]	
Reservieren Sie uns bitte für heute Abend einen Tisch.	Foglaljon kérem nekünk ma estére egy asztalt. [foglaljon kehräm näkünk mo äschtehrä ädj osstollt]	

Sprache

Sprache (Fts.)	Das Essen war ausgezeichnet.	Az étel kitűnő volt. [os ehtäl kitühnöh wolt]
Übernachtung	Können Sie mir ... empfehlen?	Tudna ajánlani egy ... [tudno ojjahnlonni ädj]
	... ein gutes Hotel ...	... jó szállodát? [joh ssahllodaht]
	... eine Pension ...	... panziót? [ponnsioht]
	Haben Sie noch Zimmer frei?	Van még szabad szobájuk? [wonn mehg ssobbodd ssobahjuk]
	ein Einzelzimmer	egy egyágyas szobát [ädj äddjahdjosch ssobaht]
	ein Zweibettzimmer	egy kétágyas szobát [ädj kehtahdjosch ssobaht]
	mit Bad	fürdőszobával [fürdöhssobahwoll]
	für eine Nacht	egy éjszakára [ädj ehjssockahro]
	für eine Woche	egy hétre [ädj hehträ]
	Was kostet das Zimmer mit ... ?	Mennyibe kerül a szoba ... ? [männjibä kärül o ssobo]
	... Frühstück	... reggelivel [räggäliwäl]
	... Halbpension	... félpanzióval [fehlponnsiohwoll]

Straßenverkehr

Allgemeines, mautpflichtige Straßen

Aktuelle Informationen unter: www.autobahn.hu

Alle Hauptverkehrsadern des ungarischen Straßennetzes gehen sternförmig von Budapest aus. Die Beschilderung der ungarischen Straßen entspricht dem in Mittel- und Westeuropa üblichen System. Das Schild “TIR” (schwarze Schrift auf orangefarbenem Grund) zeigt an, wie man größere Städte zeitsparend umfahren kann. Für die Autobahnen M 1 (von der Westgrenze nach Budapest) und M 3 (von Budapest nach Ostungarn) sowie M 7 (von Budapest an den Balaton) benötigt man eine Vignette, die es für 10 Tage, einen Monat oder ein Jahr zu kaufen gibt. Erhältlich sind die Vignetten an Grenzübergängen, Tankstellen und auf Postämtern. Für eine Fahrt auf der Autobahn M 5 von Budapest über Kecskemét nach Kiskunfélegyháza muss man Maut bezahlen (Mautstationen bei den Auffahrten). Die M 0 (Budapester Ring) ist zurzeit noch gebührenfrei befahrbar.

Papiere

Autofahrer müssen in Ungarn den Führerschein, den Kraftfahrzeugschein und Fahrzeugpapiere mit sich führen. Empfohlen wird die Mitnahme der Internationalen Grünen Versicherungskarte. Ein internationaler Führerschein ist nicht nötig. Ausländische Kraftfahrzeuge müssen das ovale Nationalitätenkennzeichen tragen.

Verkehrsregeln

In Ungarn gilt ein striktes Alkoholverbot für Autofahrer, d. h. die Promillegrenze liegt bei 0,0! Auf Landstraßen und auf Autobahnen müssen alle Fahrzeuge mit Licht fahren. Motorradfahrer müssen das Abblendlicht einschalten. Das Anlegen von Sicherheitsgurten ist in Ungarn Pflicht. Kinder unter dem 12. Lebensjahr dürfen nicht auf den vorderen Sitzplätzen mitfahren. Für Motorradfahrer besteht Helmpflicht. Das Hupen ist in bewohnten Gebieten nur bei Gefahr erlaubt. In Kurven, auf Kreuzungen und auf Eisenbahnübergängen darf man nicht überholen. Zusätzliche Bremsleuchten müssen in Ungarn abgedeckt oder außer Betrieb gesetzt werden.

Es gelten folgende Höchstgeschwindigkeiten:
Innerorts 50 km/h, Landstraße 90 km/h (70 km/h für Pkws mit Anhänger), Autostraße 110 km/h (Pkw mit Anhänger 70 km/h), Autobahn 130 km/h (Pkw mit Anhänger 80 km/h)

Straßenverkehr, Höchstgeschwindigkeiten

Benzin ist in Ungarn etwas billiger als in Deutschland. Folgende Kraftstoffarten werden verkauft: Super Bleifrei (91 Oktan), Extra Super Bleifrei (95, 98 und 99 Oktan), Autogas und Diesel. Kraftstoff in Kanistern darf weder ein- noch ausgeführt werden.

Benzin

Telefon

Für öffentliche Fernsprecher benötigt man Münzen (20, 50, 100 HUF) oder eine Telefonkarte, die im Wert von 50 und 120 Einheiten an Zeitungskiosken oder auf Postämtern erhältlich ist. Für ein Ortsgespräch muss man mindetsens 20 HUF einwerfen, für ein Ferngespräch ins Ausland mindestens 60 HUF.

Öffentliche Fernsprecher

Bei Ortsgesprächen wählt man nur die Rufnummer des jeweiligen Fernsprechteilnehmers, bei Ferngesprächen innerhalb Ungarns allerdings muss man immer zuerst die "06" und dann erst die Vorwahlnummer der betreffenden Stadt (Budapest: 1, sonst zweistellig) sowie die Rufnummer des Fernsprechteilnehmers wählen.

Wichtig!

Vorwahlnummern

Nach Ungarn
☎ 00 36

Von Ungarn nach Deutschland
☎ 00 49

Von Ungarn nach Österreich
☎ 00 43

Von Ungarn in die Schweiz
☎ 00 41

Telefondienste

Fernvermittlung
(Ausland)
☎ 190

Nationale Auskunft
☎ 198

Internationale Auskunft
☎ 199

Die ungarischen Mobilfunknetze sind flächendeckend über die Netzbetreiber Westel, Vodafon und Pannon GSM ausgebaut. Tarifinfos (D 2 Privat) erhält man in Deutschland kostenlos aufs Fax unter ☎ (0172) 12 14 14. Die ungarischen Mobiltelefonnummern sind 11-stellig, wobei die ersten vier Ziffern je nach Gesellschaft 06 20, 06 30, 06 60 und 06 70 lauten. Bei Anrufen vom Festnetz bzw. von einem Handy mit einem nicht ungarischen Netzanbieter auf das Handy mit ungarischem Netzanbieter müssen alle elf Ziffern gewählt werden; wenn man von einem Mobiltelefon ein anderes der gleichen Gesellschaft anruft, brauchen die ersten vier Ziffern nicht gewählt werden; handelt es sich um eine Nummer eines anderen ungarischen Netzanbieters, kann man die Ziffern 06 weglassen.

Mobiltelefon

Die Deutsche Bundespost bietet mit ihrem "Deutschland-Direkt-Dienst" die Möglichkeit, aus Ungarn Telefonate nach Deutschland zu führen, die für den Anrufer kostenlos sind und dem Empfänger

Country direct

Telefon (Fortsetzung) (nach Anfrage) in Rechnung gestellt werden. Die Vermittlungsstelle in Frankfurt erreicht man aus Ungarn unter ☎ 0080 00 49 11.

Tiere

▶ Reisedokumente

Trinkgeld

In Restaurants beträgt das übliche Trinkgeld 10 – 15 % des Rechnungsbetrags. In besseren Lokalen erwarten auch der Oberkellner und der Weinkellner ein Trinkgeld. Häufig wird der Service mit bis zu 20 % des zu zahlenden Betrags auf der Rechnung als Extraposten aufgeführt. In solchen Fällen ist kein Trinkgeld notwendig. Taxifahrer erwarten ebenfalls ein Trinkgeld von 10 – 15 % des Rechnungsbetrags. Die Garderobenfrau bekommt zusätzlich zum geforderten Betrag ein paar Forint. In vielen Lokalen spielen Zigeunerkapellen auf eigene Rechnung. Die Musikanten erbitten nach ihren Darbietungen einen Obolus; ein Betrag von 500 Forint wird erwartet.

Ungarnkarte

Mit der Ungarnkarte (Magyar Turizmus Kártya) wird der Urlaub günstiger, denn sie gewährt Preisnachlässe bei Unterkünften, Autobahngebühren, Mietwagen, Museumseintritten (bis zu 100%!) und bei vielen anderen Dienstleistungen. Sie kostet zur Zeit ca. 28 Euro und ist bei allen Tourinformbüros zu kaufen oder im Internet über www.hungarycard.hu.

Veranstaltungen

Programme, Kartenvorverkauf Aktuelle Theater- und Konzertprogramme erhält man in den Tourinform-Büros (▶ Auskunft). Des Weiteren lohnt sich immer auch ein Blick in die lokale Presse, um sich über Veranstaltungen zu informieren (▶ Zeitungen und Zeitschriften). In Budapest gibt es mehrere Vorverkaufsstellen für Konzertkarten. Größere Hotels können für ihre Gäste auf Wunsch Karten besorgen.

Januar

Budapest
Im Pesti Vigadó findet das traditionelle Neujahrs-Operettenkonzert statt.

Februar

Mohács
Ungarns größte Faschingsveranstaltung ist der Buscho-Umzug Mitte bis Ende Februar (www.mohacs.hu).

März

Budapest
Das weltberühmte Budapester Frühlingsfestival in der zweiten Monatshälfte hat ein atemberaubendes Musikangebot (www.fesztivalvaros.hu). Im selben Monat findet in

Budapest auch das Tanzhaustreffen statt (www.tanchaz.hu).

Hollókő
Die Feierlichkeiten zu Ostern sind mit Folkloredarbietungen und einem Volkskunst-Jahrmarkt verbunden.

April

Budapest
In der letzten Dekade des Monats wird das Welt-Tanz-Festival veranstaltet, bei dem jedes Jahr ein anderer Tanzstil im Mittelpunkt steht.

Keszthely
Balaton-Festival mit breit gefächertem Kulturprogramm.

Kőszeg
Am Sankt-Georgs-Tag (23. April) werden die jungen Triebe der Weinreben präsentiert. An diese Tradition schließen sich verschiedene Kulturveranstaltungen an.

Mai

Veszprém
Am Namenstag der ersten ungarischen Königin, dem 4. Mai, beginnen die Gisela-Kulturtage.

Balatonfüred, Siófok
Zu Pfingsten wird die Saison am Balaton feierlich eröffnet, u. a. auch mit einer Segelregatta.

Magyarpolány
Das musikalische Mysterienspiel über das Leben Christi in dem Ort ca. 35 km nordwestlich von Veszprém an Pfingsten ist ein besonderes Erlebnis (www.polanyinfo.hu).

Hajós
Das donauschwäbische Dorf wurde durch die ungarndeutschen Weinfeste am letzten Maiwochenende berühmt.

Szekszárd, Tokaj, Sopron
Weintage am letzten Maiwochenende mit niveauvollem Kulturrahmenprogramm.

Budapest
Von Mai bis Ende Oktober werden dreimal in der Woche Operettenkonzerte in der Pester Vigadó aufgeführt.

Juni

Budapest
Eintrittsfreie Konzerte – wo gibt es das noch? Bei den Festspielen in der Franzstadt Mitte Juni (www.szinhaz.hu/fenyar). Um die Monatsmitte findet das auch mehrtägige internationale Kulturtreffen "Donaukarneval" statt. Brückenfest und Wasserkarneval auf der Donau sorgen jedes Jahr in der letzten Juni-Dekade für gute Laune.

Csömör
Herrlich ist der kilometerlange Blumenteppich in Csömör an Fronleichnam.

Kecskemét
Das Kodály Kunstfestival dauert den ganzen Sommer an und ist dem musikalischen Erbe des berühmten Sohnes der Stadt gewidmet.

Esztergom
Musicals und Opern im erhabenen historischen Rahmen der Burg von Juni bis Ende August (www.esztergom.hu/varszinhaz).

Debrecen
Ende Juni: Debrecener Jazztage (www.fesztivalkozpont.hu).

Győr
Die barocke Innenstadt dient von Ende Juni bis Ende Juli als

Kulisse für das internationale Kulturfestival.

Sopron
Im Rahmen der Ödenburger Festwochen (von Ende Juni bis Mitte Juli) ist der Steinbruch zu Fertőrákos Schauplatz von Opern- und Musicalaufführungen.

Eger
Sommer der Musen: Ende Juni füllt sich drei Tage lang die historische Innenstadt von Eger mit Straßenmusikern, Stelzenläufern und Kunsthandwerkern.

Bogács
Das internationale Weinfest am Fuße des Bükk-Gebirges Ende Juni lädt die Gäste zum Kirchenkonzert, Weinlied-Wettbewerb, Winzerball und Volkskunst-Jahrmarkt ein.

Tata
Es lohnt sich, Ende Juni wegen des Wasser-, Musik- und Blumenfestivals in die Kleinstadt zu kommen!

Ópusztaszer
Am letzten Juni-Wochenende erinnert das Hunnenfest an die Landeseroberung der Magyaren.

Gyula
Von Ende Juni bis Anfang August verwöhnt das Burgtheater des Kurortes mit Konzerten und Tanzaufführungen sein Publikum.

Juli

Hortobágy
Jedes Jahr kommen Tausende anlässlich der internationalen Reitertage in die Puszta (www.epona.hu).

Kőszeg
Opern, Operetten und klassische Konzerte im Burgtheater der Kleinstadt.

Nyírbátor
Die Produktionen der Ensembles aus zahllosen Ländern der Welt beeindrucken jedes Jahr Anfang Juli das Publikum des Straßentheaterfestivals (www. col.hu/szarnyassarkany).

Szeged
Die seit 1931 veranstalteten Freilichtspiele der Stadt gehören zu den bedeutendsten Kulturereignissen Ungarns.

Miskolc
An den beiden Tagen des internationalen Dixieland-Festivals (Anfang Juli) erklingt diese Musik auf den Plätzen, in den Kneipen und auf den Freilichtbühnen der Stadt.

Győr
Das traditionsreiche Volkstanz- und Volksmusik-Festival Anfang Juli hat sich zur Aufgabe gemacht, das reiche Erbe der ungarischen Volkskultur vorzustellen (www.mmi.hu).

Martonvásár
Im Park des Schlosses finden die Beethoven-Abende der Philharmoniker statt.

Fertőd
Das Haydn-Festival erinnert jedes Jahr Mitte Juli an den Komponisten, der jahrelang hier lebte und wirkte.

Eger
Scharenweise kommen die Touristen jedes Jahr Ende Juli hierher, um an den historischen Ritterspielen in der Burg teilzunehmen.

Mesztegnyő (Komitat Somogy)
Die größte Attraktion des Dorfes ist das Storchenfestival und der Strudel-Backwettbewerb von Ende Juli.

Kapolcs (Balaton)
Festival "Tal der Künste" Ende Juli/Anf. August: 10 Tage lang Kunstausstellungen, Theater, Kunsthandwerk, Musik ...

Révfülöp-Balatonboglár
Auch ausländische Teilnehmer sind eingeladen, am letzten Juli-Samstag den 5,2 km breiten Plattensee zu durchschwimmen!

August

Budapest
Das Pepsi Sziget Festival auf der "Werftinsel" nahe der Árpádbrücke hat mittlerweile auch über Ungarn hinaus bei Rock- und Popmusikfans Kultstatus (www.sziget.hu). Das zweiwöchige Opern- und Ballettfestival der Stadt heißt BudaFest (www.viparts.hu). Mitte August wird der Große Preis von Ungarn in der Formel 1 ausgetragen (www.hungaroring.hu). Am 20. August kann man der Stephansprozession zuschauen, in den Abendstunden gibt es ein beeindruckendes Feuerwerk. Die dreitägige Veranstaltung in der Burg von Buda, "Forum der lebendigen Volkskunst" endet am 20. August mit dem Brotsegen (www.nesz.hu). Das Jüdische Sommerfestival von Ende August erlaubt einen Einblick in die jüdische Kultur Ungarns (www.jewishfestival.hu).

Hortobágy
Brückenjahrmarkt am 19. und 20. August mit abwechslungsreichem Rahmenprogramm

Szombathely
Das Savari-Festival (Ende August) mit seinem Fackelzug stellt die Geschichte der Stadt bis zum späten 18. Jh. dar.

Szolnok
Das zweitägige Gulaschsuppenfestival (Anfang September) ist zugleich ein Landeskochwettbewerb.

September

Kalocsa
Zwei Wochen dreht sich alles um das berühmte, in der Region angebaute Gewürz, den Paprika: "Paprikatage" werden Mitte September gefeiert.

Pápa
Mitte September werden die Barocktage in Pápa veranstaltet, wo die geistige und wirtschaftliche Blütezeit der Stadt wachgerufen wird.

Szeged
Am ersten September-Wochenende findet der Fischsuppen-Kochwettbewerb statt.

Budapest
Am internationalen Weinfest (erste September-Dekade) wird die ungarische Weinbaukunde fachmännisch dargestellt (www.winefestival.hu).

Verschiedene Städte
Weinfeste in Badacsony, Balatonboglár, Balatonfüred, Sopron, Kőszeg, Szekszárd, Pécs, Eger und Tokaj.

Pécs
Das einzige ausschließlich für Männerchöre ausgeschriebene internationale Weinliederfestival wird Ende September abgehalten (www.pserve.hu/kultur).

Gödöllő
Jedes Jahr Anfang Oktober wird das internationale Harfenfestival im Prunksaal des Barockschlosses aufgeführt.

Oktober

Békéscsaba
Mitte Oktober wird das spektakuläre Wurstfestival "Csa-

Veranstaltungen (Fortsetzung)

bai" – begleitet von Folkloreprogrammen – veranstaltet.

Szombathely
Am 10./11. November finden Feierlichkeiten zum St. Martinstag statt; der Bischof von Tours soll nämlich in dieser, seinerzeit zum römischen Reich gehörenden Stadt geboren sein.

November

Budapest
Mit den Elisabeth- und Katharina-Bällen wird die Ballsaison eröffnet.

Szeged
Die gute Stimmung des Weihnachtsmarktes auf dem Domplatz wird von verschiedenen Puppentheatern und Orchestern garantiert (www.szegedvaros.hu).

Dezember

Gödöllő
Durch die schönen Adventskonzerte entsteht eine besinnliche und weihnachtliche Atmosphäre im königlichen Schloss.

Verkehrsmittel

Bus

Das Busliniennetz der Firma Volánbusz ist in Ungarn engmaschig. Die meisten Ortschaften sind zumindest werktags mit dem Bus zu erreichen. Zwischen größeren Städten pendeln Expressbusse, die nur an wenigen Haltestellen stoppen.
Busfahren ist in Ungarn – ähnlich wie Bahnfahren – ein preisgünstiges Vergnügen. Für eine Strecke von 100 km zahlt man umgerechnet etwa 4,20 €.

Auskunft

☎ (1) 485 21 00

Busbahnhöfe in Budapest

Internationaler Busverkehr
VIII., Üllői út 131
☎ (1) 219 80 80
Am Rande des Volksparkes (Népliget) und nahe bei der Metrostation

National – nach Westen
Etele tér
☎ (1) 382 49 10

National – nach Osten
Népstadion
☎ (1) 252 18 96

National – ins Donauknie
Árpád híd
☎ (1) 329 14 50

Bahn

► dort

Taxi

Taxis sind in Ungarn durch ein gelbes Nummernschild gekennzeichnet und müssen über ein Taxameter (mit Quittung) verfügen. Das beleuchtete Taxi-Schild eines Wagens zeigt an, dass ein Taxi frei ist.
Die Grundgebühr für eine Taxifahrt beträgt 200 HUF, nach jedem gefahrenen Kilometer erhöht sich der Betrag um ungefähr 200 HUF. Die Wartegebühr liegt bei ca. 50 HUF pro Minute. Der Transfer vom/zum Flughafen kostet etwa 3500 – 4000 HUF.

Erinnerung an vergangene Zeiten: Im kleinen Bahnhof von Jakabszallás hält schon lange kein Zug mehr ...

Zeit

In Ungarn gilt die Mitteleuropäische Zeit (MEZ), von Ende März bis Ende Oktober die Mitteleuropäische Sommerzeit (MEZ + 1 Stunde).

Zeitungen

Ungarische Zeitungen

Die meistgelesenen ungarischen Tageszeitungen sind die konservative "Magyar Nemzet" (Ungarische Nation) und die linksliberal angehauchte "Népszabadság" (Volksfreiheit).

Deutschsprachige Presse

Deutschsprachige ungarische Wochenzeitungen sind der "Pester Lloyd" und die "Budapester Zeitung". Sie bieten auch Informationen, die für Touristen relevant sind. Das Wochenblatt "Neue Zeitung" beschäftigt sich mit dem Alltag der Ungarndeutschen. Wöchentlich erscheinen die englischsprachigen Zeitschriften "The Budapest Sun" und "Budapest Week".

Broschüren

Die Broschüren "Budapest Panorama", "Budapest Guide", "Programme in Ungarn" sowie das "Ungarische Reisemagazin" sind deutschsprachige Organe des Ungarischen Fremdenverkehrsamtes bzw. des Budapester Tourismusamtes. Vier- bis fünfmal jährlich aktualisiert werden die beiden Broschüren in englischer Sprache "Budapest In Your Pocket" und "Budapest Pocket Guide" mit aktuellen Informationen für Touristen.

Ungarn ab 2004 EU-Mitglied
Ungarn ist ab dem 1. Mai 2004 EU-Mitglied. Dass sich dadurch die Zollbestimmungen für den Grenzübertritt nach Österreich und Deutschland ändern werden, ist wahrscheinlich, allerdings standen bei Redaktionsschluss die konkreten Neuregelungen noch nicht fest.

Einreise nach Ungarn
Zollfrei kann der Reisebedarf für den persönlichen Gebrauch eingeführt werden. Zollfrei zum Verbrauch dürfen ferner importiert werden: 200 Zigaretten oder 50 Zigarren oder 250 g Tabak, 2 l Wein und 1 l Spirituosen, ferner Lebensmittel für drei Tage (ausgenommen sind Milchprodukte und Frischfleisch). Ebenso können Geschenke bis zu einem Inlandswert von 29 500 HUF pro Person eingeführt werden.

Ausreise
Genehmigungsfrei ausgeführt werden dürfen alle persönlichen Gegenstände und in Ungarn gekaufte Geschenke und Souvenirs bis zu einem Gesamtwert von 295 000 HUF. Der Export von Kunstgegenständen (s. Einkäufe/Antiquitäten), Edelmetallen und Edelmetallerzeugnissen sowie von Briefmarken ist nur mit Sondergenehmigungen möglich. Auskünfte erteilt das Budapester Informationsbüro des ungarischen Zollamtes, ☎ (01) 470 41 18 oder per E-mail: vam.info@mail.vpop.hu (auch in deutscher Sprache).

Wiedereinreise nach Deutschland oder Österreich
Bei der Wiedereinreise aus Ungarn nach Deutschland bzw. Österreich sind Reiseandenken bis zu einem Gesamtwert von 175 EUR zollfrei, ferner für Personen über 17 Jahre an Tabakwaren und Spirituosen die gleiche Menge, wie unter der Einreise nach Ungarn angegeben ist (nach Österreich: 2,25 l Wein und 2,1 l andere alkoholische Getränke). Dazu können Personen über 15 Jahre 500 g Kaffee oder 200 g Pulverkaffee, 100 g Tee oder 40 g Tee-Extrakt mitführen.

Wiedereinreise in die Schweiz
Für die Schweiz gelten folgende Freimengengrenzen: 250 g Kaffee, 100 g Tee, 200 Zigaretten oder 50 Zigarren oder 250 g Rauchtabak sowie 2 l Wein oder andere Getränke bis 22% Alkoholgehalt sowie 1 l Spirituosen mit mehr als 22% Alkoholgehalt. Souvenirs dürfen bis zu einem Wert von 100 sfr (bei Personen unter 17 Jahren bis 50 sfr) zollfrei eingeführt werden.

Mehrwertsteuerrückerstattung
▶ Einkaufen, Souvenirs

Register

Abaliget 270
Ábrahámhegy 97
Ady, Endre 68
Agárd 341
Aggtelek (Ort) 84
Aggtelek-Nationalpark 18, 79, 84
Alföld s. Große Tiefebene
Alpokalja 13
Alsóörs 90
Ámos, Imre 320
Andreas II. 36
Angeln 388
Anna, Margit 320
Anreise 356
Antiquitäten 364
Apotheken 358
Arany, János 68, 229
Árpád 36, 257
Ärztliche Hilfe 358
Aszód 191
Auskunft 358
Autohilfe 359

Babits, Mihály 68
Bábolna 200
Badacsony 97
Baden 360
Bahn 357, 360
Baja 86
Bakony 13, 342, 346
Balassagyarmat 211
Balassi, Bálint 67
Balaton 17, 88, 370
Balaton-Flüge 356
Balatonakali 97
Balatonakarattya 89
Balatonalmádi 89
Balatonberény 104
Balatonboglár 103
Balatoner Oberland 17, 89, 97, 105
Balatonfenyves 104
Balatonföldvár 103
Balatonfüred 92
Balatongyörök 100
Balatonkenese 89
Balatonlelle 103
Balatonmáriafürdő 104
Balatonrendes 97
Balatonszárszó 103
Balatonszemes 103
Balatonszentgyörgy 62, 105
Balatonszepezd 97
Balatonudvari 96
Balf 288
Bálvány 155
Bánd 382
Bánk, Zsuzsa 73
Baradla-Höhle 84
Bárányfok 315
Bartók, Béla 46, 65
Báthori, István 255
Batthyány, Grafen von 276
Batthyány, Lajos 40
Beethoven, Ludwig van 152
Behindertenhilfe 361
Békéscsaba 206
Béla III. 182
Bélapátfalva 156
Belső-tó 93
Benczúr, Gyula 252
Benzin 393
Berekfürdő 217
Bethlen, István 42
Bevölkerung 24
Blaha Lujza 93
Bodrog 272
Bódva-Tal 85
Börzsöny-Gebirge 14, 167
Botschaften 362
Bozsok 241

Budapest 106
Akademie der Wissenschaften 116
Alt-Ofener Pfarrkirche 147
Altes Rathaus 124
Andrássy út 137
Anonymus 141
Aquincum 148
Ausgehen 109
Bankhaus Török 130
Batthyány tér 128
Bécsi kapu tér 127
Börse 119
Budaer Bergland 150
Budafok 150
Budapest-Karte 114
Burgmuseum 123
Burgpalast 120

Budapest (Fortsetzung)
Burgtheater 123
Burgviertel 120, 123
Café Gerbeaud 113
Café im Hotel Astoria 113
Café Lukács 113
Café New York 113, 135
Café Centrál 113
Deák Ferenc tér 120
Dísz tér 124
Donaukorso 115
Ehemalige Postsparkasse 119
Ehemalige Seidenspinnerei 147
Ehemaliger Landtag 127
Ehemaliges jüdisches Ghetto 131
Einkaufen 109
Elisabeth-Brücke 128
Elisabeth-Denkmal 128
Elisabethstadt 132
Eötvös tér 116
Erzsébet körút 135
Erzsébet tér 120
Ethnographisches Museum 118
Evangelische Kirche 120
Ferenc-Hopp-Museum 138
Ferenciek tere 133
Fischerbastei 126
Fő tér 146
Fortuna utca 127
Franziskanerkirche 134
Freiheitsbrücke 130
Freiheitsdenkmal 129
Gellért (Hotel) 130
Gellértberg 128
Gießereimuseum 127
Große Synagoge 132
Großer Ring 134
Hauptstädtisches Rathaus 131
Haus des Terrors 138
Haus des Ungarischen Weines 124
Heldenplatz 139
Heldensynagoge 132
Hess András tér 126
Historisches Museum 123
Hősök tere 139

Budapest (Fortsetzung)
Höhlensystem 127
Imre-Varga-Museum 146
Innerstädtische Pfarrkirche 134
Josefstädtische Pfarrkirche 136
József körút 136
Jubiläumspark 129
Jüdisches Museum 132
Kaffeehäuser 113
Kálvin tér 133
Kamermayer tér 131
Kapisztrán tér 127
Károly körút 131
Károlyi-Palais 133
Kerepeser Friedhof 144
Kettenbrücke 116
Kiscell 148
Kispest 151
Kleiner Ring 131
Kleinzell 148
Kőbánya 151
Kossuth Lajos tér 118
Kunstgewerbemuseum 136
Kunsthalle 139
Lajos-Kassák-Museum 147
Lasertheater 144
Liszt-Museum 138
Ludwig-Museum 122
Margareteninsel 144
Margitsziget 144
Markthalle 119
Matthiasbrunnen 121
Matthiaskirche 125
Millenniumsdenkmal 139
Museum der Bildenden Künste 139
Museum für Zeitgenössische Kunst 122
Múzeum körút 132
Nagykörút 134
Nagytétény 152
Nationalmuseum 132
Népliget 144
Nyugati tér 134
Oktogon 135
Országház utca 127
Orthodoxe Synagoge 131
Ostbahnhof 144
Palais Batthyány 135
Palais Gresham 116
Palast der Wunder 135

Budapest (Fortsetzung)
Palatinus-Strandbad 144
Párizsi udvar 134
Parlament 116
Parzelle 301 151
Paulinerkloster 133
Pest 114
Petőfi-Museum 133
Postmuseum 137
Römische Ausgrabungen 147
Roosevelt tér 115
Rosenhügel 144
Rózsadomb 146
Schloss Zichy 147
Semmelweis-Museum 128
Servitenkirche 131
Sikló 120
St.-Anna-Kirche 128
St.-Stephan-Basilika 119
Skulpturenpark 150
Staatsoper 137
Stadtwäldchen 140
Standseilbahn 120
Szabadság tér 119
Széchenyi lánchíd 116
Széchenyi-Bad 141
Széchenyi-Nationalbibliothek 123
Szent György tér 123
Szent István körút 134
Szentháromság tér 124
Szentháromság utca 125
Szervita tér 130
Táncsics Mihály utca 127
Tárnok utca 124
Teréz körút 135
Türbe des Gül Baba 146
U-Bahn-Museum 120
Ungarische Nationalbank 119
Ungarische Nationalgalerie 121
Universitätskirche 133
Úri útca 124
Váci utca 114
Vajdahunyad 140
Városliget 140
Vasarély-Museum 147
Vereinigungsdenkmal 145
Verkehr 114
Vigadó 115
Vörösmarty tér 114

Budapest (Fortsetzung)
Wallenberg Gedenkpark 131
Wasserstadt 127
Westbahnhof 134
Zitadelle 129
Zoologisch-botanischer Garten 141

Büffelreservat 105
Bugac-Puszta 81, 223, 228, 234
Bükfürdő 241, 369
Bükk hegység s. Bükk-Gebirge
Bükk-Gebirge 15, 18, 80, 154, 155, 172, 243, 246
Bus 357
Busójárás 249
Buzsák 104

Cafés 381
Cák 241
Camping 361
Caravaning 361
Cegléd 324
Corvinus, Matthias 37
Csákvár 334
Csaroda 256
Cserhát-Gebirge 14, 209, 211
Csongrád 236
Csontváry, Tivadar 268
Csopak 91
Csorna 200
Csóványos 167

Dalmata, Giovanni 170
Dalos, György 72
Deák, Ferenc 46
Debrecen 81, 157
Decs 315
Deutsche Touring GmbH 357
Devisenbestimmungen 367
Dientzenhofer, Ignaz 176
Donau 16
Donau-Theiß-Zwischenstromland 14, 222, 257
Donauknie 14, 79, 162, 182
Donauwinkelgebirge 14
Dorffmeister, Stephan 326, 328

Dorftourismus 366
Dörgicse 97
Drau 278
Dráva (s. Drau)
Duna (s. Donau)
Duna-Ipoly 18
Duna-Tisza köze
s. Donau-Theiß-Zwischenstromland
Dunakanyar
s. Donauknie
Dunántúli-dombság
s. Transdanubisches Hügelland
Dunaújváros 315
Dunazug-hegység
s. Donauwinkelgebirge
Dürer, Albrecht 205

Edelény 85
Eger 80, 172, 369
Egervár 352
Egregy 209
Egri bikavér 179
Einkaufen 363
Ekler, Dezső 252
Elektrizität 364
Elisabeth, Kaiserin von Österreich 189
Erkel, Ferenc 65
Erlauer Stierblut 179
Erste Hilfe 358
Essen und Trinken 364
Esterházy, Péter 71
Esztergom 79, 182
Esterházy 260, 331

Farkasfa 353
Fazola, Henrik 175
Feiertage 366
Feldebrő 181
Fellner, Jakob 178, 331, 334
Felsőörs 91
Fenékpuszta 233
Ferenczy Károly 318
Ferienwohnungen 366
Ferihegy 356
Fertő tó 17, 291
Fertőd 55, 288
Fertőrákos 287
Festetics, György 230
Feszl, Frigyes 115
Feuerwehr 379
Fischsuppe 365
Fluggesellschaften 356
Flugverbindungen 356
Flugverkehr 367
Flüsse 16
Flusskreuzfahrt 358
Fonyód 104
Friedenshöhle 85
Fünfkirchen 260

Gabor Zsa Zsa 46
Gábor, Dénes 46
Galyatető 193
Ganna 260
Gárdony 341
Geld 367
Geldautomaten 368
Geldwechsel 367
Gemencer Wald 315
Gemenci erdő 315
Gerecse-Gebirge 13
Geschichte 33
Geschlechterkirchen 53
Geschriebenstein 13, 241
Gesellschaft 28
Getränke 366
Göcsej 349
Gödöllő 61, 79, 189
Golf 388
Gömbös, Gyula 42
Gran 182
Große Tiefebene 14, 322
Großzinkendorf 288
Gulasch 365
Gulyás 365
Güns 237
Günser Berge 241
Günser Bergland 13
Győr 76, 194
Gyöngyös 192
Gyöngyöspata 193
Gyopárosfürdő 208
Gyula 204, 369
Gyulai kolbász 204

Hajdú-Bihar 157
Hajdúböszörmény 162
Hajdúdorog 162
Hajdúság 161
Hajdúszoboszló 162, 369
Hajós 221
Hamerli 277
Harkány 278, 369
Hatvan 191
Haydn, Joseph 289
Hegyalja 15
Hegyestű 97
Heiducken 162
Heilbäder 368
Herceghalom 335
Herend 346
Hévíz 208, 368
Hild, József 183, 324
Höchstgeschwindigkeiten 393
Hódmezővásárhely 304
Hollókő 80, 209
Horthy, Miklós 42, 217
Hortobágy (Puszta) 18, 62, 81, 212
Hortobágy-Nationalpark 212
Hortobágyi Nemzeti Park 212
Hotels 369
Hungaroring 397
Hunyadi, János 37

Iklad 191
Internet 358
Ipolytarnóc 212
Irottkő 13, 241
Istállos-kő 155-156

Jagd 388
Ják 329
Jászberény 217
Jászság 217
Jazygen 217
Jókai, Mór 68, 333
Jósvafő 84
Jugendherbergen 377

Kádár, János 43, 47
Káli-Becken 97
Kalocsa 218
Kápolnapuszta 105
Kapos 222
Kaposvár 221
Káptalanfürdő 90
Karcag 216, 384
Karcsa 275
Károlyi, Mihály 133
Katona, József 225
Kecskemét 81, 222
Kékes-tető 15
Kékestető 193
Kenderes 217
Kerényi, Jenő 320
Kertész, Imre 70
Keszthely 230

Kirche 25
Kis-Balaton 105
Kisalföld
s. Kleine Tiefebene
Kis-Balaton 17, 105
Kisfaludy, Sándor 98, 292
Kiskundorozsma 302
Kiskunfélegyháza 81, 234
Kiskunhalas 236
Kiskunság 18
Kiskunság-Nationalpark 228
Kiskunsági Nemzeti Park 228
Kiss, Sándor 250
Kisvárda 253
Kiszombor 302
Kleine Tiefebene 13
Kleinkumanien 223, 234
Klima 18
Kőszeg 76, 237
Kőszegi-hegység 13
Kővágóörs 97
Kodály, Zoltán 47, 65, 226
Komárom 333
Komló 270
Konrád, György 47, 70
Körmend 352, 374, 385
Körös 294
Körös-Maros-Nationalpark 18
Körösfői-Kriesch, Aladár 117, 190
Köröshegy 103
Kossuth, Lajos 40, 48, 324
Kovács, Margit 318
Kracker, Johann Lukas 174
Krasznahorkai, László 72
Kreditkarten 368
Kroisbach 287
Külső-tó 93
Kumanen 216
Kunstgeschichte 52
Kuren 368
Kuruzzen-Aufstand 38
Kuruzzenlied 65

Lage 12
Lajta, Béla 61
Landnahme 36
Landschaften 12
Landwirtschaft 30
Lazsnakpuszta 251
Leányfalu 322
Lébény 200
Lechner, Ödön 60, 119, 224
Lehár, Ferenc 66
Lillafüred 246
Liszt, Ferenc 48
Literatur 67
Literaturempfehlungen 378

Mád 338
Mädchenmarkt 270
Mádl, Ferenc 29
Majk-Puszta 334
Makó 302
Makovecz, Imre 62, 64, 304, 315
Malév 356
Mándy, István 70
Mánfa 269
Márai, Sándor 70
Margarethenbrücke 144
Maria-Theresia 39
Máriabesnyő 191
Máriapócs 254
Martonvásár 78, 152
Mátra-Gebirge 15, 80, 192
Mátraalja 192
Mátrafüred 193
Mátraháza 193
Mátra hegység
s. Mátra-Gebirge
Maulbertsch, Franz Anton 164, 219, 259, 292
Mautpflicht 392
Mayerhoffer, Andreas 219
Mecsek hegység
s. Mecsek-Gebirge
Mecsek-Gebirge 14, 260, 269
Mecseknádasd 270
Medgyessy, Peter 45
Mehrwertsteuerrückerstattung 364
Meleg-hegy 342
Mezőberény 207
Mezőkövesd 180, 369
Mietwagen 379
Minderheiten 25
Mindszenty, József 49, 184
Miskolc 80, 242
Miskolctapolca 247, 369
Mobiltelefon 393
Mohács 37, 82, 248
Moholy-Nagy, László 49
Mosonmagyaróvár 202
Munkácsy, Mihály 49, 117, 207
Musik 64

Nádas, Péter 71
Nádasdy, Tamás 328
Nagy, Ervin 275
Nagy, Imre 43, 50
Nagy, Sándor 190
Nagy-Milic 340
Nagycenk 288
Nagykálló 252, 254
Nagykanizsa 250
Nagykőrös 228
Nagymaros 171
Nagyvázsony 347
Nationalpark
s. Eigenname
Nationalparks 17
Nationalstil 59
Naturpark Irottkő 241
Naturraum 12
Neusiedler See 17, 288, 291
Nordungarisches Mittelgebirge 14
Nostalgiezüge 361
Noszvaj 180
Notrufe 358, 379
Nyírbátor 81
Nyíregyháza , 81, 251
Nyírség 251

Őriszentpéter 353
Őrség 17, 238, 353
Óbuda 146
Ócsa 154
Ödenburg 279
Ödenburger Gebirge 13
Ófalu 270
Ofener Bergland 13
Öffnungszeiten 380
Oktogon 137
Ópusztaszer 82, 257
Orfű 270
Ormánság 278
Orosháza 207
Örvényes 96
Ostergießen 327

Pákozd 342

Paks 315
Palatschinken 365
Palkonya 279
Palozen 211
Páneurópai Piknik Emlékhely 287
Paneuropäisches Picknick 287
Pankasz 353
Pannenhilfe 359
Pannonhalma 76, 201
Pannonius, Janus 261
Pápa 258
Paprika 218, 295
Parádfürdő 193
Parteien 29
Pártos, Gyula 224
Pécs 83, 260
Pécsvárad 270
Pensionen 369
Petőfi, Sándor 40, 50, 68
Pferdezucht 200
Pflanzen 22
Pilgram, Franz Anton 174, 259
Pilis-Gebirge 13, 188
Pilis-hegység s. Pilis-Gebirge
Piliscsaba 189
Piliser Parkwald 171
Pilisszentkereszt 189
Pityerszer 353
Plattensee (Balaton) 17, 88, 370
Plintenburg 167
Polizei 379
Pollack, Mihály 58
Pörbölydas 315
Pörkölt 365
Prinz Eugen 154
Privatzimmer 366
Puskás, Ferenc 50
Puszta 14, 62

Raab 194
Ráckeve 153
Radfahren 388
Raizen 316
Rákóczi, Ferenc 39, 272
Rákóczi, György 274
Rákóczi-Aufstand 39
Rákosi, Mátyás 43
Reisedokumente 380
Reisezeit 381
Reiten 388
Religion 25
Restaurants 381
Révfülöp 97
Rippl-Rónai, József 222
Róna, József 121
Routenvorschläge 76

Salgótarján 212
Sankt Andreas 316
Sárköz 315
Sármellék 356
Sárospatak 271
Sárvár 77, 328, 369, 375
Schickedanz, Albert 139
Schifffahrt 358
Schloss Esterházy 288
Schmalspurbahnen 361
Schokatzen 249
Seen 17
Segeln 389
Semmelweis, Ignác 51
Siklós 276
Sikonda 270
Siófok 101
Sippenkirchen 53
Sissi 189
Somogyvár 104
Sopron 76, 279
Soproni-hegység 13
Sóstó 253
Souvenirs 363
Sport 388
Sprache 390
Sprachführer 390
Staat 28
Staatsgründung 36
Steinamanger 324
Steindl, Imre 58, 116
Stephan I. 36
Straßenverkehr 392
Stróbl, Alajos 121, 300
Stuhlweißenburg 305
Sukoró 341
Sümeg 291
Surfen 389
Szalafő 353
Szalajka-völgy 155
Szalonna 86
Szántód-Fähre 103
Szántód-puszta 102
Szapáry 242
Szarvas 294
Szatmár 256
Szatmárcseke 256
Százhalombatta 152
Széchenyi, István 40, 51, 288
Szécsény 211
Szeged 82, 295
Székely, Bertalan 225
Székesfehérvár 78, 305
Szekszárd 83, 313
Szendrő 85
Szentendre 79, 316
Szentes 236
Szigetvár 270
Szigliget 98
Szilvásvárad 156
Szirák 192, 376
Szolnok 322
Szombathely 77, 324

Tác-Gorsium-Herculia 78, 311
Tákos 256
Tállya 340
Tápé 302
Tapolca 99
Tarcal 338
Tata 331
Tatabánya 334
Tax Free Shopping 364
Taxis 398
Telefon 393
Telefonauskunft 393
Theiß 16, 212, 256, 296
Theißsee 81, 216
Tiere 23, 381
Tihany 93
Tisza 16
Tisza-tó s. Theißsee
Tiszadob 253
Tiszafüred 81, 216
Tokaj 81, 335
Tokaj-Hegyalja 271, 335
Tokajer Berge 335
Tokány 365
Tolcsva 340
Totis 331
Trachten 73
Transdanubisches Hügelland 14
Transdanubisches Mittelgebirge 13
Trinken 366
Trinkgeld 394

Ugod 260
Újmassa 247
Unfallrettung 379

Ungarische Küche 364
Ungarische Staatseisenbahnen 360
Ungarischer Automobilclub 359
Ungarndeutsche 26
Ungarnkarte 394
Urzeitpark 152

Vác 79, 163
Vácrátót 166
Várpalota 310
Vasarely, Victor 51, 268
Velemér 353
Velence 341
Velencei-tó
s. Velencer See
Velencer Gebirge 13
Velencer See 17, 78, 340
Veranstaltungen 394
Verbunkos 65
Verfassung 28
Verkehrsmittel 398
Verkehrsregeln 392
Verständigung 390
Vértes 13
Vértes-Gebirge 334
Vértesszőlős 334
Veszprém 77, 342
Veszprim 77, 342
Viehzucht 30
Vignette 392
Villány 279
Villány-Gebirge 14, 278
Villány-Siklós 82, 278
Villánykövesd 82, 279
Visegrád 79, 167
Visegráder Gebirge 14
Vizsoly 340
Volánbusz 357
Volksaufstand 43
Volksgruppen 25
Volkskunst 73
Volksmusik 64
Volkstänze 73
Vörös-tó 84
Vörösberény 90
Vörösmarty,
Mihály 68
Vorwahlen 393

Währung 367
Waitzen 163
Wandern 389
Wart 353
Wassersport 389
Wechselkurse 368
Wein 366
Wesselényi-Verschwörung 38
Westungarisches Alpenvorland 13
Wetter 18
Wintersport 389
Wirtschaft 29
Wolfs 288

Ybl, Miklós 137

Zagyva 217
Zala 103
Zala, György 139
Zalaapáti 234
Zalaegerszeg 349
Zalakaros 251, 369
Zalavár 234
Zamárdi 102
Zebegény 172
Zeit 399
Zeitungen 399
Zempléni-hegység
s. Zempliner Gebirge
Zempliner Gebirge 15,
271, 340
Zengő 270
Zichy 347
Zigeunermusik 64
Zirc 349
Zollbestimmungen 399
Zrínyi, Miklós 68, 271
Zsámbék 76, 335, 388
Zsolnay 263

Verzeichnis der Karten und grafischen Darstellungen

Touristische Höhepunkte 2
Lage 13
Landschaften und Naturschutzgebiete 18
Klimatabelle Budapest 19
Flagge und Wappen 28
Ungarns Grenzen vor 1920 41
Routenvorschläge 77
Budapest, Cityplan 110/111
Matthiaskirche 125
Aquincum 149
Debrecen, Cityplan 158
Vác, Cityplan 164
Visegrád, Königspalast 169
Zitadelle 171
Eger, Cityplan 174
Burg 180
Esztergom, Cityplan 182
Königspalast 186
Győr, Cityplan 196
Hortobágy 213
Kecskemét, Cityplan 223
Keszthely, Cityplan 233
Miskolc, Cityplan 242
Burg 245
Pécs, Cityplan 261
Frühchristliches Mausoleum 266
Sárospatak, Cityplan 272
Siklós, Burg 276
Sopron, Cityplan 282
Szeged, Cityplan 296
Székesfehervár, Cityplan 309
Ruinengelände 307
Tác-Gorsium-Herculia 311
Szentendre 317
Szombathely, Cityplan 325
Tata, Cityplan 331
Veszprém, Cityplan 343

Bildnachweis

AKG: S. 44, 48
Birkeneder: S. 253
dpa: S. 47, 50
Feldhoff & Martin: S. 53, 80, 161, 256, 323, 336, 337
Freyer: S. 194, 280, 284
Görgen: S. 254
Hackenberg: S. 3, 9 (oben), 91, 100, 102, 209, 232, 363
Hartl: S. 250,
HB-Verlag / Hilbich und Kalmár: S. 2, 37, 60, 64, 71, 72, 109, 118, 122, 136, 138, 143, 147, 156, 198, 203, 274, 313, 326
Hilbich: S. 92, 153, 205, 206, 259, 267, 290, 308, 329, 335, 348
Huber/Giovanni: S. 10/11
Huber/Gräfenhain: S. 9 (unten), 117
Huber/Schmid: S. 74/75, 224, 264
Hug: S. 129, 371
IFA: S. 163
Ihlow: S. 54, 78, 99, 101, 105, 121, 231, 344
Kallabis: S. 24, 31
Lachenmaier: S. 21, 26, 82, 112, 141, 227, 229, 399
laif/Kirchner: S. 107
laif/Neumann: S. 115, 135, 145
Mátyás: S. 170, 189
Mauritius: S. 8/9
Radkai: S. 321
Schmeck: S. 5 (oben), 16, 85, 87, 96, 155, 166, 177, 178, 183, 185, 219, 235, 239, 243, 248, 273, 277, 299, 314, 319, 334, 339, 341, 354/355
Skupy: 1, 3 (oben), 4 (oben), 28, 38, 51, 58, 175, 193, 217, 269, 278, 293
Stadler/Silvestris: S. 57, 142, 173, 197, 262
Strobel: S. 5 (unten), 23, 289
transit/Schulze: S. 15, 20, 66, 88, 126, 151, 190, 215, 247, 265, 295, 303, 347
Verlag Urachhaus: S. 63
Wrba: S. 130
Wurth: S. 4 (unten), 6 (2 x), 7, 8 (oben), 95, 98, 210, 220 (2x), 237, 287, 291, 300, 305, 312, 332, 351, 365, 370, 372, 373, 375, 376, 382, 386, 390
ZEFA: S. 8 (unten)

Titel: Lachenmaier – Tanya in der Bugac-Puszta
Umschlagseite hinten: Schmeck – Rathaus in Kiskunfélegyháza

Impressum

Ausstattung:
181 Abbildungen
39 Karten und grafische Darstellungen, 1 große Reisekarte

Basistext: János Nemes, Budapest
Beiträge von: Dr. Bernhard Abend, Astrid Braun, Dr. Peter Jordan, Rudolph Knoll, Helmut Linde, Wolfgang Liebermann, Dr. Christina Melk-Haen, Claudia Rodi, Dr. Lerke von Saalfeld, Hans-Joachim Schmidt, Andrea Wurth, Reinhard Zakrzewski

Ergänzungen: Alex Mátyás, Csömör

Bearbeitung: Baedeker-Redaktion (Andrea Wurth)

Kartografie: Franz Kaiser, Sindelfingen; Mairs Geographischer Verlag, Ostfildern (Reisekarte)

Chefredaktion: Rainer Eisenschmid, Baedeker Ostfildern

6. Auflage 2004
Vollständig überarbeitet und neu gestaltet

Urheberschaft: Karl Baedeker GmbH, Ostfildern
Nutzungsrecht: Mairs Geographischer Verlag GmbH & Co., Ostfildern

Sprachführer: In Zusammenarbeit mit der Ernst Klett Verlag GmbH, Redaktion PONS Wörterbücher

Printed in Germany
ISBN 3-87504-559-9

Gedruckt auf 100% chlorfreiem Papier

Notizen

Notizen

Notizen

Baedeker Programm

Reiseziele in aller Welt

Baedeker Allianz Reiseführer

- Ägypten
- Algarve
- Amsterdam
- Andalusien
- Athen
- Australien
- Bali
- Baltikum
- Barcelona
- Belgien
- Berlin
- Bodensee · Oberschwaben
- Brasilien
- Bretagne
- Brüssel
- Budapest
- Burgund
- Chicago · Große Seen
- China
- Costa Blanca
- Costa Brava
- Dänemark
- Deutschland
- Djerba · Südtunesien
- Dominikanische Republik
- Dresden
- Elba
- Elsass · Vogesen
- Finnland
- Florenz
- Florida
- Franken
- Frankfurt am Main
- Frankreich
- Französische Atlantikküste
- Fuerteventura
- Gardasee
- Germany (engl.)
- Gomera
- Gran Canaria
- Griechenland
- Griechische Inseln
- Großbritannien
- Hamburg
- Harz
- Hongkong · Macao
- Ibiza · Formentera
- Indien
- Irland
- Ischia · Capri · Procida
- Israel
- Istanbul
- Istrien · Dalmat. Küste
- Istrien · Kvarner Bucht
- Italien
- Italien · Norden
- Italien · Süden
- Italienische Adria
- Italienische Riviera
- Japan
- Jordanien
- Kalifornien
- Kanada
- Kanada · Osten
- Kanada · Westen
- Kanalinseln
- Kenia
- Köln
- Kopenhagen
- Korfu · Ionische Inseln
- Korsika
- Kos
- Kreta
- Kuba
- Kykladen

- La Palma
- Lanzarote
- Lissabon
- Loire
- Lombardei · Mailand · Oberital. Seen
- London